芙蓉年鉴 2016

FURONG NIANJIAN

长沙市芙蓉区年鉴编纂委员会　编

方志出版社
Publishing House of Local Records

图书在版编目（CIP）数据

芙蓉年鉴. 2016 / 长沙市芙蓉区年鉴编纂委员会编.

—北京：方志出版社，2016 . 11

ISBN 978-7-5144-2205-4

Ⅰ. ①芙… Ⅱ. ①长… Ⅲ. ①区（城市）—长沙—2016—年鉴 Ⅳ. ①Z526. 41

中国版本图书馆CIP数据核字（2016）第287044号

芙蓉年鉴 *2016*

编　　者：长沙市芙蓉区年鉴编纂委员会
责任编辑：陈　效

出 版 人 ：冀祥德
出 版 者 ：方志出版社
地　　址：北京市朝阳区潘家园东里9号（国家方志馆4层）
邮　　编：100021
网　　址：www.fzph.org
发　　行：方志出版社发行中心
电话（010）67110500
经　　销：各地新华书店
印　　刷：长沙湘诚印刷有限公司
（长沙市开福区新码头95号）

开　　本：889×1194　1/16
印　　张：27
字　　数：894千字
印　　次：2016年11月第1版　2016年11月第1次印刷
印　　数：001～500册

ISBN　978-7-5144-2205-4　定　价：150.00元

《芙蓉年鉴 2016》编纂委员会

《芙蓉年鉴 2016》编辑部

《芙蓉年鉴2016》组稿人员

（姓名按编目顺序排列）

周裕熊	邓　斌	彭　昭	苏　洁	杨　铭	张　涛	范　波	幸灿强
张莉华	刘冠民	刘　树	周　韬	姚源记	陈纲要	邹　勇	黄　宇
黄　雪	苗津铭	刘　翀	李焱照	邹　琼	戴　颖	刘武强	王　勇
徐梦妍	杨俊峰	张　弟	寻红日	易　平	黄丹旭	黄　忠	刘　菲
张　登	谭　怿	钟小平	周挺号	章　余	李文英	温小慧	李　霞
王　凯	邬凯文	李　超	罗　均	熊　刚	尹　靖	周　原	尹振声
陈　略	李　舸	黄锦堂	丁文兵	徐金霞	曾　中	杨　晴	丁　强
李静锋	廖志力	周　偲	罗伊凡	彭　晶	袁丹丹	黄　珣	胡踞虎
张湘闽	舒　慧	陈丽娜	李革文	杨孟庭	刘　歆	杨　冲	吴宏瞻
朱海波	汪　琳	曹祎靖	胡　柯	刘丽君	闾　葵	杨　涛	刘　义
唐　敏	张大帅	王先冰	文程瑶	陈佳豪	罗　萍	熊笑俏	李如香
杨　婷	钱　磊	肖　微	郑　佩	贺俊姣	康赤琪	易建章	何炜新
陈　婷	邓雪晴	彭　顼	甘　泉	柏　晓	董春梅	李　婷	彭　漾
廖贵连	邓子军	陈　慧	李靖颖	张　校	孙金益	蔡　强	周德才
姜　锋	黎　宏	陈玄灿	李　祥	李方方	黎银华	廖汉洲	涂　瑶
黄支农	梁才兴	魏　聪	孙中华	廖　攀	朱剑娴	王文雄	杨鹏娇
胡　艳	陶红军	刘　丹	袁　霞	范雅茹	明静然	吴　玥	文　阳
周思冰	刘夏娃	杨　静	孟建中	熊兆鹏	王　惠	李易阳	刘晓凤
张　漪	张定浙	谭永华	刘建武				

编 辑 说 明

一、《芙蓉年鉴》是由中共芙蓉区委员会、芙蓉区人民政府主办，区史志档案局组织编辑出版的综合性资料工具书。其内容为芙蓉区自然、政治、经济、文化、社会等方面情况的年度资料性文献。《芙蓉年鉴（2016）》记载2015年全区各部门、各行业、各街道的基本情况、主要工作和重要事件，收录若干文献和统计资料，反映芙蓉区改革开放的新进程和经济建设、社会发展的新成绩、新经验以及存在的某些问题。所载资料力求全面、系统、真实、准确，为国内外人士了解芙蓉、熟悉芙蓉提供服务的信息资料；同时为将来续修志书积累资料。

二、本卷年鉴采用分类编辑法，设部目、分目、条目3个层次，部分分目下设子目，条目为记述基本层次，标题用【 】标出。全书共设有31个部目、124个分目、35个子目、670个条目，表41个，编有索引1060条。年度大事简记中“△”为同日发生的事件。正文体例有概述、概况、条目、附、专记、资料、图表等，以条目为主体，书中插排图片专版。

三、本年鉴所载的内容均由全区各部门专人撰写、领导审核，年鉴编辑部编辑人员经过多次修改、加工整理后再反馈原单位进行认真校核，最后由编委会定稿。统计资料由区统计局提供。文稿中有些地区性、部门性数据，由于统计口径不同等原因，与统计局公布的可能不完全一致，请读者在查阅和引用时注意。

四、本卷年鉴收录区直单位和各街道负责人名单均以2015年在职者为准，有任免的分别予以注明。

五、本卷年鉴系芙蓉区第三部，编辑出版中得到全区各撰稿单位领导及撰稿人的大力支持，在此表示感谢。希望广大读者和各方面人士提出宝贵意见，使《芙蓉年鉴》更臻完善。

《芙蓉年鉴》编辑部

目　录

特　载

综　述

要　闻

大事记

中共长沙市芙蓉区委员会

长沙市芙蓉区人民政府

政协长沙市芙蓉区委员会

中共长沙市芙蓉区纪律检查委员会

群众团体

人民武装

经济管理

工业·园区

隆平高科技园

农业·林业·水利

农　业

林　业

水　利

城市建设·城区管理

规划管理

建设管理

重点工程

住房保障

棚户改造

征地拆迁

城市管理

国土管理 · 环境保护

国土资源管理

环境保护

财政 · 税务 · 金融

财　政

税　务

金　融

商贸服务业

招商引资

商贸流通

旅游服务

交通·邮电

交通运输

邮　政

移动通信

教育·科技

教　育

科　技

文化·体育

文　化

卫生 · 人口

社会生活

社区建设

人　物

统计资料

文献选编

附　录

索　引

图片专版目录

Furong Yearbook directory

Rule of Law

People's Armed Forces

Economic Management

Industry & Industrial Park

Agriculture & Forestry & Water Conservancy

Urban Construction & Borough Governmental Management

Land and Resources Management & Environmental Protection

Finance & Taxation & Banking

Business Service Trade

Transportation & Post and Telecommunication

Education & Technology

Culture & Sports

Hygiene & Medical Treatment

特 载

知责思为 夯实根基 加快转型创新发展（摘要）

——在区委四届十次全会上的讲话

区委书记 梁 仲

（2015 年 1 月 30 日）

图 1 中共长沙市芙蓉区委书记 梁 仲

这次区委全体（扩大）会，主要是报告 2014 年度区委常委会工作，通报教育实践活动区委常委班子整改落实情况，听取各街道工委书记履行基层党建工作责任专题述职。受常委会委托，下面，讲三点意见。

一、2014 年区委常委会工作情况通报

2014 年，面对国际国内新形势、从政履职新常态，区委常委会在省、市委的坚强领导下，紧紧围绕“项目攻坚 西提东拓”工作主题，统筹推进改革、发展、稳定及从严治党、依法治区等工作，推动全区各项事业协调发展、稳中求进。全年实现 GDP940 亿元，增长 9.5%；财政总收入 92.5 亿元，其中公共预算收入 38.7 亿元，增长 3.5%；固定资产投资 360 亿元，增长 17.8%；社会消费品零售总额 625 亿元，增长 10%。重点抓好以下几个方面的工作。

1. 坚定信念、示范引领，干群状态有效改善。区委常委会始终坚持带头讲政治、强党性、顾大局，采取集中学、专题讲、深调研等方式，以中共十八届三中、四中全会精神、习近平总书记系列重要讲话为重点，切实加强理想信念教育、思想道德教育和党纪条规教育，以“四个服从”为基本遵循，规范党员干部言行，提升全体干部在党言党、在党忧党、在党爱党的高度自觉。及时落实中央、省市各项工作精神，将全面建成小康、全面深化改革、全面推进依法治国、全面推进从严治党等重大决策与建设“具有国际品质和湖湘文化特色的精品之区”的工作目标深度融合，带头投身党的建设、项目建设、城市管理、安全生产、信访维稳等中心工作，在全区形成了心往一块想、智往一起聚、力往一处使的政治生态和工作氛围。

2. 聚焦高端、项目驱动，经济质效稳步提升。注重顺大势、谋大局、抓大事，及时召开区委经济工作会、

项目建设帮促会等全区性会议，在促转型、调结构、拓空间上凝聚智慧、持续发力，打造芙蓉经济升级版。全区106个重点项目全年共完成投资177亿元。成功举办第二届隆平论坛，分子育种平台等项目签约入驻，平安财富中心、湖南铁塔等重点项目相继落户，种业硅谷项目跻身省级重点项目库。火炬城中村改造及黄土塘、友谊东地块等棚改项目加速推进。国金中心、世茂广场等项目加快建设，万家丽国际MALL、长城宾馆等项目将竣工开业。全区经济指标人均均量、单位面积生产总值、现代服务业占比、金融业对财税的贡献率等体现发展质量和水平的指标继续保持全省、全市领先。

3. 有的放矢、重点突破，改革活力有效激发。破旧立新，革故鼎新，坚持向改革要动力，用创新挖潜力。在行政审批、行政执法、城市管理、综合治税等领域实施了一系列改革措施，改革红利初步显现。承接全市审批改革试点，推动简政放权改革，全区行政审批事项由249项精简为53项，精简率为79%、效能提速50%。商事登记制度改革全面实施，新增市场主体1.7万户，市场活力和创业热情得到释放。执法大队成建制下放到区，环卫保洁进行市场化探索，安置房实现多渠道储备，率先全省实施个体零散税收社会化管理改革。

4. 瞄准一流、建管并重，城区品质更加优良。坚决落实市委、市政府关于实行“史上最严格、最精细、最到位的城市管理”的决策部署，下放城管权限，突出共建共治，深入开展“十大治理”“五大提质”工程，全面推进文明创建“三进”行动，实施常态化作业、精细化管理，下半年城管月度测评夺得两个全市第一，火星街道网格化管理试点成效明显，红袖章志愿者行动全区推广，荷花园街道承办全市基层治理能力提升现场会，5个社区获评全国和谐示范社区。强力推动老旧社区农安小区提质改造，恒达、兴和等15个小区形象全面改观。交通秩序整治、非法营运打击、环境污染治理等工作取得良好成效，城区更加洁净、有序、秀美。

5. 优化服务、以人为本，民生事业协调推进。注重保基本、补短板、兜底线，新增财力绝大部分投向民生领域，教育、就业、社保、医疗、基础设施建设等民生实事协调发展。实施低保群体全方位保障、救助，全年发放社会保障资金3577万元。完成34所学校提质改造，长郡芙蓉实验中学、大同三小等学校完成建设，顺利通过全省教育两项督导评估考核，荣获全国义务教育发展基本均衡区称号。成功创建全国慢病防控示范区，健康管理家庭契约式服务全省推介。成功举办第四届芙蓉艺术节，创建市示范性社区文化活动中心12个。深入开展安全生产大排查、大整治、大督察行动，推进重点行业领域专项整治，共排查处理重大安全隐患点5处，督办隐患单位82家。深化信访源头治理和积案化解，进京非访总量较上年减少52.7%，社会民调全省排名前进22位，社会大局保持和谐稳定。

6. 严管队伍、转变作风，党的建设全面加强。以严实为标、效果为本，扎实开展党的群众路线教育实践活动，坚决整治“四风”问题，大力整肃“为官不为”。坚持“好干部”标准，践行“六用六不用”原则，更加倾斜重视基层干部，全年新提拔的8名党政正职，由街道内部产生6名。大力支持基层党建工作，社区、村运转经费分别提标到60和20万元。非公企业党组织积分制管理经验被中央媒体推介，获全省非公党建品牌一等奖。廉政建设取得新的成效，区委常委会5次专题研究全区反腐倡廉工作，从严处理23例违反作风纪律有关规定的单位和个人，立案查处各类违纪违法案件46件46人。常委班子成员带头遵守廉洁自律规定，没有发现插手工程项目和批条子、打招呼的现象；能切实管好配偶、子女和身边工作人员；严格按照要求及时报告个人有关事项。

成绩的取得，是市委、市政府正确领导的结果，是区“四套班子”团结奋斗的结果，是各民主党派、工商联、无党派人士齐心协力的结果，也是全区各级党组织、全体党员干部群众扎实工作的结果。在此，我代表区委常委会，向大家表示衷心的感谢。

在总结工作的同时，也清醒地认识到区委常委会存在的不足，主要是：党要管党、从严治党的责任没有完全落实到位；推进产业结构转型，实现高端发展、创新发展的水平有待提高；城市管理和社会治理难度较大，城区平安稳定形势需进一步巩固；“四风”问题还没有彻底根除，少数干部庸懒散奢、脱离群众的现象依然存在等。新的一年，区委常委会将务实创新、忠诚履职，推动芙蓉区工作实现新的发展、取得新的成效。

二、党的群众路线教育实践活动整改落实情况通报

对照省委和市委整改落实工作要求，区委常委会切实履行示范引领、组织领导职责，进一步理清整改思路，加大整改力度。目前，区委常委班子明确的48

项整改任务均按时整改到位或取得阶段性成果。书面汇报材料已经发至各位手中，在此重点汇报以下4个方面的工作。

1. 常委班子成员带头整改，以上率下树标杆。区委常委按照“两方案一计划”的责任分工，按照“六个带头”“四联三为”工作要求，在腾退办公用房、清退超标车辆、改进调查研究、治理“文山会海”等方面带头抓落实、作示范。2014年10月至今，“四大家”机关仅发文85件，与去年同期相比减少22.7%。“三公”经费开支较活动开展前压缩2244万元，共清理腾退办公用房5629平方米，清理公务车辆75台。常委会班子以上率下，对48项整改任务依次跟进、扎实推进，责任到人、限时到位，从严督导、据实销号，起好了带头作用。

2. 重点难点问题专项整改，集中攻坚抓落实。集中力量持续深入推进专项整治，54项专项整治中已有35项基本完成，其余项目都已取得成效并将长期坚持。总结大会之后进一步确定了精简行政审批项目、社区（村）违规承担公共事务问题、安全生产重大隐患和突出问题、发展教育事业中损害群众利益行为、机关事业单位“门难进、脸难看、事难办”问题等五个项目，作为后段专项整治的重点。通过整改，全区行政审批事项由249项精简为53项，精简率为79%；共撤销82个各类领导小组和议事协调机构；查纠城乡低保错保漏保4人；查处在公务活动和节日中收受红包礼金、有价证券4人次，查处公款大吃大喝2人次；查处吃拿卡要、权力寻租、损害群众利益行为34人。区、街、社区（村）建立便民服务中心94个；有76个区属单位公开和简化了办事程序，比例100%。

3. 直面人民群众开门整改，立说立行办实事。坚持开门抓整改，召开直通“最后一步路”民情发布会，教育、卫生、民政、城管、环保等职能局负责人登台亮相，发布整改措施、公开惠民新招，接受社会监督。率先拆除机关大院围墙，共享公共绿地，方便群众出入办事。各街道通过“东湖夜话”“纳凉议事会”等载体，依托群众工作“直通车”，开展“民情访谈进万家”活动，向居民公开整改事项、征求整改意见建议。全区75个村、社区基层党组织列出整改措施1092条，整改到位1058条；向群众承诺事项984件，实现917件。发生在群众身边的不正之风得到有效整治，基层党组织建设制度得到健全和落实。

4. 着眼标本兼治常态整改，建章立制促长效。认真贯彻中央关于“制度不在多、在于精、在于务实管用”的要求，不但抓制度的建立，更抓制度的落实，推动作风建设抓常抓细抓长。按照精益求精、务实管用原则，将38项“制度建设计划”精简梳理至28项。在管人用人、财务开支、监督管理等方面，先后出台“中共芙蓉区委管理干部选拔任用规范”“芙蓉区公务接待费、慰问费、加班费的管理规定”“违反财经纪律责任追究办法”等制度。加强对执行制度情况的督促检查，把贯彻党的群众路线制度执行情况作为年度考核重要内容和奖惩重要依据，坚决纠正有令不行、有禁不止、无视制度的问题，全面树立“制度权威”。

三、关于基层党建工作

区委集中听取大家抓基层党建工作述职，不是摆成绩，也不是走形式，而是要通过述职评议，真正述出导向、述出责任，评出压力、评出干劲，向全区特别是各位党（工）委书记传递“抓好党建是天职、抓不好党建是失职、不抓党建是渎职”的强烈信号，把大家的注意力引导到抓基层打基础上来，使党要管党、从严治党的要求真正落到实处，使党委管党建、书记抓党建的责任真正落到实处，共同谋划从思想建上、从规则治上、从格局兴上建党，形成聚精会神抓党建、抓好党建促发展的浓厚氛围。

刚才，13个街道党（工）委书记分别履行基层党建工作责任情况做了专题述职，6名部门党（工）委书记同步进行了书面述职，并抽取5名党（工）委书记进行了提问。市委组织部副部长陈昌佳、市委组织部党管处处长何晓芳亲自参加此次会议，指导全区开展工作，等会市委组织部副部长陈昌佳还将作重要讲话，请大家高度重视、认真领会、抓好落实。下面，对于抓好全区基层党的建设，讲3点意见。

1. 知责思为，自觉担当党建责任。抓好基层党建工作，关键是要落实责任，上下联动、良性互动、形成合力。党（工）委书记认真履职。抓党建是党（工）委书记的主责、要责、首责，必须做到“三个到位”：主体责任要到位，把抓好党建作为最大政绩，切实履行好“第一责任人”的责任；示范表率要到位，对党建重点、难点、常见问题亲自研究、亲自解决，以上率下、示范带动；推动落实要到位，要及时研究解决工作推进中的困难和问题，及时发现和总结典型经验，推动基层党组织建设全面进步、全面过硬。相关部门齐心协力。要把基层党建工作与改革发展稳定工作同谋划、同部署、同推进、同考核。组织部要充分发挥牵头抓总作用。各部门特别是行业主管部门不仅要抓好本部门机关和直属单位的党建工作，还要加强对分管领域党建工作的领导和指导。基层党组要把服务群众、做群众工作作为主要任务，扎实推进基层服务型党组织建设，打通服务群众“最后一公里”。监督考核真考真用。认真开展基层党建目标考核和党（工）委书记述职评议，把基层党建工作述职评议工作制度化、常态化、长效化，加大基层党建在绩效考核中的分值比重，发挥考核的“指挥棒”作用，强化考核评议结果运用，真正述出成绩、评出差距，构建起基层党建工作的约束机制和动力机制。

2. 突出重点，夯实基层党建根基。全面落实党要管党、从严治党要求，关键在基层、重点在基层、源头在基层，必须按照“强基固本、重点倾斜”原则，把准方向、以点促面，推动基层党建落到实处。选优配强“领头雁”。结合社区“两委”换届，选优配强基层党组织书记，适当调整那些评价低、作风差、履职情况不良的支委成员，造就一支党性强、能力强、改革意识强、服务意识强的基层党组织带头人队伍。选派政治素质高、综合能力强的机关干部到拆迁任务重、信访矛盾多的社区（村）任“第一书记”，提升基层支部班子战斗力。旗帜鲜明开展“优秀党组织 优秀党员”评选活动，营造比学赶超氛围。整合资源建网络。按照“量上扩张 面上覆盖 点上突破 质上提高”目标，继续加大在社会组织和非公有制经济组织建立党组织的力度，并引导发挥其同向同心、参与公益等方面的作用。强化城中村和农安小区等重点区域软弱涣散党组织的整顿力度，形成常态整顿、整顿长效的良性循环。继续推进“六网融合”，加强街道大工委和社区大党委建设，深化机关基层党组织结对共建、联点帮促等工作，构建以先进促后进、区域共建共享的长效党建格局。从严从实管队伍。强化党内政治生活，大力培育党员干部的政治忠诚、道德忠诚和职业忠诚，将党章、党纪、国法以及党的优良传统放在更加重要的位置，任何时候都坚持做到“五个必须”，保证全区统一意志、统一行动、统一步调、令行禁止，在全区营造守纪律、讲规矩的浓厚氛围。全面推行党员“一卡四制”和积分制管理办法，细化出台“三会一课”、民主评议党员、处置不合格党员等制度，强化日常管理，切实提高党员质量，优化队伍结构，发挥模范作用。真金白银强保障。要推动重心和资源向基层下沉，建立党建经费稳定增长机制、健全基层干部待遇保障机制，提高村运转经费到40万元，将社区直管党员教育活动经费标准提高到150元，确保年人均活动经费不低于500元。加大对社区办公服务用房特别是东片地区村改社区后的办公用房改造建设力度。将社区（村）干部队伍培训纳入全区干训计划，优秀社区（村）党组织书记列为区管后备干部，为社区（村）干部免费体检、买保险，调动基层干部干事创业的积极性。

3. 转型提升，构建全新党建常态。新形势下的党建工作，必须不断推动工作理念、思路、方法和载体的创新。各街道、社区村党组织要在已有打造的党建服务平台基础上，进一步结合实际做实、做优，做到“一居（村）一品”，形成品牌效应，增强社会影响力。突出问题导向。以基层党建存在的问题作为创新的切入点，围绕基层党组织如何更好地凝聚党员群众，如何选优配强社区（村）“两委”班子，如何增强基层岗位吸引力，如何加强流动党员管理等研究探索，推进学习型党组织建设，使基层党员讲政治、顾大局、守纪律、有规矩。服务中心工作。避免党建工作与经济社会发展“两层皮”，深化在职党员进社区、群众工作“直通车”“四联三为”等活动，按照“一梁四柱”部署，把基层党建工作与项目建设、城市管理、信访维稳、安全生产等中心工作结合起来，找准契合点，以促发展、惠民生的成果来检验和展示党建工作的成效。强化项目设计。以党建工作项目作为创新着力点，以实控虚、虚功实做。利用网络、微信、社交平台加强沟通，利用俱乐部、公益组织、NGO（非政府组织）等聚集力量，通过群众喜闻乐见、党员便于参与、操作简便易行的方式，把党员组织起来，把群众发动起来。把党建工作变无形为有形，变“要我参加为我要参加”，通过项目化管理来解决问题、推动工作、创造品牌、打开局面。

同志们，2015年是全区转型创新发展至关重要的一年，是建设具有国际品质和湖湘文化特色精品之区的突破年，改革发展的时代脉搏在激越，60万群众的殷切期盼在凝望，让我们牢记使命、奋力拼搏、创新进取，以更坚定的信心，更有力的举措，推动全区各项工作再上新台阶、实现新突破！

政府工作报告（摘要）

——在区第四届人民代表大会第四次会议上

区长 于新凡

（2015 年 2 月 3 日）

图 2 芙蓉区人民政府区长 于新凡

2014 年工作回顾

2014 年，在市委、市政府和区委的坚强领导下，在区人大、区政协的监督支持下，区人民政府贯彻落实中共十八大和十八届三中、四中全会精神，以党的群众路线教育实践活动为总揽，紧扣转型升级、西提东拓、精细管理和全面小康 4 大主题，凝心聚力，攻坚克难，经济社会各项事业呈现稳健发展新局面。

一、转变发展方式，区域经济稳中有进

一年来，科学应对经济下行压力，全力稳增长、调结构、促改革，发展质效不断提高。实现地区生产总值 940.2 亿元，增长 8.5%；财政总收入 92.6 亿元，增长 1.9%；公共财政预算收入 38.8 亿元，增长 3.6%；全社会固定资产投资 361.4 亿元，增长 16.3%；社会消费品零售总额 625.3 亿元，增长 10%。互联网经济加速发展，湘茶集团、长沙银楼等企业搭建电商平台，阿里巴巴长沙产业带（依托阿里巴巴的平台优势和芙蓉区的企业资源优势，双方共同搭建的虚拟产业带，旨在加快传统商贸企业电商化改造步伐）入驻企业 798 家。楼宇经济换挡提速，红橡国际、湘域国际等建成投入使用，新增商务楼宇面积 20.4 万平方米，新入驻楼宇企业 515 家。中宏保险、国开证券等省级金融机构相继进驻，区域金融中心地位更加稳固。开展“芯动芙蓉 快乐购物”第二季商贸促销活动（2014 年 5 月 16 日至 10 月 30 日，组织开展了“爱满芯芙蓉，车聚婚庆园”等十大主题促消费活动），餐饮、建材等行业经营状况企稳回升。都市工业势头良好，华智生物、英式乳业等一批投资过十亿元项目和掌钱电子、凯德自控等 151 家高新技术企业入驻隆平高科技园，实现工业总产值 458.4 亿元，增长 11.3%。招商引资成效显著，引进平安财富、湖南铁塔等一批优质项目和总部型企业，实际利用外资 5.5 亿美元，引进省外境内资金 76.6 亿元，市外境内资金形成固定资产投资 197.8 亿元。

二、强化民生保障，社会事业和谐共进

一年来，致力于保障和改善民生，实施“十大民生工程”（水表改造，电力改造，燃气铺设，地下管网改造，社区交通微循环，路灯照明，绿化提质，环卫设施完善，社区服务规范化，农贸市场提质改造），公共服务事业取得长足进步，一批事关群众切身利益的民生问题得到妥善解决。进一步加大教育投入，大同三小、东湖路幼儿园全面竣工。通过省第三轮县级教育工作“两项督导评估考核”（由省委组织部和省教育厅牵头，省人民政府教育督导室具体负责，对县级人民政府教育工作和县级党政主要领导干部教育实绩进行督导评估考核），成为全省首批教育强区。注重科技创新源头建设，新增专利授权 800 件。举办第四届芙蓉艺术节、第六届全民健身运动会等文体活动 80 场次，群众文体生活日益丰富。深入开展健康管理家庭契约式服务（通过卫生全科团队与居民及其家庭签订契约，提供以医疗为核心的公共卫生及健康管理服务），签约 4800 户。创建成为全国慢性病综合防控示范区。稳妥实施“单独二孩”新政，新增 10 个社区婴幼儿活动场所。落实城镇独生子女父母奖励政策，惠及 3.6 万人。新增城镇就业 1.9 万人。新增各类保险参保人数 7.2 万人。城乡居民人均可支配收入达 38817 万元，增长 9.4%。颁布慈善救助低保家庭

实施办法，发放各类救助资金4691万元。新增廉租房租赁补贴808户、公租房50套。完成第九次村民委员会换届。开展食品安全专项整治，检查涉食单位6772家，责令整改341家。开展“打非治违”（打击非法、违法生产，治理违规、违章作业）和“六打六治”（打击破坏损害油气管道行为，整治管道周边乱建乱挖乱钻问题；打击危化品非法运输行为，整治无证经营、充装、运输，非法改装、认证，违法挂靠、外包，违规装载等问题；打击无资质施工行为，整治层层转包、违法分包问题；打击客车客船非法营运行为，整治无证经营、超范围经营、挂靠经营及超速、超员、疲劳驾驶和长途客车夜间违规行驶等问题；打击“三合一”“多合一”场所违法生产经营行为，整治违规住人、消防设施缺失损坏、安全出口疏散通道堵塞封闭等问题；打击粉尘爆炸危险场所不经批准动火作业或制造明火，整治电气设备不属于粉尘防爆型、作业场所不采取有效防尘措施致使存在职业病危害和粉尘燃爆风险等问题）专项整治，推进企业安全生产标准化创建，完成定王台书市消防隐患整改和提质改造工程，完成肉联厂冷库、金苹果冷库等重大安全隐患整治。召开全市首例信访听证会，解决突出信访问题32件，进京非正常上访数量下降58%。扬帆市场、农民安置房产权办理等历史遗留问题处置工作取得显著进展。推行社会治安群防群治试点，严厉打击违法犯罪行为，摧毁犯罪团伙73个，破获刑事案件1180起。加强火车站等重点地段的巡逻防控，反恐防暴能力显著提升。创建成为全国和谐社区建设示范城区。

三、坚持建管并重，西提东拓强力推进

年内，按照品质倍升的总体要求，协调推进城市建设和管理，城市承载功能和整体形象显著提升。实施跨河东进战略，启动征地拆迁项目14个，腾地158.6公顷。加快被征地农民安置步伐，一号安置点二期、二号安置点、三号安置点全线开工，购置商品房553套约5万平方米用于被征地农民安置。筹集被征地农民社保资金3.1亿元。举办第二届隆平论坛，启动水稻博物馆建设，隆平新区品牌效应和社会影响不断扩大。长达10千米公里的浏阳河东岸风光带全面启动建设。滨河路、营盘东路二期等竣工通车，隆平新区路网体系进一步加密。完成7处泵站重建，湘江综合枢纽库区涉水工程和截污工程基本竣工。恒大江湾、中房瑞致等地产项目加快建设，尚东板块成为置业热点。以棚改为抓手推进中心城区提质改造，五一大道东段、远大路一期等棚改项目基本扫尾，完成棚改500户。筹措棚改资金20亿元，启动都正街、友谊东等地块棚改和火炬村城中村改造。完成城际铁路、万家丽路快速化改造项目用地拆迁并启动建设。落实最严格、最精细、最到位的城市管理要求，开展“十项治理”（市容秩序、门前三包、夜宵摊担、渣土扬尘、交通秩序、拆违控违、清霾行动、碧水行动、静音行动、非法营运专项治理）、“五大提质”（农安小区提质、专业市场提质、绿化亮化提质、车站综合提质、市民素质提质）。严厉打击非法营运、“黑校车”、超载超限等行为，查扣黑车750台，取缔“黑站点”3处，查处超载超限车辆90台。拆除违法建设50万平方米。办结城管执法案件5098件。投入约1.7亿元实施富家湾、保利苑等30个农安和老旧小区改造。朝晖路、纬二路等瓶颈路和断头路相继打通，完成恒达社区、东湖社区等区域交通微循环改造。加强日常维护管理，铺设修补路面19万平方米，疏浚管道16万米，清运垃圾27.9万吨，改造水表3万户，改建压缩式垃圾站4座。实施“三年造绿大行动”，完成19条道路绿化提质和3个社区公园建设，机关大院绿地对外开放，新增绿地52.8公顷。针对石材加工、餐饮油烟、燃煤锅炉等开展环保执法行动，整治非法排污企业570家，削减化学需氧量945吨、二氧化硫154吨。组建万人“红袖章”志愿服务队，文明创建步入常态化轨道。

四、理顺体制机制，改革创新与时俱进

年内，坚决破除妨碍科学发展的体制机制弊端，做好多领域改革的总体规划，为经济社会发展激发活力、增添动力。加大简政放权力度，颁布行政审批项目目录，行政审批事项由249项精简至53项，精简率达78.7%。制定行政审批局和行政执法局组建方案，构建行政审批和行政执法新框架。免征行政事业性收费11项。城管执法队伍下放至街道，实现重心下沉、关口前置，建构了责、权、利相匹配的城管新机制。实施环卫体制改革，启动环卫作业市场化改革试点，环卫所全部移交街道管理。推进商事登记（创设、变更或终止商事主体资格的法律行为）制度改革，新增登记注册市场主体1.8万家，注册资本155.8亿元，其中企业5200家，注册资本亿元以上企业16家、千万元以上672家，市场活力和创业热情得到充分释放。在全省率先实施个体零散税收社会化管理改革，设立委托代征点15个，纳税服务更加便捷高效。

五、践行群众路线，作风效能不断改进

年内，扎实开展党的群众路线教育实践活动，严

格落实中央“八项规定”、省委“九条规定”、市委“两规定一办法”，作风建设取得显著成效。针对“四风”问题较为集中的领域开展专项整治，会议、文件数量分别下降20.1%、14.6%，拍卖超编公车63辆，“三公经费”削减35%，清理超标办公用房5630平方米，制定和完善“政府工作规程”等制度性文件32项。落实群众工作“直通车”（2011年7月以来，在全区推行群众工作“直通车”工程，通过畅通群众利益表达的上行渠道、干部深入群众的下行渠道，以及干群双向交流的互动渠道，实现党委政府与人民群众之间“政策畅通、交流直通、心灵互通”）和“四联三为”（“四联”是指全区干部下到基层，联系一家企业、一个项目、一个社区、一户困难家庭，“三为”是指为群众、为基层、为企业解决实际问题）工作要求，全区干部走访企业、项目、社区和群众家庭3.4万人次，解决问题2163个。坚持民主决策、开门决策，针对征地拆迁、社区整治等事项召开听证会19次。加强政府信息公开，“芙蓉之窗”网站累计公开信息3.4万条，办结“区长信箱”信件310件、“12345”市民热线工单2321件。严格执行区人大及其常委会决议，自觉接受人大代表、政协委员和社会各界监督，办理各级人大代表建议61件、政协委员提案119件。强化监察、审计和行政问责，查办“庸懒散拖”问题52件，处理责任人65人，查处违法违纪案件44起，干部作风和行政效能总体向好。

同时，全面建设小康社会、“六个走在前列”大竞赛（2013年5月9日，省委书记徐守盛提出长沙要做到“六个走在前列”，即在加快转型创新发展中走在前列，在城市规划、建设和管理中走在前列，在加快两型社会建设中走在前列，在共建共享全面小康中走在前列，在维护社会和谐稳定中走在前列，在提高党的建设科学化水平中走在前列。2013年5月24日，市委召开“六个走在前列”大竞赛活动和城市环境综合整治工作动员大会，提出在全市启动“六个走在前列”大竞赛活动，迅速掀起新一轮大开发、大建设、大发展、大提升的热潮）、“两型”（资源节约型和环境友好型）综合示范片区建设等工作有序推进。国防事业稳步发展，军政军民关系和谐融洽。“为民办实事”各项承诺全面落实。第三次全国经济普查圆满完成。首部《芙蓉年鉴》出版发行。扫黄打非、防空防灾、民宗外侨等工作荣获全国、省、市先进。工会、共青团、妇联、残联、侨联、科协、红十字会、关工委、老科协、老体协、老干大学等群团组织紧扣大局，奋发作为，为经济社会发展作出了重要贡献。

各位代表，过去一年取得的成绩，应归功于市委、市政府和区委的坚强领导，归功于区人大、区政协的监督支持，归功于全区人民的团结奋斗。在此，我谨代表区人民政府，向所有关心、支持和参与芙蓉区经济社会发展的各界人士表示衷心的感谢，并致以崇高的敬意！

反思过去一年的工作，也存在一些问题和不足：财税、消费、工业等经济指标未能实现年初预期，驾驭复杂经济局势的能力有待进一步提升。城市管理水平不稳定、不均衡，对一些城市乱象的整治力度有待进一步加大。“7·19”“11·29”较大以上安全事故相继发生，安全生产监管体系建设有待进一步加强。个别领导干部的违法违纪行为对政府形象造成了损害，政府自身建设有待进一步深化，等。对此，我们深刻反省，虚心接受批评，并努力加以解决。

2015年工作安排

2015年，是“十二五”规划的收官之年，也是形势错综复杂、任务尤为艰巨的一年。做好今年的工作，必须举全区之力，谋全局之策，求全面之效。

2015年政府工作的指导思想是：深入贯彻中共十八大与十八届三中、四中、五中全会精神，围绕“六个走在前列”总体要求、“湖湘之心、中部标杆、全国一流”的战略定位和建设“财富中心、魅力之都、幸福芙蓉”的总体目标，加快转型升级，增进民生福祉，提升城市品质，推进依法治区，全面深化改革，打造具有国际品质和湖湘文化特色的精品之区。

2015年经济发展预期目标是：地区生产总值超1000亿元，增长9.5%；财政总收入103亿元，增长11%，其中公共财政预算收入41.2亿元，增长6.4%；工业总产值490.8亿元，增长10%；社会消费品零售总额688亿元，增长10%；全社会固定资产投资365亿元，增长1%。

为实现上述目标，重点要做好以下工作：

一、深化结构调整，构建经济新常态

推进传统业态提质升级，培育新的战略支撑点，构建速度适宜、结构优化、质效倍增的经济新常态，打造芙蓉经济升级版。

大力发展新兴产业。强化创新驱动，推进“腾笼换鸟”“电商换市”“空间换地”（“腾笼换鸟”指引导不符合产业规划的企业迁出，腾出优质资源发展优势产业和新兴产业。“电商换市”指引导传统商贸

企业实施电商化改造。“空间换地”指推进棚改和市场改造，利用有限的土地资源换取更大的发展空间），构建以电子商务、互联网金融、生物育种等多点支撑的新兴产业体系。坚持引进和培育并重，吸引更多互联网产业领军人才和龙头企业入驻，引导传统商贸业进行电商化改造，形成以互联网为平台引领带动传统产业转型升级的新格局。引导金融机构创新发展和跨界发展，举办互联网金融高峰论坛，推进互联网金融创新（长沙）试验区（〔2014年10月23日，在第八届中国（长沙）科技成果转化交易会上，芙蓉区政府与互联网金融千人会等3家单位签订合约，打造集政、社、产、学、研、媒、投为一体的金融合作平台〕建设。引进国内外种业龙头企业，加快分子育种中心、种业交易中心建设，打造集研发、生产、销售于一体的“种业硅谷”。把握地铁2号线开通商机，推动沿线商圈提质升级，壮大地铁经济。积极引进一批创意设计、文化传播、动漫游戏等优质企业，提升第三产业内涵和品质，培育新的经济增长点。

巩固提升三产优势。推进中央商务区、隆平新区、浏阳河经济带三大核心功能区建设，夯实“一带两区”（浏阳河风光带、长沙芙蓉中央商务区和隆平新区）总体布局，进一步巩固全省金融中心、商务中心、消费中心地位。大力引进银行、证券、保险等金融机构省级总部，着力将金融资源转化为中小微企业信贷资源，增强金融产业的辐射力、创新力和资源配置能力。促进小贷公司、融资担保公司等民间金融机构规范发展，加强非融资性担保公司监管，严厉打击非法集资、金融诈骗等违法犯罪行为，维护良好的金融秩序。继续分批次打造专业楼宇，促进现代服务业抱团发展，引进楼宇企业超500家。推进浏阳河经济带建设，精心布局彰显湖湘文化和现代气息的时尚消费业态，构建宜居宜业的休闲商务区。加快传统产业和市场提质改造，推进马王堆蔬菜市场搬迁，精心谋划都正街历史文化街区招商工作。加快“乐搜芙蓉”手机软件（一款基于芙蓉区的综合信息查询移动客户端，可查询政府公告、办事流程、周边美食、车行路况等公共信息，开发该软件的目的是打造便民、高效、规范的政务环境）上线运行和推广。开展“芯动芙蓉”系列促消费活动，提升传统消费业态层级和效能。加快全省外贸示范区建设，吸引更多优质外贸企业入驻，完成外贸进出口总额22亿美元，推动开放型经济迈上新台阶。

推进工业转型升级。进一步明晰隆平高科技园功能定位，逐步实施“退二进三”战略（主动调整隆平高科技园产业结构，加快淘汰高能耗、高污染的第二产业，大力发展高技术含量、高附加值的第三产业），重点培育生物育种、工业设计、服务外包、节能环保等产业，建设新型综合性精品园区。盘活存量土地，抓好低效用地的再开发，开展空置厂房二次招商。加快工业地产和标准厂房建设，大力发展楼宇工业。启动特格尔、豪丹二期、广发隆平三期等项目建设，完成苏宁云商、东湖壹号等总部型项目建设。规模以上工业增加值超百亿元，增长9.5%以上。鼓励技术创新，着重引进研发、管理等方面的高端人才，鼓励企业开展技术合作和专利申报，加快科技成果资本化、产业化，引进高科技、高增长型中小企业100家以上。

提升招商引资质效。把招商引资作为优化经济结构的重要抓手，推动招商方式、区域、领域、机制取得新突破。科学规划产业布局，明确各区域产业发展重心，推进片区整体招商，实现产业错位发展。实施品牌带动战略，充分发挥袁隆平、马王堆、浏阳河等品牌影响力，提升招商引资项目的附加值和对资本的吸附力。加大“一带两区”项目策划包装和宣传推介，引进战略投资者和城市运营商，提升片区开发的规模和档次。加强擎天广场、佳兆业广场等重点项目跟踪服务，强化中庭广场、长城宾馆等商务楼宇招商指导。新增市场主体超1万家，实际到位外资5.8亿美元，引进省外境内资金82亿元，市外境内资金形成固定资产投资220亿元。

二、增进民生福祉，营造和谐新风尚

坚持民本理念，把群众满意作为检验工作成效的重要标准，让发展成果惠及更多群众，增进社会和谐，建设幸福芙蓉。

促进创业就业。实施积极的就业政策，扶持民营经济和中小企业发展，努力拓展就业容量。加强人力资源数据库建设，开展更多有针对性的职业培训，提高就业质量。重点做好高校毕业生、就业困难人员、零就业家庭就业帮扶，新增城镇就业1.8万人、再就业6000人以上。健全工资集体协商机制，构建和谐的劳资关系。落实创业扶持政策，建立创业小额担保贷款绿色通道，打造青年创业园区等平台，培育创业主体超1000人次。城乡居民人均可支配收入达4.3万元，增长10%。

发展社会事业。加快教育项目建设，确保长郡芙蓉实验中学、农园路幼儿园等投入使用，启动大同小学、东风小学等项目建设。稳步发展学前教育，探索举办国有民办普惠性幼儿园（坚持公益普惠和科学保教的办园方向，为群众提供有质量的保教服务和合理收费的幼儿园，含公办幼儿园、社会团体及事业单位举办的幼儿园和非营利性民办幼儿园）。加强科普阵地建设，不断优化科技创新环境。拓展文化体育活动阵地，进一步丰富群众文化体育生活。加强文物保护和利用，完成湖南和平解放史事陈列馆建设。推进区医院向社区卫生服务中心转型，完成文艺路街道社区卫生服务中心移址，优化公共卫生服务网络。全面落实计生奖励扶助政策，巩固计生工作全国先进位次。

强化社会保障。推进“十大民生工程”，促进低收入群体生活品质和老旧社区居住环境得到较大改善。做好社会保险扩面征缴工作，实现社会保障“一卡通”（将社会保险、劳动关系、公共就业、人事人才、金融服务等信息集成于一张社会保障卡，实现一卡多用、全国通用），完善养老保险制度转移接续和异地就医医保结算制度。健全社会救助体系，落实低保家庭慈善救助政策。鼓励和引导民间资本发展养老事业，推动街道日间照料中心和小型养老院建设。启动社会福利中心建设。加大保障性住房建设和筹集力度，建立科学、规范、透明的保障房管理机制。

维护和谐稳定。深入学习贯彻新《中华人民共和国安全生产法》，抓紧抓实安全生产工作，严格落实企业主体责任和条块监管责任，高密度开展安全生产隐患大排查、大整改，坚决遏制较大及以上安全生产事故发生。建立全区食品药品行业数据库，做到监管全覆盖。引导企业组建食品药品行业协会，提升协会自我管理功能。加强以“六张网”（治安防控网、矛盾纠纷排查调处网、安全稳定督查网、流动人口和出租房屋管理服务网、法律援助服务网、刑释解教人员安置帮教网）为重点的治安防控体系建设，构建立体化治安防控网络。充分发动和依靠群众开展“平安芙蓉”建设，探索社会治理新机制，不断提高人民群众的安全感和满意度。完成第九次社区换届，进一步推进居民自治。支持驻区部队建设，加强国防教育、国防动员、人民武装和双拥优抚工作，促进军地融合协调发展。

三、提升承载功能，锻造品质新城区

以建设人民满意城市为目标，加快西提东拓，强化精细管理，塑造整洁、清秀、靓丽的城区新形象。

推进跨河东进战略。加快隆平新区开发建设，完成水稻博物馆建设、文物征集和展陈设计，基本实现“一馆三中心”（隆平水稻博物馆、隆平国际会展中心、分子育种中心、种业交易中心）核心功能总体布局。完成浏阳河东岸风光带建设。推进执行103号令的征地拆迁，腾地超100公顷。拓展被征地农民安置渠道，采取团购商品房等多种安置方式，加快安置进度。推进红旗路及跨河大桥、京港澳高速东西辅道、杉木南路等一批重点项目建设，进一步加密东片路网。推动203电台、省气象站搬迁和人民路沿线高压电缆下地，整合驻区单位土地资源，提高土地利用率。加快污水处理厂二期、人民路提升泵站等市政配套工程进度，完成东片雨污分流体系建设。推动皇后道、长云台等地产项目建设，提升隆平新区城市化水平。

加快旧城改造提质。抢抓棚改新政机遇，筹集资金超30亿元，完成友谊东、黄土塘、火炬村、农科村等区域的棚改和城中村改造，动迁1500户，腾地60公顷。统筹推进蝴蝶大厦、湘华宾馆等社会资本主导的棚改项目，构建融资和安置渠道更加多元的大棚改格局。推进轨道交通、城际铁路等项目建设，打通紫薇南路、支五路等断头路，提高中心城区道路通行能力。加快国金中心、世茂广场、万家丽国际商务中心等城市综合体建设，壮大商务楼宇集群。

狠抓城市精细管理。落实建设更高水准文明城市的总体要求，建立城市综合管理标准体系、部门联动作业机制和督察考核奖惩机制，全面提升城市管理精细化水平。深化市容秩序、专业市场等领域的综合整治，坚决防止各类城市乱象出现反弹。投入2亿元专项资金，实施第二批共55个农安、老旧小区改造。优化交通组织，畅通宝南街等区域的交通微循环，挖掘和整合停车位资源，缓解中心城区拥堵状况。加强交通管理，重点整治非法营运，健全“禁摩、限电、治超”工作常态机制，建立安全、畅通、有序的交通新秩序。严格管控私搭乱建，确保违法建设零增长。开展市民“随手拍”、楼栋门店评比等活动，形成社会力量广泛参与城市管理和文明创建的良好局面。

提升生态宜居品质。积极回应人民群众对改善环境的强烈期盼，贯彻落实新《中华人民共和国环境保护法》，狠抓生态文明建设、“两型”示范创建和节能减排。实施造绿行动，完成隆平公园建设，打造滨河路、荷花路等林荫大道和朝阳路、曙光路等绿化精品示范路段，新增绿地40公顷，展现城在林中、路在绿中、人在景中的城市新貌。实施清霾行动，强化扬尘源头治理，规范渣土运输、建筑工地现场管理，严控油烟、尾气等污染排放，淘汰黄标车1600辆。实施碧水行动，严查水上餐饮、污水直排等违法行为，最大限度削减污水排放总量，实施河道滩地植绿，改善浏阳河流域水环境。实施静音行动，整治家庭式歌厅等噪声污染，启动德政园噪声环境治理示范区建设，交通噪声平均值控制在70分贝以下，区域噪声平均值控制在55分贝以下。

四、推进依法治区，营造法治新环境

培育法治思维，践行法治理念，确保依法行政。

加强制度建设。坚持用制度管权、管钱、管人、管事，扎紧制度牢笼，堵塞制度漏洞。加强政府精细化管理，建立程序规范、标准量化、责任明晰的行政规程。加强决策、执行、考核、评价等一揽子制度体系建设，注重发挥制度的整体功效。完善重点领域的制度设计，对涉及工程项目、政府采购、国资管理等方面的重大事项和关键岗位，出台指导性强、操作性实的制度性文件，确保权力得到有效监管。建立法律顾问制度，落实重大行政行为法律审查机制。实行规范性文件动态管理，做好制度的立、改、废工作。

坚持依法行政。始终将法律规章作为政府工作的基准和底线，严格按照法定程序、法定权限、法定职责行使权力。加强法制教育，建立政府常务会议学法制度，提升依法行政的意识和能力。加快行政职权清理，建立覆盖行政处罚、行政征收、行政确认等领域的“权力清单”。加强执法队伍建设，提高执法人员素质，规范行政处罚自由裁量权，注重人性化与规范化执法相结合。加强执法监督，深入开展行政执法案卷评查。坚持从严治政，实施事前、事中、事后全过程监管，严防行政不作为和乱作为，严肃查处乱摊派、乱检查、乱罚款等行为。对行政审批行为实行全过程电子监察，消除权力设租寻租空间，提高政府工作规范化、制度化、法治化水平。

打造阳光政府。自觉接受人大法律监督、工作监督和政协民主监督，认真办理人大代表议案、建议、批评、意见和政协委员提案，广泛听取民主党派、工商联和人民团体的意见建议，全力支持社会各界监督。推进政务公开，增强工作透明度。推行重大决策公示、听证和专家咨询论证等制度，强化决策问责和纠错机制。完善网上政务服务平台建设，营造便捷透明的政务服务环境。强化政民互动，办好“芙蓉之窗”网站、“区长信箱”和“12345”市民热线，及时回应并妥善解决群众合理诉求。

弘扬公平正义。发挥司法公正对社会公正的重大引领作用，支持司法机关依法独立行使职权。加强基层法制建设和全社会法制宣传，营造浓厚的法制氛围。强化“三调联动”（整合人民调解、司法调解和行政调解，运用法律、政策、行政等手段和教育、协商、疏导等办法促进矛盾化解、社会稳定的一种长效机制），引导和调动社会力量参与纠纷调解。扩大法律援助范围，提高法律援助服务质量，推进公共法律服务体系建设，满足人民群众日益增长的法律需求。坚持信访听证制度，突出积案化解。重点推进农民安置房产权证办理工作，着力解决一批历史遗留问题。坚持以人为本做好行政复议受理、审查、答复工作，有效化解行政争议。严肃对待行政诉讼，坚持依法应诉，认真履行应诉义务。

五、加强自身建设，塑造务实新形象

加强政府精细化管理，加快重点领域的改革，突出转变政府职能，以扎实举措建设人民满意的政府。

深化改革创新。精心编制“十三五”规划，科学谋划未来五年发展目标和工作重点。加快行政审批和行政执法制度改革，推动成立行政审批局和行政执法局。抓好卫生、计生机构改革和食品药品监管体制改革，确保职能整合到位。进一步深化商事登记制度改革，试行工商营业执照、组织机构代码证、税务登记证“三证合一”，充分释放社会资本潜能。探索推广市政、园林、环卫作业市场化运作模式，实现“管养分离”。实施公车制度改革，科学配置公车资源。推动“营改增”和消费税改革，加强税收征管，壮大财政实力。按照公共财政的总体要求科学编制预算，加强预算执行管理，推行财政支出绩效评估，提升财政资金使用效益。

坚持群众路线。巩固和深化教育实践活动成果，牢固树立宗旨意识，坚决预防和惩治“四风”，严格兑现整改承诺，务实推进专项整治，继续抓好建章立制。贯彻市委“一推行四公开”[推行干部联点驻村（社区），公开联系方式、岗位职责、监督机制、考核办法]精神，继续抓好抓实群众工作“直通车”工程。完善优化经济环境责任制，发挥和调动一切积极因素，营造优质高效的发展软环境。在政务服务窗口践行“十字”服务标准（“两立、三声、四一样、五不让”的服务标准。“两立”即站立接受咨询、站立回复办件。“三声”即来有迎声、问有答声、走有送声。“四一样”即受理咨询生人熟人一样和气、干部群众一样尊重、忙时闲时一样接待、来早来晚一样办理。“五不让”即不让工作延误、不让事项积压、不让差错发生、不让办事群众受冷落、不让集体形象受损害），优化服务流程，压缩办事时限，力争做到零差错、零投诉。

提升行政效能。弘扬勇于担当的精神，直面发展改革进程中的挑战，面对矛盾敢于迎难而上，面对危机敢于挺身而出，面对失误敢于承担责任。贯彻执行上级决策部署，坚决克服“梗阻”现象，解决政策不落地的问题。坚持从严治政，强化督察督办和行政问责，做到令行禁止、政令畅通。完善人才培养、评价、使用、激励机制，提升干部素质，优化队伍结构。发挥绩效考核的“指挥棒”作用，构建与新常态相适应的考核体系，突出考核日常绩效，提升干部队伍执行力。

狠抓廉政建设。严格执行党风廉政建设责任制，落实“一岗双责”（领导干部对业务工作和党风廉政建设负双重责任），建立健全思想教育、制度保障、监督约束并重的预防和惩治腐败体系。深刻汲取近年来在廉政建设方面的沉痛教训，严肃查办重点领域、关键环节的腐败案件。实行“一月一暗访、一季一点评、逢节必督察”的作风建设暗访常态管理，做到干部清正、政府清廉、政治清明。

各位代表，改革创新风正劲，跃马扬鞭开新篇。展望未来，我们充满信心。让我们在市委、市政府和区委的坚强领导下，在区人大、区政协的监督支持下，紧密团结依靠全区人民，务实创新，开拓奋进，为加快建设更加幸福美好的新芙蓉而努力奋斗。

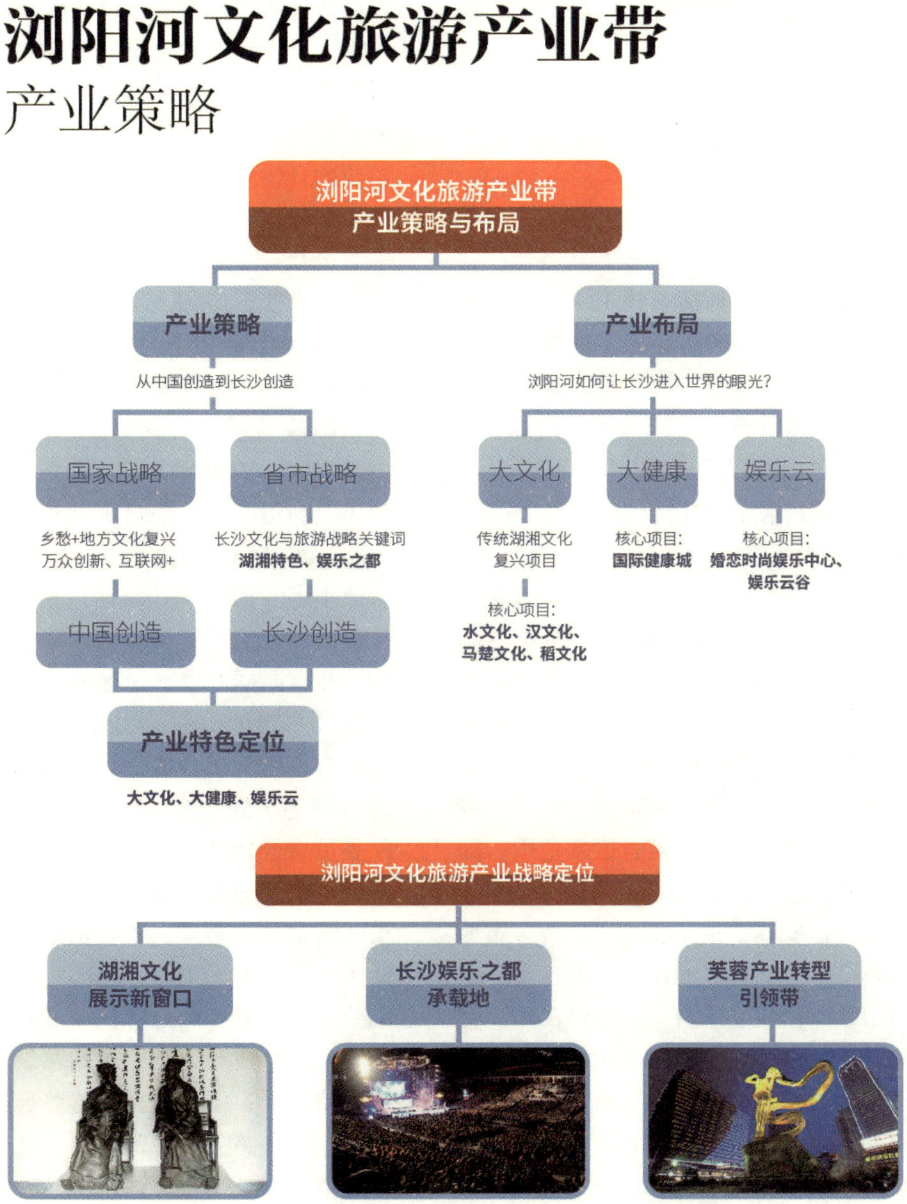

图 3　浏阳河文化旅游产业策略

综 述

芙蓉区情简记

【概述】 芙蓉区为长沙市辖行政区。区情简要记载如下：

自然地理 芙蓉区位于湖南省长沙市中部，周边与长沙县、雨花区、天心区、开福区接壤。其经纬位置为北纬 28°、东经 113°。东西最长约 12.8 千米，南北最宽约 4.8 公里，面积 42.8 平方千米。地貌为湘江长年冲积形成的平原，地势平缓，平均海拔高度约为 40 米。东部原有小片丘陵山地，已因开发建设推平。浏阳河由东而西向北再向西穿区而过，将区境分为东西两片。东部有东湖、红旗水库，水面积约 2.5 平方千米。属亚热带季风气候区，雨水集中，春湿秋爽，暑热期长，严寒期短，四季分明，春季约 70 天，夏季约 120 天，秋季约 70 天，冬季约 100 天。日极端最低与最高气温分别达 -10℃和 40℃左右，年平均降雨量约 1500 毫米，年平均日照 1200~1600 小时。植被属于亚热带针阔混交林区，境内留有古樟、白果树等名木。

建制沿革 1933 年设长沙市。1934 年，长沙市置第一至第四区。第一区大部分为现芙蓉区辖范围，即东边沿浏阳河湖迹渡、沙湖桥、杨家山、长岭，南边经子弹库、识字岭、古家巷、柑子园、青石桥、鱼塘街口，西边过八角亭、走马楼、南阳街、府正街、老照壁，北边至中山东路西段、乐古道巷、经武路、喜鹊桥、姚家巷等，所圈成的区块，其中包括长沙城东部和东面近郊区大片地域。区下设坊，坊下设保，保下设甲。第一区下设 4 坊 14 保。1937 年，长沙市改四区为八镇四乡，原第一区城区地段划分为端履镇和南阳镇，郊区部分划入文艺乡。改区、坊、保、甲四级为镇、保、甲三级，取消坊公所。1938 年，长沙市设两镇、两乡。原端履镇和南阳镇属城南镇。1942 年 1 月，长沙市设 9 镇，城东镇辖原端履镇和南阳镇地区范围。同年，改镇为区。1945 年 2 月，改区为镇，城东地区成立日伪政权城东镇公所，至当年 8 月，为短暂的日伪统治时期。1945 年 12 月，长沙市置 8 区，原城东镇更名为城东区。1949 年，城东区面积仅 1.06 平方公里，下设 9 保、192 甲。新中国成立后，城东区建置未变。1960 年 4 月，东区改置为天心阁人民公社。1961 年 9 月复为东区。1996 年 7 月，长沙市实行区划调整，撤销东区，置芙蓉区。

行政区划 中华人民共和国成立初，城东区沿用旧保甲制。1950 年 8 月废除保、甲，设居民委员会新制（今街道办事处前身）。共设浏正街、犁头街、解放路、东站路、府后街 5 个居民委员会，下设 328 个居民小组。1951 年，城西区皇仓湾一带划入城东区，从南区划入织机街居委会、从文艺区划入衡湘里居委会、韭菜园居委会，全区共 8 个居民委员会；原区辖居然里一带划入北区。1952 年，撤销居民委员会，成立 8 个街道人民代表会议办事处，1955 年 12 月又改为街道办事处。全区 8 个街道办事处，下辖 87 个居民委员会。1956 年 10 月撤销浏正街、犁头街两个办事处，全区为 6 个街道办事处。1957 年区划小调整，东区管辖的火药局、稻香别墅划入南区；北区的蔡家铺子划入东区。1960 年 4 月，东区改置为天心阁人民公社，下置 5 个分社，即城内解放路、都正街办事处合并为解放路分社；东站路、府后街办事处合并为长治路分社；韭菜园、文艺路街道办事处分别改为中心点、东大路分社，郊区万年红公社文艺乡部分划入设五里牌分社（后改为东屯渡分社）。城区分社下设管理区，东屯渡分社下改大队。1961 年 9 月天心阁人民公社撤销，东屯渡分社仍划归郊区管辖；城区4个分社恢复为东站路、长治路、东茅街、都正街、东大路、中心点6个街道办事处。1964年7月，东大路、中心点两街道办事处更名为文艺路、韭菜园街道办事处。1976年，长沙市新建火车站，城区向东拓展，郊区五一、火星两个菜农大队地域划入东区，并于1977年新设朝阳新村街道办事处，后更名朝阳街道办事处。全区共7个街道办事处，行政区域东起现京广铁路，西至黄兴路，南起现雨花区妹子山、长岭、人民路、大古道巷一线，北达中山东路、八一路，折至迎宾路北段转向中共湖南省委大院北墙。1995年1月，长沙市郊区马王堆乡五一村划入东区，辖区面积为8平方千米。同年4月，将朝阳、韭菜园两个街道办事处的部分辖区划出，新设五里牌街道办事处。

1996年7月，长沙市实行区划调整，撤销东区，置芙蓉区。芙蓉区所辖范围含原东区8个街道和长沙市郊区东岸乡、火星镇、东屯渡农场以及马王堆乡（新桥村、农科村、火炬村、新合村、东屯渡居委会），同时，五一村划入雨花区。1997年，撤销火星镇、马王堆乡，设火星、马王堆两个街道办事处，增设东屯渡街道办事处，长岭、王公塘地段划入雨花区。1999年，长沙市将湘湖管理局行政管辖权移交芙蓉区，并于年底设立湘湖街道办事处。至此，芙蓉区辖12个街道办事处和1个乡，117个居民委员会、19个村（场）。行政区域东起东湖路与长沙县相接；南沿浏阳河、圭塘河、西街花园及湖南旺旺医院南面、人民路、天心阁西侧、大古道巷一线，与雨花区、天心区毗邻；西至黄兴路，与天心区、开福区交界；北经中山路、八一路、迎宾路中段与北段、省委大院北墙、烈士公园东侧、窑洞子、浏阳河段、杨家湾路一带，与开福区、长沙县接壤。2001年，芙蓉区实施社区居委会整合，将原123个居民委员会整合成52个社区。2010年，芙蓉区辖解放路、都正街、府后街、浏正街、文艺路、韭菜园、朝阳、五里牌、马王堆、东屯渡、火星、湘湖12个街道和东岸乡，管理长沙高新技术产业开发区隆平高科技园（管理委员会为正县级单位）。其中，湘湖地区既设街道办事处，又设管理局（副县级单位），行政人员为一个机构，两块牌子。2011年12月，芙蓉区实施街道办事处行政区划调整。原解放路、府后街、都正街、浏正街4个街道办事处合并为定王台街道办事处；原马王堆街道办事处析置为马王堆与荷花园两个街道办事处；原东岸乡撤乡设街并析置为东岸、马坡岭、东湖三个街道办事处。同时，对湘湖、韭菜园、五里牌、火星、东屯渡5个街道范围予以调整。2015年，全区辖13个街道办事处、67个社区、12个行政村。年末，全区常住人口54.28万人。

区名由来　芙蓉区名蕴含历史渊源。古代湖南地区雅称“芙蓉国”，以域内到处盛开的木芙蓉花得名。该名称传承至今，经典诗词、文书多有应用：宋代诗人谭用之《夜宿湘江遇雨》中有“秋风万里芙蓉国”之句；毛泽东诗词《七律·答友人》中有“芙蓉国里尽朝晖”之句。1996年长沙市辖区调整，位于市区中心部位的东区更名为芙蓉区。

区位优势　芙蓉区位于长沙市区中东部，浏阳河以西为城市中心区。京广铁路由北向南穿境而过，长沙火车站位居其中。黄花国际机场毗邻东头。城区东西轴线五一大道与南北轴线芙蓉路交会贯通，形成得天独厚的“金十字”枢纽。另有东西向的人民路、远大路和南北向的万家丽路、东二环、车站路、韶山路等主干道穿区而过。东片城区，隆平新区规划中已构建“五纵四横”的路网（连接南北的滨河路、京港澳高速、红旗路、合平路、长榔路，横贯东西的高家坡路、远大路、黄元路、人民路），将使区域更为通畅。交通便捷、人流密集，是商贸经济发展的良好环境。省委、省军区、省高级人民法院、省人民检察院等省、市领导机关和办事机构多驻区内。工商银行、农业银行、建设银行的湖南总部驻于区内。华天、通程、富丽华等知名大酒店驻于区内。

经济特色　芙蓉区经济结构以二、三产业为主。第一产业因城市建设的扩张，农用地面积逐年缩小，传统农业基本退出。工业经济中，劳动密集型产业逐步退缩，正向“高、转、清、新”方向发展，逐年形成新能源、电子信息、生物技术、农产品精深加工等产业群体。位居区东部的隆平高科技园，总规划面积18平方千米，聚集全区主要工业项目。入园企业达650家，其中规模以上工业企业81家。商贸服务业为区内经济主体，占全区生产总值80%以上。传统商贸业在改革中越做越强，友谊阿波罗集团、万家丽集团等大型百货、建材综合商场名冠三湘。集市贸易成规模，区内有金苹果服饰批发市场，马王堆陶瓷建材市场和三湘、南湖综合市场等多处大型集贸中心，卖场总面积约100万平方米。楼宇经济成为经济栋梁，全区商务楼宇207幢，入驻企业超4900家。形成了五一大道、芙蓉路、韶山路三条楼宇经济带，成为招商引资的热土。著名楼宇有中天广场、中石油长沙大厦、顺天财富等。电子商务迅速发展。

城建新貌 芙蓉区西部原为长沙老城区，街巷狭窄，房屋破旧，下水道淤塞，基础设施匮乏，经历年改造建设，旧貌换新颜。一是市政基础设施不断完善，水、电、气、通信设施普及到户。二是对城区主干道进行提质改造：拓宽路面、完善交通设施、开凿地下人行通道或架设过街桥梁，确保交通顺畅。对道路两旁人行道及建筑物实施绿化、亮化、美化，街道的品质不断提升，其中五一大道被誉为长沙的“形象路”。三是对老旧街巷进行改造：打通断头路，实现交通微循环，对老旧棚户区实施分片分期改造。四是构建立体交通网。配合市有关部门推进交通立体化工程。地铁1、2号线在区内五一广场交汇，万家丽高架路穿区而过。随着经济发展，城市化进程加快，城区由西向东不断扩展。建成区面积倍增，由7.28平方千米扩展到近20平方千米。高层建筑有如春后雨笋，不断涌现，随处可见高楼林立的密集区。

城区管理 随着城市化进程，城区管理越来越复杂，难度越来越大。芙蓉区深化城市管理体制改革，构建“大城管”格局，打造“文明城市”。一是加强市政设施的维护和改造，修复街道路面，疏浚下水管网，更换隔离球柱等。二是确保市容整洁卫生，对街巷路面和护栏全天候进行机械清洗和人工清扫，对沿街门店实行“门前三色”，对建筑垃圾、生活垃圾及时清运等。三是严格实行城管执法，强化对渣土扬尘、占道经营、违章搭建、消防隐患的执法管理，开展了“拆控违”大行动。四是严格执行新环保法，关停“五小”（即小煤矿、小炼油、小水泥、小玻璃、小火电等）企业，拆迁有毒排放企业，改造污水处理与排放。五是加强城管宣传工作，推进数字城管建设。各项工作多次获市有关部门的表彰、肯定。

社会事业 教育事业优质发展。全区教育经费投入逐年增长，生均教育事业费和生均公用经费高于省、市标准。新改扩建中小学和幼儿园，不断增加学位，被评为全国义务教育发展基本均衡区、全省首批教育强区和学前教育先进区。全面推行素质教育，开发学校特色项目，形成“一校一品”和“一校多品”的特色教育格局。被认定为湖南省首批教育强区。坚持实施“科技兴区”“创新强区”战略，连续16年保持“全国科技进步先进城区”称号。区内科研单位和高新技术企业数量逐年增加。位于区东部的湖南省农业科学院是具有雄厚实力的农业科研基地，由中科院院士袁隆平领衔研究成功的杂交稻高产品种，有的打破了水稻单产世界纪录。国内多地推广种植，并走出国门，由外国引种，故有“国际稻都”“种业硅谷”的美誉。文体事业蓬勃发展，公共文化服务体系三级网络全面建成，已举办芙蓉艺术节、芙蓉杯新节目大赛等群众文化活动800场次，连续举办5届芙蓉区全民健身运动会。深入推进医疗卫生体制改革，实施基本药物制度，创建全国慢性病防控示范区。加强基层疾病防控有关工作，全区有2个街道卫生服务中心被授予“全国示范社区卫生服务”称号。稳妥实施“单独二孩”计生政策，人口自然增长率稳定在5‰左右，连续5年被评为“全国计生优质服务先进单位”“湖南省人口计生工作模范单位”等。

社会民生 以构建“平安芙蓉 幸福芙蓉”为宗旨，区直各有关部门尽职尽责，强化防控措施，确保社会大局和谐稳定；落实惠民政策，实施“民生工程”，不断提升居民幸福指数。各街道加强市政设施、住宅小区、经营门店、流动人口的管理，认真调处信访，化解社会矛盾，同时组织就业创业培训和企业现场招聘活动，保证居民安居乐业。各社区加强楼栋及停车管理，维护基础设施，聘请环卫工人或组织志愿者进行路面清扫及生活垃圾清运，确保环境整洁；完善社保体系，实行“社保五险”统一征缴，对城乡低保户实现“应保尽保”；积极组织爱心奉献活动，让老、弱、病、残居民得到帮扶；积极组织社区文化、文娱活动，让居民的精神生活更加充实。近年来，通过发放宣传资料、张贴宣传画、组织道德讲堂等方式，大力弘扬社会主义核心价值观，促进居民提升人文素质。

风景名胜 芙蓉区辖区自古以来就是长沙这座历史文化名城的中心，长沙的府治、县治均设其境，王都藩府遗迹随处可寻，商业老街故巷沿袭至今。辖区内马王堆汉墓发掘是中国乃至世界重大考古发现，走马楼出土的三国孙吴纪年简牍被誉为中国古代研究文献资料的五次大发现。芙蓉区还是黄兴、毛泽东、徐特立等早年从事革命活动的地方。毛泽东曾在辖区内修业小学创办《湘江评论》周刊，写出著名的《湖南农民运动考察报告》。辖区内有八路军驻湘通讯处、程潜公馆等湖南省重点文物保护遗址。辖区东部的浏阳河西岸风光带已建成，全长约9.5千米，长堤上的花草树木秀丽葱茏，风景别致。沿河的婚庆文化园是青年男女约会相亲、举办婚礼的理想场地。浏阳河东岸风光带已启动建设。位于长沙火车站西侧的晓园公园，是候车旅客短暂休闲的好去处。解放西路的酒吧一条街夜景宜人，游人可尽情品尝长沙风味的特色美食。

（年鉴编辑部）

国民经济与社会发展

【年度概况】2015年，芙蓉区紧紧围绕建设具有国际品质和湖湘文化特色的精品之区的目标定位，贯彻落实中共十八大和十八届三中、四中、五中全会精神，加快转变经济发展方式，着力保障和改善民生，切实维护社会和谐稳定，全区经济社会各项事业保持平稳较快发展。

经济发展。主动适应经济发展新常态，全力以赴稳增长、调结构、促改革，经济发展质效显著提升。全年完成地区生产总值1033亿元，增长10%；财政总收入102亿元，增长10.1%；固定资产投资436亿元，增长23.8%；社会消费品零售总额712.5亿元，增长10.3%；工业总产值478亿元，增长5.6%；规模以上工业总产值427.5亿元，增长5.5%；城镇居民人均可支配收入4.27万元，增长9%。各项主要经济指标增幅位居省市前列，实现经济总量、质量、均量“三量齐升”。大力发展“互联网+”，致力推进创新创业，湖南省金融创新特色产业园成功落户，掌钱电子等互联网金融创新企业竞相发展，科佳影像、湘茶等创业创新平台挂牌运行，获评全国十佳金融创新示范区。电子商务蓬勃发展，苏宁云商完成总部建设并启动运营，物产中拓、沁坤农产等电商龙头加快发展，隆平园获批国家电子商务示范基地。工业经济转型发展，英氏产业园、东湖壹号等十亿元级总部项目加快建设，华智水稻、泓春制药等高新技术企业落户园区，全年实现规模以上工业总产值426亿元，同比增长6.5%。招商引资成效显著，湖南有色金属交易所、天津渤海交易所等总部企业落户入驻，平安银行、长沙铁塔等知名企业相继落户，全年实际到位外资5.9亿美元，引进省外境内资金81亿元，市外境内资金形成固定资产投资231亿元。

项目建设。以“百日大竞赛”为载体，强力推进项目建设，全年铺排各类重点项目150个，其中97个续建新建项目完成投资213.6亿元。浏阳河文化旅游产业带建设提速提质，10千米绿轴完成总体布局，“一带一园两馆两桥三中心”等核心项目进展顺利，西岸产业带一期建成营业，婚庆文化园创建AAA景区，东岸风光带基本建成。芙蓉中央商务区提质升级，长沙国金中心双塔封顶，万家丽国际购物中心建成开业，华泰尚都、中天大厦成功打造为专业楼宇，擎天广场、佳兆业广场、世茂广场等城市综合体加快建设，旺德府、湘域国际等建成营运，商务楼宇总量达到230幢、908万平方米，楼宇企业超过5600家，楼宇经济对税收的贡献率接近70%。隆平新区完成控规深化设计，种业硅谷核心功能区建设提质加速，水稻博物馆建成开馆；红橡国际、中房瑞致等大型地产项目投入使用，恒大、万国城等城市运营商相继进驻，土地附加值大幅提升，发展活力显著增强。棚改工作成效显著，抢抓棚改新政，启动棚改三年行动计划，实施黄土塘、友谊东、迪马等7个棚改项目，完成棚改69.9万平方米，都正街有机棚改被列为全省棚改示范项目。东片征拆安置有序推进，全年实施103号令征拆项目26个，腾地143.4公顷；探索农民安置新模式，商品房安置1200人。芙蓉生态新城及东屯渡高层安置房主体竣工，1号安置点2期及2号安置点加快建设，火炬村城中村改造项目已启动1期4幢安置房建设。基础设施更加完善，滨河路、京港澳高速东辅道竣工通车；万家丽快速化通道、地铁2号线竣工通车，城际铁路及地铁1、3、5号线加快建设；引水工程、湘江综合枢纽库区涉水工程全面竣工，砂咀子、杉木港等7个泵站双回路电源改造及雨污管网铺设全面完成，市政设施保障能力更加完善。

城市品质。落实建设更高水准文明城市的总体要求，深化城市精细管理，城市环境进一步改善。全面推进违法建设整治行动，实施“五个同步”，全年拆除违法建设290万平方米，提前三个月实现“基本清零”。全面实施“十大民生工程”和老旧社区、农安小区提质改造“三年行动计划”，完成合平村安置小区、兴合社区、五一东村等58个农安小区、老旧社区提质改造，一批水、电、气、路问题得到妥善解决。加强市政设施维护管理，道路、管网、沟渠等市政设施运转状况良好。以“绿色城市”建设为抓手，加快浏阳河东岸风光带和隆平公园建设，推进立交桥绿化、社区公园建设、拆违透绿、全民植树等工作，新增绿地40公顷，绿化覆盖率43.9%，成功打造人民东路两厢高品质林荫大道。机关大院率先“拆墙透绿”，率先全市完成11处围墙拆除任务，并进行增绿添景。对照“清洁城市”建设标准，科学调度清扫保洁作业，加大垃圾站、垃圾车、垃圾箱等设施设备投入，推行“双车作业”模式，组织开展“周末大清洗”活动，环卫工作质量稳步提升。严格执行新环保法，深入开展“最严环保年”活动，年内移送公安机关环境违法案件6起、行政拘留3人；全面淘汰燃煤锅炉，地表水质100%达标。积极推动浏阳河污染治理，关停违法企业 100 家，实现区域内全截污。

民生事业。围绕“十大民生工程”总体安排，社会事业和社会保障各项工作协调发展。教育项目顺利推进，大同小学扩地重建工程完成拆迁并启动建设，农园路幼儿园建成投入使用，大同瑞致小学、长郡芙蓉实验中学主体竣工。促进科技成果转化，推荐 89 家企业申报市级以上科技计划项目。成功举办第七届全民健身运动会，开展群众文化活动百余场次。湖南和平解放史事陈列馆、水稻博物馆、詹王宫建设稳步推进。推动区医院改革，完成动文艺路街道社区卫生服务中心建设，建立居民健康档案 51 万人，成功创建全国慢性病综合防控示范区。积极稳妥实施“单独二孩”。“全面二孩”政策，人口自然增长率 5.4‰，被评为“全国计生优质服务先进单位”“湖南省人口计生工作模范单位”等。就业再就业更加充分，持续举办“春风行动”系列招聘会，新增城镇就业 1.6 万人。新增注册市场主体 1.1 万家，其中企业 4700 家，涌现出一批创业、创客平台，科佳创客模式获得央视《新闻联播》报道推介。社保体系更加健全，加大对困难群体的帮扶，发放低保、救助、优抚、助残等资金 7200 万元；慈善助保工作共发放救助金 355 万元，救助低保户 6600 人次，入围第三届湖南慈善奖最具影响力慈善项目评选。房产办证遗留问题取得重大突破，60 号令农民安置房产权证基本办结，国有土地房产证遗留问题办结 9800 户。居民收入持续增长，城镇居民人均可支配收入达到 4.27 万元。国防教育、征兵工作、双拥优抚安置工作稳步发展，军政军民关系融洽。工会、共青团、妇联、工商联、残联、侨联、科协、红十字会、关工委、老体协、老科协、应急、司法、人防、农业、林业、水利、机关后勤、民宗外侨、史志档案等工作齐步推进，为经济社会发展做出了重要贡献。

社会和谐。着眼平安芙蓉建设，全面加强和改进社会治理创新，荷花园街道“双联双执”（联组执勤、联合执法）模式获省市推介。用好用活“三调联动”（人民调解、行政调解、司法调解）工作机制，全面落实县级干部包案接访制度，积极处置房产办证等遗留问题，化解疑难信访问题 5 件，进京非访下降 64.7%，上访高发态势得到有效遏制。大力推进“安全生产网格化管理监控信息系统”建设，全面开展打非治违“飓风行动”，及时启动全区安全生产地毯式排查，清理、查处、责令整改和关停各类危险化学品、烟花爆竹等经营单位 372 家。举办“12331”食品药品投诉举报主题宣传日、食品安全宣传周等活动，检查食品药品经营单位 1.8 万户次，食品安全检测合格率 97.6%，安全生产形势总体稳定。推进治安防控立体化，推进治安防控立体化，“天网”工程二期顺利竣工，接报警量下降 4.6%，破获刑事案件 1544 起，刑事案件下降 20.4%，被授予全省政法工作先进单位，定王台社区戒毒工作获全国表彰。全面加强火车站等重点地段巡逻防控，反恐防暴能力显著提升。全面实施“道路交通综合整治年”活动，大力推进湘雅附二医院、火车站周边区域等交通堵点疏导工作，道路通行能力和交通秩序显著改善。 （周裕熊）

精神文明建设

【年度概述】2015 年，芙蓉区以建设更高水平全国文明城市为工作目标，始终将文明创建工作作为践行科学发展的系统工程，作为惠泽居民群众的民心工程，作为提升城区品位的实事工程，全民动员，全面覆盖，全力推进，文明创建逐步实现制度化、规范化和常态化，城区经济社会发展和文明道德水准稳步提升。

核心价值观实现新传承。宣传教育，弘扬核心价值观，提升全民文明素质。坚持把培育和践行社会主义核心价值观作为精神文明建设的根本，运用多种载体、多种渠道，开展形式多样的教育实践活动，使社会主义核心价值观成为全区干部群众的自觉追求。“24 字”（富强、民主、文明、和谐、自由、平等、公正、法治、爱国、敬业、诚信、友善）在机关、学校、社区、企业、商铺及公共场所随处可见，各单位组织党员干部学习讨论，入心入脑。实施公益宣传提质工程，投入 200 万元全面完成社会主义核心价值观公益广告宣传以及主题社区、广场建设。年内，全区撤换破损公益广告 5300 幅，承办市级以上主题宣传教育实践活动 56 场次，在《人民日报》、新华社、人民网、新华网、中国文明网等主流媒体发稿 150 篇。开展“崇德尚善”“敬业奉献”“诚信企业”等形式多样的道德讲堂活动 220 场次，参与人数约 10 万人次。以道德模范影响感动身边人。深入挖掘道德模范的精神价值，在机关、社区、学校、医院以及企事业单位广泛开展道德模范巡演巡讲等活动，营造好人有好报的价值导向。

精神文明展现新风尚。深入挖掘道德模范的精神价值，广泛开展学雷锋志愿服务活动，积极推广“黄手绢孝行联盟”、“七色花”俱乐部、“睦邻驿站”、

"诚信微力量"等志愿服务品牌，深入开展"邻里守望"主题学雷锋志愿服务活动和网络文明传播志愿服务工作，小品"我爱我家"、微视频"'邻里守望'党员志愿服务工作纪实"获全国"邻里守望"志愿服务成果征集活动优秀作品奖。着力道德模范、身边好人典型培育推荐，创新开展芙蓉区首届道德模范评选表彰、"最美芙蓉人"等系列活动，大力弘扬和宣传自强不息、奋斗不止的精神。积极承办湖南省纪念第30个国际志愿者日启动式和现场观摩活动，品质高、效果好。全区涌现了彭水林、谭里和、赵继云等"中国好人"和一大批省市优秀志愿者、身边雷锋、美德少年等先进典型，在各级各类媒体大力宣传，社会影响广泛。

城区品质得到新提升。市容市貌整治成效显著，拆除各类违法建筑450万平方米，朝阳路、人民东路延长线等主次干道两厢、背街小巷和城郊接合部整体提质；全面实施老旧社区、农安小区提质改造"三年行动计划"，完成恒达社区、竹园公寓等90个社区改造并在40个老旧社区开展社区物业服务。交通秩序持续好转，完成41个社区、19条支路微循环改造，打通朝晖路、纬二路等瓶颈路断头路，完成万家丽路、解放路等交通疏导工程。城区绿化档次提升，深入开展"三年大造绿"，率先"拆围透绿"，区治机关大院绿地对外开放；建成寒欢、龙马等社区公园18个，新增绿地178万平方米，绿化覆盖率达43.9%，成功打造人民东路两厢高品质林荫大道。严格执行新环保法，关停"五小"企业266家，完成长善垸污水处理厂一期工程，改造截污排口11个，实现区域内全截污；全面淘汰燃煤锅炉，地表水质100%达标，城市环境明显改善。常态抓好督察整改讲评工作。坚持"日督察、周讲评、月考核"的常态落实机制，建立了"分层督察、分级负责、分块落实"的整改机制，公开讲评、力促整改、确保实效。年内，迎接省、市级专项文明指数测评、督察85次，督察整改各类创建问题3000个；开展区级文明指数交叉测评、专项督察54次，督察整改各类创建问题2000个。各项城管举措的落实，提升了全区的宜居、文明环境。

未成年人思想道德建设取得新进展。从"爱学习、爱劳动、爱祖国"活动入手，从孝敬、友善、诚信、节俭教育切入，着力打造学校、家庭、社会"三结合"网络，有针对性的做好未成年人思想道德建设工作。组织以青少年为主的志愿者宣传队伍，积极开展文明交通示范学校、优秀护学岗创建活动。全区已建成城乡少年宫11所，覆盖学生5万人。区素质教育基地、区少年宫（艺体中心）、区图书馆等公益性文化设施全面开放；在37所中小学校、58个社区设立心理咨询室。巩固提升"16:00驿站""小小鸟巢""新三字经讲堂"等未成年人教育工作平台，深入开展"开学第一课""唱长沙童谣、做美德少年""珍爱生命·快乐成长"等特色主题教育实践活动。净化社会环境。开展以网吧网络、出版物市场、声屏荧屏和校园周边环境为重点的专项整治行动，督促整改突出问题，为未成年人健康成长保驾护航。

廉政文化建设展现新成效。贯彻落实"转职能、转方式、转作风"要求，健全大宣教工作格局，实现教育经常化、阵地化、专业化，着力为推动科学发展、加快富民强区提供有力保障。营造廉洁高效的干事创业氛围，完成政府权力清单、责任清单编制和公示。加大简政放权力度，全面取消非行政许可事项，免征11项行政事业性收费，实现行政事业性收费"零收费"；行政审批事项精简为38项并实现在线办理，审批时限总体压缩52%。压缩行政运行成本，拍卖超编公车63辆，清理超标办公用房5630平方米，"三公经费"压减56.5%。从严推进行政问责，查处违法违纪案件198起。强化预警、自警教育和岗位风险教育，增强党员干部廉洁自律意识。完善党风廉政建设宣传工作机制，积极稳妥处置涉腐涉纪网络舆情。组织开展廉政书画笔会和廉政文艺节目巡演活动，丰富廉政主题公园内容，增强教育的广泛性和实效性。

平安芙蓉创建工作呈现新特点。扎实开展"打非治违"专项整治行动，查处违法违规企业148家，创建安全生产标准化企业185家；五里牌肉联厂冷库、金苹果冷库等重大公共安全隐患得到整治，定王台书市、三湘南湖市场消防整改全面达标；率先试行食品安全快检制度，取缔制假售劣黑窝点100个，办理食品安全行政执法案件350起。社会治安形势持续改善，完成天网工程1、2期建设，构筑社会治安立体化防控格局；大力开展"雷霆行动""春季攻势"等专项行动，破获刑事案件5900起。畅通信访渠道，强力推进朝阳二村、东牌楼、东屯渡等遗留问题处理，化解信访突出问题180起，"三调联动"工作排查化解各类矛盾近6000起。年内，创建成为全国和谐社区建设示范城区。

（邓 斌）

·表1·

芙蓉区2015年全面建成小康社会完成情况表

指标名称	2014年			2015年			加分值
	数值	实现程度（%）	得分	数值	实现程度（%）	得分	
一、经济发展		83.6	37.64			42.23	
1. 人均地区生产总值（按2010年不变价）	167289	100.0	5.00	190356	100.00	5.00	
2. 人均财政总收入	16877	100.0	7.00	20716	100.00	7.00	
3. 税收占财政总收入的比重	81.6	96.0	6.72	85.01	100.00	7	0.28
4. 结构指数		80.9	9.71			11.63	
二、三产业增加值占GDP比重	100.0	100.0	6.00	100.00	100.00	6.00	
高新技术产业增加值占GDP比重	12.9	43.1	1.55	28.20	94.00	3.38	1.83
文化产业增加值占GDP比重	7.2	89.8	2.16	7.50	93.70	2.25	0.09
5. 城镇化率	100.0	100.0	4.00	100.00	100.00	4.00	
6. 园区规模工业增加值占规模工业增加值比重	73.6	81.8	4.09	91.82	100.00	5.00	0.91
7. 金融机构各项贷款增长率	22.5	22.5	1.13	51.99	51.99	2.60	1.47
规模以上企业农产品加工产值与农业产值比	11706	0	0.00	0.00	100.00		
二、人民生活		89.6	17.02			17.98	
8. 居民收入水平		77.6					
城镇居民人均可支配收入	38817	77.6	5.43	42697	85.40	5.98	0.55
农村居民人均纯收入		100.0		100.00	100.00		
9. 人均住房使用面积	33.8	100.0	2.00	33.80	100.00	2.00	
10. 人均储蓄存款	84936	100.0	3.00	86322.00	100.00	3.00	
11. 居民文教娱乐服务消费支出占消费总支出比重	15.5	86.2	2.59	17.90	99.44	3.00	0.41
12. 农村居民安全饮水比率	100.0	100.0	2.00	100.00	100.00	2.00	
13. 行政村客运班线通达率	100.0	100.0	2.00	100.00	100.00	2.00	
三、社会发展		98.6	14.79			15.00	
14. 社会保障发展水平		100.0	4.00		100.00	4.00	
基本医疗保险覆盖率	97.8	100.0		98.70	100.00		
基本养老服务补贴覆盖率	100.0	100.0		100.00	100.00		
15. 教育发展水平		100.0	4.00		100.00	4.00	
高中阶段毛入学率	100.0	100.0		106.60	100.00		
平均受教育年限	12.8	100.0		12.50	100.00		

·续表1·

指 标 名 称	2014年			2015年			加分值
	数值	实现程度（%）	得分	数值	实现程度（%）	得分	
16. 医疗卫生水平		100.0	4.00		100.00	4.00	
每千人拥有床位数	16.7	100.0		16.70	100.00		
5岁以下儿童死亡率	3.5	100.0		3.40	100.00		
17. 人均拥有公共文化体育设施面积	2.8	93.1	2.79	3.90	100.00	3.00	0.21
四、民主法治		85.0	9.35			10.20	
18. 城乡居民依法自治		100.0	4.00		100.00	4.00	
城镇居委会依法自治达标率	100.0	100.0		100.00	100.00		
农村村委会依法自治达标率	100.0	100.0		100.00	100.00		
19. 社会安全指数	76.4	76.4	5.35				
刑事犯罪率	18.592	27.3	0.48	9.35	54.12	0.95	0.47
交通事故死亡率	0.2424	100.0		0.24	100.00		
火灾事故死亡率	0.0373	64.2	0.67	0.00	100.00	1.05	0.38
亿元GDP生产安全事故死亡率	0.0089	100.0		0.005	100.00		
群体性食品安全事故年报告发生数	0.0000	100.0		0.00	100.00		
五、生态文明		99.5	9.95			10.00	
20. 单位GDP能耗	0.551	100.0	3.00	0.406	100.00		
21. 环境质量指数		99.1	4.95		100.00		
城镇污水处理率	96.9	100.0		96.90	100.00		
空气质量达标率	93.7	98.6		95.60	100.00		0.05
地表水质达标率	98.8	98.8		100.00	100.00		
22. 绿化水平		100.0	2.00		100.00		
森林资源蓄积量增长率	3.0	100.0		3.80	100.00		
城镇建成区绿化覆盖率	41.1	100.0		43.90	100.00		
全面建成小康社会总实现程度			**88.76**			**95.41**	

备注：灰色底色标注所在行为2015年未完成指标

（彭　昭）

要　闻

领导视察

【水利部领导督察防汛抗旱工作】 3月27日，水利部部长陈雷率国家防汛总指挥部办公室、长江防汛抗旱检查组相关负责人，到长沙市检查指导防汛抗旱工作，重点视察芙蓉区城市防洪排涝工程。该检查组一行分批实地查看芙蓉区浏阳河风光带和砂咀子泵站等城市防洪工程建设情况，听取全区防汛抗旱责任制和各项度汛措施落实情况汇报。陈雷在浏阳河风光带西岸城市防洪景观工程视察时，给予充分肯定该区水利堤防生态建设工作；他在砂咀子排渍泵站查看时，详细询问防洪排渍工程建设情况以及排渍标准等问题，并肯定了芙蓉区水利建设投入4.3亿元，建立7座排渍泵站25905千瓦城市防涝标准和年暴雨强度一年一遇的排渍能力。陈雷要求，年内长江中下游有可能发生较大的洪水，各级各部门要高度重视，强化责任，确保人民生命财产安全；要迅速落实防汛工作措施，认真做好防大汛、抗大灾的工作准备，层层落实防汛责任，扎实做好汛前准备，确保一方平安。湖南省委副书记、省长杜家毫，副省长张硕辅，长沙市委副书记、市长胡衡华，副市长姚英杰，芙蓉区委副书记、区长于新凡，区委常委、政法委书记欧干军，区委常委、副区长蔡冰等省、市相关负责人参加视察活动。（苏　洁）

图4　3月27日，水利部部长陈雷（左二）省委副书记、省长杜家毫（右三）检查芙蓉区城市防洪排涝工程项目

【省、市驻军领导到街道指导基层武装工作】 11月12日，湖南省委常委、省军区司令员黄跃进，长沙警备区司令员王忠斌一行到芙蓉区东屯渡街道指导基层武装工作。作为全省基层街道武装部建设的先进典型，东屯渡街道党工委书记聂海宗汇报了开展基层武装工作所取得的成绩、具体构想、面临的困难等内容。年内，街道基层武装部主动加强与省军区、市警备区、区人武部的工作对接，建立办公室、器材室、阅览室、活动室等配套设施，组织国防教育专题讲座12期，发放书刊读物上千本。黄跃进同参会人员开展了讨论，并点评和归纳总结大家的发言。他提出了具有针对性的建议和思路：要着眼于街道武装工作的创新发展；要抓住带有普遍指导意义的问题进行突破；要真正找到解决问题的途径和方法。他要求，要认清楚街道武装工作所面临的问题：全民国防教育如何进行组织和落实；民兵预备役编组工作如何进社区、进企业；民兵预备役的融合问题。他还结合基层武装工作的构想进行了详细的解读。参会人员表示，一定要把首长的讲话精神深入地融合进去，运用起来，为做好基层武装工作，提升基层武装工作水平求实效出新招。芙蓉区委副书记、区长于新凡，区委常委、区武装部政委何元良，区武装部部长方学文等参加调研。（杨　铭）

【工商总局领导到区视察节日市场秩序】 1月28日，工商总局副书记、副局长刘玉亭到芙蓉区检查节日市场秩序和保障工作，并走访慰问困难职工。刘玉亭察看了辖区内精彩生活超市熟食制品、生鲜制品、

节假日大宗食品、乳制品和现场制售食品等区域，向该超市负责人及员工详细询问商品的进货、销售、建立台账等情况，并询问湖南由于低温雨雪天气影响，近期蔬菜、肉禽等主要食品供应是否受到价格波动。在检查中对精彩生活超市能严把食品安全关以及芙蓉分局食品安全监管工作表示满意并给予高度评价。他强调食品安全责任重如泰山，做好节日市场监管工作，让人民群众过一个祥和喜庆的春节，维护好广大消费者的合法权益和根本利益，是工商部门义不容辞的职责，每位工商人员要牢记使命。在工商分局困难职工杨九如家，刘玉亭在了解到他做过心脏支架手术，并长期患有脑血栓和糖尿病等情况后，鼓励他保持良好心态积极面对。在得知杨九如自 1988 年部队转业进入工商，59 岁仍坚守一线监管岗位时，刘玉亭予以肯定和赞许；并详细询问了管辖片区的市场主体发展情况，当听到这里市场主体发展势头非常好时，刘玉亭勉励工商干部要进一步做好监管服务工作。临行前，刘玉亭还嘱咐工商分局和各工商所一定要关心困难干部职工的生活，要更加兢兢业业、尽职尽责做好本职工作。湖南省工商局党组书记、局长李金冬、副局长寇勇等参加视察活动。（张　涛）

【文化部领导调研公共文化服务体系建设】 12 月 15 日，文化部党组副书记、副部长杨志今，巡视员马秦临、办公厅副主任李保宗、公共文化司副司长陈向红一行到区专题调研公共文化服务体系建设工作，并专程考察定王台街道综合文化站。杨志今一行实地察看了定王台街道综合文化站阵地设施，听取文化站负责人汇报文娱活动开展情况，并接受夕阳红书画队赠送的字画。他对以定王台街道综合文化站为代表的芙蓉区公共文化服务体系建设成果表示肯定，希冀各级各部门继续抓好基层文化建设，以文化站为纽带，完善基层公共文化服务体系，不断丰富人民群众业余文化生活，提高生活品质和幸福感。省文化厅厅长李晖、副厅长禹新荣，副市长何寄华、市文广新局局长杨长江，芙蓉区委副书记、区长于新凡等参加调研。（范　波）

【省领导视察定王台街道社区戒毒（康复）工作】 6 月 3 日，湖南省副省长蔡振红，省政府副秘书长王光明，省司法厅厅长谈敬纯，省司法厅副厅长刘道龙，省戒毒局局长曾启尚一行到定王台街道社区戒毒（康复）工作指导站视察。由芙蓉区司法局联合长桥强制隔离戒毒所，定王台街道办事处、派出所，芙蓉区疾控中心，麓山枫心理咨询工作室共同建立的“定王台社区戒毒（康复）工作指导站”，2014 年 12 月 17 日正式挂牌投入使用。办公楼共 7 层，该站总建筑面积约 1000 平方米，内设定王台街道司法所、社区戒毒康复报到及办事大厅、警务室、体检中心、美沙酮维持治疗门诊、知名专家义诊办公室、麓山枫社工荟、心语轩、减压吧、沙游坊、多媒体教室、爱心屋等。蔡振红一行在指导站工作人员的引导下首先在 1 楼观看电视播放禁毒宣传片及白泥湖自愿戒毒康复所的相关情况介绍。在 2 楼定王台街道司法所听取工作开展情况汇报。在 3 楼美沙酮维持治疗门诊及体检中心，他与疾控部门工作人员共同为社区戒毒人员提供免费的丙肝疫苗及艾滋病的检测。在 4 楼参观麓山枫心理咨询工作室。在 5 楼多媒体教室观摩司法警官学校教师讲授“关于如何防范毒品危害”的教育课。蔡振红对定王台街道社区戒毒（康复）工作指导站的各项工作给予肯定，他认为基础扎实，措施得力，值得推广借鉴。他要求，社会上吸毒人群迅速增加，禁毒形势非常严峻，要充分发挥社区戒毒康复工作的社会效应，积极探索降低强戒回归人员的复吸率的有效方法，真正地帮助他们远离毒品，重获新生，为禁毒戒毒事业做出贡献。他要求，戒毒康复工作要以人为本，围绕人来做文章，不仅要让吸毒人员戒除毒瘾，还要关心他们的生活、家庭、就业，这样才能让他们真正融入社会、回归家庭。长沙市司法局局长魏华松，芙蓉区委书记梁仲，区委副书记、区长于新凡参加视察活动。（范　波）

【公安部领导视察长沙火车站安全保卫工作】 7 月 3 日，公安部副部长孟庆丰在副省长、公安厅厅长黄关春，市委常委、市政法委书记钟钢，副市长、市公安局局长唐向阳等省、市领导陪同下，到位于芙蓉区内的长沙火车站实地检查指导安全保卫工作。在火车站广场，孟庆丰检阅了站区联勤联动方队，仔细查看各项治安管控措施落实情况；在火车站安检口，他详细了解旅客流量、安检设备、安检流程等情况；在治安岗亭，他详细了解装备配备、处置预案等情况；在车站指挥室，他通过视频指挥系统查看站内各场所治安情况；在候车大厅，他还检查火车站各门店的安保情况，告诫工作人员如遇突发事件，要第一时间拿出配发的防爆武器自卫，并尽快寻求警方帮助。孟庆丰要求，火车站旅客集中、客流量大，地方公安和铁路公安要密切配合，形成打击防范合力；加强对车站广场、候车厅、地铁等重点场所及人群密集地区的巡逻防控，突出整体防控、重点管控，充实武装巡逻力量，强化公安武警联手武装巡逻，提高见警率；完善应急处突工作预案，确保一旦出现特殊情况，能够快速反应、有效应对。他同时强调，要充分发动群众，打一场反恐人民战争，让暴恐分子如过街老鼠人人喊打。对公然行凶、危害公共安全的严重暴力犯罪分子，要依法采取坚决果断措施及时处置，确保火车站周边地区安全稳定。（辜灿强）

【省政协领导视察常青树老年公寓】 10月28日，省政协副主席葛洪元、秘书长袁新华一行到燕山街社区的常青树老年公寓视察。在燕山街社区书记黎炬和常青树老年公寓院长叶小兰的陪同下，葛洪元一行首先参观了老年公寓的基础设施建设情况，并仔细了解燕山街社区党委“365”管家好女儿志愿服务站的基本情况以及高龄、空巢、失智、失能老人的生活情况和诉求。常青树老年公寓院长叶小兰详细介绍了常青树老年公寓作为民办养老机构的服务理念、运营模式及发展前景。葛洪元通过实地查看、走访老人，召开座谈会，他对“365”管家好女儿志愿服务站的服务品质给予高度评价，并表示居家养老是充满发展的养老服务事业，全社会都应当给予高度关注。（张莉华）

【易炼红调研街道拆违复绿建设工作】 10月14日，省委常委、长沙市委书记易炼红一行到东湖街道走访调研拆违复绿建设工作。易炼红一行首先到东湖街道8号地块，实地考察拆违复绿情况和街道新建的足球场和篮球场等功能区，查看拆违复绿宣传资料，参观芙蓉区大拆违复绿建设成果展示栏，详细了解拆违复绿工作开展情况以及复绿建设的统筹安排。他对芙蓉区的拆违控违复绿工作给予充分肯定，并提出：违法建设触犯国家法律、侵占公共空间、损害公共利益，拆除违法建设是为法律尊严而战、为公共利益而战、为长沙发展而战。长沙的发展离不开全体市民的共同努力，也只有发展得更好更快，才能让每一位市民分享更多实惠。必须坚定不移地将拆违控违工作持续推向深入，确保拆得下、拆得好、拆得稳。他要求，违法建设拆除之后，要实行严管严控、群防群治，以“零容忍”的态度确保实现“零违建”目标。要做好违建垃圾的集中处理、循环利用。要坚持高起点规划、高标准建设、高水平配套，彰显先进的规划理念、抓紧跟进复绿工作、加快启动项目建设。要加强公共设施配套，确保片区品质和形象得到全面改善和提升。市委常委、市委秘书长夏建平，副市长黎春秋，市委办公厅及市直部门负责人，芙蓉区委书记梁仲，区委副书记、区长于新凡，区委常委、区委办主任彭娟，副区长许凡，区直部门及东湖街道相关负责人参加调研活动。

12月6日，易炼红率市委、市政府、市人大、市政协“四套班子”成员，市委顾问、市委办公厅、市政府办公厅、市委政研室以及市直相关单位负责人一行到东岸街道调研拆违复绿工作。易炼红一行人实地查看滨河路沿线拆违复绿情况和杉木村复绿点的停车场、文体设施、运动场建设情况。易炼红对东岸街道拆违复绿工作予以充分肯定，向全体一线的拆违干部和工作人员表示亲切慰问，向广大理解支持拆违控违工作的人民群众表示感谢。他要求，在拆违复绿过程中要把群众工作做实、做细、做到位，坚决按时间节点完成任务。芙蓉区委副书记、区长于新凡，区委常委、区委办主任彭娟，副区长许凡参加调研。

（刘冠民　刘　树）

重大活动

【“东湖夜话”系列活动】 截至2015年底，持续开展“东湖夜话”把话筒交给群众系列活动举办87期，吸纳民意近千条，解决民生问题600个，获得了居民群众的广泛认同，取得良好社会反响。12月28日，“东湖夜话”活动被中共中央宣传部推荐，作为“三严三实”工作典型在全国推广，中央多家媒体集中报道了“东湖夜话”系列活动开展的工作经验。该活动效仿焦裕禄同志“瓜棚会”形式，按照议题居民定、对策居民谈的思路，利用干群空余时间，把白天不好组织到一起的群众聚拢来，小到群众家事，大到街道社区难事要事，都成为夜话的主题和焦点，事关经济发展的金点子，在碰撞中激发出智慧的火花；亟待破解的民生难题，在“博弈”中得到解决；营造了干群同心同德、共享共建、有商有量的良性朋友圈，实现了“群众工作群众化”。建立民情信息队伍。东湖街道聘请信息员队伍100人，按照街巷划分片区，每个片区安排1名信息员，建立社区信息员个人信息和管理的区域档案，并建立考核制度；社区负责对信息员进行日常考核，形成一条横到边、纵到底的基层民情信息网络。实行议题搜集制度。借助“民情信息员”长期生活在社区、易与人民群众打交道的优势，搜集群众身边的烦心事、为难事。街道定期召开“民情议事会”，对搜集来的议题进行分类、讨论，确定最为急需解决的“议题”后，派专人分头走访，详细了解具体情况，呈报到街道党政领导，以“夜话”活动的形式，化解民生难题。健全监督落实机制。邀请人民群众当监督员，特别是参加过“夜话”，讨论过“议题”，提出过问题，办理过事情的群众，让各项工作时刻处于人民群众的监督之下；引进回访制度，尊重群众的评判权利，把群众的满意度作为标尺，正确看待自己的工作，找到不足，加以改进。注重实效，从单方供给变为双向互动。“东湖夜话”活动，更多的民生问题被反映、被关注、被解决。居民了解城管、计生、食安、就业、安全生产等方面的知识，成为党和政府正能量的宣传者。东湖街道的党员干部通过“夜话”访民情、问民苦，密切了与人民群众的血肉联系。（周　韬）

【申报科技项目　扶持企业发展】 区科学技术局依据“中央财政补助科技型中小企业技术创新基金的通知”“2015 年第二批省级科技计划项目补助资金的通知”等文件精神，引导企业申报全国、省、市科技项目，帮助企业实现转型升级。2015 年，共获评全国、省、市科技项目 44 个，立项资金 1206 万元，为企业创新发展提供了原动力。项目包括中央财政补助科技型中小企业技术创新基金项目 16 个资金 656 万元，其中湖南永蓝检测技术有限公司承担的“湖南环保产业检测平台”项目获 189 万元立项；省级科技计划项目 7 个补助资金 126 万元，其中袁隆平农业高科技股份有限公司承担的“杂交水稻联合研发中心”项目获 50 万元立项；市科技计划项目 21 个资金 424 万元。同时，区财政专门安排科技三项经费扶持企业发展，年内向 56 个项目投入 1560 万元。科技项目立项审批严格按逐级申报、专家考察论证、领导小组审定的“三分离”程序办理，不断完善管理制度，确保科技项目经费及时到位和专款专用。项目资金在加强科技创新、开发高新技术、转化科技成果、形成特色产业和提高全民科学素质方面起到了前瞻、倍增性的作用。全区现已形成农业深加工、电子商务、生物医药、制造业、新材料等优势产业。全年获评省、市科技进步奖 8 项，高新技术产业增加值 291 亿元，占 GDP 比重 28.2%。（姚源记）

【芙蓉浏阳河文旅产业带加速建设】 浏阳河将芙蓉区划分为东、西两部分，浏阳河文旅产业带（芙蓉区段）位于浏阳河下游西岸。2013 年，以婚庆园为核心项目的浏阳河西岸文化产业带 1 期正式建成。2014 年 4 月，湖南省委常委、长沙市委书记易炼红提出“要举全市之力打造浏阳河文化旅游产业带，做活这篇‘水’文章，向世界讲述浏阳河九道湾的动人故事”。2015 年 5 月，芙蓉区成立芙蓉浏阳河文旅产业带项目工作领导小组，6 月，芙蓉浏阳河产业带管委会成立。经全球邀标，上海天华设计公司中标为“浏河之心·芙蓉滨水文化产业带”进行深度设计。2015 年，芙蓉区投入资金 4.8 亿元，加速建设“一带一园一街两馆两桥三系统”，项目具体内容包括：东岸风光带、隆平公园、长沙市古汉路汉文化街、隆平水稻博物馆、龙舟文化馆、汉桥、鹊桥，以及优先考虑公共交通、公共安全和产业规划引导系统等支撑系统。截至年底，东岸风光带完成乔木种植，小苗种植，广场基层和园路铺砖，基本完成各功能房和服务中心主体建设。隆平公园项目于 2015 年 6 月启动建设，预计于 2016 年 5 月完工。隆平水稻博物馆于 2014 年 6 月启动建设，预计 2016 年建成对外开放。（陈纲要）

【解决 60 号令农民安置房产权办证遗留问题】 芙蓉区共有 60 号令农民安置房 757 栋（含村部办公楼），未办理产权证的户数 5683 户，涉及 5 个街道 12 个村（社区）。由于拆迁安置时间跨度长、未报先建等历史原因，农民安置房发证工作进展缓慢，原已办证者仅占全区安置房 3.9%。为妥善解决农民安置房产权办证遗留问题，自 2014 年起，全面启动 60 号令农民安置房产权证办理工作，成立领导小组，确立简化程序、实事求是的基本原则，形成区街联动、合力推进的工作机制，明确在 1 ~ 2 年时间内将 60 号令农民安置房产权证办理完毕的工作目标。工作组实行定期调度制，及时研究解决办理进程中出现的问题。创新以流程倒推的方式，开辟解决产权遗留问题的有效途径，即原则上认可安置房建成现状，先期进行房产测绘，以测绘成果为基础补办完善国土、规划、质安等报建手续，同步进行消防整改，使其达到入窗办证的要求。并把该项工作纳入全区绩效考核范畴，落实措施加快办理进度。区财政兜底一切处理费用，截至 2015 年底，投入近 1000 万元用于 240 万平方米安置房的房产测绘、竣工实测、定位红线、图纸设计、消防整改、专业劳务等开支，并对区本级应收费用全部予以免除。历时 2 年，全区 757 幢农民安置房栋证已办理完毕，分户证 2000 户，于 2016 年 7 月前完成发证各项工作。（邹　勇）

【创建全市妇幼健康优质服务示范区】 2015年6月，芙蓉区出台“芙蓉区创建长沙市2015年妇幼健康优质服务示范区工作方案”“芙蓉区妇幼健康工作制度汇编”。通过突出妇女保健、出生缺陷防控、儿童保健、计划生育技术服务等工作重点，切实优化服务质量；通过拓展宣传教育形式、加强医德医风教育、主动接受社会监督、坚持内外兼修，着重树立良好形象。年内，开展孕产妇、儿童健康档案建档、早孕建册、产前规范检查，产后访视、产后42天检查，高危孕产妇管理、产前筛查等工作实行环节质量监控。开展高危孕产妇系统管理、面对面指导，促使6例红色预警孕妇平安分娩。全年辖区孕产妇剖宫产率40.31%，产妇产前筛查率97.36%。提供婚前医学检查服务4490人，检查率92.58%，疾病检出率7.29%。免费发放叶酸3611人。农村妇女病查治3399人，城镇妇女病查治6179人。6月8日，在全区102所托幼机构开展全面卫生评价，有81家园、所合格，责令不合格的机构限期整改到位后申请复评。全年完成儿童入园体检8346人，工作人员体检2207人，因病不宜从事托幼工作者均已离岗治疗。国家、省、市卫计委领导先后到芙蓉区调研妇幼健康工作，均给予高度评价。12月15日，芙蓉区被首批授予长沙市妇幼健康优质服务示范区称号。（黄　宇）

【都正街实施有机棚改】 都正街历史文化街区位于人民西路与蔡锷南路交汇处的东南角，东邻天心公园、西至蔡锷南路、南接县正街、北至人民西路，全长180米（芙蓉区段），宽5.5米，面积约4万平方米。都正街片区内，原房屋建筑多为20世纪50–60年代所建，普遍低矮且密集，道路狭窄，基础设施老化，街区功能杂乱，居住环境恶劣，属于长沙核心区域的棚户区。2013年9月，芙蓉区启动对都正街片区“有机棚改”，由定王台街道组织实施，涉及住户人口1069人，总投资约1.9亿元，分两期施工。该项目以人为本，采取以都正街建设与棚户改造创宜居、改善民生造福祉、古街文化复旧貌、群众富裕促经济相结合的办法，鼓励产权单位和居民在政府统筹的前提下进行自主改造。在改造过程中，解决居民群众反映强烈的水、电、气、停车位、弱电、下水道、化粪池等12类问题。年内完成电线地下铺设工作，电力容量由350千伏安增为500千伏安；完成主街水管铺设工作，并加紧办理户表分户工作；主街麻石、青砖铺设完成，新建停车位150个；辖区内的下水管、化粪池施工安装完成。2015年1月，都正街主街建成开放。9月底，詹王宫、城隍庙、桃花井等长沙历史景点完成修复。年底，都正街7条支巷（清香里巷、清香留巷、詹王宫巷、千总巷、马楚巷、香铺巷、铁铺巷）完成建设。提质提档后的老街巷，成为融古旧与时尚于一体的艺术商业、旅游消费热点街区，是长沙又一历史文化地标。（范　波）

【东屯渡街道协办全省“国际志愿者日”活动】 12月2日，全省庆祝第30个国际志愿者日“向志愿者致敬”系列活动在东屯渡街道浏阳河婚庆园举行。湖南省副省长、省文明委副主任、省志工委主任李友志，长沙市副市长何寄华，省志工委成员单位领导、各市州文明办（志工办）主任，长沙市文明委、芙蓉区文明委以及相关（单位、区）领导、志愿者代表900人参加活动。开场节目是原创女子快板书——“芙蓉花开千万朵”，礼赞道德模范及好人好事。何寄华为活动致辞。他要求，要感召更多青年学生、社会公众积极加入到学雷锋志愿服务行列，共同谱写构建和谐长沙新篇章。在东屯渡街道志愿者代表李希媛的带领下，来自芙蓉区6个街道的800名“红袖章”学雷锋志愿者们高举左手，齐声宣誓：“我郑重承诺，积极践行社会主义核心价值观，认真秉承志愿服务精神，关爱自然，关爱社会，关爱他人……”。湖南省红十字会义工赵继云是2007年首届湖南慈善大会获奖者，她全身心投入“爱心妈妈”慈善事业，受到了社会广泛关注和市民的支持。副省长李友志代表省志工委为赵继云颁发奖证，以她的名义向全省优秀志愿者们赠送1万份公益保险，并借此表彰服务于第一线的志愿者们。李友志在总结性讲话中，希冀广大志愿者要通过志愿服务，不断提高服务水平，关注人们的理想、信念、情感，引导大家自立、自强、自爱，在传递爱心的同时收获快乐。（杨　铭）

【“七色花”志愿服务活动】 芙蓉区文艺路街道创新基层社会治理，于2013年成立“七色花”志愿者俱乐部（“七色花”源于苏联作家瓦·卡泰耶夫的《七色花》童话故事），下设7支不同颜色的志愿者服务队，分别为红色花瓣“晚霞爱心公社”志愿者服务队、橙色花瓣“新青年俱乐部”志愿者服务队、黄色花瓣“向日葵”志愿者服务队、绿色花瓣“折翼天使之家”志愿者服务队、青色花瓣“职来职往”志愿者服务队、蓝色花瓣“心灵氧吧”志愿者服务队、紫色花瓣"姐妹港湾"志愿者服务队。2014–2015 年，街道坚持把志愿服务与在职党员进社区、党组织结对共建等活动有效结合，引导辖区"两代表一委员"（党代表、人大代表、政协委员）投身基层志愿服务。注重在党员干部、社区群众中培养和树立志愿服务先进典型，并与社会专业志愿者团队进行协作。分批启动培源"老伙计"长者关怀项目、"睦邻驿站、睦邻网来、睦邻家园"服务平台、"乔乔志愿行"等活动子项目。在街道涌现出洋义工赛琳娜、残疾人帮扶的皮国英、敬老奉献的刘宏伟等志愿服务优秀典型。截至2015年年底，文艺路街道登记在册的志愿者3490人，带动辖区群众超过4000人参与志愿服务，各项服务时间4万小时，受惠群众超过6000人次。"七色花"志愿服务项目被评为"湖南省最佳志愿者服务项目"。

（黄　雪）

重要事件

【陈泽珲全程指导区委"三严三实"专题学习】 7月8日，区委召开"三严三实"（严以修身、严以用权、严以律己，谋事要实、创业要实、做人要实）专题教育第一次集中学习研讨会，全体区委常委和区委县级非实职领导干部参加。联点领导、市委常委、常务副市长陈泽珲全程指导研讨会。会上，与会领导围绕"严以修身"主题，结合自身成长、思想和工作实际先后发言，深入交流研讨"严以修身"的本质含义、内在要求和实现途径，并结合推动芙蓉区中央商务区转型提质、浏阳河产业带开发、隆平新区建设等工作实际，畅谈认识，思考建言。区委书记梁仲主持研讨并进行了总结点评，他要求践行严以修身，关键在于做好"四种人"，即做对党忠诚之人、做清白从政之人、做务实担当之人、做健康有德之人。陈泽珲参加学习研讨时要求：严以修身是做人、干事、创业的战略工程和终身支点，严以修身的根本在于拧紧思想"总开关"，立身要先立德，正人要先正己；严以修身的核心在于做好政治"明白人"，把爱党、兴党、护党落实在工作的各个环节，把为民的情怀、责任，转为办好事实事的具体行动；严以修身的追求在于涵养干事"精气神"，党员干部要深刻领会精髓，以修身之严来展示干事之实。他希冀，芙蓉区要以更高的站位谋发展，以更实的作风干事业，以更严的要求带队伍，把目标聚焦到打造具有国际品质和湖湘文化特色的精品之区定位上，在转型创新发展的关键时期作出关键之为。

（苗津铭）

【湖南和平解放史事陈列馆开馆】 10月12日，湖南和平解放史事陈列馆在人民西路白果园21号程潜公馆正式开放，建成了芙蓉区首家区属博物馆，填补了长沙乃至湖南没有同类型纪念馆的空白。该陈列按楼层分为2个部分："湖南和平起义历史陈列"，分"苦难湘人盼和平""和平起义成大业""湖南和平起义大事记"等内容，展出文献、物品23件。"程潜生平业绩陈列"，从求学、立业、抗战、起义、建功等方面展示了程潜将军不平凡的一生，展出相关物品272件，其中珍贵文物由程潜亲属捐赠，并首次对观众开放。该馆陈列简洁朴素，统一有序，虚实结合，既全面回顾湖南和平解放这段中国革命历史上的光辉历程，又可感受程潜等人"心中有国、深明大义、不计个人安危得失"的爱国爱民情怀。市领导何寄华，区领导梁仲、于新凡、罗玉环、刘建新等与程潜、陈明仁等爱国将领亲属出席开馆仪式。现程潜公馆系在原址按原样重建而成，坐北朝南，砖木结构，占地面积326平方米。2009年10月，由芙蓉区政府主导，芙蓉区文体新局牵头，长房集团出资对原住户进行腾房安置、产权置换，并实施危房拆除、修缮工程。2011年8月竣工验收，同年被列入省级重点文物保护单位。累计投入主体修缮工程资金和设施展陈布置资金约300万元。

（刘　翀）

【全区"大拆违"行动】 2月25日，芙蓉区召开2015年拆违控违工作动员会。区委、区人大、区政府、区政协主要负责人以及其他相关县级领导出席会议。各相关区直部门、各街道（园、局）主要负责人、各社区（村）书记、主任参加会议。区委副书记、区长于新凡做拆控违工作动员及全面部署。他指出，违法建设是城市毒瘤，是屡禁不绝的乱象顽疾，是中心城区最突出、最复杂、最集中的问题之一，大家要深刻认识推进拆违控违的极度重要性和紧迫性，做到"四个零"：对违法建设"零容忍"、综合整治"零死角"、违法建设"零增长"、违法建设"动态清零"。要举全区之力，集全区智慧，采取切实有效的举措，打一场拆违控违的攻坚战。会上，他向各街道下发2015年拆控违工作责任状。区委书记梁仲要求，全区领导干部要顺大势、顾大局，打响全面拆违攻坚战。坚定严厉打击违法建设的态度和决心，不迟疑，不观望。兴正义之师，挥法律之剑，向全区违法建设宣战，通过打击违法建设、侵占公共资源等不法行为来真正维护公平正义和公众权益。要抓关键、破难题，打出依法拆违组合拳。紧盯年底前全部拆除城郊接合部所有成片违法建设和城市主次干道影响市容市貌的违法建设这一目标。要讲方法、聚合力，打开综合拆违新局面。强调“五个到位”：准备工作、宣传动员、责任细化、督查考核、保障措施到位。经过全区广大干部群众的共同努力，截至2015年年底，拆除违法建设290万平方米，提前实现“基本清零”的目标任务。（李焱照）

【浏河之心·芙蓉滨水文化产业带新闻发布会举行】 6月25日，浏河之心·芙蓉滨水文化产业带新闻发布会暨说明会在隆平国际会展中心举行，来自国内外多家知名规划设计机构齐聚芙蓉区，为毗邻浏阳河芙蓉区段的滨水文化产业带东畔区域规划建设建言献策。会上，区长于新凡致欢迎辞，他表示芙蓉区将按照“一带两区、双核驱动”的发展战略（浏阳河风光带、长沙芙蓉中央商务区和隆平新区），加快浏阳河产业带的开发建设，把浏阳河（芙蓉区段）打造成为湖湘文化展示的新窗口、长沙娱乐之都的承载地、芙蓉产业转型的引领带。副区长彭娟详细推介“浏河之心·芙蓉滨水文化产业带”。该次对外招标的项目是“一园一馆一带”规划（即隆平中央公园、水稻博物馆、浏阳河东岸产业带的配套商业建筑产业规划）、浏阳河（芙蓉区段）9.47千米水面产业规划和浏阳河（芙蓉区段）东岸产业带沿线未开发地块的居住用地的商业配套及商业地块的产业规划。该区计划于2016年5月整体推出面世，之后全力申报国家AAAAA级景区，将浏阳河打造成一条比纳塞河、秦淮河更有情趣、更有韵味、更有潜力的世界级名河。会后，客商进行了现场勘察。在答疑会上，区政府采购代理公司负责人介绍了详细情况，与会企业代表咨询了相关问题，区直机关有关部门领导负责人一一解答。市商务局局长刘素月、市旅游局局长孙卫东，区委书记梁仲等领导出席会议。（邹 琼）

【芙蓉区政府与天津渤海商品交易所签订合作协议】 7月22日，芙蓉区政府与天津渤海商品交易所股份有限公司在省商务厅会议室签订湖南渤海中部大宗商品交易中心落户协议。渤海商品交易所是业内知名、国内最大的综合型现货商品交易所，上市商品涵盖能源、矿产、农林等7大门类、超过80种产品，日交易额达200亿元。该所还是国内首个跨境交易人民币结算非银行机构。渤海商品交易所在芙蓉区成立湖南渤海中部大宗商品交易中心，以“立足湖南、辐射中部、面向全国”为宗旨，涵盖现货培训中心、研发中心、交易中心、结算中心、定价中心、物流调度中心以及多个行业特色分中心等功能，运用全球首创的现代现货交易方式和覆盖全国的网络体系，助推企业实现产、供、销全产业链转型升级。该项目将依托隆平新区的区位优势、品牌优势和集群化的产业优势，以种业交易为核心，构建内外一体的贸易大平台，成为隆平新区“一馆三中心”（水稻博物馆、隆平会展中心、分子育种中心、种业交易中心）核心功能布局的重要组成部分。该项目建成后将成为全国最大的种业交易平台，在3～5年内吸引约200家优质企业在渤海商品交易所上市交易，成为长沙重要的总部型企业聚集地。（戴 颖）

【“三湘购”电子商务平台上线】 12月12日，芙蓉区政府在三湘南湖大市场举行“三湘购”电子商务平台上线启动仪式。省商务厅副厅长周船、省商务厅电子商务处处长胡松强，副市长廖健，区长于新凡出席仪式并致辞。“三湘购”是在“互联网＋”的市场经济大潮下，大力扶持三湘南湖大市场整合自身优势资源自主开发的电子商务平台。该电子商务平台拥有自主版权，连接线上线下O2O类社区型平台的电商生态系统，是三湘南湖大市场继市场提质改造后，在市场商业业态上实现了市场的转型升级。廖健在致辞中表示：市政府一直高度重视和大力扶持互联网相关产业的发展，“三湘购”推进了传统产业的转型升级，是三湘南湖大市场把多年来实体经营的良好经验与互联网优势相结合的产物，必将推动和促进区域经济的发展。胡松强表示，三湘购的成功上线，就是顺应电商发展趋势，是全省本土电商发展史上的一件大事。于新凡在致辞中要求，希冀三湘南湖大市场通过“三湘购”电商平台，创新理念，打造品牌，向消费者提供更为优质的产品和服务，为芙蓉区传统产业与电子商务结合发展探索出新的路子，也为经济社会的发展注入新的动力。周船宣布“三湘购”正式上线。市商务局副局长黄立斌、市商务局电子商务处处长阳白云，区领导伍艳飞、彭娟、易新宇，副调研员徐德进和相关商会及行业代表近400人参加活动。（刘武强）

【隆平高科技园招商引资项目集中签约】 11月16日，隆平高科技园举行招商引资项目集中签约仪式。

该次集中签约的7个项目分别是长沙现代服务产业园项目、药圣堂养生中药产业园项目、凯德工业自动化产业园项目、和捷环及印刷蚀刻镁板研发生产基地项目、湖南有色金属交易所、湖南今升新媒体购物有限公司、湖南博恒医药生物有限公司，涉及生物医药、电子信息、精密制造及高端现代服务业，总投资超24亿元，并在1 ~ 2年内全部建成投产。会上，省人大代表、药圣堂公司董事长刘朝晖作为签约项目代表发言并表示，药圣堂养生中药项目落户隆平高科技园看中的是其优质精细服务。区委常委、隆平高科技园党工委书记王曙光在讲话中要求，7个项目是隆平园创新招商方式、转型创新发展的重要见证。他要求，签约只是一个起点和开端，全园上下将勇于担当、主动作为、务实进取，为入园企业提供保姆式服务，促进签约项目落实落地、快投快建、达产达效。副市长张迎春向园区项目集中签约表示祝贺，她还介绍了长沙工业稳步快速发展的形势，肯定园区发挥“三主”（主阵地、主战场、主力军）作用所做出的努力，并要求长沙市推进改革开放、简政放权等工作，心贴心、面对面为企业做好服务，并祝愿签约项目旗开得胜、前程锦绣。区领导彭娟，园区领导曾理，园区各局室负责人以及7个项目的负责人出席签约仪式。（王 勇）

【芙蓉区金融产业园被评为省级“金融创新特色产业园”】 2015年6月1日，在省政府举行的特色产业园授牌仪式上，芙蓉区金融产业园被评为“湖南省金融创新特色产业园”。该区金融产业园核心区位于五一路和芙蓉路“金十字”周边2.7平方千米区域，是长沙市金融产业发展的核心聚集区。园区采取政府引导、市场运作方式，集政、社、产、学、研、媒、投等跨界联动共建的“互联网 + 金融 + 产业”创新产业园区。该园区致力于推动互联网金融和科技、文化、绿色、产业链金融等领域的快速发展，提供配套设施，营造良好的创业氛围与发展环境。截至年底，该园区已入驻中国产业协同创新中心、华夏标准企业信用信息共享平台，中关村互联网金融信息服务中心等10家公共服务创新平台，支持金融创新特色和产业发展。到2020年，预计实现金融产业及相关产业增加值500亿元；引进金融创新业态及相关企业300家；培育10~15家企业对接不同层次的资本市场；打造完善的“互联网 + 金融 + 产业”的金融生态产业链；引领资本市场，助推全省“大众创业、万众创新”；推动湖南参与国际金融产业分工，建设成为国家级金融创新示范区和区域性金融中心。（徐梦妍）

【隆平新区·东湖壹号企业总部举行产品发布暨招商会】 3月18日，由隆平高科技园管委会与长沙恒德置业有限公司联合主办的“隆平新区·东湖壹号企业总部产品发布暨招商会”在隆华国际酒店举行。东湖壹号企业总部基地项目总投资10亿元，占地面积2.94公顷，总建筑面积7.25万平方米，由21幢独立及双联4层企业独幢、1幢高层办公楼组成，涵盖企业独幢、商业步行街、高级写字楼、精装会馆等。作为全市首个使用商业用地建设生态独栋别墅的企业总部建筑群，东湖壹号将重点面向世界500强、中国500强和行业5强企业区域总部精准招商。区委常委、园区党工委书记王曙光致辞。他表示欢迎企业家来芙蓉区、园区投资发展，到隆平新区、东湖壹号安居兴业。园区党工委副书记、管委会主任黄滔现场回答了记者提问，并明确表示，入驻东湖壹号企业总部基地的企业，除享受国家高新区和芙蓉区促进经济发展的优惠政策外，还可享受园区优质的配套服务。（王 勇）

【“芙蓉助学”资助协议洽谈会召开】 11月20日，云南省德钦县委副书记李志华一行7人到区洽谈“芙蓉助学”相关工作。此次“芙蓉助学金”资助协议洽谈会在区政府会议室召开。会议由副区长张庆和主持，区委副书记、区长于新凡出席，区政府办、发改局、财政局、教育局、民政局等相关部门的负责人参加会议。张庆和介绍了“芙蓉助学”项目背景及意义。于新凡从地理位置、历史文化、经济发展、民生事业等几个方面介绍芙蓉区区情区貌，他要求“芙蓉助学”活动是全区贯彻落实习近平关于扶贫开发战略思想的重要举措，符合国家不断创新扶贫机制，实现精准扶贫、精准脱贫的新要求，是对党和政府对藏区贫困群众关爱的体现，也是促进双方互相学习、互相交流、互相帮助的机会。该次洽谈会上，双方就“芙蓉助学金”资助工作细节进行研讨，协商如何加强贸易合作、干部交流、惠及百姓等相关事宜，双方代表签订了芙蓉助学金资助协议书。“芙蓉助学”资助协议的签订是共建“民族情“江河情”“教育情”的开端，使更多莘莘学子圆梦大学，早日回报家乡，奉献社会。

（杨俊峰）

大事记

1月

5日 东湖街道联合《长沙晚报》“你说话吧”栏目组举办浏阳河发展问计研讨会，来自社会各界的29名长沙晚报的热心读者参加该次活动。

7日 市妇联副主席钟小珍、发展部部长柳宝玲到区调研妇女之家及“两型”创建工作。

8日 区总工会2015年春节慰问困难职工“送温暖”工作布置会暨职工大病救助金发放仪式在区政府会议室举行。

9日 召开全区安全生产工作会议，区委书记梁仲参加会议并讲话。

△ 湘潭县妇联主席胡理芬一行20人到芙蓉区考察、交流妇女儿童工作。

12日 程潜将军的女儿程瑜女士将程潜将军生前遗留下来的文献和物品在白果园程潜公馆捐赠给芙蓉区政府，省、市、区相关领导出席捐赠仪式。

14日 省委书记、省人大常委会主任徐守盛率领出席省委常委会成员集体考察、专题研究长沙城市规划建设管理工作，在芙蓉区察看拆违控、违旧城改造、文化传承保护等项目。

△ 副区长彭娟、副调研员虢中华等一行到荷花园街道调研经济工作。

20日 省计生协会业务指导处处长武昆一行到荷花园街道恒达社区调研计划生育和居民自治工作。

22日 湖南省电子商务协会执行会长张新亮、腾讯公司开放平台部市场营销经理李俊强一行到芙蓉区考察交流互联网产业发展情况。

23日 副市长夏建平带领市文物局、文广新局相关负责人到定王台街道程潜公馆旧址督察指导工作。

△ 市纪委监察局副局长黄峰，市纪委案件6室主任李茜，区委常委、区纪委书记廖铁成一行到芙蓉区人民检察院调研强化检察院、纪委协同办案长效机制等工作。

23—25日 区市政局将群众工作“直通车”开到东屯渡街道农科防水市场，在3天内帮助驻地群众解决生活实际困难。

25日 区人民政府联合湖南省珠宝协会主办的“金玉良缘”首届顶级珠宝高端鉴赏会暨玉翠山庄湖南运营中心授牌仪式及玉翠山庄“慈善之夜”在辖区豪廷大酒店成功举行。

26日 省委有关领导到荷花园街道督察党的群众路线教育实践活动整改落实“回头看”情况，市委组织部相关负责人，区领导周虔参加活动。

27日 区委书记梁仲，区委副书记夏钟剑，区纪委书记廖铁成，区委常委、宣传部部长伍艳飞及区党务部门负责人到火星街道专题调研“创新大党建、激发正能量”工作。

△ 区直机关工委组织开展2015年区直机关干部职工无偿献血活动。

△ 区史志档案局邀请市档案局电子信息相关部门负责人对区馆藏360万页档案缩微和数字化项目进行专项检查，并通过市级验收。

28日 区残联通过统一办理建设银行卡，向辖区1286名重度残疾人直接拨付每人每月50元的护理补贴，共计发放资金49.9万元。

29日 区文明办和区金融办共同举办的“诚实守信，远离非法集资”主题活动在道德大讲堂总堂开讲。

30日 中共长沙市芙蓉区委四届十次全体（扩大）会议召开。

31日 中国科学院、中国工程院主办，两院院士评选的2014年中国十大科技进展新闻，在京揭晓。“超级稻亩产首破千公斤”，入围第五项。袁隆平作为“技术创新和科技成果转化杰出者”入选。

2月

2—4 日 政协长沙市芙蓉区第四届委员会第四次会议召开。

3 日 全区棚户改造贷款评审政策及项目申报的专题培训会在国家开发银行湖南省分行会议室召开。

3—5 日 芙蓉区第四届人民代表大会第四次会议召开。

5 日省委常委、市委书记易炼红视察长沙火车站地区反恐和安全保障工作，市政法委书记钟钢参加活动。

△ 区委常委、政法委书记欧干军到定王台街道黄泥街社区顺星桥巷慰问结对帮扶贫困户。

6 日 区委书记梁仲一行到东湖街道走访慰问困难群众。

△ 区长于新凡到定王台街道走访慰问辖区困难群众。

△ 长沙市道德讲堂“文明旅游·快乐出行”主题活动在区机关会议室举行。

9 日 区委常委、区人大常委会主任罗树林到文艺路街道慰问困难群众。

10 日 区委常委、组织部部长、统战部部长周虔到荷花园街道开展春节走访慰问活动。

11 日 区委副书记夏钟剑到湘湖街道跃进湖社区慰问困难群众和老干部。

△ 区农林水局局长谭自然、副局长段陆海带队，组织有关工作人员，对辖区内 27 个农贸市场中的家禽经营户集中开展禽流感防控专项督察行动。

12 日 市委常委、市委统战部部长文树勋带领市委市政府督察组到五里牌街道开展春节期间安全生产工作检查。

13 日 市委常委、常务副市长陈泽珲，市政协副主席钟新莲到辖区困难企业曙光电子管厂督察安全生产工作并看望慰问困难群众。区领导于新凡陪同。

△ 区委书记梁仲到东湖街道龙马社区和街域内农业龙头企业湖南农丰种业有限公司进行调研。

△ 芙蓉区党的群众路线教育实践活动督导组工作总结会召开。区委组织部部长周虔出席会议。

△ 常务副区长罗玉环、区政府办公室主任肖磊一行到韭菜园桐荫里社区走访慰问其联点户。

14 日 区长于新凡到定王台街道督察节前安全生产工作。

15 日 区政府召开区党建工作大会，全体县级领导出席会议，区长于新凡主持。

16 日 区委书记梁仲、组织部部长周虔慰问部分离退休老干部。

△ 市委副书记、市长胡衡华一行到长沙火车站，视察和指导春运保障工作。

18 日 副区长蔡冰带领 3 个检查组，从 11 时至 19 日凌晨 2 时在全区 14 个街道（园、局）和重点部位进行春节前安全工作检查。

24 日 市委副书记、市长胡衡华一行到火炬村拆迁安置指挥部调研拆迁安置工作。区领导梁仲陪同。

25 日 春节长假上班的第一天，区委书记梁仲率“四大家”班子成员和相关区直部门、街道负责人到朝阳街道街域内省花鼓戏剧院小区调研提质改造项目。

27 日 省高院新闻信息网络处处长李宇先、副处长傅召平、湖南经视频道“钟山说事”编辑金欢、“直播大事件”编辑张辉一行到区人民法院调研指导新闻宣传工作。

△ 市政法委副书记梁粮到定王台街道考察并指导“一推行四公开”工作。

28 日 国家开发银行副行长张旭光、长沙市副市长姚英杰到马王堆街道火炬村调研火炬村“城中村”改造工作，区领导刘建新陪同。

△ 区政府召开信访和群众工作会议。区长于新凡主持，全体县级领导干部，街道、社区（村）和相关职能部门负责人共 300 人参会。

△ 芙蓉区第七届全民健身运动会工作布置会在区政府会议室召开。

3月

3 日 荷花园街道在人民东路大润发超市前坪举办“创业一起来，这方更精彩”春季现场招聘会。

4 日 市委常委、组织部部长程水泉到韭菜园街道蓉园社区调研基层党建工作。

△ 市公安局“执法为民学雷锋志愿服务月”暨特巡警支队“执法为民、守护平安，学雷锋、进校园”启动仪式在芙蓉区育英二小举行。

6 日 区长于新凡到马坡岭街道检查指导“大拆违”工作。

△ 芙蓉区 2015 年妇女儿童家庭服务项目发布会暨“女人、家庭、社会”道德讲堂之男女平等社会化宣传专场活动，在区政府会议室举行。

9 日 区环保局接到群众举报，反映浏阳河（芙蓉区段）河面漂浮大量油污带。得知情况后，区应急办立即组织有关部门赴现场进行处置。

△ 副区长彭娟、副调研员虢中华带领区经信局、商务局、长沙芙蓉中央商务区办、金融办负责人到东湖街道开展商贸经济工作调研。

10 日 湖南和平解放史事陈列馆又获一批珍贵文物，包括程潜将军起草的湖南和平起义电文手稿、生前使用过的部分生活用具、《中国画册》（1959 年）、《程潜墨迹诗文选集》以及毛泽东、周恩来、朱德同志治丧委员会所发请柬等珍贵史料。

△ 区委书记梁仲、副区长罗玉环、组织部部长周虔到东湖街道办事处召开现场办公会，专题研究东湖街道 2015 年经济和社会发展问题。

△ 由区人社局和湘湖街道联合举办 “春风行动——扬就业之帆，启创业之旅” 大型招聘会在东湖社区上东印象前坪拉开序幕。

△ “定王台街道暨芙蓉人才 2015 年春风行动” 招聘会在湖南省展览馆举行。

11 日 市委常委、宣传部部长张湘涛到湘湖街道西湖社区调研基层宣传思想文化工作。

12 日 全国妇联编刊处、《中国妇女》编辑部记者王秀英、何鸿娟，省政府妇儿工委办副主任陈立荣，省妇联办公室副主任熊望衡到芙蓉区调研妇女儿童工作，了解 “妇女儿童发展纲要” 实施情况。

△ 荷花园街道联合宇城酒店非公党支部到滨河路浏阳河沿岸开展 “远雾霾，森呼吸” 为主题的公益植树活动。

13 日 区委书记梁仲率四大班子成员、全体副县级以上领导干部及区各部门、街道主要负责人、医院驻区单位共 400 人参加植树活动。

△ 区民政局联合中国人寿保险有限公司湖南省分公司举办 “孝行敬老，把关爱带回家” 芙蓉区老年人意外伤害保险宣传月活动在龙马社区文化广场举行。

△ 马坡岭街道组织辖区失地农民、农村富余劳动力、外来务工人员就业创业现场招聘活动在东站社区公园举行。

15 日 芙蓉区 3·15 国际消费者权益日 “携手共治、畅想消费” 主题诚信公益宣传活动在三湘南湖大市场旺德府家居建材名品中心广场前坪举行。

17 日 区委常委、隆平高科技园党工委书记王曙光到隆平高科技园拆迁项目指挥部走访调研。

18 日 隆平高科技园管委会与长沙恒德置业有限公司联合主办的 “隆平新区 · 东湖壹号企业总部基地产品发布暨招商会” 在隆华国际酒店举行。

△ 常务副区长罗玉环在区政务服务中心大厅接受长沙电视台和《长沙晚报》记者关于芙蓉区为重点建设项目服务的专题采访。

19 日 江西省南昌市西湖区政府副区长王建国一行 11 人到荷花园街道考察交通 “微循环” 示范工程及城市管理工作，副区长许凡陪同。

△ 区委书记梁仲、区长于新凡到芙蓉城建投资公司召开工作调研会，专题研究芙蓉城建投资基金及项目建设有关工作。

20 日 区委中心组（扩大）第二次集体学习暨芙蓉名家讲坛在区机关会议中心举行。

21 日 市城中村改造工作领导小组成员，市民政局党委书记、局长曹再兴一行到东屯渡街道专项督察农科村城中村改造工作。副区长蔡冰陪同。

24 日 市委副书记、市长胡衡华到马王堆街道火炬村拆迁安置指挥部调研城中村改造工作。区领导梁仲、于新凡陪同调研。

△ 2015 年 “群众工作直通车大课堂” 党务干部培训在党校开班。

△ 芙蓉区教师学习与资源中心（教师电子阅览室、阅读书吧及图书室）正式开放。

△ 区委组织部部长周虔到东湖街道合平村召开关于落实区委 1 号文件暨铺排 2015 年党建工作座谈会。

25 日 由区文化体育新闻出版局主办，区文化馆承办的音乐培训活动在区会议中心举行，各年龄层次的音乐爱好者共 400 人参加培训。

△ 由区总工会、湘湖街道工会联合会和辖区各街道工会联合会举办的 “牵手芙蓉、温暖就业” 大型现场招聘会举行。

26 日 芙蓉区 2015 年 “适应新常态、共谋新发展” 政企座谈会召开。

27 日 武汉高农生物开发有限公司总经理孙培良、招商部经理秦光军一行到隆平高科技园区考察并召开座谈会。

△ 市人大常委会主任袁观清到区调研滨河路及浏阳河风光带建设情况。区领导梁仲、于新凡、夏钟剑、罗树林陪同。

28 日 全市首家设在社区的艺术馆—— “湖湘里艺术空间” 在湘湖街道车站北路社区正式开馆。市委副秘书长何季麟，区领导伍艳飞出席开馆仪式。

30 日 住建部住房保障司副司长魏龙、住建部住房保障司监督处主任科员郭楠、住建部住房保障司政策指导处干部周堃、省住建厅副厅长宁艳芳、省住建厅住房保障处副处长杨健一行到芙蓉区“东岸·梅园”公租房项目进行实地视察和调研。

31日 区委书记梁仲、区委办主任吴敏到辖区湖南大洋科技股份有限公司调研。

4月

2日 区法院刑事审判庭依法公开审理周某涉嫌盗窃罪案，首次通过长沙法院网、湖南法院网、中国庭审视频直播网，将该院庭审现场情况展示到电脑、手机等网络终端的屏幕上。

△ 市委宣传部、市文明办、区文明委主办，区委宣传部、区文明办、区教育局、区朝阳街道办事处、朝阳小学承办的“美丽长沙 美德先行——发扬传统弘大业 同心共筑中国梦”主题活动在芙蓉区朝阳小学举行。

3日 市文明委主办，市文明办、市教育局、芙蓉区文明委、长沙雷锋基金承办，区文明办、区教育局、荷花园街道、长沙未成年人网、东郡小学、东晖小学协办的“胜利花”荣耀抗战老兵——红色记忆、绿色清明活动在东郡小学举行，省文明办副主任熊科文出席。

△ 区食安办举办2015年农村集体聚餐食品安全管理培训班并为乡村厨师进行免费体检。

7日 区政协四届十五次常委（扩大）会议在区政协委员企业道和集团召开。会上通报了全市“政协杯”篮球赛筹备情况及政协委员到清华大学培训筹备情况。

△ 广发隆平创业园举办“新常态与转型发展”讲座，特邀省政协常委、经济科技委员会主任、中南大学商学院教授、博士生导师吴金明主讲。

8日 位于长沙远大二路的中国石油湖南销售分公司广天加油站发现93号汽油管线泄漏，怀疑部分油品已进入市政下水管道，区应急办接到通知立即采取措施进行抢险。

△ 长沙芙蓉中央商务区项目2015年一季度工作交流汇报暨调度会在马王堆街道召开。

9日 芙蓉区党外知识分子联谊会成立大会召开。

10日 “薪火相续”长沙市2015年学雷锋志愿活动在芙蓉区韭菜园街道举行。

△ 芙蓉区党政干部素质提升研修班学员到浙江大学进行为期15天的集中学习。

△ 长沙市创业富民专项资金拟扶持项目芙蓉区面审会在区机关会议室召开。

△ 区政府组织召开食品安全工作会议。

△ 区科技局召开知识产权宣传周及科技活动周活动部署工作会议。

△ 区文体新局召开群众文化工作部署会。

13日 区史志档案局举办《芙蓉年鉴（2015）》编纂工作动员暨业务培训会。

△ 渤海商品交易所华中区总裁向东一行8人到区约访主要领导，洽谈渤海商品交易所种子交易平台总部落户芙蓉区事宜，区领导彭娟出席。

14日 “台湾青溪总会大陆事务部”部长李文华率“南台湾”基层民众参访团一行36人到湘湖街道西湖社区开展交流访问。

14—15日 区食安办根据省、市关于对含有焦亚硫酸钠生姜进行市场清查活动，共抽检25家单位的36批次食品。

15日 省卫生计生委副主任易露茜为组长的省级复核专家组一行11人对芙蓉区“爱婴医院”的产科质量和出生医学证明管理工作进行督导考核，市、区相关领导陪同检查。

△ 区委书记梁仲到区委党校举办的“全面从严治党”专题培训班，为全区78名社区（村）书记上党课。

△ 株洲市旅游局旅游质监执法异地交叉检查组相关负责人到区开展执法检查工作。

16日 区政府召开行政审批和行政执法改革专家论证会。省、市相关领导及专家出席论证会。

17日 区司法局按照市局的统一部署完成全区公证体制改革工作。撤销原芙蓉公证处机构、人员安置、资产清算、档案移交均按时间节点顺利完成。

18日 平安银行与芙蓉区亚大时代合作意向签约仪式在五一大道的亚大时代大厦举行。区领导彭娟出席签约仪式。

20日 区质监分局在依托市信息所、区政府政务中心设立质监服务窗口，统一受理相关业务。

△ 东湖街道联合湖南农业大学和湖南生物机电职业技术学院，开展青春期健康教育进校园“东湖夜话”系列活动。

△ 隆平高科技园管委会联合省、市、区安监局实施安全生产“九打九治”打非治违“春雷”行动。

21日 市委常委、组织部部长程水泉、市政协党组副书记钟新莲率市相关部门领导一行视察芙蓉区防汛备汛工作。区领导梁仲、于新凡、周虔陪同视察。

22日 永州市人防办主任杨跃一行6人，参观芙蓉区人防素质教育基地和东湖社区人防示范点，副区长彭尚松出席活动。

23日 区发改局召开芙蓉区投资与项目建设工作调度会。

△ 区食安办联合区卫生局开展食品、药品“四小”整治规范专项行动。

24日 市总工会主办、区总工会承办的“欢庆五一 致敬劳动者”芙蓉区环卫工人专场慰问演出在区会议中心进行。

26日 由区委宣传部、区文体新局主办，马王堆街道承办的“我们的节日·五一劳动节”牵手芙蓉广场月月演暨芙蓉区2015年公益骑行活动举行。

△ 由区教育局承办的第十六届湖南省中小学电脑制作答辩会举行。

△ 荷花园街道在东郡社区大润发前坪广场举行2015年知识产权宣传周活动。

△ 文艺路街道政协联络处负责人到岳阳市平江县开展“放飞爱心，书送希望”主题活动。

28日 市委常委、常务副市长陈泽珲一行到东湖街道实地调研大拆违工作。区领导于新凡参加调研。

△ 大同小学创建成为“全国美术教育改革实验学校项目”。

29日 省卫计委信息处主任许丹，省儿童医院、省人民医院信息处专家到芙蓉区调研社区卫生信息化工作。

△ 市安委办主任、市安监局局长文卫红，市政府督察室副县级干部王飞，率市安监局、市交警支队一行。到芙蓉区督察安全生产工作。区领导书记梁仲、于新凡参加检查活动。

△ 区总工会、区文体新局和区直机关工委共同举办的第七届全民健身运动会暨欢庆“五一”广播操比赛在区政府办公大楼前坪举行。

△ 湘湖街道“青春飞扬、无限未来”创业就业扶持行动启动。

30日 全市拆墙透绿增绿现场观摩会在芙蓉区召开。

△ 芙蓉区推荐的长沙新振升集团有限公司工程师欧阳金旺被评为“湖南省劳动模范”称号。

△ 区安监局和马坡岭街道办事处开展“依法防治职业病，切实关爱劳动者”的《中华人民共和国职业病防治法》宣传周现场咨询活动在双扬石材物流园举行。市安监局副局长曹惠民、副区长蔡冰出席。

5月

4日 省高级人民法院党组副书记、副院长石时态，省级人民法院党组成员、立案信访局局长熊春明，长沙市中级人民法院党组成员、副院长周芳乐一行5人到芙蓉区法院视察指导立案登记工作。

△ 区团委举行芙蓉区庆五四暨“芙蓉青年爱心汇”活动。

△ 区司法局公开招聘，具有专业法律知识和律师资质的4名专职人民调解员进驻区交警大队人民调解室，并正式揭牌运作。

5日 芙蓉区产业发展总体规划评审会召开。

7日 湘潭市岳塘区卫生局副局长李新华一行16人到区参观学习创建湖南省儿童保健服务合格区工作经验。

△ 区教育局召开“教育国际交流分享与发展”研讨会。

△“感恩母爱，健康成长”——长沙“小手拉大手”培育和践行社会主义核心价值观暨母亲节芙蓉区主题日活动在定王台街道举行。

9日 芙蓉生态新城5号保障住房用地项目启动动员大会在东岸街道办事处礼堂举行。

10日 芙蓉区2015年公开选调、招聘工作人员笔试在湘一芙蓉二中、马王堆小学举行。

12日 省住建厅资深专家周淑兰、梁祖华率市园林局督察组、中南林业科技大学研究生专家组到芙蓉区开展为期4天的“绿色城市”建设情况的实地考察和调研。

△ 湘湖街道车站北路社区举行以“创造创业、科技惠民”为主题的科技周宣传周活动。

14日 区公安分局专家组兵分两路统一行动，在湖南、重庆两地对非法获取计算机信息系统数据专案犯罪嫌疑人展开抓捕，成功将周某、张某等13人抓获归案。

15日 芙蓉区人民政府、湖南农业大学联合举办的“公共就业服务进校园”暨湖南农业大学2015届毕业生大型供需洽谈会在湖南农业大学修业广场举行。

△ 区委书记梁仲、区长于新凡到隆平高科技园调研重点建设项目。

18日 市委副书记、市长胡衡华到韭菜园街道调研黄土塘棚户区征收工作。区领导梁仲、于新凡参加调研。

△ 区残联通过政府采购网招标购买一批价值 10 万元的残疾人辅助器具，免费赠送给区贫困残疾人，236 名残疾人受益。

19 日 省统计局能源处副处长李群、副主任杨未，到文艺路街道调研统计、能源工作。市统计局副局长邹国兴、区统计局副局长裘可陪同。

20 日 区委在区机关会议室召开调度会讨论部署全区“三严三实”专题教育工作。区委副书记罗玉环，组织部部长周虔出席会议并做相关工作安排。

△ 马王堆社区卫生服务中心联合马王堆街道在滩头平社区开展以“微服务，爱心圆梦”为主题的健康宣教活动。

21 日，浙江省宁波市鄞州区人民政府咨询委员会主任陈明志带队，宁波南部商务区管委会主要负责人一行 11 人到芙蓉区考察访问。

△ 市委副书记、市长胡衡华、副市长黎石秋到马王堆街道火炬村项目拆迁安置指挥部调研棚户区改造工作。区领导梁仲、于新凡、刘建新参加调研。

△ 省委《新湘评论》杂志社社长、总编郝安率杂志社员工到区荷花园街道恒达社区结合“三严三实”专题教育活动，开展共同讲党课活动。

22 日 湖南湘涛俱乐部少年足球训练基地授牌仪式在芙蓉区育英西垅小学举行。

△ 市工务局局长张跃先到东屯渡社区农安小区提质改造工程和天然气入户项目现场办公。

△ 区文体新局主办“文化遗产保护”知识讲座，由省国家安全厅退休高级建筑师刘叔华主讲“自然与文化遗产——全人类的财富”。

23 日 芙蓉生态新城 6–1 安置小区项目动员大会在东岸街道办事处会议室召开。

25 日 江西省鹰潭市贵溪市人大常委会常务副主任姚建中到芙蓉区交流居家养老和家政服务等工作，区领导罗树林、马京沙陪同。

△ 市委宣传部副部长陈海波到芙蓉区调研文化产业项目，区领导罗玉环、易鹰陪同。

26 日 区政府召开芙蓉区投资与项目启动工作调度会。

27 日 市委副书记、市长胡衡华到区接访“城市生活家”业主代表，专题研究该楼盘的历史遗留问题。

△ 区政府召开水稻博物馆展陈施工图专家内审会、浏阳河东岸风光带文化景观设计专家评审会。

28 日 省戒毒管理局局长曾启尚一行调研定王台街道社区戒毒（康复）工作。

△ 由长沙市文明办、芙蓉区文明委联合主办，芙蓉区文明办、芙蓉区教育局、芙蓉区荷花园街道承办的“大手牵小手 点亮微心愿”芙蓉专场“圆梦六一，快乐成长”暨十岁成长礼主题活动在芙蓉区育英第二小学举行。

29 日 宁乡县代表团一行 50 人在县城管局局长丁新军的带领下，到荷花园街道恒达社区考察基层治理及城市管理工作。

△ 区委召开“三严三实”专题教育工作座谈会，区委书记梁仲在会上为全区党员领导干部讲授专题党课。

30 日 湖南电视台在《经视新闻》当中报道芙蓉区浏阳河滩植绿工程。称其是“有效整治河滩种菜、净化水源、全市三年造绿之河滩植绿的率先探索”。

6月

2 日 省残联理事长肖红林、教育和就业部副部长李俊到芙蓉区健峰残疾人托养中心实地调研机构的建设和运作情况。

△ 省商务厅正式批复，同意将隆平高科技园电子商务产业园纳入长沙国家电子商务示范基地。

△ 长沙市“城市管理示范街道”创建现场观摩推进会召开，荷花园街道作为全市“城市管理示范街道”之一，迎接全市各代表团的现场观摩及指导。

2—4 日 区委书记梁仲检查各街道开展“三严三实”专题教育活动。

3 日 副省长蔡振红到访芙蓉区定王台街道社区戒毒（康复）工作指导站就社区戒毒（康复）工作开展调研。

△ 芙蓉区“青春星声音”校园歌手社区争霸赛总决赛在区政府会议中心举行。

△“做诚信企业、塑社会信用、筑品质湘湖”主题实践活动启动仪式在三湘南湖大市场旺德府建材超市前坪举行。

4 日 新加坡国际企业发展局华南司主任李伟贤到区，就新加坡和芙蓉区企业相互融合问题展开交流访问。副区长彭娟出席活动。

5 日 区委政法委书记欧干军、区公安分局副局长周斌胜到定王台街道世茂、泰贞、涟邵项目工地，对街道项目建设遗留问题处置情况进行调研。

△ 区委常委、区人武装部部长方学文到韭菜园街道桐荫里社区检查及指导社区旧居民楼和辖区单位消防安全工作。

6 日 芙蓉区举行博士、高级会计人员、注册造价师专场招聘面谈。区委书记梁仲，区长于新凡担任评委，邀请省委组织部人才处、市财政局、市建设局等专家评委参加招聘会。

8 日 芙蓉区被评为全国和谐社区建设示范城区，省民政厅党组成员、副厅长李劲夫率省市民政部门负责同志为芙蓉区创建成为 2014 年全国和谐社区建设示范城区、示范街道、示范社区进行授牌。区委书记梁仲，副区长蔡冰出席授牌仪式。

9 日 区委书记梁仲到浏阳河（芙蓉区段）调研浏阳河文化旅游产业带建设情况及相关工作。

10 日 市委常委、市委秘书长夏建平到白果园程潜公馆调研湖南和平解放史事陈列馆筹备工作。

12 日 省人大常委会委员、内务司法委员会主任李平、内务司法委员夏虹，省民政厅基层政权和社区建设处副处长谷满园一行到荷花园街道恒达社区调研换届选举工作，区领导蔡冰参加。

△ 区政府在育才学校举办以“大手拉小手 安全共相守”为主题的特种设备安全及儿童消费品质量安全进校园宣传活动。

15 日 区委书记梁仲到东湖街道，考察浏阳河风光带项目建设情况。

16 日 芙蓉区与省、市同步启动 2015 年食品安全宣传周活动，在火车站阿波罗商业广场举行启动仪式暨现场咨询宣传活动。

△ 省档案局、湖南生物机电职业技术学院、东湖街道联合举办的“血战三湘卫山河——湖南纪念抗日战争胜利 70 周年档案展” 高校巡回展第一站在东湖街道辖区内湖南生物机电职业技术学院正式开展。

17 日 长沙中海兴业房地产有限公司总经理刘长胜等一行 3 人考察隆平新区项目。

△ 区长于新凡，副区长彭尚松到马坡岭街道调研房地产项目建设工作。

19 日 省委宣传部副部长杨金鸢同志到东湖街道龙马社区党代表工作室开展调研工作。

△ 区司法局组织 38 名社区服刑人员到星沙强制戒毒隔离所接受警示教育。

23 日 区委书记梁仲、区人大常委会主任罗树林、区长于新凡、区政协主席刘建新一行到人民东路考察道路两厢增绿添景项目建设情况。

24 日 全省社区戒毒（康复）工作经验交流会暨工作推进会和“千家万户共拒毒品——社区戒毒、社区康复工作推进活动”在定王台街道举行。

25 日 省委常委、市委书记易炼红率“四大家”领导及相关部门负责人现场观摩人民东路增绿添景、林荫大道建设项目。

△ “浏河之心·芙蓉滨水文化产业带”新闻发布会暨说明会在隆平国际会展中心举行，区领导梁仲、区长于新凡出席会议。

26 日 由区司法局主办，马王堆街道办事处承办，以“千家万户共拒毒品”为主题的广场大型法制文艺演出暨法制宣传活动在马王堆街道九道湾社区广场举行。

29 日 “美丽长沙 美德先行”长沙市“青春在党旗下飞扬”学雷锋志愿服务暨“2015·建党节”芙蓉区主题日活动在湖南花鼓戏院会场举行。

7月

1 日 区长于新凡到荷花园街道调研东二环沿线门店墙面立体改造项目。

△ 区商务旅游局携负责人率辖区企业参加 2015 年中俄红色旅游合作交流会长沙推介会，会议在开福区的世纪金源酒店举行。

3 日 隆平高科技园举行集中签约仪式，引进银通科技生产研发总部基地项目、琴海数码缩微数字一体化产业项目。

6 日 副市长廖健到区视察区重点项目和隆平高科技园重点企业。区领导梁仲、于新凡参加调研。

7 日 区政府召开湖南和平解放史事陈列馆设计方案专家评审会。

△ 荷花园街道“三室一院”标准化建设试点研讨会召开，区委组织部部长周虔、副区长彭尚松、副区长许凡出席。

8 日 区委召开“三严三实”专题教育第一次集中学习研讨会。市委常委、常务副市长陈泽珲全程指导研讨会。

△ 芙蓉区 2015 年暑假游泳场馆由政府购买服务面向中小学生开放工作部署会召开。

9 日 全国政协常委、民进党广西区委会主委、教授陈自力到区调研长沙芙蓉中央商务区建设项目。

△ 省委常委、市委书记易炼红到区调研妇幼卫生和计划生育技术服务工作，市卫计委主任周敏、区领导梁仲陪同。

△ 省文化厅离退休人员管理服务处处长刘振平一行 4 人到区调研群众文化工作。

△ 芙蓉区组织党政干部素质提升研修班学员到

清华大学进行为期 15 天的学习培训。

10 日 隆平高科技园举办“隆平大讲堂”金融服务专场活动。

11 日 国家统计局人口就业司调研员贾毓慧到区开展劳动力资源调研工作。省统计局副局长戴乐平陪同。

13 日 南苏丹、埃塞俄比亚代表团一行 28 人到湘湖街道西湖社区开展考察交流活动。

△ 隆平高科技园重点企业——湖南苏宁云商有限公司被评为“湖南省电子商务示范企业”。

△ 山东省潍坊市奎文区委书记、区人大常委会主任李辉一行 26 人到芙蓉区调研现代服务业发展、产业创新工作。区领导于新凡参加调研。

△ 市文化市场综合执法局局长谭旭一行到区调研文化市场执法工作。

14 日 湖南统一战线第六期“同心讲堂”在芙蓉区政府会议中心开讲。中央统战部副秘书长、政研室主任张健应邀做首堂“学习中央统战工作会议和〈中国共产党统一战线工作条例(试行)〉精神”的专题报告。

15 日 省委常委、市委书记易炼红到马坡岭街道督察拆违控违工作，并看望慰问拆违一线工作人员。区领导于新凡陪同。

△湖南农业大学教学实习基地在芙蓉区人民法院挂牌成立，区法院院长刘自军与湖南农业大学马克思主义学院院长刘新春共同为教学基地揭牌。

16 日 区政府召开隆平水稻博物馆陈列创意设计方案专家评审会。会议由副区长张庆和主持，区委书记梁仲、隆平管委会总经济师易鹰出席会议。

21 日 德国卓伯根中国区总监、奥地利乐之集团中国首席代表、徐东平博士一行在市贸促会副会长郭峻陪同下考察芙蓉区浏阳河文化旅游产业项目并进行商务洽谈。

△ 区长于新凡带领有关部门负责人到朝阳街道调研科佳创客大厦项目。

22 日 区政府与天津渤海商品交易所股份有限公司在省商务厅 320 会议室签订落户协议。

△ 市文广新局副局长张明清一行 3 人到区督察公共文化建设和为民办实事项目。

23 日 湖北省荆门市公安局党委委员、副局长邹平，党委委员、交警支队长阳勇及荆门市交警支队、治安支队部分负责人及相关科室、大队负责人到芙蓉交警大队开展学习交流。市交警支队副支队长彭雄伟、芙蓉大队副大队长李乐参加活动。

△ 山东省济南市槐荫区棚改工程指挥部指挥长方济林率考察团到芙蓉区棚改办学习交流棚户区改造工作经验。

△ 朝阳街道曙光路与五一东路交汇处东南角人行道板发生坍塌。事故发生后，市、区两级政府高度重视，区应急办立即组织有关部门现场处置。

24 日 芙蓉区在汇一城前坪广场举行以“新家园·馨生活”为主题的被征地村民团购商品房宣传推介会。

△ 2015 年芙蓉区食品药品安全知识大讲堂活动在朝阳街道办事处会议室举行。

27 日 市委常委、副市长张迎春带队到辖区湖南影像创客大厦“K+ 影像创客空间”视察创客创新创业和孵化器发展情况，市领导涂文清、区领导梁仲陪同。

△ 芙蓉城建投资公司经过反复协调、筹备，7 月，初启动京港澳高速芙蓉生态新城路安置小区段隔音屏工程项目建设工作。

29 日 长沙市地方海事局局长张玉玺到芙蓉区调研浏阳河文化旅游产业带建设项目。

△ 区食安委组织召开食品安全“百日利剑”专项整治工作部署会。

△ 副区长张庆和调研“云商”龙头企业——湖南苏宁云商有限公司。

△ 区工务局局长姜舟带领中层干部到长沙远大住宅工业集团有限公司参观学习。

△ 区委书记梁仲、副区长许凡到东湖街道调研街道大拆违及土地合理规划利用问题。

31 日 区委书记梁仲、区长于新凡到宁乡县灰汤镇开展“三联三促建三市”帮扶活动，在宁乡县委书记谭小平的陪同下，实地考察灰汤镇南入口广场、温泉文化展示馆、汤泉社区背街小巷等项目建设。

8月

1 日 “互联网 + 楼宇经济高峰论坛暨楼友汇成立仪式”在辖区凯莱大酒店举行，市工商联主席彭继球以及约 200 家长沙电商企业代表参加会议。副区长易新宇出席活动。

6 日 国家杂交水稻工程技术研究中心与华智水稻生物技术有限公司战略合作签约仪式在杂交水稻中心举行。杂交水稻中心主任袁隆平、华智总经理张健分别代表双方签署协议。

△ “欢乐潇湘 品质长沙 幸福芙蓉”群众美术、书法、摄影作品评审会在区文化馆举行。

7日 省委书记、省人大常委会主任徐守盛到芙蓉区调研城市建设相关情况，先后视察火炬村棚户区改造项目、浏阳河产业带。区领导梁仲、于新凡陪同。

10日 市委常委、市纪委书记李军到区督察党风廉政建设“两个责任” 落实情况。

11日 山东省潍坊市奎文区委常委、常务副区长李伟，区委常委、组织部部长权文松到芙蓉区火星街道考察政务服务、社区提质改造等工作。副区长谭雄伟陪同。

12日 芙蓉区“千人送训进万企”安全培训示范课活动在经阁铝业科技股份有限公司多功能厅举行。

14日 区委书记梁仲、副区长蔡冰、市安监局副局长钟才发、区政府副调研员尹上敏、区安监局局长刘顺泉一行，到马坡岭街道危化品企业开展安全生产检查。

19日 吉首市委副书记李诗兴，副市长、市政府办公室主任刘冰一行11人到荷花园街道考察老旧居民区物业管理工作。

20日 区直机关工委、区团委、区妇联联合举办“邂逅青春·遇见爱”芙蓉区单身青年七夕观影联谊会。活动在浏阳河婚庆园银兴乐天影城进行。区委副书记罗玉环出席活动。

21日 “第五届（2014）中国湘商力量总评榜颁奖盛典暨云猴全球购2015中国湘商互联网+创业创新高峰论坛”在长沙湖南宾馆举行，隆平高科技园被授予2014中国湘商“十大最具投资价值经济园区”称号，隆平高科技园管委会副主任冯春明出席颁奖活动。

24日 省法律援助中心主任向新林、市司法局党委书记、局长魏华松，市司法局副局长贝先明、市法律援助中心主任郭灿霞一行到区专题调研公共法律服务实体平台建设工作。区领导梁仲、于新凡、欧干军出席座谈会。

25日 上海天华设计、管理有限公司、香港九龙资产管理有限公司、中国交通建设集团有限公司、甘肃天源投资集团到芙蓉区考察浏阳河文化旅游产业带项目，区领导梁仲、罗玉环陪同。

26日 区委书记梁仲、区长于新凡到东岸街道视察重点项目建设情况。

△ 五里牌街道在阿波罗商业广场潇湘国际影城组织开展“千人送训进万企业”安全大培训活动，对辖区人员密集场所的企业相关人员进行了集中培训。

27日 市文明办、区文明委及《长沙晚报》“星辰在线”等媒体主办，区文明办、马王堆街道工委、星辰国际艺术中心承办的“铭记历史 缅怀先烈 珍爱和平 开创未来”纪念抗战胜利70周年暨礼敬抗战老英雄主题志愿服务活动在马王堆街道进行。

28日 市公安局警备司令部主任黄英富到韭菜园街道桐荫里社区走访慰问联点困难家庭。

30日 省委常委、市委书记易炼红调研定王台街道城市管理工作。

31日 省委常委、市委书记易炼红到区视察车站北路社区、苏宁云商现代产业基地及浏阳河文化旅游产业带项目，召开座谈会详细了解全区经济社会发展情况。区领导梁仲、于新凡陪同。

9月

1日 住建部副部长王宁、住房保障司司长曹金彪一行到都正街历史文化街区视察棚改工作，省政府副秘书长张值恒、省住建厅厅长蒋益民，副市长黎春秋，区领导于新凡陪同视察。

△ 湖南有色金属交易公司工商营业执照下发，标志着国内首家由政府参与并控股、全国第二家经省人民政府批准、国务院部级联席会议审批备案的综合性有色金属现货交易平台正式落户隆平高科技园。

△ 江西省南昌市西湖区南站街道办事处负责人到芙蓉区朝阳街道向韶社区考察和交流城市建设、物业化管理工作。

△ 市委常委、副市长张迎春在市政府办公厅副秘书长涂文清的陪同下到隆平高科技园调研发展现状、发展战略及未来规划问题，助推转型创新发展。

△ 区总工会举行2015年“金秋助学”助学金发放仪式。区人大常委会副主任马京沙、区政协副主席李国开出席活动。

4日 由侨联组织的侨界志愿者车队在长沙高铁南站热情迎接11位受邀赴京参加抗战胜利70周年系列纪念活动的湖南籍抗战老兵和抗战英烈子女载誉归来。

5日 区委书记梁仲、副区长许凡到东湖街道调度拆违后清渣清运工作。

6日 区政府召开企业办社会职能分离工作暨工业经济推进会。

8日 副区长张庆和到定王台书市检查出版物销售市场。

9—10日 区史志档案局在区政府二楼大厅举办“铭记历史 珍爱和平”——长沙纪念抗日战争暨世界反法西斯战争胜利70周年档案展。

10 日 副省长张剑飞率领省直部门、14 个市州、区县拆违工作负责人组成的省观摩团到马王堆街道火炬村观摩考察拆控违工作。

△ 省新闻出版局市场处处长刘力峰一行到区督察出版市场安全生产工作。

△ 区委书记梁仲到马王堆街道火炬村拆迁安置指挥部，专项研究火炬拆迁安置工作。

11 日 常务副区长谭雄伟在区政府会议室召开重大项目调度会。

12 日 “欢乐潇湘”湖南省第五届全民广场舞大赛“湖南三湘大市场”长沙赛区争霸赛在新装开业的三湘南湖大市场家电城举行。大赛由省委宣传部、省文明办联合主办，湖南都市频道、湘湖街道三湘南湖大市场家电城承办。

15 日 国家科协副主席程东红带队的《科学素质纲要》实施工作督察组到湘湖街道车站北路社区考察，副区长张庆和陪同。

△ 省委宣传部副部长、省文明办主任刘进能到湘湖街道视察三湘南湖大市场家电城和车站北路社区文明创建工作，区领导于新凡、伍艳飞陪同。

16 日 岳麓区委书记陈中，区委副书记、区长周志凯带领“四大家”班子成员、部分区直部门和街道党政主要负责人到东湖街道拆违点现场考察交流拆违复绿工作。区委书记梁仲、区人常委会主任罗树林陪同考察。

18 日 区政府为国内首家影像创客空间——湖南科佳影像创客空间举行授牌仪式。

22 日 全区 2015 年度引进人才集体见面会在区机关会议室召开。

23 日 团省委学校部部长王虹彬到文艺路街道东广济桥社区，慰问社区的困难群众。

△ 2015 年营盘东路、双杨路绿化提质工程方案专家评审会议在区园林局会议室召开。

24 日 市委副书记徐宏源率相关部门负责人视察定王台街道街域内在建项目长沙国际金融中心和都正街历史文化街区改造项目。区领导梁仲陪同视察。

△ 以“月盈中秋·情聚西湖”为主题的统战联谊活动在湘湖街道西湖社区举行。省委统战部常务副部长谭平，市委统战部常务副部长刘映群，区领导周虔出席活动。

25 日 副区长易新宇带领检查组开展旅游市场秩序执法检查。

26 日 长沙九道湾自行车越野训练基地启动仪式暨自行车嘉年华活动在东湖街道东湖村举行，长沙首家自行车户外越野训练基地正式投入使用。区委宣传部部长伍艳飞参加活动。

29 日 长沙金融服务节金融知识进社区暨理财大讲堂在湘湖街道会议室举行，2015 长沙金融服务节的序幕由此拉开。该活动由湘湖街道联合《长沙晚报》，中信银行，招商银行共同举办。

30 日 市公安分局驻区环境保护局工作联络室正式挂牌运作。

△“青铜文化进校园”巡展首站活动在东晖小学举行。

△ 区食药、城管、公安、环保、工商、交警及街道等部门联合执法取缔马坡岭西龙村 1 家占地 4000 平方米非法牛羊交易市场。

10月

2 日 以韩国庆南道居昌郡郡守张敏哲率访问团在首届湖南中韩经贸文化活动周期考察隆平高科技园区。

3 日 北京科技园置业股份有限公司总经理李国臣，中关村互联网经融服务中心主任吕鹏到区考察金融创新特色产业园。

9 日 区委书记梁仲、区长于新凡、副区长许凡到湘湖街道调研九道湾停车场建设规划项目。

10 日 长沙市 2015 年第 4 次安委会例会暨防范重特大事故会议在区机关会议室召开。长沙高新区管委会、各区县（市）政府分管负责人及安委办负责人约 70 人参加。市委常委、副市长张迎春出席会议并讲话。

△ 隆平高科技园 42 公顷项目拆迁动员大会分别在东湖街道东湖村村部、东湖渔场场部、合平村村部召开。

13 日 第四届中国小学校长大会“干部队伍建设与管理”分论坛在育才小学召开。

△ 市委统战部副部长饶福明到区调研统一战线“四同创建”、信息宣传、党外知识分子联谊会建设、社会组织统战工作。

△ 市金融办副主任周练军、湖南大学博士生导师姚小义与课题组一行到区调研金融创新特色产业园发展情况及未来规划。副区长易新宇参加会议。

14 日 全国妇联儿童部部长陈晓霞到区督导儿童早期发展社区家庭支持服务项目工作的开展情况。省妇联副主席卢妹香、市妇联主席谭慧慧、区领导罗玉环陪同。

15 日 司法部预防犯罪研究所所长高贞、主任苏利一行到定王台街道调研社区戒毒（康复）工作。区领导蔡冰陪同。

△ 安徽省教育厅巡视员周元、教育厅项目管理中心副主任郑诗旭、基教处副处长邵曙光一行受国家教育部委托到芙蓉区督察。区领导罗玉环陪同。

△ 芙蓉区流通领域食品监管职能划转交接仪式举行。

16 日 省外事侨务办党组书记肖百灵一行到韭菜园街道蓉园社区走访慰问社区老党员、高龄独居老人并召开座谈会。

19 日 区委书记梁仲到马王堆街道火炬村拆迁安置指挥部调研火炬村建设项目。

20 日 市人大常委会主任袁观清一行到荷花园街道东郡小学食堂视察食品安全工作，区领导梁仲陪同。

△ 区委“三严三实”第三次专题集中学习暨芙蓉名家讲坛在区机关会议中心举行。

△ 东湖街道诚邀辖区环卫工人、居民代表和政府职能部门负责人，在龙马社区文化广场，以“东湖夜话”的形式，访群众需求，谋发展大计，解百姓难题。区委组织部部长周虔、宣传部部长伍艳飞出席活动。

21 日 “欢乐潇湘 品质长沙”第四届校园文化进社区——青春星声音社区晋级赛第二场在荷花园街道大润发超市前广场举行。

22 日 隆平高科技园管委会主任黄滔率企业家代表到湖南杂交水稻工程技术研究中心，专程看望了“杂交水稻之父”袁隆平。

23 日 长沙市就业创业服务进校园——2016 届毕业生大型供需洽谈会暨长沙就业微平台启动仪式在湖南农业大学举行。

25 日 东湖街道和“共享家”公益组织联合举办的“共享家社区营造公益大赛”在东湖街道举行。

27 日 区食药监局与市食药监局联合，组织 150 户农产品和水产品经营单位在马王堆蔬菜批发市场开展食品质量安全培训。

28 日 由国家旅游局、中国旅游饭店协会在福州市召开的第三届“中国饭店金星奖颁奖典礼”上，辖区内富丽华大酒店再次被评为“中国饭店金星奖”。

△《长沙晚报》公示长沙市“3635”人才计划 2015 年第一批入选对象。隆平高科技园谷海瀛等 9 名专家入选。

29 日 区民宗外侨局、长沙市民族联谊会芙蓉区分会在银华大酒店举行民族联谊会会员代表大会暨“民族情深 与梦同行”爱心公益活动。

30 日 市体育局局长李平一行 7 人调研浏阳河文旅产业带项目。

11月

2 日 首届湖南中韩经贸文化活动周举行，以韩国庆尚南道居昌郡郡守张敏哲为团长的韩国访问团到隆平高科技园实地考察，并与湘茶集团、英氏乳业、明园蜂业等园区企业的代表进行座谈。

△ 区文化市场综合执法局开展网吧专项整治“零点行动”。

△ 副区长谭雄伟在区政府会议室召开投资与项目工作调度会。

4 日 副市长廖健到隆平高科技园区调研苏宁易购湖南首家云店。

5 日 由市委常委、政法委书记钟钢带队督察芙蓉区交通治理和优化工作。区领导梁仲、于新凡陪同。

△ 区委书记梁仲、区长于新凡到朝阳街道调研老旧街道、安家小区提质改造工作。

6 日 由重庆市农业投资集团、重庆农投种业有限公司和湖南科裕隆种业有限公司联合主办的“新科裕隆种业战略发展专家座谈会”在长沙三景韦尔斯利酒店召开。袁隆平被评为“近几年国内种业产业资本与科研资源完美整合的典型”。

9 日 市委常委、组织部部长程水泉到湘湖街道车站北路社区调研党建和社区治理工作。

10 日 市政法委常务副书记任安良、市司法局副局长孙美秀到区开展检查验收“六五”普法依法治理工作。区领导欧干军参加检查。

12 日 湖南省委常委、省军区司令员黄跃进，长沙警备区司令员王忠斌一行到东屯渡街道调研基层典型创建工作。区领导于新凡、何元良、方学文参加调研。

13 日 副市长李蔚率市城管局、市环保局等市直部门负责人到区调研城市管理工作。

16 日 隆平高科技园举行招商引资项目集中签约仪式。

18 日 省财政厅乡财处处长张燮带队的检查组到文艺路街道检查省级标准化财政所创建工作。

20 日 云南省德钦县委副书记李志华一行 7 人到芙蓉区考察交流，并洽谈“芙蓉助学”相关工作，签订芙蓉助学金资助协议书。

23 日 区委组织部部长周虔率队到定王台街道开

展基层党建和丰泉古井社区自治服务品牌创建工作督察和验收。

26 日 省安监局纪检组组长彭正奇、事故调查处处长黄方明、机关党委副书记李盛锋、执法监察局主任雷敏一行到区考核安全生产工作。市安监局局长文卫红、区领导于新凡、蔡冰陪同。

27 日 由区委统战部、湖南农业大学统战部主办，东湖街道办事处、东湖街道滨湖社区承办的浏阳河九道湾文旅产业“同心”座谈会暨首届长沙东湖红枫节在东湖街道启动。

30 日 全区机关事业单位工作人员养老保险制度改革动员部署暨业务培训会召开。

12 月

1 日 埃塞俄比亚人民革命民主阵线干部代表团到芙蓉区火星街道陶家山社区参观、考察社区基层党建工作。中联部、省、市、区外侨办领导考察陪同。

2 日 民政部基层政权和社区建设司副司长刘勇带领城市社区建设处处长李永新、副处长曹洪峰到湘湖街道西湖社区调研社区队伍建设工作。省民政厅基层政权和社区建设处副处长谷满园，市民政局副局长何水军，区领导蔡冰陪同调研。

3 日 北京科技园置业股份有限公司总经理李国臣，中关村互联网金融服务中心主任吕鹏一行考察芙蓉区省级金融创新特色产业园。区领导于新凡、易新宇，区金融办、区商务局部门负责人参加座谈会。

△ 由区民主党派召开座谈会，协商芙蓉区浏阳河文化旅游产业带建设和制订“十三五”规划工作。

8 日 由区政府召开各民主党派负责人座谈会，听取与会人员关于《芙蓉区 2015 年政府工作报告》的意见和建议。

10 日 区商务旅游局召集商务旅游企业负责人召开安全生产会议。

13 日 由区政府主办，湘湖街道承办的“三湘购”电子商务平台上线启动仪式在三湘南湖大市场汽配城举行。

15 日 文化部副部长杨志今到芙蓉区定王台街道调研公共文化服务体系建设。

△ “相约芙蓉、筑梦青春” 2015 年度芙蓉区（杰出）优秀青年岗位能手风采展示会举行。

16 日 市委宣传部、市卫计委、市文明办主办的“美丽长沙 美德先行——长沙幸福家庭公益大讲坛”活动在东湖街道龙马社区举办。

21 日 湖南中医药大学第二附属医院首家社区联盟指导单位授牌仪式在火星街道社区卫生服务中心举行。

22 日 省卫计委主任张健一行到荷花园街道调研荷花园社区卫生服务中心工作。

△ 芙蓉区落实党风廉政建设责任制检查考核大会召开。市委常委、宣传部部长张湘涛带队对芙蓉区党风廉政建设责任制落实情况进行检查考核。

△ 副区长许凡召集区城管局“夜看长沙”景观亮化项目各标段施工单位、监理单位等负责人召开项目建设现场调度会。

23 日 区总工会“女职工关爱行动”救助金发放仪式在区政府会议室举行。

25 日 区总工会举行微信公众号正式上线仪式。

29 日 衡阳市石鼓区委党史联络组组长雷章清一行 7 人到芙蓉区开展党史和党史联络工作经验交流。

（年鉴编辑部）

中共长沙市芙蓉区委员会

区委主要机构及领导人员

书　　记　梁　仲
副 书 记　于新凡
　　　　　夏钟剑（2015.04 免）
　　　　　罗玉环（女）(2015.04 任，2015.11 免）
　　　　　谢　进（2015.11 任）
常　　委　王曙光
　　　　　廖铁成
　　　　　罗玉环（女）(2015.11 免）
　　　　　周　虔（女）
　　　　　伍艳飞（女）
　　　　　谭雄伟（2015.04 任）
　　　　　张　勇（2015.07 免）
　　　　　吴　敏（2015.04 免）
　　　　　欧干军
　　　　　蔡　冰
　　　　　彭娟（女）(2015.07 任）
　　　　　何元良（2015.07 任）

区委部门

区委办

主　　任　吴敏（2015.04 免）
　　　　　彭娟（女）(2015.09 任）
常务副主任　张　亚
副 主 任　李启杰
　　　　　胡　云（2015.10 免）
　　　　　尹　亮（2015.10 任）

区委组织部

部　　长　周　虔（女）
常务副部长　许琼山
副 部 长　唐宇平（兼）
　　　　　周云丽（女）(兼）
　　　　　文升云（兼）(2015.06 免）
　　　　　彭良厚（女）(兼）(2015.06 任）
　　　　　田松柏
　　　　　邓春兰（女）(兼）(2015.06 任）
　　　　　谭永华（兼）(2015.06 免）
　　　　　焦益民（兼）(2015.06 免）
纪检委员　杨　芬（女）

区委宣传部

部　　长　伍艳飞（女）
常务副部长　彭良厚（女）(2015.06 免）
　　　　　李向华（2015.06 任）
副 部 长　易利平（女）
　　　　　钟海荣（女）

区委统一战线工作部

部　　长　周　虔（女）
常务副部长　罗月（女）(2015.06 免）
　　　　　易淑珍（女）(2015.06 任）
副 部 长　刘国强（兼）(2015.06 免）
　　　　　毛远强（2015.06 任）

区委政法委员会

书　　记　欧干军
常务副书记　饶　诚（2015.06 免）
　　　　　李　清（2015.10 任）
副 书 记　黄健元（兼）(2015.12 免）
　　　　　刘自军（兼）
　　　　　凌　云（兼）
　　　　　刘建军（兼）
　　　　　许平波（兼）(2015.06 免）
　　　　　解支越（2015.10 任）
　　　　　刘汉祥
　　　　　张　敦（2015.10 免）

区直机关工委

书　　记　黄俭（女）(2015.06 免）
　　　　　宾雪丰（女）(2015.06 任）
副 书 记　陈　克（2015.10 免）
　　　　　王　琼（女）

区信访局

局　　长　焦益民
　　　　　周宏彬（2015.06 任）
副 局 长　张永恒（女）(2015.10 免）
　　　　　邹建国（2015.10 免）
　　　　　莫海平
　　　　　罗　迪
　　　　　陶长武（2015.10 任）
纪检组组长　刘　烛（2015.03 任）

区编委办（事业单位管理登记局）

主　　任　江　红（女）
副 主 任　张又红（女）(2015.10 免）
　　　　　何　澜

胡永清（2015.10 任）
纪检委员　王　晶（女）

区老干局

局　　长　谭永华（2015.06 免）
彭良厚（女）(2015.06 任）
副 局 长　江　平
李建华（女）(2015.10 免）
熊尚希
喻　华（女）

区防范和处理邪教问题领导小组办公室

主　　任　刘建军
副 主 任　刘　颖（女）

区委直属事业单位

区史志档案局

局　长　刘荣华（女）(2015.03 免）
谭永华（2015.06 任）
副局长　鲁素爽（女）
潘湘霞（女）(2015.06 免）
曾平江（2015.10 任）

区委党校

校　长　夏钟剑（2015.04 免）
罗玉环（女）(2015.04 任，2015.11 免）
谢　进（2015.11 任）
常务副校长　贺达斌
副 校 长　熊曙光
李春灵（女）

其他事业单位

区非公经济党工委

书　　记　周云丽（女）
专职委员　胡永清（2015.10 免）
匡艺（女）(2015.10 任）
纪工委书记　刘玲（女）(2015.10 免）
刘佩（女）(2015.10 任）

重要会议

【2015 年全区党建工作大会】 2 月 15 日，区委召开全区党建工作大会。会议由区委副书记、区长于新凡主持，全区县级领导 80 人出席会议。该次会议将党建、党务和纪检工作三会合一。会议播放“从严治党 我们在行动”宣传片。区委副书记夏钟剑做党务工作报告，回顾总结 2014 年度党务工作，安排部署 2015 年工作任务。他要求，2015 年，党务部门要充分发挥职能作用，从改进党委办公室工作机制、提升组织工作科学化水平、提升宣传思想工作新境界、巩固和扩大统一战线、推进和深化平安芙蓉建设 5 个方面，为建设国际品质湖湘特色的精品之区提供高水平参谋服务、强有力的组织保障、更有利的舆论环境、最广泛的力量支持和最坚实的社会环境。会上，区委书记梁仲指出，2014 年芙蓉区认真落实“一心一意谋发展、聚精会神抓党建”要求，积极寻求党建工作与经济社会各项工作的最佳切入点、结合点，按照“一梁四柱”总体框架，着力在强队伍、转作风、聚人心、造氛围上下功夫，党办、组织、纪检、宣传、统战、政法等各条线工作亮点纷呈，为芙蓉发展提供了坚强保障。他要求，全区广大党员干部要以敏锐的眼光深刻理解“党要管党、从严治党”的极端重要性；要以务实行动构建适宜芙蓉经济社会发展的党建新格局；要以更高的标准和更严的要求推进2015年全区党务工作，从而真正把新形势下党要管党、从严治党各项工作落到实处。

【全区拆违控违工作动员会】 2 月 25 日，2015 年拆违控违工作动员会召开。区委、区人大、区政府、区政协主要负责人以及其他相关县级领导出席会议。各相关区直部门、各街道（园、局）主要负责人、各社区（村）书记、主任出席会议。会上，区委副书记、区长于新凡作拆控违工作动员及全面部署。他要求，违法建设是城市毒瘤，是屡禁不绝的乱象顽疾，是中心城区最突出、最复杂、最集中的问题之一，全区要深刻认识推进拆违控违的极度重要性和紧迫性，做到“四个零”。要举全区之力，集全区智慧，采取切实有效的举措，打一场拆违控违的攻坚战。于新凡与各街道负责人签订了 2015 年拆控违工作责任状。区委书记梁仲要求，全区领导干部要顺大势、顾大局，打响全面拆违攻坚战。坚定严厉打击违法建设的态度和决心，不迟疑，不观望。兴正义之师，挥法律之剑，向区内违法建设宣战，通过打击违法建设、侵占公共资源等不法行为来真正维护公平正义和公众权益。要抓关键、破难题，打出依法拆违组合拳。紧盯年底前全部拆除城郊接合部所有成片违法建设和城市主次干道影响市容市貌的违法建设这一目标。要讲方法、聚合力，打开综合拆违新局面，做到“五个到位”。

【拆控违“百日竞赛”活动动员会】 4 月 24 日，召开 2015 年拆控违“百日竞赛”活动动员会。区委书记梁仲，区委副书记、区长于新凡，区人大常委会主任罗树林，区政协主席刘建新出席会议，相关区直部门及各街道主要负责人参加会议。会上，副区长许凡宣读《芙蓉区 2015 年大拆违“百日竞赛”活动工作方案》。于新凡提出“五个不能松”原则（思想不能松、宣传不能松、目标不能松、责任不能松、督查不能松）。他要求，要动员一切力量，搞好拆违控违工作，制定合理的奖惩办法，奖惩力度与压力并行，才能调度一切积极力量完成拆控违工作任务。梁仲指出，在全区干部和群众的共同努力下，前期拆控违工作呈现出良性发展的态势，整体推进进展顺利。他要求，必须把握大势，再下军令状。拆控违工作是一项有利于民的重要举措，抓好拆控违工作，既有利于芙蓉区东片发展，又是加快城市化进程的良好机遇。同时，也是西片内街小巷的提质改造的良好契机。改善城市环境，提高生活品质，塑造良好的城市形象。必须充分积极主动。拆控违工作是全区工作的重中之重。怎样拆，怎么拆关键点就是发动群众“自拆”。形成良好的竞争效应。各区直机关部门、各街道评优评先，奖罚分明。

【庆祝中国共产党成立 94 周年暨“七一”表彰大会】 7 月 1 日，区委隆重举行庆祝中国共产党成立 94 周年大会，共同回顾党的光辉历程，集中表彰一批先进基层党组织、优秀共产党员和优秀党务工作者，并对全区党的建设工作进行安排部署。大会由区委副书记、区长于新凡主持。会上，区委副书记罗玉环首先宣读《中共长沙市芙蓉区委员会关于表彰全区红旗党组织、基层服务型党组织、共驻共建先进党组织、优秀共产党员和优秀党务工作者的决定》，授予车站北路社区党总支等 13 个基层党组织“红旗党组织”称号；授予西湖社区党总支等 71 个基层党组织“基层服务型党组织”称号；授予长沙市口腔医院党委等 16 个单位“共驻共建先进党组织”称号；授予段寿喜等 82 人“优秀共产党员”称号；授予王红宇等 61 人“优秀党务工作者”称号。红旗党组织代表、车站北路社区党总支书记唐红英，红旗党组织代表、广发隆平高科技创业园党委书记刘湘宁，优秀共产党员代表、荷花园街道退休老党员池凤英，优秀党务工作者代表、东湖渔场村党支部书记孔伏军分别做典型发言。梁仲代表区委向全区各级党组织和广大共产党员致以节日的问候，向受到表彰的先进基层党组织、优秀共产党员和优秀党务工作者表示热烈祝贺并致以崇高的敬意。他总结了芙蓉区党的建设取得的成绩：始终坚持统筹推进党的建设，引导各级党组织和广大党员干部在谋发展、搞建设中争先创优；始终瞄准“创新大党建、激发正能量”，推动了党建工作走在前列；始终立足突显党的先进性，引导党员干部在一系列急难险重任务中当先锋、打头阵；始终坚持抓基层、打基础，夯实了党的基层组织建设；始终着眼密切党群干群关系，推进了全面从严治党。梁仲要求全区各级党组织和党员，要围绕“提神醒脑”加强思想政治建设，致力打造信念坚定、对党忠诚的先进组织；要围绕“能征善战”加强干部队伍建设，致力打造担当鼎力、务实作为的精英团队；要围绕“强基固本”加强基层组织建设，致力打造引领有力、充满活力的战斗堡垒；要围绕“激浊扬清”加强党风廉政建设，致力打造风清气正、和谐奋进的清廉群体。全体在职副县级以上领导，老同志代表，区委、区政府督办员，区直部门及部委办负责人，各街道、各社区（村）负责人和部分非公企业党组织书记 200 人参会。

【“三严三实”专题教育第一次集中学习研讨会】7 月 8 日，区委召开“三严三实”专题教育第一次集中学习研讨，全体区委常委和区委县级非实职领导干部参加。市联点领导、市委常委、常务副市长陈泽珲全程指导研讨会。会上，与会领导围绕“严以修身”主题，结合自身成长、思想和工作实际先后发言，深入交流研讨“严以修身”的本质含义、内在要求和实现途径，并结合推动芙蓉区中央商务区转型提质，浏阳河产业带开发、隆平新区建设等工作实际，畅谈认识，思考建言。全体参会人员认识到，严以修身是个人修为的内在要求，是干事成事的根本要求，是从严治党的必然要求。区委书记梁仲主持研讨并进行了总结点评。他要求，践行严以修身，关键在于做好“四种人”。区委班子成员要认真落实好“三严三实”专题教育的各项具体要求，将践行“三严三实”与推动芙蓉区发展结合起来，与推动芙蓉干部作风建设结合起来，坚持“两手抓、两不误”，以实实在在的工作业绩来检验专题教育活动成效，为深入推进改革、加快转型发展和全面建成小康社会做出应有贡献。市委常委、常务副市长陈泽珲指出，严以修身是做人、干事、创业的战略工程和终身支点。严以修身的根本在于拧紧思想“总开关”，立身要先立德，正人要先正己；严以修身的核心在于做好政治“明白人”，把爱党、兴党、护党落实在工作的各个环节，把为民的情怀、责任，转为办好事、实事的具体行动；严以修身的追求在于涵养干事“精气神”，党员干部要深刻领会精髓，以修身之严来展示干事之实。他明确要求，芙蓉区要以更高的站位谋发展，以更实的作风干事业，以更严的要求带队伍，把目标聚焦到打造具有国际品质和湖湘文化特色的精品之区定位上，在转型创新发展的关键时期做出关键之为。

【区委第四届第11次全体（扩大）会议】 7月21日，区委召开四届十一次全体（扩大）会议。该次会议主要任务是传达贯彻省、市会议精神，报告上半年区委常委会的工作，对照年初确定的目标任务谋划部署下半年工作，进一步统一思想、坚定信心、明确任务、加压奋进。区委书记梁仲指出，2015年，芙蓉区立足“建设具有国际品质和湖湘文化特色的精品之区”的目标定位，致力于提气提神、提质提效、提标提档、提速提力。上半年，全区GDP、财政总收入、公共预算收入、全社会固定资产投资、社会消费品零售总额等主要经济指标均保持了平稳增长，顺利实现了“双过半”。区委对上半年经济工作的基本估价是：稳的态势基本形成，进的动力不断增强，调的成效初步显现，干的氛围更加浓厚。会议认为，转型发展的成绩来之不易，团结干事的氛围尤为宝贵，值得倍加珍惜、好好维护。同时，也不能忽视当前工作中存在的经济下行压力加大、工作推进落实不力、干部精神状态不佳等困难和问题。会议要求，下一步要全面争先创优，在知责思为中推动重点工作。要全力打造浏阳河文旅产业带；要大力帮促推动产业项目建设；要强力攻坚棚户区及城中村改造；要奋力加快推进拆违控违；要合力推动“三严三实”专题教育。

【“三严三实”专题教育第二次集中学习研讨会】 9月6日，区委召开“三严三实”专题教育第二次集中学习研讨会，全体区委常委和区委县级非实职领导干部参加。与会人员结合个人自学、典型教育、自身实际、职责任务，谈认识体会、谈反思感悟、谈问题不足、谈努力方向。区委书记梁仲指出，要从三个方面来把握好“严以律己”。在严守纪律规矩中彰显忠诚。信仰上要坚定，作为党员领导干部，要把崇高信仰、坚定信念作为安身立命的“主心骨”、为官做人的“压舱石”。政治上要清醒，始终保持清醒头脑、旗帜鲜明，与党中央同频共振，不折不扣做到政治上坚定、思想上同心、行动上要坚决。要按照习总书记提出的“五个必须 五个决不允许”，遵循“四个服从”，坚决杜绝“七个有之”，把政治明白的要求落实到行动上。在严守纪律规矩中干净干事。党员领导干部要在严守规章、严谨作风、严格家风上发挥好示范带头作用，努力做严格自律的表率。做到纪律严，守好党章、党纪、法律和优良传统、工作惯例等“生命线”。做到风清气正，把廉洁自律作为防身利器，练好内功，护好命门，从内心深处遏制贪欲，摒除私心杂念，不让自己成为金钱的奴隶。做到家规铁，“重家教 立家规 正家风，坚决管好亲属和身边工作人员”，算好家庭账。在严守纪律规矩中体现担当。敢担责尽责，严格落实党风廉政建设主体责任，坚决支持纪委加快推进、强化监督执纪问责，坚决做到有纪必严、有案必查、有责必问。能严抓严管，在筑牢防火墙、查处“极少数”的同时，用纪律和规矩管住“大多数”。能善做善成，继续发扬在大拆违行动中展现出来的不畏艰苦、顽强拼搏的精神，全力抓好“项目建设攻坚、经济指标冲刺、拆迁拆违清零”百日冲刺竞赛活动，倾力打造好浏阳河文化旅游产业带（芙蓉段）。他要求，要抓好思想教育这个根本，强化专题学习研讨；要抓好党性分析这个关键，强化专题民主生活会和组织生活会实效；要抓好解决问题这个重点，强化整改落实和立规执纪。

【“三严三实”专题教育第三次专题学习研讨会】 10月30日，区委召开“三严三实”专题教育第三次集中学习研讨会，全体区委常委和区委县级非实职领导干部参加。与会人员集中观看了专题纪录片“乐东之变”，围绕“严以用权”专题，结合各自思想及工作实际，坦诚交流、深入讨论了权力的本质和本源，厘清“权力是什么、权从哪里来、用权为什么、如何去用权”的思想迷雾，深刻剖析了各自在思想和工作中存在的问题和不足，提出了下一步努力的方向。大家一致认为，严以用权是践行“三严三实”要求的关键，谨慎用权、管好权力，必须成为领导干部对待权力的应有态度。区委书记梁仲指出，严以用权是“三严三实”中最有针对性、最为关键的内容。

严以修身和严以律己，是为了加强主观世界的改造，从信念和价值观上打造“金刚不坏之身”，最终目的是为了确保领导干部自觉做到“严以用权”，真正实现谋事实、创业实、做人实。他要求，做到“严以用权”要把握好“三个维度”。把握本质，端正权力观。对待权力，在认识上要有“戒备”心理，运用中要有“戒尺”意识，滥用时要有“惩戒”措施。把握航向，常怀敬畏感。要畏党纪、畏民心、畏法律，严守党的纪律和规矩，始终保持民本情怀，时刻用法治标尺考量自己。把握规则，保持约束力。瞄准“严”的标杆，拓展“用”的途径，把握“权”的规则，在制度的规范、法纪的约束、监督的制约下敢于用权、善于用权、慎于用权。（彭 昭）

组织工作

【概况】2015年，区委组织部认真贯彻中央、省、市组织工作会议精神，巩固提升党的群众路线教育实践活动成果，深入推进“三严三实”专题教育，围绕区委中心工作大局，落实从严治党要求，稳中求进、改革创新，以法治思维统筹推进各项工作，全面提升组织工作科学化水平。

专题教育。以“三严三实”专题教育为契机，组织全体县级干部读经典、学条规，定期开展学习研讨。组织四大家班子赴刘少奇同志纪念馆开展实践教育，以”瞻仰一次领袖铜像、听一堂党性修养专题党课、观看一部党性教育影片、研读一本党性修养经典文献、开展一次党性修养大讨论”的“五个一”活动。围绕“讲纪律、守规矩”开展讨论，利用“三会一课”、中心组学习等平台，以忠诚教育为重点，培育科级干部政治忠诚、道德忠诚和职业忠诚。

干部工作。完成机构改革和“超职数”治理工作。全区分批调整干部275人次，在全市率先完成机构改革干部调整工作。深入整治“三超两乱”（超职数配备干部、超机构规格提拔干部、超审批权限设置机构，擅自提高干部职级待遇、擅自设置职务名称）现象，消化事业单位党政分设正职岗位1个、副科职岗位18个、科级非领导职数14个，在基本消化超职数的基础上，注重以基层为导向，提拔使用5名有丰富基层经验的社区书记、主任。以培养年轻干部为导向，提拔重用13名“85后”优秀年轻干部。以中心工作为导向，倾斜城管、维稳、征拆一线，将36名城管、维稳、征拆一线人员补充到区直各部门重要岗位任职。从严监督管理干部。严格落实“关于从严教育管理监督干部的实施意见”，协助省、市组织部门完成辖区省管、市管干部档案规范审核，并扎实推进区管干部档案规范审核。认真完成副科级以上领导和后备干部报告个人有关事项工作，在干部提拔时对个人重大事项进行抽查审核。对全区新提拔的科级领导干部到公安局进行备案。拓展干部教育培训。实施“五个三”干部大培训工程（即用三年时间投入3000万元，整合党校、高校和一线“三地”资源，优化以文化人、以法律人和健康人“三人”机制，提升党性修养、业务修养、业务素养和品德教养“三养”成效），全年统筹组织各类培训班次50期，完成2148人次的教育培训任务。其中选送245名正科职领导干部和社区（村）主职到浙江大学、复旦大学、清华大学、中山大学参加能力素质提升研修班学习，举办“群众工作直通车大课堂”5期培训副科级领导干部293名，组织22名新提拔的干部到湘西泸溪基地进行党性锻炼。加大人才引进力度。深入推进“235”工程（以改善结构、提高素质、优化配置为目标，5年内芙蓉区引进2000名人才，形成基层一线培养、高校择优引进和社会公开考选的3个人才来源主渠道，实施社会工作人才职业化计划、党政人才优化储备计划、科级领导干部广推优选计划、高端人才集聚计划和教育英才拓展计划等5大人才培养子计划），全年引进各类人才251名，持续优化了全区人才队伍结构。年内，引进紧缺急需和战略型人才取得重大突破，上半年辖区华智水稻生物技术有限公司的博士张健入选中组部“千人计划”，下半年辖区有3人入选长沙市“3635计划”（长沙市引进紧缺急需和战略型人才计划）。

组织建设。高处着手，抓好顶层设计。开展全区“创新大党建 激发正能量”专题调研摸清底数，在召开党建工作大会统一思想基础上，出台“落实从严治党要求全面加强党的建设的实施意见”的区委1号文件，明确设立党员干部教育培训专项经费3000万元，每个社区单列党建工作经费10万元，每年拿出100万元用于社区“十佳”自治服务品牌创建活动，社区主职（书记和主任）政治待遇参照正科职和经济待遇参照副科级干部待遇等。通过强管理、重建设、优保障，明确了党建工作路线图、时间表，为全面从严治党提供了基本遵循。通过公推公选选优配强9名社区党组织带头人。奖惩合力，强化激励约束。制订“街道党（工）委基层党建工作考核体系”，组织半年度党建工作督察点评会和年底专项推进会，压紧压实街道党（工）委书记主体责任。出台“关于进一步从严加强社区（村）党组织书记队伍建设的若干规定”“社区（村）主职年度绩效考核制度”等法规，举办全面从严治党培训班，“七一”期间表彰18名优秀社区（村）党组织书记，为16名离任“两委”委员发放“特殊贡献奖”近20万元，结合机构改革提拔使用7名社区党组织书记，使社区带头人既有压力又有奔头。出台并实施“不合格党员处置办法”和“积分制管理暂行办法”，实现了党员常态管理和量化考评，使基层普通党员管理有了坚实抓手。细处着眼，推进规范提质。统一编印“社区（村）党建工作纪实本”“基层党支部‘三会一课’活动记录本”，逐项规范记录党员名册、“三会一课”、组织生活会和民主评议党员情况，强化党组织规范化建设、全程纪实和痕迹管理。实施“十大基层党建创新项目”：党员教育管理APP系统开发、新常态下党员志愿者平台载体和服务积分探索、党员档案管理规范化建设、网格化管理背景下基层党组织设置路径创新、严把党员发展入口的关机制研究、以社区工作者、社会组织、社工“三社联动”为基础的社会组织建设探究、农村党小组建设创新研究、区域化党建“四共一化”模式探索、在职党员进社区激励约束机制建设、无职党员设岗定责制度探索。对基层党组织设置、党小组建设、党建网格化、志愿服务体系、街道大（工）委和社区大党委建设、社会组织建设等党建工作进行系统探索、面上推广和统一规范。积极落实“长沙市社区党建和社区建设三年行动计划”要求，对老旧社区、农安小区、社区办公阵地等进行提质改造，全年完成14个小区改造任务，32个小区启动提质改造工作。

组工队伍建设。强化思想建设，提高党性修养。深入学习贯彻习近平系列重要讲话精神，不断用科学理论武装头脑。组织全体人员参观平江起义纪念馆等红色教育基地，接受革命传统教育。坚持从严治部、从严管理干部。年初，按照“个人述职、全体测评、评委点评”的步骤进行，有10名组织部机关的普通干部分别进行了述职，并现场接受来自部机关干部和13个街道的组宣委员的测评打分，对工作进行了全方位的“透视”，真正达到了晒成绩、查不足、明思路、谋发展的效果。强化能力建设，提高业务素养。开展“组工干部写作训练营”的活动，要求部机关年轻干部每人每周撰写1篇工作动态，组工信息或网评文章，利用每周五下班前1个小时时间，部领导进行集中讲评，以此来不断提高干部调查研究、组织协调、综合分析的能力。要求每名干部每年至少完成读书笔记1万字、撰写1篇1500字以上的读书心得，并择优选报相关心得体会文章到市委组织部《组工学苑》和《芙蓉月刊》上发表。年内，在“长沙组工通讯”和“组工信息”的发稿统计文稿，芙蓉区在9个区、县（市）中排名第一。投身中心工作，提高综合素养。牢固树立服务大局意识，积极参与大拆违“百日竞赛”活动，出台“关于在全区拆违控违攻坚行动中发挥基层党组织战斗堡垒作用和党员先锋模范作用的通知”，重点突出“四带头”（带头拥护支持区委、区政府决策部署；带头自查自拆违法建筑；带头动员亲属主动拆除违法建筑；带头遵章守纪），充分保证党员在拆违控违攻坚行动中的先锋模范作用的发挥。由部领导带队，机关干部第一时间深入各拆控违重点街道，了解具体情况，做好辅助配合工作，并派出2名年轻干部脱产参与火炬村拆迁，工作进度位居全区前列，组织部获评全区大拆违“百日竞赛”活动保障类部门优秀单位称号。

绩效考核。围绕中心、服务大局，科学制定全区领导班子绩效考核体系和领导干部个人实绩任务书。对考核办法和体系进行修改完善，突出考核区委、区政府中心工作任务落实情况，加大差异化考核指标的分值权重，对区直部门的考核强化市指标的结果运用。制订出台《芙蓉区全员绩效考核管理实施意见》《芙蓉区社区（村）主职年度绩效考核实施意见》，对全区全员绩效考核工作进行规范。开展“项目建设攻坚、经济指标冲刺、拆迁拆违清零”百日竞赛活动促进指标完成，并与区纪委、督察室等部门共同对重点指标完成进展情况进行督察，确保任务落实到位。及时反馈调度，将掌握的指标完成进度横向情况按季度及时反馈给分管领导和责任部门，通过区委常委会对市对区绩效考核38项工作目标逐一进行了调度。建立绩效警示机制，对存在问题和困难，纳入负面清单，建立“三个一”的工作机制（一周一汇总、一周一通报、一周一调度）。全年开展了对13个街道（局）、62个区直部门、580名科级领导干部的绩效考核工作。街道（局）评定一等班子4个（火星街道、马坡岭街道、东湖街道、荷花园街道）、二等班子8个（文艺路街道、马王堆街道、湘湖街道、东岸街道、定王台街道、东屯渡街道、韭菜园街道、朝阳街道）、三等班子1个（五里牌街道）；区直部门评定一等班子22个〔隆平高科技园、区纪委（监察局）、区委办、人大委办、政府办（法制办）、政协委办、组织部（非公党工委）、人武部、政法委（综治办、维稳办、火车站综管办）、征地办、科技局（科协）、财政局、城管局、安监局、教育局、市政局、妇联、法院、检察院、金融办、审计局等反邪教办〕、二等班子34个（宣传部、农林水局、工务局、建设局、城建投、棚改办、商务局、发改局、园林局、民政局、人社局、文体新局、信访局、编委办、卫计局、政务中心、食药监局、交通局、环保局、工会、司法局、工商联、档案局、老干局、团委、住保局、残联、民宗外侨局、后勤中心、机关工委、红十字会、党校、人防办、中央商务区管理办）、三等班子6个〔统战部（侨联）、统计局、征收办、经信局、城管执法大队、环卫局〕；科级领导干部评出一等个人121名、二等个人453名、三等个人5名、四等个人1名；垂直管理部门评出一等班子4个（规划分局、国土分局、公安分局、质监分局）、二等班子7个（公安城管大队、交警大队、消防大队、国税分局、地税分局、工商分局、经侦大队）。

存在的主要问题及2016年工作构想。主要问题：从严治党责任落实机制需要改善。个别党（工）委书记履行职责不够到位，党员教育管理失之于软、失之于宽的现象依然存在，经常性的管理监督不够到位，仍有上班时间玩游戏、中餐饮酒等违规违纪问题发生。基层党建工作整体推进不够均衡。部分基层党组织个性化服务不强，和群众联系沟通不紧密，联系服务群众“最后一公里”还没有完全打通，部分社区惠民资金使用范围不够规范、程序不够到位。面临村改社区的基层党组织党务公开制度不健全，整顿软弱涣散党组织的跟进措施不够有力，楚雅医院等非公党支部的组织生活制度落实不到位。党务工作队伍建设需要提升。党建专干队伍流动性较大，激励措施不够，职业定力不足，业务素养不够强。个别基层党建专干党建业务钻研不够，对党员发展等业务工作操作不到位。韶光社区发展党员不够规范，火炬村个别“两委”成员的先锋模范作用发挥不明显，望龙村党支部的影响力号召力不够强。社区阵地建设仍有短板。受中心城区空间限制和棚改进度的影响，一些社区办公服务用房达标压力大，仍有二里牌等15个社区服务阵地低于600平方米，个别社区服务阵地离完全满足基层居民群众需求还有一定差距。2016年的工作要围绕谋划实施“十三五规划”，把基层党组织建设摆在突出和重要的位置，落实责任，抓实举措。扭住党建责任“牛鼻子”。牢固树立抓好党建是最大政绩，建立清单量化、督察问责、诫勉约谈的党建工作考核运行保障体系，实现责任加码。选优训强带好“领头羊”。实施忠诚度教育，完善选拔运用和考核退出机制，结合社区（村）换届选举，优化队伍结构，重点培养一批带头人。加大基础保障“硬投入”。实行惠民资金区级层面监管，规范提质社区服务阵地，除纳入棚改项目外的其他社区阵地全部在2016年9月前实现达标。弘扬创新发展“主旋律”。运用“互联网+”模式推进党员分类管理，培育社会组织，实施“十大基层党建创新项目工程”，不断提升基层党建工作科学化水平。

（苗津铭 张弟）

【基层组织建设】 区委组织部开展基层党建工作。常思常为，突出谋篇布局。召开全区党建工作大会，出台加强党的建设区委1号文件，开展“创新大党建 激发正能量”专题调研，开展“三严三实”专题教育和“一进二访”活动，组织作风建设常态化检查，大力查处群众身边的腐败案件，营造风清气正的良好环境。从严从实，传导履责压力。推行党（工）委书记“一考两评三纪实”工作机制，制订基层党建工作考核体系和责任清单，采取临场出题、现场作答的形式组织街道党工委书记报告履责情况，调整1名履责不力的街道书记，层层压紧压实责任。重培重激，深育骨干队伍。出台社区（村）书记队伍建设的规定，明确社区（村）主职政治待遇参照正科职、经济待遇参照副科职。人手一册发放《守纪律讲规矩》学习读本，增强纪律意识。放开身份限制，公开提拔了9名社区书记，组织134名社区主职到高

·表2·

2015年芙蓉区党组织、党员基本情况统计表

党组织	数量（个）	党 员	人数
党委	23	党员总数	17243
党组	30	新中国成立前入党	40
党总支	31	35岁以下	4746
—	—	2015年新党员	190

校培训；还组织培训377名社区（村）“两委成员”。结合新一轮机构改革，提拔重用7名社区书记，恒达社区书记刘朝辉被授予“全国先进工作者”称号。精细精准服务主题。完善党员教育管理“一卡四制”（即党员承诺卡，学习教育制、岗位责任制、联系服务制和综合评价制），探索党员分类管理“四三”法，实施“十大基层党建创新项目工程”。推进“群众工作直通车”，推动党员志愿服务，承接1名全国党代表、9名省党代表到区联系服务群众。抽调170名机关党员干部脱产参加拆迁拆违，提前3个月实现违建清零，展示先锋模范作用。聚力聚集，打牢阵地建设基础。阵地建设纳入“十大民生工程三年行动计划”，全年改造老旧社区58个，提质13个党建示范点，1000平方米以上社区服务阵地12个，打牢党建工作根基。（苗津铭）

宣传工作

【概况】 2015年，芙蓉区宣传思想文化工作围绕学习贯彻中共十八大、十八届三中、四中、五中全会精神和习近平系列重要讲话精神，以“拓宽思维、更新理念、创造精品”为主线，增强掌控力、提高引领力、发展软实力，立足实际、创新工作，为推动芙蓉转型升级、科学发展，打造具有国际品质和湖湘文化特色精品之区提供了强大的思想保证、精神动力、舆论支持和文化条件。

推进理论教育，打牢思想基础。开展载体建设。固化“芙蓉学习日”“书香芙蓉”等常年活动载体，创新打造芙蓉名家讲坛，邀请中央党校、北京大学等知名学府专家授课8次，带动全区各级党委（党组）中心组“跟学”510场次，涌现出“书香楹人心”“智慧北斗星”等学习品牌。全新打造宣讲模式。在长沙微芙蓉和芙蓉新闻网开设“网络微课堂”，组建“芙蓉百姓宣讲团”，参加全市“微理论 微宣讲”比赛获一等奖。开展中央全会精神和习近平讲话精神进社区、进企业、进学校500场次，举办“创新大党建、激发正能量”专题活动100场次，社会反响热烈。刘朝辉、张祖荣、彭水林、魏成粮等基层宣讲员被百姓熟知。挖掘学习成果。中宣部主管的国家级刊物《思想政治工作研究》连续3期推介芙蓉区宣传部、区法院、恒达社区等单位思想政治工作经验和做法。在《人民日报》《光明日报》《湖南宣传》《长沙宣传》等中央、省、市核心报刊和主流媒体刊发理论、调研和经验文章400余篇。

开展舆论宣传，维护舆论氛围。加大对外宣传。围绕区委中心工作，借势借力各级各类媒体，刊发报道5000篇。其中在《人民日报》《光明日报》《国内动态清样》《半月谈》等中央级媒体刊发报道120篇；在《湖南日报》《长沙晚报》头版刊发14条、专版62张。推出抗战老兵李仁、非物质文化遗产传承人彭延坤等先进典型。“东湖夜话——把话筒交给群众”活动得到中宣部、中组部发文推介。着力媒体融合。完善区级宣传体系，“两微、一网、一报”常态运行、及时更新，特别是芙蓉手机报实现了提质升级，每日发布，“短、精、准”信息报道全区动态。3月，正式开通“幸福芙蓉”微信公众平台，覆盖面和影响力不断扩大，创建成为区政民情互动的重要“桥梁”。加强舆情应对。建立健全辖区新闻宣传和舆论引导联席会议制度，成功监测处置中石油广天加油站管线泄漏、机关工作人员上班玩游戏炒股等突发敏感网络舆情。在黄土塘棚改项目有关情况被媒体报道后，积极协调、妥当处置，舆情得到及时有效控制。

文明创建成效显著，风尚引领全面提升。开展核心价值引领。实施公益宣传提质工程，建设一批核心价值观公益宣传主题社区和广场，承办省、市文明委主办的宣传教育实践活动54场次。成功举办芙蓉区首届道德模范评选，约3万人参与微信投票，赵继云等10人获区道德模范提名，岳志强等10人获提名。引导全区各单

位开展抗战胜利70周年故事会、讲座、演出等活动400场次，其中“传递胜利花 传承民族魂”开学第一课在中央电视台“新闻联播”上播出，引发社会广泛关注。优化文明城区品质。把创建区域划分为块状、条形、单位型等网格，把“互联网+”的概念融入城市文明建设，打造文明创建升级版。深化道德教育实践。全区开展“崇德尚善”“共筑中国梦”道德模范巡演巡讲等道德实践活动近220场次，参与群众近10万人次。马王街社区被评为全市“未成年人思想道德建设基层示范点”。力推志愿服务活动。打造“黄手绢孝行联盟”“七色花”俱乐部、“睦邻驿站”等志愿服务品牌，实现了社区志愿服务站（点）全覆盖。小品“我爱我家”、微视频“‘邻里守望’党员志愿服务工作纪实”获得全国“邻里守望”志愿服务成果征集活动优秀作品奖。

文化发展惠及全民，区域软实力明显增强。健全公共文化阵地建设。完成文化馆“总分馆”服务体系建设，建成总馆1个、分馆3个、基层服务点5个。湖南和平解放史事陈列馆、柳子明故居等建成开放。推进马王堆汉墓遗址、善化县学宫照墙等重点文物保护修缮工作。完善60个社区绿色网吧以及100个图书室、阅览室等公共文化设施，全区文化设施“零距离”服务圈全覆盖。巩固爱国教育基地管理。开展省档案馆、杂交水稻研究中心等省级爱国主义教育基地和湖南湘绣博物馆、八路军驻湘通信处等市级爱国主义教育基地全面普查，督促场馆修缮和全面开放。推动群众文化繁荣发展。出台“‘魅力芙蓉’群众文化服务提质行动计划（2015—2017）”，借助“欢乐潇湘”“牵手芙蓉”“芙蓉杯”新节目大赛等活动平台，开展各类群众文化活动近500场次，创作文艺精品节目超百个，原创作品“背背上”获省艺术节声乐类银奖，广场舞“快乐宝贝”获“欢乐潇湘”市全民广场舞比赛金奖，大合唱“在太行山上”获市合唱比赛银奖。加快文化产业转型升级。打造浏阳河文旅产业带、“芙蓉文化园”，在2015长沙文化创意产业投融资推介会上，浏阳河水上娱乐项目和浏阳河文旅产业带2期签约，总投资超过4亿元。推进隆平中央公园、水稻博物馆建设，2016年建成开放，都正街历史文化街区已面向社会开放。中国首家影像创客空间（K+影像创客空间）落户芙蓉，也是长沙首个由政府授牌的创业创新示范基地。众益传媒湖南首家民营文化企业成功上市，推进北纬国际、天河数码、魅丽优品等企业上市步伐。

队伍建设增强，工作力量全面整合。加大宣传文化干部选拔任用力度。不断完善选人用人机制，提出对宣传条线干部的选拔、任免意见。年内，区委宣传部新进干部3人，区、街宣传条线提拔交流科级（含副科）干部12人。加大舆论引导学习培训力度。结合工作实际，通过邀请省市相关专家授课、到知名院校学习等方式，先后组织宣传委员轮训4期，举办新闻宣传和舆论引导专题讲座3次、危机应对和舆情处置专项培训1次及为期一周的集中学习1次，队伍战斗力、工作聚合力得到提升。加大文化人才培养引进力度。发现、培育一批扎根基层的本土文化能人、基层文艺骨干、民俗（间）文化传承人和非遗项目传承人，1人当选长沙“最可爱的基层宣传文化人”，1人获提名。推出社区歌手李泠萱、“中国好声音”湖南赛区冠军王萍、“阮文化”传承者袁子涵、声乐编导廖文、舞蹈编导朱晖，“音乐原子弹”潘韵淇、“天籁之音”陈茜、“快乐组合”阳光boy等一批优秀人才。（寻红日）

【新闻宣传和舆论引导】 区委宣传部分批组织策划“东湖夜话”“无围墙机关”“个税社会化改革”“浏河之心芙蓉滨水产业带新闻发布会”等集中采访活动30次，其中试点个体税收征管模式创新工作被新华社《国内动态清样》宣传推介，“东湖夜话——把话筒交给群众”典型经验得到中宣部、中组部发文推介。“两微、一网、一报”4大宣传平台常态运行、及时更新。2月，芙蓉手机报实现栏目改版升级，设置“芙蓉直播间”“最美芙蓉人”“文明微课堂”等特色版块，坚持“短、精、准”特色，面向全区党员干部推送重要活动、会议、工作等新闻资讯，报道全区新闻动态。3月，“幸福芙蓉”微信公众平台正式运行，每日发布权威政务动态、提供便民服务和资讯信息、开展网络点赞、投票等活动，先后发送各类信息近1200条，围观“粉丝”近4万人，总阅读量超过百万人次，成为辖区群众的政务品牌。4月，实施全区新闻宣传和舆论引导联席会议制度，确定每季度召开新闻宣传和舆论引导联席会议，沟通协调各部门工作，建立重大新闻线索收集上报制度，收集策划和媒体推介新闻线索。完善全区网络舆情监测、预警、研判、联动、反馈机制，建立舆情处置责任、信息上报制度并明确现场处置要求、网上舆论管控等工作，全年成功监测处置中石油广天加油站管线泄漏、机关工作人员上班玩游戏炒股等50起突发事件和网络舆情。（易 平）

【理论教育】 区委宣传部继续发挥区委中心组学习示范引领作用，带动全区各级党委（党组）以及各基层党支部开展学习活动，创新学习型组织。1月29日，邀请省环保厅法制宣传处处长陈战军对新环保法出台的背景、亮点，如何贯彻落实新环保法进行详细解读。3月20日，邀请中共中央党校党建教研部副主任、教授戴焰军对全面从严治党的必要性和新要求，贯彻落实全面从严治党进行深入解读。4月22日，邀请中国浦东干部学院城市治理与危机管理研究中心主任李敏，围绕突发事件的新闻处置及舆论引导主题，全面解析突发事件新闻舆论的发展与特点、新闻舆论对领导干部决策的影响、突发事件舆论引导的策略与建议等问题。4月24日，举行2015年“微理论·微宣讲”总决赛，由大众评审点评和专业评委打分，决出区级一、二、三等奖和参加市级决赛名单。在全市决赛中，芙蓉区获一等奖。5月14日，全市“四中全会精神进基层”百姓微宣讲活动走进化龙池社区，该次活动宣讲员结合自身实际，分别就简政放权、阳光信访、尊法守法、舌尖上的法治等问题进行专题发言，从不同角度、不同层面解读中共十八届四中全会精神。5月14日，邀请省安监局副局长李大剑深入解读新安全生产法的基本要点、增强和改进安全生产工作的8项举措等内容，邀请省卫计委监察专员尹晖讲解湖南省人口现状与趋势，当前的人口计划生育问题等内容。8月25日，举行“学习贯彻习近平总书记系列重要讲话精神”基层微巡讲专场活动，该次活动宣讲员围绕真诚友善、阳光信访、遵法守法、简政放权等主题，从不同角度、不同层面对习近平总书记系列重要讲话精神做细致深入解读。9月6日，邀请省纪委常委刘大放做“落实三严三实要求，守住廉洁从政底线”专题讲座，从把握反腐倡廉、腐败产生和发展、权力运行的规律性和全面从严治党的新常态，做到严以履责、严以修身、严以用权、严以律己等方面进行分析解读。10月20日，邀请北京大学政府管理学院博士生导师白彦做“以人为本的领导艺术”主题讲座，从领导的思维方式和领导的人本理念两个方面，讲解领导的功能、领导力及领导者的素质等内容。10月26日，启动全民终身学习活动周，为马王堆等5个街道农家书屋现场赠送一批专业技能培训书籍。10月30日，组织全体党员干部集中学习《中国共产党党组工作条例（试行）》《中国共产党廉洁自律准则》《中国共产党纪律处分条例》等文件精神。12月16日，举行中共十八届五中全会精神市委宣讲团首场报告会，邀请市委宣讲团成员石曙光做“全面建成小康社会决胜阶段的战略部署”专题报告，分析全面建成小康社会决胜阶段的形势，阐述“十三五”时期经济社会发展的指导思想、主要目标和基本理念，思考和解析如何全面建成小康社会等内容。由中宣部主办的《思想政治工作研究》第8、9、10期推介区委宣传部、区法院、恒达社区等单位思想政治工作经验做法。在全市学习型机关建设“双争四推”学习典型评选中，区财政局、东岸街道办事处被评为“优秀学习集体”，刘朝辉、钟建林被授予“优秀学习个人”称号，“补钙午课堂”“芙蓉名家讲坛”被评为“优秀学习载体”，“全省义务教育阶段学校教师均衡配置试点项目工作机制”“芙蓉区家庭契约式服务探索实践”获得优秀学习成果奖。

（黄丹旭）

【“锋尚”行动主题活动】 3月5日是学雷锋纪念日，由长沙市文明办、长沙晚报报业集团、芙蓉区文明委主办的2015“雷锋家乡学雷锋、锋尚达人在行动”学雷锋志愿服务系列活动在湘一芙蓉第二中学举行。该次活动表彰全区学雷锋志愿服务活动中涌现出来的优秀志愿者及其团队。张祖荣、赵继云、彭水林等被聘为芙蓉区首批锋尚宣讲团讲师；长沙市出租汽车公司蓝灯雷锋车队、湖南颐尔康保健连锁股份有限公司被评为芙蓉区优秀志愿者团队，曾广度、胡慧芝等被授予芙蓉区“优秀志愿者”称号。该次表彰活动以故事汇的形式进行，通过微视频、音舞快板、童绘展示、歌舞等文艺形式，集中展示学雷锋先进集体及个人的志愿服务精神，整场演出特色鲜明，主题突出，为全区2015年“雷锋家乡学雷锋，锋尚达人在行动”学雷锋志愿服务活动开展，推动文明城市建设奠定了基础，凝聚了力量。（邓 斌）

【诚信建设暨食品安全宣传活动】 6月24日，由长沙市文明办、芙蓉区文明委主办的“筑梦星城·诚信有我”诚信建设暨食品安全主题宣传实践活动在浏阳河婚庆文化园举行。该次活动内容有好人微电影、微商倡诚信、红黑榜发布、讲述微诚信等活动。该次活动，来自食品药妆、服饰鞋帽、医疗器械等行业微商经营者们共聚活动现场，交流诚信经营对个体经营和行业发展的重要性，并成立了微商诚信志愿者联盟，继续坚守诚信经营，传播诚信正能量。区卫监所监督员彭广泽、玉楼东酒楼厨师长许菊云、长清法律服务所杨长清、白沙湾社区老党员周海云来到现场现身说法，他们从政务诚信、商务诚信、社会诚信、公民诚信4个角度讲述他们的诚信微故事。市委宣传部副部长、市文明办主任郑力虎及相关部门负责人出席活动。

（邓 斌）

【首届道德模范表彰活动】 11月3日，芙蓉区举办首届道德模范评选表彰活动。该次表彰活动，从助人为乐、见义勇为、诚实守信、敬业奉献、孝老爱亲5个方面，表彰了10位道德模范和10位提名奖获得者。当57岁的爱心妈妈赵继云出现在现场时，立刻被“粉丝”围观。2005年，赵继云发起成立“善行者爱心联盟”和“中国妈妈”志愿服务队，帮助边远山区儿童和问题青少年，她组织了超过千次志愿服务，为贫困生送去了30余万元爱心善款。路见不平见义勇为的巡访队员杨文奇；高位截肢后开起小超市谋生，一直坚持守信经营的“半截人”彭水林等，散发着凡人善举的光与热，传递着崇德向善的正能量。湖南省委宣传部副部长、省文明办主任刘进能，长沙市文明办副主任丁德喜，芙蓉区委书记梁仲等出席活动。 （邓 斌）

【“向志愿者致敬”活动】 12月2日，2015年湖南省纪念第30个国际志愿者日“向志愿者致敬”系列活动在芙蓉区浏阳河婚庆广场启动。该次活动，分为“向志愿者致敬”系列活动、观摩社区志愿服务阵地、召开学雷锋志愿服务座谈会、“向志愿者致敬”先进典型颁奖活动4个部分。该次活动由湖南省文明委、省志工委主办，省文明办、省志工办、长沙市文明委承办。湖南省委宣传部副部长、省文明办主任、省志工办主任刘进能主持，省志工委各成员单位、各市州委宣传部、文明办负责人，以及社会各界学雷锋志愿者代表800人参加活动。湖南省人民政府副省长、省文明委副主任、省志工委主任李友志出席活动并做重要讲话，他代表省志工委向全省优秀志愿者代表赠送1万份志愿服务公益保险。

（邓 斌）

【文明校园创建活动】 11月26日，“唱长沙童谣 做美德少年”全市中小学生倡议争做繁荣发展社会主义文艺接班人暨深入开展文明校园创建活动在马坡岭小学举行。该次活动，以唱童谣、演童谣的“月亮粑粑”“板凳打哒我的脚”“马兰花开”等节目展示了长沙的方言，用自编散文诗和大提琴的演绎，再现雷锋家乡的小雷锋周美玲临危不惧、乐于助人、坚强乐观、积极向上的优秀品质。“做美德少年，树立良好的社会风气，从自身做起，从点滴做起；创文明校园，营造美好的学习环境，从今天做起，从现在做起”由全体师生们发起的倡议“创建文明校园，做文明学生”铿锵有力的誓言响彻整个会场。湖南省文明办副主任熊科文、长沙市文明办副主任梁飞彩以及相关部门负责人出席活动。该次活动还被中国文明网、中国未成年人网、搜狐网、长沙未成年人网、芙蓉手机报等媒体报道。（邓 斌）

统战工作

【概况】 2015年，芙蓉区委统战工作始终把握“凝心聚力”根本任务，聚焦中心，服务大局，以“四同创建”（同心园区、同心项目、同心社区、同心乡村）和“实践创新”为重要抓手，构建具有“国际品质和湖湘特质”的精品之区最广泛地凝聚意志，凝聚智慧，凝聚力量，统一战线工作取得新的进展。

党外人士工作扎实推进。区委统战部支持民主党派加强自身建设，组织民主党派、工商联负责人开展考察调研、谈心学习活动；引导民主党派共建“同心社区”，开展社会服务活动。成立芙蓉区党外知识分子联谊会，参与区重点课题调研，开展好“同心汇智·健康联谊”活动。坚持目标管理，分梯次、有重点推进党外干部培养选拔工作，4名党外年轻干部走上领导岗位，8名党外领导干部得到换岗交流。

“四同创建”工作彰显活力。落实省、市推进会精神，完善创建实施方案，并把“四同创建”工作写进区深化改革工作要点。组织2次创建单位到省、市参观见学活动；引导统战力量选准服务内容，对接创建项目，打造“同心协会”“同心课堂”等工作品牌。全年分 2 批次为 15 个区级示范项目正式挂牌，5 家单位被评为市级“四同创建”示范点。

和谐稳定局面不断巩固。开展民族宗教法律法规和台侨知识宣传教育活动，升级打造“少数民族管理服务站”“台侨维权服务站”工作平台，开展好“民族情深·与梦同行”泸溪爱心公益活动、侨联“五个一”（走访一批老归侨、结交一批新侨、对口帮扶一个困侨、服务一个侨资企业、联点一个示范社区）服务活动。召开区政法、公安、卫生部门和相关街道专题联席会议，协调解决旺旺医院医患纠纷频发问题和措施，并形成“会议纪要”。

信息调研宣传工作卓有成效。建立部机关全员信息员制度，实行分管领导日常调度和部门、街道定期通报，成立由 13 名党外人士组成的信息工作专家队伍，采取约稿方式提升信息质效，全年上报各类统战信息 300 条，获得全市统战信息工作先进单位三等奖。全年完成 13 篇统战理论调研文章，其中区委统战部与湖南农业大学统战部合作课题“混合所有制经济的发展对新形势新阶段统战工作的影响与对策研究”入选全省统一战线年度重点课题委托项目。（黄　忠）

【芙蓉区党外知识分子联谊会成立】 4 月 9 日，芙蓉区党外知识分子联谊会（以下简称区知联会）成立大会召开。会议选出芙蓉区党外知识分子联谊会第一届理事会，选举产生知联会第一届理事会会长 1 人，常务副会长 1 人，副会长 6 人，秘书长 1 人，常务理事 13 人，理事 74 人。黄金国当选为第一届理事会会长。区人大常委会副主任、九三学社区工委主委罗尔曼代表各民主党派区工委、区工商联致贺词。应邀出席大会的市委统战部常务副部长刘映群为芙蓉区党外知识分子带来了市委统战部的问候与祝贺，并对全区知联会工作提出要求，寄予期望。区委常委、组织部部长、统战部部长周虔代表区委肯定了全区广大党外知识分子长期以来为经济社会发展做出的重要贡献，并对新成立的区知联会提出希冀：要同心同德，凝聚共识，积极推进党外代表人士队伍的新发展。要继承传统，增强活力，充分发挥党外知识分子联谊会新优势。要加强领导，完善机制，努力构建党外知识分子工作的新常态。该次会议是以党外知识分子工作载体创新为契机，广泛地凝聚全区广大党外知识分子力量，激发区知联会的新动力、新活力，为芙蓉区在新常态下实现经济社会大发展的团结鼓励的大会。该区党外知识分子和区民主党派、各界人士代表等 120 人参加会议。市委统战部常务副部长刘映群，市委统战部知工处处长陶冶应邀出席大会。

【湖南统一战线第六期“同心讲堂”在区开讲】 7 月 14 日，湖南统一战线第 6 期“同心讲堂”在芙蓉区政府会议中心开讲。中央统战部副秘书长、政研室主任张健应邀做首堂专题报告，他主讲了中共中央统战工作会议精神和《中国共产党统一战线工作条例（试行）》基本内容。全省近 500 名统一战线工作负责人和工作人员参加了报告会。张健作为长期从事统一战线理论政策研究的专家，参与了中央统战工作会议筹备、召开的全过程，牵头组织起草了《条例》和中共中央领导讲话等重要文稿。省委统战部常务副部长谭平主持报告会。区委常委、组织部部长、统战部部长周虔，区委常委、区委办主任彭娟等领导出席。

【广东顺德区委统战部部长梁子财到区考察统战工作】 11 月 11 日，广东省佛山市顺德区委常委、副区长、区委统战部部长梁子财一行 40 人到芙蓉区考察统战工作。顺德区委统战部参观团由该区党外领导干部、民主党派和党外知识分子联谊会成员组成，他们先后考察了芙蓉区西湖社区、荷晏社区“同心社区”建设工作，听取了芙蓉区统战工作情况介绍，并与芙蓉区党外领导干部代表开展了座谈交流。顺德区委统战部参观团对芙蓉区探索“育选用”新机制推动党外代表人士队伍建设和依托“四同创建”平台推进统一战线同心实践给予肯定。芙蓉区委组织部长、统战部长周虔，区政协副主席黄金国出席考察活动。

【区侨联第三届一次全会召开】 9 月 4 日，芙蓉区侨联召开第三届一次全会。该次会议审议通过了“长沙市芙蓉区归侨侨眷联合会工作细则”（简称“细则”），并座谈了区侨联第三届委员会工作。会上，区侨联主席刘国强宣读了“长沙市芙蓉区归侨侨眷联合会工作细则”。该“细则”对第三届侨联委员的职责和义务、侨联委员日常考核及年终评优、侨联活动安排要求等内容做出了明确规定，并听取了各侨联委员对“细则”的意见和建议，在全委员会审议通过了“细则”。会上区侨联副主席杨力、侨联委员盛兵、侨联秘书长曾昕等委员先后从如何发挥侨界人大代表和政协委员的作用、如何充分发挥侨联组织平台为侨界人士服务、如何加强委员之间资源共享和沟通与合作、如何开展招商引资工作等方面为区侨联的进一步发展提出了建设性的意见和建议。

【周虔率民主党派、工商联负责人到重庆参观考察】 11月13—17日，芙蓉区委统战部部长周虔率区各民主党派、工商联负责人一行10人到重庆开展调研周活动。该次活动由考察调研、参观学习和交流谈心3个部分组成。周虔一行实地考察了重庆商贸产业、文化产业项目和南岸区社区统战阵地建设项目，并参观了重庆中国民主党派历史陈列馆。在该次考察学习期间，还组织开展了“部长谈心会”“党派联社区齐心促发展专题讨论”“芙蓉区十三五规划研讨座谈会”等活动。

【东湖街道承办“浏阳河九道湾”文化旅游产业“同心”座谈会】 11月27日，由东湖街道承办的“浏阳河九道湾”文化旅游产业“同心”座谈会暨首届长沙东湖红枫节举行。全国人大代表、中科院亚热带研究所所长吴金水，湖南农业大学副校长陈冬林，省委统战部民族宗教处处长彭天忠，市委统战部常务副部长刘映群，湖南农业大学统战部部长陶栋材，区委常委、组织部长、统战部长周虔，区统战部常务副部长、工商联党组书记易淑珍等出席会议。来自东湖街道辖区单位和高校的各民主党派主要负责人、专家教授共同参会。与会嘉宾首先参加了首届长沙东湖红枫节启动式，观赏东湖红枫美景、欣赏现场展示的书法、茶艺表演。会上，由周虔致辞，她对东湖街道成立3年来，在统战工作中做出的成绩表示肯定。由东湖街道工委书记尹卫东介绍“浏阳河九道湾”文化旅游产业的相关情况。与会的领导、专家和统战人士代表一起讨论“浏阳河九道湾”文化旅游产业发展中的战略重点、产业布局、环境治理与生态建设等一系列重大问题，并提出了一些好的建议和发展项目。彭天忠在总结中对座谈会给予肯定，他希冀芙蓉区和东湖街道对“浏阳河九道湾”文化旅游产业在落实和推进中如何用好高校资源，整合基础设施共同推动芙蓉区乃至长沙市的发展多想办法，做实事；要求与会单位在“同心创建”的理念上进行创新，更好地尊重统战人才，团结统战人士，共同促进区域的和谐发展进步。市委统战部常务副部长刘映群现场为滨湖社区“同心汇智·统一战线理论研究联合会”工作站授牌。

（黄 忠）

其他工作

·机构编制工作·

【概况】 2015年，芙蓉区机构编制工作以推进行政审批制度改革、政府职能转变和机构改革、事业单位分类改革为重点，适应改革新常态，齐心聚力谋求新发展，开创了全区机构编制工作新局面。

行政审批制度。在全区行政审批事项由249项精简为53项的基础上，继续对非行政许可审批事项和行政职权进行清理，取消15项非行政许可审批。6月，向社会公布“芙蓉区人民政府部门权力清单”，其中全区33个部门保留行政职权项目1981项。出台“关于权力清单动态调整有关事项的通知”，对权力清单的动态调整的有关事项进行了明确规定，实现“行政权力进清单 清单之外无权力”。下发“长沙市芙蓉区清理规范区政府部门行政审批中介服务实施方案”，制订“芙蓉区政府部门行政审批中介服务清理规范工作指南”；对全区15个部门上报的行政审批中介服务事项认真审核，做到依据合法、内容准确，初步形成了区本级行政审批中介服务事项清单。

政府机构改革。区编办出台“长沙市芙蓉区人民政府职能转变和机构改革方案实施意见”，7月，召开政府机构改革动员大会，全面铺开政府机构改革工作。严格按照方案要求，结合行政审批“两集中 两到位”（部门行政审批职能向一个处室集中，部门审批处室向政务服务中心集中；部门审批项目进政务服务中心落实到位，部门对政务服务中心窗口授权落实到位）改革，做好对涉改单位“三定”（定主要职责、内设机构和人员编制）方案的制订工作。组织对区食品药品监督管理局、区卫生和计划生育局、区安全生产监督管理局等涉改部门的“三定”方案进行集中审核，理顺职责关系，规范机构设置，完善运行机制。

事业单位分类改革。区编办在调研摸底的基础上通过反复论证，研究制订“长沙市芙蓉区事业单位分类工作方案”“长沙市芙蓉区区直事业单位分类指导目录”，以社会功能作为分类的唯一标准，开展多轮次和全方位的审核，制订“长沙市芙蓉区事业单位分类明细表”，顺利完成全区事业单位分类改革工作。

机构编制管理。严格执行中央、省市机构编制制度规定，严格按程序办事，严把编制关。正确处理管理与服务的关系，盘活机构编制资源，管住、管好、管活机构编制。较好地发挥机构编制效益。以机构编制实名制管理系统为基础，建立和完善中央编制核查系统，推动机构编制管理的规范化、科学化。加强与纪检、审计及事业单位主管部门联系，参与全区部分单位的财务检查，及时掌握事业单位的运转情况，为事业单位提供政策帮助和工作支持。抓好事业单位年审，在年检过程中出现的问题及时答疑解难，按时保质完成全区事业单位年检工作。组织区属各单位开展控编、减编核查工作。

严格按照《长沙市芙蓉区机关事业单位中文域名注册和网站标识管理工作实施方案》的要求，全面完成中文域名注册和网站标识管理工作。按标准规范整理办公室1996—2004年和2014年文书档案35卷1040件，1997—2015年事业单位登记管理专门档案155盒216件，编辑完善各类机构编制基础台帐。 （张 登）

【推进行政审批制度改革工作】推进行政审批制度改革，全面落实“五个到位”。该区领导高度重视行政审批制度改革工作，提出了适合芙蓉区区情实际的工作思路，并分别召集分管条线部门召开专题调度审核会，细致审核各个单位的权力清单和责任清单，在管理事项涉及部门承担或者需要部门之间密切配合的，召集各相关部门面对面沟通，形成部门之间的共识，落实清单编制工作的进度和质量。要求相关单位根据沟通审核意见、权力清单和责任清单进行修改，上报清单须经班子会议讨论研究，一把手签字盖章，才能上报。开展培训，指导到位。对接省、市编制部门和先进地区，及时了解和学习最新的权力清单和责任清单编制工作政策和经验。制订相关文件，组织召开了全区清单编制工作安排调度暨业务培训会，动员并部署该区权力清单和责任清单编制工作，使各职能单位领导和业务专干全面掌握权力清单和责任清单编制的内容和要求。通过电话、QQ、短信等方式与区属相关单位沟通联系，指导填报区属各单位理清思路，职权名称规范简洁、职权依据清晰明确、行政相对人全面真实。审核把关、程序到位。要求区属相关单位召开班子会，研究本部门权力清单和责任清单；完善“上报—初审—讲解—复审—沟通—再审—反馈”的工作流程，对上报的部门权力清单和责任清单，除区编委办会同法制办审核外，还专门聘请了律师事务所共同参与审核，召开权力清单和责任清单事项专题专家论证会；各单位根据专家评审意见及编委办和律师事所的反馈意见实行修改，形成清单定稿，经一把手签字盖章后上报；经由区政府常务会议、区委常委会议讨论通过后，各单位权力清单和责任清单才形成定稿并向社会公布。全面清理，落实到位。推进区级行政审批事项的清理、精简和规范工作。年内，区本级25个单位的行政审批事项由249项精简为53项，精简率为79%。清理区级行非行政许可审批事项和行政职权，明确取消保留的15项非行政许可审批，不再保留“非行政许可审批”这一审批类别，其中取消1项非行政许可审批事项，把14项非行政许可审批事项划转为行政职权相关类职权。经过全面清理、审核和反复沟通，6月形成了区属政府部门权力清单和责任清单并向社会公布，其中权力清单1981项，责任清单1471项。坚持监管，调整到位。在全区建立清单动态调整机制，制订“长沙市芙蓉区行政审批事项目录管理暂行办法”和“长沙市芙蓉区人民政府办公室关于权力清单动态调整有关事项的通知”等规范性文件，调整因法律法规的立改废释情况、机构和职能调整情况、市级管理权限下放等情况下的行政职权清理工作，及时更新权力清单和责任清单内容并向社会公布，并把动态清理工作列入相关部门绩效考核目标，完善相关配套制度建设。放管结合，坚持事中事后监管。各部门制订的事中事后监管制度，明确监督对象、检查、方式、程序、措施等内容，实施行政审批流程优化，完善审批流程图，实施多部门并联审批，科学压缩审批时限，截至2015年上半年，该区行政审批事项承诺时限比和法定时限压缩58%。

（区编委办）

·信访工作·

【概况】 2015年，芙蓉区信访局以推动依法逐级信访和及时就地化解决问题为重点，以营造和谐有序的信访秩序和社会大局的稳定为主线，落实责任，较好地完成了工作任务，全区信访形势平稳有序。全年区本级接待群众来访378批2619人次，有集中上访有56批1909人次；办理群众来信252件，初信154件，重复信98件；办理上级交办信访案件163件，其中国家信访局交办50件，省信访局交办72件，市信访局交办41件。

党政领导高度重视，信访工作有序展开。区领导重视信访工作，带头转变作风，压实工作责任，改革完善信访工作机制：变领导“坐班等访”为“上门接访”，带头打好“亲情牌”，带案下访、见面协谈、走访慰问，增强与群众的理解、拉近距离、建立感情；变“群众上访”为“联合下访”，区直职能部门负责人有针对性地到矛盾突显的街道、社区联合下访接待居民群众，坚持在一线研究群众反映的问题，在一线调处，在一线化解，为广大群众提供方便，提高工作效率；变“统包统揽”为“分级负责”，改变以往大小问题领导包办的做法，信访部门分类分级梳理信访问题，理顺层级、区分责任、分头治理；变“一味迎合”为“重典治理”，改变以往“小闹小解决、大闹大解决、不闹不解决”的模式，坚持有理讲理、无理讲法，坚决不“开口子、给好处”。建立和完善领导大接访长效工作机制，全年安排县级领导公开接访98天，接待来访群众274批1092人次，反映的相关问题全部转交相关职能部门办理，在全区范围内形成了党政一把手抓信访的格局，并形成了大信访工作合力。领导包案机制有效落实，全年梳理排查86个重大信访问题，分4次进行包案力量优化并交办，要求包案领导和责任单位按照“五个一”(1件信访案件、1名包案领导、1个化解班子、1套解决方案、1个化解时限)要求落实包案化解责任，按照“八个一”(上1次门、见1次面、谈1次话、组织1次情况调查、召开1次协调会、对所反映的问题拿出1个明确的处理结论、提出一个合理的化解方案、出具1份答复处理意见)要求，采取重点约访、带案下访、合力化解的方式促成信访问题的解决。年内，通过各类调解和信访救助等方式化解省、市交办突出信访问题5件，并签订息访息诉协议书，调解各类矛盾纠纷20起。

突出问题重点解决，信访秩序不断好转。治理进京非访。针对年初以来进京非访的严峻形势，区委、区政府，果断采取应急处置的各项措施，年内进京非访实际登记同比2014年下降48.5%，无失控倒流造成进京非访现象，无群体性进京非访事件、无在京滋事行为。落实处置集访闹访。全年处置赴省上访129批311人次；处置到市上访254批1313人次。通过有效引导群众依法、逐级、有序表达诉求，形成了“行政范畴的信访问题严格按照信访程序依法办结；民事纠纷的问题通过人民调解和司法调解协调解决；涉法涉诉信访纳入法治轨道解决”的规范程序。保持重要节会和谐稳定。全年安排部署“全国两会”“十八届五中全会”“五一”“十一”等特护期信访维稳工作，区领导抓住信息预警、研判和工作调度，以非访治理为重点，维护了全年重要节会点的安全稳定，为全区经济社会的和谐发展营造了良好氛围。

健全完善工作机制，信访制度有效落实。坚持发挥信访联席会议机制协调作用，不断提高各级各部门对信访工作的思想认识，督促重点街道和职能部门研究化解重点信访问题。明确责任、分级治理信访问题，实现小的纠纷在基层化解、一般性矛盾街道包办、专题问题部门承担，疑难问题联席会议研究解决。完善矛盾纠纷排查制度和信访源头的预防，在排查中坚持集中排查和定期排查相结合、全面排查和重点排查相结合、跟踪排查和深层次排查相结合，做到问题早发现、早报告、早控制、早解决，将人稳定在当地，把矛盾纠纷处理在萌芽状态；同时强化“守土有责”意识，对排查出来的信访不稳定因素，坚持分级负责抓调处，将矛盾纠纷化解在当地，处理在基层。深化信访工作改革，把接访、下访和约访作为畅通信访渠道的重要措施，即规范秩序，做到来访接待有登记，办信、转办有答复，交办、督办按要求，形成严格的“接、转、办、反馈”的闭环流程；构建平台，建立“网下办理，网上流转”的信访事项办理流程，实现信访事项“可查询、可跟踪、可督办、可评价”，打造阳光信访；创新模式，不断地探索、积累、实践先进的信访听证经验，实现“信访听证芙蓉行”的品牌，把听证机制、场所和参与者向街道、社区拓展延伸，让老百姓在家门口能解决烦恼事。年内，先后6次安排党员干部参加业务学习与知识培训，提升信访干部解决问题的能力。加大督察力度，成立了区直有关部门负责人参与的联合督察组，开展在街道点对点督察工作，并实行通报制度，印发“信访专报”3期，开展责任单位在案件办理的通报工作，全年向区领导报送“信访情况通报”43 期。使用信访帮扶资金 59 万元，促进复杂疑难信访问题的解决。

【启动“信访听证芙蓉行”】6 月 26 日，“信访听证芙蓉行”基层民主议事活动暨评议员聘请仪式在区政府会议室举行。该次活动秉持“大众参与、专家解读、民主议事、公开公正”的原则，通过引入第三方参与，以大众评议的形式来化解信访问题。其目的旨在降低基层的初信、初访、初网的信访压力，使涉及群众切身利益的信访问题解决在基层、解决在源头、解决在萌芽状态。省信访局复查复核处处长姚波对该次活动给予肯定，他表示芙蓉区 2015 年信访听证的成功举办不仅是在全市首开先河，在全省范围内也起到了示范作用。在之前先进工作经验基础上开展的“信访听证芙蓉行”，契合中央及省、市对于信访法制化改革的要求，是芙蓉区“阳光信访”改革创新的尝试，值得深入探索和推广。会上，副区长蔡冰为 15 名区人大代表、区政协委员及优秀律师颁发了评议员聘书，并要求各职能部门、评议员及街道、社区工作人员全力配合，认真履职，维护好老百姓的合法权益，使活动达到预期效果。省信访局综合协调处副调研员梁展，市信访局复查复核处处长彭敏，副区长蔡冰、区政府副调研员尹上敏及相关区直部门主要领导、评议员代表和湖南都市频道媒体代表出席活动。

（谭 怿）

·党校（行政学校）·

【概况】2015 年，芙蓉区委党校坚持党校姓党的原则，以习近平总书记系列治国理政精神为指导，推进新一轮大规模干部培训工作，逐步完善分层次、分类别、多渠道、重实效的干部教育培训格局。年内，举办主体班 12 期，培训 970 人次；协助举办其他部门培训班 12 期，培训 3086 人次；积极为区直各部门提供教学服务，开展各类业务培训 60 期共 4732 人次。

党员干部培训。创新培训方式。区委党校坚持在举办“群众工作直通车大课堂”培训中出新招，采取课堂教学与现场教学相结合的全新方式，设计研究课题、实践研讨、组织学员到井冈山党性锻炼和开展课余自学等环节。创新考核形式。年内，相应调整学员在培训中校规校纪的考勤计分比例，实行参训党员干部的出勤、学习笔记和撰写心得体会等培训情况进行学分制考核。培训总分为 5 分，其中课堂考勤 4 分，学习笔记 0.5 分，心得体会或调研论文 0.5 分。创新培训内容。在培训课程上与时俱进、精益求精，促使学员在课堂上听得进、坐得住，并能有所悟、有所得。结合践行“四个全面”（全面建成小康社会、全面深化改革、全面依法治国、全面从严治党）的战略主题，开设“深刻领会习近平总书记全面从严治党思想的精神实质”“推进国家治理体系和治理能力现代化”“博弈思维和管理思维”等新课程，启发学员对政治、经济、文化、社会、生态和党的建设领域全面实现治理体系和治理能力现代化的积极思考，探寻新的发展模式。学员普遍认为这些授课内容，有助于他们在工作和生活中突破思维定式的限制，提升个人的创新能力。

基层党员培训。在 2015 年的主体班培训中，区委党校分别组织 6 期科级领导干部到江西省委党校井冈山培训基地开展党性锻炼；组织社区（村）支部书记到雨花区侯家塘街道韶山路社区、东塘街道政院社区开展实地学习体验。区委党校还发挥培训主渠道作用，扩大培训规模，培训力度向基层延伸。年内，专门开设 5 期社区（村）“两委委员”素质提升专题培训班。根据社区“两委委员”工作条线具体实际，按照党建、民生、经济、城管综治、计生等 5 个类别进行分类培训。在课程设置上，为社区“两委委员”量身定做“依法行政”“人口计生理论”“统计业务”和“协税护税工作”等专业培训课程；组织社区（村）“两委委员”到韶山、刘少奇故居以及文家市开展党性学习锻炼。通过红色革命纪念地的现场教学，学员们普遍在党性意识、宗旨意识方面得到洗礼和升华。

调研科研课题。区委党校立足区情实际，建立“教学出题目、科研出成果、成果进课堂”的教科研机制，调研科研工作由理论探讨向主动建言献策转变，服务区委、区政府重大战略决策，服务全区经济社会发展。全年结项省级课题 1 项，市级课题 2 项，新申报市级课题 2 项，完成科研论文 7 篇。省委党校课题“全面提升开放型经济水平——以长沙市芙蓉区为例”结项；市情研究会课题“城区地铁站及其出入口区域公共安全秩序综合治理研究”和“现场教学的经验、问题和优化策略探析”结项。新申报市情研究会课题2项，分别为“基层领导干部法治思维养成初探”和“浏阳河文化旅游旅产业带（芙蓉段）的文化资源研究”。全年获奖论文：“从严治党，关键在于从严管理干部”获得湖南省委党校党的建设研究会“全面从严治党”理论研讨会二等奖；“城区地铁站及其出入口区域公共安全秩序综合治理研究”获得全省党校行政学院系统理论研讨会及市委党校行政学院理论研讨会二等奖，“基层党校培养党员干部法治思维的思考”获得全省党校行政学院系统理论研讨会及全市党校行政学院理论研讨会三等奖。

师资教务管理。区委党校始终把师资教务管理作为重要工作来抓，深化师资队伍建设，细化教务管理工作，把“从严治校”贯穿于教学、科研、行政和后勤管理的各个环节。制订青年教师专业成长计划，规范指导带教制度，鼓励教师多研究、多探索、多提高。年内，先后派出教师到复旦大学、国家行政学院等高等学府进修学习；组织教师参与市委党校系统教学竞赛，为教师的发展提供学习机会和锻炼平台；坚持每月“群众工作日”定点联系马王街社区了解基本情况，全年慰问困难群众120户次。党校后勤管理及校园文化建设，执行“八不准”规定，以“细化”“务实”“精致”为基本原则，把各项工作细化到日常管理中，服务学员、服务基层、服务大局。

（钟小平　周挺号）

【体验式教学】2015年，区委党校分别组织区科级领导干部到江西省委党校井冈山培训基地开展党性锻炼；组织社区（村）支部书记、社区（村）两委委员到韶山毛泽东故居、花明楼刘少奇故居以及文家市秋收起义纪念馆参观见学。组织科级领导干部的党性锻炼，从井冈山培训基地出发，以他们身着红军服、高唱红军歌、吃红米饭喝南瓜汤、重走挑粮小道等方式，开展体验工教学旨在增强赏党性意识、宗旨意识和服务意识。组织社区（村）支部书记、社区（村）两委委员到韶山毛泽东故居、花明楼刘少奇故居以及文家市秋收起义纪念馆参观见学，通过聆听讲解、敬献花篮、座谈交流等现场教学方式，旨在继承革命传统，弘扬红色精神。

（钟小平　章　余）

·政策研究·

【概况】2015年，区委政策研究室始终把参谋辅政作为核心工作，围绕拆违控违工作、浏阳河文化旅游产业带建设等热点难点问题开展研究，在《湖南日报》《领导参考》等党报党刊发表署名文章20篇。由政策研究室牵头，起草领导讲话、各类汇报材料、文件等200篇；推动《芙蓉月刊》服务区域发展，并对拆违控违、棚改等工作进行深度报道，全年编发11期（其中1、2月为合刊），发行3万余份；注重信息采编，向省、市上报信息406条。统筹全面深化改革工作，互联网金融创新、零散税收征管、非公党建等领域的89项改革任务全面完成。调研推进全面建成小康社会工作，35项考核指标中有29项实现程度达到或超过100%，比上年增加6项，总体小康实现程度达到95%以上（详见表1第18–19页）。

（彭　昭）

·史志档案工作·

【概况】2015年，芙蓉区史志档案局不断提升史志档案工作水平，为全区经济建设、社会发展服好务。年内，被评为全省“档案宣传工作先进集体”、并获《长沙档案》投稿先进单位。编纂的《芙蓉年鉴2014》被评为第五届全国年鉴编纂出版质量评比活动综合三等奖。

开展以史育人宣教活动。以党史联络组老同志为主的红袖章志愿者，分批到区12家单位宣讲党史知识、传播社会主义核心价值观。在《芙蓉月刊》第9期开设“不能忘却的记忆”专栏，刊载湖南抗战纪实、长沙城东的抗战记忆、抗战老兵口述的历史文章6篇。9月9—10日，区史志档案局在区政府办公楼前厅展出以纪念抗战胜利为主题的档案展，展出原始档案和历史图片220幅，接待参观者1798人次，还赠送《铭记历史 珍爱和平》宣传册100册。由与党史联络组编撰《铭记历史——纪念抗日战争暨世界反法西斯战争胜利70周年文集》。并向辖区内有关单位、党组织及个人读者赠送。4月，向全区各街道征集纪念抗战胜利70周年文稿22篇，其中区委党史联络组成员撰写文稿8篇。启动第二批部门史编纂工作。安排专人联系各承编单位，全面介入其组稿过程，及时跟进并释疑解难。9月、11月先后对韭菜园街道和区卫生和计划生育局文稿实行终审，修改后付印。12月对区发改局文稿予以内审并指导再次修改。全年选送15篇文章到市委党史研究室。完成抗灾救灾征文1篇。

做好《芙蓉年鉴2015》编纂

工作。4月13日，区史志档案局召开编纂工作动员暨业务培训会，辖区180人参加培训。编辑部成员分组对各单位的稿件进行审核和修改，10月底完成全面审稿任务，经设计编排后报北京方志出版社审校出版发行。完成省、市年鉴组稿和参评工作。完成市年鉴组稿条目8篇、照片20张；完成省年鉴组稿任务条目3篇。推荐申报《长沙年鉴》2014年度人物1名、年度事件1条，其中彭水林当选为年度人物。开展《地方志工作条例》宣传与《长沙史话》学习宣传活动。5月14—22日举办《地方志工作条例》宣传周活动，该次活动向全体机关干部、街道、社区、学校及个人发放《长沙史话》4000册。

推进依法治档工作。6月10日是“国际档案日”，区史志档案局联合朝阳街道开展“档案——与你相伴”主题宣传活动，约200人参加。7月，配合区机构改革和调整，制发文件通知，明确档案处置的原则与要求，理清各涉改单位档案的归属与流向。对撤销、合并的机构提前接收档案进馆。11月，在各单位对照档案法内容自查的基础上，区史志档案局与区委督查室重点对11家单位开展档案专项抽查，并把检查情况在全区范围内通报。开展业务培训与指导。6月25日、11月6日举办2期档案业务培训，培训人数212人。规范音像档案管理，制订《数码照片的归档与整理操作细则》，组织全区各单位对音像资料进行收集、归档。提供档案业务指导70次，协助各单位解决档案管理中存在的问题。实施馆藏档案数字化，3月，完成第3、4期数字化项目，并通过验收。总计著录条目76.83万条，扫描原文390.38万页。依托馆藏档案数字化资源实现“一分钟”办理查档业务。年内，档案窗口接待查档群众2213人次，音像档案室提供利用服务97次。主动参与全区重要会议、重大活动拍摄98场次。配合上级业务部门工作。上报省、市档案局各项征文40篇，组织53家单位填报2014年档案综合统计年报，协助市档案局复检芙蓉国土分局档案馆规范化建设工作。

开好群众工作直通车。全年走访联系帮扶家庭110户次，送出慰问金、物资1.2万元。坚持社区接待日制度，按时到站开展工作。开展入户走访调查。遇到情况及时和社区沟通，商量解决办法。开展重大项目帮促活动，配合和协助联点社区完成社区4楼改建文化艺术馆、建材二区改建科普休闲公园及下水道管网改造项目。（李文英）

【编印出版《铭记历史》】为纪念中国人民抗日战争暨世界反法西斯战争胜利70周年，区委党史联络组与区史志档案局联合编撰的文集《铭记历史》，于12月30日出版发行。该书以毛泽东关于庆祝抗战胜利的题词和习近平在“9·3”抗战胜利日上的讲话全文作为开篇，并收集记录大量长沙城东地区的抗战史料。全书正文分抗战纵谈、城东战事、老兵记忆、日寇暴行、文化火种、家乡抗战、胜利赞歌7个部分，还收集整理长沙城东地区抗战大事记（1931—1945）作为附录。共收录文章38篇、诗歌7篇，22.6万字。印制4000册发放到区直机关各单位，街道（园）、社区、学校及非公企业和社会组织党组织，以深化党史教育“四进”（进机关、进街道、进学校、进家庭）活动。（温小慧）

【档案馆基本实现“一分钟”查档】5月，区档案馆已完成全部馆藏档案目录数据的著录以及重要档案的原文扫描，著录条目76.83万条，扫描原文390.38万页，馆藏档案数字化率约60%。年内，区档案馆查档服务省去烦琐的人工翻阅纸质目录的步骤，通过电脑即可查卷、调卷，一般业务在1分钟内办理完成，提升了工作效率，有效保护了档案原件。（李　霞）

【举办首期行政村档案业务培训】11月6日，区史志档案局在湘湖街道车站北路社区举办首期行政村档案业务培训。全区13个街道、13个行政村及部分社区档案员等42人参加。局长谭永华主持座谈并做动员讲话。座谈会上，车站北路社区书记唐红英介绍了档案工作经验。该社区在档案管理方面的具体做法和原区史志档案局副局长潘湘霞解读“档案管理违法违纪行为处分规定”。市档案局信息处处长汤才友结合村档案工作实际具体指导如何做好档案数字化工作。史志档案局档案专干还具体讲解行政村档案整理工作实务。该次培训课程授课内容丰富，通过培训加深了全区行政村档案员对档案工作全面系统的了解。（李　霞）

·老干部工作·

【概况】2015年，芙蓉区老干部局以服务好离退休老干部、服务好中心工作为目标，落实好老干部两项待遇、落实好离退休老同志作用的发挥、落实好上级有关工作部署与廉政作风建设规定，较好地完成年度各项工作任务。年内，车站北路社区、湘湖街道机关、区政协离退休党支部被评为市级“五好”离退休党支部；区政协、朝阳街道、湘湖街道、湘一芙蓉中学等离退休干部党支部被评为全市先进集体，裴翠英等6名老同志被授予全市先进个人称号。在第4批市级“发挥五老作用”示范阵地创建工作中，军区社区、车站北路社区、嘉雨社区、荷晏社区等受到通报表彰，李剑霞获得市“畅谈发展变化”微宣讲总决赛第一名。

落实待遇，推进老干部服务工作推进。抓好离退休干部思想建设和各项政治待遇的落实工作。组织离退休干部开展政治理论学习，邀请专家做形势、时事政策报告；为每位老干部订阅《长沙晚报》《老年人》杂志，坚持开展每月1次的阅文制度，让老干部及时了解中央、省、市、区委的重要决策和文件精神，加深对经济社会发展形势的认识和理解。坚持情况通报和意见征询。坚持党支部书记会议制度，向老干部通报工作情况，定期向老干部通报区政区情，征求老干部的意见建议。邀请老干部代表参加全区经济工作大会、党风廉政建设大会、经济形势报告会、人大会、政协会等会议和活动，建立全区老干工作联席会议制度。12月，出台“进一步规范和完善区属离退休干部服务管理工作”文件。开展走访慰问活动。在元旦、春节、“七一”等重大节日期间，由区委书记、区长、组织部部长等主要领导以及职能部门负责人深入老干部家中走访慰问。年内，慰问老干部、老同志256人次，发放慰问品和慰问金近25万元，慰问生病住院老干部109人次。开展参观交流活动。组织离退休老干部到橘子洲头、桃花岭公园等地参观、踏青；承办全市副市级以上离退休干部的重阳节活动，并参观考察芙蓉区城市建设的重点项目。以创建“五好”离退休党支部为龙头和抓手，充分发挥离退休干部党支部的作用，为党的事业增添正能量。

完善离退休干部保障机制，落实好各项生活待遇。年内，老干部的离退休费、医疗费、年度一次性生活补助费、基本养老保险统筹外的各项补贴全部发放到位。开展困难老干部的帮扶工作。定期走访有特殊困难的老干部全年用于帮扶资金3万元，处理老同志来信来访20件次；协调有关部门解决老干部医疗、生活、住房以及家庭纠纷等方面的实际困难或问题16件次。落实离休干部健康检查。4月，组织离休干部到湖南中医药大学第一附属医院进行体检，邀请省、市老年保健协会专家进行老年健康知识讲座，增强老同志的保健意识。组织离退休干部外出考察参观。全年组织离退休干部分4批到凤凰、芷江、吉首和株洲炎陵、酒埠江等地参观学习。做好抗日战争胜利70周年纪念活动。配合市老干部局开展抗战胜利70周年纪念章登记发放工作，24枚纪念章全部发放到老干部的手中。区老干局组织人员采访了郝尚芝、霍朗、纪筱风等抗战英雄，抽调精干力量负责编写、审稿工作，完成了《为了铭记——长沙健在抗战时期离休干部事迹访谈录》。区老干局组织人员参与编纂《新价值与正能量——长沙市老年教育风采录》。创新离退休干部服务载体。年内，完成收集老干部的家庭住址、联系电话、健康情况等信息，建立老干部短信服务平台，及时为老干部发送节日、生日祝福、保健知识、重要时政等信息，为老干部生活学习提供服务。

搭建平台，推进老干部文化教育工作。区老干部大学以创建教育管理先进单位为目标，注重采取“请进来、走出去”的方式，结合“理论大课堂”教学平台，丰富教学活动。全年开设88个班，学员约8000人。区老干部大学艺术团参加了东特文化传播公司举办的文艺节目会演，并与企业、兄弟区、县开展联欢，交流学习活动。举办庆祝“五一”劳动节暨“纪念抗战胜利七十周年”文艺会演，在市老干部局举办的第三届运动会广场舞比赛中被评为第三名。参加“欢乐潇湘 品质长沙”书法、绘画、摄影比赛，以“我的中国梦”为主题，完成书法、绘画、摄影作品150幅。为配合做好抗战争胜利七十周年的宣传活动，组织学员参与《新价值与正能量——长沙市老年教育风采录》的编撰与组稿。6月1日，省委老干部局老年教育处处长李金华一行调研芙蓉区老干部大学老年教育工作，现场观摩教学情况，对芙蓉区老干部大学工作给予肯定。推进基层老年教育。为实现“老有所学”“文化养老”，按照市老干部局统一部署，建立台账，纳入年终绩效考核内容，形成了老年教育网络课堂的长效机制。定期组织离退休老干部和社区老年人收看市老干部大学网站上的教学内容，鼓励支持有条件上网、用网、懂网的老年人自主开展网络课堂的学习。全区设立老年教育网络课堂收看点41个，建立示范点13个，有近6000人收看学习，满足了老年人的精神文化需求。

创新载体，推进老有所为、老有所乐工作。区关心下一代工作以“立德崇法，明史报国”为主题，开展青少年社会主义核心价值观教育和“中国梦”教育，推进关心教育青少年成长工作。在全区青少年中开展法制教育活动，引导青少年学法、懂法、守法、用法。年内，燕山二小开展体验式法制教育工作，青少年法制教育课程化、系统化、活动化；各年级有法制教育主题、有活动基地，让学生在活动中体验，在体验中所思。邀请市关工委领导、市“五老”金牌讲师团团长刘耀杰做“全面依法治国”辅导报告。区关工委还到省少管所对芙蓉区籍未成年服刑人员开展帮教活动，为未成年服刑人员人生的再次起航提供爱的动力。5月，青少年模拟法庭接受市关工委领导检查中受到好评，并列为9月份召开的全省市州关工委主任会议的现场参观点，受到与会代表肯定。发挥五老优势、开展主题活动。以老干部、老模范、老教师、老战士、老专家为主体，以形势政策、党的历史、思想道德、公民意识等“四项教育”为主题，面向全市广大干部群众和中小学生开展宣传教育活动。如张祖荣用富有时代特点和地方特色的语言，自编《新编三字经》，深入街道、社区、学校进行宣讲。李剑霞的“家长应做孩子的良师益友”、张定浙的“学习党的历史 做党的好孩子”和李中朝的“雷锋精神我知道”，他们宣讲的内容受到居民群众的好评。区关工委还组织“五老”金牌讲师团成员开展集中备课，全年研究制订宣讲方案6次；依托芙蓉百姓讲师团的平台，开展“微理论、微宣讲”活动，全年深入机关、街道、社区、企业开展宣讲活动150场次。为老干部建立了社区健康档案，发放“社区联系卡”，实行“一对一”服务；按照自愿量力的原则，引导老同志参与社区建设，奉献余热。在“拆违控违”大行动中，一大批老同志以身作则，主动参加拆违控违工作，做好违章建筑户的劝导工作。搭建老有所乐平台，组织钓鱼、老年保健、书画、诗词楹联、地掷球、门球、乒乓球、象棋）等各类活动。30次。在全市第三届老干部运动会上获乒乓球赛男子团体第二名、象棋赛第三名。在《芙蓉月刊》上开辟专栏，展示老同志书法绘画诗词等优秀作品。

存在的问题和困难：在基层开展调研老干部工作不够深入，对全体工作人员开展业务知识培训需要增强。服务是老干部工作永恒的主题，要把老干局建设成为“党委放心，群众满意”的老干部之家。（王 凯）

【全省市州关工委会议代表到区视察青少年法制教育】 9月22日，湖南省第15次市州关工委主任会议的120名代表到燕山二小参观考察青少年体验式法制教育工作。该次考察活动，燕山二小校长朱志湘以“铁肩担重任 妙手育春芽”为题汇报开展体验式法制教育工作的情况。她介绍了学校青少年法制教育工作的整体思路与工作方案，分年级体验活动和全校性的体验活动的具体做法和活动开展情况。她还介绍了学科校本体验课程、社团体验课程和主题体验月活动课程等法制体验课程开设情况。在展示燕山二小模拟法庭活动中，由学生模拟庭审校园偷窃案例，孩子们当起了审判长、审判员、书记员、原告、被告、律师及人民陪审员等角色，使庭审过程真实模拟还原。出席活动的有省关工委主任沈瑞庭，副主任高锦屏、罗海藩、蔡力锋、范多富、黄祖示，常务副市长陈泽珲，市关工委主任董学生，副主任姚五零、李伟群、全晶莹，区领导罗玉环、周虔、彭娟、张庆和，以及相关部门负责人共同出席活动。燕山二小在青少年体验式法制教育上所做的实践、探索和取得的实效，赢得了与会领导们的肯定。

【《新价值与正能量——长沙市老年教育风采录》编辑完成】 6月，区老干部大学发动全校学员主动参与全市的组稿并撰写《新价值与正能量——长沙市老年教育风采录》书稿。在该书稿内组稿、改稿和侧重于老有所学、学有所获、获有所为等方面的心得体会和典型事例，使稿件在质和量的方面达到要求。该书用稿42篇，全区有28篇文稿入选，采稿率占该书之首。（王 凯）

·区直机关党建·

【概况】 2015年，区直机关工委坚持党建工作规范化建设，合力打造能推动发展、凝聚人心、促进和谐的机关党组织，全面提升机关党建工作科学化水平。年内，区财政局党支部、区市容环境卫生管理局党支部、区市政管理局党支部关于推进规范化建设的经验材料被编入《机关党建长沙实践》。区财政局党支部被评为市级机关党建“示范点”。

党员思想教育。区直机关工委开展“百名党员讲师下基层 百堂精品党课进支部”活动，组织机关党员参加“微理论 微宣讲”比赛，承办“学习贯彻习近平总书记系列重要讲话精神微巡讲芙蓉区直机关专场活动”，举办“崇德尚善”道德讲堂，先后有45个党支部近700名党员参加学习活动。年内，举办区直机关党务干部培训班，有130名基层党组织书记、组织委员参训并到杨开慧故居参观学习。通过推进党员教育管理“一卡四制”和党员积分制管理，量化学习情况，提高党员学习的积极性和主动性。

党建基础工作。举办区直机关入党积极分子培训班，有19名学员参加学习；组织13名预备党员赴韶山开展集中宣誓活动，并发放装有《中国共产党党章》、《中国共产党纪律处分条例》、党徽、党费证的“红色礼包”和编印的《新党员须知》，增强党员意识。规范党费收缴工作。全年收缴党费57万元。引导联合支部中符合条件的单位，组成单个党支部，区直机关工委下属的党组织由55个增至60个。指导机关党组织做好换届选举工作，全年有41个党组织进行换届选举。选齐配强党组织负责人，在54个党组织（不含2个离退休总支）中配备由党组书记、行政负责人兼任支部书记的23名。指导离退休党总支和11个离退休支部的换届选举工作，分批次组织近300名离退休老同志开展春、秋游活动。指导结对共建、在职党员进社区报到、群众工作“直通车”、“一进二访”（进村入户、访困问需、访贫问计）等主题活动，党员服务大局意识明显增强。全面开展党组织书记述职评议，制订“区直机关基层党组织各级管党责任”，明确和认识党建的职责任务。“七一”期间，组织在区直机关评选出基层服务型先进党组织5个，优秀党组织书记3名，优秀党务工作者1名和优秀党员服务先锋2名。积极开展“送温暖、献爱心”走访活动，全年慰问困难党员60人。

党风廉政建设和反腐败工作。落实“两个责任”（党委主体责任和纪委监督责任），开展“讲规矩、守纪律”教育活动和学习《习近平关于党风廉政建设和反腐败斗争论述摘编》、《中国共产党廉洁自律准则》和《中国共产党纪律处分条例》专题学习；组织党务干部集中观看“作风建设永远在路上”等影视作品；组织党务干部、预备党员赴红色革命教育基地参观学习。出台“2015年区直机关作风建设工作计划”“2015年区直机关作风建设监督检查办法”等制度，参与区纪委组织的全区作风建设明察暗访工作，查处违反作风建设案件3起。继续开展“群众办事难”专项整治。全年区直机关各单位建立便民服务中心181个，查处办事刁难群众典型案例12起。

机关党建工作规范化建设。区直机关工委班子成员深入基层，与党组织负责人、党员沟通交流，查阅资料，详细了解他们在思想教育、党内活动、党员发展、工作创新等方面的情况。通过总结归纳，发现存在工作程序不够规范、党务工作者对党建工作认识不够全面、部分单位领导对党建工作不够重视等突出问题。年内，编印下发“区直机关工委2015年工作要点”“中共长沙市芙蓉区直属机关工作委员会关于开展机关党建工作规范化建设的实施意见”“芙蓉区区直机关基层党组织各级管党责任”等资料，进一步明确机关党建具体做什么、如何做到位的问题。编印下发《芙蓉区区直机关党支部党建工作记录本》，涵盖三会一课制度、组织生活制度、党员主题活动制度、党组织设置规范、换届选举程序、发展党员工作流程、党员花名册、支委会议记录、支部大会会议记录、党课记录、民主评议党员等22项内容。组织召开“区直机关党建工作规范化建设推进会”，区委副书记夏钟剑作为机关党建工作规范化建设领导小组组长出席会议并部署工作。会议要求，机关各党组织从党员学习、党内活动、组织设置、换届选举、党员发展、作风建设、廉政建设、阵地建设、簿册归档、信息录入等10个方面开展规范化建设，尤其是落实和规范“三会一课”、民主生活会、党员领导干部参加双重组织生活会、民主评议党员、党性定期分析等制度，促进党员组织生活常态化。

联合开展各类文体活动。与机关工会开展乒乓球、羽毛球、摄影等“兴趣小组”活动；联合区总工会、文体新局举办庆“五一”运动会；全年为100名干部住院理赔补充医疗保险9万元；为在职干部赠送生日鲜花800人次；慰问干部职工及其直系亲属80人次。机关妇委会组织700名女干部举行“三八”节登山比赛，并要求各单位为妇女同志购买重大疾病保险、订阅《今日女报》。机关团总支与区团委、区妇联举办“遇见青春·邂逅爱”青年七夕观影联谊会；组织机关青年志愿者到敬老院开展“健康养老、温暖冬季”主题活动。组织开展2015年度区直机关无偿献血活动，来自各单位的233名干部参加献血，累计献血量8万毫升。认真对待老同志来信来访，出台“芙蓉区区直离退休党支部学习制度”。

存在的主要问题和困难：机关工委所属党支部众多，涉及各行各业，组织建设工作与具体实际紧密结合不够；深入开展调研工作抓得不紧；机关党组织规范化建设、服务型党组织建设和“两个责任”落实还需要深入推进。

（邬凯文）

【举办区直机关党务干部业务培训班】 4月14—16日，区直机关工委举办全区机关党务干部业务培训班。区委组织部副部长许琼山出席开班典礼并作动员报告，区直机关工委书记黄俭以“加强党性修养 发扬优良作风”为主题讲党课，区直机关工委副书记、纪工委书记王琼专题辅导就机关党建业务工作，还组织参观杨开慧纪念馆和故居。区直机关各级党组织书记、党建专干近120人参加培训。

【基层微巡讲活动】 8月25日，学习贯彻习近平总书记系列重要讲话精神微巡讲芙蓉区区直机关专场活动举行。该次活动围绕“学习讲话 长沙作为”主题，旨在进一步推动习近平总书记系列重要讲话精神入脑入心，促进发展。该次活动由长沙市推进学习型城市建设工作指导委员会主办，长沙市委宣传部、市委讲师团承办，芙蓉区委宣传部、区直机关工委协办。市委讲师团主任刘莉霞、芙蓉区委常委、宣传部部长伍艳飞、区直机关工委书记宾雪丰出席活动。

【机关党建工作先进经验推介会】 10月15日，区直机关党建工作先进经验推介暨“一进二访”工作布置会在机关会议室举行。该次会议旨在进一步落实中央“全面从严治党”重大部署，树立机关党建工作先进典型并充分发挥典型示范引领作用，推广机关党建先进经验，进一步深入推进规范化建设。会议由区直机关工委书记宾雪丰主持。区委常委、副书记罗玉环出席会议并讲话。区直机关61个在职党支部负责人和党务干部170人参加会议。

【举办女干部职工登山比赛】 3月6日，区直机关工委组织区直机关女干部职工在岳麓山举行“巾帼建新功 共筑中国梦”的登山比赛。该次活动由区直机关工委主办，机关妇委会承办。旨在庆祝第105个“三八”国际妇女节，深入贯彻实施《全民健身计划》，增强全区女性干部职工之间的相互协作和友好交流，提升女性干部职工的综合素质。区人大常委会副主任罗尔曼、副区长彭娟出席活动并参赛。

【市直机关工委领导到区督察机关党建工作】 7月22日，市直机关工委副书记于安全一行到区督察指导机关党建工作。他实地察看了区财政局党支部申报市级机关基层党建示范点的汇报材料和资料。区直机关工委书记宾雪丰汇报了区直机关2015半年度党建工作及落实《中国共产党党和国家机关基层组织工作条例》情况。区委常委、常务副区长谭雄伟出席会议。12月1日，市直机关工委常务副书记易冒到区督察指导机关党建工作，并验收区财政局党支部申报“长沙市机关基层党建示范点”工作。区直机关工委书记宾雪丰和区财政局支部书记、局长刘孟乾分别汇报了机关党建工作。区委副书记、区长于新凡，区委副书记谢进出席。

（邬凯文）

·非公经济党建·

【概况】 2015年，芙蓉区有非公企业和社会组织中共党组织577个，党员6371名，其中新发展党员82名。全区非公和社会组织党建工作围绕从严治党的要求，以服务发展为主要任务，以改进作风、提升能力、发挥作用为重点，不断提升非公和社会组织服务型党组织规范化建设水平。非公企业和社会组织党组织积分制管理工作在全省非公党建大会上做典型经验介绍，“探索非公企业党组织积分制管理研究”获全国非公有制经济组织党建优秀调研成果三等奖，非公纪检工作在全省非公企业纪检工作会议上做典型发言。

打牢基础全面覆盖。区委组织部、区非公党工委召开专题工作部署会，明确各街道（园、局）党（工）委利用3个月的时间分步骤集中对辖区范围内所有非公有制经济组织进行普查登记。通过上门登记、电话复核、随机抽查等方式逐级落实、层层把关，推进了工作进度形成普查分析报告，并为下阶段工作开展提供了参考和依据。

增强素质提升能力。坚持党

组织书记管党责任，采取“每年1次、每期2天”的方式，完成5期非公企业和社会组织党组织书记岗位培训。组织编写《担当—2014年度非公企业党组织书记述职报告选集》《变化在行动中—芙蓉区非公企业党员优秀征文选集》等书籍。开展“变化在行动当中”征文比赛，有426名党员、入党积极分子踊跃投稿，其中38名优稿者获得奖励。组织部分非公党组织书记和党员出资人到清华大学培训学习。组织部分优秀书记到湖南艾华集团党委、广汽三菱公司党委和上海大众公司党委考察学习。严肃党内政治生活，引导非公和社会组织党组织落实“三会一课”、党员组织生活会等，使党员、入党积极分子接受中国共产党先进思想的熏陶和洗礼。在培养和发展新党员工作中，重点向非公企业和社会组织倾斜，

丰富载体打造品牌。引导非公党组织健全党员信息管理系统、建立基础台账信息，按照“六个一”（一块牌子、一面党旗、一个学习园地、一个光荣榜、一个党务公开栏、一套党员电教设备）要求规范“党员活动室”、企业党校等阵地建设，完善“党员舒心吧”建设，开展“五必访六必谈”（党员、员工生病住院时必访、家庭生活困难时必访、家中有红白大事时必访、遇到意外事故时必访、家庭不和时必访；政治立场、思想作风、工作作风、道德品质等方面存在问题时必谈；受到挫折，思想波动时必谈；受到表彰、奖励或批评、处分时必谈；违章违纪，造成一定影响后果时必谈；党员、员工之间发生矛盾纠纷时必谈；有苗头性、倾向性问题时必谈）活动。优化升级“芙蓉区非公企业党建网”，健全完善“支部博客汇”专栏，18家非公党组织博客亮相该网站。年内，通过实时更新支部动态、书记风采、特色活动、优秀征文等，该网站知晓率、点击率和影响力不断上升，网站流量近2.7万人次。书记QQ群、微信群及时发布网站最新动态，实现工作、交流、展示同步。引导广大党员在本职岗位上亮身份、亮形象、亮承诺。指导非公企业和社会组织党组织按照“党性觉悟高、宗旨观念强、纪律观念强、业务能力强、创新意识强、道德素质强”的标准，广泛开展“共产党员示范岗、先锋岗”评比表彰活动。

服务发展突现特色。在辖区15家非公企业和社会组织申报单位开展了红旗非公党组织的考核考评工作，并在“七一”表彰大会上对泉昇大酒店等5家红旗非公党组织授牌。10月份，召开了红旗党组织创建讲评会，查找差距、分析原因、明确目标，对10家非公企业和社会组织红旗党组织创建先进单位进行了表彰奖励。在开展为期1个月的主题演讲比赛活动，有51家非公企业和社会组织党组织的66名党员、员工积极参与，14名优秀选手入围决赛。选手们讲述了身边优秀党员群体和个人的先进事迹。年内，出台“芙蓉区非公和社会组织‘125’党建工作法实施方案”。重点指导广发隆平、三湘南湖市场、银华酒店等工业园区、楼宇、市场商圈非公和社会组织党组织较集中的区域，全方位开展服务活动。广发隆平党委组织的讲座“新常态与转型发展”吸引了园区13家党支部80多名中高层领导、党员及员工代表参加，实现了活动共推、党员共管、资源共享。（李 超）

【非公企业党组织积分制管理工作经验获推介】芙蓉区非公党工委立足非公企业党组织集中组建工作实际，按照非公企业党建规范化建设要求，遵循“加强指导、激发活力、服务发展”的思路，通过科学设置指标、加强管理考核、注重结果运用等提出的一项创新性举措。经过近两年的实施取得了良好成效，实现了对非公企业党组织基础工作由“粗放化”管理向“精细化”指导转变、党组织书记由“业余型”到“专业型”的转变、非公党员由“要我干”到“我要干”的转变、非公企业党组织由“就党建抓党建”到“抓党建促发展”转变。芙蓉区非公党组织积分制管理办法在5月22日召开的全省非公企业党建成果品牌展示会上做经验介绍。甘肃党建网、厦门党建网等网站转发，广东江门等地还专程到区考察交流。

【区非公企业党工委论文获奖】8月20日，区非公党工委报送的“探索非公企业党组织积分制管理研究”获得全国党建研究会非公有制经济组织党建研究专业委员会组织的“2014年度非公有制经济组织调研成果”三等奖。

【组织非公企业书记到清华大学培训】5月21—29日，芙蓉区委组织部、区非公党工委组织全区部分优秀非公和社会组织党组织书记、党员出资人赴清华大学开展领导能力素质提升培训。该次领导能力素质提升培训，课程设置紧贴当前热点、重点问题及非公和社会组织工作实际，开

设了世界格局与中国政治经济发展、当前国际形势分析、宏观经济形势分析、经济转型与创新驱动发展、高绩效团队建设、非公企业如何开展党建工作等课程。邀请了清华大学、国防大学知名教授魏杰、王传利、刘田、马骏等主讲。培训期间还组织考察了全国先进基层党组织北京现代公司党委。短暂的培训，树立了长沙芙蓉非公企业和社会组织党组织书记、党员出资人队伍良好形象。

【举办“凝聚党旗下 奉献在芙蓉”演讲赛】 11月20日，由区非公党工委组织的全区非公党员“奉献党旗下 奉献在芙蓉”主题演讲比赛（决赛）举行。全区非公企业党组织和党员代表、各街道组织宣传委员等160人观摩比赛。该次比赛，来自11个非公党组织的14名党员用真实的事例、朴实的言语讲述身边普通却不平凡的优秀党员群体和党员个体的先进事迹。华伦咨询党支部的梁然、亲硒元党支部的李诗慧、景鹏集团党委的陈柳获一等奖，还评选出二等奖4名、三等奖7名。省工商联宣教处处长、省工商联直属会员单位专职委员罗江天，省非公党工委办公室主任、省工商联直属会员单位党委专职副书记刘建平，芙蓉区委组织部部长、统战部部长周虔、市非公党工委副书记、市工商联副主席张明刚等领导出席比赛。（李　超）

图5　组织非公企业书记到清华大学培训

·创业富民·

【概况】 2015年，在市人力资源和社会保障局、市财政局的指导下，在区委、区政府的领导及区就业和农民工工作领导小组成员单位的积极参与下，芙蓉区全面启动创新创业带动就业工作，完善领导机构，健全政策扶持体系和创业服务功能，营造浓厚创业氛围，全区创新创业工作层次不断提升，内涵不断深化，成效突显。截至12月底，新增创业主体数8656户，完成年度目标任务7000户的123.66%；带动城乡就业人数3.39万人，完成年度目标任务1.35万人的250.84%；扶持大学生创业550名，完成年度目标任务500名的110%；新增小额担保贷款896万元，完成年度目标任务800万元的112%。（刘　菲）

【成立就业和农民工工作领导小组】 为进一步整合工作力量，理顺创业就业工作机制，按照“统一组织领导、统一扶持政策、统一资金管理、统一服务体系、统一服务标准、统一考核体系”的工作要求，6月，经区政府研究决定，成立以区长于新凡任组长、副区长谭雄伟任副组长的芙蓉区就业和农民工工作领导小组，领导小组办公室设区人力资源和社会保障局局长唐宇平任组长，党委副书记卢滔任副组长，全面承接原创业富民工作领导小组办公室的工作。区就业和农民工工该领导小组统筹规划并组织领导全区就业创业和农民工工作，全面承担全民创业及创业带动就业相关职责。领导小组成员单位涵盖全区主要职能部门及各街道、园区，纳入同级财政预算，明确专人负责就业创业服务工作，并保障人员工作经费。制订《芙蓉区全民创业带动就业五年行动计划》《芙蓉区全民创业带动就业五年行动计划工作进行任务分解任务分解表》，明确工作重点和实施步骤，组织开展创业政策宣传，协调各街道及成员单位的工作开展。

【高校毕业生创业专项扶持工作】 10月，根据市人力资源和社会保障局72号文件和长财企指121号文件精神，由区人力资源和社会保障局组织开展高校毕业生创业专项扶持和小微创业企业扶持工作，通过街道初审，区就业和农民工工作领导小组办公室的复审，有29个高校毕业生创业项目、5个小微企业创业项目和3个孵化基地获得市专项扶持资金，市财政下拨高校毕业生创业专项扶持资金134万元、小微创业企业扶持资金60万元。

【创新创业带动就业示范单位评选活动启动】 12月，全区创新创业带动就业示范单位评选活动启动。区就业和农民工工作领导小组根据上级部门的创建标准，结合全区实际，广泛宣传，积极指导全区各级创业服务平台参与全市创业型区县、街道、社区（村）创建评选活动。区人力资源和社会保障局申报参评长沙市创新创业带动就业示范区县，同时严格按照市人力资源和社会保障局文件要求开展报名审核工作，评选活动开展期间受理申报单位28个，其中街道12个，社区（村）16个。择优推荐了2个街道，3个社区参与市级创新创业示范单位评选。

（刘 菲）

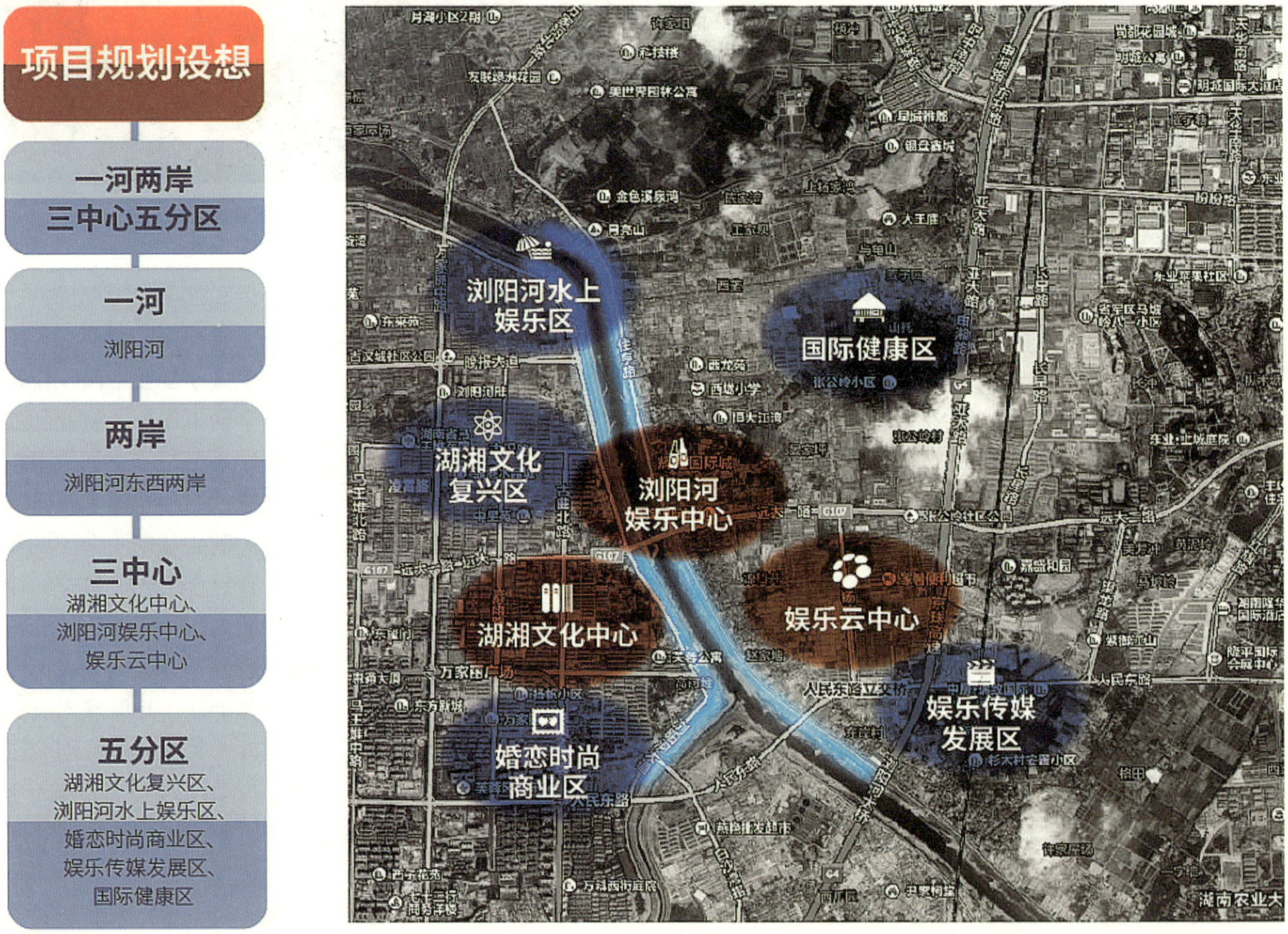

图6 一河两岸 三中心 五分区

长沙市芙蓉区人民代表大会常务委员会

第四届区人大常委会机构及领导人员

主　任 罗树林

副主任 宋晋武　　陈忍冬

严国益　　马京沙（女）

罗尔曼（女）

委　员 赵文楷

任　剑（女）

段向阳

张　军

许琼山

侯　建

莫建锋

尹国杰

蔡健龙

易　琰（女）

陈明智王秀贵

郭沫华

李　胜

熊伟红（女）

宋涵惠（女，2015.07 退休）

罗际成（2015.07 退休）

丁　玲（女，2015.07 退休）

易淑珍（女，2015.10 辞职）

工作机构

办公室

主　任 赵文楷（2015.07 免）

张　军（2015.07 任）

副主任 胡尚德

周　率

内务司法工委

主　任 任　剑（女）

副主任 耿　铭

农业财经工委

主　任 丁　玲（2015.07 免）

王桂红（2015.07 任）

教科文卫工委

主　任 宋涵惠（2015.07 免）

孙立荣（2015.07 任）

城建环保工委

主　任 罗际成（2015.07 免）

赵文楷（2015.07 任）

副主任 陈　旭

选举任免联络工委

主　任 段向阳

副主任 李莉霞（2015.07 免）

【概述】2015 年，长沙市芙蓉区人民代表大会常务委员会（以下简称区人大常委会）学习贯彻中共十八大与十八届三中、四中、五中全会和习近平总书记系列重要讲话精神，围绕区委决策部署和人民群众普遍关心的热点问题，履行宪法和法律赋予的职责。全年召开常委会会议 7 次、主任会议 18 次，听取和审议各类工作报告 22 项，做出决议决定 10 项，开展执法检查 7 次，组织视察活动 9 次，全面完成芙蓉区四届人大四次会议确定的各项工作任务，为推进全区经济社会发展和民主法治建设做出了积极贡献。

依法行使职权，助推区域科学发展、民生改善和法治建设。推进经济发展新常态，促进经济健康发展。区人大常委会始终坚持把助推芙蓉发展作为履行职责的首要任务，主动作为。围绕发展主题，审议决定重大事项。听取和审议了 2015 年国民经济和社会发展计划、财政预算执行情况，2016年国民经济和社会发展计划、财政预算安排情况，2014 年审计工作及审计查出问题整改情况，“十三五”规划编制情况等工作报告。通过审查批准区本级 2014 年度财政决算和 2015 年度预算调整方案，督促政府改进预算编制，规范预算执行，加大了财政对经济社会发展支持和民生改善保障的力度。紧系发展主线，全力助推重点项目建设。以区人大常委会主任会议视察、听取专项工作汇报、督促建议办理及积极向省、市人大建言献策等方式，促进浏阳河文化旅游产业带、中心城区棚户区改造、隆平新区基础设施建设等重点工程的加速推进。以项目联系和企业走访为途径，帮促企业解决了用地、拆迁、融资等各类难题。紧跟发展形势，开展重要领域调研。针对经济面临下行压力大的情况，区人大常委会主任会议成员相继深入调研辖区金融、工业、国土等重要领域和行业，听取和考察金融发展、隆平高科技园区工业企业发展、国土资源保护和利用等情况，掌握现实状况和面临的困难问题，并向区政府及有关部门提出有益建议。

关注人民群众新要求，推动民生持续改善。区人大常委会始终坚持把维护群众利益作为履行职责的重要任务。以推进“五行”活动为载体，继续开展“农产品质量安全行”“环保世纪行”“三湘农民健康行”“民族团结进步行”“教育均衡发展芙蓉行”等活动，视察督导食品安全、环境保护、医疗卫生、民族事务、学前教育等工作，协同并借助省、市人大的视察监督活动，推动了食品安全保障、水污染防治、教育均衡发展等事关民生的工作。以开展工作评议为抓手，促进政府工作。对人民群众普遍关注的城市管理和地方税收征管工作，认真开展了工作评议监督。通过科学制订方案，广泛宣传发动，并组织实施和督导芙蓉区城管局和芙蓉区地方税务局被评议单位开展整改，提升了服务质量，带动全区各级各部门改进了工作作风。以解决信访问题为途径，维护群众权益。坚持把办理群众来信来访作为倾听群众呼声、延伸监督渠道的重要工作，加强信访案件的自办、交办和督办，特别是对涉法涉诉信访案件，督促“两院”依法依规办理。年内，受理群众来信76件次，接待来访群众140人次。通过妥善解决群众合理诉求，帮助群众维护合法权益，为全区社会和谐稳定发挥了重要作用。

树牢依法治国新理念，推进法治芙蓉建设。区人大常委会始终坚持把民主法治建设作为履行职责的基本任务。开展执法检查。区人大常委会联合省、市人大常委会开展执法行动，重点组织开展对《中华人民共和国水污染防治法》《中华人民共和国食品安全法》《中华人民共和国档案法》《中华人民共和国专利法》《中华人民共和国旅游法》《中华人民共和国体育法》及《湖南省全民健身条例》等法律法规的执法检查，重点检查相关执法部门“执法行为是否规范、执法程序是否合法、执法责任制是否落实、内部监督制约机制是否完善”等方面内容，督促了行政机关依法行政、司法机关公正司法，推进法律法规在全区的贯彻实施。开展司法监督。继续开展“司法公正长沙行”活动。修订完善规范性文件备案审查办法，开展规范性文件备案审查工作。由区人大常委会主任会议成员对区法院和区检察院相继开展视察调研，组织代表旁听法院庭审和参加检察院“优化经济发展环境专项侦查监督”活动、区司法局“12·4国家宪法日暨全省法治宣传日”活动，为促进司法公正、维护社会公平正义发挥了重要作用。依法做好人事任免。全年依法任免了地方国家机关工作人员87人次，其中任免区人大常委会各工作机构负责人15人次，区政府工作人员31人次，区法院、区检察院工作人员41人次。按照代表法、选举法等法律法规，依法进行代表补选及代表资格审查工作，确认补选13名区人大代表资格有效。

保障代表主体地位，行使权力、履行职责和发挥作用。深化“双联”（常委会组成人员联系人大

图7 区人大主任会议成员视察浏阳河风光带

代表、人大代表联系选区单位和人民群众）活动。区人大常委会始终坚持把“双联”活动作为重点工作，推动活动制度化、规范化、常态化。推进代表联络平台建设。年内，划拨街道人大阵地建设经费125万元，建成辖区13个街道代表活动室和75个社区（村）民情接待站。全年有260名省、市、区代表通过代表活动室、民情接待站接待群众5200人次，收集群众意见建议约1100条。保障代表行权履职。坚持代表列席区人大常委会制度，全年邀请36名代表列席区人大常委会，邀请40名代表参与区人大主任会议执法检查和各工作委员会视察调研活动。坚持向代表通报“一府两院”工作，组织开展会前集中视察活动，使代表更加知情知政。坚持人大代表向区人大常委会和选区群众述职制度，全年组织市、区人大代表述职活动54人次。推动代表活动品位提升。代表活动主题突出、质量提升、品牌凸现。如定王台街道“代表在行动”、朝阳街道“五助”、荷花园“三常三行”、文艺路街道“联选民、进家庭”、五里牌街道“五进五促”、东屯渡街道“三级平台建设”等活动被全国、省、市媒体相继报道推介。湘湖、韭菜园、马王堆、火星、东岸、马坡岭、东湖等街道代表小组，组织代表在经济发展、拆违控违、文明创建、扶贫帮困等方面发挥作用打造活动平台，代表的作用得到充分发挥。

转变工作作风、提升自身建设水平和工作效能。开展“三严三实”活动，巩固和拓展群众路线教育实践活动成果，践行“三严三实”的思想和行动自觉，组织开展集中学习和专题研讨3次。通过坚持边学边查边改，整治和解决了“不严不实”问题，形成求真务实、真抓实干的良好氛围。推进群众“直通车”工程。组织开展“四联三为”“一进二访”工作，通过常态化的进社区、进楼栋、进住户、进企业，了解社情民意、化解社会矛盾、破解发展难题，全年为17个联点社区（村）、50家企业和项目、200户困难群众，协调督促解决了各类问题320个。坚持融入全区中心工作。开展联点街道、联点社区的联系服务和工作督察，促进了全区经济税收、文明创建、安全生产等工作的落实，参与友谊东、火炬村棚户改造等重大项目，帮助解决项目推进中存在的问题困难，推动了工程项目的进程。提高机关建设能力水平。推进学习型机关建设，坚持个人自学的同时，参加区委中心组集体学习，抓好机关学习日学习和普法考试学法活动。选派干部参加市、区培训120人次。开展了与省内外地方人大的工作交流活动，接待江西鹰潭市、海南三亚吉阳区人大学习考察团并交流探讨如何加强和改进人大工作；区人大常委会主任会议成员和委办负责人到醴陵市人大学习交流了代表工作。组织对人大重要会议、重要工作、重要活动、代表视察、专题调研等情况的宣传报道。全区人大系统先后在省、市、区各类媒体发表稿件80篇，扩大了人大工作的影响力。增强服务意识，提高工作效能。遵守中央“八项规定”，全年会议和发文数量大幅下降，质量和效率全面提升，特别是主任会议视察活动通过减少次数、突出重点、不搞形式、注重内容，取得实效。充分发挥各委办专业优势，围绕常委会议题，开展调查研究，审议和拟定有关议案，坚持相互沟通协调，在开展工作评议、增强监督实效、发挥代表作用等方面取得了较好的效果。通过召开专题座谈会、工作联系会和现场指导等方式，督导街道人大工委组织开展执法检查、专题调研、代表履职等工作，促进了全区街道人大工作水平的提升。

存在的差距和不足：区人大常委会审议意见跟踪问效需增强。在解决人民群众普遍关注的热点难点问题、重大民生问题方面，

图8 区人大常委会组成人员对被评议单位工作实行投票测评

图9　2月3—5日，人大常委会主任罗树林在第四届人民代表大会第四次会议上讲话

需增强力度。在人大代表会闭会期间，代表活动形式与载体需不断丰富；代表联系群众工作需深入推进；区人大常委会需坚持督促检查街道人大工作。（罗　均）

【第四届人民代表大会第四次会议】　2月3—5日，长沙市芙蓉区第四届人民代表大会第四次会议召开。该次会议有7项议程，听取和审议芙蓉区人民政府工作报告；审查芙蓉区2014年国民经济和社会发展计划执行情况与2015年国民经济和社会发展计划（草案）的报告；审查芙蓉区2014年财政预算执行情况和2015年财政预算安排（草案）的报告；听取和审议芙蓉区人大常委会工作报告；听取和审议芙蓉区人民法院工作报告；听取和审议芙蓉区人民检察院工作报告；补选芙蓉区四届人大常委会委员。会议贯彻落实中共十八大和十八届三中、四中、五中全会精神，在区委的正确领导和全体代表的共同努力下，完成了会议各项议程。区委书记梁仲充分肯定人大常委会及全体人大代表一年来所作的工作，他要求区人大常委会和全体代表牢记党和人民的重托，珍惜人民赋予的权力，以奋发有为的状态、改革创新的精神，团结一致，开拓进取，为加快建设“具有国际品质和湖湘文化特色的精品之区”而努力奋斗，共同建设更加美好的芙蓉。（罗　均）

【专项工作评议】　4月，区人大常委会启动对芙蓉区地方税收征管、芙蓉区城市管理工作的专项评议。该项工作历时6个月，经过评议动员、征求意见、集中评议、落实整改4个阶段。在专项工作评议期间，区人大常委会组成2个评议小组，邀请人大代表、街道社区工作人员和居民召开座谈会，收集意见和建议，经过整理涉及地税工作39条、城管工作67条，并转交区城管局和区地方税务局进行整改落实。10月29日，区人大常委会组成人员在认真听取被评单位汇报和评议小组意见的基础上进行满意度测评，区地方税收征管和区城市管理工作的满意率100%，并被评为2015年专项工作评议满意单位。（罗　均）

【人大代表建议办理】　区人大常委会始终坚持把代表和群众满意作为评判建议办理效果的基本标准。完善办理机制。建立了区政府交办、相关部门承办、区人大常委会督办的代表建议办理工作流程。健全了代表建议分类建档、对口交办、定期催办的代表建议办理工作制度。完善了区人大常委会分管领导牵头、区人大各工作委员会具体负责的跟踪督办机制。加大督办力度。全程监督建议办理工作的提出、交办、办结、反馈等过程。先后组织建议办理面商会、集中督办会、建议办理“回头看”等活动10次，对部分建议承办单位办理的B类建议开展跟踪督察，督促开展“二次办理”。提升办理质效。区四届四次会议以来的40件代表建议，在规定时间内办结，办结率、见面率100%，满意率和基本满意率97.5%。一批城市管理、停车场建设等涉及区域经济发展和群众关心关注的热点难点问题得到解决，保障了代表建议权落到实处。（熊　刚）

·专记·

芙蓉区人大常委会抓好抓实人大代表及工作者履职培训工作

芙蓉区四届人大常委会始终坚持把人大代表和人大工作者履职培训工作作为一项基本任务，积极探索新路子，拓宽培训渠道，使培训工作迈入了新常态、呈现

图 10 区人大领导到醴陵市人大学习交流代表工作

出新面貌。

培训对象上，坚持广泛性，促使由“一部分”向“全覆盖”转变。专门制订出台“芙蓉区人大代表和人大工作者履职培训实施方案”，把人大代表和人大工作者履职培训经费列入专门财政预算，计划用 3 年时间和 300 万元专项经费，对 200 位人大代表和 30 位人大工作者进行专业技能和综合素质培训。截至 2015 年年底，投入培训经费 200 万元，完成培训 6 期，参训的人大代表和人大工作者 300 人次，实现人大代表和人大工作者的全员培训。

培训形式上，坚持灵活性，促使由“单一式”向“多元化”转变。区人大常委会从 2013 年开始，以区委党校、市委党校为主阵地，由区人大举办和参加省、市人大开办各类培训班 15 期，完成培训 500 人次。还综合采取个人自学、集中授课、现场教学、参观体验等多种培训形式以调动人大代表和人大工作者参训的积极性。拓宽培训渠道和途径，方式方法多样。从 2014 年开始，分期分批组织人大代表和人大工作者到全国人大北京和深圳培训基地、延安市委党校王家坪分院等地开展了 4 期学习培训，计 200 人次。

培训内容上，坚持针对性，促使由“适应型”向“超前型”转变。丰富培训内容，形式更加灵活。针对该届代表在政治素质、文化水平、责任意识、履职能力等方面参差不齐的情况和新任代表占 60% 以上比例的现状，以及新时期经济社会发展和人大工作实际需要的要求，在课程设置中不断调整培训内容，安排国内外形势发展和履职需求。在培训内容上，有法律法规、代表履职和政治理论学习，有业务知识和最前沿的相关知识介绍，使广大人大代表和人大工作者在接受培训时整体素质得到了提升，思维视野也得到进一步开阔。

培训管理上，坚持规范性，促使由“松散型”向“规范型”转变。建立培训长效常态化机制。坚持学习制度，并以制度保障和约束。区人大常委会明确要求各代表小组每年开展学习培训活动不少于 2 次，并作为人大代表述职评议的内容以及评奖评优的依据。明确培训管理规范化措施，每期培训班采取集中封闭式管理，还把培训任务完成情况作为考核指标，列入各街道人大工委绩效考核任务。

培训效果上，坚持实践性，促使由“储能型”向“释能型”转变。坚持把人大代表和人大工作者履职实践放在重要位置，以代表小组为单位组织开展实践活动，把培训成果运用到促进经济发展和服务百姓民生上来。相继开展人大代表和人大工作者“争做发展带头人”“争做群众贴心人”的实践活动，截至 2015 年年底，区市人大代表周晓辉、周璟、李志、周重旺、罗丽芬、文卉明等 6 人作为全市“六个走在前列 · 人大代表风采”优秀典型，被市级媒体报道推介。（熊 刚）

长沙市芙蓉区人民政府

政府主要机构及领导人员

区　长　于新凡
副区长　罗玉环（女）（2015.04免）
谭雄伟（2015.06任）
蔡　冰
张庆和
彭尚松
许　凡
彭娟（女）（2015.07免）
黄健元（2015.12免）
陈定佳（2015.12任）
潘　宏（挂职）
易新宇（2015.07任）

政府工作部门

区政府办

主　任　肖　磊
副主任　徐乐斌（兼）
吴康达（兼）
焦益民（兼）（2015.07免）
芮岸伟（2015.07任）
黄　斌
欧阳舒平（女）
易　幸
舒志刚（2015.11任）
周裕熊（2015.11任）
纪检组长　姚亚博（女）（2015.10任）

区发展和改革局

书记局长　娄国华（2015.07免）
周旭东（2015.07任）
副局长　袁雁（女）（2015.07免）
王海鹰
欧阳解征
黄艳（女）（2015.11免）
纪检组长　汪质彬（2015.03任）
总经济师　陈斌（女）（2015.11任）

区教育局

书记局长　周见阳（2015.07免）
谢小红（女）（2015.07任）
副局长　焦　英（女）（2015.07免）
江　凌（女）
杨　红（女）
纪委书记　许　芳（女）

区科学技术局（知识产权局）

书记局长　吴立平
副局长　胡海云
黄建明（2015.11免）
戴湘军（2015.11免）
蒋树华（2015.11任）
彭晓斌
纪检组长　刘　婷（女）（2015.10任）

区城乡建设局

书记局长　胡远辉（2015.07免）
饶　诚（2015.07任）
副局长　高利欢（女）
朱志琪（兼）（2015.11免）
王劲峰（兼）（2015.07免）
金元新
刘　艳（女）
喻英杰（2015.11免）
总工程师　喻英杰（2015.11任）
纪委书记　余学武

区民政局

书记局长　黄　萍（女）
副局长　陈同舟　蔡日直
黄天明　唐　敏（女）
康拥军（2015.03任）
纪检组长　刘俊成

区司法局

书记局长　许平波（2015.07免）
焦益民（2015.07任）
副局长　高云林
邓国平
唐　君（女）
纪检组长　陈　辉

区财政局

书记局长　刘孟乾
副局长　陈晓红（女）
陈　蓉（女）（兼）
刘霞（女）（2015.11免）
周德亮　杨　亮
纪检组长　罗振军
总经济师　黎书花（2015.11任）

区人力资源和社会保障局

书记局长 唐宇平
副局长 卢　滔
周邦运
王伟京（女）吴彩炼（女）
李小平（女）（2015.07 免）
纪检组长 徐　军

区农业林业水利局

书记局长 谭自然（女）（2015.07 免）
胡再平（2015.07 任）
副书记 吴昌惠（女）（2015.07 免）
李　磊　唐国礼
吴艳君（女）（2015.10 任）
胡再平（2015.07 任）
副局长 吴昌惠（女）（2015.07 免）
曾平江（2015.11 免）
段陆海（2015.07 免）
唐学勤（2015.11 任）
李　磊
总农艺师 黄　艳（女）（2015.11 任）
纪检组长 唐国礼

区商务旅游局

书记局长 谢小红（女）（2015.07 免）
戴　静（女）（2015.07 任）
副局长 李延安
邓志文
曹慧敏（女）（2015.07 免）
段　超（2015.11 任）
纪检组长 黄越富

区文化体育新闻出版局

书记局长 成良访（2015.07 免）
焦　英（女）（2015.07 任）
副局长 邓　勇　周先禄
周芸芸（女）（2015.11 免）
刘益文（2015.03 任）

区卫生和计划生育局

书记局长 罗菊华（女）（2015.07 免）
许平波（2015.07 任）
副局长 王卿松
王　冰（女）苏　力
张长翃　刘金龙
周志成
纪委书记 陈　莉（女）（2015.10 免）
屈沪军（女）（2015.10 任）

区审计局

书记局长 孔　飙（2015.07 免）
吴　穗（女）（2015.07 任）
副局长 毛中国（2015.11 免）
石志红（女）（2015.11 免）
陈思兰（女）（2015.11 任）
姚天洋（女）
纪检组长 张　彤
总审计师 刘志云（女）（2015.11 任）

区城市管理局

书记局长 陈洪林
副局长 危　勇（女）（2015.07 免）
王永斌（2015.07 任）
朱卫东（兼）
梁　卫（兼）
戴建林（兼）
龙月湘
彭亚军
康小红
施　伟
纪委书记 张操巍

区环境保护局

书记局长 吴　穗（女）（2015.07 免）
余新春（2015.07 任）
副局长 朱　玮
蒋树华（2015.11 免）
金　溪（女）（2015.11 免）
张经梅（女）（2015.11 免）
杨汉陆
许　杰（2015.11 任）
纪检组长 王国新

区安全生产监督管理局

书记局长 刘顺泉
副局长 刘青辉（2015.11 任）
周　伟
聂忠葵
纪检组长 彭国辉
总工程师 何　芳（2015.11 任）

区食品药品监督管理局

书　记 危　勇（女）（2015.06 任）
局　长 赵小午（2015.07 任）
副局长 易智勇
王洪明
叶新球（2015.11 任）
纪检组长 周国平（2015.10 任）

区人民防空办公室

书记主任 孙立荣（2015.07 免）
成良访（2015.07 任）
副主任 李　典
王　丽（女）（2015.07 免）
陈纲要
赵德玉
纪检组长 刘　岳（女）

直属事业单位

区工业经济和信息化局

书记局长 李光新（2015.06 免）
孔　飙（2015.07 任）
副局长 周　文
李立春（2015.07 免）
贺辉可（女）
姚群峰
方建龙（2015.07 免）
纪检组长 方建龙（2015.06 任）

区交通运输局

书　记 戴国良（2015.07 免）
杜国荣（2015.07 任）
局　长 李远书（2015.07 免）
廖　斌（2015.07 任）
副局长 龙　勇　蒋　浩
杨　静（女）
汤　宇
纪检组长 赖建桦

区统计局

书　记　肖　萍（女）（2015.06免）
陈　卓（2015.06任）
局　长　高国宏（2015.06免）
陈　卓（2015.07任）
副局长　娄志兰（女）
裘　可（女）
章　淦（女）（2015.11任）
纪检组长　欧军柱

区民族宗教和外事侨务局

书　记　彭海燕（女）
局　长　张　璎（女）
副局长　邹　宏
张　杰（2015.11免）
纪检组长　肖　薇（女）（2015.10任）

区住房保障局

书　记　刘建刚（2015.10免）
李远书（2015.10任）
局　长　余新春（2015.11免）
李远书（2015.11任）
副局长　童建平
廖奇文（2015.11任）
谭晓世（女）（2015.11任）
纪委书记　刘　婷（女）（2015.10免）
田　曼（女）（2015.10任）

区政务服务中心

书记主任　徐乐斌
副主任　邓银华　周　巍（女）
叶新球（2015.11免）
戴湘军（2015.11任）
纪检组长　龙群锋（女）

区工务局

书记局长　姜　舟
副局长　赵雪梅（女）
吴立峰
李　靖（女）
纪检组长　肖薇（女）（2015.10免）
张　建（2015.10任）

区机关后勤服务中心

书　记　杜国荣（2015.06免）
李小平（女）（2015.06任）
主　任　聂帮府（2015.07免）
李小平（女）（2015.07任）
副主任　熊　敏（女）
汪世典（2015.11免）
尹　程（2015.11任）
纪检组长　黄　蕾（女）（2015.10免）
龙婧予（女）（2015.10任）

其他事业单位

芙蓉基础设施建设投资管理中心（芙蓉城建投）

书　记　魏运辉（2015.06任）
董事长　王劲峰（2015.07任）
总经理　王劲峰（2015.07免）
许建红（2015.07任）
副经理　魏运辉（2015.07免）
谭江涛　黄　煌（女）
谭晓世（女）（2015.11免）
魏　芳（女）（2015.11任）
纪检组长　喻守谦

区环卫公司

书记经理　梁　卫
副经理　解支胜（女）
喻茂良
蔡　进
纪委书记　廖　侃（2015.10免）
纪检书记　张　弛（女）（2015.10任）

区市政公司

书记经理　欧　转（女）（2015.06免）
戴建林（2015.06任）
副经理　欧　转（女）（2015.06免）
郭　劼（女）
潘　宏（女）
周　瑾（2015.11免）
邹晓斌
黄　海（2015.11免）
仇仁贤（2015.11任）

纪检组长　李正良

区园林公司

书记经理　朱卫东
副经理　周　瑾（2015.11任）
范泽恩（2015.11任）
张文博
吴　彦（2015.11免）
纪检组长　熊　伟（女）（2015.10免）
黄　芳（女）（2015.10任）

长沙芙蓉中央商务区管理办公室

主　任　戴　静（女）（2015.07免）
龙雅俐（女）（2015.07任）
副主任　段　超（2015.11免）
易　姝（女）（2015.11任）
张大帅（2015.11任）

区征地办

主　任　彭红珍（女）
副主任　彭水泉
廖奇文（2015.11免）
周　颖（2015.11任）
纪检组长　高　鹏

区棚改办（棚改公司）

主　任　彭　斌
副主任　彭　涛
吴　畏
纪检组长　熊　伟（女）（2015.10任）

金融办

主　任　黄湘娟（女）（2015.11免）
肖　莉（女）（2015.11任）
副主任　刘雅丽（女）
陈先征

火车站综管办

书记主任　李跃红
副主任　张　杰（2015.11任）
陈静安
朱勇智（2015.06免）
纪检组长　凤凌霄（2015.10任）

区征收办

主　任　朱志琪（2015.11 免）
　　　　刘建刚（2015.11 任）
副主任　李　景（女）
　　　　湛俊军

垂直管理机构

国土分局

局　长　粟　尔
　　　　康哲新（2015.12 任）
副局长　康哲新（2015.12 免）
　　　　张　杰
　　　　贺建帮
　　　　罗教论
　　　　孔娇鸿（女）

规划分局

书　记　张志伶（2015.08 免）
　　　　陈联强（2015.08 任）
局　长　叶银权
副局长　杨亮月（女）
执法大队长　戈　辉（2015.08 免）
　　　　李　鹏（2015.08 任）
执法副大队长　段巧玲（女）

工商分局

书记局长　熊国华
副书记　谢慧敏（2015.05 免）
副局长　罗　铭（2015.05 任）
副局长　翁泽林
　　　　李　维（2015.03 免）
　　　　朱　伟（2015.03 任）
纪委书记　罗铭（2015.05 免、2015.10 兼）
　　　　刘正军（2015.05 任、2015.10 免）

国税分局

局　长　熊　玲（女）
副局长　范文超　李雪辉
　　　　陈焕新　王　创
　　　　黄　旭（2015.05 任）
　　　　伍建新（挂职锻炼）
副局长兼纪检组长　龙曙日（2015.05 任）

地税分局

局　长　马小平
副局长　易　强
　　　　雷艳双（女）
　　　　曾笔云（女）
　　　　葛　韧
　　　　朱立文
市局副调研员　邓雪平
工会主席　黄　劲

质监分局

（主持工作）市质监局副调研员　周珺珺（女）
副局长　卢义勇
　　　　杨学工

重要会议纪要

【第四届区政府第 34 次常务会议】 3 月 30 日，芙蓉区政府第 34 次常务会议召开，区长于新凡主持。会议研究 6 个问题：一、研究设立城市发展基金有关工作；二、研究财政局简政放权和规范财政支出有关工作；三、审定互联网产业重点扶持项目奖励名单；四、研究与花鼓剧院共建文化活动场所有关工作；五、研究大同小学重建项目过渡房租用协议；六、研究全区土地房产证办理遗留问题。

会议议定事项：

一、会议听取了财政局关于设立城市发展基金有关工作的汇报，会议认为，当前全区正处于高速发展时期，资金需求量大，设立城市发展基金是多渠道获取资金的有益探索，其风险在可控范围之内。会议原则同意财政局提出的设立城市发展基金的请求，明确由财政局牵头，隆平高科技园、城建投、棚改办共同参与基金的设立工作。会议明确，区政府授权财政局可自主与各金融机构积极接触商谈，设立年利率低于 8.5%、期限为 5~8 年、区财政自有资金投入不超过 30% 的城市发展基金，商谈结果向区政府报备，并由区政府提请区人大审议。

二、会议听取了财政局关于简政放权和规范财政支出有关工作的汇报，原则同意财政局提出的简政放权和规范财政支出方案。会议明确，财政局既要简化现有工作流程，提高工作效率，又要加强日常支出监管，保证预算刚性。

三、会议听取了商务旅游局关于全区 2014 年互联网产业重点扶持项目奖励名单有关情况的汇报，原则通过了该奖励名单，明确由商务旅游局负责按会议议定事项将名单进一步完善。

四、会议听取了文体新局关于与花鼓剧院共建文化活动场所有关情况的汇报。会议认为，与花鼓剧院共建文化活动场所既有效解决了花鼓剧院存在的消防隐患，也为区内增加了文化活动场所，是一项多方共赢的举措。会议原则同意了合作协议，并明确由法制办负责将合作协议修改完善，在协议中明确相关方违约责任。

五、会议听取了教育局关于大同小学重建项目过渡房租用协议有关情况的汇报，原则通过了该租用协议，并明确由法制办负责将协议修改完善。

六、会议听取了建设局关于全区土地房产证办理遗留问题的汇报，会议认为，办理土地房产证是一项极其重要的工作，必须引起高度重视。会议明确：

1. 各街道要成立专门班子，明确专人负责本辖区内国有土地和集体土地房产证办理工作。2. 关于国有土地房产证办理，要根据全市统一部署开展，各街道按要求对本辖区内国有土地房产证办理遗留问题进行摸底，并如实上报。3. 对于集体土地房产证办理，会议原则同意建设局提出的加快办理进程工作方案，会议明确，由彭尚松同志牵头，以产权人自愿为主，按先易后难的原则，力争在6月前全部办理完毕。

【第四届区政府第35次常务会议】 4月8日，芙蓉区政府第35次常务会议召开，区长于新凡主持。会议研究3个问题：一、研究友谊商店东边地块旧城改造和大同小学扩地重建工程项目的房屋征收工作；二、审查友谊商店东边地块旧城改造和大同小学扩地重建工程项目的社会稳定风险评估初步结果；三、研究友谊商店东边地块旧城改造和大同小学扩地重建工程项目在征收范围内实施房屋征收的决定以及发布《友谊商店东边地块旧城改造项目房屋征收决定公告》和《大同小学扩地重建工程项目房屋征收决定公告》。

会议议定事项：

一、会议听取了五里牌街道、友谊商店东边地块旧城改造项目指挥部、大同小学扩地重建工程项目指挥部、征收办关于友谊商店东边地块旧城改造和大同小学扩地重建工程项目征收工作的情况汇报，对相关问题进行了认真研究。会议明确：街道及有关部门要加大工作力度，依法有序开展征收工作，做到公平、公正、公开，严格执行政策，防止出现政策执行前紧后松现象，争取在规定时间内完成两项目的房屋征收工作。

二、会议听取了征收办关于两项目社会风险评估工作的情况汇报，对相关问题进行了认真研究。会议认为，虽然两个项目的社会稳定风险评估初步结果为中风险，但街道、指挥部开展了大力的宣传、解释工作，指挥部也就被征收人提出的敏感问题进行了公示说明，街道和维稳办、信访局做好了应对风险的处置预案，并随时戒备、监控和处置征收进展中可能出现的风险。会议明确：1. 两项目房屋征收与补偿各项工作遵循了程序合法、结果公开的原则，符合国务院590号令、省政府268号令、市政府116号令的相关规定，项目实施合法。2. 五里牌街道要完善好维稳预案，做好维稳工作，防止项目引发社会稳定风险。3. 信访局要加强与省、市信访部门的联系与情况通报，使相关部门及时了解项目的社会稳定情况，便于及时处置信访问题。4. 经审查，同意两项目的社会稳定风险评估结果。5. 根据会议的结果，由征收办制定两个房屋征收项目的社会稳定风险评估报告，并报维稳办备案。

三、会议听取了征收办关于发布房屋征收决定的各项前期准备工作汇报，充分讨论了友谊商店东边地块旧城改造和大同小学扩地重建工程项目的征收决定草案，会议决定友谊商店东边地块旧城改造和大同小学扩地重建工程项目在征收范围内实施房屋征收。会议明确：1. 决定发布《友谊商店东边地块旧城改造项目房屋征收决定公告》。2. 决定发布《大同小学扩地重建工程项目房屋征收决定公告》。3. 两项目征收决定公告发布时间为2015年4月16日。

【第四届区政府第37次常务会议】 5月11日，芙蓉区政府第37次常务会议召开，区长于新凡主持。会议研究3个问题：一、听取黄土塘地块棚户区改造项目的房屋征收工作情况的汇报；二、审查黄土塘地块棚户区改造项目的社会稳定风险评估初步结果；三、研究黄土塘地块棚户区改造项目在征收范围内实施房屋征收的决定以及发布《黄土塘地块棚户区改造项目房屋征收决定公告》。

会议议定事项：

一、会议听取了韭菜园街道、黄土塘项目指挥部、区征收办就黄土塘地块棚户区改造项目征收工作开展情况的汇报，对相关工作进行了认真研究，会议明确：韭菜园街道及有关部门要加大工作力度，依法有序地开展征收工作，做到公平、公正、公开，严格执行政策，防止出现执行政策前紧后松现象，争取在规定的时间内完成本项目的房屋征收工作。

二、会议听取了区征收办关于黄土塘地块棚户区改造项目的社会稳定风险评估工作开展情况汇报，并就本项目社会风险评估结果进行了充分的讨论。会议认为，虽然本项目的社会稳定风险评估初步结果为中风险，但街道、指挥部开展了大力的宣传、解释工作，指挥部也就被征收人提出的敏感问题进行了公示说明，街道和维稳办、信访局做好了应对风险的处置预案，并随时戒备、监控和处置征收进展中可能出现的风险发生。

会议明确：1. 本项目房屋征

收与补偿各项工作遵循了程序合法，结果公开的原则，符合国务院590号令、省政府268号令、市政府116号令的相关规定，项目实施合法。2.韭菜园街道要完善好维稳预案，做好工作，防止项目稳定风险的发生。3.信访局要加强与省、市信访部门的联系与情况通报，使省、市信访部门及时了解项目的稳定情况，便于及时处置信访问题。4.经审查同意本项目的社会稳定风险评估结果。5.根据会议的结果由区征收办制定黄土塘地块棚户区改造项目的社会稳定风险评估报告，并报区维稳办备案。

三、会议听取了相关部门发布房屋征收决定的各项前期准备工作汇报，充分讨论了黄土塘地块棚户区改造项目的征收决定草案，会议决定在黄土塘地块棚户区改造项目征收范围内实施房屋征收，决定于5月21日发布《黄土塘地块棚户区改造项目房屋征收决定公告》。

【第四届区政府第39次常务会议】 6月10日，芙蓉区政府第39次常务会议召开，区长于新凡主持。会议研究3个问题：一、审定《长沙市芙蓉区2014年财政决算（草案）和2015年1—5月预算执行情况的报告（送审稿）》；二、审定《2014年区本级财政预算执行和其他财政收支情况的审计结果报告》；三、研究马坡岭气象站搬迁协议。

会议议定事项：

一、会议听取了财政局关于《长沙市芙蓉区2014年财政决算（草案）和2015年1—5月预算执行情况的报告（送审稿）》有关情况的汇报，原则通过了该报告，并要求财政局按会议要求将报告修改完善后提交人大常委会审议。对于2015年的财税工作，会议要求财政局细化工作措施，加强工作调度，落实工作责任，提高区财政资金使用效率，确保顺利完成全年财税收入任务。

二、会议听取了审计局关于《2014年区本级财政预算执行和其他财政收支情况的审计结果报告》有关情况的汇报，充分肯定了审计局的“同级审”工作，原则通过了该报告，并要求审计局按会议要求将报告修改完善后提交人大常委会审议。会议明确，由财政局负责，针对审计发现的问题制定整改方案一并提交人大常委会审议。

会议明确要求，在此次审计中存在问题的单位，要正确对待问题，加强业务学习，加快整改进度，确保问题及时整改到位。今后由财政局负责，对全区各单位国有资产使用效率进行评价，对使用效率不高或存在明显问题的，要责令责任单位进行整改。

三、会议听取了长沙市芙蓉城市建设投资有限责任公司（简称城建投）关于马坡岭气象三站搬迁有关工作情况的汇报，对搬迁协议进行了认真研究。会议原则同意了该协议，并明确由城建投负责按会议精神将协议修改完善后提交区委常委会审定。

【第四届区政府第41次常务会议】 7月10日，芙蓉区政府第41次常务会议召开，区长于新凡主持。会议研究5个问题：一、研究与远大住工合作共建协议；二、审定马坡岭气象站搬迁协议；三、研究全区安全生产工作；四、研究与渤海交易所合作协议；五、通报有关案件。

会议议定事项：

一、会议听取了工务局关于与远大住工合作共建有关情况的汇报。会议一致认为，远大住工两型住宅产业化项目在建筑质量和建造速度上均要优于传统建筑方式，通过谨慎对比论证，原则同意在全区公共建筑建设项目中试点远大住工住宅产业化技术。会议原则同意了工务局提出的与远大住工合作的框架协议，并明确由工务局牵头，按会议精神将该协议修改完善后报区委常委会审定。会议强调，要加快大同小学重建等全区重大项目的建设进度。

二、会议听取了城建投关于马坡岭气象三站搬迁有关工作情况的汇报，认真研究并原则同意了马坡岭气象三站搬迁协议，并明确由城建投负责，按会议精神将该协议修改完善后提交区委常委会审定。

三、会议听取了安监局关于全区安全生产工作有关情况的汇报，对相关工作进行了认真研究。会议认为，2015年以来，全区安全生产各项工作开展顺利，安全生产形势总体稳定，未发生较大及以上生产安全事故，成绩值得肯定，但仍存在主体责任落实不到位等问题。下一步，全区各部门、各街道要继续按照省、市工作部署，持续深入推进安全生产“十大工程”（隐患排查治理“三自”系统建设工程、企业安全生产标准化达标工程、高危行业企业电子监控监测系统工程、地下矿山六大避险系统提质升级工程、烟花爆竹企业机械化生产工程、安全生产宣传教育培训工程、职业健康监护信息卡普及推广工程、安全生产应急救援基地建设工程、临建违建市场和物流仓储火灾事故隐患整治工程、乡镇街道标准化安监站建设工程）和千人送训进万企等各项工作，切实为全区经济社会发展创造安全和谐的环境。

会议还研究了关于建设区、街道安全生产网格化管理视频监控、监测、隐患排查治理及事故应急救援指挥系统有关工作。会议认为，在全区建设安全生产网格化视频监控和应急救援系统非常必要，明确由安监局牵头组织实施该项工作，并与电子政务办具体对接，尽可能与区政府现有资源共享，避免重复建设。

四、会议听取了商务旅游局关于与渤海交易所签订合作协议有关工作情况的汇报，认真研究并原则同意了该协议。会议明确，由商务旅游局负责，按会议精神将协议修改完善后报区委常委会审定。

五、会议听取了监察局关于胡某违法生育案件有关情况的通报。

【第四届区政府第42次常务会议】8月10日，芙蓉区政府第42次常务会议召开，区长于新凡主持。会议研究5个问题：一、审定2015—2016年“三年造绿”绿化项目；二、研究出入城口整治工作方案；三、研究高新技术产业发展有关工作；四、研究落实长沙市社区党建和社区建设三年行动有关工作；五、研究全区群众参与社会治安奖励办法和巡防协管员管理暂行办法。

会议议定事项：

一、会议听取了园林局关于2015—2016年“三年造绿”绿化项目有关工作情况的汇报，对造绿方案进行了认真研究。会议明确，由园林局负责，对需进行造绿增绿的道路进行规划设计，编制预算报审计局评审后再报区政府常务会审定。

二、会议听取了城管局关于出入城口整治方案的汇报，对方案进行了认真研究，并原则同意了城管局提出的整治方案。会议明确，由城管局负责，针对出入城口主要道路两厢建筑的特点，尽快制定整治方案并予以实施。

三、会议听取了科技局关于高新技术产业发展有关情况的汇报，会议认为，我区科技工作开展状况良好，但高新技术企业还存在发展较慢的情况，在下一步工作中，要转变思路，扎实做好高新技术企业的帮扶工作。会议原则同意了科技局提出的高新技术（服务）企业的认定方案，同意对于认定为高新技术（服务）企业给予10万元的一次性奖励。关于科技计划项目申报工作，由张庆和同志负责把关，制定具体方案后予以实施。

四、会议听取了民政局关于落实长沙市社区党建和社区建设三年行动有关工作情况的汇报，会议认为，要坚决落实全市社区党建和社区建设三年行动工作部署，并制定具体措施落到实处。会议原则通过了民政局提出的关于落实市社区党建和社区建设三年行动计划责任方案，并要求各街道在今年底前原则上实现全部社区办公用房达标。

五、会议听了综治办关于全区群众参与社会治安奖励办法和巡防协管员管理暂行办法有关情况的汇报，原则同意了该奖励管理办法，并明确巡防协管员移交至派出所管理后，派出所必须用好这支队伍，履行好应承担的街道的相应工作职责。由综治办牵头负责，做好巡防协管员移交管理的交接工作，确保队伍稳定。

六、会议听取了监察局关于三湘南湖大市场“11·29”火灾事故调查处理结果和对邹二鸣等8名相关责任人责任追究情况的汇报，一致同意了监察局提出的处理意见。

【第四届区政府第43次常务会议】9月22日，芙蓉区政府第43次常务会议召开，区长于新凡主持。会议研究6个问题：一、研究事业单位分类改革有关工作；二、研究预算调整工作；三、研究城建投2015年公司债券发行有关工作；四、研究长沙市芙蓉城市建设投资有限责任公司（简称“城建投”)办公场地有关问题；五、研究支持科佳影像创客空间发展有关扶持政策；六、通报有关案件。

会议议定事项：

一、会议听取了编委办关于事业单位分类改革有关工作情况的汇报，对事业单位分类改革工作进行了认真讨论。会议原则同意了编委办提出的改革方案，并要求编委办按会议精神将方案修改完善后报区委常委会审定。

二、会议听取了财政局关于预算调整有关情况的汇报，会议认为，鉴于当前经济形势压力较大，原则同意财政局提出的将2015年财政总收入计划调整为101亿元的计划，并将此调整计划报区人大常委会审定。会议明确，财政局要牵头调度好全年的财政收入工作，决不允许在年末通过预缴税收的方式完成全年任务。

三、会议听取了城建投关于明确2015年公司债券发行担保公司的情况汇报，对债券发行的具体事项进行了认真研究。会议原则同意由中证信用增进股份有限公司承担此次债券发行的担保工作，担保合同由法制办把关。会议要求城建投与相关部门再次进行接洽，尽力降低此次债券发行利率。此次债券发行利率应在债券发行前由城建投报区政府核准。此次债券发行所筹集的资金由区政府监管，城建投制定详细的使用计划报区政府审定。

四、会议听取了城建投关于腾退现有办公用房，另行租用办公场所有关情况的汇报，会议原则同意了城建投租用红橡华园写字楼作为办公场所。会议要求，租用办公用房必须严格遵循中央有关办公用房的规定和要求。

五、会议听取了经信局关于支持科佳影像创客空间发展有关扶持政策情况的汇报，对扶持政策进行了认真讨论。会议认为，当前，从中央到省、市都高度支持创新创业，科佳影像创客空间不仅符合创新的理念，同时也是传统产业的转型升级，具有较强的示范效应。会议原则同意了经信局提出的扶持政策方案，同意按市有关文件精神给予科佳影像创客空间一次性装修补贴和租金补贴进行支持，同时探索股权投资的路径，进一步扶持促进科佳影像创客空间的发展。会议明确，由易新宇同志负责，给予科佳影像创客空间消防整改等各方面的业务指导。

六、会议听取了监察局关于胡某、胡某和李某某有关案件情况的通报。

【第四届区政府第 44 次常务会议】10 月 28 日，芙蓉区政府第 44 次常务会议召开，区长于新凡主持。会议研究 3 个问题：一、审议《芙蓉区 2015 年 1—9 月国民经济和社会发展执行情况的报告》；二、审定《芙蓉区政府投资建设项目管理办法》及《芙蓉区政府投资项目招标投标管理办法》；三、研究拆违后土地租赁工作。

会议议定事项：

一、会议听取了发改局关于《芙蓉区 2015 年 1—9 月国民经济和社会发展执行情况的报告》有关情况的汇报，对报告进行了认真讨论。会议原则通过了该报告，并明确由发改局根据会议精神负责将报告修改完善。

二、会议听取了发改局关于《芙蓉区政府投资建设项目管理办法》及《芙蓉区政府投资项目招标投标管理办法》有关情况的汇报，并对文件进行了认真讨论。会议明确，由发改局牵头，结合市政府相关规定，兼顾效率与程序，按会议精神将两个文件修改完善。

三、会议听取了大拆违工作指挥部办公室关于拆违后土地承包经营权租赁有关情况的汇报，并对相关工作进行了认真讨论。会议明确：指挥部和各街道要继续核准拆违后的土地面积，原则上只租赁片区拆违后土地。征地办负责与各村集体签订租赁协议并牵头办理资金支付手续。审计局对复绿设计按清单报价模式进行审核把关，园林局牵头组织相关部门进行验收，以审核后工程量为结算依据。各街道要加强对拆违后土地的管理，并尽快启动复绿工作及辖区内两安用地的开发利用。

【区政府常务会议研究事项】芙蓉区政府共召开常务会议 16 次，主要研究事项如下：

1 月 9 日，研究经阁铝材封闭运行工作；审定《关于进一步加强安全生产管理若干规定》；审定《政府工作报告》《2014 年国民经济和社会发展计划执行情况与 2015 年计划》和《2014 年财政预算执行情况和 2015 年财政预算草案的报告》。

2 月 6 日，研究市、区《政府工作报告》任务分解工作；研究城中村改造有关工作；研究接收军队无军籍职工有关工作；研究青年创业园项目有关工作。

3 月 11 日，研究 2014 年经济奖励办法。

3 月 30 日，研究设立城市发展基金有关工作；研究财政局简政放权和规范财政支出有关工作；审定互联网产业重点扶持项目奖励名单；研究与花鼓剧院共建文化活动场所有关工作；研究大同小学重建项目过渡房租用协议；研究全区土地房产证办理遗留问题。

4 月 8 日，研究友谊商店东边地块旧城改造和大同小学扩地重建工程项目的房屋征收工作；审查友谊商店东边地块旧城改造和大同小学扩地重建工程项目的社会稳定风险评估初步结果；研究友谊商店东边地块旧城改造和大同小学扩地重建工程项目在征收范围内实施房屋征收的决定以及发布《友谊商店东边地块旧城改造项目房屋征收决定公告》和《大同小学扩地重建工程项目房屋征收决定公告》。

5 月 4 日，研究文艺路街道社区卫生服务中心建设工作；研究国有民办幼儿园招标协议；审议区政府与平安银行的合作备忘录。

5 月 11 日，听取黄土塘地块棚户区改造项目的房屋征收工作情况；审查黄土塘地块棚户区改造项目的社会稳定风险评估初步结果；研究黄土塘地块棚户区改造项目在征收范围内实施房屋征收的决定以及发布《黄土塘地块棚户区改造项目房屋征收决定公告》。

5月28日，研究全区特种设备监管有关工作；研究东屯渡街道资产转让有关工作；研究隆平新区两型改革试点方案；研究委托省社科院研究编制“十三五”规划纲要有关工作；研究非行政许可和行政职权清理有关工作；通报有关干部违法违纪处分决定。

6月10日，审定《长沙市芙蓉区2014年财政决算（草案）和2015年1—5月预算执行情况的报告（送审稿）》；审定《2014年区本级财政预算执行和其他财政收支情况的审计结果报告》；研究马坡岭气象站搬迁协议。

6月29日，审议政府部门责任清单。

7月20日，研究与远大住工合作共建协议；审定马坡岭气象站搬迁协议；研究全区安全生产工作；研究与渤海交易所合作协议；通报有关案件。

8月20日，审定2015—2016年“三年造绿”绿化项目；研究出入城口整治工作方案；研究高新技术产业发展有关工作；研究落实长沙市社区党建和社区建设三年行动有关工作；研究全区群众参与社会治安奖励办法和巡防协管员管理暂行办法。

9月22日，研究事业单位分类改革有关工作；研究预算调整工作；研究城建投2015年公司债券发行有关工作；研究城建投办公场地有关问题；研究支持科佳影像创客空间发展有关扶持政策；通报有关案件。

10月28日，审议《芙蓉区2015年1—9月国民经济和社会发展执行情况的报告》；审定《芙蓉区政府投资建设项目管理办法》《芙蓉区政府投资项目招标投标管理办法》；研究拆违后土地租赁工作。

11月24日，研究棚改安置房定向购买协议、购置凯通国际商铺协议、全区停车场建设PPP合作协议、产业带公司股份转让协议、长盛加油站过户协议、佳兆业时代广场幼儿园办园方案和“东湖壹号”企业总部项目中小学教育配套费用协议；研究城中村改造有关工作；研究社区卫生服务中心管理模式改革及区医院整体转型有关工作；审定区机关事业单位工作人员养老保险制度改革实施方案及相关配套办法；审定《国有土地上房屋征收资金管理办法》《国有公司项目资金双控管理办法》《国有资产管理办法》。

12月21日，研究有关案件情况；研究《长沙市芙蓉区2015年国民经济和社会发展计划执行情况与2016年计划（草案）的报告》；研究《2015年财政预算执行情况和2016年财政预算（草案）的报告》；研究《2014年度区本级财政预算执行及部门预算执行审计报告中指出问题的整改情况的报告》。（区政府办）

·附·

长沙市芙蓉区人民政府2015年文件目录

芙蓉区人民政府发文

◎ 芙政发〔2015〕1号 关于在区卫生局等单位成立武装部的通知

◎ 芙政发〔2015〕2号 关于批准《芙蓉区安全生产监督管理局2015年度安全生产监管监察执法检查计划》的通知

◎ 芙政发〔2015〕3号 关于下达芙蓉区2015年重点项目建设及征地拆迁计划的通知

◎ 芙政发〔2015〕4号 关于印发《芙蓉区2015重点项目建设考核方案》的通知

◎ 芙政发〔2015〕5号 关于印发《长沙市芙蓉区安全生产工作季度测评方案》的通知

◎ 芙政发〔2015〕6号 关于印发《芙蓉区2015年国民经济和社会发展目标》的通知

◎ 芙政发〔2015〕7号 关于取消非行政许可审批事项的决定

◎ 芙政发〔2015〕8号 关于印发《长沙市芙蓉区环境保护工作责任规定（试行）》的通知

◎ 芙政发〔2015〕 9号 关于芙蓉区与开福区行政区域界线联合检查的报告

◎ 芙政发〔2015〕 10号 关于表彰芙蓉区“创业达人”竞赛爱心企业、先进个人的决定

芙蓉区人民政府办公室发文

◎ 芙政办发〔2015〕1号 关于成立芙蓉区黄土塘棚户区改造项目征收工作指挥部的通知

◎ 芙政办发〔2015〕2号 关于调整芙蓉区安全生产委员会组成人员的通知

◎ 芙政办发〔2015〕3号 关于成立芙蓉区生态环境保护委员会的通知

◎ 芙政办发〔2015〕4号 关于印发《芙蓉区投（融）资理财信息咨询类中介机构非法集资活动专项整治联合行动方案》的通知

◎ 芙政办发〔2015〕5号 关于印发《芙蓉区城镇低效用地再开发工作实施方案》的通知

◎ 芙政办发〔2015〕6号 关于做好2015年“芙蓉之窗”门户网站政务信息报送采编工作的通知

◎ 芙政办发〔2015〕7号 关于市、区2015年《政府工作报告》目标任务责任分解的通知

◎ 芙政办发〔2015〕8号 关于调整区轨道交通和城际铁路拆迁工作协调领导小组的通知

◎ 芙政办发〔2015〕9号 关于成立迪马公司及周边棚改项目征收工作指挥部的通知

◎ 芙政办发〔2015〕10号 关于印发《长沙市芙蓉区人民政府办公室2015年工作要点》的通知

◎ 芙政办发〔2015〕11号 关于印发《芙蓉区“12345”行政效能监督平台实施方案》《芙蓉区“12345”市民服务热线社会求助平台考核办法》的通知

◎ 芙政办发〔2015〕12号 关于印发《2015年芙蓉区道路货物运输安全生产“打非治违”集中整治行动工作方案》的通知

◎ 芙政办发〔2015〕13号 关于调整长沙市芙蓉区道路交通管理工作领导小组的通知

◎ 芙政办发〔2015〕14号 关于认真做好2015年人大代表建议和政协委员提案办理工作的通知

◎ 芙政办发〔2015〕15号 关于印发《芙蓉区2015年食品药品“四小”整规专项行动方案》的通知

◎ 芙政办发〔2015〕16号 关于印发《关于进一步规范财政支出管理的通知》、《关于进一步简政放权、提高财政工作效率的通知》的通知

◎ 芙政办发〔2015〕17号 关于成立双新小学项目征收工作指挥部的通知

◎ 芙政办发〔2015〕18号 关于成立创建湖南省平安校园建设先进区领导小组的通知

◎ 芙政办发〔2015〕19号 关于印发《芙蓉区消防安全全员普训工作实施方案》的通知

◎ 芙政办发〔2015〕20号 关于进一步加强和规范公务用车使用管理工作的通知

◎ 芙政办发〔2015〕21号 关于印发《芙蓉区2014年度土地矿产卫片执法监督检查工作方案》的通知

◎ 芙政办发〔2015〕22号 关于支持定王台社区戒毒（康复）工作指导站建设及开展相关工作的指导意见的通知

◎ 芙政办发〔2015〕23号 关于开展部门责任清单编制工作的通知

◎ 芙政办发〔2015〕24号 关于在芙蓉区“大拆违”行动指挥部增设拆违控违工作仓储商务组的通知

◎ 芙政办发〔2015〕25号 关于印发《2015年度芙蓉区“隆平新区·种业硅谷”基层改革试点片区实施方案》的通知

◎ 芙政办发〔2015〕26号 关于成立浏阳河东岸风光带项目建设监管领导小组的通知

◎ 芙政办发〔2015〕27号 关于印发《长沙市芙蓉区困难居民医疗救助办法实施细则》的通知

◎ 芙政办发〔2015〕28号 关于印发《长沙市芙蓉区2015年度重点领域政府信息公开工作任务分解表》的通知

◎ 芙政办发〔2015〕29号 关于印发《芙蓉区创建长沙市2015年妇幼健康优质服务示范区工作方案》的通知

◎ 芙政办发〔2015〕30号 关于印发《芙蓉区城市发展基金管理暂行办法》的通知

◎ 芙政办发〔2015〕31号 关于进一步落实《芙蓉区人民政府常务会议若干规定》的通知

◎ 芙政办发〔2015〕32号 关于开展税源专项清理“百日会战”行动的通知

◎ 芙政办发〔2015〕33号 关于区政府领导成员分工的通知

◎ 芙政办发〔2015〕34号 关于权力清单动态

调整有关事项的通知

◎ 芙政办发〔2015〕35 号 关于调整芙蓉区疾病预防控制工作领导小组的通知

◎ 芙政办发〔2015〕36 号 关于开展房产办证遗留问题县级领导包案工作的通知

◎ 芙政办发〔2015〕37 号 关于授予科佳摄影城“长沙芙蓉 CBD 影像创意大楼”“长沙市芙蓉区创业创新示范基地”的决定

◎ 芙政办发〔2015〕38 号 关于印发《长沙市芙蓉区清理规范区政府部门行政审批中介服务实施方案》的通知

◎ 芙政办发〔2015〕39 号 关于印发《芙蓉区整治道路货运车辆非法超限超载百日专项行动实施方案》的通知

◎ 芙政办发〔2015〕40 号 关于印发《长沙市芙蓉区 2015 年环境保护百日攻坚行动方案》的通知

◎ 芙政办发〔2015〕41 号 关于印发《芙蓉区区级预算稳定调节基金管理办法》的通知

◎ 芙政办发〔2015〕42 号 关于印发《芙蓉区 2015 年“项目建设攻坚、经济指标冲刺、拆迁拆违清零”百日竞赛活动奖励办法》的通知

◎ 芙政办发〔2015〕43 号 关于开展芙蓉区第二次全国地名普查工作的通知

◎ 芙政办发〔2015〕44 号 关于印发《长沙市芙蓉区调整机关事业单位工作人员基本工资标准和增加机关事业单位离退休人员离退休费三个实施办法》的通知

◎ 芙政办发〔2015〕45 号 关于印发《长沙市芙蓉区机关事业单位工作人员养老保险制度改革实施方案》的通知

◎ 芙政办发〔2015〕46 号 关于印发 关于印发《芙蓉区国有公司项目资金“双控”管理暂行办法》的通知

◎ 芙政办发〔2015〕47 号 关于印发《长沙市芙蓉区食品药品监督管理局主要职责内设机构和人员编制规定》的通知

◎ 芙政办发〔2015〕48 号 关于印发《长沙市芙蓉区卫生和计划生育局主要职责内设机构和人员编制规定》的通知

◎ 芙政办发〔2015〕49 号 关于印发《长沙市芙蓉区机关后勤服务中心主要职责内设机构和人员编制规定》的通知

◎ 芙政办发〔2015〕50 号 关于印发《长沙市芙蓉区人民防空办公室主要职责内设机构和人员编制规定》的通知

◎ 芙政办发〔2015〕51 号 关于印发《长沙市芙蓉区安全生产监督管理局主要职责内设机构和人员编制规定》的通知

◎ 芙政办发〔2015〕52 号 关于印发《芙蓉区行政事业单位办公资产配置管理规定（试行）》的通知

◎ 芙政办发〔2015〕53 号 关于印发《芙蓉区行政事业单位国有资产管理实施细则》的通知

◎ 芙政办发〔2015〕54 号 关于印发《芙蓉区公务用车制度改革工作方案》的通知

◎ 芙政办发〔2015〕55 号 关于 2015 年财政支出绩效评价结果的通报

◎ 芙政办发〔2015〕56 号 关于印发《芙蓉区承接 25 项市级经济社会管理权限工作方案》的通知

◎ 芙政办发〔2015〕57 号 关于成立马王堆街道九道湾社区居委会、新桥新村社区居委会、东湖街道东沙井社区居委会、合平新村社区居委会的批复

（区政府办）

政府法治建设

【概况】 2015 年，芙蓉区政府的依法行政工作围绕重点项目建设和拆控违工作展开，推进依法行政，法治政府和服务型政府建设，推动了“法治芙蓉”建设进程和经济社会各项事业的发展。

坚持工作领导统筹。由依法行政领导小组统筹协调，区政府常务会议多次专题研究全区的依法行政工作。根据人事调整情况，在各行政执法部门和街道重新明确依法行政工作的行政首长和分管领导，各单位行政主要负责人为第一责任人，明确法制机构，配备法制专干，召开专题工作会议，加大依法行政和法治政府建设的工作力度。

推进依法决策工作。落实和执行《芙蓉区重大行政决策程序规定》《重大行政决策听取意见制度》《重大行政决策听证制度》

《重大行政决策专家咨询论证制度》等文件，重新界定和细化重大事项决策的范围、程序、执行和监督方式。把公众参与、专家咨询、风险评估、合法性审查和集体讨论决定作为行政决策的必经程序，建立专家论证制度和听证制度，实现政府决策的最优化。在区政府组织实施的重大工作中，政府法制机构和相关执法部门坚持组织召开听证会。在宣讲法律、政策的同时，对相关法定程序进行再次明确和强调。区法制办听取行政相对人的申辩意见，促进工作开展，避免社会矛盾。

编制政府权力清单。为进一步简政放权，依法推进行政管理体制改革，全面贯彻落实“长沙市清理规范市本级行政职权工作方案”，促使政府权力运行向规范有序、公开透明、便民高效发展，区政府以“清单之外无权力、法定职责必须为”为原则，按照法律、法规和规章开展全区行政处罚等6项职权全面清理，通过部门自报、审核依据、优化精简、征求意见、请示上级、甄别核定等流程，历时6个月，清理、优化和完善了行政职能事项：审定行政处罚1290项、行政强制98项、行政确认46项、行政征用5项、行政裁决4项、行政检查193项，构建了权界清晰、分工合理、权责一致、运转高效、依法保障的职权体系。

建立风险防范机制。开展行政合法性审查。根据《重大行政决策合法性审查制度》《重大行政决策社会稳定风险评估制度》等文件精神，区政府做出重大行政决策前，交政府法制机构或者组织有关专家开展合法性审查，凡涉及法律、法规的议题必须经区政府法制机构审核提出处理意见，本级政府和本部门法制机构负责人列席会议。完善政府合同管理。制订《政府合同审查管理办法》，由政府法制机构对全区的合同进行统一的全程动态管理，防范法律风险。

规范征拆工作程序。在火炬村、黄土塘、友阿东等重点征拆项目中，由政府法制机构对征地拆迁的各个环节进行把关，保障拆迁对象的合法权益，维护政府依法行政行为的严肃性。在大拆违工作中，区政府召开市、区司法互动会，共同研究法规政策。建立二元分类执法模式，逐项明确法定时限，破解执法中常碰到的程序复杂时间长、当事人恶意回避、拒不配合等现实问题，并在全市召开首个大型集中拆违听证会。在依法行政的基础上，确保当事人的利益与知情权，同时简化拆迁中的工作程序。制订依法查处违建工作流程、执法文书规范模本，并对全区所有执法队员进行集中培训、集中调配，提升工作效率。

落实备案报告制度。完善规范性文件动态管理系统，建立依法行政报告制度。根据《芙蓉区规范性文件管理制度》，年内区政府法制办向市政府和区人大常委会报备规范性文件1件，审查部门报送文件19份，审查区政府各类文件260件。区政府要求各单位每年报告上年度依法行政工作情况和本年度依法行政工作计划，同时分别向市政府和区人大报告依法行政工作。

开展执法案卷评查。按照《长沙市芙蓉区行政处罚案卷评查规则（试行）》《长沙市芙蓉区行政许可案卷评查细则（试行）》的规定，区政府法制机构组织相关部门在全区范围内开展行政执法机关执法案卷督察活动，规范和促进行政执法行为。该范围是行政执法机关2015年度办理结案的行政处罚、行政许可案卷。重点抽查了建设局、城管局、交通局、工商分局行政执法部门案卷80份，促使各单位做到事实清楚、证据充分、适用依据正确、程序合法、内容适当。

探索行政体制改革。为进一步推行相对集中的行政处罚和行政审批，摒弃现行行政执法和行政审批的一系列弊端，解决行政管理和执法领域存在的职权交叉、部门林立、多头管理和执法、协调困难、效率低下等难题，促进行政执法水平的提升和行政审批效能的提高。区政府开展相关职能部门筹建行政执法局和行政审批局的工作，在借鉴外地先进经验模式和进行行政职权清理的基础上，梳理相关的集中执法依据和执法主体资格，厘清相关职能的法律依据和职权数量，确立行政执法局和行政审批局的成立依据、人员编制、经费保障、收入管理以及运行机制。在与省、市法制办以及上级相关职能部门沟通后，制订行政执法局组建方案报省政府审批。

开展复议应诉工作。全年受理行政复议案件76件，涉及街道拆违、各职能部门执法、行政许可等，已作出复议决定64件，结案率85%。处理行政诉讼案件260件，应对行政复议案件104件。年内，在全区拆违工作中，程序合法有效，部分行政相对人虽提起行政诉讼，但依法行政行为得到法院的支持。发挥行政复议特有的“调解”优势，在个别案件或者相关职能部门程序存在微小瑕疵的案件，通过行政复议平台开展调解工作，取得良好效果，4件复议的申请人自愿撤回申请。

（尹 靖）

政务公开与政务服务

【概况】 2015年，区政务服务中心围绕区委、区政府中心工作，以建设“人民满意政务中心”为目标，以政务服务和政务公开两条主线，突出重点抓创新，改进作风抓效率，全面提升政务中心各项工作服务质量。

窗口管理。在大厅继续推行10字服务标准，实行首问负责制、限时办结制、责任追究制，并对窗口工作人员工作流程、工作纪律等做出统一要求。开展“周讲评，月评比”活动和季度主题活动，提高了窗口工作人员服务质量和效率。4月，区质监分局行政审批服务事项入驻区政务服务大厅。10月，区食药监局行政审批服务事项入驻区政务服务大厅。全年受理办理行政审批和政务服务事项16.26万件，办结16.26万件，咨询17.26万人次，实现零投诉。

行政审批。区政务中心配合开展新一轮行政审批事项清理，不断优化办事流程，减少审批环节，缩短办事时限。公布“长沙市芙蓉区区本级行政审批项目目录”，区级行政审批事项由原来249项精简为38项，精简率84.7%。全区行政审批事项承诺时限由法定1109个工作日压缩为538个工作日，压缩率51.5%。对区级行政审批目录逐项编制流程图，汇总形成“芙蓉区行政审批事项信息及流程汇编”，在门户网站公布“芙蓉区行政审批项目流程清单”，推进权力公开透明运行。根据各窗口单位实际定制开发个性化功能模块，配合软件公司完成区级行政审批在线办理系统升级换代，实现行政审批项目100%在线办理。全年提供芙蓉区行政审批系统信息4282条，办结信息4282条。

信息公开。按照“长沙市芙蓉区2015年度重点领域政府信息公开工作任务分解表”，公开芙蓉区政府部门行政权力清单1983项，财政预决算、“三公经费”、物价和收费信息239条，政府采购信息539条，征收公告154条，重大建设项目467条，人事招聘信息394条，教育信息366条。卫生医疗对外公开疫苗接种及收费、卫生监测采样流程及艾滋病自愿咨询热线，通过短信平台向辖区内特定人群发布健康信息12条7200人次。通过区政府门户网“芙蓉之窗”公开环境影响评价信息，公开13份环保行政处罚决定书。举办食品安全宣传周活动，公开食品安全监督抽检、专项整治等行动信息，发布食品药品安全风险警示信息。推进国有企业、社会组织、中介机构信息公开。区政务服务中心还拓宽信息公开渠道，应用微信公众号“幸福芙蓉”、第三方手机应用软件“乐搜芙蓉”等新信息平台。落实“芙蓉区关于进一步加强政府信息依申请公开工作的意见”，全年依法受理政府信息依申请公开53件，答复53件。

“12345”热线开通。区政务服务中心整合优化经济环境投诉热线（84212342）和区政务服务公开服务电话（84789555），与“12345”市民服务热线电话实现互联互通。在“12345”市民服务热线区直部门、街道（园、局）平台基础上建立行政效能监督平台。使其具有实时监控、预警纠错、绩效评估和信息服务4大核心功能。在区直部门、街道（园、局）成员单位中开展“12345，效能大比武”活动，提升群众知晓率。利用网络首创“12345”微信平台进行宣传，创建“四步”（“限时办”“督查办”“批示办”“会商办”）跟单法，提高工单办结率，受理群众各类诉求，做到“件件有答复，事事有回音”。全年签收工单3512件，办结工单3512件，按时办结率100%，回访满意率每月超过85%。

优化发展环境。继续落实全区涉企检查备案制度和行政执法回访制度，加大督促检查力度，全面安排部署涉企常规检查工作。10月，开展“市民评议政府”工作，完成5000份问卷的发放调查，经中介机构归纳统计，收集到意见和建议80条。

存在的困难和问题：办公场地难以满足办公需求，亟待提质扩容；区热线办人手不足，难以适应社会服务需求。（周 原）

【举办市民服务热线工作暨业务培训会】 4月16日，举办芙蓉区“12345”市民服务热线工作暨业务培训会。全区各街道、隆平高科技园管委会、区直机关有关部门等64家热线成员单位分管热线工作负责人与工单承办人参加会议。该次会议由区政府办副调研员徐德进主持。由区政务服务中心副主任周巍宣读“芙蓉区‘12345’行政效能监督平台实施方案”和“芙蓉区“12345”市民服务热线社会求助平台考核办法”。区政务服务中心主任徐乐斌要求各成员单位团结协作，形成合力，增强责任感，共同打造芙蓉市民服务热线新品牌。市政务服务中心副主任王卫江介绍“12345”热线开通以来全市运行基本情况，通报全区热线工作签收、办理、回访等情况，并提出建议：创新服务形式；丰富服务内容；延伸服务领域；强化宣传力度。常务副区长罗玉环明确要求，在思想上要高度重视“12345”市民服务热线工作，在市民满意率上多花心思，在推进落实上要高效，规范操作流程、把握办件时限，讲究方式方法、完善长效机制。要真正树立起群众利益无小事的观念，各部门要共同努力，办人民满意的热线，不断推进全区工作向精细化、规范化、常态化发展。区热线办还开展热线平台操作培训以及工单办理要点讲解。会后，芙蓉区“12345”市民服务热线系统平台正式上线。该系统对工单办理时限、质量指标、服务标准、群众满意率等方面的工作实行动态管理，有利于规范工作标准和提升服务质量。（周　原）

【街道政务中心标准化建设】12月，全区最后4个街道马坡岭街道、湘湖街道、东湖街道、东岸街道政务服务中心完成市级达标验收，为期3年的街道政务服务中心标准化建设达标工作完成。区政府为13个街道政务服务中心建设投入资金1027万元。该项建设的总面积由原来1958平方米，增至2800平方米，其中4个街道政务服务中心场地面积超过300平方米。人员配备由99人增加到131人，进驻事项增至11个。该项目建设的完成，促进了全区街道政务服务中心建设全面提质提档。（周　原）

督查工作

【概况】2015年，区委、区政府督察工作围绕全区中心工作和重大部署，在贯彻落实上出实招、求实效，推进了全区各项工作目标任务的完成。

交办任务督察。按照市政府的工作要求，配合全市重大项目建设和重点工程开工情况、城市环境综合整治、湘江库区水利建设、安全生产和消防安全、信访维稳等开展督察，年内完成文明指数测评、政府工作报告任务落实、各类会议纪要议定事项以及市领导批示件办理落实情况等工作的督导检查，各项督察工作成效受到市区领导肯定。

政府决策督察。按照区政府工作报告安排，区督查室针对经济发展、项目建设、民生福祉、城市管理、社会服务等工作，制订全区年度重要工作责任制任务分解表，明确责任单位和完成时限。还制订详细的督察计划，及时跟进督办落实，并定期对区政府常务会议、区长办公会议议定事项开展跟踪督察，落实政府决策到位。

专项工作查办。全年围绕重大项目建设、拆违复绿、拆墙透绿、围而未建、财税收入征管、市区重点工程项目建设等实施专项督察。开展“百日竞赛”督察活动，做到查必清、清必办、办必果。年内，重点督促办理各级领导批示件20件，到期办结率100%。督办《湖南日报》《长沙晚报》、红网等媒体反映的社会管理等方面的民生问题，并把有关整改情况通报相关媒体。

民生工程督办。区督查室承担省、市为民办实事工作考核指标13项，其中省考核项目5项，市考核项目8项。为推动民生实事工程顺利实施，组织相关部门实施了联合督察，各相关责任单位工作开展情况，评估认定各项指标的完成数据，分析工作中面临的困难和问题，提出下阶段工作建议，并取得实效。

建议提案办理。在省、市、区人大、政协“两会”上，区政府收到建议和提案154件，其中省市建议提案29件、区建议40件、区提案85件。经广泛征求意见，确定主办和协办单位，召开承办工作协调会进行任务交办，纳入督察工作计划，并全程跟踪督办，落实了各项建议和提案办理的质效和时效，全年建议和提案办结率、面商沟通率、满意或基本满意率100%。

网络信件办理。全年收到“市长信箱”320件，“区长信箱”32件，办结率100%。开展“市长信箱”“区长信箱”来信办理工作，解决了部分群众在生产生活中遇到的困难，受到群众的好评。

（尹振声）

应急管理

【概况】2015年，芙蓉区应急管理工作按照“以人为本、健全机制，预防为主、平战结合，统一领导、分级负责，快速应对、协同配合”的方针，增强应急管理体系和能力建设，提高应对各类突发公共事件和自然灾害事件的处置能力，维护了区域经济社会发展和人民群众利益。

应急管理和基层基础工作。建立全区应急管理的指挥机构，区应急办发挥在突发事件预防和处置工作中的综合协调和运转枢纽作用。推进基层应急管理规范化建设，在全区形成统一指挥、反应灵敏、协调有序、运转高效的应急管理体系。按照相关部门、各街道按照部门管理职能和属地管理原则，建立健全应急处置指挥机构，明确应急工作的职责和任务，实行主要领导负责制。区内应急管理工作融入区域防灾减灾、安全生产、信访稳控、综治维稳、社会治安、卫生防疫、医疗救援中，融入广大群众日常生产、生活之中。由政府投入资金，建立区、街安全生产网格化管理视频监控监测、隐患排查治理及事故应急救援指挥系统，提升了区域重大危险源监测、重点安全隐患整改、重点单位及部位的即时危害评估和监管水平，以及重大安全生产事故现场稳控、风险评估、应急救援能力。开展预案演练。在各街道（园、局）、安全委员会各成员单位根据实际制订应急预案演练方案，全年组织开展各类应急预案演练203次。5月12日，“汶川大地震”7周年纪念日：湘湖社区联合蓉园小学开展防灾减灾消防安全演练活动；滩头坪社区开展防灾减灾知识讲座暨消防安全演练，筑牢社区安全“防火墙”。

应急值守和信息报送工作。为确保一旦发生突发事件能够快速反应、妥善处置、政令畅通，在全区建立日常工作时间由政府办工作人员值班，休息时间由专人值班，节假日安排机关工作人员轮流值班的制度。值班工作中，必须有登记、有报告、有落实、有反馈，特别是领导交办的重要工作，要按要求不折不扣地完成。为落实“关于进一步加强规范突发公共事件信息报告工作的通知”要求，完善了信息报送机制。实行报送层层审批把关，规范报送时间、报送内容和报送对象，信息报送无迟报、漏报、谎报、瞒报现象。建立新型突发事件信息报送平台，能及时传送图片、语音及视频资料，并开展群组成员互动，方便信息回复等功能，实现突发事件的快速响应及领导指挥指令的下达，全面提高信息报送的效率和质量。

隐患排查整改。按照条块结合的原则，由职能部门牵头，街道（园、局）具体组织，在辖区内开展安全隐患的地毯式排查和专项整治行动。区建设局开展雨季汛期房屋（构筑物）安全隐患排查整治。区安监局、消防大队在重大节假日以及火灾多发季节，组织力量开展各专业市场排查整治行动，消除安全隐患。区交通局针对“黑车”非法营运、无证经营、超范围经营等道路运输违法行为，开展道路交通安全隐患排查整治。全区各级应急管理队伍履行职责，成功处置了“3·9”浏阳河（芙蓉区段）油污带事件、“4·9”广天加油站漏油事件、“5·21”王家湖泵站油污事件、“6·4”宇成广场边坡坍塌事故、“7·24”曙光路红旗渠沟涵垮塌事故、“11·18”晚报大道坍塌事故、“11·20”化工厂废旧钢瓶液氯泄漏事故、“12·18”马王堆蔬菜市场三轮车送货人员堵门事件等。

专业岗位培训。区应急办开展区直部门、街道（园、局）、企业、学校等应急工作人员培训，并根据应急工作的要求和规程，重点开展应急管理的专业人员岗位培训。还利用网站、社区橱窗、电子显示屏、QQ及微信群等多种形式，有针对性地开展应急知识宣传普及教育活动，并组织防灾应急相关知识的学习。（陈 略）

【开展应急工作宣传活动】为增强群众应对各类灾害的防范意识和应急处置能力，区应急办在5月12日全国第七个“防灾减灾日”开展防灾减灾日宣传活动。该次活动选址长沙火车站广场，活动中展示防灾减灾应急知识展板36张，发放宣传资料8000份。各街道、社区组织了地震火灾逃生演练、消防知识讲座等活动，并向市民宣传防灾减灾知识，营造了良好的宣传氛围。（陈 略）

电子政务

【概况】2015年，芙蓉区不断完善电子政务网络体系，推进信息技术应用建设，增强网络信息安全措施，优化网站日常管理服务，在改善公共服务、统筹项目管理、节约建设成本等方面取得实效。

网络基础建设。年内，区电子政务办在区机关办公大楼内全面铺设电子政务内网，实现业务系统内外网分离。区电子政务外网已覆盖至区直机关各单位、相关机构、各街道、社区（村）、税务委托代收点及各卫生服务中心，计136个接入点。改版政府门户网站“芙蓉之窗”，改版后的网页：设计简洁大方，符合审美潮流；合理运用交互技术，目标主体突出；互动功能优化，用户体验度得到提升。在全省政府网站绩效评估结果的通报中，芙蓉区“芙蓉之窗”被评为年度优秀县（市）

区政府门户网站。

信息公开工作。区电子政务办坚持及时更新政府各部门基本情况、规章制度、工作动态、通知公告等各类政务信息。重点公开行政审批、财政资金、公共服务、公共资源配置、重大建设项目、国有企业、环境保护、食品药品安全、社会组织与中介机构等9大领域的政府信息。公开“12345市民服务热线”、身份证和户口业务办理、生育服务、住房保障等办事服务。区政府门户网站全年发布各类信息1.76万条，其中政务动态3198条，调研文章102篇。重点领域信息公开4480条，政府文件36条，政策解读31条，人事信息31条，政府采购信息196条，住房保障信息163条，征地拆迁信息135条，工程招投标信息176条，食品安全信息25条。处理“区长信箱”26件，行政审批网上办事4496件。

网络安全管理。按照“整合共享、联合协同”的原则，区电子政务办为区内各单位应用系统的网络及安全规划提供应用系统安全运行指导。开展对卫生系统平台、商事平台登记管理系统、档案系统、数字化城管、财政局的综合治税系统、国税局和地税局的零散税收委托代征系统等安全运行服务。开展对中心机房的存储系统和灾备系统，机关各终端设备日常维护工作。每月组织华中测评中心对区政务网络的服务器、网络设备、安全设备、网站应用系统等进行全面的安全测评并实行7/24小时的网络安全监控，及时对系统漏洞进行修复。安全监测部门子网站，对出现问题的网站及时下发“整改通知书”并督促整改到位。按照上级部门对政府门户网站备案登记及信息安全登记保护定级工作的要求，启动“芙蓉之窗”政府门户网站安全登记测评工作，坚持资源共享、信息互联互通与网络安全保障并重，提升安全管理水平。

规划电子政务项目。在电子政务项目建设上，继续编制区电子政务5年规划，开展重大电子政务项目综合评估。根据《国家电子政务“十三五”规划》精神，利用云计算等先进技术搭建全区统一电子政务云计算平台，为全区各部门机房、网络、硬件设施、安全设施、灾备中心等提供服务，各部门可根据各自需要共享使用，降低了电子政务建设和运行维护成本，提高了电子政务发展质量。

（李 舸）

人力资源和社会保障

【概况】 2015年，芙蓉区人力资源和社会保障局（简称区人社局）坚持“民生为本、人才优先”的发展理念，以“优人才、保就业、强保障、促发展、惠民生”为工作主线，科学谋划、抓好落实，完成人力资源和社会保障工作各项目标任务。

抓好作风建设，打造“廉洁人社”。落实党风廉政建设主体责任制，履行“一岗双责”，层层签订廉政责任书，定期开展廉政专题教育，形成全体干部积极参与廉政建设的工作格局，建设廉洁队伍。结合在职党员进社区、“四联三为”“群众工作直通车”等工作，开展廉洁教育，组织干部职工观看“贪欲之害”等反腐倡廉纪录片，增强全局干部职工的廉洁自律意识，倡行廉洁行为。出台“关于落实财务制度的补充规定”，规范“三公经费”使用和财务支出审批程序；出台“车辆管理制度”，规范公务车辆管理；畅通监督渠道，加大违纪处理力度，快速查明处理群众反映的问题。健全廉洁机制。

提升就业服务能力，打造“便民人社”。增强服务意识，满足多样化就业需求。举办“春风行动”大型招聘会5场，提供上万个工作岗位。到平江县福寿山镇开展“感恩革命老区，春风促进就业”活动，送岗位到革命老区农民工家门口。把“就业直通车”开进湖南农业大学，帮助1135名学生找到工作。与浙江商会、三湘南湖管理公司签订“优先用工协议”，建立定向人才输送合作关系。优化平台，打造特色化求职品牌。打造“求职超市”，首开微信就业服务公众号“职来职往前途宽广”，实现招聘方、求职方、公共服务互动。深化“失地农民创业就业服务中心”建设，根据市场用工需求，制定培训菜单，提升求职效率。深化创业，形成常态化创业氛围。打造“创业就业长廊”，成立“创客”志愿者联盟，启动芙蓉区“创新芙蓉，种业硅谷”专家人才库建设，聘请官春云院士为首的40位全国种业知名专家教授，为辖区群众“创新创业”提供政策咨询、技术支持、项目跟进等创业服务。配合湖南省金融创新特色产业园互联网金融平台建设，通过“互联网+金融+产业”支持传统产业转型升级。

提升社保服务效率，打造“高效人社”品牌。业务培训常态化。开展“天天学业务”活动，把社会保障日常工作中遇到的问题，以一问一答形式讲解，每天上传1~2题到区局人社服务QQ群，要求所有社保工作人员下载学习，为全面提升社保服务效率打下良好基础。业务流程标准化。根据“芙蓉区社会保险业务经办政策依据及办理规程”，全面梳理企业新参保、灵活就业人员新参保、企业信息变更、被征地农民参保等经办流程，缩短办结时限，提高社保经办效率。业务服务优质化。开展“优质服务窗口创建活动”暨“窗口单位改进作风专项行动”，结合窗口服务特点，制定人社系统窗口单位服务行为规范、工作人员守则、文明用语，使在窗口办事的群众少跑一回路，少排一次队，少等一分钟，尽力提高服务效率。

激发人事工作活力，打造“阳光人社”。人事管理规范有序。按照人事日常管理规定，完成人事调配、工资关系转接、公务员晋级晋档、退休审批、工勤技术考试、军转干部及随军家属安置等工作，及时清理在编不在岗人员。完成了2014年度全区机关事业单位工作人员年度考核工作。人才引进公平公正。坚持凡进必考，严格按照“公平、公正、公开”的原则，组织开展2015年机关事业单位公开选调、招聘工作，设博士、高级会计人员及注册造价师高层次人才专场招聘，年内选调10人，录用事业编29人、录用政府雇员25人，引进博士1人，注册造价师6人，注册会计师1人。指导协助教育部门面向社会公开招聘78名教师。完善人才服务工作。配合市外国专家局开展外籍专家引智工作，组织推荐了4个农业品种技术类项目，7个人才类项目参加省、市级引智项目评选，获得省级引智项目专项资金29万元，市级资金27万元。开展人事代理，流动人员的人事档案管理工作，落实了专业技术人员职称评审工作。及时办理2009年度、2012年度政府雇员续聘手续，解决引进人才落户问题，落实有关人才引进政策，兑现政府雇员的安家补助资金。

维护劳资关系和谐，打造“和谐人社”品牌。抓仲裁，化解矛盾纠纷争议。年内，区人社局收到劳动争议案件506件，涉及劳动者660人，追回经济损失580万元。抓信访，及时处置突发案件。全年接到来电、来信、来访2000批次，涉及劳动者近3000人次，其中集体案件13起，涉及劳动者400人，追回经济损失145万元，补缴社会保险费34万元。抓执法，遏制侵权违法行为。与街道、社区联动，组织“最低工资标准执行情况”等专项执法检查行动，下发限期改正指令书6份，整改通知12份，督促补签劳动合同56份，清退服装费、押金2800元。妥善处理了亚华酒店、万家丽路快速化改造工程、壹廷项目农民工工资纠纷3起。（黄锦堂）

【“人社进社区　惠民在身边”大型户外宣传活动】 9月9日，由长沙市人力资源和社会保障局主办、芙蓉区人力资源和社会保障局承办，文艺路街道办事处协办的“人社进社区　惠民在身边”的大型户外公益活动在文艺路街道韭菜园社区华美欧大厦前坪举行。该次活动以抢答的方式，题目涵盖老百姓关心的养老保险、医疗保险、就业创业、社保卡办理等方面知识。交通银行、养天和大药房、长沙银行等各大企业都派出工作人员搭棚助阵，市“12333”人社热线的工作人员也到现场答疑解惑。（丁文兵）

【机关事业单位工作人员养老保险制度改革启动】 11月，根据国务院、省、市机关事业单位工作人员养老保险制度改革有关文件的要求，芙蓉区启动机关事业单位工作人员养老保险制度改革。区人社局制订“长沙市芙蓉区机关事业单位工作人员养老保险制度改革实施方案”。区社保所增加2个事业编制人员经办机关事业单位养老保险工作。11月30日，在区政府会议中心召开全区机关事业单位工作人员养老保险制度改革动员部署暨业务培训会。截至12月底，完成全区4893名在职人员、2282名退休人员的基础数据采集工作。（丁文兵）

【社会保险基金征缴再创新高】 截至年底，根据长沙市社会保险管理系统统计数据显示，芙蓉区企业职工社会保险征缴工作，在2014年超过10亿元大关的基础上，2015年社保基金“五险”征缴收入实现13.11亿元，同比增长131%。年内，区社会保险征缴工作从3个方面推进基金征缴，应保尽保，按时足额征缴：改进服务态度，倡导亲情化服务理念；坚持业务学习，开展形式多样内容丰富的业务知识学习活动；推进高效服务，实行“首问责任制”“一次性告知制”“限时办结制”等工作模式。区人社局规范参保单位的社会保险的缴费行为：开展社会保险的基础数据申报工作和社会保险费清缴行动；坚持日常稽核，及时处理社会保险费投诉纠纷。开展被征地农民社会保险费的征缴工作，全年征缴被征地农民社会保险项目基金3.71亿元，实现被征地项目“零欠费”。（丁文兵）

【全民参保登记工作宣传日活动举行】 9月17日，由长沙市人力资源和社会保障局主办、芙蓉区人力资源和社会保障局承办，定王台街道和荷花园街道协办的“社会保险惠民生，全民参保促和谐”——长沙市全民参保登记工作宣传日活动在荷花园街道大润发超市前坪举行。省人社厅社保局局长陈范勋、副局长刘四维，市人社局党委书记、局长文丽霞、副局长李德清、总会计师肖建国等领导出席活动。该次活动以触摸全民参保登记工作启动球，宣告长沙市全民参保登记宣传日活动启动。省人社厅和市人社局领导一行在常务副区长谭雄伟的陪同下，先后巡视了荷花园街道人社服务站和荷晏社区人社服务中心全民参保登记工作。长沙电视台新闻频道在大润发前坪组织人社知识抢答赛，以抢答赛的形式宣传人社知识。陈范勋肯定了价芙蓉区全民参保登记宣传工作，他希冀芙蓉区再接再厉，实现“全民参保登记计划”，实现基本养老保险覆盖全体职工和适龄城乡居民，基本医疗保险覆盖全民，失业保险、工伤保险、生育保险基本覆盖所有法定群体，实现各类人员参加社会保险制度的权利公平、机会公平、规则公平。实现社会保险惠民生，全民参保促和谐。（丁文兵）

【全民参保登记和社保“一卡通”的发放工作启动】 7月，根据市政府“关于开展全民社会保险参保登记推进社会保障“一卡通”建设的通知”要求及市对区2015年人力资源和社会保障目标任务要求，启动了辖区全民参保登记和社保一卡通发放工作。区人社局开展了业务培训、全面参保登记、社保卡信息采集确认、制卡以及社保卡的发放等工作，完成市级制作14万张卡的任务，并按要求分阶段、分人群、多渠道做好新的社保卡发放工作。（丁文兵）

【规范个体医疗机构门诊定点管理】 年内，根据《关于个体医疗机构门诊定点管理有关事项的通知》和《关于规范长沙市医疗保险协议医疗机构管理的通知》的规定，区人社局制订《个体医疗机构门诊协议管理申请POS机结算办事指南》，明确资格准入、现场评审、协商协议、日常管理等服务内容；联合区卫生局医疗监管科开展校审续约工作；确定举报违规的停机约束。全年协议管理个体诊所9家。（徐金霞）

【就业服务进校园】 5月，区人社局“就业服务直通车”开进湖南农业大学。该次活动邀请430家用人单位参加，提供上万个工作岗位，涵盖了计算机、电子商务、农业科技等50个岗位类别。区人社局在会场设立咨询台，现场发放政策宣传资料，免费提供劳动就业，创业培训等各项政策的咨询解答，并帮助求职学生了解国家在就业、创业等方面的优惠政策。该活动中进场学生近8000名，有近1000名学生与招聘单位达成初步就业意向。（曾 中）

【就业微平台上线】 10月，区人社局在湖南农业大学举行2015年长沙市就业创业服务进校园——2016届毕业生大型供需洽谈会暨长沙就业微平台上线仪式。该次活动，区人社局推出为高校毕业生就业创业服务而定制的“长沙就业”微信平台。该平台利用长沙市人力资源和社会保障系统所拥有的长沙人才网、长沙人力资源网、长沙市社会保险信息系统、就业失业登记信息系统等资源，具有信息资讯、求职和招聘、信息查询、业务申报引领功能。该平台面向长沙市高校毕业生，提供找工作、招聘会、毕业生见习、求职补贴登记、就业失业登记证办理、大学生创业等就业创业的掌上服务，同时为企业选拔人才和办理业务提供专项服务。

（曾 中）

【开展失地农民创业帮扶活动】 5月，区失地农民服务中心召开“让梦想起航 给理想放飞——芙蓉区失地农民创业推广交流会”。该次会议针对失地农民的特点和创业需求，组织创业成功人士、技能培训为创业者面对面讲授，坚定创业信心、近距离感受创业热情。还邀请投资创业机构、微商对失地农民开展创业实训，鼓励“技能+创业”模式，并提供政策咨询、项目推介等“一条龙创业服务”。（曾 中）

机关事务

【概况】 2015年，区机关后勤服务中心不断提升后勤服务保障水平，在安全保卫、设施维护、物业服务、膳食管理、公共节能等方面取得了实效，为区治机关和干部职工提供了安全、舒适、规范、有序的办公环境。

安全保卫。年内区治大院人流、车流密集，秩序管理压力持续加大，来访人员日平均1000人次，进出车辆日平均1500台次，其中全年5人以上的群体上访近80件，上访总人数2000余人。区机关后勤服务中心根据维稳和治安新形势，特别是大院围墙拆除后的新挑战，严格落实日常巡查制度，坚持班子成员节假日和八小时以外轮流值班查勤，实行物业项目经理、安保主管24小时日夜带班制，增加巡逻队在外围和各楼层巡逻频次，组织安保人员开展执勤业务培训80人次。全年组织安全大排查7次，排除安全隐患21处。区治大院重新规划停车位528个、设立禁停区和行驶线，实行车辆单行管理。

设施维护。随着机关大院内设施设备的老化，工程维修量逐年增长，后勤服务中心通过规范维修申报程序，提升报修反应速度，提高维修效率，减少了因办公设备损坏给工作带来的影响。全年实施小型零星维修1267项，中型维修17项，大型维修4项。全面调试消防设施设备4次，进行消防联动检测2次，干粉灭火器换药更新500瓶。区机关办公大楼中央空调换水2次、全面清洗2次，高压检测2次。排除高压配电柜插件烧毁、中央空调渗漏、燃气报警器、中央空调冷却塔故障等设备隐患4起，消除火灾事故隐患6起。全年电梯、锅炉、燃气报警系统年检合格率100%。针对区机关大院已经使用13年，院内消防设施及设备陈旧老化、失修失效情况严重，全年投入30万余元对大院监控设备实施改造升级，扩建监控室，增设18个高清监控镜头，实现大院24小时全覆盖视频监控。

膳食管理。年初，经区政府常务会研究决定机关食堂（含区公共卫生大楼食堂）由后勤服务中心自主经营管理改为对外委托经营管理。经过公开招标，由长沙市印象麓山餐饮管理有限公司以承包总金额为438万元/年（机关食堂356万元，公卫食堂82万元）中标。全年机关食堂持卡人数1434人，其中在编人员861人、临聘人员573人。为优化膳食服务，由区政府成立机关食堂监管委员会，明确各成员单位及职责，制订食堂监管工作细则，为膳食管理提供了强有力的组织保障。年内进行4次现场查验和随机抽查，进行5次就餐满意度调查，满意率逐次提高。

物业服务。区机关大院、公共卫生大楼、区武装部的物业服务由深圳锦峰物业管理公司承担（合同期2013年6月1日至2016年5月31日止），服务面积6.7万平方米，物业管理费438万元/年。2015年锦峰物业为区委、区人大、区政府、区政协提供会议服务1272场次，其中大、中型会议442场次，会后回访率100%，满意率100%。收发各类报刊79种、8960份，准确率100%，每月发放包裹、快递、挂号信2000件左右，及时率100%，基本实现收发服务零差错。坚持定人、定时、定量、定区域保洁制度，实现保洁服务零投诉。区物业服务考核小组对锦峰物业服务开展了2015年度考评，总分97.9分，锦峰物业服务质量受到大家好评。

公共节能。按照公共节能工作要求，利用宣传栏、会议培训等多形式广泛开展公共节能宣传教育，加大节能改造力度。在院内各楼层安装直饮水系统，减少了各办公室使用电水壶、饮水机的用电量。实行机关大院夜间照明间隔错时供电，最大限度节约用电。全年，投入10万元，在办公大楼负一楼车库及消防通道照明系统进行改造，510盏普通灯泡全部更换为LED节能灯。投资40万元，改造机关大院路灯间风光互补和太阳能路灯，全年节约电费15.8万元。对夏、冬两季中央空调开启时间及温控设置执行效能管理规定。（杨　晴）

【开办区公共机构节能培训班】为高质量完成能耗统计工作，7月，由机关后勤服务中心举办辖区公共机构能耗统计网络直报培训班，该次培训有76个单位参加培训。8月，全区正式启用软件操作系统实现能耗数据网络直报，通过及时的网络报送，保证了数据报送的及时性，也节省大量的人力物力财力，为全区推进公共机构节能工作打下良好基础。

【新建立体车库】区机关大院立体车库项目位于区机关大院东侧，8月，区工务局发布2015至2020年车库建设PPP项目招标公告，有6家单位参与竞标，由深圳市中电嘉旺智能车库有限责任公司和湖南省建筑工程集团总公司组成的联合体中标。该立体车库为公开招标项目中的子项目，占地面积0.19公顷，为3层横移升降式立体车库，机械停车位324个，总投资近1400万元（324个车位）。该立体停车库增加停车位197个。该项目10月开工，12月1日建成并投入使用，车位使用率90%以上，缓解了机关大院停车难问题。（杨　晴）

中共长沙市芙蓉区委员会

①8月7日，省委书记徐守盛（右前二）到区调研城市建设情况
②8月31日，省委常委、市委书记易炼红（左前三）到区调研重点项目建设
③9月30日，省委改革办专职副主任秦国文（右一）调研全面深化改革工作
④9月24日，市委副书记徐宏源（左前三）到区调研现代服务业项目
⑤5月5日，芙蓉区召开“十三五”规划专家评审会
⑥经济工作务虚会召开

长沙市芙蓉区人民代表大会常务委员会

①2月3—5日，芙蓉区第四届人民代表大会第四次会议召开
②3月27日，市人大常袁观清（右三）率市人大主任会议成员到区调研
③5月26日，区人大主任会议视察学前教育工作
④4月14日，召开区人大常委会专项工作评议动员大会
⑤组织人大代表和人大工作者到延安集中学习培训
⑥6月2日，区人大代表履职培训班开班

长沙市芙蓉区人民政府

①
② ③
④ ⑤

① 12月15日，文化部副部长杨志今（左三）调研公共文化服务体系建设

② 7月15日，省委党委、市委书记易炼红（右二）到街道拆控违工作

③ 3月24日，市长胡衡华（左一）调研火炬村拆迁安置工作

④ 2月26日，芙蓉区县级以上领导参加植树活动

⑤ 副区长谭雄伟调研火炬村工作

政协长沙市芙蓉区委员会

①	②
③	④
⑤	⑥

①2月2—4日，政协芙蓉区第四届委员会第四次会议召开
②区政协主席会议成员视察区公安分局
③12月10日，举办“十三五”规划专题协商会
④11月27日，民主评议审计局工作会议
⑤部分政协委员到清华大学培训
⑥区政协机关党支部“重温党史 坚定信念”文家市教育实践活动

芙蓉区人民武装部

①5月8日，省委常委、省军区司令员黄跃进（右六）在湖南农业大学检查指导工作

②区委书记梁仲、区长于新凡到武装部就武装工作现场办公

③党管武装述职大会

④2月，召开民兵预备役工作会议

⑤铭家集团开展“双带双促”活动

⑥民兵开展高炮训练

中共长沙市芙蓉区纪律检查委员会

①12 月 11 日，省纪委副书记李政科（右前二）到区调研廉政文化建设工作
②8 月 10 日，市委常委、市纪委书记李军到区督察纪检工作
③2 白 15 日，芙蓉区第四届纪委第四次全会暨全区反腐败工作会议召开
④芙蓉区政府落实党风廉政建设“两个责任”约谈召开
⑤2015 年芙蓉区党纪条规考试
⑥11 月 4 日，组织《中国共产党廉洁自律准则》《中国共产党纪律处分条例》专题学习

隆平高科技园管理委员会

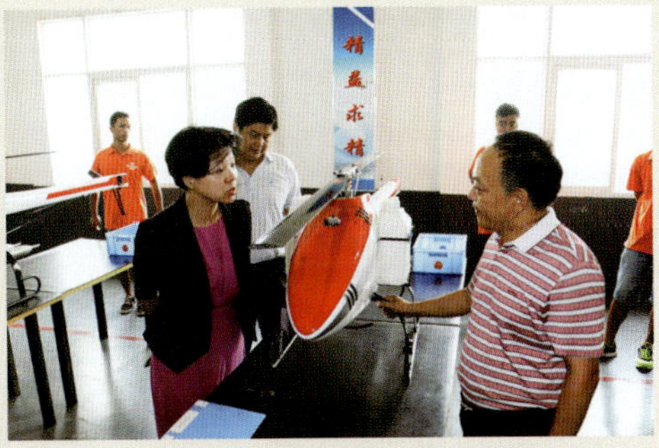

①8月31日，省委常委、市委书记易炼红（中）调研苏宁云商项目
②9月1日，市委常委、副市长张迎春（左一）调研博联航空公司
③2月22日，园区领导班子看望中科院院士袁隆平
④10月21日，隆平高科总部建设奠基
⑤3月18日，东湖一号企业总部产品发布暨招商会召开

芙蓉区委组织部

①	②
③	④
⑤	⑥

①8月31日，省委常委、市委书记易炼红（左前三）调研车站北路社区党建工作
②“践行‘三严三实’争当发展先锋”专场报告会召开
③第二季度党建工作点评举行
④街道党（工）委书记履行基层党建工作责任推进会
⑤4月15日，社区书记全面从严治党专题培训开班
⑥党员志愿者参加文明创建志愿服务活动

芙蓉区委宣传部

① ②
③ ④
⑤

①9月15日，省委宣传部副部长、省文明办主任刘进能（右二）到区调研文明创建工作

②省委宣传部副部长、省文明办主任刘进能（左三）检查文明创建工作

③市委常委、宣传部部长张湘涛（右一）参加诚信文化市场活动

④11月3日，芙蓉区首届道德模范表彰会召开

⑤芙蓉区召开新闻宣传与舆论引导工作会议

芙蓉区委政法委员会

①10月15日，司法部预防犯罪研究所所长高贞（左三）一行调研社区戒毒（康复）工作

②11月5日，市委常委、政法委书记钟钢（右二）调研东郡西路社区微循环改造项目

③公安民警在火车站开展“110宣传日”活动

④6月24日，全省社区戒毒（康复）工作经验交流会暨工作推进会在区举行

⑤10月9日，区领导专题调研城市管理和基层治理工作

芙蓉区委党校（行政学院）

①2015年“群众工作直通车大课堂”开讲
②2015年区、县党校学术交流活动
③组织学员赴井冈山党性锻炼，重温入党誓词
④组织学员赴井冈山党性锻炼，重走挑粮小道
⑤举办社区书记培训班
⑥举办入党积极分子培训班

芙蓉区人民法院

①	②
	③
④	⑤
	⑥

①5 月 4 日，省高院党组副书记、副院长石时态（右一）视察芙蓉法院立案登记工作

②9 月 15 日，省委宣传部副部长、省文明办主任刘进能（右一）调研区法院文明创建工作

③4 月 24 日，区委书记梁仲（右一）调研长沙市芙蓉区法院道路交通事故巡回法庭

④9 月 25 日，区法院法官指导湖南大学法学院模拟法庭实践教学活动

⑤3 月 20 日，在全省法院执行工作电视电话会议上区法院做经验发言

⑥庭审网络视频直播

芙蓉区人民检察院

①	②
③	④
⑤	⑥

①8月4日，最高人民检察院抽查验证组在芙蓉区人民检察院召开专题会议
②12月30日，芙蓉区人大代表视察检察院工作
③6月10日，区检察院检察长凌云在党组理论中心组集体学习会上讲“三严三实”党课
④11月20日，召开学习贯彻《准则》《条例》动员大会
⑤举办“讲规矩、树新风”趣味运动会
⑥10月17日，召开“讲规矩、树新风”青年干警座谈会

政协长沙市芙蓉区委员会

第四届区政协委员会机构及领导人员

主　席 刘建新
副主席 洪曙光（兼）
　　李国开
　　谢志鹏
　　黄金国
　　杨爱斌（女）
秘书长 成正良
常　委 邓　龙　田松柏
　　任质彬　孙心也
　　李凤英（女）杨　力
　　杨湘伟　何　伟
　　沈学军　张　璎（女）
　　张文军　张玉烛
　　张敬东　陆亚林（女）
　　罗　月（女）赵小午
　　侯万里　姜雁菁（女）
　　徐　元　殷晓斌
　　唐强彪　黄　艳（女）
　　黄德君　慕　云
　　潘向阳　黎明星

工作部门

办公室
主　任 成正良
副主任 张德林（2015.11 免）
　　王文杰（2015.08 免）
　　黄　海（2015.11 任）

提案法制委员会
主　任 刘碧君（女）
副主任 罗家农（2015.11 免）

群团联络委员会
主　任 肖爱武（女）
副主任 倪广生（2015.11 免）

经济科技委员会
主　任 贺小华（2015.07 免）
　　黄湘娟（女）(2015.11 任）

人口资源环境委员会
主　任 左欣荣（2015.07 免）
　　王文杰（2015.08 任）

文教卫体委员会
主　任 周蔚三

【概述】 2015年，政协芙蓉区委员会在中共芙蓉区委的领导下，把握团结和民主两大主题，贯彻落实中共十八大和十八届三中、四中、五中全会及习近平系列重要讲话精神，高举爱国主义和社会主义旗帜，履行政协职能，有序开展政治协商有序、民主监督和参政议政，实现了政协工作的新作为和新发展。

围绕经济中心，助力发展。年内，区政协各级组织和各参加单位着眼推进经济社会发展，发挥各地区委员组、各界别组、各民主党派、工商联和无党派人士作用，共同为建设幸福芙蓉献计出力。例如，五里牌地区组唐强彪等委员，针对金苹果市场流动摊贩多，道路不畅问题开展调查研究，解决该市场通道和朝阳一村3、4幢之间道路畅通，多方联动，为维护好城市形象建言献策。

服务重点项目，有所作为。区政协领导及机关干部带头参与改造火炬村、农科村“城中村”，友谊东项目，城际铁路、迪马及黄土塘棚改项目。参与社区“专改公”（小区专用变压器改成电力部门提供的插卡式变压器）电力改造试点及文明创建督察等工作。协调解决征收拆迁、用地审批、规划设计、资金筹集等具体问题。年内，在帮促双新小学拆迁、市场提质改造、滨河路建设等项目中，发挥政协委员联系广泛、视野开阔等优势，开展包户走访，做群众工作，宣传拆迁政策。例如，黄德君等委员带头与黄土塘征收户宣讲政策，协调化解矛盾纠纷；湘湖地区组的委员支持三湘南湖大市场升级改建工作；政协委员蔡永连先后3次搬移他自办的加工厂，2次改变经营场所和办公场所。在拆违复绿工作中，东湖地区组的委员带头自拆违章建筑，其中政协委员陈恒进自拆违章建筑3万平方米；政协委员周思义配合滨河路修建，拆除他刚建成的仓库、厂房2万平方米。

发挥政协优势，当好参谋。区政协委员们立足区情实际，专题调研社会关注的热点及人民群众切身利益问题，及时汇集社情民意，为区委政府决策提供参考。为推进辖区禁毒工作，区政协调研小组通过到先进地区考察学习、请专家座谈，深入一线走访调查摸清实情、找准症结、提出对策。各界别及各地区委员组开展专项调研；“进一步加强辖区公共文化体育设施建设”“提升辖区食品安全保障能力”“创新辖区民事纠纷化解机制”等课题，他们提出的意见和建议得到了相关部门的重视和采纳。围绕项目建设中的难点问题，马坡岭地区组委员开展与项目指挥部工作人员一起探讨，出主意、想办法。马王堆地区组政协委员陆亚林深入基层调研，撰写“加强社区卫生服务中心建设”等调研报告及理论文章，在省政协理论研究会征文中获奖。

倾心基层基础，关注民生。区政协结合区委群众工作“直通车”“一进二访”（进社区、访贫和访困）活动。组织政协机关干部深入社区一线，了解社情民意，与困难群众结对帮扶，筹集资金3万元，慰问联系困难对象54户。区政协委员还利用行业优势和地区委员组资源，为困难群众免费提供医疗、法律咨询，代理诉讼等爱心公益活动。例如，政协委员文琪等发挥律师的职业优势，免费为社区居民提供法律咨询服务；文艺路地区组织委员到平江县开展“放飞爱心，书送希望”活动，赠送书籍500册；杨力等委员组织抗战老兵到北京参加纪念抗日战争暨世界反法西斯战争胜利70周年阅兵大典，连续9年开展慰问抗战老兵活动，被长沙市黄埔同学会及黄埔后裔联谊会评为感动社会爱心人士。韭菜园地区组继续开展“春风润民生、委员送岗位”活动，帮助“4050”人员再就业。汤朝阳委员在原有12家子公司的规模下又在隆平高科技园创办新企业基地，吸纳未就业人员走上工作岗位。荷花园地区组企业委员们倾注民生改善，为辖区提供就业岗位近600个。火星地区组委员为解决困难家庭就业问题，提供就业岗位200个。东岸地区组委员为辖区内失地农民提供就业岗位近千个。定王台地区组委员主动与社区戒毒康复人员交友谈心，帮助他们解决生活、就业问题。五里牌、东屯渡、朝阳、湘湖等地区组委员到卢溪、浏阳等地及所在地区的社区，开展扶贫帮困、捐资助学等公益活动，其中区政协委员张为民连续4年到泸溪小学帮扶贫困学子，累计捐款16万元。年内，各地区组、各界别组委员开展各类帮扶活动600余次，帮助1450人再就业，走访慰问困难群众1600余人次，捐款、捐物折价计620万元。

存在的差距和不足：协商活动的实效需进一步提升；民主监督职能需进一步发挥；部分委员履职的主体作用还需加强。

（张莉华）

【政治协商】 区政协紧紧围绕区政中心工作，组织广大政协委员广泛协商一系列重大问题，把协商民主的实践与全区工作大局契合在一起。推进集中协商。发挥大会发言的聚焦作用，在区政协四届四次全会上，委员们重点解决芙蓉区涉及长沙市人民政府60号令拆迁安置小区遗留问题；实施中学标准化建设、促进中学教育全面提质问题；加强社区卫生服务中心建设、为群众提供优质医疗保障等事关民生民利问题进行大会发言。政协委员们的诤言良策，为推进全区相关工作的开展，发挥了重要作用。区政协组织委员与区政府职能部门负责人坦诚相见，就“一府两院”工作报告、财政工作报告以及区政重要问题、群众关心的热点问题开展深入广泛的集中协商。组织专题协商。年内，首次在区政协全会上开展“发挥政协职能作用，增强政协履职实效”和“关注民生民利，构建幸福芙蓉”2大主题专题协商。4—6月，开展“促进全区医疗卫生事业发展”专题协商；7—9月，开展区政府半年度工作专题协商；10—12月，专题协商《芙蓉区国民经济和社会发展第十三个五年规划纲要（草案）》。开展每个季度性的协商增加了密度，抓住了协商重点，委员们结合他们所处界别与所在行业提出了许多建设性意见，为全区新常态下的新发展奉献智慧。开展地区组协商。辖区各地区委员组结合所在街道经济社会发展的具体事务，参与街道棚户区改造、市场提质改造以及民生改善等重要活动的协商，主动献计出力，真诚担当。

【民主监督】 区政协不断丰富民主监督的形式和载体，搭建委员履行民主监督的平台。民主评议活动。组织委员对区审计局进行民主评议。区政协委员评议组通过开展调研，掌握大量第一手资料，他们提出进一步提升审计工作效率、工作创新力度。以及规范部分审计标准和审计结果运用等建议，为提高审计工作科学化水平建言献策。委派民主监督员。年内，选派66名委员担任区环保局、城乡建设局等14个政府职能局及司法部门的民主监督员，参与到各单位的行政执法、作风建设和便民服务监督中。采取上门走访、问卷调查、座谈讨论、设立热线电话，把群众意见及时与相关部门反馈交流，提出合理化建议，协助各部门改进工作，整章建制。视察工作。区政协主席会议成员与部分委员视察辖区重点项目建设情况，为推进项目建设出谋划策、助力鼓劲。推进全区司法工作规范化建设，视察区法院、检察院等单位的工作，在肯定成绩的同时，提出了促进司法公正和提高司法公信力的建议。

【参政议政】 注重提案办理实效。区政协通过现场面商、领导督办提案，提案答复后评议等举措，形成广泛参与、整体推进、督办有力、办理增效的提案工作机制。区政协四届四次会议后，征集到委员提案128件，经审查立案91件，推动解决一批事关发展和群众切身利益的问题。政协委员朱世民关于“加强东湖生活污水治理的建议”得到区环保局等相关部门重视，并组织力量开展专项整治。政协委员潘向阳关于“加快全区公共就业信息平台建设的建议”促使相关部门建立“芙蓉区就业信息平台”。依托“委员工作室”收集社情民意、反映群众诉求。设立“委员接待日”，公开委员联点社区及联系方式，让委员更真实地了解群众意愿、听到群众心声，方便群众近距离接近委员、反映问题。区政协及时把收集的社情民意精选后上报市政协，为畅通民意诉求渠道发挥作用。其中“关于解决长沙市60号令拆迁安置小区遗留问题的建议”得到市长胡衡华、副市长黎春秋的批示，“关于加强城乡医疗救助工作的建议”“关于在城区隧道开通广播手机信号的建议”等社情民意信息被市政协刊物采用。

【调研视察】 12月10日，区政协主席刘建新带领区政协主席会议成员一行6人到区法院调研指导工作。他查看了法院诉讼服务中心、数字化审判庭、法官值班室、法律志愿者工作室、信访接待室、法院文化长廊等场地，并与法院班子成员进行了座谈。刘建新要求：区法院要坚持原则，紧密团结在以习近平为总书记的党中央周围，坚定理想信念，提升思想境界，牢记工作宗旨；要站好岗位，忠诚履行宪法法律赋予的职责，按照法律法规公平公正司法办案，关注关心弱势群体，让人民群众在每件司法案件中感受到公平正义；要抓好队伍，落实“三严三实”要求，推进党风廉政建设，自觉接受各方监督，推进队伍正规化、专业化、职业化建设，调动队伍积极性，提升队伍凝聚力，全面提升队伍工作素质。11月20日，区政协主席刘建新一行调研了区检察院工作。他查看了受案大厅、控申接待室和办案区等主要办公场地，组织召开调研座谈会，并发表了讲话。刘建新对区检察院的工作表示了肯定，他指出，检察院突出成绩的取得是区委正确领导的结果，也是检察院自身建设的成果，重点体现在“正气、规矩、创新、活力”8个字上。区检察院在任务重、要求高、案多人少矛盾突出的情况下，班子团结务实，正气守规矩，创新促发展，活力强队伍，完成了各项检察工作任务。他要求区检察院要继续巩固良好的发

图11 区政协主席会议成员视察法院工作

展势头，站在更高的起点上做好检察工作。要忠诚于党和人民，忠诚于法律；要履行职责，开展监督，服务大局；要带好队伍，以人为本。

【专题调研】2月，区政协成立禁毒工作专题调研组，坚持到社区戒毒工作指导站开展调研，召开戒毒人员及家属座谈，并到上海、无锡等地考察学习。调研情况如下：

基本情况：截至2015年10月31日，辖区登记在册吸毒人员1670人，隐性吸毒人员1.67万人。全区9713起治安管理案件中，涉毒人员引起的453起；7722起刑事案件中，涉毒刑事案件137起。

禁毒工作：一是打击毒品犯罪活动。二是推进禁毒机构队伍建设与财政保障工作。三是宣传拒毒防毒知识。四是落实“社区戒毒（康复）”工作措施。五是帮助戒毒人员回归正常生活。

存在的问题：开展禁毒工作思想认识不到位；禁毒队伍建设与资金投入亟待加强；禁毒宣传教育缺乏纵深发展；社区戒毒康复帮教力量薄弱。

【提案工作】年内，区政协委员、政协各参加单位提交提案128件，经提案委员会审查，立案91件，分别交由区委、区政府系统的33个单位办理。截至9月底，立案的91件提案全部办理完毕。提案所提问题已经解决或基本解决的31件，占办理提案总数34.1%；正在解决或列入计划准备解决的57件，占总数62.6%；因受条件限制或其他原因不能解决的3件，占3.3%。提案办理的见面率100%，委员满意或基本满意

图12 2月2-4日区政协主席刘建新在第四届委员会第四次会议上讲话

率98%。政协提案对全区经济社会发展、保障人民群众共享改革发展成果，促进决策科学化、民主化发挥了重要作用。

【政协芙蓉区第四届委员会第四次会议】2月2—4日中国人民政治协商会议长沙市芙蓉区第四届委员会第四次会议召开。区委书记梁仲，区委副书记、区长于新凡，区委副书记夏钟剑，区人大常委会主任罗树林，区政协主席刘建新，区政协副主席洪曙光、李国开、谢志鹏、黄金国、杨爱斌，区政协秘书长成正良，全体区委常委，区人大常委会全体副主任，区政府全体副区长，区人武部政委，区法院院长，区检察院检察长，隆平高科技园主要领导，区政协老领导及第四届区政协常委出席会议。区政协副主席李国开主持会议。刘建新受政协芙蓉区第四届委员会常委会的委托，向大会报告工作。黄金国代表区政协第四届委员会常务委员会报告四届区政协常委会提案工作情况。来自经济科技界别组的委员慕云作题为“关于解决芙蓉区涉及60号令拆迁安置小区遗留问题的建议”的发言；教育医卫界别组委员李骅围绕辖区中学教育现状，作题为“实施中学标准建设，促进中学教育全面提质”的发言；区政协委员、省人民医院党委书记黄利华结合自身专业优势，对全区社区卫生服务中心建设提出建议。该次会议通报表彰了定王台地区委员组等4个先进集体，芙蓉区法院等3个委派民主监督员工作先进单位，区检察院民主监督小组等3个先进民主监督小组，李伟等41名优秀个人及优秀提案、社情民意信息和调研报告。

【区政协常委会议】2015年，区第四届政协召开常委会5次。1月13日，区政协召开第四届第14次常委会议，协商第四届第四次全会方案及审议该届专题协商会工作方案。4月7日，区政协召开第四届第15次常委会议，协商年度工作要点安排，区政协常委及街道联络处主任先后发言并开

图 13 组织部分区政协委员到清华大学参加培训合影

展讨论。8 月 21 日，区政协召开第四届第 16 次常委会议，该次会议听取了谭雄伟介绍全区上半年工作，区政协常委就相关重点工作发表看法和建议。11 月 17 日，区政协召开第四届第 17 次常委会议，协商民主评议区审计局相关工作。12 月 10 日，区政协召开第四届第 18 次常委会议，协商“十三五”规划有关问题，区发改局负责人介绍规划编制情况，省社会科学院全区专家介绍规划进程，区政协常委开展关于教育、医疗等民生问题发言。

【区政协主席会议】 2015 年，区第四届政协召开主席会议 7 次。1 月 13 日，区政协召开第四届第 27 次主席会议，该次会议讨论了芙蓉区棚改拆迁工程及融资问题。4 月 24 日，区政协召开第四届第 28 次主席会议，该次会议研究评议区审计局工作方案及调研禁毒工作方案。7 月 27 日，区政协召开第四届第 29 次主席会议，该次会议听取了市“政协杯”篮球赛总结及讨论成立工会方案。9 月 14 日，区政协召开第四届第 30 次主席会议，该次会议研究国庆联谊活动安排。11 月 11 日，区政协召开第四届第 31 次主席会议，协商讨论“一进二访”工作布置。12 月 7 日，区政协召开四届第 32 次主席会议，该次会议研究“十三五”规划专题协商时间的衔接及第四届第五次全会准备工作启动。12 月 21 日，区政协召开第四届第 33 次主席会议，该次会议研究第四届五次全会方案讨论及相关工作布置。

【“十三五”规划专题协商会】 12 月 10 日，区政协召开芙蓉区“十三五”规划专题协商会，区委常委、常务副区长谭雄伟及区政协副县级以上领导出席，湖南省社科院现代财政金融研究院院长尹向东，全体区政协常委、各委办主任、各街道政协联络处主任、区发改局局长周旭东、副局长王海鹰参加会议。区政协主席刘建新主持会议。该次专题协商会周旭东介绍“十三五”规划基本情况；尹向东介绍“十三五”规划内容编制情况。会上区政协委员代表、区政协领导及各委办主任做了发言；谭雄伟做了总结讲话。

【民主评议会】 11 月 27 日，区政协在区审计局召开民主评议会。区委常委、常务副区长谭雄伟参会。该次评议坚持全面、客观、公正的原则，组织严密，重点突出，方式多样，情况准确，形成民主评议报告，并提出有关对策和建议，找出问题。评议小组提出审计工作效率、创新力度需要提升，审计标准需要规范，审计结果运用需要增强。

【市政协领导调研都正街棚改项目】 10 月 13 日，市政协副主席王力力、袁志恒率市政协棚户区改造模式探索调研组到都正街棚户区改造项目开展调研。该调研组一行深入实地察看都正街棚改有关项目，都正街项目指挥部相关负责人汇报了项目基本情况、工作进展、工作成效等情况。参与调研的市政协调研组和市住房保障局领导肯定了芙蓉棚改工作，并指出都正街棚改项目按照“因地制宜、区别对待”的原则，采用整治、改造、修复、修缮等多种方式开展棚户区有机改造，工作成效显著，为探索新形势下城市棚户区改造工作提供了有益的借鉴。市住房保障局党组书记、局长李志坚，副区长潘宏等参加调研活动。（张莉华）

中共长沙市芙蓉区纪律检查委员会

区纪律检查委员会机构及领导人员

书　记　廖铁成
副书记　谭利辉(女)　王跃斌
常　委　阳　颖(女)
　　　　邹学斌　　黄　革
　　　　李雄文（2015.06 任）
　　　　黄传华(女)(2015.06 任)
　　　　陈律严（2015.06 任）

监察局

局　长　谭利辉（女）
副局长　陈律严（2015.07 任）
　　　　唐子茹（女）

【概述】2015 年，芙蓉区纪检监察部门围绕贯彻落实中共十八届中央纪委五次全会和省、市纪委全会精神，转职能谋主业，转方式促担当，转作风求实效，服务全面深化改革和全面建成小康社会，全区党风廉政建设和反腐败工作取得新成效。

严明党的纪律，推进责任落实。协助区委出台“落实党风廉政建设责任制，党委负主体责任，纪委负监督责任”（以下简称“两个责任”）检查考核、责任追究等相关配套制度，结合“芙蓉区廉政信息管理系统”，明确党组织 24 个方面主体责任、纪（工）委 18 个方面监督责任，以及 10 项具体保障措施和 6 项问责追究形式。通报 2014 年度落实党风廉政建设不到位的 8 家单位；会同区委书记就“两个责任”落实约谈了 7 个街道和区直单位党政正职干部；会同区长约谈了全区区直单位和街道行政负责人；在落实“两个责任”方面，约谈街道、区直单位党政正职、纪（工）委书记、纪检组长 80 人次。对沪昆高速邵怀段“7·19”车辆追尾爆炸交通事故中负有责任的 7 名区管干部，湘湖“11·29”较大火灾事故中负有责任的 8 名区管干部开展责任追究。对区交通局等 5 家落实“两个责任”不力的单位，严肃追究党委主体责任和纪委监督责任，并处理相关责任人。

创新方式方法，强化正风肃纪。把全区划分为 8 个纪检监察片区，区纪委班子成员联片督导，整合片区纪检人员力量，开展常态督察工作。年内，各片区召开联席会议 90 次，进行交叉检查、巡查 160 次，发现处理问题 90 个，行政问责“为官不为”10 人。组织开展重要节假日及重点区域的作风建设明察暗访 13 批，开展“三重一大”（即重大问题决策、重要干部任免、重大项目投资决策、大额资金使用）、公车私用、违规发放津补贴等专项检查 3 次，全区通报作风建设情况 90 次，通报典型案件 167 例。廉政账户上缴红包礼金 103.9 万元，全区“三公经费”支出同比下降 7.39%。结合纪检监察片区工作，在全区作风建设检查层面上构建了“点片结合、常态巡查”的全覆盖模式。建立“一月一暗访，一季一点评，逢节必督察”的作风建设工作机制，全面实行每周 2 次的随机暗访督察，推动作风建设常态化长效化。

保持高压态势，时刻挺纪在前。查处违反中央“八项规定”行为 13 人次，查处发生在群众身边的“四风”和腐败问题 44 件，处理 61 人。全年查办违规违纪案件 80 件，同比增长 73%，立案涉及副科级以上干部 21 人，同比增长 91%，移送司法机关 3 人。全年召开反腐败协调小组会议和相关联席会议 4 次，接收问题线索 34 条，立案调查 18 人；接待群众来信、来访、来电 300 批 350 人次，受理各类信访件 429 件（其中重复件 309 件），完成上级交办 3 件，为上级纪检监察组织提供线索11件。组织开展干部任前廉政谈话（含集体和个人）280 人次；对工程项目管理、财政资金使用、违法建设拆除等全区重点工作履职不到位的单位和个人，会同有关部门进行约谈和诫勉谈话30人次。

推进源头治理，落实拒腐防变。着手搭建政务公开网、电子监察系统、廉政信息系统“三位一体”的防控网络。推进全区权力公开透明运行、一把手“三个不直接分管”(不直接分管人事、财政和工程)制度，督促相关单位推进简政放权。全区行政审批事项已由上年249项精简为年初52项，年末仅剩余38项，精简率84.7%。在重大节假日制发廉政短信1.4万条，组织观看廉政教育片，定期敦促全区科级实职干部及时报告个人重大事项，并向区纪委以及单位党政负责人和纪检负责人发送预警信息。协助区委制定全区学习宣传贯彻新《中国共产党廉洁自律准则》《中国共产党纪律处分条例》实施方案，举办辅导讲座、分批研讨、专题考试等系列活动。利用辖区内网络、刊物、大型户外电子显示屏等“三位一体”的立体宣传模式，在火车站广场、浏阳河婚庆公园、“芙蓉之窗”网站、《芙蓉月刊》上刊发播放廉政公益广告，以群众喜闻乐见的形式弘扬廉政文化。选送廉政文艺节目“清风礼赞”“回到你身边”，并代表全市参加全省会演，获评全省会演第一名。积极打造“一街一品，一社区一特色”廉政教育格局，增强教育的广泛性、趣味性和实效性。

推进“三转”(转职能、转方式、转作风)，保障执纪力量。开展清理和规范纪检负责人兼职分工问题，解决了区直单位纪检组组长和街道纪检副书记100%专职主业。精简区纪委参与和牵头的议事协调机构4个，新增3个行政编制，区纪委机关干部人数增至26人。设立4个纪检监察室专司纪律审查；新设政府办、棚改办等9个纪检组织。优进高出纪检干部，全年，区纪委机关提拔交流干部5名，街道和区直单位提拔纪检干部13名。建立和完善片区工作台账、信访工作台账、区属纪检组织日常工作台账，从工作业绩和纪律作风方面，实行量化考评全区纪检监察干部。出台纪检负责人任免征求意见和备案制度，明确纪检干部管理、考核、提名、考察和任命等工作，规范全区纪检干部队伍管理。通过邀请省市专家专题授课、党纪条规考试、协同办案、跟班学习等方式，提高纪检干部素质和能力。区纪委机关党支部先后组织理论专题学习12次，研讨7次，案件剖析分析7次。结合季度讲评、片区工作以会代训，全年举办纪检监察工作培训40期。

（丁　强）

【互联网＋廉政信息系统】 年内，芙蓉区党风廉政信息系统，以“中共长沙市芙蓉区委关于落实党风廉政建设党委主体责任、纪委监督责任的实施办法(试行)”为基础，借鉴“互联网＋”的思路理念，开展党风廉政建设主体责任和监督责任的定责及履责监管。由区纪委构建信息系统中党组织主体责任、纪委监督责任的档案内容，明确了党组织24个方面主体责任、纪(工)委(纪检组)18个方面监督责任的具体内容任务。辅之以《芙蓉区2015年度落实党风廉政建设责任制检查考核实施办法》《关于落实党风廉政建设党委主体责任纪委监督责任的责任追究办法》，把党组织主体责任、纪委监督责任细化量化为10大项+28小项的主体责任清单、7大项+42小项的监督责任清单以及10项具体保障措施。构建了边界清晰、分工合理、权责一致的职能体系。该系统完成收录77个区属单位571人的廉政基础信息。发布在重要节假日、生日节点、责任落实和作风建设督察廉政信息1.4万条。截至年底，该系统收录有571人填报的1031条个人廉政信息及重大事项报告，77个单位报告了党组织主体责任履职情况和监督责任履行情况。芙蓉区党风廉政信息系统被《湖南日报》、三湘风纪网、《长沙晚报》等新闻媒介报道推介。

【创新推行“片区＋巡查”基层执纪模式】 年内，区纪委、监察局开展“片区＋巡查”基层执纪工作模式。通过整合纪检监察力量，完善联合监察机制，缓解了街道、区直机关各单位纪检组织人员少、监督难等问题。把辖区76个单位(含街道、园、局)统一划分8个片区；在原有49个纪检组织的基础上，新增设环保局、政务中心、司法局、安监局、统计局、文体新局等9个纪检组织；在62个社区中有10个社区成立社区纪委，并设立社区纪委书记1名，纪委委员2名，有52个社区配备了纪检委员。全面推广纪检监察业务(案件工作除外)分片巡查管理制度。各片区按照区纪委要求，开展片区巡查工作完成巡视检查160次，发现处理问题90个。

【学习和贯彻两部党纪党规】 11月4日，由区纪委、监察局组织全区纪检监察领导干部学习新颁布的《中国共产党廉洁自律准则》《中国共产党纪律处分条例》。11月12日，再次组织全区副科职以上党员领导干部近600人集中专题辅导《准则》和《条例》。专题辅导由湖南省委党校教授龚永爱围绕《准则》《条例》的重要性和必要性、新特点及努力践行廉政准则的各项要求等方面，讲授党纪辅导课、廉洁修身课、纪律教育课。区委常委、纪委书记廖铁成主持辅导报告会，他要求各级党委（党组）要落实好全面从严治党的主体责任，抓好贯彻落实，各级纪检组织要回归主业，履行好监督责任，协助抓好《准则》和《条例》的学习宣传教育和贯彻实施工作，开展监督执纪问责，严肃查处违反党纪党规的行为，做到从严监督、从严执纪、从严问责、从严自律。把学习贯彻党纪党规，当作一项重要政治任务，使党纪党规的精神真正入脑入心。

【党风政风监督】 年内，区纪委、监察局坚持早谋划、早部署，推进全区党风廉政建设。出台“芙蓉区度落实党风廉政建设责任制检查考核实施办法”，对区属各单位2015年落实“两个责任”的具体要求明晰化、规范化和标准化，特别是领导班子成员要坚持学习，使之心有所向、行有指南。完成升级党风廉政建设信息管理系统，打造监督履行“两个责任”的平台。通过督促区属各单位及全区副科级以上领导干部每月填报系统，实现对区属各单位“两个责任”落实情况的全程纪实，以及对领导干部个人有关事项报告的实时掌握，为加强党风廉政建设日常考核提供重要依据。坚持分片管理制度。突出监督全覆盖、管理精细化，将全区所有区属单位包括已设和未设纪检组织的单位划分8个片区，分别由区纪委副书记、常委联片督导，并在每个片区中选定1名区属单位纪检负责人担任片长。各片区坚持每月召开片辖各单位联席会议，以片为单位，每月开展作风建设督察、联合办案，开展对落实“两个责任”“三重一大”等方面的巡视督察等活动。

【年度纪检监察工作会议】 2月25日，区纪委召开春节后第1次全体干部会议。区委常委、纪委书记廖铁成结合2月15日全区第四届纪委第四次全会暨全区反腐败工作会议精神，回顾了2014年工作成绩，并根据新年工作安排。该次会议，他要求抓好案件办理，汇总春节前后作风建设检查情况，主动出击掌握案件线索，对接问题处理，提高办案效率。要启动区纪委内设机构改革，提高工作效率。要筹备召开全区纪检干部大会，学习上级指示精神，提高业务能力，部署安排工作。要按照市委、区委要求，迅速清理党员干部涉违情况，查处违纪问题，做好纪律保障。

【市纪委督察芙蓉区党风廉政建设“两个责任”落实情况】 8月10日，市委常委、市纪委书记李军一行到芙蓉区督察党风廉政建设“两个责任”落实情况。该次座谈会上，区委书记梁仲从铁肩担责、增强领导力；实在管用、提升执行力；长效恒久、强化保障力等方面做了主体责任落实情况汇报。区纪委书记廖铁成汇报了区纪委监督责任落实情况。李军对芙蓉区党风廉政建设主体责任和监督责任落实情况给予了肯定，并认为芙蓉区在落实“两个责任”方面认识清晰、态度坚决。他要求，把握好“落实、坚持、创新”，继续完善并建立有效管用的措施，抓好制度落实；要不断探索，把创新工作体现在落实“两个责任”上并常抓不懈，以钉钉子的精神，持续推动党风政风以至社会风气的全面好转。市纪委办公厅主任彭清华，市纪委调研法规室主任喻勇兵，市纪委党风政风监督室主任秦跃平，市纪委第6纪检监察室副主任刘况钟等参加调研活动。（丁 强）

群众团体

芙蓉区总工会

【概况】 2015年，芙蓉区总工会（以下简称区总工会）组织、引领全区各级工会组织，以“三严三实”教育活动为契机，发挥工会“参与、维护、建设、教育”4项基本职能，在推动全区经济社会发展中做出了贡献。在市总工会组织的年度考核中区总工会获特等奖。

弘扬劳模精神，引领创先争优。区总工会组织开展学习劳模精神活动，落实中共十八届五中全会和中央、省、市党的群团工作会议精神，通过道德讲堂、劳模事迹宣讲会等形式，全方位选树和宣传职工中的模范人物和先进代表。经过层层推选，荷花园街道恒达社区原书记刘朝辉被授予“全国先进工作者”称号，并受到党和国家领导人接见；推荐长沙新振升集团有限公司设备动力部维修班班长欧阳金旺被授予湖南省“劳动模范”称号。以全国先进工作者刘朝辉名字命名的“朝辉劳模创新工作室”获评省级示范点，并在全国总工会组织的经验交流会上做典型发言。培育以省劳模欧阳金旺名字命名的“金旺劳模创新工作室”。选树行业先锋，扩大示范效应。“五一”劳动节前夕，区总工会举办以“出彩芙蓉人”为主题的庆“五一”暨芙蓉道德讲堂“爱岗敬业”主题故事会。该次故事会以VCR情景再现、现场访谈、微电影、工装秀、诗朗诵等多种形式，展现颐而康保健有限公司工会主席陈江林、育英西垅小学校长杨流安、常青树老年公寓执行院长叶小兰、白沙物流数据技术部等不同行业先进人物、班组的优秀事迹，不断放大劳模示范效应。组织开展劳动竞赛，引领创先争优。5月，在省总工会主办的首届长株潭“两型社会”职工创新成果展会上，火星街道的长沙亚欣电器技术服务有限公司、东湖街道的湖南优蜜食品科技有限公司等成果参展并获奖。6月，组织开展“安康杯”安全生产竞赛活动，全区有100家50人以上单位报名参加，覆盖职工1.27万人。组织全区14个企业代表队的42名选手参加“安康杯”知识竞赛。五里牌街道的华润湖南瑞格医药有限公司、东湖街道的长沙新创韶光微电子有限公司代表队获一等奖。年内，白沙物流技术部、湖南优蜜食品科技有限公司研发中心被授予市级“工人先锋号”称号；长沙亚欣电器技术服务有限公司工程部等8个班组被评为芙蓉区“工人先锋号”。

推进工会建设，实现强基固本。年内，区总工会辖2个系统工会，13个街道工会联合会，1个园区工会联合会。全区有基层工会2060家（涵盖法人单位5762家），会员12.66万人。抓好工会组织建设。区总工会全年新组建工会组织239家，涵盖法人单位784家，发展会员3.3万人，其中农民工会员2.19万人。区总工会联合区财政局、区审计局下发“关于加强全区基层工会经费收支管理的通知”，辖区机关事业单位在7月份全部建立了工会，开设工会账户，促进了全区机关事业单位工会组织建起来、转起来、活起来。促进各级工会组织规范化建设，广泛开展创先争优活动。年内，文艺路街道工会联合会被评为全省“六好乡镇(街道)工会”；湖南省明园蜂业有限公司工会委员会等7家基层工会组织被评为市级“模范职工之家（小家）”；长沙科尔雅口腔医院有限公司工会委员会等6家基层工会组织被评为芙蓉区“模范职工之家”被评为。推进工资集体协商工作。区总工会坚持“党政主导、工会运作、多方联动，共同参与”的工作原则，推动工资集体协商工作。市总工会下达该工资集体协商任务数1400家，全年完成1439家，其中50人以上非公企业单签97家，覆盖职工人数1.44万余人。签订区域性行业性协议17份，涵盖非公法人单位1342家，覆盖职工人数2.36万余人。

增大服务力度，推进改善民生。工作区总工会践行中共群众路线，实行“面对面、心贴心、实打实”的帮扶。推进工会服务体系建设。组织开展“春风送岗，服务万家”系列招聘会。年内，全区各级工会组织先后组织各类招聘会15场，提供工作岗位2000个，吸引3000名求职者，有480人与企业达成了聘用意向。组织开展以“送清凉、送安全、送健康”为主题的高温慰问活动。由区委书记梁仲和区长于新凡带队慰问职工7000余人，赠送防暑降温物质价值40万元。组织开展“金秋助学”活动。区总工会多方筹措资金，为53名品学兼优的寒门学子每人发放3000～5000元助学金，计20万元。组织开展特困职工“送温暖”活动。以困难职工帮扶系统为平台，为1400名困难职工建立帮扶档案。依托全市在职职工普惠制服务平台，推进职工普惠服务。全年有15926名在职职工参加医疗互助，先后共有840人申请住院医疗补助，发放补助金72万元，为患病住院职工减少医疗自付费用，提高职工医疗保障水平。丰富职工业余生活。开展组织开展辖区环卫工人专场慰问演出活动，有600名环卫工人享受到省歌舞剧院带来的艺术大餐。区总工会联合区文体局和区直机关工委举办“芙蓉区第六届全民健身运动会”，有49支队伍2000人参加羽毛球、跳绳、广播操比赛，展示了全区机关、企事业单位干部职工的精神风貌。组织辖区职工参加全市各类比赛。组织20支队伍参加全市职工“智跑”活动，并获一等奖、二等奖各1项，三等奖4项。选送蓉园小学教师夏夜，参加芙蓉杯竞赛10年回顾征文比赛获一等奖；鼓励女职工参加全市“最美芙蓉花”女职工微信摄影大赛，获省级二等奖2项，市级二等奖1项，三等奖2项。区总工会还获“优秀组织奖”。提升服务质量。12月25日，区总工会打造的“芙蓉工会”微信公众号正式上线，并开设便民端口，以日均2条的速度更新信息，便于广大职工了解工会、认知工会。举办“爱在芙蓉，一路有你”单身青年男女交友联谊活动，先后举办交友活动10场次，参与人数2000人次，现场成功牵手男女106对，为全区单身青年搭建起相识、相知、相恋之桥。

存在的主要问题和困难：基层工会工作发展不平衡，基础工作不够扎实；围绕中心、服务大局、创新工作方面需要提高，工作品牌和特色不够明显；工作总结和提炼不够，在出经验、出成果上的意识不强。　　（李静锋）

芙蓉区总工会

党组书记、主席　　李凤英（女）

副主席　　邹武源（2015.07免）

　　　　　黄家旺

【朝辉劳模创新工作室】　2015年，刘朝辉被授予“全国先进工作者”称号，以刘朝辉名字命名的“朝辉劳模创新工作室”获省级示范点，并在全国总工会组织的经验交流会上做题为“弘扬劳模精神、探索创新基层治理新路子”的典型发言。“朝辉劳模创新工作室”自2011年正式挂牌该室以社区居民群众满意为宗旨，创新基层治理方式，探索基层公共管理新模式，按照“八有”（有命名、有牌匾、有团队、有设施、有制度、有流程、有经费、有成果）的要求，转变思想观念，创新工作方法，开展一系列基层治理工作：社区实行大物管服务破解老旧小区物业服务难题；实施交通“微循环”解决居民群众停车难、出行难；创办“罗维周欣馨互助会”及时帮扶老弱病残群体并取得成果。

【服务女职工活动】12月23日，区总工会举行“女职工关爱行动”救助金发放仪式，从辖区109名申报救助的困难女职工中按困难程度遴选出43位，给予2000～4000元不等的救助，计10万元。为8473名在职女职工参加女职工特殊疾病保障；3人申请女职工特殊疾病保障互助金，共计3万元；1人申请火灾救助3000元。发动19346名职工参加2016年在职职工住院医疗互助，10361名女职工参加了特殊疾病保障。（李静锋）

共青团芙蓉区委员会

【概况】　2015年，芙蓉区团委以开创共青团工作新局面为目标，探索新形势下做好青年群众工作的方法，推进全区共青团组织各项工作的持续发展。

推进基层团组织建设。区团委下辖28个团工委、75个团支部，学校团支部120个、非公经济团组织60个，5700名共青团员。年内，区团委在湖南中航物业有限公司、湖南湘军职业学校等“新经济组织”和“新社会组织”中建立基层团组织。区团委与财政局联合发文，各街道纳入财政预算团建经费2万元，专款专用。10月10日，团省委学校部部长王虹彬一行到湘湖街道西湖社区、五里牌街道五里牌社区调研基层团建工作，参观社区团组织活动阵地，听取团干部畅谈工作体会，对湘湖、五里牌街道基层团建工作他充分肯定了。

打造志愿服务品牌。区团委推进“雷锋号”“青年文明号”“青年岗位能手”等品牌的创新、亮号工作。组织开展新春走访慰问活动，对辖区内10名困难家庭的青少年送上助学金与新年祝福。组织青年志愿者在长沙火车站、汽车东站等人流密集区域为春节期间返乡人员提供站外交通、出行咨询、排队引导、志愿应急、爱心送暖等服务。3月，举办芙蓉道德讲堂“志愿服务”主题活动，引导少年警校近百名学员学习“奉献、友爱、互助、进步”的志愿者精神，收到良好教育效果。5月12日，区团委邀请中南大学心理学教授郭平为湘一芙蓉中学初三学生举办“让考试变得轻松”的考前心理辅导讲座，缓解考生的备考压力。成立“芙蓉青年爱心汇”，扩大爱心帮扶受众面。参与“圆梦行动”“芙蓉学子”等各类捐资助学活动，帮助贫困青少年解决实际困难。举办“无‘毒’有我”国际禁毒日宣传活动，增强青少年的禁毒意识。以“互联网+共青团”交流平台为载体，积极探索共青团工作新模式。举办“邂逅青春·遇见爱”单身青年七夕观影联谊会，联合省“两型办”团委发起“认领微心愿、温暖身边人”活动，并结对帮扶困难家庭6户。组织全区优秀志愿服务团体4个，先进个人19名，参加全市青年志愿者联合会换届大会，吸引、营造志愿服务良好氛围。

服务青年就业创业。举办芙蓉青年创业讲坛、创业培训班，引导创业青年学习先进经验。8月，区团委在全区各级团组织中开展“芙蓉建功 青春行动”系列活动，从思想上、行动上、组织上、榜样力量上激发青年干事创业热情。深入火星街道温州大厦项目，详细了解企业的投资安排、项目落实及存在困难等情况，与企业面对面交流，帮促企业发展。举办“相约青春筑梦芙蓉”青年岗位能手展示活动，提升先进典型对青年的引导和带动作用，为全区各类青年创业就业树立榜样。

存在的主要问题和困难：辖区内人口构成情况复杂，重点青少年信息统计不够到位；由于位置及经济发展环境不一，“新经济组织”和“新社会组织”两新团组织的建设工作发展不均衡；随着青少年需求的不断增加，现有服务体系急待改善，创新意识还需要增强。（廖志力）

共青团芙蓉区委员会

书　记　龙雅俐（女）（2015.07免）
　　　　金　甜（女）（2015.07任）
副书记　金　甜（女）（2015.07免）
　　　　周　南（2015.11任）

【“芙蓉青年爱心汇”成立】 5月4日，区团委举行芙蓉区庆五四暨“芙蓉青年爱心汇”成立大会。在该次会议中，现场160余名与会人员观看了“芙蓉青年志愿者工作回顾”视频，共同见证芙蓉青年点滴成长，并公布及展示在“芙蓉青年爱心汇”标志、吉祥物、主题歌征集活动中的获奖作品。启动“公益合伙人”计划，选出12个公益项目邀请各成员单位共同参与项目合作。表彰全区共青团系统涌现出来的先进集体和优秀青年。区委组织部长、统战部长周虔在会上向广大青年志愿者提出要求：广大青年要做“五四精神”的传承者，各级共青团组织要与时俱进，勇于创新，不断提高青年志愿服务事业的层次和水平；要做“时代责任”的担当者，各志愿服务团队要拓展工作领域，着眼全区发展大局，推进现有志愿服务，不断创新工作载体和活动方式；要做“芙蓉发展”的践行者。树立精品意识，打造特色志愿服务品牌，把芙蓉区志愿服务事业做实、做大、做强，形成社会各界共同参与的志愿服务体系，提升芙蓉区志愿服务工作的活力与水平。长沙市共青团委副书记詹萍萍，区人大常委会副主任马京沙、副区长张庆和及区政协副主席李国开等出席活动。

【“6·26”国际禁毒日宣传活动】 6月26日，由区团委组织的“无毒有我”国际禁毒日宣传活动在五一大道韭菜园路口举行。该次活动现场向参与者发放禁毒知识宣传读本，约60名五一商圈的白领青年参与活动。参与活动的青年朋友以“秒拍秀”的要方式发出禁毒宣言，并在禁毒签名版写下自己的姓名，郑重做出禁毒承诺。

【“邂逅青春·遇见爱”联谊活动】 8月20日，由区直机关工委、区团委、区妇联联合举办“邂逅青春·遇见爱”芙蓉区单身青年“七夕”观影联谊活动。在浏阳河婚庆园银兴乐天影城的活动现场，来自区直各部门、街道社区以及各企事业单位的150名单身青年共同欢聚一堂。该次活动把交友信息卡、古典浪漫情诗与趣味运动比赛等环节混搭，促成10对单身青年牵手。现场青年朋友还共同观看影片，喜度“七夕”之夜。区委副书记罗玉环出席活动。

【优秀青年岗位能手展示会】12月15日，“相约芙蓉筑梦青春”2015年度芙蓉区（杰出）优秀青年岗位能手风采展示会在区机关会议室举行。来自全区的157名优秀青年参加会议。其中14名优胜选手以网络投票方式从28名初评选手中选出，共同角逐“芙蓉区杰出青年岗位能手”。14名选手以PPT（幻灯片）、VCR（录像资料片）、才艺展示等形式，为与会人员讲述立足岗位、锐意进取、争创一流、团结协作，乐于奉献的事迹，展示了芙蓉青年的风采。共青团市委副书记赵雪峰点评了该次活动的特点，他认为展示会代表性好、先进性好、互动性好，芙蓉区共青团工作基础实、有成效、能创新、接地气。他要求区团委充分运用此次活动成果，要推广好选树的青年岗位能手，不断传播青春正能量，化星星点灯为繁星满天。并以“现在的青春是用来奋斗的，将来的青春是用来回忆的”勉励芙蓉青年用青春奋斗创造美丽人生。共青团湖南省委学校部部长王虹彬，区委组织部部长、统战部部长周虔，区人大常委会副主任马京沙，副区长张庆和，区政协副主席李国开出席活动。（廖志力）

芙蓉区妇女联合会

【概况】 2015年，芙蓉区妇联以建设“坚强阵地”和“温暖之家”为目标，履行组织妇女、引导妇女、服务妇女和维护妇女儿童合法权益的职责，合力推进全区妇女儿童事业与经济社会同步发展。年内，区妇联被授予全省妇联宣传工作先进集体称号，并获市妇联2015年度目标考核红旗单位。

教育培训。区妇联组织，开展社区妇女儿童工作示范创建活动。在农村妇女中开展“学文化、学技术、比成绩、比贡献”双学双比活动，促进农村妇女文化素质的提高。开展“送政策科技、送文化卫生、送温暖平安”活动，推动农村妇女技能提升。举办“三八”节部署会，为妇女提供更多的受教育机会。辖区街道、社区每月、每季度开办基层妇女培训班。组织新型农民骨干参加市妇联培训，举办“芙蓉区家庭教育公益讲座”和区、街道妇联执委会培训，邀请省级专家胡可凡、龙飞宏为11个项目点管理中心工作人员和志愿者开展现场指导，提高亲子活动设计、组织技巧和质量。

扶贫帮困。整合社会各方力量，传递妇联“娘家人”的关爱。年初，组织慰问单亲母亲、特困妇女活动，为特困单亲母亲和特困妇女送去春节慰问金。5月，为22名小学生贫困女童、10名初中贫困女学生争取到位市妇联“春蕾助学金”2.16万元。6月，为肖星顺等5名残疾女童申请病残儿童贫困补助金。7月，为32名小学生贫困女童、20名初中贫困女学生提供“春蕾助学金”3.96万元，为3名贫困“两癌”（宫颈癌、乳腺癌）患病妇女申报救助金，完成“两癌”系统数据填报工作。11月，举办以“献爱心、送温暖”为主题的爱心捐赠活动，为100名困难妇女、贫困儿童、孤寡老人、残疾儿童家庭捐赠棉被和爱心资金5万元。全年拔出扶贫帮困物资、资金15万元。

主题活动。围绕全区经济社会发展和妇联组织发展的需要，区妇联举办2015年妇女儿童家庭服务项目发布暨“女人 家庭 社会”道德讲堂之男女平等社会化活动；承办全国妇联——联合国儿童基金会儿童早期发展社区家庭支持（以下简称ECD）项目2015年工作会暨现场观摩活动；开展“汇聚邻里情绽放文明花”第三届邻里节纳凉晚会和“好家风好家训”宣传展示活动。还举办“七夕”观影联谊会和绿地相亲交友会活动，为全区青年单身男女搭建健康交友的平台；开展以“禁绝毒品危害 打造平安芙蓉”为主题的“6·26”国际禁毒日宣传活动，发放禁毒资料5000份，播放禁毒专题电影75场，发送禁毒公益短信、微信3万条。

典型示范。由区妇联推荐锦林社区、南湖社区、军区社区参加创建市级示范“妇女儿童之家”，3个社区获奖。发挥先进典型的示范带动作用，组织锦林、乔庄、东屯村、曾家坪、杨家山、白沙湾、韶光、滩头坪、西湖、马王堆10个社区学习交流“妇女儿童之家”优秀品牌案例，推荐白沙湾、韶光、滩头坪、西湖4个社区参加市妇联创建市级示范“妇女儿童之家”复赛，韶光社区获奖。开展宣传寻找“最美家庭”“最美创业”“最美湘女”“最美女艺人”系列活动。

组织万户“文明和谐示范家庭”“两型家庭”“五好文明家庭”评选活动，该活动评选出市级“两型家庭”200户，“文明和谐示范家庭”800户，孝老家庭、书香家庭、公益家庭、艺术家庭、和美家庭、优教家庭、平安家庭、助廉家庭等各类家庭50户。

存在的问题和主要困难：少数妇女婚姻生活质量堪忧，离婚率上升，家暴事件不断发生，妇女权益保护需要加强，婚姻家庭环境直接影响子女的健康成长。

（周　偲）

芙蓉区妇女联合会

主　席	易淑珍（女）	（2015.07免）
	欧　转（女）	（2015.07任）
副主席	凌陆明（女）	（2015.07免）
	黄　蕾（女）	（2015.11任）

【全国妇联召开儿童早期发展项目总结会推介芙蓉经验】 12月9—11日，全国妇联——联合国儿童基金会在湖北省宜昌市召开儿童早期发展项目总结推进会。会上，副区长张庆和题为“稳步实施 科学推进 共筑儿童亲子乐园”的大会发言，受到与会代表的好评。全国妇联领导肯定了芙蓉区儿童早期发展项目实施取得的成效，并向全国推介，芙蓉经验以推动中国妇女儿童工作迈上新台阶。

【全国妇联领导到区考察】 9月28日，全国妇联儿童部部长陈晓霞到区考察儿童早期发展社区家庭支持服务项目工作的开展情况。在该次考察中，陈晓霞充分肯定芙蓉区儿童早期发展工作，她要求基层妇联要了解儿童及看护人的需要，探索ECD项目服务体系的新思路，当好0～3岁儿童的“启蒙师”。省妇联副主席卢妹香，市妇联主席谭慧慧，区委副书记罗玉环参加活动。

（周　偲）

芙蓉区工商业联合会（商会）

【概况】 2015年，芙蓉区工商业联合会（以下简称区工商联）创新区级工商联工作，坚持服务会员的理念，在会员发展、组织建设、参政议政、光彩事业等方面积为区域经济和社会发展做出了贡献。区工商联先后被评为全国“五好”县级工商联和湖南省“五好”县级工商联。

推进商会建设。辖区工商联有街道商会13家，行业商会7家，社区商会1家。企业兼职副会长13人，执行常委107名，会员总数1383人。按照“2015年芙蓉区工商联‘五好’商会创建实施方案”，区工商联表彰了一批有特色、有影响、有作为的品牌商会。开展“五好”商会创建活动，把商会建设成为工作保障好、队伍建设好、制度执行好、党建工作好、作用发挥好的“五好”商会。东湖街道商会、五里牌街道商会、火星街道商会、车站北路社区商会、电动车商会、青年创业者商会等先进“五好”商会建设初具规模。指导长沙文化广场商会召开第二届执委会议，完成换届选举工作。新一届长沙文化广场商会班子成员，由有经营权的企业法人经民主选举的执行委员会组成。

发展会员“体、量”并重。区工商联着手统计刷新会员数据库，抓好会员发展工作。提高发展会员质量。吸纳具有行业性、代表性的骨干企业成为区工商联会员。第五届执行常委有政协委员21人，人大代表17人。坚持质量和数量并重原则，打牢工商联系统组织基础。召开工商联兼职副会长会议、分会会长、秘书长工作会议，部署开展“会员集中发展年”活动。全面调查摸排现有工商联会员清单，全年发展企业会员数82家。

开展调研为企业排忧解难。区工商联发挥政企桥梁优势，抓住紧迫、长远、多元的民生问题，通过走访调研了解民营企业诉求帮助企业排忧解难。分批开展民营企业调研、民营企业参与光彩事业调研、民营企业劳动关系状况监测试点调研、民营企业走出去服务需求调查、对外投资专项调查、“千户民营企业大走访”活动等调研工作。召开区工商联执行常委工作会议、商会座谈会，听取基层商会的意见建议，了解企业诉求。参政议政，服务党委政府科学决策。动员工商联会员中的人大代表、政协委员根据调研和了解的民情开展建言献策活动。全年工商联会员撰写提案、议案17份。区工商联主席洪曙光撰写的“以‘两个健康’为抓手，创新区级工商联建设”的调研文章，在《中华工商时报》和省工商联期刊《工商大观》上刊发。

组织交流促进发展。结合中共十八届四中、五中全会精神的学习，组织兼职副会长、街道和行业商会会长到保灵助剂云南分公司、长沙湘贵实业有限公司、湖南新振升集团有限公司开展学习交流活动。分批组织优秀民营企业家参加市工商联举办的“企业创新与转型升级”“新常态下2015中国经济走势与投资方向”“电商创新与互联网转型”等培训以及“2015年全国民营企业招聘周”“钦州城市营销湖南推介活动——长沙推介会”等，拓展企业发展思路。举办“寻找经济发展新常态中的商机”——《中华人民共和国合同法》知识讲座。推荐长沙朵朵教育咨询有限公司、长沙源滋味农产品有限公司、长沙果先森农业科技有限公司、长沙时光景观设计有限公司、长沙竞网信息科技有限公司等5家初创企业登录湖南股交所优选板（Q板）。推介青年创业者商会会长熊一鸣作为全省创新创业先进典型参加全国创新创业报告团在全国各地的巡回演讲，并介绍该企业发展经验，在青年创业者商会中树旗帜、立标杆。

促进光彩事业发展。发掘非公经济企业家慈善爱心成立芙蓉基金会，形成相应公募机制。在捐资助教、项目扶贫、救助困难家庭、提供就业岗位等方面，推进光彩事业和各项社会慈善事业发展。4月，青年创业者商会开展“把微笑留在春天——芙蓉区敬老院慰问活动”，处在创业艰难阶段的青年创业者不忘回报社会，为老年人捐赠了保暖内衣和其他生活用品，并为老年人表演文艺节目。9月，区工商联到株洲炎陵县龙溪乡中学开展“情系山区，爱满炎陵”的爱心助学活动，捐献台式电脑15台、电子琴10架，书刊1000册，还有书包等学习用品和食品，并为11名贫困生发放了爱心助学金参与。该活动的爱心人士还参观了学校，并到贫困学生家中走访，与贫困孩子结对帮扶和捐资助学。

交接创业富民工作。年内，全区市级创业富民专项资金扶持项目的企业有134家，贷款贴息1家，计373万元。大学生自主创业享受经营场所租金补助企业37家，计15.7万元。截至年底，项目扶持结果在《长沙晚报》和各网站公示后，所有补助资金全面拨付到位。区工商联与区人力资源和社会保障局完成了创业富民工作交接。

廉洁自律服务居民群众。区工商联党组按照“一岗双责”的规定要求，制定领导班子“三重一大”事项集体决策制度，开展“三严三实”教育活动，推进党风廉政建设。工商联干部划分为2组，坚持每月有2天到荷晏社区调研走访，全年走访社区居民200户，反映并推动解决了一些居民社区健身器材匮乏、下水道堵塞、楼道灯和防盗门损坏、水表需要改造、小区孤寡老人需要上门照料等居民群众密切相关的民生问题。

（罗伊凡）

芙蓉区工商业联合会（商会）

主　　席	洪曙光
党组书记	罗月（女）（2015.07免）
	易淑珍（女）（2015.07任）
副 主 席	罗月（女）（2015.07免）
	易淑珍（女）（2015.07任）
	沈向昕（女）
纪检组长	廖英明（2015.10免）

【开展爱心助学活动】 9月7日，由区政协副主席、工商联主席洪曙光带领爱心团队20人到株洲炎陵县龙溪乡学校开展“情系山区，爱满炎陵”爱心助学活动。该校是实行9年制的山区学校，现有学生1200名，住校学生占80%。该次捐助仪式上，龙溪学校校长李建平感谢芙蓉区工商联支持教育事业的善举，他说：“你们给山区的孩子们送来的不仅仅是电脑和学习用品，而是对山区教育事业和山区孩子们的关爱，给孩子们送来了温暖、送来了希望。”该校少先队员向爱心人士系上红领巾。爱心人士代表王秀贵鼓励孩子们好好学习，天天向上。龙溪学校校长李建平向芙蓉区工商联赠送了“支教助学，爱暖老区”的锦旗。该次爱心助学活动共捐助资金及物资近10万元。参加区工商联组织的助学活动的单位有富丽华大酒店、魅力四射酒吧、旺德府投资公司、科佳商业、新振升集团、湘贵实业、随意居装饰、御天食府、明程物业、保灵助剂公司、飞达琴行、湘崎文具、安信旅行社、湘桦贸易公司、韭菜园商会尚辰公司、五里牌街道商会伊吉莉服饰、火星街道商会东大门金属设备市场、荷花园街道合杰世家、东岸街道商会东岸装饰建材有限公司、车北商会虾佬顶汤、湘湖街道商会、布艺商会、女企业家商会、电动车商会、文化书刊商会和青年创业者商会及烟村生态科技有限公司等。

【市工商联调研组到区调研】 10月10日，市工商联调研组到区走访调研非公经济党建、人口与计划生育和公募光彩基金等工作。市委统战部副部长、市工商联党组书记丁文，市工商联纪检组组长彭水澄、市工商联副主席傅纯及市联各处室负责人员一行6人，在区委统战部部长周虔，区工商联主席洪曙光，区委统战部副部长、区工商联书记易淑珍，区非公经济党工委书记周云丽等人的陪同下，分批走访了湖南景鹏房地产开发有限公司、万家丽国际购物广场，了解工商联商会会员企业的非公党建工作，听取企业负责人介绍企业发展状况及存在的困难和问题，并现场指导和交办工作。调研组一行在区政府会议室召开调研座谈会。洪曙光汇报了全区工商联系统的计划生育综合治理和光彩基金工作开展情况。周虔在发言中提出建议：非公企业的党建工作要把权力下放到基层，并结合基层条线工作统筹管理；光彩事业基金会手续办理过于烦琐，应尽早完善捐助制度、简化手续、理顺程序。丁文对芙蓉区工商联的工作成效表示充分肯定。他要求，工商联工作要浓厚氛围、凝聚共识、当好参谋、出好主意。要把工作重心放在如何提高工商联会员总量规模、非公经济贡献率等方面；要打牢基础、壮大队伍、增强凝聚力，继续把芙蓉区工商联工作做实。

【长沙文化广场商会完成换届选举工作】 12月7日，在湖南省人民医院大礼堂召开长沙文化广场商会第二届第一次会员大会，完成领导小组换届选举工作。长沙市文化市场综合执法局局长李克强，芙蓉区工商联党组书记易淑珍，区文体新局局长焦英等出席。文化广场商会领导小组成员及全体会员参加。该次大会由长沙市出版物发行协会会长肖坚强主持。由易淑珍宣读对长沙文化广场商会换届选举的批复。第一届执委报告往届工作情况，实行差额选举并公告结果。审议通过了新一届长沙文化广场商会会长、监事、副会长、秘书长等人选。由当选为第二届长沙文化广场商会会长李斯奇发言。长沙文化广场商会自2008年12月成立，按照商会章程于2015年启动第二届换届选举工作。经过请示申请、动员报告、拟定方案及候选名单、修改章程细则等一系列程序，于12月完成换届选举工作。

【开展民营企业走访调研活动】 11月25—27日，区工商联组织10家区工商联(商会)副会长单位及中小微企业，开展“访民企、解难题、保增长”走访调研活动。该活动帮助非公有制企业解决发展中的实际困难和问题，推动非公有制企业转型升级。参加走访调研的领导有区委组织部、统战部部长周虔，区政协副主席、区工商联主席洪曙光，区工商联书记易淑珍，并由他们分别带领区统战部、区工商联机关干部组成调研组，采取实地走访、座谈研讨、问卷调查等开展该项工作。该次走访的单位有：旺德府建材有限公司、随意居装饰有限公司、科佳摄影城、振升铝材集团、保灵助剂有限公司、湘贵实业有限公司、惠吉电子商务有限公司、路翔机电贸易有限公司、魅力四射酒吧、虾佬顶汤海鲜酒楼等。走访调研内容包括非公有制企业的现状，存在的实际困难和问题，相关政策举措的落地情况，企业发展中的主要诉求，对党委、政府推动非公经济发展保增长的意见建议等内容，并对调查问卷表进行汇总分析，形成了走访调研报告“在转型升级的舞台上‘华丽转身’——芙蓉区非公企业转型升级的调研思考”。

【“五好商会”创建暨“会员集中发展年”活动总结会】 12月18日，区工商联召开“五好商会”创建暨“会员集中发展年”活动总结会。区政协副主席、区工商联主席洪曙光，区工商联党组书记易淑珍，区工商联副主席沈向昕出席会议。各街道商会会长、秘书长、经济办副主任和各行业商会的会长及秘书长等近60人参加会议。会议由易淑珍主持。会上沈向昕回顾2015年工作情况，简要部署2016年工作，并宣读了“关于芙蓉区2015年‘五好’商会创建活动情况的通报”，东湖街道商会、五里牌街道商会、火星街道商会、车站北路社区商会、电动车商会、青年创业者商会等被评为2015年度“五好”商会。洪曙光要求全区各商会要学习先进、争当先进，增强使命感和责任感，共同努力，把商会工作提高到一个新水平。 （罗伊凡）

芙蓉区残疾人联合会

【概况】 2015年，芙蓉区残疾人联合会（以下简称区残联）采取普惠加特惠的方式，使辖区内的贫困残疾人优先享受惠残政策，增强服务对象的尊严感、自豪感，增加了认同感和归属感，群众满意度和总体工作水平得到提升。截至年底，全区共有各类持证残疾人3652人（2009年4月开始换发全国统一的《中华人民共和国第二代残疾人证》），其中视力残疾人589人，听力残疾人310人，言语残疾人21人，智力残疾人428人，肢体残疾人1560人，精神残疾人652人，多重残疾人92人。

延伸服务基层触角，开展残疾人康复工作。区残联按照发现1例救治1例的要求，为辖区内符合年龄的残疾儿童提供康复训练，全年为102名“0～14岁”残疾儿童提供康复训练，使残疾儿童在最有利的年龄段得到恢复健康。采取市、区残联出资费用各半的原则，给予残疾儿童发放康复训练费每年1.2万元/人和每月400元/人的家庭陪护费。安排专业医生上门为定王台、荷花园、文艺路、湘湖4个街道的50户残疾人家庭，适配了115件辅助器具。为6名大腿和2名小腿缺失者免费安装了假肢。

抓实职业技能培训，提高残疾人的就业能力。年内，区残联培训基地为残疾人提供免费职业技能培训服务，36名残疾人通过远程教育网，学习了计算机应用、电子商务等职业技能。区残联与市残联定点机构“宜和雅洁家政公司”和“关爱之家社工中心”合作，安排专门服务人员上门为180名智力、精神及肢体重度残疾人提供上门陪护、家庭卫生清洁、心理疏导等服务。

打牢基层基础工作，推进残疾人组织建设。由区残联组织23个社区参与“长沙市残疾人工作性暨明星社区”创建工作，有21个社区创建成为并通过市级验收。其中，文艺新村、化龙池、凌霄社区为示范社区；龙马、韶光、月桂、朝阳、宝南街、陶家山社区为五星级社区；乔庄、车站北路、锦林、德政园、燕山街、马王街、滩头坪、马王堆、古汉城、荷花园、东宜、滨湖、恒达社区为四星级社区。区残联为23个参与创建的明星社区配齐了残疾人联络员，并给予每年2万元/人的工作经费补贴。年内，按照五星级社区2.6万元，四星级社区2万元，三星级社区1.6万元，示范社区2万元的标准给予工作补贴。

抓好惠残政策落实，保障残疾人基本生活。年内，为辖区800名重度残疾人每月发放80元/人特殊生活补贴。为1452名一、二级重度残疾人发放每月50元/人护理补贴。为37名残疾人家庭的大学生、高中生申办每人3000～5000元助学金，发放助学资金11.6万元。为46名“叭叭车”（摩托车、电动三轮车）取缔对象安排社区公益性岗位就业，提供每月500元/人补助。为82名肢体残疾人给予每年260元的燃油补贴费用。（彭 晶）

芙蓉区残疾人联合会

理 事 长	颜剑波（2015.07免）
	聂帮府（2015.07任）
副理事长	熊小华（女）（2015.07免）
	陈 莉（女）（2015.11任）

【为眼疾患者提供服务】 4—11月，区残联根据残障人士的需求，与长沙爱尔眼科医院开展合作，为患有眼疾的居民提供筛查和治疗服务。全免费救助眼疾患者180名，其中白内障23例，配发助视器100例，胬肉19例，青光眼、眼底病、泪道手术治疗5例。眼疾患者的医疗费除医保报销外，个人支付部分由区残联全额承担。

【适配残疾人辅具】 5月15日，第25次“全国助残日”期间，区残联根据残疾人的实际需求，购买了轮椅85部、拐杖76副和盲杖60根，全部免费发放给有需求的残疾人，惠及残疾人200名。

【提供康复服务送进家门】 5—11月，区残联与长沙市按摩医院开展合作，以政府购买的方式为48名行动不便的肢体残疾人士提供上门服务，给每人发放救助资金1000元，使肢体残疾人足不出户就得到专业的医疗康复服务。给10名“0～14岁”残障儿童提供脑瘫、智力康复补贴每人1.5万元。为7名“0～14岁”贫困残疾儿童开展脑瘫手术康复医疗救助，提供手术住院补贴费用每人5000元。为40名两年内中风偏瘫以及脊髓损伤截瘫，骨折后所致的肢体功能障碍患者实行专项医疗救助，发放0.5万～1.5万元的康复补贴。

【社区无障碍改造项目】 5—8月，区残联在火星街道凌霄社区、兴和社区集中开展了残疾人家庭和社区无障碍改造项目。该次在社区公共场合无障碍改造，改建无障碍家庭50户，新修盲道4条400米，坡道63处，钢管水泥隔离墩595个，不锈钢扶手600米，改造方便残疾人的公厕3座。

【召开残联第三届第三次主席团会议】 11月20日，区残联召开第三届第三次主席团会议，会议选举了新一届残联的领导班子，明确残疾人事业的发展目标。市残联，区委、区政府、区人大、区政协、区群团组织等相关领导出席会议。该次会议选举产生芙蓉区残联新一届执行理事会理事长和副理事长。聂帮府任理事长、陈莉任副理事长。

【召开“创业达人”评比会】 12月3日，区残联召开芙蓉区残疾人“创业达人”评比会。省人大代表、省残联理事长肖红林，芙蓉区委副书记、区长于新凡，区委常委、副区长蔡冰等领导参加会议。开展全区残疾人“创业达人”竞赛评选活动，旨在改善残疾人就业和创业环境，鼓励残疾人创业和企业吸纳残疾人就业的积极性。该次会上，通过民主推荐，评选出芙蓉区残疾人“创业达人”13名。（彭晶）

芙蓉区红十字会

【概况】2015年7月，芙蓉区机构编制委员会在批复中明确：区红十字会办公室更名为区红十字会。区红十字会机构独立设置，列入群团组织序列管理。核定金额拨款事业编制3名（常务副会长1名、工作人员2名），人、财、物、事完全单列。9月，召开区红十字会第二届理事会，选举了会长（兼）和常务副会长。年内，区红十字会加强组织建设，开展备灾救灾、社会救助救护培训工作，推进无偿献血、遗体器官捐献、造血干细胞捐献等宣传工作；发展红十字会会员，壮大志愿者队伍；为构建和谐、文明社会做出贡献。年内，区红十字会被评为“长沙红十字模范单位”。

开展关爱活动。新年期间，举办“崇德向善迎新春，红红火火过大年”博爱送万家活动。该活动投入了长沙市红十字会友阿学雷锋社区陪伴公益项目基金计6.6万元，省、市红会筹集价值1.2万元慰问物资，长沙顺景服饰捐赠的价值9万元的衣物以及区红十字会配套购买的2万元米和食用油。在该次活动中，由街道和社区红十字会把慰问金和慰问物资捐赠给区内207户困难家庭，留守儿童、空巢孤寡老人和重病患者等，送去了红十字会的关爱。

普及应急救护知识。区红十字会把应急救护知识培训工作纳入各社区服务中心健康教育的重要内容，开展应急救护培训。年内，街道、社区开展应急救护知识培训119场，授课近300小时，听课人数26085人。全区各中小学和素质教育基地开展应急救护知识普及培训计40场次84课时，听课人数16297人。

弘扬红十字精神。区红十字会与教育部门配合，把红十字会工作与德育教育融为一体，组织开展红十字模范学校创建，成立学校基层组织，发展青少年志愿者。结合“5·8世界红十字日”“5·12应急知识宣传日”“6·14无偿献血日”等活动，开展“弘扬百年传统，发扬红会特色”阿波罗商业广场宣传和大润发前坪遗体器官、造血干细胞捐献等宣传活动。印制《红十字法律、法规、章程汇编》《红十字宣传手册》《人道、博爱、奉献》及骨髓、遗体、干细胞捐献、无偿献血等相应宣传材料2万份，悬挂宣传标语15条。（袁丹丹）

芙蓉区红十字会

会　　长　张庆和（兼）
常务副会长　颜剑波（2015.07任）

图14　芙蓉广场夜景

法　治

【概述】2015年，芙蓉区政法综治工作以中央及省委、市委政法工作会议精神为引领，以司法体制改革为动力，以平安芙蓉建设为目标，以过硬队伍建设为保障，维护社会大局稳定、促进社会公平正义、保障人民安居乐业，为全区经济社会发展努力创造了安全稳定的社会环境、公平正义的法治环境、优质高效的服务环境。年内，全区刑事发案总数较上年同期下降17.14%，“零发案”社区（村）47个，累计申请零发案社区奖励经费36.5万元。在全省综治工作民意调查总成绩为85.46分，位列第67位，全市内五区排名第三。被评为“2015年度省、市社会管理综合治理先进区（县）”和“2015年度全省禁毒工作先进区（县）”。定王台街道被评为2015年度全国社区戒毒社区康复工作示范单位。

反恐防暴工作。增强危机意识，抓情报信息搜集和预警预防工作，掌握反恐防暴工作主动权。坚持反恐演练，巩固反恐防暴阵地建设，严打、严惩涉恐涉暴人员和组织，实行“零容忍”处置。推行反恐能力建设和开展部门联动协作，形成工作合力，提升打防管控能力水平，防范暴恐案事件发生，维护群众生命财产安全，社会大局和谐稳定。推进“天网工程”建设。全年入网运行摄像机680支，视频图像平均在线率95.77%。

突发事件处置。区维稳办按照“发现问题、找准症结、明确责任、增强调度、力促化解”工作思路，推进部门之间横向协调，基层纵向联系，形成应急处置工作合力。全年收集各类不稳定因素情报信息1363条，排查掌握不稳定问题756个，妥善处置意外死亡事件15起，医患纠纷29起，防范处置群体性事件39起。化解市、区投资受损群众集中上访省委、省直部门等不稳定事件，掌握维稳工作的主动权。区维稳办整合资源，落实部门责任和属地责任，形成特护期工作合力，实现特护期间全区一盘棋；落实应急值班制度，并及时参与现场维稳处突和落实人员管控工作；抓好劝慰疏导相关人员思想教育和重点领域应急处理突发事件。全年安排12个特护期，实现全年信访维稳工作“无失控倒流造成进京非访现象，无群体性进京非访事件、无在京滋事行为”的目标。

非访专案办理。坚持教育疏导、宽严相济、依法处理原则，开展专案办理工作，侦破3起信访有关人员涉嫌聚众扰乱社会秩序、妨碍公务案件，依法刑事拘留犯罪嫌疑人21人，治安拘留80人次。全年信访总量下降50%，特护期进京非访实现零登记，促进了全区信访秩序的持续好转。

人民调解工作。继续推进“三调联动（人民调解、司法调解、行政调解）化矛盾、息访息诉促平安”专项调解活动，成功化解历史遗留矛盾纠纷3起，促成矛盾双方达成调解协议，签订息访息诉承诺书。年内，全区各级人民调解组织调处各类民间矛盾纠纷2006起，协议涉及金额4857.06万元。全年办理群众来信151件，初次来信124件，重复信27件；办理上级交办信访案件148件，其中国家信访局交办41件，省信访局交办66件，市信访局交办41件，办结率100%。

整治重点地区治安。年内，设定火车站广场及周边地区、东屯渡街道富家湾地区、火星街道马王堆蔬菜大市场及周边、马坡岭街道汽车东站等4个地区为全区社会治安重点整治地区，落实责任，明确工作重点，细化整治措施，严肃责任倒查。6月，在各重点地区惩处群众反映突出的“制贩假证”“黑恶势力”“黄赌毒”治安乱象113起，依法查处各类违法犯罪嫌疑人97人，依法行政拘留21人。10月13日，市级预警挂牌单位火车站广场及周边地区社会治安整治工作通过市考核工作组检查验收。

重点案（事）件打击治理。全年组织开展“打击多发性侵财犯罪”“扫黄扫赌”“打击盗、骗、毒”等专项行动。截至12月30日，全区破获各类刑事案件1832起，同比上升39.74%；抓获各类违法犯罪嫌疑人3015名，刑事拘留1027人，治安拘留1604人，抓获逃犯204人；打掉各类犯罪团伙125个；缴获各类毒品折合海洛因5.84万克，打掉公安部督办特大贩毒团伙1个；侦破命案5起，破获非法吸收公众存款案10起，挽回经济损失近6亿元，遏制了群访事件的发生。

禁毒工作。年内，禁毒工作以贯彻《中华人民共和国禁毒法》和《中华人民共和国戒毒条例》为主线，继续坚持“四禁”（禁种、禁制、禁贩、禁吸）并举、预防为本、综合治理的工作方针，保持缉毒高压态势。以社区戒毒（康复）工作为平台，不断提升创建“无毒”社区和禁毒工作社会化进程，取得了“一控两升三无”的效果，即吸毒人员新滋生率得到控制，操守保持率上升、社区戒毒人员就业率上升，无漏管失控人员，无数量大的贩毒案件发生，无制毒和非法种植毒品原植物现象。全区破获毒品刑事案件124起，抓获犯罪嫌疑人员160名，查获吸毒人员656人，社区戒毒210人；强制隔离戒毒201人。缴获各类毒品5.91万克，其中冰毒5.65万克、K粉（氯胺酮）772.98克，麻古1697.62粒，海洛因36.61克。推进以遏制场所涉毒现象为主体的“扫冰工程”，严厉打击娱乐场所内的吸贩毒分子，依法取缔涉毒问题严重的娱乐场所。实施《娱乐场所管理条例》，建立以行政部门依法管理为主、娱乐场所自律管理和全社会共同监管相结合的长效管理机制，净化了社会风气。区禁毒委成员单位开展麻醉药品、精神药品专项检查，全区12家医疗机构健全了工作台账，采取由专人、专柜、专锁、专账的“四专”管理，实行专用处方、专人审批、专人领取。区禁毒委建立易制毒化学品管理制度，摸清“涉易”底数，全区28家门店建立了专门的管理台账。年内，全区被县级以上公安机关认定由社区实行戒毒处罚的吸毒人员139人，隐性吸毒人员15人，并列入动态管控范畴，实施社区矫正。全年有9名拒绝接受社区戒毒人员给予强制戒毒2年的处罚，有1名严重违反社区戒毒协议人员给予强戒2年的处罚。6月，区禁毒办安排专项资金8万元，购置尿检器材，免费为吸毒人员实施检查，“社区戒毒”人员符合规定尿检率超过90%以上。全区稳定参入美沙酮药物维持治疗的涉毒人员有220名，吸毒人员在控率90%。针对吸毒人员的实际生活困难，为171户涉毒人员和家庭办理了低保，为291名吸毒人员联系或妥善安排了就业，救助困难社区戒毒人员30人。

图15　省委常委、政法委书记李微微（左一）到定王台街道调研禁毒工作

司法改革。2015年5月1日，实行立案登记制改革。区法院新收各类案件12092件，无不收诉状不予登记案件，无投诉情况发生，实现了立案审查制到立案登记制的平稳过渡。弘扬司法民主，开展人民陪审员制度改革，经社区推荐，全区259名社会经验丰富的市民被选任为人民陪审员。区法院全年上网发布裁判文书7882份，公开的裁判文书上网率100%，上网裁判文书实现零投诉，有12场庭审视频传送至网络终端，自觉接受人民群众监督。区检察院深化检务公开，全年网上公开案件程序性信息975条、法律文

书 261 份，受到律师及当事人的充分肯定。区公安分局加快户籍制度改革，优化办证流程、压缩办证时间，全年为流动人口办理居住证 3.47 万本，完善了流动人口服务管理工作机制和工作责任机制，推进了居住证制度改革。

（黄 珣）

【“三严三实”专题教育】 按照市政法委的统一部署，结合“三严三实”专题教育，秉持“既严以修身、严以用权、严以律己；又谋事要实、创业要实、做人要实”总原则，全区政法系统各单位开展“三联三访”（领导联基层、支部联社区、干警联群众；领导大接访、案件大回访、干警大走访）、“群众工作直通车”、综治大走访活动。年内，全区政法干警走访群众 1.64 万人，发放联系卡 1.62 万张，“征求群众意见表”1.62 万张，召开群众恳谈会 125 场次，教育引导群众 1.08 万人，走访重点对象 1493 人，弱势困难户 675 人，案件当事人 587 人，倾听民生诉求 4183 个，办理案件 1736 件，调处矛盾 1563 个，整改隐患 960 处，解决小麻烦 512 个，联系企业（项目）68 家，提供法律服务 104 次；结对帮扶 639 人，送出慰问金近 10 万元。

【规范人口管理】 区综治委下辖实有人口专项组坚持流动人口信息录入数量和质量并重，质量优先的原则，开展流动人口信息采集录入工作，年内录入基础信息 134.47 万条，常住人口 18.75 万人、寄住人口 10.74 万人、流动人口 27.51 万人、实体建筑 2.7 万幢、房屋 27.97 万户、出租屋 8.98 万户、单位 2.9 万家、从业人员 34.92 万人。为提高信息录入率和准确率，区公安分局人口与出入境管理大队于 1 月、3 月、5 月、6 月、9 月和 11 月，实地抽查 20 条流动人口信息与警综平台进行比对，抽查派出所流动人口信息录入率；在 2 月、4 月、7 月、8 月、10 月和 12 月，从警综平台抽取 20 条信息进行电话回访，抽查流动人口信息准确率，提高了派出所信息录入质量。5 月，辖区全面开展派出所基础信息社会化采集工作，区公安分局各派出所通过互联网社会化采集注册实有单位 3400 家，录入注册物业公司 224 家，录入从业人员 6.14 万人。

【规范巡防协管员管理】 年内，由区综治办修订出台《芙蓉区巡防协管员暂行管理办法》（简称“办法”），并提交区政府常务会、区委常委会审议通过予以实施。按照该《区管理办法》规定，全区 974 名巡防协管员统一移交公安机关开展专职业务工作，实现“专职专用，职能归位”，并规定巡防协管员是人民警察的助手，在公安机关及其人民警察的统一管理和监督下履行职责，其依法履行职责的法律后果由公安机关承担。当巡防协管员依法履行职责时，有关单位和个人应当予以配合，在履行职责时受到不法侵害的，依法追究侵害人的法律责任。公安机关建立巡防协管员监督制度，对巡防协管员履行职责实行监督。巡防协管员履行职责，应当自觉接受社会和公民的监督。

【护航“百日拆违行动”】 4 月 20 日至 8 月 10 日“百日拆违行动”期间，全区取得了大规模拆违无省市集中上访、法规许可范围无强拆的成绩。区司法局根据拆违工作的进展情况适时开展案例说法、法治宣讲等活动，发放宣传资料 2.73 万份。区信访局接待来访群众 1420 人次，解决群众突出信访问题 137 件。区公安分局依法依规打击处理组织闹事人员 3 人。区法院受理涉征拆行政诉讼案件 83 件，办结 79 件，执结涉征拆执行案件 1149 件，促进了拆违工作的开展。

【保障重点项目建设】 年内，区法院组织干警进驻各重点工程建设工地提供司法服务，分批派出 112 人次进驻红旗路项目、韭菜园九如巷项目、京珠东辅道项目、马坡岭污水处理厂项目、隆平高科技园 29.73 公顷、燕山街友阿东棚改和大同小学整体重建项目、黄土塘棚改项目、东岸片 5 号融资用地项目、2 号安置点 2 期项目等，他们上户协调、协助签订征收协议 62 户，执结司法征收拆迁案件 31 件，保持了区司法拆迁工作连续 19 年“零事故”。

【综合治理校园及周边治安环境】 区综治委校园及周边治安综合治理专项组全年排查校园周边宾馆旅店、出租房屋 2368 家次、摸排周边涉校纠纷 158 起，化解制造校园暴力事件的苗头 2 起。开展文化市场清查行动，检查校园周边文化用品经营单位 796 家、网吧 625 家，取缔非法经营电游场所 4 家，收缴赌博游戏机 37 台，收缴非法图书 157 本，取缔游商摊贩 2 户，查处“地下”电子游戏经营场所 8 户，查处违法经营网吧 3 户，取缔黑网吧 12 家，没收电脑 18 台，出动检查人员 3292 人次，罚款 20 余万元。开展端口类短信业务管控和推进绿色通信、绿色网络业务，堵塞了不良信息的传递渠道。年内，全区校园周边新增安保人员42人、视频监控系统15套、紧急报警装置6套、防护钢叉46把。落实四个一律”要求（即外来人员一律由教职工带入校园并逐一登记；闲散可疑人员一律禁止进入校园；外来车辆一律禁止进入校园；上学、放学时段一律安排教师和保安人员在校门口护送）。全区各学校开展平安创建工作，增强硬件设施建设：设立16所学校巡警必巡点、设立23所学校“护学岗”、设立警务室（治安岗）16个；全区学校聘请法制副校长42名、法制辅导员58名，中小学校覆盖率100%；全区165所学校、幼儿园周边建立了村组、社区联防队伍。育英西垅小学等6所学校通过全市“平安校园”评估验收，大同二小被评为全市禁毒示范学校。

【开展政法综治宣传活动】 区综治办全年组织印发平安宣传资料40万份，指导基层单位制作平安宣传展板1000余张。联合《长沙晚报》分别以“平安芙蓉汇聚幸福正能量”“激活‘平安细胞’，筑就幸福家园”为题，开辟专版，专题报道全区平安建设工作。在省、市综治民意调查获群众好评。开展“3·15”国际消费者权益保护日、“农村法制宣传月”、“6·26”国际禁毒日等法制宣传教育活动，组织法治文艺会演4场、法制讲座13场次，制作法律知识宣传展板26张。区综治办免费向居民群众发放《六五普法教育宣传挂图》《公民法律常识1000问》等宣传资料3000册。11月10日，区司法局在开展自检基础上通过了市级“六五”普法检查组的验收，检查组领导肯定看该区“普法依法治理工作保障好、‘法律六进’活动效果好、法治文化阵地特色好、法治建设基础好”。

【实施社会风险评估】 针对全区重大工程建设项目影响社会稳定的事项，开展社会稳定风险评估工作。年内，分批启动马坡岭东风小学建设项目、龟山路建设项目、东岸芙蓉生态新城5号保障住房项目风险评估工作。完成马坡岭滨河路、荷花园东郡西路、隆平生态园安置房廉租房项目征地拆迁工作不稳定因素研判。实施了五里牌街道友谊商店东边地块旧城改造、大同小学扩地重建、韭菜园街道黄土塘地块棚户区改造稳定风险管控，促进了工程项目的实施。

【建立社会治安防控奖励机制】 为提高全区“平安芙蓉”“法治芙蓉”“和谐芙蓉”建设的群众参与度，维护社会治安秩序稳定，由区综治办牵头起草，经区综治委研究，并提请区委、区政府审定，印发《芙蓉区群众参与社会治安防控工作奖励办法》（简称《办法》），奖励举报违法犯罪线索和抓获现行违法犯罪嫌疑人的人民群众。奖励对象适用于广大人民群众，包括公务员、治保员、治安队员、巡防队员、出租车司机等，并与“零发案”社区（村）奖励形成配套，奖励范围由单位扩大至个人，实现平安建设人人参与，平安成果人人享受。

【推进治安保险购买工作】 在2014年全区进行农村治安保险试点推广取得良好的社会和经济效果基础上，2015年全区继续抓好省、市相关文件精神及部署的落实工作，并针对军属、烈属、低保困难户、五保户以及纯居民户、单位住户，安排专项资金15.31万元，为辖区3062户居民群众购买包括入室盗窃、户外抢夺抢劫等情形在内的城市居民综治治安保险。

【芙蓉区社会禁毒协会讲师团成立】 9月1日，芙蓉区成立“芙蓉区社会禁毒协会讲师团”。由区关心下一代工作委员会主任刘海斌担任团长，并在“东郡小学”举行了首场禁毒警示教育宣讲活动，有400余学生参加听课。截至年底，区社会禁毒协会讲师团6名成员开展禁毒警示教育宣讲8场次，受教育学生3200名。

【设立交通和物业矛盾纠纷调处中心】 5月4日，由区综治办指导并成立的芙蓉区道路交通事故矛盾纠纷调处中心（芙蓉区交警大队人民调解室）正式揭牌运作。截至12月底，调处了交通事故案件646件，涉案金额约2400万元，保险调解194件，取得了良好的社会效益。该中心的成立，是学习借鉴深圳罗湖区先进经验，并由荷花园街道、区建设局、区司法局共同承担办公场所建设，以及人员配备、机构设置，制度规划工作。（黄 珣）

公 安

【概况】 长沙市公安局芙蓉分局下设指挥中心（办公室）、政治工作办公室、纪委（监察室）、法制科、后勤保障科、情报中心、警卫科；辖人口与出入境管理大队、网络安全保卫大队、单位内部安全保卫大队、国内安全保卫大队（邪教犯罪侦察科）、刑事侦查大队、经济犯罪侦查大队、禁毒大队、第一治安管理大队、第二治安管理大队、第三治安管理大队10个大队和东屯渡、朝阳街、韭菜园、定王台、马坡岭、火星、五里牌、湘湖、文艺路、蓉园、荷花园、东湖、东岸、马王堆14个派出所。2015年，芙蓉分局围绕“把芙蓉区打造为省会长沙最具安全感、公平感、正义感城区”的目标，抓好警务改革、维护稳定、侦破打击、基层基础、队伍建设等工作，提升公安工作和队伍建设水平，为区域经济社会稳定发展和人民安居乐业创造了良好的社会治安环境。

图16　区委书记梁仲、区长于新凡一行到公安分局专题调研

深化改革创新，转型升级公安工作。创新“维稳处突”机制。芙蓉分局坚持情报先行，整体联动，稳妥处置的原则，创新情报收集反馈机制，做实维稳处突工作。由蓉园派出所负责省委及周边安全保卫，治安三大队保持常备处突力量负责辖区内的维稳处突，保障全区社会政治稳定。全年出动警力9000人次，收集上报情报信息1630条，妥善处置各类群体性事件1652批次，涉及上访人员1.22万人次，其中以蓉园派出所、文艺路派出所、治安三大队为主体处置省委、省政府机关二院群体性事件500次。增强警保卫工作，全年完成各类警保卫任务111场次。建立“反恐防暴”机制。以“高度警惕、高压态势、高效处置”为工作原则，统一指挥体系，采取“专群”（专业的技术人员和人民群众）结合，形成处置警力三级出动，把握预防、发现、处置、善后4个步骤。治安二大队牵头负责长沙火车站安保联勤联动，维护火车站及周边地区的安全。强化底线思维，展开反恐大排查，提高区域反恐防暴的防范和处置水平。健全“合成作战”机制。成立芙蓉分局合成作战中心，增强辖区侵财案件和系列性、团伙性、地域性案件及人员的研判，整合视频、技术、情报、网侦等各专业侦查手段，同步上案、落地侦查、实行集约和精确打击，形成“信息导侦、合成作战”侦破打击新格局。全年破获刑事案件1856起，同比上升36.77%，刑事案件侦破率为23.3%，较上年上升8.6%。

维护社会稳定，提升警务实战化效能。打击犯罪集约化。以刑侦工作改革为抓手，适应团伙作案、流窜作案、专业作案的特点，构建了优势互补、信息互通、警力互助的“大侦查”格局，并取得实效。芙蓉分局在打黑除恶工作中，全年辖区命案发案10起，破案10起。坚持破大除恶，打掉涉黑恶团伙7个，刑拘涉黑嫌疑人45人。11月5日，刑侦大队打掉长期盘踞在东屯渡、马王堆菜市场等地区的涉恶团伙，依法刑事拘留5人。在打防多发性侵财犯罪工作中，坚持民意导向，集中打击人民群众反映强烈的入室盗窃、扒窃、电信诈骗等多发性侵财犯罪，刑拘860人，逮捕并移送起诉741人，破案1443起，打掉团伙64个。11月11日，刑侦大队联手东湖派出所，打掉专门在高校作案的跨省扒窃团伙，依法刑事拘留3人，破获系列扒窃案件30余起。坚持堵截、打击、管控多管齐下，破获毒品刑事案件123起，刑事拘留173人，抓获吸毒人员1093人，其中实行强制戒毒260人，社区戒毒221人，收缴各类毒品共5.89万克。1月10日，禁毒大队捣毁以夏某红为首并由公安部督办的18人贩毒团伙，收缴冰毒50千克、半成品麻古25千克、手枪1支。坚持查禁黄赌工作，营造严打高压整治态势。全年查处“黄赌”案件192起，抓获违法犯罪嫌疑人1216人，刑事拘留70人，逮捕并移送起诉86人，行政拘留583人。7月29日，东屯渡派出所打掉“砣子棚”（租用民房聚众赌博）的聚众赌博团伙，依法刑事拘留4人，治安拘留24人，收缴赌资20万元。开展处置非法集资犯罪专项行动，全年破获经济案件90起，刑拘73

人，捕诉85人，涉案总价值8亿元。经侦大队破获了湖南九州农业投资集团有限公司涉嫌非法吸收公众存款案，依法刑事拘留2人，该案涉案金额5000万元，涉及投资受损户300人。开展打击食品药品和破坏环境资源保护犯罪工作，破获案件7起，摧毁制假、售假生产线20条，查封“黑作坊”“黑工厂”“黑窝点”35处，查缴假冒伪劣商品价值50万元，刑事拘留6人，行政拘留6人。发挥信息化作战优势，立足本地，全警联动，抓获各类在逃人员219名，其中外省在逃人员178名，本省外市在逃人员41人。贯彻落实“关于加强社会治安防控体系建设的意见”，探索治安防范社会化道路，构筑由党委政府牵头、巡逻警力为主体、各种社会巡防力量为补充的立体化、联动化、网格化治安防控体系，保持社会安定有序。推动和发挥街道、社区和社会单位的作用，形成齐抓共管的格局。年内，建立了适应动态化、信息化条件下的大巡防勤务运行模式，屯警街面，动态处警，提升见警率和管事率，并由巡警大队牵头，增强机关民警夜巡举措，开展网吧、家庭旅馆等公共场所的治安清查力度，提高驾驭社会治安的能力。全年接报警8.2万起，同比下降6.6%，立刑事案件7804起，同比下降13.62%。荷花园派出所成立巡逻应急处突队，重点对治安复杂、人口密集区域开展巡逻防控工作，并作为第一梯队现场处置突发性事件，维护了辖区大局稳定。开展全区列入管理场所、特种行业的规范化管理，督促建立各项内部安全管理制度，完善安全设施和警示标志，坚决查处违法犯罪活动。全年开展检查行动1000次，出动警力900人次，检查宾馆、KTV、洗浴休闲场所、酒吧800家，查处黄赌案件192起，下发整改通知书120份。按照“从严从紧，重点管控”的原则，及时督促涉危涉爆单位落实各项安全管理措施，动态跟踪涉危、涉爆物品使用情况和去向。全年收缴仿真枪28支，有杀伤力枪支20支，子弹60发，管制刀具160把。开展“大宣传、大排查、大整治”，夏季消防检查、“压事故、保安全”等消防专项行动，全年检查单位1.14万家次，发现火灾隐患2.09万处，督促整改2万处，下发责令改正通知书8584份、行政处罚决定书189份。

打牢基层基础，统筹推进信息化建设。完善机制，情报预警。推进“DQB”系统（平台拓展应用和移动警务系统）建设，健全“日分析、周研判、月小结、年总评”会商机制，突出基础信息质量检查、重点人员动态管控、合成作战机制，提升预知预测、预警预防、精确打击能力。情报中心组织情报研判会议40次，全年公安分局编发《芙蓉公安情报》专刊40期，专题研判材料9篇，下发工作指令123条。全年辖区范围内发现重点人员活动轨迹14万人次，其中见面管控9255人，抓获嫌疑人700人。信息先行，强基固本。推动以户籍管理为主的静态管理模式向以实有人口、实有房屋为主的动态管理模式转变，推进基础信息社会化采集工作。按照质量并重，以质为先的原则，全年录入基础信息32万条、其中流动人口信息12万条，录入基础信息130万条。优化行政服务管理，为居民群众提供优质高效的服务。芙蓉分局出入境窗口办理出国境证照6.22万本，同比上升13%，办理居民身份证1.61万张，办理其他户籍业务5439人次。各派出所按照市局规定期限开展居民身份证办理工作。依托天网，服务实战。推进“天网工程”建设，建立680个数字高清摄像机并入天网管控平台系统，并与天网1期（监控点位2405个，新建数字高清摄像机3305个）构建的视频监控系统实现了对辖区主城区、主次干道、背街小巷、重点部位的全方位“鼠标巡防”。全年利用“天网工程”视频侦查直破刑事案件714起。

促进公平正义，践行执法规范化要求。年内，公安分局举办阳光警务执法公开系统培训和“解决执法问题与困惑指导意见”的专题培训，解决民警在执法过程中遇到的疑难困惑问题。分别邀请区检察院、省公安厅法制总队领导到局授课，授课内容贴近实战、通俗易懂，激发了民警学法、懂法、用法的热情。法制科对疑难复杂案件提前介入，特别是对10起涉访涉诉的重大案件的办理，派专人协同办案单位到北京、重庆等地进行取证，提供法律支持，实现了政治效果、法律效果和社会效果的统一。坚持完善各项执法制度，深入基层所队调研，结合分局法制工作实际，制订出台“执法质量考评实施办法”“关于进一步规范未破刑事案件办理的规定”“关于做好同步全程录音录像的指导意见”等规章制度，并为执法单位办理相关案件提供法律指导。执法监督以“湖南阳光警务执法办案查询系统”和“湖南省警务调查系统”为抓手，坚持个案监督，从警情投诉中查找执法办案过程中存在的问题，并要求限期整改，提升群众满意度。坚持日常检查与集中检查相结合、网上检查与实地考评相结合的方式，年内办案单位开展网上执法质量考评3次，抽查各类案件500卷，下发“执法工作通报”10期，促进严格、公正、文明执法。

打造“三型”（健康、智慧、满意）警队，提升队伍正规化水平。以“健康警队”为基石。开展“三严三实”专题教育活动，组织全局民警集中考试“三严三实”知识，制订“2015年党委中心组（扩大）学习计划”，明确学习内容、考评方法，学习领会中共十八大及十八届五中全会和习近平重要讲话精神，做到民警思想健康、忠诚干净。健全全局民警的个人心理档案，组织243名民警开展心理行为训练，定期发送心理健康短信，及时干预心理危机。落实定期体检制度、年休假制度，全年休假率95.78%。开展文体活动，推进警营文化建设，培育民警良好的兴趣爱好。举行“金盾闪耀芙蓉安”2015迎春晚会，计100人参演，300人观看。组建了乒乓球、羽毛球、自行车等9个文体协会，开展各类文体活动。公安分局在全区第七届全民健身运动会上获团体总分第一名。以“智慧警队”为支撑。创新管理理念，把评分排名制改为评估达标制，削减考核项目12项，为基层松绑，为民警减负。由芙蓉分局各牵头警种把工作中心调整到服务基层上来，实现由“考官”向“教官”的职能转变。开展教育培训工作。出台“芙蓉分局关于加强队伍正规化建设的实施意见”，推行“轮训轮值、战训合一”模式。组织侦查非法集资案件、警务管理与协同办公系统操作、派出所基础信息社会化采集等各类专业培训，计750人次参加培训。全年组织1205人次参加上级调训，组织全局729名民警参加信息化考试和手枪实弹射击训练。深化信息应用。推动基层公安机关科技信息工作，全区警务管理与协同办公系统实现“网上办公”。推进信息共享和深度应用，真正把基层所队采集的零散数据汇聚成数据云，并服务于一线研判应用。年内，芙蓉分局被评为全市公安机关“云搜索”应用技能比武“公安云搜索”应用先进单位。以“满意警队”为目标。坚持服务发展，把政法工作放在经济社会发展全局中谋划。坚持做到党委政府有呼，公安机关必有应，履行好维护辖区安全和社会稳定的重大责任，赢得了党委政府满意。坚持培育和推广“身边的典型、眼前的榜样”，在公安分局内网推出“卫士风采”系列专刊，宣传各单位推荐的优秀民警事迹。年内，推介刘头仔、曾海、朱英姿、马超、张洋、熊杰文等先进典型，表彰奖励集体一等功1项、个人一等功3人；集体二等功1项、个人二等功4人；集体三等功1项、个人三等功23人；集体嘉奖2项、个人嘉奖22人。开通了“芙蓉公安”双微平台，利用座谈、网络等各种载体，宣传报道芙蓉公安工作225次，其中省级媒体72篇，市级媒体37篇。完善民调、警调措施，集思广益，聚集民智，开展咨询服务，及时答疑解惑，化解基层矛盾，赢得了人民群众满意。（胡踞虎）

长沙市公安局芙蓉分局

书记、局长　黄健元（2015.11免）
　　　　　　陈定佳（2015.11任）
政　　委　　沈学军（2015.11免）
副 局 长　　杨　方　　成劲林
　　　　　　杨　忠　　姜　伟
　　　　　　周斌胜　　杨海军
副政委兼纪委书记
　　　　　　范　竹（2015.11免）
　　　　　　文志雄（2015.11任）
政工室主任　杨海军（兼）

【公安大巡防改革】 6月26日，芙蓉分局党委召开芙蓉区大巡防改革工作会议，推进大巡防改革工作。区委常委、政法委书记欧干军出席会议。由区委、区政府从硬件建设上和人、财、物的调配上给予支持。该次会议，坚持以深化公安改革为动力，以建设法治公安为引领，推进大巡防改革创新。在巡区划分上，实行“3+2+N”模式，“3”即东、中、西三大片区主要由巡警大队处警。“2”即蓉园派出所和治安二大队仍由该单位自行担负处警。“N”即指区政府、马王堆菜市场、金苹果大市场、省人民医院、湘雅附二医院等设置了专门警务室的区域，仍然由各警务室自行处警。从警力配备上，按照“1+1+1”模式，即每台警车配备民警、辅警、协警各1名。从改革效果上，达到“1+1 > 2”的效果，即所、队巡防优势互补，形成强大合力，实现改革成效。芙蓉分局以大巡防改革为契机，推进各项改革任务的落实，推动芙蓉公安工作的转型升级。

【开展“三联三访”活动】 2015年，芙蓉分局党委结合“一包双联”（领导包案、单位联点、干警联户）、“百日大走访”、结对共建、“双联三促进”、在职党员进社区活动的工作经验，在全局开展“三联三访”活动（领导联基层、支部联社区、民警联群众；领导大接访、案件大回访、民警大走访）。开展“三联”活动。领导联基层。芙蓉分局领导班子成员分别选择1个派出所建立联系点，经常性开展体验式调研，指导联系点落实好谈心、走访、慰问等经常性思想政治工作，指导联系点业务和党建工作，督促联系点推进组织建设和作风建设，及时解决联系点遇到的具体困难。全年分局班子成员到联系点调研40次，解决具体困难20件。支部联社区。全局各单位党支部按照结对共建和“双联三促进”确定的社区（村），与社区（村）结对共建，组织党员民警到社区（村）开展走访慰问，真心倾听“小诉求”、用心办理“小案件”、热心调处“小矛盾”、细心整改“小隐患”、实心解决“小麻烦”、诚心听取“小意见”，提供志愿服务，开展法律宣传，化解矛盾纠纷，协调解决问题。全年开展活动90次，解决群众共同关注的问题30件。民警联群众。按照“双联三促进”要求，每位民警联系1户居民家庭，进行经常性走访慰问，了解群众诉求，宣讲法律政策，协调解决实际困难。全局民警全年实地走访2000人次，帮助群众解决实际困难。开展“三访”活动。领导大接访。建立领导干部定期接访制度，定时定点接待群众来访，并明确领导干部包案化解，解决群众反映强烈的信访问题；完善分管信访维稳工作领导到接访窗口值班接访制度，采取定点接访、重点约访、带案下访等多种方式，方便群众反映诉求。全年领导接访30次，化解群众反映强烈的信访问题。案件大回访。组织办案单位开展所承办案件的当事人常态性回访，及时掌握当事人的思想动向，理顺当事人的思想情绪，采取电话访、上门访、微信访、QQ访等方式进行。建立督察机制，由监察室、政工室负责，对已办结的重点疑难案件、信访案件等开展回访，了解群众对执法办案的满意程度和对改进执法工作的意见、建议，妥善解决群众反映的问题。芙蓉分局全年回访案件560起，提高了群众满意率。民警大走访。分局全体民警结合工作职能和联点要求，了解社情民意，通过走访了解情况，宣传法律法规，为群众解决实际困难；根据群众意见建议改进服务态度和服务措施，优化办事流程，提高服务质量。在支部联点社区、结对共建、在职党员进社区以及居住地、工作地所在社区开展走访，全年走访7000户，促进了警民联系。

【成立芙蓉分局合成作战中心】 10月23日，经芙蓉分局党委研究决定，以情报中心为班底成立芙蓉分局合成作战中心（临时性常设机构）。由公安分局团委书记李熠兼任合成作战中心主任，刑侦大队教导员郭波涌兼任常务副主任，网络安全保卫大队副大队长周胜、指挥中心副主任文慧玲、巡警大队副大队长王强兼任副主任，情报中心全体民警、辅警合成到作战中心工作。合成作战中心由副区长、芙蓉分局党委书记、局长黄健元分管，党委委员、副局长杨忠主管，分局党委委员、副局长周斌胜协管。

【破获部督非法获取计算机信息系统数据专案】 2014年9月，中国电信湖南分公司到局报案称，有人利用非法获取的电信核心数据系统内的两码信息开展盗订SP增值业务，窃取手机用户资费问题，发现非法窃取的手机两码信息近700万条，利用两码信息复制电信客户手机卡13万张，涉案金额138万元。接报后，芙蓉分局迅速启动重大案件侦办机制，局长黄健元、副局长成劲林组织成立了以网保大队为主的专案组。同时，案件上报至公安厅、公安部。公安部十一局把此案列为2014年“10·31”分安部督办专案。在市公安局党委副书记、副局长张慧的直接指挥下，在湖南省警院计算机犯罪侦查系支持和协助下，专案组4次到重庆、深圳等地开展调查取证工作，调取了大量通话记录、银行和QQ聊天记录、电子邮件，查证了大量虚拟身份，通过网上侦控、网下侦听、视频甄别、情报分析研判等侦查措施，历时260天该案件侦破。2015年5月14日，专案组兵分别行动，在湖南、重庆展开犯罪嫌疑人抓捕，抓获周某、张某等13名犯罪嫌疑人归案，查扣作案手机120台，手机写卡器13个，手机卡1400张，电脑20台，U盘、移动硬盘等移动存储介质10个，各银行卡33张。该案系国内首例利用国家级重大信息系统内核心数据进行犯罪的新型案例，该案件的侦破遏制了网络犯罪。

【派民警到北京参加“9·3”阅兵安保工作】 2015年是中国人民抗日战争暨世界反法西斯战争胜利70周年，中央决定举行系列庆祝活动，其中，9月3日纪念大会和阅兵活动的阅兵线路和受阅部队全部集中在东城区。7月9日，应北京市公安局东城分局的邀请、经分局党委研究、报请市公安局批准，分局党委委员、副局长杨方带领胡厚伟、胡宣、高明、宁德建、朱魁、陈开年、胡踞虎、张正勇、陈峰、周子芮等10名青年民警，到北京参加为期2个月的“9·3”阅兵安保警务交流暨随岗培训。芙蓉公安分局10位年轻民警牢记党委的嘱托：他们站在讲政治、讲大局的高度发扬了团队精神；认真履职，保证了各项工作任务完成；服从命令、听从指挥、严守纪律，完成“9·3”阅兵安保工作任务。

【民警刘头仔被授予“芙蓉区首届道德模范”称号】 11月3日，芙蓉区首届道德模范授奖仪式在区政府会议中心举行，芙蓉分局东屯渡派出所农科村社区民警刘头仔被授予“芙蓉区首届道德模范”称号。该次授奖活动经群众推荐、层层审核、投票评选、网络点赞、综合评定等程序。刘头仔在社区民警岗位上的敬业精神、基础工作和为社会安全稳定做出的贡献获得群众的赞扬和评选表彰活动组委会负责人肯定。省文明办，市文明委，芙蓉区委、区政府及公安分局有关领导出席了授奖仪式。（胡踞虎）

交　警

【概况】 长沙市公安局交警支队芙蓉交警大队（简称区交警大队）下辖综合管理中队、处罚教育中队、秩序管理中队、122事故处理中队、停车场管理中队、路面勤务14个中队、机动3个中队，负责维护芙蓉区东起长栅路，西至黄兴路，南始人民路，北达八一路、浏阳河一线的交通安全与交通秩序。管辖主次干道50条，道路总长410公里，灯控路口109个，路面电子监控抓拍探头192个。2015年，区交警大队以实施“五二二”勤务管理模式（手势、执守、护学、守望、外围分流五类岗位。警用摩托车、监控视频二级巡逻。指挥中心、分控中心二级调度）坚持科技运用，深化平安建设，促进辖区内稳定正常的交通管理秩序和运行安全。年内，区交警大队被评为长沙市公安局“十佳基层党建示范点”；勤务一中队被授予市级“优秀青年文明号”称号；1人被授予“湖南省劳动模范”称号；1人被授予“长沙市十大青年岗位能手”称号。

推进党建工作。区交警大队党支部坚持“为基层民警代一班岗”的规定，在恶劣天气，班子成员每天为民警替换执勤上岗1小时。坚持支部书记为党员讲党课，教导员每月与民警谈心谈话，增强党员队伍的党纪意识和党性修养；坚持“三联三访”实践（领导联基层、支部联社区、民警联群众；领导大接访、案件大回访、民警大走访）和党员进社区活动，和谐警民关系。

提升执法能力。区交警大队组织业务骨干每月开展交通手势、警卫实战、路面执法、假牌识别、事故处理培训。每周安排2名民警到122中队进行事故处理能力培训，对参训人员实行闭卷考试，成绩在“芙蓉交警”QQ群公布，促进交警队伍整体水平的提升。6月，开展中队干部竞聘上岗，从73名报名者中选聘副中队长16名。区交警大队严格责任倒查，惩奖兑现。对2名不称职的中队长进行了调整；对3名不履职的协警、劝导员予以开除。建立“芙蓉交警”QQ群，及时在群内发布工作动态、好人好事、执勤思考，并适时开展交流讨论。开展与南昌市、昆明市、荆门市、永兴县交警部门交流学习，提高交警队伍的执法能力。

优化办案效率。区交警大队加大科技投入，优化事故办公程序，推动以局域网“一路通”系统为基础的办公自动化建设。事故处理实现人手1台手提电脑、1台蓝牙打印机，解决“六合一”平台（机动车登记、驾驶证管理、违法处理、重点对象管理、基础信息管理、互联网服务）处理事故不够灵活的问题，增强了执法透明度。建立独立的视频侦察室，与天网视频、卡口监控实行直接对接，安排专人负责重案追缉，提升了事故处理和办案效率。年内，处理事故7000起，侦破较大逃逸事故16起，其中死人事故3起，伤人事故13起，较大逃逸事故侦破率100%。

从严勤务管理。区交警大队通过抓重点，抓细节，对5个严管路口、10条核心1类路段实行综合管理。落实“五二二”网格化勤务任务，制定《芙蓉交警大队勤务工作手册》“2015年芙蓉交警大队绩效考评办法”，在重要路口、路段实行“大队领导+中队干部+民警+辅（协）警、劝导员”的责任制。为提高见警率和管事率，要求民警在执勤时必须站在路口中央，15秒未吹口哨、未打手势视为不履职；30秒未吹口哨、未打手势视为空岗。在每台交警巡逻摩托车上加装双闪警灯，采用执法记录仪实行考核，对巡逻过程全程摄像，促使见车率见警率明显提升。12月，市交警支队将芙蓉区大队勤务改革考评办法和经验在全市推广。

巩固整治实绩。区交警大队以“乱源”整治为重点，组织开展各类专项、常态整治行动150次，查处交通违法行为42.6万起，其中机动车乱停乱放26万起，机动车闯灯占道2万起，渣土车交通违法行为4245起，客运车交通违法行为11048起，酒驾402起，其他交通违法行为13万起。组织民警深入街道、社区，客、货运企业，危爆物品运输企业，中、小学校开展交通安全宣传教育900场次，受教育人数8.6万人。开展辖区1594台户籍化管理车辆及157名驾驶员排查工作，下达整改通知229份。启动逃逸事故案件侦破新机制，重大交通事故侦破率100%。年内，区交警大队接报警2.5万起，处理各类死人、伤人交通事故98起，无一复议案，无一上访案，无一撤销案。实行辖区160家停车场备案制，完成360家停车场和79处临时泊位数据录入，全年完成率259%。发出整改书80份，实行行政处罚整改不到位的停车场2家，上门督察整改有违规现象的停车场50次，清理不符合规定的临时泊位，促进了区域内的交通畅通。

存在的困难：交警大队队部大楼使用超过40年，陈旧老化，办公场地狭小，基础设施落后，无法满足日益增多的现代交通管理办公需求。（张湘闽）

芙蓉区交警大队

大队长	胡海民	
教导员	陶理新	
副大队长	秦　杰	李　乐
	全　浩	孟献军

【开展“日行一善”活动】 1月，区交警大队成立“日行一善”工作小组，号召全体交警立足本职岗位开展为民做好事活动，弘扬芙蓉交警正能量。该活动要求每人每天结合本职工作做1件“善事”，登记在“日行一善”活动记录本上；并及时将“善言 善行 善人”公布在“芙蓉交警”QQ群，扬善举，晒善行。区交警大队全年做善事2000件，发布动态信息4000条。5月，《长沙晚报》刊发《‘日行一善’暖星城》的专题报道，市委常委、市委宣传部部长张湘涛给予高度肯定，并在全市推广。

【道路交通事故矛盾调处中心成立】 4月，由交警大队牵头，与司法、法院、保险、律师等单位组成“芙蓉交警大队道路交通事故矛盾调处中心”。该中心采取集中办公、开放窗口、多样选择，把道路交通事故引发的矛盾化解在基层。年内，调处各类交通事故矛盾纠纷1100起，由司法调解案件848件，巡回法庭受理31件，开庭审理48次，司法援助3件。全年涉案金额近3000万元，约占区交警大队全年调处事故总量的1/3。

【校车管理】 5月，交警大队联合区教育局，按照市政府校车办统一部署，实施辖区非专业校车强制退出，推进标准校车实行公司化、专业化管理。截至12月底，清退非专业校车23台，促成校车公司托管19台。

【万家丽路高架桥交通管理】 10月1日，万家丽路高架桥实现正式通车，区交警大队负责北起晚报大道南至人民东路，及3条上行匝道与3条下行匝道，全长8.7公里路面的交通安全管理与秩序维护。设置高清电视监控系统2处、车辆检测系统1处、交通违章检测系统2处。配置常规警力30人，设置交警岗亭1座。在万家丽高架快速路上实施严格交通管理措施：严禁倒车、逆行、穿越中央分隔带掉头或者在车道内停车；严禁在匝道、加速车道或者减速车道上超车；非紧急情况时严禁在快速路停车；全线禁止载货汽车、专项作业车、摩托车、非机动车、人力车、行人通行；全线禁止装载高度超过4.5米的车辆，或总质量超过40吨的车辆通行；主线段实行最高、最低限速，机动车行驶速度禁止超过80公里/小时；内侧两股车道最低车速不得低于60公里/小时，最外侧车道最低车速不得低于50公里/小时；路段全线禁止一切车辆停放。截至年底，万家丽高架快速路段通行能力提高约3倍以上，东二环交通流量减少约20%，车站路交通流量减少约10%，使安沙、星沙、开福区、芙蓉区、雨花区、暮云等紧密联成一体，成为拉动经济和区域同步发展的重要纽带。（张湘闽）

检　察

【概况】 2015年，芙蓉区人民检察院忠实履行宪法和法律赋予的职责，各项检察工作取得新的进展。

发挥审查批捕、起诉职能。年内，批准逮捕各类刑事犯罪嫌疑人839人，提起公诉1132人。依法惩治严重暴力犯罪案件66件74人、“两抢一盗”案件409件518人、毒品犯罪案件170件223人，提升了人民群众安全感。开展引导取证，提前介入以赵某某为首的，涉嫌非法持有枪支弹药、贩卖、运输、制造毒品等罪名的团伙犯罪案件，依法批准逮捕犯罪嫌疑人18名，震慑了犯罪。该案的办案质量及经验做法，在全省侦查监督工作会议上被推广。坚持宽严相济刑事政策，减少社会对立面。对涉嫌犯罪但无社会危险性的，决定不批捕137人；对犯罪情节轻微、依法不需要判处刑罚的，决定不起诉40人，其中对10名轻微刑事犯罪嫌疑人运用刑事和解决定不起诉。对不需要继续羁押的5名犯罪嫌疑人建议变更强制措施。开展未成年人检察工作，落实专人办理、合适成年人到场、犯罪记录封存等制度，对14名涉嫌轻微犯罪但有悔罪表现的未成年人，决定附条件不起诉并加强帮教考察，创造改过自新的机会。发挥检察机关文明接待示范窗口作用，落实首办责任制和“一站式”服务制，全年接待来访3500人次，妥善处理来访群众诉求，引导群众在法治化轨道内表达诉求、解决问题。完善检察环节司法救助制度，为4名生活确有困难的刑事被害人或其近亲属提供经济救助。发挥驻街道检察联络室作用，拓展群众诉求表达渠道。参与对校园周边等重点区域专项整治，推进平安建设。

增强查办和预防职务犯罪力度。坚持惩防并举，维护廉洁政务环境，全年立案查处涉嫌职务犯罪15件17人。突出办案重点：坚持“守土有责”“守土尽责”，查办本辖区干部贪贿犯罪3件3人；严惩群众严重关切、损害群众利益的“苍蝇式”腐败犯罪，查处医疗卫生行业贪贿案件1件2人；查办重点行业和领域的大要案件，整肃行业风气，立案查办了《长沙晚报》系列贪贿案1件2人、中石油湖南销售公司受贿窝案串案7件7人，其中处级干部3人。融入全省检察机关侦查一体化办案机制，立案查办了原邵阳市发改委干部李某涉嫌玩忽职守案件。改进执法方式。慎重对待、严格区分在改革探索中罪与非罪的界限，践行依法惩治犯罪者、支持改革者、保护创业者、教育失误者的执法理念。转变办案方式，防止办案对经济发展可能产生的负面影响，坚持采取强制、侦查措施与维护企业正常经营秩序并重。深化犯罪预防。坚持标本兼治，采取多种形式开展预防职务犯罪宣传，推进在辖区内地铁站点开展职务犯罪预防公益宣传工作，通过宣传向社会传递正确价值取向。落实侦防一体化工作机制，以发出检察建议、预防调查、犯罪分析报告等方式，与办案同步推进预防工作。

开展对诉讼活动的法律监督。加强侦查活动监督：加大审查把关力度，对侦查机关不应当立案而立案的，督促撤案2件；对侦查机关应当立案而不立案的，监督立案3件；纠正漏捕6人，追诉漏罪19条，追诉漏犯2人；在审查起诉期间追捕的刘某某涉嫌诈骗案一审被判处有期徒刑12年。对侦查活动违法情形提出纠正意见14件次，对不构成犯罪和证据不足的，决定不批捕197人、不起诉88人。开展审判活动监督。严格对刑事裁判的审查程序，对1起量刑畸轻的刑事判决提出抗诉并改判。开展与法院和司法行政部门协调沟通，办理民事监督案件线索36件。按照修订后的《中华人民共和国民事诉讼法》《中华人民共和国行政诉讼法》的新要求改进工作，办理支持起诉案件20件。全年有3件提请抗诉的民事审判监督案件获得再审改判。开展刑罚执行活动监督。审查监外执行人员台账，对核查发现的未及时入矫、无监管档案、没有建立帮教组织的虚管对象，向监管单位提出书面纠正检察建议54份予以纠正，其中建议收监4人。全面、全程开展对特赦工作的法律监督，7名特赦对象的特赦程序依法合规，促进了特赦的政治效果、社会效果和法律效果的协调统一。

建设过硬检察队伍。坚持以上率下作风建设常态化，贯彻从严要求，立根固本。开展“三严三实”专题教育，结合岗位职责开展学习研讨，组织干警到韶山、井冈山等地开展党性锻炼。学习《中国共产党廉洁自律准则》《中国共产党纪律处分条例》，制订“六条规定”，把纪律和规矩挺在前面，推动“两个责任”落实。巩固党的群众路线教育实践活动成果，常态化检查、督查作风纪律情况，防止“四风”问题反弹。司法行为规范化。开展“规范司法行为专项整治活动”，严格按照“见人、见事、见原因、见整改措施、见整改结果、见责任追究、见经验教训总结”的“七见”标准，整治和摒弃不规范的顽症和陋习。坚持落实“执法工作基本规范”，开展内部执法状况评查，严肃执法责任追责，推进司法规范化建设。履职能力职业化。建设学习型机关，培养学习型干部，提升执法素能，倡导检察文化建设。

接受人民群众监督。深化检务公开。落实全面深化检务公开的检察改革工作，“依法、全面、及时、规范”公开案件信息，全年在人民检察院信息网上公开案件信息2519条、法律文书605份。探索提供辩护与代理网上预约申请便捷服务，全年接受律师网上预约阅卷申请169人次，其做法被《光明日报》及最高人民检察院、省检察院推介。增强内部监督制约。提升案件管理部门流程监控职能，对案件流转进行实时、动态跟踪、预警、监控，全年案件实行提前预警946件。落实检务督察机制，督促纠正执法不规范瑕疵问题。实行纪检监察对不捕不诉和职务犯罪案件回访监督制度，有针对性地改进执法办案工作，促进检察人员公正司法。

（舒 慧 陈丽娜）

芙蓉区人民检察院

党组书记、检察长 凌 云

党组副书记、副检察长

李传良（2015.07免）

师 伟（2015.07任）

吉更生（挂职，2015.10任）

党组成员、副检察长

白 涛

金灿照（挂职，2015.11任）

副检察长 戴新时

党组成员、纪检组组长

杨吉滨（女）（2015.04免）

柳戈青（2015.06任）

党组成员、政工室主任

蔡 铃（女）

党组成员、反贪污贿赂局局长

舒序松（2015.06任）

党组成员、反渎职侵权局局长

李长松（2015.06任）

【刑事检察工作】 严厉打击重特大刑事犯罪，维护社会大局稳定。严格依法办案，严厉打击危害公共安全、严重破坏社会治安秩序、扰乱市场经济秩序的刑事犯罪，维护社会和谐稳定。严格落实证据审查，规范公安机关证据搜集、审查能力，规范执法活动，对于重特大案件、毒品案件、强奸案件，建议公安机关依法采取“两录”（即录像录音）措施并在报捕时提交检察机关，促使所办案件实体公正、程序合法、效果良好。例如，在办理的犯罪嫌疑人杨某涉嫌贩卖毒品案过程中，犯罪嫌疑人杨某在公安机关供述承认其本人贩卖了1次毒品，在检察机关提审时其翻供称没有贩卖毒品。承办人要求侦查人员固定证据，核实犯罪嫌疑人犯罪细节，调取讯问“两录视听”资料，要求公安机关积极补充相关资料，后经过审查补充证据，听取“两录视听”资料，依法认定犯罪嫌疑人杨某的行为已涉嫌贩卖毒品罪，最终将其依法批准逮捕。履行侦查监督职能，促进司法公正。坚持将纠正有案不立、有罪不究、以罚代刑、违法立案等问题做为开展刑事立案监督的重点。通过走访各派出所及开联席会议、与律师沟通、讯问犯罪嫌疑人、走访社区等形式，拓宽监督渠道，纠正有案不立、有罪不纠等违法情形。加大侦查活动监督力度，听取犯罪嫌疑人的辩解、分析证据的合法性和有效性。例如，在办理的肖某某、杨某某在长沙市芙蓉区袁家岭长沙银行门口附近盗窃一灰黑色SUV汽车内的18款玉饰和460粒玉石案，经审查相关材料，发现材料反映的事实、证据已达到刑事案件立案的条件，杨某某、肖某某盗窃数额较大，其行为已涉嫌盗窃罪，但公安机关仅将该案受理为行政案件。区人民检察院侦查监督部门依法向公安机关发出通知书，要求说明不立案理由，公安机关于当日对犯罪嫌疑人杨某某、肖某某以涉嫌盗窃罪立案重新进行侦查。发挥审查起诉职能作用，严厉打击危害公共安全和个人人身、财产安全的严重暴力犯罪和多发型犯罪，维护社会大局稳定。年内，及时审查“吴某某、陈某某等6人麦吉酒店群体斗殴寻衅滋事案”“解某某、易某某等6人湖南农业大学综合实验楼项目工地故意毁坏财物案”“陈某某、刘某、吴某、陈某4人冒充人民警察抢劫案”“欧某某、向某等5人东岸乡抢夺案”“胡某东屯渡安置小区入室抢劫、强奸案”“李某某佳园酒店抢劫、强奸、盗窃案”等一批严重暴力犯罪案件，维护了法制权威。办好常规型、多发型案件。迅速审结“严某、谷某某等6人盗窃案”“刘某、谷某某等6人盗窃案”“李某某、谢某等5人盗窃案”“谢某某、陈某某等7人盗窃案”“陈某、谢某某等7人盗窃案”“孔某某、周某等4人贩卖毒品案”“邓某某、邓某等4人非法拘禁案”等犯罪案件。针对结伙作案、群体作案、流窜作案类案件高发的情况，制订审查起诉机制，如集中提审、快速审结、及时固定证据，提高办案效率，并履职、追诉漏犯漏罪，打击了犯罪分子的嚣张气焰，维护了社会秩序。开展打击破坏市场经济秩序的各类犯罪。建立完善的经济犯罪案件办理机制，履行司法服务社会经济和环境发展大局的重要职能。集中办理了“莫某、陈某、张某三人非法吸收公众存款案”“郭某某、王某某非法吸收公众存款案”“邓某、张某非法吸收公众存款案”“寇某某非法吸收公众存款案”等一批涉众型金融类犯罪9件16人（涉案总金额达数亿元）。及时审查案件事实，维护金融秩序，保障人民群众的财产权利，为经济良性发展保驾护航。在办理该类案件的过程中注重相关涉访涉诉风险的防范，文明接待涉案被害群众，回应其合法诉求，保证法律效果与社会效果的统一。办理“常某非法收购、出售珍贵、濒危野生动物案”“吴某某、滕某某、周某某等29人非法收购、运输、出售濒危野生动物案”，案件重大、复杂，社会影响面广。这些团伙利用公路、航空多等渠道，跨多省、市运输、出售、收购大量濒危野生猕猴等猴类，区人民检察院案件承办人与森林公安机关密切配合，采取多方面取证，及时查明案件事实。通过从严履行审查起诉职责，严厉打击犯罪分子的嚣张气焰，保护了国家濒危野生动物资源。以未成年人特别程序为立足点，完善未成年人办案配套制度。考虑到未成年犯罪嫌疑人心理、生理情况异于成年人的因素，建立专案专办制度，由未成年人刑事案件审查起诉经验丰富的干警来承办这类案件；案件受理后依照法律规定为未成年人联系法律援助机构、指定法律援助人员，以更好地保障其诉讼权利；在对未成年犯罪嫌疑人进行讯问前依法通知监护人或其他法定代理人到场。开展未成年人社会调查，在审查案件事实的同时了解其家庭、教育等背景，分析其犯罪原因、心理，帮助其矫正，也为防止未成年人犯罪提供指导。开展未成年人犯罪记录封存工作，防止其刑事诉讼记录任意流入社会、影响其成长。对于未成年人犯罪案件，教育、沟通为主，并依法适用刑事和解程序、相对不起诉和附条件不起诉制度，发挥刑法的教育和预防功能。在取得被害人谅解的基础上，化解矛盾，促进社会和谐。

【反贪污贿赂工作】 反贪污贿赂局全年立案12件14人，大案12件，要案9人。起诉至法院11件12人，判决2件2人。如初查刘某涉嫌受贿案线索。办案人员认为刘某具备利用职务便利为他人提供帮助并收受他人贿赂，但在对刘某个人财产分析后，没有发现明显超出其经济收入水平的收支情况，办案人员于是转换思路，了解刘某任职期间的职务行为，从党委会授权他经手的工程项目入手，判断出其在运作这些工程项目中存在可疑的地方，结合掌握的信息，在对刘某的突审中，取得了突破。刘某交代了自己指使其战友周某为利益代言人，在自己经手的项目中伙同周某收受巨额贿赂的犯罪事实，还深挖出3名市直属单位处级实职干部、1名区科级实职干部及1名行贿人的重大要案串案。查处发生在群众身边损害群众利益案件，打击受贿犯罪。坚决查处辖区内发生在群众身边的腐败案件。如对芙蓉区纪委移送的某局二级机构原负责人胡某甲初查涉嫌受贿犯罪案的线索，掌握了胡某甲使用其亲属名义藏有巨额财产，深挖出其涉嫌收受多人贿赂的证据。随后挖出了其副手胡某乙涉嫌非法收受他人贿赂的违法行为。依法查办了芙蓉区某局原局长李某某涉嫌受贿犯罪的线索。李某某在担任该区某街道办事处主任、党工委书记期间，在该街道辖区内的墙面粉饰工程、临街门店的招牌进行整治项目及两厢棚户改造项目中，利用职务便利，为工程承包商及施工方谋取利益，多次非法收受他人财物20万元。在打击受贿犯罪的同时依法打击行贿犯罪。在查办胡某乙受贿案件的同时，依法查明行贿人章某某为取得某局部分门面转租牟利，以门面转租一半利润为条件从胡某乙手中取得300平方米门面面积租赁权，章某某通过转租获利40万元，并向胡某乙行贿20万元。区人民检察院依法查办，对行贿人章某某立案侦查并移送审查起诉。发挥检察职能，服务企业生产经营。查办了中国石油湖南销售分公司部分干部的贪贿案件。在查办案件过程中，坚决惩治贪贿犯罪，依法查办利用职权为己牟利的贪贿人员。贯彻宽严相济政策，体现人性执法。开展协调与事发企业工作，对关键岗位中的涉案人员视情节采取不同的强制措施，减少负面影响，促进企业生产和经营正常进行。对涉案数额巨大、情节特别严重的蔺某、韩某等人依法刑事拘留并提请逮捕，对涉案数额较大、但具备自首情节、有积极悔罪表现的刘某、戴某、高某等人依法采取取保候审的强制措施。

【民事行政检察工作】 民事行政检察部门全年受理案件57件，其中受理审判程序违法行为监督案件11件（其中立案监督8件），受理执行监督案件5件，受理支持起诉案件20件，受理督促履职案20件，受理裁判结果监督案1件。办结案件54件，其中办结执行监督案5件，办结审判程序中违法行为监督案9件，办结支持起诉案20件，办结督促履职案

20件。暂未结案3件，其中2件审判程序中违法行为监督案作中止审查决定，1件申请再审检察建议案正在处理中。已结案件中发检察建议书33件，发出支持起诉书20件，1件执行监督案则发出不支持监督申请决定书。法院再审改判案件3件，法院均已改判。借调市院办结案件8件（其中1件提请省院抗诉，由省高院再审改判，7件申诉案做出不支持监督申请决定）。行政机关作出回复20件，法院做出回复13份。1个月内快速办结《潇湘晨报》报道和红网转载的系列支持起诉案17件和审判程序中违法行为监督案8件。了解到芙蓉区法院拒绝受理以湖南华腾汇融公司为被告的委托合同纠纷案和侵权纠纷案，民事行政检察部门经审查后发现湖南华腾汇融公司的注册地在芙蓉区，芙蓉区法院理应享有管辖权。遂就该事受理了支持起诉案件17件，受理了审判程序中违法行为监督案件8件，该系列案均已办结，已向法院发出支持起诉书17份和检察建议书8份。法院采纳了检察建议，做出书面回复。适应经济发展新常态，把行政检察职能延伸到规范企业非法经营领域。如，受理督促工商部门履职5案。经调查，长沙昊仁塑料加工厂、长沙市三哈模具机械厂、永光机械厂、创兴机械厂、华圆机械厂，均未登记注册和办理营业执照，从事经营活动并非法获利，遂向长沙市工商局芙蓉分局送达了督促履职检察建议书5份。长沙市工商局芙蓉分局启动行政执法程序，到上述5家企业现场检查，查实除永光机械厂未变更工商登记外，其他4家企业都未办理工商登记就从事经营活动的事实，遂分别下达“责令改正通知书”“限期办理营业执照通知书”。5家企业改正了违法行为，办理、变更了工商登记注册手续，领取了营业执照。顺应人民群众的生态环境期待，加大生态环境司法保护力度。年内受理督促芙蓉区环保局履职案5件。与区环保局建立了常态联系机制。查清了长沙中威石材、长沙华瑞石材、湖南富亮洗涤有限公司和湖南新勇金属回收有限公司、东湖街道东湖村176号民宅内无名乳胶加工作坊，存在排放噪音、扬尘、废气、浓烟，污水的行为，污水途经水渠、下水管最终汇入浏阳河的事实；核实了湖南农业大学、湖南农业科学院片区每天约5万吨生活污水未经处理直排浏阳河，经检测，姚托撇洪渠处水质属于劣V类水质的事实。向芙蓉区环保局送达了5份检察建议，督促其采取措施治理上述排污行为。芙蓉区环保局启动调查程序，确认了上述涉污单位无排污许可证，无污染防治措施，违法排污的事实。与市、区拆违控违活动的法治拆违相衔接，服务于拆违控违大局。受理督促区城管部门履职4案。在查清了长沙中威、华瑞石材、湖南新勇金属回收有限公司、湖南富亮洗涤有限公司的厂房系未经国土、规划部门审批的违法建筑，发出督促治理检察建议4份，向城管部门提出了清除建筑垃圾、设置标牌“禁止倾倒垃圾”、有条件的设置围挡等合理化建议。为租赁合同提前到期纠纷提供了10人次法律服务，为拆违法律政策提供咨询20人次。开展加工、销售食品领域的法律监督，保障辖区群众的食品安全。受理督促芙蓉区食药局履职3案。对马王堆海鲜市场“海容养狗批发行”王某某夫妻及员工销售毒狗肉、马坡岭街道张公岭村无名作坊未办理营业执照就把花生苗流通至马王堆菜市场摊位零售、“芙蓉区阳阳猪皮加工部”用猪皮炼猪油发出了3份检察建议书，芙蓉区食药局送达了书面回复。加大无证行医的法律监督力度，保障辖区群众的医疗用药安全。受理督促芙蓉区卫生和计划生育局履职3案，调查发现马坡岭街道西龙村农园路、张公岭村龟山路共有3家“黑诊所”，该类诊所及医师没有《医疗执业许可证》《医疗资格证书》等从业资格，亦未在卫生部门注册、登记就从事医疗卫生运营，设施设备简陋，不能提供正规的医疗收费票据，医疗区和生活区没有分开，生活垃圾与医疗废物混合存放，未经许可放置医疗广告招牌。民事行政检察部门发出检察建议书3份。区卫生和计划生育局收到检察建议后立即部署执法工作，派人进行摸底调查，确认了检察机关认定的事实，取缔了西龙村的2家“黑诊所”，龟山路的黑诊所则因修路和控违拆违活动导致建筑物被拆迁而搬离。

【控告申诉检察工作】 全年接待各类来信来访116件次。其中受理举报线索11件，办结初核案件3件，移送反贪局线索5件，移送反渎局线索4件，移交侦监科线索2件；受理民事行政类线索36件，转交民行科办理36件，办结32件；办结省检察院交办线索1件，办结区人大交办事项1件，办结区纪委交办事项3件；办理刑事被害人救助案件4件，发放司法救助款4.5万元；办理刑事申诉案件1件；组织检察长接待24

次（接待来访群众19人）；组织开展举报宣传周1次。完成市检察院调卷任务4次。提高初核技能，明确纪律，担当责任。全年依法对3起线索进行初核，结案后均移送本院反贪局查处。抓好答复工作，实现息诉息访。针对11名拆迁户举报国家工作人员非法拘禁案不予立案的决定，制订了详细的答复方案，对1名举报人进行直接答复，对其他举报人及时送达文书答复，9名举报人表示愿意息诉息访。重视刑事申诉救助工作。受理刑事申诉案件1件，该案办结并抓好相关工作。开展司法救助工作。审查4件刑事被害人救助案件，给予救助4.5万元。推动建立专项救助资金，由区财政拨付专项救助资金5万元。规范救助程序，简化审批程序，及时下发救助资金。

【监所检察工作】 监所检察工作围绕“增强法律监督，维护公平正义”主题，履行监所检察职能，完善监所检察工作机制，推进监外执行工作的开展。全年有监外执行人员244人，其中管制3人、缓刑206人、假释21人、暂予监外执行14人。新增矫正对象133人，解除矫正150人。在社区矫正检察中提出书面检察建议书56件并回复。其中，建议收监4人，收监1人，没有发生超期羁押的现象。全年在辖区内开展专项检查活动，走访了9个司法所。约谈询问社区服刑人员，3—8月，重点约谈40名矫正对象。全年发放“社区矫正对象权利义务告知书”和“检察监督联系卡”300份。履行检察机关的监督职责，摸排确认辖区内符合特赦条件的社区矫正人员，促进特赦工作的开展。

【职务犯罪预防工作】 全年完成预防调查工作2件次；完成职务犯罪预防年度分析报告1份；完成职务犯罪情况分析2件；开展警示教育宣传活动6次；开展行贿犯罪档案查询3557次，涉及被查询单位3555家，个人9412人次；完成检察建议3件，个案预防提出检察建议率60%。服务企业，提供职务犯罪预防咨询服务3次，召开为全区“走出去”企业职务犯罪预防研讨会，引导企业依法经营、规范管理，帮助企业建立廉洁自律长效机制，依法维护企业法益。参与社会综合治理。分别在荷花园街道、韭菜园等街道开展“司法公正长沙行进街道”活动，以职务犯罪预防为切入点，形成廉政建设合力。结合执法办案特点和规律，预防职务犯罪。针对案件多发行业在制度和管理方面存在的问题，分析案件发生的原因，收集2015年来查办的行贿犯罪职务犯罪的数据、案件立案报告、侦查报告、移诉、起诉意见书、判决书等法律文书。对查办的长沙市芙蓉区安全生产监督管理局的原副局长王某、危险化学品和烟花爆竹监管科原科长卢某某职务犯罪开展预防调查；对长沙市芙蓉区教育局教育服务中心原主任胡某甲、原副主任胡某乙涉嫌受贿罪开展职务犯罪分析。预防科工作小组开展7·19事件开展预防调查，并根据安全生产监督领域发生的职务犯罪种类、行为方式、发生职务犯罪的特点、环节和成因，有针对性地采取预防职务犯罪规律的措施。从源头上预防腐败和服务经济建设、服务企业经营发展，制订“行贿风险告知书”“检察机关行贿犯罪档案查询结果告知函”，明确告知行贿犯罪风险成本和法律后果，倡导守法、程序、廉洁的社会风尚。（舒 慧 陈丽娜）

法 院

【概况】 2015年，芙蓉区人民法院（以下简称区法院）受理13723件，审（执）结10221件，同比分别增长60.2%、47.1%。

刑事审判。区法院全年受理各类刑事案件846件，审结792件，依法判处被告人1141人，其中判处五至十年有期徒刑46人，判处十年以上有期徒刑26人，对321名犯罪情节较轻、有悔罪表现的被告人适用缓刑。依法审结故意伤害、绑架、强奸、抢劫等严重暴力犯罪案件77件，审结盗窃、抢夺、诈骗、敲诈勒索等多发性侵财犯罪案件377件，审结贩卖毒品、容留他人吸食毒品、非法持有毒品等涉毒犯罪案件156件。审结非法经营、生产销售不符合安全标准的食品、销售假冒注册商标的商品等案件8件，加大对食品、药品安全犯罪的打击力度。审结贪污、受贿、挪用资金、玩忽职守等案件15件，继续保持打击各类职务犯罪的高压态势。审结信用卡诈骗、骗取贷款、非法吸收公众存款等案件21件，判处夸大宣传公司规模和项目前景、承诺高额利息非法吸收153名中老年人387.3万元存款的被告人石某某有期徒刑四年，助推社会诚信建设。稳妥适用速裁程序审理审结轻微刑事案件23案23人，探索轻刑快办程序的司法改革。

民商事审判。区法院全年受理各类民事案件9230件，审结6680件。依法审结婚姻家庭、继承纠纷案件473件，加大老人、妇女、儿童等弱势群体保护力度，促进家庭和睦，邻里团结。审结民间借贷纠纷案件821件，审结劳动合同纠纷案件397件，审结房屋买卖、租赁合同纠纷案件534件，制裁违约失信行为，维护市场经济秩序，保障民计民生。审结金融借款合同纠纷案件1066件，稳定金融秩序，维护金融安全。立足“调解优先”，改进调解工作。全年调解（含撤诉）结案2230件，调撤率33.38%，促进社会和谐稳定。如广受社会关注、影响社会稳定的原告卓某某等170人诉被告朱某某、湖南某某投资管理有限公司民间借贷纠纷系列案，经调解，全部达成协议，实现了政治效果、法律效果和社会效果的有机统一。区法院在审结时间跨度大、政策性强、社会关注度高的涉及毛泽东亲笔信件的原告邹某某等诉湖南省档案局原物返还纠纷案中，引导社会舆论回归理性。

行政审判。区法院全年受理各类行政案件355件，审结329件。监督行政机关依法行政，判决撤销省、市行政机关行政行为12件，维护了行政相对人的合法权益。区法院配合市委、市政府拆违整治工作，及时审结涉拆违行政诉讼案件137件，支持拆违整治工作依法推进。应对群体性、敏感性案件不断涌现的局面，提升审判质量，依法、有序审结各界高度关注、涉及宗教信仰的张某某不服区民宗局做出的责令改正通知书行政诉讼等案件。执行修改后的行政诉讼法，依法适用简易程序化解行政争议，全年适用简易程序审结行政案件143件，简易程序适用率43.5%。

执行工作。区法院全年受理执行案件2849件，执结2038件，执行到位标的3.8亿元。开展集中打击拒不执行判决、裁定等犯罪行为专项行动，加大反规避执行力度，向区公安分局移送情节恶劣“老赖”的相关线索70人次，公安机关刑事立案4宗，抓获被执行人5人，执行完毕4案，执行到位标的520万元。通过“全国法院失信被执行人名单信息公布与查询”平台，加大对失信被执行人监督、威慑、惩戒力度，发布失信被执行人信息7415条，促使1474名被执行人履行义务。3月20日，在全省法院执行工作电视电话会议上由区法院做关于开展公布失信被执行人名单工作经验发言。

司法便民。年内，建成集立案大厅、视频接访室、部门接待室、法律志愿者工作室、诉讼服务自助区等于一体的高标准诉讼服务中心。建立网上查询和信息推送的“诉讼无忧”服务平台，为当事人提供综合性、一站式、低成本的诉讼服务。完善诉保对接机制，委托省保险行业协会先行调解交通事故理赔案件96件，完成调解50件，涉案金额390.2万元，履行率100%。全区法官志愿服务队依托法律志愿者工作室及朝阳、德政园、古汉城、杨家山4个法律志愿者工作站开展家门口司法便民服务，利用晚上休息时间在浏阳河风光带、阿波罗广场等地开办“法律夜市”4场次，为群众提供法律咨询2000人次，化解矛盾纠纷400起。落实司法救助制度，为当事人减、缓、免缴诉讼费372.5万元，惠及当事人1157人。接待处理群众来访案件110件，群众来信21件，协调安排最高院视频接访11次，便捷上访群众直接与上级法院视频对话，减轻了群众的诉累。

服务大局。提供司法服务，推进拆迁腾地工作，分批派出干警112人次进驻红旗路、韭菜园九如巷、京珠东辅道、马坡岭污水处理厂、隆平园、燕山街友阿东棚改和大同小学整体重建、黄土塘棚改、东岸片5号融资用地、2号安置点2期等项目上户协调，协助签订征收协议62户。及时完成大同小学、隆平水稻博物馆项目等一系列拆迁腾地工作，执结司法征收拆迁案件34件，其中实行强拆22件，无被执行人自杀、自残等事件，司法拆迁工作连续19年“零事故”。发挥巡回法庭作用，推进城市文明建设。城市管理巡回法庭执结违章占道停车、违规占道经营、油烟和噪音扰民等非诉执行案件170件，依法治理城市管理“三乱”（乱停车、乱扔垃圾、乱搭建）现象。交通行政执法巡回法庭执结交通行政执法部门申请的财产保全和非诉执行案件173件，促使当事人主动缴纳处罚款48万元。年内，交通事故纠纷巡回法庭审结交通事故类案件46件，便捷的“诉调对接”模式（行政调解、行业调解、人民调解与司法调解进行对接）和高效的“四快”办案方式（快速联动、快速受理、快速调处、快速执行）受到人民群众好评。

深化改革。坚持宣传释明、完善立案流程、专人导诉分流、接受监督等措施。抓立案登记制落实工作，全年新收各类案件1.21万件。弘扬司法民主，加大人民陪审员改革力度，扩大民主选任范围，全年有259名社会经验丰富的群众被选任为人民陪审员。推进人民陪审员“倍增计划”，并通过为期2天的集中学习培训，提升人民陪审员履职能力。开展刑事速裁程序试点工作，对案件事实清楚、证据确实充分、被告人自愿认罪、适用法律无争议，判处一年以下有期徒刑、拘役、管制或者单处罚金的危险驾驶、交通肇事、盗窃等11类案件适用速裁程序审理，全年适用并审结23案23人，平均审理周期6天，最短的4天，一审服判息诉率100%。坚持“阳光是最好的防腐剂”的工作理念，加大审判流程公开、执行信息公开、裁判文书公开3大平台建设推进审务公开，全年上网发布裁判文书7882份，应当公开的裁判文书上网率100%。全年有15场庭审现场通过湖南法院网、中国庭审视频直播网送到电脑、手机等网络终端，自觉接受人民群众监督。执行最高院《关于完善人民法院司法责任制的若干意见》，结合实际，制定实施方案，明确工作权责，细化应追究违法审判责任情形，执行审判标准、错案纠正、责任追究机制，提升司法工作质量。

队伍建设。区法院按照“三严三实”要求，以思想政治工作为抓手，推进队伍正规化、专业化、职业化建设，连续9年无干警违纪违法事件发生，其经验被中共中央宣传部主办的《思想政治工作研究》以《细微之处彰显为民情怀》为题专版推介。落实群众工作“直通车”和“三联三访”活动要求，抓好党的群众路线教育实践活动“回头看”工作，上门走访慰问困难群众600人次174户。解决群众困难，征集群众意见，提升干警群众工作能力。制定、完善绩效考核办法和法官行为检查制度。推行法官值班、“首问责任”和群众评价工作机制及“四一”（一张笑脸相迎、一把椅子请坐、一杯热茶解渴、一句问候暖心）和“四请”(请坐、请喝茶、请问您找谁、请问有什么可以帮您)接待工作方法，全年督察41次，编发通报7期。开展“六难三案”(门难进、脸难看、事难办、立案难、诉讼难、执行难；关系案、人情案、金钱案)专项整治活动，实行院、庭长办案制度，院、庭长担任主审法官审结案件42件。转变领导干部工作作风，营造办案竞赛氛围。坚持组织用人原则，实行民主公推后备干部，以近3年结案数居庭室前三名、绩效考核被评为优秀为推选条件，采取全院干警1人1票的形式，公开择优选拔4名优秀干部充实中层副职，顺畅晋升途径，营造风清气正工作氛围。坚持从严治党治院，尊重和保障党员的民主权利，广泛听取和尊重大多数党员意见，从严换届选举工作程序和纪律，完成4个党支部的换届选举工作。落实党组主体责任、纪检监督责任和部门负责人“一岗双责”，组织全院干警学习新修订的《中国共产党廉洁自律准则》《中国共产党纪律处分条例》等文件，观看“作风建设永远在路上”等专题教育片，反腐倡廉、打造过硬的司法队伍。

自觉接受监督。树立“监督就是支持，监督就是帮助，监督就是指导，监督就是促进”的理念，坚持在人大及其常委会的监督下行使审判权，接受人大权力监督、政协民主监督。健全代表委员联络机制，邀请人大代表、政协委员评查案件、旁听庭审、专题座谈等11次，向区人大常委会专项报告工作3次和向区政协主席会议报告工作1次，并落实意见建议。为办理人大交办、督办案件，制订上级机关和人大督办案件流程管理规定。对上级领导机关和人大批转、督办案件，建立登记、交办、催办、回复等流程体系，全年办理人大代表建议、意见和其他常委会交办事项13件。召开民主监督员座谈会3次，开展法院开放日活动4次，组织社会各界群众旁听案件庭审300余名。设立征求意见箱、随案发放廉政监督卡等，收到群众意见建议120条，促进法院工作改进，提升了法院形象。 （李革文 杨孟庭）

芙蓉区人民法院

书记、院长 刘自军

党组成员、副院长

王长江（2015.07免）

周平辉（女）（2015.06退休）

赖 忠

何正良

副院长 曾梦佳（女）

党组成员、政工室主任

关长新（2015.07免）

张立民（2015.06任）

党组成员、执行局局长 颜 斌

党组成员、纪检组组长 姚今晖

【立案登记制改革】 为落实好2015年5月1日开始实施的立案登记制，区法院坚持宣传释明、优化立案服务、邀请媒体跟踪报道，接受人大监督、纪检监察部门监督等5项措施。5月4日，由现场督察、指导的省高院党组副书记、副院长石时态对区法院立案登记工作的准备及开展给予了肯定。区法院做为湖南基层法院的代表通过现场视频连线的方式向最高人民法院院长周强进行了情况汇报。立案登记制实施以来，区法院及时转变工作理念，重新设计案件流程，实现了立案与审、执的“无缝对接”。全年新收各类案件1.2万件，无不收诉状不予登记案件，也无投诉情况发生，实现了立案审查制到立案登记制的平稳过渡。

【依法审结涉毛泽东亲笔信返还纠纷案】 邹某某之父系毛泽东在湖南省立第一师范学校读书时的同班同学。1949年12月12日，邹某某之父执笔代表6名同学给毛泽东写了反映当时社会情况的书信，毛泽东于1950年4月19日给其6名同学写了亲笔回信，信件由邹某某之父保存。1977年上半年，新化县毛泽东著作原件收集小组根据中共中央、中共湖南省委、中共邵阳地委、中共新化县委关于收集毛泽东的一切手稿送交中央办公厅文件精神，委派新化县档案馆工作人员收集该信件逐级上交，后由湖南省档案局保存至今。2015年4月28日，邹某某三姐妹向法院提起要求湖南省档案局返还信件原件的民事诉讼。法院认为本案系因中共中央以及地方各级党委在特定历史条件下，依据特定政策对特定物品进行收集引发的纠纷，不是平等民事主体之间所发生的民事法律关系，不属于人民法院受理民事诉讼案件的范围，遂依法驳回原告邹某某等人的起诉。

【依法审结高空坠物损害责任纠纷案】 2011年10月9日下午6时左右，谢某某路过长沙市芙蓉区五一东村13栋1楼萱萱餐馆门口时，被该栋楼顶脱落的水泥块击中头部，当场昏迷，后伤情经诊断为颅脑损伤，鉴定为8级伤残。湖南省天心实业集团有限公司、吴多福等69户五一东村13栋业主对该栋房屋的共有部分享有权利，也负有建筑物构件脱落致人损害的赔偿义务。2015年，芙蓉区法院依法判令该69户业主各赔偿谢正红损失3361元，并相互承担连带责任。

【区法院执行工作获表彰】 2015年，区法院通过“全国法院失信被执行人名单信息公布与查询”平台和长沙市火车站大型广告电子滚动屏等媒介，发布失信被执行人信息7415条，促使1474名被执行人履行义务，执兑率比2014年上升10%。该经验被全省法院执行工作电视电话会议推介，并被评为最高人民法院“有效实施失信被执行人名单制度示范法院”。

【未成年人案件审判庭成立】 1月30日，经长沙市机构编制委员会批准，区法院未成年人案件审判庭成立，为副科级内设机构。该庭的成立，将进一步提升区法院未成年人案件审判质效，进一步促进未成年人合法权益的保护。

【执行指挥中心建成并投入使用】 11月，位于区法院办公楼一楼、近140平方米，投入600万元建设的集网络查控、信息公开、信用惩戒、监督管理、决策分析、远程指挥、网络通信于一体的区法院执行指挥中心建成并投入使用，实现了执行指挥调度可视化、执行反应快速化和执行过程数字化，及时处理执行线索和突发事件。 （杨孟庭）

司法行政

【概况】 芙蓉区司法局设办公室、法制宣传科、社区矫正科、基层科、律师管理科5个科室及公共法律服务中心和法律援助中心2个二级机构，负责管理定王台、韭菜园、文艺路、朝阳、五里牌、马王堆、荷花园、东屯渡、火星、东岸、马坡岭、东湖街道、湘湖街道13个司法所，管辖云和岳、耀银、泰宗3个律师事务所和正星、长清、三湘、东岸4个法律服务所。2015年，全区司法行政工作以“六个走在前列”大竞赛活动为抓手，忠诚履职，勤奋作为，锐意进取，为全区经济社会发展创造和谐稳定的社会环境和公正高效的法治环境。

推进基层调解工作。人民调解网络健全，全年各级人民调解组织调处各类民间矛盾纠纷1672起，协议涉及金额4047.55万元。区司法局在矛盾多发领域，建设专业性、行业性人民调解委员会，推进预防和化解矛盾纠纷工作。道路交通纠纷调委会调处交通事故纠纷617件，涉案金额1960万元；医患纠纷调委会调解医患纠纷12起，涉案金额280万元；征地拆迁调委会调解征地拆迁纠纷5起、涉案金额330万元；保险行业调委会受理案件168起，调解118件，涉案金额近220万元。各基础人民调解组织发挥作用，减少不稳定因素，遏制了群体性事件的发生。

法制宣传深入推进。司法行政工作适应全面推进依法治国的新要求，在制订下发“2015年芙蓉区法制宣传工作要点”中落实国家机关“谁执法谁普法”的普法责任制，真正把公职人员学法用法“软约束”变为“硬任务”。全年结合“3·15国际消费者权益保护日”“农村法制宣传月”“6·26国际禁毒日”等主题活动组织开展法制文艺会演4场次，法制讲座13场次；制作法律知识宣传展板26张；免费向街道、社区发放《六五普法教育宣传挂图》《公民法律常识1000问》等宣传资料3000册。11月10日，区司法局通过了全市“六五”普法检查组的考核验收。市检查组领导以“芙蓉区“六五”普法工作用普法依法制理工作保障好、“法律六进”活动效果好、法制文化阵地特色好、法制建设基础好”表示了肯定。

创新特殊人群管理。辖区有社区矫正在册人员245人，实行监管到位；刑满释放在册人员480人，核实率99.25%，衔接率100%，实现了出监所有人接、档案有人建、社会有人帮、就业有人管的“四有”目标。利用司法行政资源和“社区矫正”的工作模式和经验，实施司法行政戒毒与社区戒毒、戒毒康复无缝对接；联合长桥强戒所在定王台街道设立社区戒毒（康复）工作指导站，帮助吸毒人员戒除毒瘾，改过自新，减少吸毒人员违法犯罪行为和社会不稳定因素。在6月24日全省社区戒毒（康复）工作经验交流会上，区司法局做了发言，并受到省、市领导的肯定。定王台司法所被评为全省模范司法所。定王台司法所所长马建超被授予“全省模范司法所长”称号。

完善法律服务体系。区司法局在抓案件质量的同时，扩大援助范围，全年办理援助案件245件，超额完成市级下达的为民办实事指标任务。开展公证体制改革工作，促进了人员、资产、档案资料的交接。截至2015年底，建成区级公共法律服务实体平台，完善了基层法律服务体系。（刘　歆）

【“三调联动”筑牢社会稳定防线】　区司法局按照“三调联动化矛盾，息访息诉促平安”的工作要求，立足“化解纠纷积案和信访难题，减少赴京上访总量”的目标，开展化解社会矛盾和信访积案工作。从心理辅导、帮助解决实际困难入手，化解了唐某、刘某、石某、丁某4起历史遗留矛盾纠纷，达成调解协议，涉及金额460万元，并签订息访息诉承诺书。

【省、市领导到区调研法律服务平台建设项目】　8月24日，省法律援助中心主任向新林，市委政法委副书记、市司法局局长魏华松到区专题调研公共法律服务实体平台建设工作。向新林一行了解了芙蓉区公共法律服务实体平台建设的前期规划、改造方案以及工作开展情况。他肯定了芙蓉区在打造法律服务惠民平台，完善基层法律服务体系建设等工作。区委书记梁仲，区委副书记、区长于新凡，区政法委书记欧干军陪同调研并参加座谈会。

【建成全区公共法律服务实体平台】　区司法局按照省司法厅关于构建覆盖城乡的公共法律服务体系的决策部署，在年内建成了拥有4大服务区域（接待受理区、法制宣传教育区、资料档案区、等候休息区）、3大功能室（法律咨询“私密”室、法制宣传室、人民调解接待室），由专业法律服务团队进驻的司法行政规范化实体服务平台。该平台可提供“窗口化、综合性、一站式、零距离”的便民法律服务，并正式投入使用。（刘　歆）

人民武装

国防教育与征兵

【概况】2015年，芙蓉区国防与军队建设工作坚决贯彻中共十八大以来会议精神及习近平主席系列指示，以使命任务为牵引，抓基层打基础，谋发展促创新，落实军事斗争准备，服务经济社会发展，维护社会和谐稳定。

抓实思想政治工作。围绕国防和军队建设主题主线，贯彻习近平系列讲话和全军政治工作会议精神，开展"三严三实""学习践行强军目标，做新一代革命军人""正风肃纪、尽职尽责"等主题专题教育和整顿。坚决肃清郭某某、徐某某事件对官兵思想和部队建设的不良影响，开展党风党纪警示教育，净化官兵的思想和灵魂，端正学习和工作作风，打牢部队听党话、跟党走的思想根基，始终保持忠诚、纯洁、可靠。

抓紧基层基础工作。年内，区人武部本级、湖南农业大学武装部、东屯渡街道、芙蓉区民兵应急连和东屯渡民兵应急排受领了全省3类5项示范观摩的典型建设任务。由省军区司令员黄跃进带领工作组指导该项工作。区委书记梁仲，区委副书记、区长于新凡参加基层建设现场办公会，区委常委、常务副区长谭雄伟担任典型抓建领导小组组长。通过以点带面的大胆探索，提升了基层武装部正规化建设水平。由区政府和人武部联合组成的民兵整组工作领导小组成立，并结合平时应急与战时应战的任务需求，对辖区内重要目标、交通干线、社民情复杂区域的防卫力量进行了科学优化，面对面帮助基层解决具体问题，推进了整组工作的落实，高标准通过了上级部门的交叉检查验收。

抓活国防教育工作。区人武部修订完善应急作战保障、维稳处突、国防动员、抢险救灾等12大类战备方案，并结合节日和重要时期开展战备防护。全年开展战备形势和职能使命教育5次，邀请国防科大专家解读国际国内形势2次，增强官兵备战打仗意识。各街道和社区设立国防教育宣传牌，张贴国防教育标语，并在辖区中小学校师生开展国防教育和军事训练体验。利用市级国防教育基地、秋收起义纪念馆、毛泽东故居、刘少奇故居、雷锋纪念馆等红色教育阵地开展全民国防教育。由区委、区政府主要领导牵头，相关部门配合行动，在春节、"八一"等节日节点走访慰问驻区部队官兵和重点优抚对象，组织召开军政座谈会，街道、社区也经常性开展军地共建和"双拥"活动。

抓细兵役征集工作。针对当前"当兵冷、征兵难"的问题，区政府强化组织领导，立足于早准备、早动员、早筹划、早部署，利用横幅、报纸、电视、网络、电子屏、QQ群、微信群等传播媒介开展征兵宣传，发布征兵信息。建立起军地结合、立体覆盖的征兵宣传教育体系，并开展青年学生和适龄青年应征入伍。辖区各街道组织"征兵宣传动员大会"，社区工作人员上门入户做工作，发放适龄青年应征通知书，抓好兵役登记工作。在湖南农业大学、生物机电学院等驻区高校开展"千人首日征兵现场报名"活动，发放宣传教育资料5000份。为实现科学、规范、廉洁征兵，保证兵源质量，在征兵政审环节，建立领导负责制和岗位责任制，层层签订政治考核工作责任状，参加政治考核的人员一律执行新的"征兵政治考核工作规定"，落实横向交叉联审、入户走访等制度。在体检环节，对全体应征青年实

行统一编号管理，实现兵役征集过程全封闭，从严检查把关，防止徇私舞弊。（杨 冲）

军 事

【概况】 2015年，芙蓉区人民武装部按照“强基固本、风清气正、团结务实、奋发有为”的工作思路，强目标，抓落实，各项工作稳步推进。年内，区人武部党委被省军区评为“先进团级单位党委”“先进基层党组织”“全面建设先进团级单位”，被长沙警备区评为“民兵工作先进单位”“安全工作先进单位”“军事训练先进团级单位”。

政治思想建设。围绕国防和军队建设主题主线，开展“三严三实”专题教育和“学习践行强军目标，做新一代革命军人”主题教育，增强了全体人员聚精会神干事业的责任感、使命感。召开专题党委议教会，梳理教育要解决的主要问题，研究制定专题教育整顿和主题教育方案。在参加省军区、长沙警备区集中授课的基础上，坚持个人自学，撰写心得体会，引导全体人员坚决拥护党、国家、军队深化改革的重大举措。开展党风党纪警示教育，组织观看“作风建设永远在路上”等影像资料，净化党员干部的思想和灵魂。围绕“践行‘三严三实’、干净为官做事”组织专题讨论，交流学习体会。召开“三严三实”专题教育民主生活会，查摆存在的问题，开展批评和自我批评，推动思想政治建设常态化发展。

军事斗争准备。贯彻新形势下军事战略方针，成立由区政府和区人武部联合组成的民兵整组领导小组，召开民兵整组工作专项会议。受领民兵整组任务后，采取分片包干、责任到人，分3批次下基层检查督导，帮助基层解决民兵整组工作中遇到的困难和问题，推进了整组工作落实，在接受长沙警备区联合工作组组织的交叉检查验收中获好评。2月，召开全区民兵预备役工作会议，全面部署军事训练工作。全年，为民兵应急分队购置一批应急维稳装备器材，提升处理突发事件的能力。按照湖南省军区、长沙警备区关于“湘江—2015”演习的统一部署，由区人武部组织防卫作战准备筹划阶段演练流程示范现场会，长沙警备区司令员王忠斌带领区（县、市）人武部部长到区人武部作战室现场观摩并指导讲评，该次演练提高了质量，促进了战斗力的提升。

图17 区武装部在雷锋纪念馆举办献花仪式

基层建设。区人武部按照“全面搞建设、扎实打基础、反复抓落实、长期铸特色”的要求，坚持把工作重心放在基层，完成了湖南农业大学武装部、东屯度街道武装部和区本级人武部基层武装规范化建设任务，湖南农业大学武装部受到省军区首长的充分肯定。在参加省军区基层建设调度会受领5个基层武装部规范化建设任务后，区人武部向区委、区政府进行了专题汇报，并召开区人武部党委扩大会研究部署。区委书记梁仲、区长于新凡重视基层武装部规范化建设工作，专程到区人武部召开基层建设现场办公会，并研究解决辖区基层武装部规范化建设存在的困难和问题。省军区司令员黄跃进带领工作组4次到区视察指导基层武装部规范化建设工作，促进了基层武装建设各项工作取得实效。

安全管理。贯彻落实上级安全工作要求，抓好安全管理工作落实。结合日常安全督察，坚持做到“五个严格”（严格人员管理、严格车辆管控、严格枪支弹药管理、严格涉密载体使用、严格财务管理规定）。在安全管理中，开展“四个排查”（对人员思想底数进行排查、对主要目标进行排查、对管理现状进行排查、对主要危险源进行排查）。每天坚持利用交班会开展安全教育；每周主官坚持对武器库、车炮库、训练基地和高炮预设阵地进行检查；每月坚持对单位安全形势进行分析；每季度开展安全大排查；重大节日坚持对所属重要目标进行拉网式排查，杜绝安全隐患的发生。

征兵工作。召开街道党（工）委书记述职大会，区委书记梁仲全程参加，并就党管武装提出具体要求，为基层武装工作的开展奠定基础。针对社会上出现的“当兵冷”“征兵难”等问题，区人武部不等不靠，立足于早准备、早动员、早筹划、早宣传，部领导深入街道、高校开展宣传发动，组织“首日现场报名”活动，严把政审、体检、定兵关，推动芙蓉区征兵工作的开展。

支援地方经济社会建设。开展“双带双促”(带头建设家乡、促进经济发展，带头维护稳定、促进社会和谐)、“群众工作直通车”和“四联三为”（联企业、联项目、联社区、联家庭；为群众、为基层、为企业）活动，打造了东屯渡街道、军区社区、湖南铭家集团3个“退役军人之家”新阵地，组织3000人次参与拆违控违、应急救援、文明创建、维护社会稳定等任务，为地方党委政府排忧解难，在人民群众中树立了良好形象。

存在的主要问题和建议：基层专武干部能力素质还需要提高。正规化典型抓建建设需要提升。基层民兵营建设存在短板。民兵营建设虽然基本成型，但是存在布局不合理，人员调动困难的情况。

（吴宏瞻）

区人民武装部

部　　长　张　勇（2015.02免）
　　　　　方学文（2015.02任）
政　　委　何元良
副部长兼军事科科长　卿青松
政工科科长　张柏平
后勤科科长　李　海（2015.03任）

公安消防

【概况】2015年，长沙市芙蓉区公安消防大队(以下简称消防大队)坚持“预防为主，防消结合”的方针，加大消防监督和执法力度，预防和抑制了群死群伤火灾事故的发生。社会面火灾形势稳定，营造了和谐稳定的社会环境和安居乐业的生活环境。年内，区消防大队被长沙市评为“文明创建先进单位”，五里牌中队被评为“全面建设先进单位”“灭火救援先进中队”。

落实消防安全主体责任。消防工作按照“行业主管部门直接监管、消防部门综合监管、地方政府属地监管”的原则，贯彻“管行业必须管安全、管业务必须管安全、管生产经营必须管安全”的理念，全面推行县级领导干部督查联点街道、社区消防安全生产工作模式，形成了“政府挂帅，部门联动，消防主抓”的联合监管格局。3月22日召开全区消防工作会议，区政府与各街道和区直有关部门签订了消防安全责任书，细化分解消防安全责任，把责任落实到单位，落实到个人，并实行责任追究，推动全区消防工作的落实，基层消防工作“有人抓、有人管”。8月11日，区委、区政府组织召开常委议军会议，专题研究辖区消防安全工作。11月10日，区政府副调研员梁福才组织区直各部门负责人，检查马坡岭街道西龙村、张公岭村安置小区消防安全工作。发现该小区内的问题，责令有关物业管理部门立即或限期整改。

改善辖区公共消防安全环境。年内，开展了今冬明春消防安全检查、夏季消防安全大检查、住宅小区消防安全检查、芙蓉消防安全“九打九治”和危险化学品易燃易爆物品安全检查、长沙市社会福利、救助机构消防安全检查、劳动密集型企业消防安全检查、高层地下建筑消防安全检查、人员密集场所消防安全检查等多项火灾隐患专项整治行动。该专项行动检查单位1922家，督促整改火灾隐患1878处，下发责令改正通知书1321份，下发行政处罚决定书146份，查封火灾隐患单位31家，责令停止施工、停止使用、停产停业共31家，罚款151.5万元，行政拘留11人。5月25日，消防大队联合执法东湖片区违章建筑及临时仓库。6月14日，区委常委、副区长蔡冰分批到旺德府大厦、百纳广场、万和城1号等地开展夏季消防安全检查。由区公安分局各派出所检查单位1.88万家，发现火灾隐患1.72万处，督促整改火灾隐患1.72万处，罚款4.3万元，拘留7人。消防大队下发《关于开展区域性火灾隐患专项整治行动的通知》，拆除违法建筑3656处，面积288.8万平方米。启动重大火灾隐患整改约谈机制，约谈部分重大火灾隐患单位负责人，召开重大火灾隐患整改问题会议。年内，全区12家重大火灾隐患单位中，有4家整改到位，已摘牌销案。11月6日，消防大队、区安监局检查夏裙湖南曙光电子集团有限公司和安达燃油配送站消防安全工作，并对该公司化学品废弃物下达了书面整改意见；对安达燃油配送站要求增加消防沙和消防泡沫的储量，落实消防安全工作制度和措施。

建立覆盖全区的立体化消防网络。各街道（园、局）成立由主管领导负责，安监、综治、工商和公安派出所等机构负责人参加的消防工作领导小组，设立了消防工作办公室，依托治安巡防队设立微型消防站。年内，各街道投入200万元，建成社区微型消防站46所，各重点单位微型消防站建设完成93%。消防大队主办村、社区“两委”负责人、派出所及重点单位消防安全管理人员培训班6期，参训人数600人。消防大队把全区296家消防安全重点单位分为32个小组开展区域联防工作，各片组开展专项检查562次，发现火灾隐患1232处，并督促整改到位。

开展消防宣传教育。利用“全民消防安全宣传教育纲要”，借助“3·15”消防产品打假活动、“5·12”防灾减灾宣传日、安全生产宣传月，开展主题宣传教育。向居民群众发放“家庭消防安全隐患自查表”，发动居民群众查改家中火灾隐患，把消防宣传延伸至辖区内每家每户。年内，区政府投入300万元专项资金，聘请人人居安防火教育有限公司在全区范围开展消防安全全员普训工作。消防大队完成宣传、培训辖区单位3779家（含三合一场所），入户宣传2.3万户，放映消防电影42场，灭火和应急疏散演练112场，发放消防安全手册5万份，张贴消防海报1.5万张，发放消防测试卷1.3万份，参训人数9万人次。

提升灭火救援能力。消防大队把灭火执勤能力放在首要位置，根据每个中队的管区，对重点单位进行了分配，要求中队每周开展2次以上灭火演练；倡导“大兴全员练兵，打造过硬队伍”的练兵口号，规范了官兵完成火灾扑救和抢险救援任务。年内，出动1629次（含增援），消防车2435辆次，消防人员1.64万人次，抢救被困人员170人，疏散人员373人，抢救财产价值3.72亿元。同比上年，抢救财产价值提升1546.95%。

2015年，全区共发生火灾311起，占全市火灾起数的11%，直接财产损失82.42万元，占全市直接财产损失的3.3%，无人员伤亡，未发生较大以上恶性火灾事故，同比上年火灾起数下降19.48%，直接财产损失下降28.07%。

存在的问题是：火灾隐患和消防违法行为仍然大量存在，社会面火灾防控工作依然艰巨；部分基层单位对消防工作的重视程度不够，“只求过得去，不求过得硬”，导致消防工作基础不扎实、成效不明显；部分基层单位消防安全具体工作无人管、落实不到位，社区公共消防器材配备不足、消防设施瘫痪。一些社会单位消防安全主体责任不落实，消防安全管理不到位，“习惯性”消防违法行为屡禁不止，导致火灾隐患反复出现、“整而不绝”。

（朱海波）

区公安消防大队

大队长	高涛（2015.06免）
	伍灿（2015.06任）
教导员	陈鹏
副大队长	黄磊（2015.06免）
	胡志红
副教导员	胡逸舒

【市领导到区看望慰问消防官兵】 2月17日，省委常委、市委书记易炼红，市长胡衡华在市政法委书记钟钢、副市长张迎春、副市长姚英杰、副市长兼市公安局局长唐向阳等领导陪同下，到芙蓉区消防大队五一广场中队看望慰问消防官兵，市消防支队长宋利军、政委粟平参加慰问活动。在官兵严整的队列前，易炼红代表市委、市政府向全市消防官兵致以新春的祝福和节日的慰问。他肯定长沙消防部队在2014年度面对严峻的火灾形势和繁重的灭火救援任务，发扬了对党忠诚、为民服务、英勇善战的优良传统，展示了党委政府放心、人民群众满意的精神风貌和战斗力，快速有效处置全市各类火灾事故，全力保卫人民群众生命财产安全，是一支“招之即来、来之能战、战之能胜”的消防铁军。他要求，春节即将来临，全市消防官兵要坚守在自己的岗位上，奋斗在灭火救援一线，正是官兵们“舍小家，为大家”的无私奉献才换来了社会的平安祥和、人民的幸福欢乐，并代表党委、政府和人民群众对全体官兵节日期间忠于职守、执勤在岗的无私奉献致以崇高的敬意和衷心的感谢。

【胡衡华到区督办“城市生活家”商住楼重大火灾隐患整治工作】 5月27日，市委副书记、市长胡衡华在区政府会议室主持召开“城市生活家”商住楼重大火灾隐患整治工作推进会。市住建、财政、国土、规划、质监、工商、消防等职能部门和定王台街道等42人参加会议。城市生活家大厦位于芙蓉区解放西路262号，建于2005年，地上35层，地下2层，高99.65米，建筑面积27878平方米，为一类高层建筑的商住楼。该次会议，召集相关职能部门和芙蓉区委、区政府主要负责人研究解决“城市生活家”商住楼消防安全隐患问题，并针对全市范围内同类型重大火灾隐患制定综合性治理方案。市长胡衡华详细询问了“城市生活家”住户代表的意见，了解住户的实际困难和诉求，他要求从关注民生的角度出发，端正为人民群众服务的态度，解决城市生活家各住户的诉求。各个部门在工作中要本着实事求是，不留“后遗症”的原则，要保障现状运行，后期法律追究分开的原则，于8月底将火灾隐患整改到位，办理好相关的产权证，解决好人民群众关心的信访问题，使老百姓满意。芙蓉区委、区政府负责人当场承诺，从严落实市长的指示精神，成立隐患整改、资产清理、产权办理3个小组，保证在8月底消除火灾隐患。截至年底，解决住户的合理诉求，完成各项工作任务。

图18　副市长张迎春（左三）检查三湘南湖大市场消防工作

【张迎春到三湘南湖大市场检查消防工作】　10月10日，市委常委、副市长张迎春率队到三湘南湖大市场开展消防安全工作检查。市消防支队支队长宋利军，芙蓉区委副书记、区长于新凡及区安监、质监等相关单位负责人参加检查。张迎春一行分批查看该市场布艺城、家电城等场所消防安全情况，就市场在上年的“11·29”火灾后拆除违章建筑、增设防火分区、改善消防给水措施及建筑的结构稳定性等整改措施开展了督查督办，重点检查了各场所的疏散通道和安全出口是否畅通、消防设施和灭火器材的配备是否有效、疏散指示标志照明是否完好等情况。张迎春来到三湘消防监控中心，实地检查了该市场的消防监控情况，她叮嘱各单位责任人要清醒认识抓好消防安全的重要性，吸取火灾事故经验教训，严防事故再次发生，她要求各单位开展员工的消防安全培训工作，提高员工火灾自救能力，保证万无一失。

【于新凡到三湘南湖大市场调研消防工作】　3月9日，区委副书记、区长于新凡，常务副区长罗玉环，副区长彭尚松到三湘南湖大市场调研消防工作。区发改局、区规划局、区建设局、区安监局、区消防大队等区直部门和湘湖街道负责人参加调研。于新凡肯定了湘湖街道和三湘南湖大市场的消防整改情况，他要求湘湖街道和该市场方要深刻吸取教训，消防整改工作要把安全问题放在首位，不能受其他因素的干扰；三湘大市场的维修加固、消防整改必须依法依规，按程序办理，这是底线，各部门要大力支持，所有审批必须以技术审查为主，保证安全、质量和进度。于新凡还要求全面启动消防安全全员普训工作。从2015年5月至2016年底，区政府出资500万元，在全区范围内开展“政府主导、街道组织、社区配合、中介实施”的消防全员普训工作，预防和减少火灾危害。要求用1年半的时间，对辖区内所有机关、团体、企事业单位及个体工商户、居民、流动人员开展消防安全普训工作，促进群众关注消防安全、学习消防知识、参与消防工作的主动性。

【重点单位消防安全管理人员培训】　10月23日，消防大队组织辖区296家重点单位开展消防安全管理人员培训。在培训中重点讲解“户籍化”系统的填报，以及消防设施操作、维护、保养等内容；并从如何提高检查消除火灾隐患能力、组织扑救初起火灾能力、组织人员疏散逃生能力、消防宣传教育能力等方面开展培训。年内，消防安全管理人员培训分3期举办。该项培训工作，旨在要求各单位通过日常的防火巡查、检查、自查自改隐患，达到“消防安全自查、火灾隐患自除”“火情发现早、小火灭得了”“能火场逃生自救、会引导人员疏散”“消防设施标识化、消防常识普及化”等4项标准，落实好单位的消防安全工作。

【成功扑救“1·21”观音井巷火灾】 1月21日15时45分，市“119”指挥中心接到报警称，位于芙蓉区观音井巷7—9号长房集团租约房发生火灾。市指挥中心立即派出五一广场消防中队、金盆岭消防中队、劳动路消防中队、定王台消防中队，出动8辆消防车和24名消防员赶到现场及时扑救，未造成人员伤亡。该次火灾造成烧毁整幢建筑物及室内物品，过火面积近149.8平方米，直接财产损失为14.7万元。火灾扑救完后，芙蓉大队成立了火灾事故调查小组，从现场提取电饭煲开展专项勘验，发现电饭煲底部铝合金发热盘上有2条明显的长约15厘米的熔融凹痕，应为内部管型电热元件持续加热所致，而非外部热源所致。实验也证明电饭煲在元件损坏的情况下持续加热会导致起火。火灾原因是该住户家电饭煲元件损坏，在通电状态下导致持续发热引燃木质地板引起的火灾。

【成功处置氯气泄漏事故】 11月20日20时47分，芙蓉消防大队东岸中队接到指挥中心调度命令：东岸中队辖区双杨路东岸化工厂发生毒气泄漏。东岸中队迅速出动水罐车1台，泡沫车1台，于20时53分到达现场。经向报警人了解得知，该次事故中有毒气体为氯气，储量为500公斤，严重影响周围居民和北面城建职校的安全。东岸中队指挥员立即采取措施：把官兵分成3个战斗小组，第一战斗小组实行警戒和疏散周围群众（居民小区和商铺），告知群众附近有毒气泄漏，必须马上撤离，并在规定安全区域内拉起警戒线，防止无关人员进入现场。第二战斗小组开展稀释工作，指挥员带领2名战士着防化服进入罐体附近，把消防水带线路铺设至罐体附近，利用开花水枪出水对罐体实行稀释，由水罐车对首战车供水并向指挥中心报告请求增援。第三小组为搜救小组，由于工厂内部有1幢老建筑，部分房间电灯光亮，为防止房间有人居住，指挥员命令搜救小组对该幢建筑挨个房间仔细搜查，防止人员中毒被困，引发人员中毒事件。21时30分左右，市消防支队全勤指挥部到达现场，随后芙蓉大队大队长及特勤1中队官兵到达现场指挥救援。由于该废弃工厂内有大小卧式罐体多，泄漏罐为黄色罐体，经过有毒气体探测仪，及随后到场的环保局工作人员监测，现场泄漏气体为氯气及一氧化氮，均为有毒气体。经过特勤1中队官兵对罐体仔细排查，22时16分查找到泄漏点，官兵们持续提供出水，对罐体泄漏处进行稀释掩护，减少泄漏气体对周围群众的危害。22时30分许，东岸中队抢险救援车赶赴现场处置，由于罐体两端阀门为铁质阀芯，加之放置年数久，阀门已经严重锈蚀，导致氯气泄漏。经过市支队全勤指挥部研究决定：先用化学中和的办法对泄漏氯气罐控制并对罐体进行转移；利用挖掘机对附近挖坑，再将罐体浸入坑内水中，对坑内抛洒生石灰及烧碱进行化学中和，减少泄漏氯气危害。0时15分，市消防支队全勤指挥部命令所有其他参战中队返回，东岸中队水罐车在现场留守至第二天。留守官兵每隔30分钟对化学中和池内进行抛洒石灰，并观察反应情况。21日下午3时，泄漏氯气罐被成功堵漏。随后，将泄漏氯气罐及厂区内其他罐体全部实行转移至附近长善垸污水处理厂。21日19时许，全部处置完毕。参战官兵不怕牺牲，迎难而上的战斗精神，保障了周围群众的生命和财产安全。

（朱海波）

人民防空

【概况】 2015年，芙蓉区人民防空办公室结合全区中心工作实际，在制度上创新，在方法上革新，在结点上突破，推进人防宣传教育、工程管理、指挥通信等工作，完成全年各项工作任务。

人防宣传教育。区人防办根据区域地形特点，按东、南、西、北4个方位选定东湖社区、军区社区、识字里社区、陶家山社区打造人防示范社区；在全区素质教育基地推进防空防灾教育场地建设。全年制作人防宣传标语200幅、人防法规知识展板140张，发放人防宣传资料2万份、《湖南人防简报》2000份。实行人防教育与安全教育相结合，全年培训中、小学生1万人次。开展人防宣传教育进机关、进院校、进企业、进社区、进媒体的“五进”活动。邀请专家学者到区授课，

图 19 人防工作培训开班

提高居民群众自救与抢险救灾的能力。4 月 22 日，永州市人防办主任杨跃一行 6 人到区参观人防素质教育基地和东湖社区人防示范点。4 月 28 日，邀请省消防全民防火中心教官张礼到区人防办授课，营造“消防安全人人有责，平安人防人人共享”的氛围。6 月 12 日，开福区人防办主任鲁碧君一行 11 人到区人防素质教育基地参观考察，交流了人防教育宣传工作。年内，东湖社区、军区社区、识字里社区、陶家山社区被评为“全省人防教育示范点”。

人防工程管理。区人防办推进人防工程的维护与管理，人防工程维护与管理按每年 5% 增长，全年人防工程管理“零事故”；在全省首个完成人防工程统一标示标注悬挂全覆盖。

人防指挥通信管理。6 月 24—28 日，区人防办在人防素质教育基地举办人防指挥通信、工程、防汛抢险业务培训。开展“5·12”“11·1”人防通信指挥演练，提升人防通信指挥畅通和通信能力。10 月 28 日，区人防办在马王堆街道滩头坪社区召开防空试鸣工作会议。在全市组织的人防演练中安全、顺畅，无事故发生。

存在的问题与困难：人防工程老化，投入资金相对较少，制约了辖区的人防建设发展；国防教育宣传难度大，全民的国防意识、防空意识需要加强。（汪 琳）

【人防工作会议】 5 月 7 日，区人防办召开 2015 年度全区人防工程防汛工作会议。隆平高科技园、各街道、防汛抢险应急分队等 14 个单位的分管领导出席会议。该次会议由区人防办主任孙立荣主持。区人防办副主任李典传达“芙蓉区人民防空办公室关于认真做好人防工程防汛工作的通知”，区人防办副主任赵德玉部署全区 2015 年人防工程防汛预案。区政府副调研员张勇要求，认清形势，统一思想，增强防汛工作的责任感和紧迫感；要健全组织，落实责任，保障人防工程安全度汛；要督促检查，及早治理，未雨绸缪；要落实制度，储备物资，有备无患。6 月 15 日，区人防办在马王堆街道滩头坪社区召开全区防空警报器管理人员培训暨工作布置会。该次会议，区人防办布置了全区人防通信指挥演练工作和相关事项。辖区 38 家警报器单位管理人员，市人防通信站技术人员，区人防办相关人员 50 人参加会议。（汪 琳）

经济管理

【概述】 2015年，区发改局谋划经济发展思路，履行部门工作职能，服务经济社会发展大局，完成各项工作任务。全年全区实现地区生产总值（GDP）1033.25亿元，增长10%。其中，第三产业实现增加值873.56亿元，增长10.8%，对GDP贡献持续占优，拉动GDP增7.79个百分点，对GDP增长贡献率86.1%。全年完成固定资产投资436.12亿元，增长23.84%，商品房销售面积58.58万平方米，增长7.99%，投资增幅平稳。区域经济保持平稳增长。

开展经济研究。组织开展“十三五”规划纲要编制工作，形成《长沙市芙蓉区国民经济和社会发展第十三个五年规划纲要（草案）》，经区人大常委会审定通过。牵头组织安排“十三五”专项规划编制工作，围绕“十三五”总规纲要部署安排18个发展专项规划任务，并完成初稿。组织开展《芙蓉区产业发展总体规划(2015—2020)》编制工作，《产业规划》年初编制完成，历经多次讨论及征求各方意见，于5月5日正式通过专家评审会。

科学编制计划。编制下达《长沙市芙蓉区2015年度国民经济和社会发展目标》，开展对发展目标执行情况的监测、分析，按要求完成1—9月及全年国民经济和社会发展计划执行情况的报告。编制下达《长沙市芙蓉区2015年重点项目建设及征地拆迁计划》，铺排重点建设项目105个，投资224.20亿元，占总投资17.66%；铺排各类预备项目45个；铺排征地拆迁项目24个，拆迁腾地135.13公顷。

优化项目服务。全年收到立项及可研审批申请报告160份，按程序从严审查每个项目，在规定期限内完成批复和上报。响应变更申请，依法依规及时核查、下达变更批复，完成变更审批3次。完成概算审查8份，合计送审金额1.65亿元，核减金额2568万元。重点服务产业项目，把重点产业项目纳入区项目计划，特别重大项目推荐纳入市项目计划，及时跟进掌握项目进展情况，为3个产业项目及时办理了备案手续。开展招投标领导小组办公室的有关工作，为各类项目的推进保驾护航。

提供项目支撑。全区有74个项目纳入市重大项目投资计划，全年投资94.55亿元。开展保障性住房配套基础设施中央资金申报工作。全年按要求组织申报3次，其中都正街棚改、嘉雨路、支19路、支21路等4个项目获得中央资金补贴。开展专项债券申报工作。按照国家促进投资的有利政策，全年4次指导、组织有关单位做好做实申报资料。协助芙蓉城建投发行企业债券，并与国开行合作成立文化产业基金，最大限度发挥直接融资的优势。

打造“两型”建设。打造“两型”综合示范片区、推动基层改革试点，推广清洁低碳生产技术，深入开展“两型”示范创建工作。培育月桂、白沙湾、东宜、西湖等4个社区成为省级创建单位，获得省级扶持资金80万元。年内，马王堆小学被评为2015年市级“两型”示范单位，东湖、兴和、东宜3个社区被评为市级创建单位。开展区级两型示范单位创建活动，全区有街道、社区、学校、机关、建筑、企业、家庭等7个类别40家单位开展“两型”示范创建活动。区发改局制订“长沙芙蓉中央商务区创建两型综合示范片区实施方案”推进片区各项创建工作。

（曹祎靖）

【物价管理】 年内，区发改局实施排查和整治物业、停车、水、电、气等方面乱收费现象，开展专项收费检查；全年及时处置价格举报，受理各类价格投诉114起；开展涉案物的认证工作，办理各类刑事案件价格公证359起，标的金额1224.88万元；开展价格执法，督促检查元旦、春节等节假日期间市场消费品价格并开展调查工作；按时按质开展地区价格的监测及报送工作。

【招投标管理】 区发改局贯彻落实《长沙市政府投资建设项目管理办法》《芙蓉区政府投资项目招标投标管理办法》，优化调整政府投资项目中介服务机构选取及限额以下工程招标流程，做到兼顾招投标工作的效率与公平公正；抓好招标核准工作，及时受理招标核准申请并下达批复，全年下达招标核准批复46份。执行招标代理随机抽取制度，按程序组织招标代理摇号57次，对招标代理机构的选择实行随机抽取，从源头规范招投标行为。推进项目建设，为项目单位排忧解难，全年组织召开领导小组会议12次，研究解决相关事项37个。

（曹祎靖）

统计

【概况】 2015年，全区统计工作深化优质服务，以基本单位名录库更新和1%人口抽样调查工作为重点，围绕规范管理，推进统计改革，完成了各项目标任务。区统计局被评为“全市统计工作综合评比优秀单位”“全市规模以下服务业抽样调查工作、规模以下工业抽样调查工作先进单位”；获全市1%抽样调查工作、服务业工作、社会处工作一等奖。

人口抽样调查。年内，开展芙蓉区1%人口抽样调查，完成2763户8654人摸底调查工作。该次全国1%人口抽样调查辖区被抽中13个街道的23个社区中的23个调查小区。分批完成被抽中的23个调查小区的入户登记工作，登记有2769户8696人。国家统计局检查组充分肯定了该区开展的抽样调查工作。

基本单位名录入库。坚持“先入库、后报数”的原则，开展基本单位名录库工作。由工业、商贸、房地产、建筑、名录库等组成的专业人员，把企业上报的营业执照、税务登记证、财务报表等资料一一对应查看：对资料提供不完整的企业及时要求其补充材料；对暂不符合标准的企业不进行申报；对不符合“四上”（规模以上工业、限额以上批发零售贸易业、资质以上建筑业、规模以上服务业）标准的企业申请退出，全区应进的企业全部进入，该退的企业坚决退出，保证名录库单位数据真实、准确和完整。年内还对辖区基本单位名录库开展了清查维护，上门摸底1.02万家单位，增加名录库单位2263家，名增加“四上”单位83家。

统计优质服务。围绕经济社会发展中的热点、重点、难点问题深入开展统计分析，全年撰写统计分析资料30篇，其中《经济参考》刊发19篇，发布《长沙市芙蓉区2014年统计公报》和《长沙市芙蓉区2014年统计提要》。依托统计信息资源，为区政府有关部门、企事业单位、社会公众提供统计信息咨询服务，全年在省、市、芙蓉之窗等各类网站发表的统计信息数量60篇。加大统计执法检查和管理力度，严肃查处统计违法行为，从严数据质量监督，增强统计开放度和透明度，接受社会各界对统计数据的监督。协调推进全面建成小康社会统计监测。对全区建成小康社会各项指标进行汇总计算与跟踪监测，并协调各项指标责任部门完成指标认定及上报，为有关部门提供了统计监测服务。

统计基础工作。区统计系统开展统计教育培训工作，全年组织各类专业培训15期。全区报考参加统计人员专业技术职称考试15人，其中初级11人，中级2人，高级2人。报名参加统计教育培训321人，其中从业资格认定167人，继续教育154人。组织各报表单位按照《中华人民共和国统计法》及有关规定，真实、准确、完整、及时地提供统计调查所需的资料，并按规定设置原始记录、统计台账，建立健全统计资料审核、签署、交接、归档等管理制度。根据单位规模和统计工作的需要配备必要的统计人员，并保持统计人员相对稳定。配合市局调查队组织开展城乡住户调查、采购经理调查、月度劳动力抽样调查、主要畜禽检测调查、城镇住户旅游调查、企业景气调查等调查任务。组织开展全区“为民办实事”考核指标统计和审核评估工作，并要求各责任单位统计报送为民办实事情况。

统计联网直报。根据“长沙市统计系统联网直报保障体系项目建设工作实施方案”要求，配备统计专用电脑和必要的上网条件，及时把计算机终端接入直报网络系统，保证联网直报所必需的工作条件和要求。区统计局建成联网直报指挥调度中心，实现全省各级统计机构的上下联动、相互配合、实时监控和及时响应。集中各相关行业和部门在联网直报数据和处理期间及时协调、催报和应急处理，开展联网直报数据的在线审核，提升统计工作效率。区统计局要求各街道、企业在报表期内利用平台现有的各种功能，开展企业报表适时审核、通知核实、管理标识、反差改错等活动，解决报表差错问题。

统计宣传与监督。结合开展“三严三实”和转变“四风”要求，深入基层、企业，听取基层统计人员的意见，畅通辖区统计部门与基层的渠道。在“中国统计开放日”活动中，开展以民生统计知识、《中华人民共和国统计法》等为主题的宣传活动。结合“基层党组织共建”活动，在文艺路街道文艺新村社区开展以《中华人民共和国统计法》、基本单位名录库、1% 人口抽样调查等为主题的户外宣传活动。以“统计服务民生”为主题，悬挂宣传横幅，设置宣传板报，发放宣传资料，现场解答市民咨询，营造了热烈的宣传氛围。加大统计执法检查和管理力度，完善数据质量控制体系，把好数据采集、生产、使用关口，保证统计数据真实可信；开展数据质量监督，增强统计开放度和透明度，接受社会各界对统计数据的有效监督。（胡　柯）

审计

【概况】 2015 年，区审计局完成审计项目 375 个，其中上级交办项目 3 个，本级预算执行、重点部门、专项资金审计 8 个，领导干部经济责任审计 8 人次，审计调查项目 5 个，政府投资工程结算项目 175 个，政府投资工程预算项目 171 个。预结算核减政府投资建设工程造价 4.59 亿元，纠正管理不规范资金 6.76 亿元，上缴财政罚没金额 8993.15 万元，维护了财政资金安全，提高了资金使用效益。

财政财务收支审计。围绕经济运行中的热点和难点，实施了与民生密切相关的社保基金、社会抚养费、民政和水利专项资金等项目专项审计和审计调查。通过专项资金延伸审计，关注财政转移支付资金分配和政策落实，保证了专项资金的安全完整和有效使用。在财务收支审计中，重点对单位执行改进工作作风的有关规定、内部控制制度、资产管理及财务核算等方面开展审计。集中力量完成了对区财政局、区城管局、区五里牌街道办事处 3 个部门的预算执行审计，以及区城建投、火车站综合管理办公室、燕山二小、芙蓉区红十字医院 4 个部门的财务收支审计，纠正管理不规范金额 5.18 亿元，促进了财政及有关部门规范财政管理。

经济责任审计。按照“审计准则”程序开展审计，加大经济责任审计与财政审计、投资审计、专项资金绩效审计的融合力度，提高审计工作效率。完成任期经济责任审计项目 8 个（其中离任审计项目 7 个，任中审计项目 1 个），审计查出管理不规范金额 5143.71 万元，提出审计建议 38 条。制订“芙蓉区审计局聘请外部审计人员执行党政领导干部任期经济责任审计的操作规程”，开展对外聘审计人员的管理，并要求所有外聘审计人员从严按规定操作实施，以保证外协审计项目的质量，保证审计结果可信、可靠、可用。

“三公经费”专项审计。为进一步贯彻落实中央“八项规定”，构建“三公经费”规范管理长效机制，促进节约型机关建设和党风廉政建设，从 4 月中旬开始，由区审计机关牵头，和区纪委、区财政局共同组成 3 个检查组，对区 45 个单位 2014 年 1 月至 2015 年 3 月“三公经费”管理使用情况进行了专项检查，并于 5 月初向各相关单位下发了整改通知书。6 月中旬，区审计机关派出审计组对 13 个单位的整改情况进行抽查，各单位整改情况良好。

“大拆违”中心工作审计。为了确保区政府“大拆违”中心工作的开展，区审计机关指派专人负责拆违面积和申报资金的审核工作，审核相关资料数据，其中审核国有土地上拆违面积 10.89 万平方米，集体土地上拆违面积 281.36 万平方米，审核资金 2.89 亿元。

农村征地拆迁审计。区审计局专设 103 号令审核组，对以 103 号令征收的所有征地项目开展审计，规范拆迁资金使用和安置政策的落实。完成了对东业早安项目、滨河路（马坡岭段）项目、21 号地块的审计调查，开展了 18 个征地补偿安置项目综合性的审核调查工作，出具审计调查报告 6 份，审核专项资金总额 6.02 亿元，查出问题资金 1.19 亿元，提出审计建议 22 条。对全区实施 103 号令以来已完工项目的延期过渡费、纳入社保人数名单、工作经费和不可预计费以及企业补偿和搬迁费补偿等开展了专项审核，出具了专项审核报告 33 份，核实专项资金 11898.14 万元，核减资金 807.87 万元。完成了对被征地农户3431人纳入社保情况审核。年内，审核87家企业的搬迁费，核实资金7651.87万元，核减资金6840.36万元。

政府投资项目审计。坚持“质量与效率并重、服务与监督并举”宗旨，按照“程序办事、制度管人、预算优先”的原则开展审计工作。创新制度建设，制订《政府投资建设项目审计资料管理规定》《建设工程造价审计报送资料须知》及《2015年芙蓉区政府投资审计中心业务数据统一标准》，规范各建设项目审计报送资料的程序和内容。制订“芙蓉区政府投资项目造价咨询机构库管理办法”，对造价咨询中介机构实行动态管理和监督。年内完成对芙蓉生态新城、浏阳河文旅产业带等重点建设项目招投标控制价的审计。全年完成审计项目351个，审计核减工程造价金额4.59亿元，核减率达12.66%，其中结算项目179个，核减金额1.57亿元，核减率为17.7%；预算项目172个，核减金额3.02亿元，核减率11.03%。政府投资审计项目比上年增加89个，核减额较上年增加1.15亿元，控制了政府投资工程造价，防止财政资金的流失。在2015年度全市建设工程造价管理协会第五届第二次会员代表大会上被评为“2015年度建设工程造价管理先进单位”。

审计结果运用。向区人大汇报“关于2014年区本级财政预算执行及其他财政、财务收支审计报告中指出问题的纠正情况和处理结果的报告”。为区人大常委会审议政府工作报告和区财政预决算提供了依据。（刘丽君）

工商行政管理

【概述】2015年，芙蓉区市场主体总量8.08万户，其中企业3.2万户，个体工商户4.88万户。全年工商工作以改革精神统领全局，深化商事制度改革，加强事中事后监管，深化消费维权服务，提升软硬件综合保障，完成了各项工作任务。

商事登记改革。实行“三证合一、多证合一”改革。4月1日起开展“三证合一、一照三码”改革试点，9月20日起推行“多证合一、一照一码”登记，受理发放“三证合一”营业执照4770份，其中“一照一码”营业执照2435份。推进名称登记制度改革，实现企业名称核准、经营范围选择全程电子化。深化企业住所登记改革，放宽住所条件限制，开展企业集群注册登记试点，推进企业、个体工商户简易注销程序。企业登记由法定的15个工作日缩短到3个工作日，名称登记、备案登记、股权出质登记均实现当场登记。继续深化“先照后证”改革。实施工商登记前置审批制度改革，前置审批项目从361项减少到34项，市场准入门槛大幅度降低。年内，全区新登记注册市场主体1.27万户，在2014年增长的基础上再次实现净增长1万户以上。公司制企业在新登记企业中占比94.98%，第三产业占比89.75%；信息软件等“互联网+”产业同比增长2.4倍，为全区产业结构的调整和优化注入新的活力。

市场监管。加强事中事后监管。加强市场主体信息公示，向全区企业主发送年报提示短信4.5万条、在《长沙晚报》刊发年报催办公告、干部职工逐户上门催报。全区企业的年度年报公示率分别为85.89%和84.93%。公示信息“双随机”抽查，全年抽查企业1508户、个体工商户和农民专业合作社916户。对在监管抽查中问题较严重的企业全部列入经营异常名录。监管企业信用。推广及应用信用系统信息，把辖区8.3万户市场主体的基本信息归集到信息公示系统（湖南）；开展商事主体电子地理监管系统应用，动态标注市场主体8.22万户，标注率98.5%。落实商事主体登记回访制度，回访新设商事主体1.26万户，回访率99.8%。开展违法信息公示，公示行政处罚信息239条、司法冻结信息14条。开展信息联网与共享，向有关部门及市民提供信息7192条。在全区部署开展打击假冒伪劣、“红盾护农”行动、整治虚假广告、打击传销行动、打击商标侵权、治理商业贿赂、查处无照经营等专项执法行动21次，立案查办经济违法案件272起，罚没入库197.7万元，其中万元以上案件46起，5万元以上案件8起，10万元以上案件2起。查处省内首例“微商”违法经营案，单案罚没25万元。开展“红盾网剑”专项行动，巡查网站3.47万户，网上监测商品48组，删除网上违法经营信息513条，责令整改网站68家，提请关闭网站1家，受理并办结各类涉网投诉237起，立案查处网络违法经营案件24件，维护了网络交易市场秩序。

服务发展。实施商标强区战略。年内，全区新注册商标4558件，总数超过1.4万件；新申请注册马德里国际商标4件，总数为9件；新注册地理标志商标1件，总数为7件；新认定驰名商标3

件，总数为16件；新增著名商标27件，总数为69件。培育网络交易市场。增加网络市场主体1425户，同比增长12.1%。开展融资服务。推动融资活企，开展股权质押、股权出资、动产抵押工作，办理股权出质登记31户，出质股权数额1.2亿元，被担保债权数额3.76亿元；办理动产抵押登记15件、抵押物价值3.55亿元、主债权金额2.06亿元。完成文明创建、协税护税、人口与计划生育管理、水上餐饮综合治理、清理非法集资、托管机构专项清查等16项专项工作。协助政府抓好重点税源培护，动员、接收外地、外区迁入辖区企业189户，协调“沪昆高铁湖南公司项目部”等税源重点企业继续安心在区内办公经营，督促16家规模个体工商户升级为企业。支持、配合政府抓好燕山街、黄土塘、火炬村等重点项目的征收拆迁工作。

维护消费者权益。开展消费教育引导工作，促进消费需求持续释放。全区社会商品零售总额连续5年保持10%以上增长。推进“12315”“五进”规范化建设，全区基层消费维权服务站增加到76家。开展大规模“3·15”户外宣传活动，并组织民生服务行业消费维权评议和调查，评议企业67家，约谈企业28家。办结各类信访、信息公开、“12345”市民热线投诉转办单776件，做到“件件有回音”“事事有结果”。推进诚信市场建设，整治“霸王条款”，整改不公平合同格式条款50个类别，查处合同案件29件。监测商品质量，抽检商品45组，查处消费侵权和假冒伪劣案件78件，受理消费者投诉、举报、咨询3854件，为消费者挽回经济损失633万元。

图20 区委常委、常务副区长罗玉环（中）颁发芙蓉区首张“三证合一”营业执照

队伍建设。年内完成流通领域食品安全职能调整及人员划转。按要求划转去区食药监局编制31个，其中划转干部职工24人、划转空编7个，实现了管理体制的平稳过渡和机构编制、人员档案、资产设备等的工作移交。办公经费及干部职工待遇纳入区财政统筹。协调解决工商取消省垂直管理体制调整以来的各类问题，实现了规范保障和同城同酬，为区工商分局稳定发展和履职奠定基础。推进廉政建设和队伍建设。开展“三严三实”教育活动，查找“不严不实”问题24个；开展廉政风险防范及教育，全局无违法违规行为发生；整治“慵懒散”现象，组织开展明察暗访25次，整改问题19个；组织和参加各类培训30期，培训905人次；开展工会活动13场；开展职工互助活动，慰问干部职工98人次，为身患重病干部爱心捐款4万元。人民网、凤凰网、湖南经视、《长沙晚报》等媒体报道区工商工作126次。

（张　涛）

【颁发全区首张“三证合一”营业执照】 4月2日，芙蓉区人民政府常务副区长罗玉环为长沙维家意家居用品有限公司颁发了该区首张“三证合一”营业执照。实现了芙蓉区“三证合一”工作步入正轨。在区质监、国税、地税等部门的通力配合下，全区发出“三证合一”营业执照13本，接受市民来电及当场咨询185人次。“三证合一”改革简化了市民创业审批手续，改进审批流程，提高准入审批效率，方便了群众投资兴业。

【颁发全区首张“多证合一、一照一码”营业执照】9月1日，在区工商分局注册登记大厅“一照一码”受理专窗，常务副区长谭雄伟为中茂国际商贸有限公司颁发了芙蓉区首张“一照一码”营业执照，实现了该区“一照一码”工作步入正轨，商事登记从“三证合一、一照三码”正式过渡到“多证合一、一照一码”。推进新的登记模式简化审批手续，改进审批流程，提高工作效率，方便了群众办事。

【查处王某某微信朋友圈销售侵权商品违法行为案】 3月31日，安徽昂多唯尔贸易有限公司举报王某某涉嫌销售商标侵权商品，被区工商分局立案调查。经调查：王某某于3月10日从浙江义乌分5次购进标有珍妮贝儿（Jane Belle）的商标内衣142组，购货金额3.07万元，然后通过微信平台内朋友圈对外进行销售。经“珍妮贝儿（Jane Belle）”注册商标所有人广东省汕头市永生发针织有限公司鉴定，上述内衣系侵犯“珍妮贝儿（Jane Belle）”注册商标专用权的商品，王某某在明知假冒侵权的情况下以低价购进。至被立案查处时，王某某通过微信朋友圈已销售金额3.02万元，尚库存15组。工商分局认定，王某某售卖侵犯“珍妮贝儿（Jane Belle）”注册商标专用权商品的行为，违反《中华人民共和国商标法》的规定。王某某在明知销售的商品是侵权商品而继续销售，存在主观故意，符合从重处罚的情形。依据《中华人民共和国商标法》第六十条规定，对王某某作出责令立即停止侵权行为，没收侵犯珍妮贝儿（Jane Belle）注册商标专用权内衣15组、外包装箱260个、吊牌和卡片说明900张，罚款25万元的行政处罚。

【查处王某无照经营违法行为案】 王某因涉嫌无照经营，于4月7日被区工商局立案调查。经查明，王某租赁长沙市芙蓉区新军路2号煤炭厅宿舍门面，在没有办理工商营业执照的情况下从事内衣的批发、零售。至被立案查处时，购货金额93.58万元，通过批发、零售的方式销售金额107.71万元，获利14.13万元。区工商分局认定，王某违反《无照经营查处取缔办法》的规定，构成无照经营行为。依据《中华人民共和国行政处罚法》和《无照经营查处取缔办法》有关规定，区工商分局对王某做出责令改正违法行为，没收违法所得14.13万元，处罚款8733元，合计15万元的行政处罚。

【查处湖南中鼎伟业商品经营有限公司不正当竞争违法行为案】 湖南中鼎伟业商品经营有限公司因涉嫌利用微信、QQ、电话作引人误解的虚假宣传，被区工商局于2015年6月24日立案调查。经查明，湖南中鼎伟业商品经营有限公司为了达到多收交易服务费的目的，通过微信、QQ、电话等向交易商宣传通过他们公司在湖南湘商商品交易中心有限公司投资现货交易，稳赚不赔，诱使交易商通过他们公司在湖南湘商商品交易中心有限公司办理开户手续，进行现货交易。至被立案查处，开发交易商8人，收取交易服务费人民币2.4万元。区工商分局认定，其行为违反了《中华人民共和国反不正当竞争法》第九条第一款“经营者不得利用广告或者其他方法，对商品的质量、制作成分、性能、用途、生产者、有效期限、产地等作引人误解的虚假宣传”的规定，属于利用微信、QQ、电话对其提供的服务作引人误解的虚假宣传行为。依据《中华人民共和国反不正当竞争法》第二十四条第一款之规定，区工商分局对湖南中鼎伟业商品经营有限公司作出责令停止违法行为，消除影响，处罚款4.1万元的行政处罚。

【查处韦博语言培训学校利用广告弄虚作假欺骗用户、消费者案】 长沙市芙蓉区韦博语言培训学校因涉嫌虚假宣传，于2015年5月4日，被区工商局立案调查。经查明，自2015年4月15日起，韦博语言培训学校为配合5月的宣传活动，由其工作人员设计了“外教口语免费体验课”的宣传单并印制了1万份，印刷费用3000元。该当事人在宣传单正面左上角印有“韦伯国际英语”及标志，在该文字及标志后面印有“成人英语培训第一品牌”的字样。当事人承认没有被任何机构或组织评定为“成人英语培训第一品牌”。至被立案查处时止，上述宣传单已全部散发完毕，活动已停止。区工商分局认定，韦博语言培训学校在其发布的广告中宣传自己为成人英语培训第一品牌，没有获得任何机构和组织的评定，属于虚假内容。该行为违反了《中华人民共和国广告法》第四条“广告不得含有虚假内容，不得欺骗和误导消费者。”的规定，属于发布含有虚假内容的广告的违法行为。根据《中华人民共和国广告法》第三十七条的规定，区工商分局对韦博语言培训学校作出责令其在经营场所发布更正广告；处罚款1万元的行政处罚。（张　涛）

·个体劳动者私营企业协会·

【概况】 2015年，芙蓉区个体劳动者私营企业协会（以下简称区个协）以服务个体私营经济发展为主线，立足服务职能，创新制度机制，提高服务水平，促进了个体私营经济的健康发展。

根据省、市工商局和共青团

省委、共青团市委工作目标，确定2015年为“非公团组织组建攻坚年”。区个协认真总结工作经验，建立健全工作机制，在团建方式上，注重抓大带小，抓好本地规模较大、影响较强的非公企业团建工作，抓好非公团建骨干力量培养，非公团组织覆盖范围稳步扩大。全区成立非公团支部115个，并指导35家企业成立关工委组织。

区个协在开展的“大走访”和“大回访”活动的基础上，针对部分困难企业与个协会员继续开展走访活动。年内，区个协与各分会走访会员企业1.1万户次，及时了解企业情况和困难，征求企业与会员对协会工作的建议和要求，为会员提供优惠便利服务。区个协也通过大走访活动，了解会员困难，协调相关部门为企业排忧解难，全年协调解决企业困难7次。开展特困企业与个体经营户走访慰问487人次，慰问资金与物资计8万元。以3月5日“学雷锋纪念日”为契机，组织广大团员、团干部走进基层、走进青年，参与志愿服务、带头弘扬雷锋精神、带头传播正能量，带动社会各方力量特别是广大青少年共同参与学雷锋志愿服务。

区个协依托注册登记、商标广告、公平交易、合同、12315等工商行政管理职能，开展法律法规宣传，免费提供有关法律事务咨询，反映会员诉求，帮助解决矛盾纠纷，维护会员合法权益。全年受理并解答会员咨询350人次，帮助会员解决实际问题6件，挽回直接经济损失近100万元。

开展银企融资服务，帮助全区个体私营企业解决融资难问题。年内，帮助大型企业5家，在邮政银行、农村合作银行等金融机构融资2550万元。

开展“光彩服务日”活动。区个协与所属11个分会在所属辖区重要商业点、车站及人流较大的地方设置11个活动点，通过举办法律知识宣讲、宣传材料发放、知识竞赛等形式，开展“诚信经营，不制假不售假”承诺、签名、倡议活动；动员辖区200家型大型商场、超市、专业市场利用电子屏围绕“遵法守信，创业兴业”的主题内容开展宣传教育活动。为现场群众免费提供了的法律、政策咨询1000人次，现场发放资料5000份。发动100家有规模的商场开展优惠让利等便民、利民服务，组织会员上街义务理发、修理电器、分发小礼品，受到群众好评。协会抽调资金3万元采购慰问物资，组成12个慰问小组分别看望109名困难群众和困难个体户，走访慰问老人、病人和残障儿童。（张 涛）

·表3·

2015年芙蓉区私营企业基本情况统计表

项　目	户数（户）	投资者（人）	注册资本金（万元）	户数占总数的比例（%）	比上年增减（%）户数
合　计	31977	67958	15077182	100	13.71
农、林、牧、渔业	157	226	756990	0.49	4.5
采矿业	16	35	21880	0.05	0
制造业	1041	2229	1234139	3.26	16.5
电力、燃气及水的生产和供应业	26	48	188859	0.08	9.2
建筑业	1771	3588	1041347	5.53	6.97
交通运输仓储和邮政业	475	950	304382	1.48	11.8
信息传输、计算机服务和软件业	1813	3790	1021053	5.67	36.2
批发和零售业	10357	20974	2842369	32.4	16.55
住宿和餐饮业	274	565	240922	0.9	7.7
金融业	647	1143	1195744	2.01	26.41
房地产业	621	1430	358726	1.94	4.7
租赁和商务服务业	7300	15560	2309524	22.8	6.84
科学研究、技术服务和地质勘查业	5863	13167	2180854	18.3	45.3

续表 3

项　目	户数（户）	投资者（人）	注册资本金（万元）	户数占总数的比例（%）	比上年增减（%）户数
水利、环境和公共设施管理业	103	232	89801	0.32	10.15
居民服务、修理和其他服务业	485	969	901790	1.5	5.6
文化、体育和娱乐业	517	1033	603886	1.6	48.27
教育	62	126	100336	0.2	18.34
卫生、社会保障和社会福利业	39	77	36186	0.12	17.9
其他行业	410	1388	102443	1.3	7.49

（闫　葵）

·表 4·

2015 年芙蓉区个体工商业分行业统计表

项　目	户数（户）	从业人员	注册资金		户数占总数的比例（%）	比上年增减（%）户数
			万　元	比上年增减（%）		
合　计	48822	128429	245452.73	48.72	100	11.89
农、林、牧、渔业	13	29	89.00	6.8	0.02	0
采矿业	3	8	75.20	2.2	0.005	0
制造业	711	2090	4473.88	29.8	1.46	17.33
建筑业	22	57	108.30	34.1	0.045	7.45
交通运输、仓储和邮政业	1748	954	12591.90	78.5	3.58	70.17
信息传输、计算机服务和软件业	117	417	643.35	51.4	0.24	13.2
批发和零售业	34319	79090	157543.98	39.96	70.29	10.94
住宿和餐饮业	5595	22334	37152.84	19.84	11.46	21.38
房地产业	57	156	253.90	12.3	0.12	33.2
租赁和商务服务业	1062	3207	5933.57	61.7	2.18	9.21
教育	2	9	15	18.32	0.004	0
卫生、社会保障和社会福利业	168	662	1797.21	28.4	0.34	18.69
文化、体育和娱乐业	234	2834	2711.32	102.7	0.48	62.12
其他行业	310	16582		26.45	0.63	2.38

（闫葵）

安全生产监督管理

【概况】 2015年，芙蓉区安全生产监督管理局按照区委、区政府和区安委会工作部署，以“保平安，争先进”为工作目标，提振信心、鼓舞士气、严格执法、科学履职，抓好安全监管各项工作，保证全区的安全稳定。全年辖区发生生产安全事故19起，死亡5人，与上年度相比，减少事故4起，下降17.4%；减少死亡3人，下降37.5%，未发生较大及以上生产安全事故。年内顺利通过省、市安全生产目标考核，被省委省政府评为“2015年度安全生产工作先进单位”。

推进基层建设。充实人员力量，全年局本级增加4个编制，增配化工、法律专业人才各1名。各街道（园、局）安监站也相应增加1～2名安监员，建立了安全生产信息员制度，每个街道组建不少于20人的安全生产信息员队伍。开展标准化安监站建设，按照有单设机构、有专职人员、有办公场所、有工作制度、有设施装备、有资金保障的“六有”标准，规范街道安监站，有9个街道安监站通过市安监局验收。

开展宣教培训。围绕新《中华人民共和国安全生产法》（简称《安全生产法》），在安全生产月、职业病宣传周期间利用报纸、传单、条幅、海报、短信、微信公众号等方式，开展安全生产宣传教育活动，全年发放各类宣传资料50万份，短信15.9万条，登报曝光企业3家。举办各类培训班9期，参训人员近2000人。通过党委中心组、直通车大课堂、行政执法培训班、“千人送训进万企”等活动，加强对党员干部、安监人员、企业负责人和从业人员的安全培训。

抓好打非治违。区安监局全年检查生产经营单位458家次，立案处罚36起，罚款21.3万元。开展粉尘和有限空间专项整治，排查企业147家，责令停产停业整顿企业3家，提请关闭企业3家。联合相关部门和街道，严厉打击危险化学品、烟花爆竹非法违法行为，全年扣押危险化学品120吨，非法运输车辆6台，烟花爆竹300件。清理停止经营、擅自搬离、许可证过期的危险化学品经营单位196家。建立约谈机制，分批开展对瑞源大厦、金苹果服装市场、湖南嘉程贸易有限公司、马王堆蔬菜批发市场、金城加油站等存在安全隐患的单位由区政府和区安委会负责人约谈，起到了警示预防作用。

谋求工作创新。每季定期召开安全生产例会暨防范重特大事故会议，由区委、区政府领导到会做重要讲话。创新考核机制，每季度对街道（园、局）的安全生产工作进行有侧重的测评，以考核促落实，以测评促提升。手段创新，提请区安委会就安全隐患问题分6批次约谈中石油公司、长房集团、湘雅附二院、湖南农业大学等25家单位负责人，并及时在《长沙晚报》等媒体曝光。以标准化提升企业安全水平，全年创建达标企业28家，完成市安监局下达年度工作任务112%。技术创新，经区委常委会和区政府常务会批准，投资200万元用于全区安全生产网格化集中监控指挥系统建设，形成对重点企业、重点安全隐患和重大危险源的实时监控。

存在的困难和问题：企业安全生产主体责任仍未落实，受经济不景气的影响，安全投入得不到充足保障，安全管理人员和从业人员的安全意识亟待提高；全区安全生产基层基础仍需加强，各负有安全监管职责的部门需要协调协作，形成安全生产监管的合力。（杨　涛）

【安全生产工作会议】 1月9日，区政府组织召开全区安全生产工作会议。各街道（园、局）党政负责人和分管负责人，区直各相关部门主要负责人80人参会。该次会议从依法治安、吸取教训、基础建设、宣传教育、示范创建、消除隐患、目标考核7个方面安排部署2015年全区安全生产工作。副区长蔡冰传达上级安全生产工作会议精神，通报全区近期的安全生产工作开展情况。区委书记梁仲要求，安全生产工作要切实理清三层关系，即事故中偶然与必然的关系，人员履职中爱护与袒护的关系，时空管理中突击与常态的关系；要抓好三个关键，即领导认识要铁心，履行职责要铁纪，各负有安全监管职责的单位和个人，要严格依据法律法规办事，切实细化监管职责，确保各项责任落实到位。2月11日，区政府再次组织召开安全生产工作会议。总结2014年度安全生产工作，安排部署2015年度、春节和全国“两会”期间的安全生产工作。

7月30日，区安监局组织召开全区工贸企业安全隐患排查治理“三自”系统（安全生产事故隐患自查、自报、自改系统）建设工作推进会议。各街道（园、局）安监站长和辖区内相关企业人员共200人参会。该次会议，区安监局副局长周伟要求，年内要将所有工业生产企业、星级以上酒店、80张床位以上的一般性旅馆、500平方米以上的餐饮企业、500平方米以上的商场录入到系统之中。

8月25日，区安监局召开粉尘企业负责人座谈暨工作部署推进会。该次会议，反馈了国务院安委会督察组在湘督察粉尘防爆专项整治工作发现的问题，要求吸取粉尘燃爆事故教训，促进粉尘防爆专项整治工作深入推进。会议就辖区各粉尘企业存在的问题开展了点评，并从基础工作的机构职责、管理制度、教育培训、隐患排查治理、应急救援演练，现场作业场所管理的建（构）筑物结构与布局、爆炸危险场所、电气设备防爆、防雷防静电、通风除尘、安全作业等方面提出具体要求，并安排部署就继续做好粉尘防爆专项整治工作。

9月8日，区政府组织召开安全生产工作推进会议，贯彻落实市安委会安全生产工作会议精神。各相关部门和各街道（园、局）负责人40人参会。会议传达市安监局9月7日会议精神，通报近期安全生产督察中发现的主要问题，部署下阶段安全生产的重点工作。区监察局、区绩效办和两办督察室分别就抓好安全生产责任落实、强化考核意识和形成工作机制提出具体的要求。副区长谭雄伟出席会议并讲话，他要求，安全生产工作重于泰山，各部门、各街道要切实提高认识，要认识到安全生产是事关百姓安居乐业、家庭幸福、政府稳定和区域发展的大事，再怎么重视和投入也不为过。要强化工作抓落实，居安思危、开展好安全生产日常监管；要打牢基础，实现安全生产责任五个全覆盖和企业单位的“五落实五到位”；要防范安全生产事故，杜绝各类事故的发生。

11月5日，区安监局组织召开烟花爆竹“百日攻坚”整治行动部署会议。各街道（局）安监站站长、烟花爆竹配送公司及烟花爆竹经营门店负责人近70人参加。会议要求，元旦、春节两大传统节日是烟花爆竹经营的旺季，全区所有烟花爆竹生产经营单位要落实安全生产的主体责任，立足自查自改，及时消除各类不安全因素。各街道（局）安监站要认真组织检查人员，按照“全面覆盖、不留死角”的要求，对辖区内所有烟花爆竹生产经营单位开展“拉网式”监督检查。区安监局将采取“四不两直”（不发通知、不打招呼、不听汇报、不用陪同接待、直奔基层、直插现场）的方式，对各街道工作开展情况进行暗访督察，对检查中发现的安全隐患和非法违法违规行为依法严肃查处，保障烟花爆竹生产经营旺季各项安全措施落实到位。

12月3日，区政府组织召开打非治违“清剿行动”暨安全生产年度目标管理考核部署会议。区委常委、副区长蔡冰参加会议并讲话，他要求，岁末年初人流、物流、车流相对集中，企业赶工期、赶进度意愿强烈，受各种恶劣天气影响，事故发生概率增大，是交通运输、消防、危险化学品、烟花爆竹、建筑施工、工矿商贸等行业领域的事故易发多发期。全区各级各部门要全面贯彻落实上级指示精神，清醒认识安全生产工作面临的严峻形势，树立安全生产红线意识和底线思维，抓好岁末年初安全生产工作的组织领导，采取管用的事故防范措施，坚决遏制和防范重特大事故发生。

【节前安全生产大检查】2月14日，由区全体县级领导带队，各街道（园、局）和各部门党政班子成员按照“四不两直”的工作要求，分别开展辖区所有地域、所有行业安全生产大检查。按照安全生产相关要求，根据春节临近的实际情况，重点对交通、消防、烟花爆竹、危险化学品、建筑工地、违章仓库等行业领域开展督促检查。该次检查，做到有记录、有文书、有签字、有交办，并实时跟踪问题的整改落实情况，保证检查取得实效。各街道（园、局）和各部门对检查工作进行了统筹，各社区（村）和相关企业对检查工作给予配合，区委督察室和区政府督察室还对检查工作进行全方位督察。该次安全生产大检查覆盖全区14个街道（园、局）和75个社区（村），检查企业300家，发现并现场整改隐患50处，对一时无法整改到位的安全隐患，由相关街道和部门实施限期督办。春节前夕，区安监局联合公安、交通、质监、工商以及各街道办事处和派出所，针对辖区内烟花爆竹无证非法经营和许可经营门店的违规经营情况，组织开展了一次地毯式的“打非”清剿行动。联合执法队专门配备2台执法车，重点对东湖、东岸、湘湖等街道开展检查。2天内检查经营门店80家，查处20处烟花爆竹非法经营点，收缴盘花12个，爆竹100盘，小礼花14箱。通过检查和执法行动，教育和警示了经营单位，打击了烟花爆竹非法违法经营行为，为全区节日期间的烟花爆竹经营安全奠定良好基础。

【开展除夕"零点行动"】 2月18日晚11时至次日凌晨2时，副区长蔡冰带领3个检查组，对全区14街道（园、局）和重点部位开展监督检查，区安监、建设、城管、公安、交通、农林水、工务、市政、环卫等部门负责人参加。检查组按照"四不两直"的工作要求，深入到各街道（园、局），重点检查安全生产危险源管控情况，违章仓库货物储存管理情况，建筑工地值班情况，消防隐患单位的责任落实情况。检查组分批到金苹果服装市场、曙光集团动力分厂、798市场、火车站、凯瑞大酒店、长沙电脑城、化龙池酒吧街、省政府大院以及部分街道办事处，检查各相关单位除夕夜的安全值班、安全巡查与措施防范等情况。了解各街道（园、局）和相关企业强化安全生产检查工作，尤其是对危险化学品、人员密集场所消防安全等制订了应急与防范措施，安全生产整治情况良好。

【粉尘企业专项治理】 4月下旬，为打击安全生产非法违法行为，严防企业粉尘爆炸，芙蓉区政府设立专项经费，用于开展粉尘防爆安全生产专项整治。该次行动聘请国家、省级粉尘防爆专家配合执法检查，对辖区内摸排出来的10家粉尘企业进行全方位排查、诊断，责令10家企业立即或限期整改安全隐患，对2家问题突出的企业进行立案处罚。针对5月1日新《中华人民共和国行政诉讼法》的颁布实施，区安监局顶住压力、规范程序、从严执法、准确打击，取得了被处罚企业的理解，并提前将罚款缴纳到位。该次行动消除一批安全隐患，震慑一批生产经营单位，教育一批企业负责人，取得了良好实效。

【组织学习新《安全生产法》】 5月14日，在区会议中心举行区委中心组（扩大）集中学习新《安全生产法》。芙蓉区全体县级领导，区直机关各部门，各街道（园、局）负责人，各社区（村）书记近500人参加。会议由区委副书记罗玉环主持。省安监局副局长李大剑专题讲课"强化红线意识，推进依法治安"，他在讲课中指出，国内外接连发生多起重特大生产安全事故，暴露了安全生产存在的安全意识不到位、安全培训不扎实、源头控制不把关、隐患治理不认真、打非治违不得力、安全监管不严格、安全责任不落实等诸多问题。他认为，新《安全生产法》确立新形势下安全生产的重要地位，揭示现阶段安全生产的规律特点，体现科学发展观以人为本的核心立场，贯穿着立党为公、执政为民的执政理念。他要求，各级各部门必须牢固树立安全生产红线意识，坚决落实停产整改措施，打赢整顿关闭攻坚战，严管重罚"打非治违"，建立隐患排查治理体系，增强媒体曝光和社会监督，问责"打到痛处"，实现安全生产形势的根本好转。7月13日，结合新《安全生产法》，区安监局举办安全生产行政执法培训班，副区长蔡冰做了动员讲话，区政府副调研员尹上敏主持。区安委会成员单位分管负责人、各街道（园、局）分管负责人和安监站长50人参加。长沙市中级人民法院行政庭副庭长陈光辉专题讲课"依法行政促进安全生产工作"，通过案例的分析，解读新《安全生产法》《行政诉讼法》在实际操作中的要点，对行政执法人员规范执法具有指导意义。

【举办安全管理暨业务培训活动】 4月8—10日，区安监局在长沙市联运职业培训中心举办为期3天的企业负责人、安全管理人员培训班。辖区部分8大行业的企业负责人、安全管理人员168人参加。市安监局副局长曹惠民就安全形势和安全生产法律法规，市安监局副调研员冯卫就安全生产事故预防与处理，市安监局副调研员李培建就应急管理与事故救援，职业培训中心老师何志兴就企业安全生产管理工作进行全方位的分析和指导。

7月22日，区安监局举办辖区有限空间作业安全监管和企事业单位安全管理人员培训班。全区涉及有限空间作业的企业负责人、安全管理人员和街道安监人员200人参训。该次培训由国家安全生产专家委员会冶金有色专家组副组长、湖南华菱湘潭钢铁有限公司安全首席工程师、教授佘宏彦授课，他从有限空间的定义及类别、安全法规依据解读、有毒有害气体主要类型及危险性分析、安全技术要求、安全管理要求等方面进行了详实具体的讲解。

8月12日，区安监局"千人送训进万企"安全培训示范课在经阁铝业科技股份有限公司开讲。该示范课由区安监局主办、隆平高科技园安监办承办，各街道（园、局）安监人员及园区企业安全负责人100人参加。长沙市职业技术学校专家教授讲师团授课，根据新《安全生产法》及《工伤保险条例》等规定，结合企业实际，对企业员工及街道（园、局）安全管理人员进行专门指导。“千人送训进万企”活动是市、区安全生产宣传教育培训工作重点，在6—9月组织专业人员送安全生产课进万家企业，引导、支持、督促所辖企业全面开展安全生产教育培训，宣传贯彻落实新《安全生产法》，提升企业员工的安全意识和安全技能，实现企业三级安全〔即新入厂职员、工人的厂级安全教育、车间级安全教育和岗位“工段、班组”安全教育〕教育培训率100%。

【安全生产宣传咨询日活动】 6月16日，由区安委会联合荷花园街道组织开展的2015年安全生产宣传咨询日活动在大润发超市前坪举行。该次现场演出以安全生产为主题的文艺节目，消防队员现场演示如何使用防毒面具和灭火器，其中还穿插知识抢答环节，寓教于乐。活动现场还摆放宣传咨询台、宣传展板，并通过发放安全手册、宣传海报等方式，向群众宣传安全生产法律法规和安全常识，并现场解答民众的疑难问题。各街道（园、局）也结合辖区实际开展咨询日活动，区安委办开展了活动督察。

【《职业病防治法》宣传周活动】 4月30日，由区安监局主办，马坡岭街道办事处承办，双扬石材物流园协办的2015年芙蓉区《中华人民共和国职业病防治法》宣传周现场咨询活动在双扬石材物流园举行。市安监局副局长曹惠民，副区长蔡冰出席。该次活动，围绕“依法防治职业病，切实关爱劳动者”主题，区安监局邀请职业病防治专家为双扬石材物流园和浏京石材城的企业业主和石材加工工人就加强个人防护、防治职业病等内容开展培训。区安监局联系了职业卫生技术服务机构为2个石材市场的工人进行集中职业健康检查。区安监局现场发放《中华人民共和国职业病防治法》宣传读本、“粉尘对人体有哪些危害”等知识手册，并指导企业依法建立职业卫生管理档案、劳动者健康监护档案等资料。

【组织安全生产教育谈心活动】 7月23日，区安监局组织召开危险化学品企业负责人警示教育谈心会，相关街道安监站长和危险化学品生产经营单位负责人近50人参加。该次会议以印度博帕尔化学品事故警示教育、GB30871《化学品生产企业特殊作业安全规范》为重点，对企业“三自系统”、八大特殊作业安全规范与制度、危险化学品企业职业健康安全管理与警示告知、安全生产诚信承诺、视频监控系统建设等工作进行安排，并部署以石油化工企业、汽车加油站消防安全专项整治和企业执法专项检查为重点内容的安全生产检查执法工作。

9月1日，区委副书记、区长于新凡组织开展安全生产谈心对话活动。隆平高科技园、湘湖管理局、各街道办事处行政主要负责人参加，区政府副调研员尹上敏主持。区安委办传达中央、省、市各级领导关于抓好安全生产工作的指示及讲话精神，通报全区近期安全生产重点工作落实情况，并就抗战纪念日期间的安全生产工作进行部署。湘湖街道和文艺路街道负责人就本辖区安全生产工作情况做了发言。于新凡要求，大家要把安全生产政治责任担起来、抓到位。要坚决贯彻省委关于安全生产“八条断然措施”，实现安全生产责任“五个全覆盖”，即“党政同责”全覆盖，“一岗双责”全覆盖，行政主要负责人担任安委会主任全覆盖，各级安监机构向同级党委组织部门通报辖区安全生产情况全覆盖，管行业、管业务、管生产经营都必须管安全的“三个必须”全覆盖。他指出，要明确企业的安全生产主体责任，把企业“五落实五到位”的情况纳入安全生产执法检查，督促企业落实到位。

【文树勋到芙蓉区检查安全生产工作】 2月12日，长沙市委统战部部长文树勋到区检查安全生产工作，市安监局、市国资委、市交警支队、市科技局、市供电公司等部门负责人随行检查。区委副书记、区长于新凡，副区长蔡冰、黄健元陪同。于新凡汇报了芙蓉区安全生产工作的情况。文树勋要求，芙蓉区要深刻吸取事故教训，从思想上高度重视安全生产工作，要落实企业主体责任，提升从业人员安全意识。各级各部门要时刻保持警醒，采取多种措施，采用多种办法，消除各类安全隐患，防止安全生产事故的发生。汇报结束后，检查组一行到汽车东站和阿波罗商业广场进行现场安全检查。在汽车东站，文树勋嘱咐车站负责人，要遵守法律法规和规章制度，加大宣传教育培训，从严执行大客车凌晨2～5时休息制度，保障春运期间的安全稳定。在阿波罗商业广场，他要求企业抓好节日期间的各项安全工作，不能丝毫放松和懈怠。8月27日，文树勋一行再次到区检查指导安全生产工作，市安监局、市国资委、市交警支队、市科技局、市供电公司等单位负责同志随行。区委书记梁仲、区长于新凡陪同。检查组分批实地察看了曙光电子集团、旺旺医院和嘉吉饲料（长沙）有限公司，并在区政府会议室听取工作汇报，反馈检查情况。天津滨海爆炸事故发生以后，芙蓉区组织召开安全生产紧急会议，开展部门联合执法检查等工作，由区委书记、区长牵头，以社区（村）为单位，全区所有地域、所有行业领域排查单位近400家，发现并整改安全隐患139处。文树勋要求，天津滨海爆炸事故再次敲响安全警钟，要深刻吸取教训，高度重视隐患排查；要坚决落实好企业主体责任、部门监管责任和属地管理责任；要高度重视基层基础工作，发挥好信息化管理和网格化管理的优势；要充分激发广大人民群众的参与热情，打一场安全生产的人民战争。以对人民生命高度负责的态度，时刻绷紧安全生产这根“弦”，为全市经济社会发展营造安全和谐环境。

【市政府督察组到区督察安全生产工作】 4月29日，市安委办主任、安监局局长文卫红，市政府督察室副县级干部王飞，率市安监局、市交警支队相关人员，到芙蓉区督察安全生产工作。区委书记梁仲，区委副书记、区长于新凡，副区长蔡冰陪同检查。文卫红一行观看了该区制作的隐患整治专题视频，听取了蔡冰关于区安全生产工作的情况汇报。督察组分批查阅全区相关台账资料和荷花园街道旺德府消防安全情况、望龙村校车安全情况。文卫红认为，芙蓉区突出工作重点，狠抓工作落实和工作效果，保障了全区的安全稳定。但也还存在部分台账资料不齐全、部分隐患整治不及时等问题。他要求芙蓉要在落实企业主体责任、部门监管责任、街道属地责任方面下功夫，推进全区安全生产形势得到根本好转。

【市安委办督察组到芙蓉区检查指导工作】 9月16日，由市安委办主任、市安监局局长文卫红带领市安委办综合督察组到区检查指导安全生产工作。区委书记梁仲，区长于新凡，区委副书记罗玉环，区政协主席刘建新，副区长蔡冰等陪同。督察组一行到湘湖街道、马王堆街道检查安全生产基础工作，实地察看三湘南湖大市场，听取区安委办的专题汇报。督察组对芙蓉区有效落实中央和省、市安全生产各项工作部署给予肯定。督察组要求，要做大特色亮点，做实隐患整改，在落实企业主体责任、加强标准化建设、加大执法力度等方面抓好各项工作。

【新振升公司接受安全检查】 4月20日，湖南省安全技术中心主任杨秋文一行到新振升集团有限公司检查安全生产工作。杨秋文一行分批考察该公司挤压车间和氧化车间生产作业现场、成品仓库、电泳生产线。在检查中，他详细询问企业的安全生产工作情况，对该公司重视安全生产，营造浓厚的安全生产氛围表示肯定。他对检查中发现该企业未将事故隐患排查治理情况如实记录，以及各部门、各岗位安全生产责任制不完善、不健全等行为，下达了“责令限期整改指令书”，并要求企业开展整改。区安监局参与检查活动。 （杨　涛）

质量技术监督管理

【概况】 2015年，长沙市质量技术监督局芙蓉分局围绕“保安全、促发展、强质量”工作主题，履行综合管理、行政执法和安全监察职能，推进各项工作目标落实，完成了各项工作任务。

提升质量安全水平。开展涉安领域大排查，整治食品相关产品、危险化学品、农资产品、超限超载、快递物流、棉絮制品等领域，重点监管曙光电子集团有限公司、长沙市兴腾机动车检测服务有限公司，巡查11家食品相关产品企业，签订“质量安全主体责任承诺书”，落实企业主体责任。重点检查长沙火车站周边地区市场使用的计量器具，并在“5·20”世界计量日开展专项检查商铺26家，计量器具60台件，行政处罚及销毁不合格器具16台。开展监督检查7家3C认证企业和自愿认证企业。开展执法打假行动，联合市质监局稽查支队查处东湖街道合平村生产假冒洗洁精黑窝点，并对责任人立案处罚。参与与街道及相关部门的执法联合联动，专项整治非法改装车辆、特种设备非法使用等行动20次。年内，区质监分局接到特种设备安全投诉87起，非特种设备投诉8起，按照程序进行了处理。

助力地方经济发展。结合日常监管信息，开展重要消费品生产企业摸底，发放调查表150份，向市质监局推荐高级质量培训班参训企业5家、首席质量官7人。开展标准化项目申报和湖南省名牌申报工作，邀请专家对苏宁云商、经阁铝材项目申报开展前期指导，帮助企业提升质量管理体系。帮助顺丰快递、经阁门窗开展湖南省名牌申报，指导仟吉食品、品悟包装、长沙市环卫机械厂开展市级名牌申报工作。以“3·15”消费者权益日和质量月活动为契机，组织部分重点企业召开“质量月”谈心会，在马王堆街道举办质量月进社区宣传活动。年内，湖南斯莱克景达实验动物有限公司、湖南本亚大新材料有限公司等6家公司修改制订标准9个，苏宁云商、亚鑫等7家企业参与省级标准化战略项目的申报工作，成功申请到4个省级标准化项目，争取到项目经费19万元。

保障特种设备安全。区政府召开常务工作会议，专题研究部署特种设备安全工作，明确特种设备安全工作经费，健全特种设备安全监管工作机制。举办“芙蓉区质量大讲堂”特种设备安全协管员专题培训，全区14个街道、77个社区安全工作人员参加培训。区质监分局自聘4名专职特种设备安全协管员，构建特种设备基层监管网络体系。开展检查各类特种设备使用单位181家，特种设备2521台（件），下达各类执法文书131份。专项检查全省“两会”接待单位，湖南宾馆及芙蓉华天大酒店使用的特种设备，并对大润发、好润佳、人人乐超市等人口密集区域特种设备开展节前专项检查。执法检查长沙中燃天然气有限公司汽车东站加气站、曙光电子集团有限公司等单位。排查在用电梯安全隐患，督促长卫商厦关停电梯，并对永华大厦、嘉升宾馆使用的3台电梯依法予以查封，向市质监局移交10个案件。印制《中小学生特种设备安全知识读本》等宣传资料3万册。推进特种设备安全“进社区、进企业、进学校”，在育才学校举办了以“大手拉小手，安全共相守”为主题的特种设备安全及儿童消费品质量安全进校园宣传活动。召开全区自动扶梯和自动人行道专项安全工作会议，提升企业安全意识。（刘 义）

【开展质量安全进社区宣传活动】 9月24日，区质监分局联合马王堆街道办事处、滩头坪社区在上东莱克辛顿公寓开展“特种设备安全暨消费品质量安全进社区”活动。该活动分为现场宣传与应急演练2个阶段。出动专业人员20人，参与居民200人，发放各类宣传资料1200份，安全生产文化衫40件。

【开展安全生产谈心对话活动】 9月11日，区质监分局组织开展安全生产谈心对话活动。辖区特种设备生产、使用单位，电梯维保单位，危化品生产、充装企业，汽车改装企业及车辆检测机构负责人11人参加。该次活动组织学习了习近平、李克强关于安全生产的批示精神和省委书记徐守盛、省长杜家毫关于安全生产的讲话精神以及国务院、省、市安全生产电视电话会议精神。市质监局副调研员周珺珺要求，安全生产是最大的民生，各单位要时刻绷紧安全生产这根弦，把安全生产纳入工作总体部署，排上重要议事日程，建立安全生产保障体系，加大安全生产工作经费投入，健全内部政策引导，抓好应急预案处置及演练，保安全生产工作平平安安。

【开展特种设备安全协管员培训】 7月28—29日，区质监分局举办“芙蓉区质量大讲堂”特种设备安全协管员专题培训。全区14个街道（园、局）77个社区（村）参训人数107人。省质量技术监督局稽查总队副总队长齐剑斌，市质量技术监督局副局长耿良安、副调研员周珺珺，芙蓉区副区长易新宇、副调研员尹上敏出席开班仪式。该次培训，区质监分局邀请全国十佳办案能手、国家质检总局讲师团讲师、湖南省质量技术监督局稽查总队副总队长齐剑斌，市质监局电梯监管专家姚景洲为学员授课。培训中，还组织3位电梯设计、生产领域的专家开展理论和实践教学，并到电梯生产企业参观学习电梯的具体运行原理、安全防护措施及应急处置方法。为检验培训效果，组织了考试，合格率98%。

【召开自动扶梯、自动人行道专项安全工作会议】 8月5日，区政府召开自动扶梯、自动人行道专项安全工作会议。各街道（园、局）安全工作分管负责人、各自动扶梯、自动人行道使用单位及大型医院安全负责人、相关电梯维保单位负责人130人参加会议。市质监局副调研员周珺珺分析了辖区电梯安全形势，安排部署电梯安全隐患排查整治工作。副区长易新宇要求各部门、各单位务必清醒认识安全工作严峻形势，开展电梯安全隐患排查与整治工作，处置各类安全隐患，保障电梯安全使用。（刘 义）

食品药品安全管理

【概况】 2015年，芙蓉区食品药品监督管理部门履行食品药品监管职能，保障居民群众饮食安全，全年无食品安全事故，无突发群体性药品医疗器械安全事件，食品药品安全形势稳中向好，保障了辖区内公众饮食用药安全。

健全食品安全监管体系。按照“统一领导、政府负责、部门联动、多方参与”的食品安全监管总原则，健全食品药品安全监管机制，推动工作重心下移，管理关口前移，把食品安全监管的触角延伸到楼栋（村民小组）。建立区、街、社区（村）、楼栋（村民小组）监管网络，明晰各级的工作职责，推动食品安全工作群防群治。根据省市相关文件精神，芙蓉区坚持积极稳妥、精简统一、务实高效的原则，启动食品药品监管机构改革，科学构建食品药品安全监管体系。整合工商、质监、卫生、商旅等部门对食药的生产、流通、消费环节的职能职责，重新组建成立全面监管的食品药品监督管理局，加挂食品安全委员会办公室牌子，同时撤销其他部门食品、药品安全监管职能。各项工作实现平稳过渡，改变以往“九龙治水”“多头监管”的局面，实现食品安全由分段监管向集中统一监管的转变。

推进食品药品日常监管工作。检验检测常态化。全年对辖区内种植养殖、生产加工、市场流通、餐饮服务环节的食品开展监督抽检，完成食品质量安全抽检6804批次，合格6653批次，合格率97.8%。其中定量检验1683批次，合格1545批次，合格率91.8%。规范生产加工小作坊、小食品经营店、小诊所、小药店等食品药品“四小”生产经营秩序，依法打击违法违规和侵害群众利益行为，年内检查“四小”门店4454家，整顿规范355家，取缔32家。以食品生产加工作坊为重点对象，批发农贸市场为重点区域，冷冻、生鲜肉品为重点品种开展“百日利剑”行动，取缔非法食品加工黑作坊6家。清查辖区内60家肉制品生产企业、冷库和食品交易市场，重点检查2014年以来存储冷冻肉品的来源、数量和销售去向以及供货方的相关资质证明、冷冻肉品的购进渠道、标签标识、生产日期、保质期、检验检疫合格证明等，杜绝“僵尸肉”和掺杂使假等违法行为。开展食品药品普查、风险大排查、执法大检查、问题大清查的“四查”行动。根据市政府办印发的“规范豆制品生产经营行为建设集中生产加工基地实施方案”规定，完成豆制品生产加工基地建设和投产运营工作，规范豆制品生产加工行为，保障豆制品质量安全。贯彻执行《中华人民共和国食品安全法》《行政许可法》等有关规定，自10月20日开始受理行政审批业务，新办“食品流通许可证”116家，变更3家，注销8家，延期60家；新办“餐饮服务许可证”106家；变更、换发“药品经营许可证”9家。

组织开展专项整治行动。抓好“三个重点”即重点区域（城郊接合部、人流集中区）、重点品种（米、菜、油）和重点时段（传统节假日、重大节会）开展专项整治。开展“两节两会”为期2个月专项整治行动，开展联合行动3次，出动执法人员730人次，出动执法车辆268台次，检查食品经营户1791户次，抽样送检食品70个批次。开展校园及周边专项整治。检查各类学校、幼儿园129家，学校周边餐饮服务单位422家。检查浏阳河婚庆文化园附近9家餐饮服务单位的持证、食品安全操作、食品原料采购、餐饮具消毒等情况。以经营火锅食品的餐饮服务单位为重点，严厉打击违法添加非食用物质、滥用食品添加剂和假冒伪劣行为，检查餐饮店185家，抽检15批次。7月，督查辖区内面食类餐饮服务提供者，特别是冠名为“福建特味馄饨店”“沙县小吃”等餐饮单位，抽检面食米粉20个批次，出动执法人员200人，执法车辆50台次，检查各类生产经营店210家。开展以加工经营馒头、花卷、包子、焙烤食品等为重点，检查使用硫酸铝钾和硫酸铝铵加工制作小麦粉及其制品，抽检馒头、花卷、包子等20批次。清查江西问题猪肉，检查超市、农贸市场肉品及肉制品经营户的主体资格、检验检疫票、肉品质量、肉品来源等，未发现有病、死猪肉等违规肉品销售行为。（*唐　敏*）

【完成食品药品监管机构改革】 根据《湖南省人民政府关于改革完善市县食品药品监督管理体制的实施意见》《长沙市人民政府办公厅关于印发〈长沙市食品药品监督管理局主要职责内设机构和人员编制规定〉的通知》等文件精神，芙蓉区坚持精简统一、务实高效的原则，构建食品药品安全监管体系，启动食品药品监管机构改革。7月1日，召开食品药品监管机构改革大会，下发《中共长沙市芙蓉区委员会、长沙市芙蓉区人民政府关于印发

〈长沙市芙蓉区人民政府职能转变和机构改革方案的实施意见〉的通知》，重新组建区食品药品监督管理局（区食品安全委员会办公室），区食药监局党政领导班子配置到位。10月15日，举行流通领域食品监管职能划转交接仪式，区食药监局与区工商分局职能划转涉及的人员、物资签字移交。24名工商工作人员正式划入新组建的食药监局，完成了食品药品监管体制改革。10月底，区工商、质监、卫生、商旅等部门划转的食品安全监管职能、人员、编制和物资全部整合到位，完成局本级机构改革任务。截至年底，全面实现食品安全由分段监管向集中统一监管的转变，各项工作实现有效衔接和平稳过渡。

【开展食品药品“四查”行动】区食药监局开展食品药品主体大普查、风险大排查、执法大检查、问题大清查“四查”行动。组织街道和社区食安专干100人开展“四查”专项培训。年内，普查食品药品经营主体9470家，其中有证主体5598家、无证主体3872家；“四查”系统录入主体5598家，其中餐饮1984家、食品流通经营2359家、保健食品经营223家、农产品集中交易市场33家、药品零售109家、医疗机构338家、化妆品经营393家、医疗器械经营77家、食品加工小作坊82家。该次行动发现并处理风险隐患问题134个，指导企业改进生产经营43次，帮助企业解决问题395个。在省、市媒体刊发稿件16篇，张贴监管信息公示牌372张，印发宣传资料1.5万份，取缔黑窝点38家。其中位于马坡岭街道西龙村非法牛羊交易市场占地4000平方米，属违章建筑，日交易量大，且无任何证照，区政府组织食药、城管、公安、环保、工商、交警及街道等部门150人于9月30日开展第3次取缔行动，前后转移活牛1000头，取缔非法经营户13家，关闭了该非法市场。11月25日，该区“四查”工作先进经验被多家媒体报道。（唐　敏）

楼宇经济

【概况】2015年，长沙芙蓉中央商务区管理办公室（以下简称芙蓉CBD）以建成“三市”、实施“三倍”的要求，坚持科学规划引领，拓宽招商思路，优化发展环境，加大项目服务和推进力度，各项工作有序开展，楼宇经济取得进展。

资源载体形成规模。芙蓉CBD经过多年的耕耘提质，创建成为长沙商务楼宇最密集、总部企业最集中、投资强度最高的产业高地。全年新建成商务楼宇4幢，新增商务楼宇面积17.5万平方米。楼宇经济集约发展，商务楼宇211幢（其中重点楼宇86幢，包括写字楼41幢、商住楼45幢），楼宇企业4900家，商务楼宇总建筑面积超过585万平方米。CBD核心区域聚集商务楼宇135幢，企业入驻率90%以上。

产业发展特色凸显。芙蓉CBD催生出总部经济集聚区、金融产业创新区和新型商贸服务区。CBD入驻企业以金融保险、证券、批发零售、现代服务业为主，占楼宇入驻企业总数的80.8%。其中衍生出信息、代理、咨询和后勤服务等方面的需求，拉动周边地区商业、会展、旅游、文化娱乐、休闲和餐饮等行业的发展。CBD内城市主轴贯穿，以五一大道、芙蓉路、韶山路3条主干道为核心的楼宇产业带形成规模。CBD核心区聚集世界500强企业办事机构21家。全省金融监管总部机构4家，其中3家落户该区。金融业机构区域性总部73家，银行、证券、保险省级总部分别为13家、5家、15家。全年楼宇经济实现税收51亿元，占全区税收

图21　2015“互联网＋楼宇经济”高峰论坛暨楼友汇成立仪式

总额59%，比“十一五”末期分别提升33亿元和8个百分点。

项目建设提质增速。全区拟建、在建单体商务地产项目23个，总建面积超过300万平方米。已建、在建面积超过20万平方米的商务综合体4座，万家丽购物中心于12月19日开业投入使用，长沙国金中心、世茂广场、擎天广场预计于2017年前后建成，其中长沙国金中心将以省内最高楼层成为长沙地标性建筑。辖区内投入使用的中石油大厦、旺德府国际、红橡国际、亚大时代、中天广场等楼宇达到甲级写字楼标准。

政策环境持续优化。2005年，芙蓉区出台《关于大力发展楼宇经济的若干意见（试行）》，经过多年政策引导，全区各级各部门重视支持楼宇经济发展，形成全方位多角度的立体发展机制。2014年，芙蓉区出台专业楼宇打造方案。区楼宇办推进专业楼宇打造工作，对被挑选出来作为专业楼宇采取“一事一议”的优惠政策，年内完成对3幢专业楼宇进行授牌，分别为：总部大楼（中石油大厦）、金融服务大楼（中天广场）、影像创意大楼（科佳大厦）。　（张大帅）

【举办楼宇经济高峰论坛】 8月1日，2015“互联网+楼宇经济”高峰论坛暨楼友汇成立仪式在现代凯莱大酒店举行。该活动现场，与会领导和专家就如何把长沙楼宇经济的发展与互联网紧密结合，如何使楼宇内企业、白领通过互联网平台无障碍交流等话题开展了广泛和深入讨论。大家认为，会上讨论的内容对辖区楼宇经济未来的发展提供了新思路。例如，辖区内成立的楼友汇是湖南首个以楼聚合中高端金领白领的社群组织，该楼友汇把各企业“互联网+楼宇经济”结合，实现企业和用户的无缝对接。市工商联主席彭继球，副区长易新宇和芙蓉CBD办相关负责人及200家长沙电商企业代表出席会议。

（张大帅）

·表5·

芙蓉区楼宇经济数据表

指　标	2011年	2012年	2013年	2014年	2015年	“十三五”期间预计
全区楼宇面积（万平方米）	415	477.5	547	567.3	584.8	908
新增楼宇面积（万平方米）	25	62.5	69.5	20.3	17.5	323.2
全区楼宇数（幢）	189	199	202	207	211	230
新增楼宇（幢）	—	10	3	5	4	19
楼宇企业数（家）	4254	4418	4608	4776	4958	5600

（张大帅）

芙蓉区教育局

① ② ③
④
⑤ ⑥ ⑦

①9月9日，区教育局局长谢小红在教师节上发布“芙蓉教师宣言”征集倡议

②10月12—14日，第四届中国小学校长大会分论坛在育才小学举行

③8月31日，育才二小承办长沙市纪念抗日战争暨世界反法西斯战争胜利70周年暨全市中小学校“传递胜利花传承民族魂”开学第一课主题活动

④2015年新建投入使用的大同第三小学

⑤芙蓉区第31个教师节主题教育大会召开

⑥2015年全民终身学习活动周

⑦11月13日举办“做党和人民满意的教师”演讲比赛决赛活动

芙蓉区科学技术局

①	②
③	④
⑤	⑥

①5月22日，副区长张庆和参观科技环保种植园内盆栽

②4月26日，区科技局组织知识产权“三字经”文艺会演

③创新企业为居民演示污水净化过程

④4月26日，区科技局开展鉴真辨假活动

⑤9月22日，校园科技节学生参加彩泥造型

⑥2015年知识产权保护示范商户授牌仪式

芙蓉区人力资源和社会保障局

①9月17日，长沙市全民参保登记宣传日活动正式启动

②2015年，区人力资源和社会保障局举办基层人社工作人员培训

③2015年，举办人才招聘面谈

④2015年，举办人才公开招聘考试

⑤9月，举办慰问抗战老兵，颁发抗战胜利70周年纪念章活动

⑥5月，机关工作人员参加区体操比赛获评一等奖

芙蓉区环境保护局

①	②	③
④		
⑤	⑥	⑦

①6月30日，市环保局局长王小平（左三）到区调研环境保护大检查及计划执法工作
②2015年，全区环境保护工作会议召开
③在长沙火车站广场电子屏宣传环保
④5月19日—6月5日，首届“环保六五文化节”启动
⑤市民踊跃参与环保活动
⑥11月27—28日，副区长许凡（左前一）带队督察大气污染防治工作
⑦查封小洗涤厂设备

芙蓉区文化体育新闻出版局

①	②
③	④
⑤	⑥

①10月29日，省文化厅厅长李晖（右三）调研浏阳河文旅产业带

②修缮后的湖南和平解放史事陈列馆

③12月9日，芙蓉区建成首个地铁图书馆

④4月23—25日，举办第七届全民健身运动会——拔河比赛

⑤6月3日，举办“青春星声音”校园歌手争霸赛

⑥5月16日，举办第四届老年人运动会

芙蓉区卫生和计划生育局

①

② ③

④ ⑤

①7月9日，省委常委、市委书记易炼红（右三）视察妇幼保健工作

②举办食物中毒事件处置模拟演练

③9月30日，芙蓉区召开胆固醇管理知识共享会

④11月，芙蓉区疾控中心挂牌为长沙医学院公共卫生实践教学基地

⑤2015年，芙蓉区开展妇女病查治培训

芙蓉区城市管理和行政执法局

①	②
③	④
⑤	⑥

①4月24日，全区拆违控违动员大会召开
②4月28日，市委常委、常务副市长陈泽珲（右三）调研芙蓉区拆违控违工作
③11月13日，副市长李蔚（左二）调研区城管工作
④12月24日，副区长许凡（右三）督察“夜看长沙”景观亮化项目
⑤3月19日，南昌市城管工作考察团到区学习交流
⑥5月12日，芙蓉区召开城市管理示范街道、门前责任制和社区物业服务工作调度会

芙蓉区城市管理综合执法大队

①执法队员上门开具执法文书
②7月9日，马坡岭街道举行拆违听证会
③2015年末“清洁城市”行动现场
④拆除广告招牌
⑤立交桥匝道下退违还绿
⑥“大拆违”宣传教育催搬催拆现场

芙蓉区安全生产监督管理局

①	②
③	④
⑤	⑥

①8月27日，市委常委、统战部部长文树勋（右前一）到区检查指导安全生产工作
②芙蓉区组织召开全区安全生产工作会议
③5月14日，芙蓉区委中心组学习新《安全生产法》
④长沙市2015年第4次安委会例会暨防范重特大事故会议在区召开
⑤6月16日，开展安全生产宣传咨询日活动
⑥7月30日，召开工贸行业企业安全隐患排查治理“三自”系统建设工作推进会

芙蓉区政务服务中心

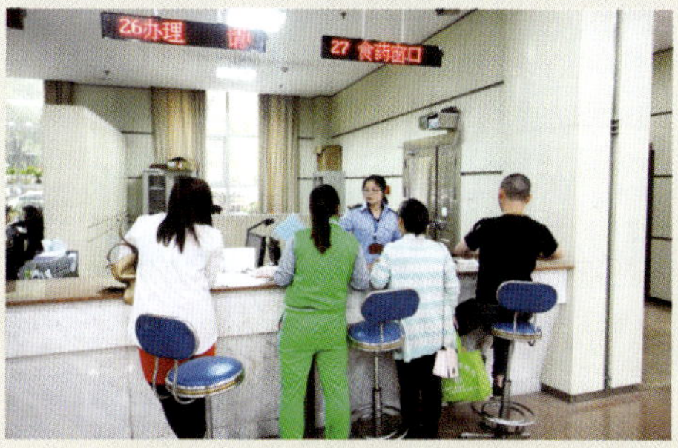

① ③ ④
② ⑤ ⑥ ⑦

①政务中心办事大厅
②居民群众感谢医保窗口热心办事
③质检分局行政审批服务事项进驻区政务服务大厅
④食药监局窗口行政审批服务事项进驻区政务服务大厅
⑤4月16日，举办芙蓉区“12345”市民服务热线工作暨业务培训
⑥“芙蓉之窗”重点领域信息公开
⑦12月，东岸街道政务服务中心标准化建设提质改造后的办事大厅

芙蓉区市容环境卫生管理局

① ② ③
④
⑤ ⑥

①机洗车机洗作业
②大清洗作业
③清理路面“牛皮癣”、口香糖
④清洗果皮筒
⑤水车洒水降尘
⑥渣土管理联合执法

长沙市公安局芙蓉分局

①
② ③
④ ⑤

① 开展2015年反恐演练
② 1月，芙蓉分局组织民警在火车站开展“110宣传日”活动
③ 6月，芙蓉分局开展大巡防现场动员
④ 4月，芙蓉分局荣获区机关乒乓球比赛第一名
⑤ 举办新春佳节晚会

芙蓉区交警大队

①	②
	③
④	⑥
⑤	

①民警冰雪天气保畅通
②在亚大路口开展校车专项整治
③在烈士公园开展大型公益宣传活动
④货车专项整治
⑤在中石油基地检查危化品运输车辆车况
⑥帮助马王堆侧翻货车主转运货物

芙蓉区公安消防大队

①

② ③

④ ⑤

① 省委常委、市委书记易炼红（中）春节期间率队慰问芙蓉大队消防官兵

② 市委常委、副市长张迎春（右二）调研三湘南湖大市场消防工作

③ 成功扑救湖南电力检修公司芙蓉变电站火灾，该公司送来锦旗

④ 开展消防安全培训

⑤ 芙蓉区街道和社区负责人参加消防安全培训

长沙市工商行政管理局芙蓉分局

① 国家工商总局副局长刘玉亭（左二）视察节日市场秩序保障工作
② 常务副区长罗玉环（右）颁发首张“三证合一”营业执照
③ 常务副区长谭雄伟（左）颁发首张“多证合一、一照一码”营业执照
④ 流通领域食品监管职责正式划转
⑤ 开展查处假酒专项整治行动
⑥ 整洁、繁忙、有序的区工商分局登记大厅

工 业 · 园 区

工 业

【概述】2015年，芙蓉区有规模以上工业企业104家。工业经济工作坚持高端定位、创新引领、重点突破的原则，推进节能降耗，深入开展中小企业和重点建设项目服务，保持全区工业经济平稳运行。全年完成工业总产值478.01亿元，同比增长5.6％。完成规模工业产值427.59亿元，同比增长5.5％。实现规模工业增加值98.98亿元，同比增长6.6%。

工业企业向隆平高科技园区聚集，规模效应凸显。全年隆平高科技园共完成规模工业产值379.59亿元，增长12.9%，高于全区规模工业增长8.4个百分点，占全区规模工业总产值的88.77%。隆平高科技园区一批骨干企业发展势头良好，规模效应凸显。其中新振升集团完成工业产值64.76亿元，增长22.44%；经阁铝业公司投资完成工业产值38亿元，增长6.8%；稀土新能源完成产值26.04亿元，同比增长18.95%；远高出全区规模工业增速，成为隆平高科技园区工业经济年度增长的主要动力。

中小微企业转型升级。区经信局深化服务职能，多途径帮助企业进行管理升级、技术改造，为企业争取到省、市政策扶持资金，并拨付新型工业化、企业技术改造、节能创新、互联网产业发展资金等1787万元。助力创客空间建设，促进K+影像创客空间的项目建设服务，该创客空间被评为长沙市示范创客空间，被区政府评为长沙芙蓉CBD影像创意大楼、长沙市芙蓉区创业创新示范基地等。湖南茶文化创客空间等一批创新创业基地也在陆续开工建设。

落实企业安全、清洁生产工作。根据市、区安委“每季度要开展一次‘打非治违’集中行动”的工作要求，区经信局抓住阶段工作的重点，按照市区两级安委的部署，4月在区内工业企业集中开展“春雷行动”，7月集中开展“飓风行动”，9月集中开展“霹雳行动”。经信局根据区内工业企业的实际，制订相应安全生产的方案，开展安全生产检查，落实企业安全生产的各项工作任务。截至12月，区经信局组织安全生产检查22次，检查规上工业企业48家次，指导企业排查和整治安全生产隐患114处，提高了企业安全生产水平。元旦、春节、五一、端午等重大节假日和夏季高温前，区经信局提前向隆平高科技园区、各街道及各工业企业下发安全生产的通知，提醒各工业企业抓好安全生产。根据工作任务，由区经信局安全生产领导小组对各工业企业进行安全生产巡回指导检查，及时排查各安全隐患，提高工业企业安全生产的意识。“8·12”天津港特大危化品仓库火灾爆炸事故和“8·28”常德安乡众鑫纸业发生工人清理纸浆池内废料8人中毒身亡的重大安全生产事故发生后，区经信局第一时间对辖区内重点企业：西龙助剂、南方压铸、曙光电子集团、金苹果饲料公司、斯莱克景达等企业开展了安全生产督促和检查，并抓好企业落实安全生产规章制度，遵守安全生产操作规程，消除各类安全生产隐患，坚决杜绝各类安全事故的发生。组织开展清洁生产知识培训。全年培训2期完成30人。引导规模以上工业企业开展清洁生产审核，落实情况生产有关措施并实施技术改造。年内，长沙金镂实业公司通过省级清洁生产审核验收，长沙韶光铬版有限公司通过市级清洁生产审核验收。（王先冰）

【信息化与工业化融合】区经

信局引导工业与信息产业融合发展；在浏阳河以西的中心城区以电子信息产品销售及软件开发为主，形成了朝阳电子科技街为代表的 IT 专业楼宇群。在浏阳河以东隆平高科技园以电子信息制造业为主，形成了以韶光铬版、韶光半导体、康通电子为代表的具有自主知识产权和自主创新能力的电子制造企业带，其中规模企业 6 家，全年产值 21.74 亿元。扶持入驻的移动互联网企业，如湖南苏宁云商有限公司等龙头企业。7 月 13 日，湖南苏宁云商有限公司被评为“湖南省电子商务示范企业”。促进和扶持信息化企业发展，全年为 37 家企业申报资金 610 万元。（文程遥）

图 22　湖南影像创客大厦外景

【企业办社会职能分离】 1 月 28 日，全区召开企业办社会职能分离工作动员大会，并指导街道、社区开展调查摸底工作。区经信局合理安排第一批和第二批移交协议签订单位。完成调度，移交协议签订工作年度任务。辖区内 61 个需要移交的市属企业小区，年内完成 38 个小区移交协议签订任务，完成市经信局企改办下达的年度任务 60%。

【湖南弗彗影像文化传媒有限公司】 位于辖区内的湖南弗彗影像文化传媒有限公司，注册资金 2000 万元，公司人员编制 50 人。该公司有科佳摄影城和“K+ 影像创客空间”业务板块。该公司以挖掘影像价值、出品影像内容和传播影像文化为核心业务的文化创意型民营企业。该公司旗下的科佳摄影城自 2013 年起投入建设资金 2000 万元，建设成为集摄影器材、婚纱经营、化妆形象设计、摄影专业人才培训和摄影艺术交流于一体的湖南首个以摄影文化为主题的综合卖场，年收入近 600 万元。K+ 影像创客空间集影像原创知识产权（版权）、产品孵化和同享空间的，“影像创客空间”项目。该项目于 2014 年 11 月启动，计预投资 1 亿元，分 4 期逐步建设，面积 4 万平方米。截至 2015 年底，投入资金 3000 万元，建成面积 5500 平方米。该项目包含影像硬件研发平台、智能软件开发平台、开放办公区、图书馆、电影审片室、影像咖啡吧、视觉实验室、艺术空间、录音棚等功能区域。K+ 影像创客空间特点：K+ 影像创客空间是以影像视觉为主的创客空间，是国内首个影像创客空间；K+ 影像创客空间湖南省乃至中南地区规模最大，主题最鲜明的“创客空间”；K+ 影像创客空间与“湖南影视资源和土壤”结合最紧密的创客空间；K+ 影像创客空间具有完善的全国顶尖高校人才的培养和引入机制的创客空间。

【推进长沙南方新精零部件制造有限公司主营产品升级】 年内，区经信局根据经济形势稳健发展态势，协助企业拓展市场，引导企业调整经营策略、投入资金进行技术改造，对主营产品进行转型升级。经过前期协商对接，9 月，长沙南方新精零部件制造有限公司与阿尔斯通公司签署合作协议，成为阿尔斯通公司在电力设备、汽车相关零部件的一级供应商，提升了企业的竞争力和盈利能力，企业经营前景看好，预计新增就业岗位 200 个。（王先冰）

·供电管理·

【概况】 2015 年，区经信局根据经济稳健发展的态势，协调电力相关部门，抓好辖区内居民、单位用电工作。完成教师村和省农科院“专改公”（专变电改公变电供电模式）施工。2014 年 9 月 25 日，正式启动辖区内教师村片区电力“专改公”项目。经过近 8 个月的查勘、设计、施工、调试，2015 年 6 月电力改造工程项目完工。制定和完善了 2016—2020 年“专改公”计划，力争在 5 年内完成全区所有专变小区的改造工作。协调抓好重点工程供电需求。年内，对车东五路电力设施搬迁改建，杨家山立交桥改造、中房瑞致、浏阳河东岸路灯改造，黄土塘、燕山街棚改等重点工程涉电项目协调到位。推进涉电事件处理和协调供电需求。稳妥处理五一路曙光路口塌方突发事件和世嘉国际华城欠费的电力协调，完成马王堆地区人大代表提出的将火炬村九道湾小区纳入“专改公”的建议和市人大代表提出整治背街小巷电力设施建议的办理工作。调长沙火车站广场、人民中路地下通道、韶光社区用电秩序及路灯维护等涉电协调工作到位。（陈佳豪）

图 23　6 月 2 日，市委常委、副市长张迎春（左三）调研湖南稀土新能源材料有限责任公司

隆平高科技园

【概况】　2015 年，长沙高新技术产业开发区隆平高科技园（简称隆平高科技园）实现技工贸总收入 550 亿元，同比增长 15.5%；完成工业总产值 405 亿元，同比增长 15.6%；完成规模工业总产值 390 亿元，同比增长 16.7%；高新技术总产值增长率 38%；固定资产投资额 35.5 亿元，同比增长 50%。新增规模以上工业企业 10 家、服务业企业 5 家，规模以上工业企业总数达 84 家，入园企业总数达 650 家。全年企业总税收逆势增长 43%，税收增幅名列全市园区第一。

实施“三招三引”（招商引资、招才引智、招院引所）策略，推进精准、高效招商。全年引进产业项目 20 个，其中投资过 10 亿元项目 2 个，投资过 5 亿元项目 3 个，过 5000 万元项目 15 个。创业平台新引进湖南通信服务集团、湖南有色金属交易所、今升新媒体等高成长性总部企业、租赁企业 170 家；新增创业平台租赁面积 6 万平方米。新引进电子商务企业 19 家，湘茶电商、苏宁易购、掌钱电子、酷锐运动等企业开始发力，成为长沙高新区外湖南最重要的互联网金融企业聚集地。招才引智引进国家“千人计划”人才 2 人，省“百人计划”和市“3635 人才计划”10 人。新增融资 7.6 亿元。依法完成拆迁 30 万平方米，启动在拆 40.87 万平方米。

实施第二个“项目建设年”计划，促进园区项目建设。金茶精深加工基地全面完工；苏宁云商现代产业园项目一期竣工投产；东湖一号企业总部基地完工，招商项目启动；申通三期、佳信佰生产基地主体完工；隆平高科总部基地进入基础施工阶段；英氏孕婴童产品产业园、特格尔医药产业园等项目新开工建设；湘粤先进技术产业园、琴海数码、银通科技等 7 宗土地完成摘牌，张公岭 30.33 万平方米片区实现“项目满园”。人民东路长沙隆平现代产业园项目完成概念性城市规划设计招标和企业债发行前期工作。开展项目建设调度与服务，建立重大项目考核机制，实行日推进、周检查、月调度、季讲评。规范工业地产项目管理，出台《隆平高科技园多层及高层工业厂房设计建设管理使用暂行规定》。

推动“二次开发”，促进企业转型升级。广发隆平、药圣堂等企业分别受让闲置地块启动开发，实现“腾笼换鸟”；志宏科技等多家企业启动“二次创业”。上市和并购重组，新增众益传媒、城光节能、琴海数码等 3 家新三板上市企业，维维集团控股怡清源茶业、中信集团入主隆平高科、重庆农投集团控股科裕隆种业。自主创新活力增强，企业申请专利达 68 件，隆平种业、优蜜科技入选市技术创新示范企业，兴湘科技等企业被评为省、市科技进步奖，博联航空获“中国专利优秀奖”，华智水稻获批“国家水稻分子育种平台”，绿叶生物获批设立“国家博士后科研工作站”。

启动“品质提升三年行动计划”，完善基础配套，推进产城融合。提质改造长星路道路，长星路道路交通设施工程建设；纬一路开建完工；营盘东路东延线隧道实现通车。加大环卫投入和环境治理，依法拆违45万平方米、覆绿30万平方米。保护生态环境，实行环保约谈新机制，环保监测常态化，启动雨污分流2期工程施工。加大综治维稳力度，年内综治工作市级被评为市级考核优秀等次。推进“和谐园区”建设，落实安全生产“一岗双责”，全年未发生一起较大以上安全事故，在全市14个园区的年度考核中位列第二名，并被评为市级“安全生产先进单位”。

存在的主要问题及困难：土地、融资、配套等方面依然构成瓶颈制约，一些历史遗留问题需要加速解决；园区产业转型、招商引资、环境提质、企业服务亟待提标、换档、增效。

（王　勇　罗　萍）

隆平高科技园党工委、管委会领导人员

芙蓉区委常委、园区党工委书记
王曙光
党工委副书记、管委会主任
黄　滔
党工委委员、管委会副主任
曾　理
党工委委员、纪工委书记
汤季平
党工委委员、企业联合党委书记
吴清斌
党工委委员、总经济师
易　鹰
管委会副主任
陈　庆
副县级干部、工会联合会主席
阳林艳（女）

办公室
主　任　　李　毅

招商合作局
局　长　　吴正华

经济贸易局
局　长　　徐勐龙（女）

规划建设局
局　长　　邹远征

社会发展局
局　长　　雷小华（女）（2015.10免）
邹建国（2015.10任）

财政分局
局　长　　陈　蓉（女）

【国家杂交水稻工程中心与华智生物签署战略合作协议】 8月6日，国家杂交水稻工程技术研究中心与华智水稻生物技术有限公司战略合作签约仪式在杂交水稻中心举行。杂交水稻中心主任、院士袁隆平，华智水稻总经理张健代表双方签署协议。该签约仪式由省农科院副院长、省杂交水稻研究中心常务副主任邓华凤主持。袁隆平希冀双方发挥各自优势，重点在种质资源挖掘、育种技术研发等方面开展合作，早日探明杂种优势分子机理、实现C4基因成功转入水稻，促进杂交水稻新品种、新技术研发，为提升中国水稻种业的核心竞争力提供强力技术支持。

【省政府与中国铁塔战略合作框架协议签约】 8月12日，湖南省人民政府与中国铁塔股份有限公司签署战略框架合作协议。该次约仪式前，省委副书记、省长杜家毫在长沙会见中国铁塔董事长刘爱力一行，并见证签约。副省长黄兰香与中国铁塔总经理佟吉禄分别代表双方签署协议。根据协议，中国铁塔扩大在湘信息基础设施建设投资，加大铁塔、基站和室内分布系统等信息基础设施的建设力度，重点优化偏远地区和行政区域交界处的信息基础设施建设。

【湖南有色金属交易所落户隆平园】 9月1日，湖南有色金属交易公司（简称“湘交所”）工商营业执照获批准下发，标志着国内首个由政府参与并控股、全国第二家经省级人民政府批准、国务院部级联席会议审批备案的

图24　7月3日，银通科技、琴海数码两项目签约入园

综合性有色金属现货交易平台正式落户隆平高科技园。该湘交所注册资本1亿元，由省国资委控股，利用湖南“有色金属之乡”的美誉及产业基础优势，创新性地设计控制、整合、融资、电子贸易等解决方案，集电子交易、金融管理、质量检测、仓储安保、物流服务功能为一体，采用完善的风控体系、安全稳定的交易系统和优质的第三方服务，引领中国有色金属产业转型升级，成长为具有全球影响力的有色金属国际定价中心。

图25　11月16日，园区招商引资项目集中签约

【全省首个茶文化众创空间揭牌】　10月21日，湖南省茶文化众创空间揭牌暨古丈县电商扶贫试点启动仪式在湖南省茶业集团股份有限公司湘茶高科技园举行。湖南省茶文化众创空间依托茶文化创意产业创新平台、茶叶云大数据交易平台、金融服务平台、茶学研究院、茶叶种子资源库等专业平台搭建成立，联合传统茶企转型升级领导平台“觅茶会”，为全省的茶叶品牌、茶叶集散市场和茶叶企业提供全方位的线上线下服务，致力以资本为纽带，聚集国内外知名风险投资、天使投资等机构，聚合线上线下资源，为创业企业提供宣传、信息、投融资等综合性创业服务。年内，已建设有茶叶博物馆、由联合办公区、创客茶吧、名师汇、科研实验室、创客会议厅、天然迷你茶园、创意产品展示区、路演区、露天活动区等10个空间板块，总建筑面积3000平方米。该次活动由芙蓉区人民政府、古丈县人民政府、湖南省茶业集团、湖南省茶业集团电子商务有限公司联合主办。省商务厅、省供销合作总社、省扶贫办、湖南农业大学、中南林业科技大学、市商务局、隆平高科技园管委会等单位有关领导出席活动。

【新科裕隆种业战略发展专家座谈会召开】　11月6日，由重庆市农业投资集团、重庆农投种业有限公司和湖南科裕隆种业有限公司联合主办的“新科裕隆种业战略发展专家座谈会”在长沙三景韦尔斯利酒店召开。中国工程院院士、湖南省政协副主席袁隆平，中国种子协会副会长邓光联，湖南省农委副巡视员王宇以及重庆市农委、长沙市农委等单位领导和专家出席。隆平高科技园区管委会主任黄滔出席会议并发言。重庆农投种业历时近10个月成功完成对湖南科裕隆种业的战略投资重组，新的科裕隆股权结构发生重大变化，重庆农投种业持有科裕隆51%股权。该次战略重组在国内业界受到广泛关注，被袁隆平誉为“国内种业产业资本与科研资源完美整合的典型案例”。会上，重庆农投集团董事长、党委书记王义昭致辞；湖南科裕隆种业有限公司董事长杨佳林围绕农投集团种业战略规划，详细介绍了科裕隆的战略举措。袁隆平及与会领导、专家，结合行业发展，就新科裕隆种业战略发展提出意见和建议。

【工艺美术行业获两项省级荣誉】　11月9日，在第三届中国湘绣文化艺术节暨第五届湖南省工艺美术品博览会开幕式上，长沙锦东瓷业有限公司被评为“湖南省工艺美术行业最具影响力企业”，长沙大红陶瓷发展有限责任公司董事长尹彦征获“湖南省工艺美术行业突出贡献奖”。锦东瓷业参与编制第一部《中国红陈设瓷器湖南省地方标准》《中国红日用瓷湖南省地方标准》，是首批掌握中国红瓷釉中彩关键技术的企业。锦东瓷业推动市场创新、文化与科技融合，成就突出。大红陶瓷董事长尹彦征，系湖南省工艺美术大师，经过31年潜心研究和艰苦创业，攻克了陶瓷大红色颜料不耐高温的国际难题，开创了工艺美术一个全新品类——中国红瓷器，为艺术陶瓷的开拓创新与产业升级发展贡献卓著。

【湖南稀土金属材料研究院】

湖南稀土金属材料研究院（以下简称“稀土院”）创建于1958年，是国内最早从事稀土研究的科研机构之一，也是全国专业从事稀土材料的应用研究与开发研究机构，国务院242家改制科研院所之一，现隶属于湖南省有色金属管理局。该稀土院为科技厅认定的高新技术企业，是全国稀土标准化委员单位，国家火炬计划重点高新技术企业。加工该稀土院各种稀土技术和手段齐备，从稀土采矿、分离、冶炼到材料加工都有较强技术贮备。多年来被评为省部级以上科技成果奖励200项，拥有多项世界领先的稀土材料制备技术，是中国“两弹一星”成功研制的授勋单位，为全国军工科研和稀土工业发展做出突出贡献，是湖南省稀土产业发展不可或缺的中坚力量。建设有“湖南省院士工作站”“湖南省稀土材料工程技术研究中心”“湖南省稀土能源材料工程技术研究中心”“中国有色金属工业协会稀土金属与合金工程中心”“湖南省稀土分析检测中心”“湖南稀土金属材料研究院企业技术中心”和国家级“工业产品质量控制和技术评价实验室”等多家国内、行业内有影响力的科研创新服务平台。该稀土院现有在职职工360人，专业技术人员占60%以上，拥有高级技术职称以上人员60人。下设“五所一厂”和两家控股公司，是集军品服务、科技开发、高科技产业、产品贸易为一体的综合应用研究机构。

【湖南省茶业集团股份有限公司】 湖南省茶业集团股份有限公司是集茶业种植、生产、加工、销售、科研、茶文化传播于一体的全产业链的农业产业化国家级重点企业，是全国农产品加工业示范企业、中国茶叶行业十大领军企业、湖南省农业产业化十大标志性企业、湖南省百强企业、利税过亿元企业。该公司下设8个业务部门，72个初、精制加工厂，34家控（参）股企业，建有90个优质茶园基地，总面积3.8万公顷，其中获得国际认证的有机茶园6000公顷。建立了从“茶园到茶杯”的产品安全管理体系，拥有国家茶叶加工技术研发分中心、湖南省茶叶种植与加工工程技术研究中心、省认定企业技术中心三大科研中心。拥有君山、湘益、白沙溪、洞庭、永巨5个中国驰名商标。产品涵盖红茶、绿茶、黑茶、乌龙茶、白茶、黄茶、茉莉花茶、特种茶等各种大宗茶系列及各种小包装茶、袋泡茶、茶饮料、茶叶提取物等，年加工能力7万吨以上，经营规模及综合实力居全国同行企业第一。

【湖南康通电子科技有限公司】

湖南康通电子科技有限公司是一家专业从事网络数字音视频技术研究与网络广播产品开发、生产、销售及工程服务于一体的民营高科技企业。该公司成立于2010年，注册资本2200万元，有员工253人。康通电子是IP广播、云广播的发明者，该公司受理和授权专利30件、软件著作权15件。该公司主要产品有IP网络广播和IP云广播核心主板、IP网络广播和IP云广播终端播音控制设备、IP网络广播和IP云广播控制主机、大规模分布式服务器、IP网络广播及IP云广播等系统软件、嵌入式软件及应用软件、应急广播平台等9大类50种。该公司拥有4000平方米现代化厂房，配备专业的SMT及波峰焊生产线。公司通过ISO 9001:2008国际质量管理体系标准认证、CCC认证、CE认证、FCC认证、RoHS认证、双软企业资质认证、国家安全防范报警系统产品质量监督检验中心和公安部安全与警用电子产品质量检测中心认证、赛宝认证等。2011年，该公司顺利完成科技部创新基金申请，是科技部重点扶持的技术创新企业。

（王 勇 罗 萍）

农业·林业·水利

农　业

【概述】 2015年，全区13个行政村，分属5个街道。农村人口3.243万人，耕地面积369.7公顷，主要用于水稻良种选育、试验示范、推广教学等。全年实现农、林、牧、渔业总产值7603万元，同比下降44.3%，水产品产量280吨，蔬菜总产量9925吨。年内，全区重点扶持重大现代农业建设项目3个，完成投资3868.5万元。完成农业招商引资项目5个，引资总额23.8亿元，到位资金9.11亿元。随着城市化推进，农业生产逐步缩减，传统农业基本退出。

（熊笑俏）

·种植业·

【概况】 2015年，全区粮食播种面积37.87公顷，其中早稻14.93公顷，中稻稻8公顷，双季晚稻14.93公顷，主要品种为早稻有“湘早籼45号”“中嘉早17”“株两优90”，中稻有“湘晚籼13号”“湘晚籼12号”“丰源优326”“龙两优981”等，晚稻有“黄花粘”“创香5号”“湘晚籼17号”等。全部为省农科院试验推广田。贯彻落实省、市粮食工作会议精神，落实中央强农惠农政策。年内全区发放耕地地力保护补贴单季、耕地地力保护补贴双季、乡村医生岗位津贴、病死猪无害化处理和水库移民补贴等各项惠农补贴资金24.82万元。惠农补贴政策“明白卡”和补贴存折全部发放到位，并张榜公布补贴发放相关情况。全区蔬菜播种面积310公顷，同比下降38%；蔬菜总产量9965吨，同比下降34%；蔬菜总产值0.48亿元，同比下降29%。根据城郊农业发展的特点，引导农民发展食用菌和速生叶类菜，提高蔬菜种植品质。全年食用菌种植面积1.33公顷，产值150万元。增强农产品生产环节的安全监管，开展多种形式宣传活动，引导种植户高温季节在蔬菜生产上正确合理使用农药，禁止使用高毒高残留农药。建立和完善蔬菜农药残留检测室。全年完成蔬菜农残自检951批次，合格率99.27%。（李如香）

·养殖业·

【概况】 2015年，全区生猪存栏0.42万头，家禽存笼0.6万羽，鹌鹑存笼10万羽，奶牛存栏380头，生猪出栏0.8万头，家禽出笼0.8万羽，猪肉类产量581吨，禽肉产量28吨，鹌鹑蛋10吨，牛奶产量702吨，淡水养殖面积10万平方米，水产品总量280吨。生猪存栏同比下降15.79%，家禽存笼同比下降60%，牛奶产量同比上升6.36%。

基础防疫工作。1月，区动物卫生监督所为防控重大动物疫情，调拨口蹄疫疫苗5万头份，蓝耳病疫苗4.8万头份，猪丹毒0.1万头份，牛羊三价0.22万头份，禽流感疫苗14万羽份，采购防护服120套，消毒水（粉）20吨、冷藏冰柜1台，防疫冷藏包10个，护目眼罩100个，防护手套1000双，套鞋20双。全年实行免疫生猪口蹄疫1.53万头，牛口蹄疫0.12万头；猪瘟1.4万头，猪蓝耳病1.4万头，禽流感27.7万羽，狂犬免疫1180条。全区继续实行免费强制免疫申报制度，公布官方兽医及监督电话，设立免疫申报信息管理平台，方便群众及时申报。

重大动物疫病防控工作。针对防控形势，修改并完善“芙蓉区重大动物疫情防控应急预案”，重新调整区重大动物疫病防控工作领导小组成员。按照“加强领导、密切配合、依靠科学、依法防治、群防群控、果断处置”的要求抓好重大动物疫病防控工作。

动物疫病病原免疫抗体检测工作。按照动物试验采样要求，采集规模场、散养户血清样品；采集猪血清30份，家禽血清30份，棉拭子180份，实行动物病原、免疫抗体检测，检测结果显示免疫抗体合格。在高温季节期间，组织村、社区、养殖户开展高温季节消毒灭源和动物疫病疫源调查活动。年内发放消毒药2400瓶、消毒粉4000包。

畜禽水产品质量安全监管工作。开展动物卫生监督工作。设立畜禽水产品质量安全举报电话；受理检疫申报电话484次，出具检疫证明1277份，其中动物A610份、动物B640份，动物产品27份。检疫活牛3.17万头、实验动物10.38万只、生猪165头；动物产品680吨。开展监督执法检查26次，检查生产企业13家，农贸市场25个，发现整改违规生产2起，查处售卖病死猪肉1起。10月，联合食药监局、城管局、马坡岭街道迁出张公岭活牛交易市场。关停非法屠宰窝点2家、治安拘留7人，收缴私宰猪肉1336千克。查处2家无证经营，4家无执业兽医资格。（杨婷）

·农产品加工·

【概况】2015年，隆平高科技园着重培育现代农业，不断成长壮大并步入良性发展期。隆平高科技园区成为全省农业产业化龙头企业、农业科研资源、涉农中国驰名商标高度密集区，该园区被农业部评为“农产品加工示范基地”“农业产业化示范基地”。

全区涉农企业118家，其中有省级农业产业化龙头企业4家、市级龙头企业21家、世界500强企业1家。年内农业产业化市级龙头企业有湖南金稻种业有限公司、湖南同超农产品配送经营股份有限公司、长沙绿叶生物科技有限公司等4家企业。在21家市级龙头企业中，主营业务以种苗培育为主的11家、以农产品加工为主的7家、流通类3家。总资产规模500万～5000万元的7家、5000万元～1亿元的10家、1亿元以上的4家。专业技术人员577人。资产总额14.72亿元，固定资产总额达5.39亿元。基地种植面积78.91万亩，主要分布于湖南、江苏、新疆、海南等省区境内；主要产品产量110.286万吨。年销售收入20.84亿元，上缴税金2680.74万元。重点扶持优蜜乳制品生产基地建设项目、湘研种子生产加工与仓库物流园区建设项目和怡清源出口茶基地建设及生产线技术改造项目3个，全年完成投资3868.5万元。（熊笑俏）

林业

【概况】2015年，全区有林地33公顷，活立木总蓄积2.03万立方米，林木绿化率27.22%，林业总产值2.928亿元，同比减少3.04%。

开展河滩、裸露荒地植绿建设。完成了浏阳河两岸河滩植绿工程。该工程于3月1日启动，5月28日基本结束。工程总面积4.67公顷，总投资近200万元。分为“四大板块”：湖南农大塘湾子至邓家大屋、万家丽中路至二环线、二环线至窑洞子和花桥至圭塘河口。种植品种主要有挺水植物、滨水植物以及中湿生植物，如香蒲、狗牙根、千屈菜、黄花鸢尾等。该植绿工程得到了市林业局领导和中南林业科技大学专家在设计提升优化等方面的指导和支持。5月30日，湖南经视报道了芙蓉区河滩植绿工程，称其是“有效整治河滩种菜、净化水源、全市三年造绿之河滩植绿的率先探索”。完成城郊裸露地绿化工程。3月，东岸地区全面摸底调查，共有裸露地块总面积4.67公顷，投入资金7万元实行绿化，配置品种有大花金鸡菊、百日草、流花菊、波斯菊、万寿菊、千日红、虞美人等，保持春、夏、秋季有鲜花盛开，美化了环境，节约了资金成本。

落实林业生态安全工作。全年森林火灾零发生。主要措施有：市、区、街道、村层层签订责任状；重新修订完善“区森林火灾应急预案”；抓好森林防火的宣传教育；实行24小时值班；开展隐患排查和做好防范工作；与区人武部建立联系，在人力物力上抓好扑火准备工作；防治林业有害生物。年内进行重点排查东岸地区林地、花卉苗木基地、东湖湿地、浏阳河河滩、高速公路两旁等重要区域，未发现“加拿大一枝黄花”的生长和种植。开展野生动物保护工作。加大对区所辖宾馆、饭店野生动物保护宣传和检查力度，抓好野生动物保护工作，特别是对乱捕滥猎、非法贩运的行为严厉查处；开展野生动物保护宣传工作。4月，爱鸟周期间为全区13个街道的社区、学校发放野生动物保护、爱鸟周宣传资料1000份。10月，开展对候鸟等野生动物保护“利剑”专项行动，发放宣传资料200份，提高了全社会保护候鸟等野生动物的意识。

（李如香）

水利

图 26　湘江枢纽库区长沙主城区段排水口截污工程现场会

【概况】 浏阳河及其支流圭塘河是流经芙蓉区的主要河流，也是防洪排涝的重点区位。浏阳河由南向北穿区而过，河段长约 13 千米。辖区内有长善垸和东岸垸两，防洪大堤全长 15.3 千米。其中，长善垸防洪保护面积 21.85 平方千米，保护人口约 40 万人，设计防洪能力为 200 年一遇水平。东岸垸防洪保护面积 7.2 平方千米，保护人口约 10 万人，设计防洪能力为 100 年一遇水平。长善和东岸垸大堤均为土堤，吴淞标高 41.5 米左右。浏阳河芙蓉区段保证水位为 38.31 米，警戒水位为 36 米，近年来的最高水位为 2010 年的 37.99 米。总体来看防洪形势保持稳定，未发生较大险情。2012 年，随着城市开发建设的推进，辖区浏阳河垸的排渍泵站由原来的农业排涝标准提高到按城市排涝标准建设，7 座泵站装机数量及容量由原来的 37 台、14875 千瓦，提高到现有的 55 台、25905 千瓦，总投资 4.3 亿元。为提高排渍能力，满足城区建设和湘江库区蓄水的需要，辖区排渍泵站的供电线路全部采用双电源进行供电，增加了泵站运行的可靠性。

【防汛工作】 年内，组织召开防汛工作会议，布置好相关防汛工作，并开展汛前对各个环节工作的检查。保障防汛抢险通道的畅通，针对在检查过程中发现的问题，及时督促有关单位开展整改。开展全区现有防汛物资进行清仓查库。及时更换已损坏和腐烂的编织袋、木材等并防腐处理钢架管等。按防大汛的要求，应增补的物资及时增补，东岸垸现存编织袋 13 万条，篼箕 568 担、铲子 265 把、锄头 466 把、架管 5.7 吨，砂卵石 2000 吨；长善垸现存编织袋 12 万个，篼箕 200 担，铲子 200 把，钢管 4 吨，锄头 200 把。落实防汛抢险队伍组建工作，并防汛队人员落实。东岸垸防汛抢险队有 4174 人，其中巡逻队 64 人，常备队 460 人，预备队 3650 人。长善垸防汛抢险队有 940 人，其中常备抢险队 300 人，专业巡查队 190 人，机动抢险队 209 人，后备抢险队 241 人。落实防洪预案修订工作。按照防大汛、抗大灾的要求，结合实际抓好防汛预案的完善、修订、工作，明确责任，落实措施，保证防汛抢险工作有序开展。落实全区涉水工程的备案登记和督查工作。全区有人民路污水提升泵站、罗溪港顶管工程、浏阳河风光带、万家丽快速化通道改造 4 处涉水涉堤工程。长善和东岸垸堤委会分别与上述工程项目责任单位签订了防汛责任书，并要求按照预案落实防汛物资和防汛措施。

【长沙主城区段排水口截污工程现场会在区召开】12 月 20 日，湘江枢纽库区长沙主城区段排水口截污工程验收工作现场会在砂咀子泵站举行。副市长李蔚，市委宣传部、市住建委、市环保局等部门领导，湘江新区管委会建设部、高铁新城管委会、天心区、开福区、岳麓区、雨花区、长沙县政府相关负责人，区长于新凡、副区长许凡出席。省、市 15 家主流媒体和部分环保志愿者代表参加了现场会。该现场会由市政府副秘书长潘胜强主持。会上，市住建委主任王伟胜通报了湘江枢纽库区长沙主城区段排水口完成截污整治并验收的情况。李蔚率相关领导和环保志愿者代表共同启动截污命令按钮，实现了全市 101 个排水口全截污。　（钱　磊）

城市建设·城区管理

规划管理

【概况】 2015年，长沙市城乡规划局芙蓉区分局以中共十八大精神为指引，按照“六个走在前列”活动要求，以树立廉洁、务实、高效的规划形象为目标，健全、完善各项制度，提高工作效率和服务水平，坚持规划工作围绕中心开展，年度内主要工作完成情况如下：

工程审批。全年核发建设工程规划许可证90个，许可面积223.88万平方米（其中农民安置房72项，许可面积221.18万平方米；私房许可13项，许可面积879.87平方米；临时建筑许可证3项，许可面积2.61万平方米；传达室、围墙2项，许可面积32.42平方米）。隆平窗口审批情况：蓝线要点卷12项次，总图审查卷12项次，核发建设用地规划许可证3本，建设工程规划许可证5本，开具放线单5项次。

批后管理。以“全程监控重及时，批后管理重过程”为目标，按照相关要求，履行批后管理职责。全年完成建设项目验收24处，行政处罚1项，处罚面积2215.9平方米，放线29处，建设项目正负零验收10次，巡查65次，竣工检查20次，下达违法建设停工通知书4份，移送城管案16件，完成规划公示58处，批后公布13处，违法建设立案上报3件，下达整改通知2项，出具违章鉴定4336份，鉴定面积288.59万平方米，处理来信来访14件，回复率、办结率100%。

补办60号令村民安置房规划手续。芙蓉区60号令村民安置房需要补办规划手续的有800幢，300万平方米，涉及5个街道12个村（社区）。芙蓉分局督促各街道提交报建资料，并开展核对、审查年内。年内完成60号令村民安置房的规划补办手续。

抓好“城中村”改造规划工作。履行职责，开展与区政府城中村办公室实地考察，完成了火炬村、农科村、新桥村3个村的摸底调查、现状图册、规划论证报告及产权办理等工作，推进了“城中村”改造工作的开展。

深度探讨浏阳河文化旅游产业带规划。芙蓉分局把浏阳河文化旅游产业带规划工作作为重中之重部署，抽调骨干力量到项目第一线，与方案中标方开展深度对接和探讨，通过对10个案例的深层次分析，为区委、区政府开展浏阳河项目建设，提出科学而合理的建议。

配合拆违开展违章鉴定。组织工作人员参入芙蓉区的拆违工作，克服人员少，工作量大等困难，及时认定违章建筑规划工作，截至10月底，区政府申报的5个片区（火炬片区、马坡岭片区、东岸片区、东湖片区及综合片区）239万平方米的违章建筑全部拆除清零。根据市拆违办对卫星遥感影像违法建设的调查与实地核对，辖区内无新增违法建筑，实现了违法建筑“零增长”。针对停车难的问题，配合市规划局部署停车场建设。开展与市、区各相关部门的实地调研、场地及建设条件等分析，选址28处，完成建设14处、停车位2115个。另有14处开工建设，建成后新增停车位8002个，缓解区域内停车难的问题。

办理人大、政协建议和提案工作。全年办理人大、政协建议和提案5份，真正使城乡规划走进人大代表和政协委员心里。

存在的困难及问题：已经审批的私房改建项目普遍存在违法超面和建设现象，需要街道配合开展监管。在辖区查处违法建设的工作压力较大，违法建设处理流程涉及区直多个部门，经常因处理不及时造成工作被动。

（肖 微）

建设管理

·建筑业管理·

【概况】 2015年，全区建安企业有267家，其中一级资质企业17家，二级资质企业24家，三级资质企226家。全年完成建筑业产值56亿元。7月，区城乡建设局领导班子换届调整后，新成立安全生产领导小组。年内，通过完善制度建设，修改执行相关规定，开展质量安全监管，落实监督执法检查，全区建筑施工安全生产形势持续好转，区管工程连续第11年未出现质量安全责任事故。

质量安全管理。年内，开展辖区区监管建设工程项目(标段)28个，节后复工、雨季、汛期、高温等专项隐患排查9次；日常巡查中发现质量安全隐患71处。下达“建设工程施工质量安全隐患整改通知书”14份，“停工通知书”3份，发送工作联系函11份；办理机械设备使用登记6台；组织开展安全质量标准化阶段性评价11次；上报严重不良行为记录2家（建筑业企业、监理企业）。对检查发现的问题限时督促整改，及时排除隐患。抓好市、区、街道、社区联动，构建建设市场执法体系。开展“春雷”“飓风”“霹雳”“清剿”等专项执法行动，与街道和社区联合执法22次，排查违法建设类项目24个，立案项目11个，查处办结11个，处罚金额11.75万元。召开协调会议8次，协调处理市民投诉16起。办结案卷经市、区法制办审查，优秀率100%。组织开展专项危房排查活动3次，对全区纳入台账的148幢老旧房屋（面积19.83万平方米）及时跟踪管理。全年与市住建委、保持常态对接，及时处置、督办各类危房诉求20件，未发生房屋倒塌伤人事故。开展瓶装液化气安全整顿治理工作。年内，联合公安、城管、安监等部门，开展全区范围内已合格的40个液化气站点安全检查工作4次。开展辖区内非法燃气站点开展取缔行动，保证液化气站点安全无事故。

施工许可证办理。完善相关审查制度，引导优秀的设计、施工、监理单位参与辖区项目建设，从源头上减少安全隐患。重新梳理施工许可办理流程，压缩办事期限，实现了一次性告知制度。年内审批和办理施工许可40件，总面积近9.59万平方米，总造价近3.53亿元，报建率100%，办结率100%。施工许可信息及时录入湖南省工程项目监管信息系统，及时报送建筑工程施工许可月报表，无漏报或未及时报送的事项。

招投标监管。年内，监管施工招标投标47项，其中房建工程2项、市政工程35项、装修工程8项、拆除工程2项，监理招标15项，设计1项；100万以下小型工程招标9项。全年招投标资料实行备案制，招标率100%，备案率100%。规范全区政府性投资项目的招投标监管及后续管理工作。在每个项目开工后，区招标办联合区监察局、区财政局、局质安站对项目实行招标后期跟踪检查。定期检查合同签订情况，检查项目经理、技术负责人、施工员、安全员到位情况，保证工程项目质量安全。

安全生产管理。区城乡建设局与各区属建筑业企业签订“安全生产责任书”，并要求企业内部逐级签订，保证责任制的落实。7月、10月组织区属建筑业企业负责人专题学习《安全生产法》；8月，开展建筑业企业贯彻落实《安全生产法》情况的专项检查；10月，组织对建筑企业合法装载专项督察，发现问题当场下达整改通知书，并要求企业整改，递交整改情况汇报材料，事后组织复查，杜绝安全隐患。年内，申报安全生产许可证企业10家，延期企业28家；申报安全生产考核3类人员461人，延期安全生产考核人员381人。全年申报省级安全生产认证企业5家，申报市级安全生产认证企业10家。

等级评定和技能培训。年内，完成辖区建筑企业信用等级申报工作，参加信用等级评定企业有12家，其中11家企业获得等级，4家企业评为AAA，7家评为AA。全年完成技能鉴定培训职工1533人次，培训率127%。

治理工程款、农民工工资拖欠问题。建立健全“清欠”工资的长效机制，制订“清欠”案件受理表、调查笔录表、结案审批表和结案书。在案件受理时，对建设单位、项目部、责任企业下达督办函，并及时召开协调会，督促拖欠款支付到位。全年处理农民工工资清欠投诉17件，涉及金额930万元，全部处理到位。

（郑 佩 贺俊姣）

【强制执法行动】 1月16日，区城乡建设局执法队联合火星街道办事处对位于远大一路700号金泉时代拆除工程项目开展联合执法行动。由于金泉时代拆除工程项目未依法办理拆除工程备案手续，施工单位不能提供相应资质及证明材料；建设单位不能提供施工合同；建设方和施工方法律意识淡薄和安全意识不强。该次执法对金泉时代拆除工程项目采取强制停工措施，促进了辖区内工程项目依法依规实施。

（康赤琪）

【安全生产月宣传活动】 6月16日，区城乡建设局和部分建筑安全企业在人民东路大润发广场开展以“强化红线意识 促进安全发展”为主题的“安全生产月”宣传活动。该次活动，向市民开展安全知识宣传，摆放宣传展板5张、发放宣传资料120份，并接待16位市民的咨询。（易建章）

【道德讲堂开讲】 9月30日，区城乡建设局举办以“共筑中国梦”为主题的道德讲堂活动，区委宣传部部长伍艳飞出席。该次活动以诚信道德文化阐释“中国梦”，参会人员在齐唱《我的中国梦》后，观看了全国道德模范谢子龙诚实守信缔造“良心药房”的先进事迹，共同学习了“信义兄弟”孙东林的诚实守信事迹，全场100余人受到了深刻的思想教育和精神洗礼。（郑佩）

【安全专项整治】 11月16日，区城乡建设局联合马王堆街道开展火炬村非法经营瓶装液化气4处站点取缔行动。该次行动，没收各类钢瓶200个，其中有明令禁止使用的“螺丝瓶”49个，保证了辖区内燃气安全无事故。

（何炜新）

·房地产市场管理·

【概况】 2015年，区城乡建设局开展集体土地上房屋确权发证、国有土地上处理房产遗留问题、房屋中介机构和房屋租赁市场的管理工作，坚持依法行政、文明优质服务，完成全年各项目标任务。

推进集体土地上房屋产权发证。针对辖区安置房项目建成多年，未报先建或报建手续不完善的实际情况，区办证领导小组以流程倒推的方式，解决产权遗留问题：以长沙市人民政府60号令农民安置房产权遗留问题原则上认可安置房建成现状。按照权证办理工作要求，实行流程倒推，即先期进行房产测绘，以测绘成果为基础补办完善国土、规划、质量安全等报建手续（入窗办证）。同时消防整改与补办各项报建手续同步进行。经过规划、国土、消防、建设等职能部门的共同努力，年内房屋栋证办理757份，发放分户证近2000份。

处理国有土地上房产遗留问题。4月，成立芙蓉区房产办证遗留问题协调领导小组办公室（简称区处遗办），由区建设局负责具体工作，处理辖区内国有土地上房屋产权遗留问题。区处遗办对辖区内52个项目做全面铺排，指导、督促、跟踪项目做好产权处理遗留的前期准备工作。截至年底，城市生活家、万顺家园、凤凰大厦、生物机电、星城福邸、雄踞都市东家、天佑大厦等超过29个项目9800户的产权证办结或发放办证通知书。浏城桥商贸城、融都公寓、环卫公寓、万顺家园南北栋、新世纪商贸城、颐美会现代城、湘聚大厦7个项目3500户已入窗实测，完成各项基础工作。

规范房屋市场管理。从严执行行业市场准入标准、规范执业行为，依法依规完成辖区内房屋租赁登记备案和房屋经纪机构及分支机构备案初审，建立内容翔实的业务台账，形成长效工作保障机制。让利于民，免收租赁手续费。全年完成辖区范围内41家单位房屋租赁备案登记，面积24.95万平方米，并与各职能部门联手签订《人口与计划生育2015年度综合管理目标责任书》；依法依规对房地产经纪机构与分支机构的备案初审，完成审核10家中介机构的相关资料，并逐一建档造册。为开展日常监管，不定期对房地产经纪机构及其分支机

图27 区城乡建设局举行安全生产月宣传活动

构的备案情况和经纪业务进行检查，租赁行为不符合规定、不具备资质的中介机构都不予办理备案，促进房屋市场的健康发展。维护市场秩序。

增强房屋市场信息应用。完善辖区集体土地上房屋信息资料库，查阅及核实各拆迁项目，被拆迁房屋的产权档案资料，并联合国土、规划、征地办及街道认定各拆迁项目的违章建筑、临时建筑，为“城中村”改造、征地拆迁提供准确的产权依据。建立商品房销售情况统计与分析的信息应用机制，按时按月上报信息（市住建委房产信息中心），为区政府提供决策参考。（邹 勇）

【产权处遗培训会】4月23日，全区国有土地上房产办证遗留问题处理工作培训会在区政府会议室召开。区处遗领导小组成员单位、各街道、社区负责人及项目责任人近80人参加培训。该次培训由市产权处副主任陈燎原主讲处遗工作的重要性、全市产权遗留问题情况，区级政府处遗任务和工作重点等。市处遗办业务指导科肖靖羲从处遗工作的操作层面上为大家做了全面、清晰的讲解，并具体解读“城市生活家”“金地园小区”项目的处遗工作，与会人员获益匪浅。（邹 勇）

·物业服务行业管理·

【概况】2015年，辖区有物业服务企业166家（其中，一级资质企业5家，二级资质企业16家，三级资质企业115家；外地驻区企业18家，暂定三级资质企业12家），管理单位物业项目277个，总面积1845万平方米。

开展行业资质监管。年内，区城乡建设局受理审核物业公司年检资料180家。审核公司人员、项目等情况，要求物业公司提供计划生育责任书、街道社区评分表，及时对辖区内物业项目的环境卫生、电梯运行、治安巡防、消防安全、费用收取、车辆摆放等内容开展检查，促使物业企业配合项目管理工作、和文明创建工作，提升物业服务品质，提高行业综合竞争力。

规范行业文明创建。以《全国城市文明程度指数测评体系》《长沙市物业行业文明创建督查要点》为依据，按照物业服务行业测评标准，以“高度重视 狠抓落实 创造特色”为要求部署文明创建工作，量化服务内容，规范服务标准。采取每季度对物业项目实行打分测评，每季度对辖区内物业项目进行暗访抽查等措施，针对存在问题，及时下发整改通知，并将抽查情况在全区通报。年内，指导辖区内140个物业小区成立学雷锋志愿者服务站，开展“邻里守望”“学雷锋”等志愿服务活动，推动物业行业文明创建工作。

物业矛盾投诉处理。2015年年底，辖区成立了物业矛盾纠纷调处中心。建立了由街道社区负责本街域内一般性物业纠纷的预防、受理、调解，区级负责对本辖区内重大、疑难物业纠纷的调处协调指导工作体制。该举措解决了物业监管基层无专干的问题，推动物业管理有关的资质管理、矛盾调处、业主大会指导等相关工作。

指导成立业主委员会。年内，区城乡建设局为成立业主委员会的20个小区发放了选举资料并开展业务指导；参与60次筹备成立业主委员会的18个小区会议共，审批成立业委会资料并备案14家。

完善维修资金管理。通过合理调配、区分优先物业维修资金的方式，保障应急维修，及时办结一般维修申请，为小区业主排忧排患。年内，受理维修资金使用申请242笔，办结维修资金使用业务206笔，其中一般维修76笔，应急维修130笔。区城乡建

图28 物业专项维修资金划转业主宣传活动

设局在“水云间小区”试点推广维修资金划转业主委员会自主管理办法。发挥业主的自治作用，破解房屋维修资金使用难题，维护好业主的合法权益。（陈　婷）

【召开年度物业管理会议】7月22日，区城乡建设局在区机关会议室召开芙蓉区2015年物业企业管理会议。辖区物业项目经理300人应邀到会。该次会议围绕“物业行业文明创建工作推进、维修资金使用流程以及物业服务安全生产”等议题展开。会上对辖区内物业行业提出要求：要增强创建意识，落实行业责任；要打牢物管基础，创新社会管理；要打造精品小区，创建美好家园。该会议要求强调，各物业企业要从消防安全、电梯安全、户外悬挂物安全的角度增强安全意识，对房屋及设施设备的日常排查工作要当成第一要务来抓。该次会议，为抓好物业文明创建工作，提升物业服务的整体水平打下了基础。

（陈　婷）

重点工程

【概况】 2015年，全区重点工程项目建设围绕民生需求，抓好每个项目精心规划、规范建设、精细施工，推进工程质量标准化、规范化、制度化；打造两型综合示范片区，推广情节低碳生产技术，开展两型示范创建工作；创新融资渠道，破解融资瓶颈，为项目建设提供资金保障。

年内，铺排各类项目43个，其中教育项目17个，支路项目14个，其他项目12个，总投资42.7亿元。教育项目：大同三小及农园路幼儿园6月交付使用；长郡芙蓉实验中学项目完成总工程量90%，预计2016年秋季投入使用；东风小学完成总工作量50%，并实现年度建设目标。根据区委、区政府的统一布置，与远大住工签订框架协议，推进建筑产业化，并先行用于学校建设。大同小学扩地重建项目作为合作项目，启动主体施工，预计2016年实施PC构件吊装，并在9月投入使用。推进新型材料采用，双新小学、滨河小学完成施工图设计，开展招投标准备工作；火炬中学完成设计批复；开展桐西、马坡岭、八一路、新安、河山等小学项目前期报建工作。支五路中段、紫薇南路、杉木南路、大河路4个市级考核道路项目提前开工；打通支五路中段、紫薇南路断头路，完成东二环两厢交通微循环、纬二路周边片区交通微循环建设任务；完成杉木南路主体工程建设；完成大河路主排水及部分路基；支五路西段进入路基施工；大河路北段完成施工图设计；纬十一路、杉木路南延长线开标，进入施工前各项准备工作。实施全区车库建设PPP项目实施，其中完成区政府机关车库建设，完成九如巷地下车库建设开工，都正街地下车库正办理相关前期手续；九如巷棚改产权置换房装修改造工程、文艺路街道开慧公园、芙蓉区互联网金融中心、东湖街道办公用房、文艺路卫生服务中心等项目并交付使用；育才二小人行天桥进行施工扫尾工作；东岸派出所完成主体验收并进入室内外装饰；办理社会福利中心、黄土塘棚改住宅项目前期手续。

重大项目建设。全区市级重大项目开工23个，开工率100%（豪丹科技创业园拟用特格尔医药产业园项目替换）。区内市级重大项目完成年度投资104.1亿元，投资完成率110.1%（政府投资类投资完成率110.13%，社会投资类投资完成率111.07%），超额完成全年目标任务。市级38个重大预备项目启动前期工作。全面完成市两型办下达的工作任务。培育月桂、白沙湾、东宜、西湖等4个社区创建成百省级创建单位，获得省级扶持资金80万元。马王堆小学被评为2015年市级两型示范单位称号，东湖、兴和、东宜3个社区获市级创建单位。还开展了区级两型示范单位创建，有40家单位提交了创建申请（街道、社区、学校、机关、建筑、企业、家庭）。

节能降耗管理。辖区内单位GDP能耗下降率考核方式采取错年考核，2015年7月完成2014年度节能考核目标，并实现“十二五”期间单位地区生产总值能耗下降18%，提前完成了“十二五”目标任务。（年鉴编辑部）

【大同三小及幼儿园项目】大同三小及幼儿园位于芙蓉区东湖街道合平村，占地近2.6公顷，总建筑面积2.09万平方米（其中幼儿园建筑面积为3677平方米），该项目总投资1.25亿元，办校规模为36个班，由综合楼、教学楼、体育馆3栋单体建筑组成，并配有体育运动场、道路、景观绿化等设施。幼儿园开办12个班。该项目于2013年12月开工，2015年4月竣工，6月交付使用。建成后解决了东湖片区及周边村庄的入学入园难题。（邓雪晴）

【紫薇南路项目】 紫薇南路项目位于在荷花园街道，规划为南北向城市支路，南起荷花路、北至远大路，全长近1420米，规划路幅宽度为14米，双向两车道。该项目投资预计2100万元。2015年6月开工建设，预计2016年1月完工。该项目建成后该项目打通远大路、荷花路、马王堆路周边交通微循环，改善周边道路环境。 （邓雪晴）

【育才二小人行天桥项目】 位于育才第二小学校门西侧横跨古曲路，桥梁全长63.6米，宽3.6米，取“水韵”之意采用反向曲线布置，桥型整体轻巧美观。该项目2015年10月28日开工，预计2016年2月3日竣工通行，是芙蓉区政府投资建设的第一座人行天桥和方便学生上下学出行的民生工程。

（邓雪晴）

【3座泵站项目建设完工】 亭子港泵站、杉木港泵站、东屯渡泵站项目系湘江长沙综合枢纽工程的配套工程，由长沙市芙蓉城市建设投资有限责任公司组织实施。

亭子港泵站建筑面积1484.43平方米，泵站总设计汇水面积229万平方米，总设计流量15.7立方米/秒，设计总扬程4.67米，具体重建内容包括：在原有2台250千瓦+2台280千瓦泵的前提下，利用已建泵房增设2台280千瓦的潜水泵，并对原泵房土建部分增设检修门槽；重建进水前池，包括增设抓斗式拦污栅和回转式拦污栅；自排涵接长与新建进水池连接；在自排涵南、北侧各增设1台280千瓦ZQ3685C-6型潜水泵；重建控制系统。新建3层办公楼。该工程2013年6月开工，2015年7月完工并交付使用。

杉木港泵站原有排涝面积为507万平方米，装机为5台1160千瓦，排涝流量仅10.6立方米/秒，汇水面积673万平方米，设计流量44.0立方米/秒，设计总扬程7.33米，为中型泵站。该项目改造后布置潜水轴流式电泵10台（5台800千瓦机组、3台280千瓦机组及2台160千瓦机组），5160千瓦，设计外河水位36.20米，校核外河水位36.74米；设计内水位30.00米，最高内水位30.6米，最低内水位28.6米。该项目于2013年9月启动建设，2015年10月完工并交付使用。

东屯渡泵站重建工程建筑面积1126.24平方米，泵站总设计汇水面积156万平方米，总设计流量12.05立方米/秒，设计总扬程4.87米。该项目重建内容包括：在原有3台泵的基础上，利用新建泵房增设3台280千瓦的潜水泵；重建进水前池，包括增设抓斗式拦污栅和回转式拦污栅；自排涵接长与新建进水池连接；在自排涵出口10米重建与蓄水池连接；重建控制系统。该工程于2013年6月开工，2015年8月完工并交付使用。 （彭 项）

【浏阳河文化旅游产业带】 浏阳河文化旅游产业带包括浏阳河东岸风光带、隆平公园、隆平水稻博物馆等21个工程建设项目。其中东岸风光带、隆平公园、隆平水稻博物馆等于2014年分批启动建设，其他滨河路绿化带项目、两岸文化景观、龙舟文化馆、婚庆公园二期、汉桥、汉文化广场、汉文化街区立面改造、风光带两岸绿道建设、观光电瓶车系统、自行车租赁系统、马楚文化园、水上娱乐项目、婚庆公园、汉文化广场3座人行天桥、景区公共WiFi项目、景区公共安全系统已按照项目建设进度要求逐步启动。建设浏阳河文化旅游产业带，是助推辖区文化旅游产业转型升级的战略举措。 （彭 项）

·表6·

2015年芙蓉区部分重点工程项目表

单位：万元

序号	项目名称	建设性质	建设规模和内容	起止年限（年）	总投资	2015年计划
1	京港澳高速公路西辅道	续建	西辅道总长3650米，路幅宽度20米	2013—2015	26533	500
2	红旗北路	续建	人民路－滨河路，长1367米，宽42米	2014—2015	12885	2000
3	长善垸污水处理厂改扩建工程	续建	扩建20万吨/日的污水处理规模，以及配套的管网及泵站建设，对一期16万吨/日的处理规模进行提标改造，建成后总处理规模为36万吨/日	2014—2016	142936	40000
4	合平路一期	续建	人民路—远大路，长1392.84米，宽36米	2013—2016	11000	3500
5	浏阳河东岸风光带	续建	西垅路至长榔路，滨河路沿线，长近9400米，宽近80米	2014—2015	76800	31800
6	隆平公园及隆平水稻博物馆	续建	隆平水稻博物馆建筑面积近1万平方米，隆平公园总用地面积近13.66公顷	2014—2016	50000	20000
7	芙蓉生态新城一号安置小区二期AD地块	续建	占地5.27公顷，建筑面积14.08万平方米，高层安置小区	2014—2016	59700	20000
8	芙蓉生态新城三号安置小区B地块（一期）	续建	占地8.67公顷，建筑面积16.75万平方米，建设农民高层安置小区	2014—2016	66765	18000
9	芙蓉生态新城二号安置小区（一期）	续建	占地20.8公顷，建筑面积46.2万平方米	2014—2016	157100	30000
10	火炬村整村改造项目	新建	包括总用地面积51.33公顷的拆迁安置补偿以及安置房（建筑面积32.3万平方米）的建设	2015—2017	220000	30000
11	嘉雨路	新建	长善路—营盘路长583米，宽26米	2015	4775	4775
12	杉木路绿带	新建	远大路—人民路，长970米，平均宽近90米	2015—2016	20000	5000
13	白竹坡路	新建	京珠东辅道—长白路，长1692米，宽26米	2015—2016	8000	2000
14	芙蓉区交巡警业务用房	新建	占地0.73公顷，地上建筑面积1.3万平方米，地下建筑面积1万平方米	2015—2016	12000	8500

续表 6

序号	项目名称	建设性质	建设规模和内容	起止年限（年）	总投资	2015 年计划
15	长沙市 16 中重建项目	续建	占地 6.33 公顷，建筑面积 4.6 万平方米，规模 54 个班	2014—2015	26000	10000
16	东岸派出所	续建	占地 0.36 公顷，建筑面积 3000 平方米	2014—2015	1700	1350
17	滨河小学	新建	占地 2.07 公顷，建筑面积 1.99 万平方米，规模 36 个班	2015—2017	14000	6500
18	火炬中学	新建	占地 3.93 公顷，建筑面积 3.01 万平方米，规模 48 个班	2015—2017	24000	12500
19	东风小学	新建	占地 1.93 公顷，建筑面积 1.5 万平方米，学校规模为 36 个班	2015—2016	12000	9600
20	桐西小学	新建	占地 1.93 公顷，建筑面积 1.7 万平方米，学校规模为 36 个班	2015—2016	15000	10000
21	双新小学	新建	占地 2 公顷，建筑面积 1.6 万平方米，规模 30 个班	2015—2017	9200	1400
22	大同小学扩地重建	新建	占地 0.89 公顷，建筑面积 1.2 万平方米，规模 24 个班	2015—2016	18500	15000
23	纬十一路	新建	杉木北路—望龙北路，长 650 米，宽 20 米	2015—2016	6500	4500
24	2015 年芙蓉区老旧社区、农安小区一期（六个社区）提质改造	新建	主要为小区路面改造、下水及化粪池改造、绿化及公园提质、增设路灯、停车位施划、弱电整治、水、电、气改造等	2015	15000	15000
25	2015 年芙蓉区老旧社区、农安小区提质改造二期	新建	主要为小区路面改造、下水及化粪池改造、绿化及公园提质、增设路灯、停车位施划、弱电整治、水、电、气改造等	2015	6000	6000
26	人民东路两厢增绿添景	新建	改造路段全长 5.9 千米	2015	4500	4500
27	都正街棚改项目	续建	占地 2.4 公顷，改造房屋近 4 万平方米，涉及住户近 314 户	2014—2015	23000	19000
28	远大路棚改项目（一期）	续建	占地 0.2 公顷，总建筑面积 4093.63 平方米，涉及住户约 37 户	2014—2015	8500	1000
29	九如巷地下停车场与公共绿地项目	续建	占地 0.77 公顷，拟建设园林景观近 3357 平方米，地下停车场近 1 万平方米	2014—2015	3500	3500

续表 6

序号	项目名称	建设性质	建设规模和内容	起止年限（年）	总投资	2015 年计划
30	黄土塘棚改项目	新建	占地 7.27 公顷，改造房屋近 14.8 万平方米，其中改造住宅近 9.1 万平方米，改造非住宅近 5.7 万平方米，涉及住户近 1308 户，单位 23 家	2015—2016	212000	76000
31	迪马公司及周边棚改项目	新建	占地 2 公顷，改造房屋近 2 万平方米，其中职工宿舍近 1200 平方米，改造商业、工业用房近 1.8 万平方米，办公用房 800 平方米	2015—2016	42900	20000
32	燕山街旧城改造项目（友谊商店东边地块）	新建	占地 2.33 公顷，改造房屋近 8.7 万平方米，其中改造住宅近 3.8 万平方米，改造非住宅近 4.8 万平方米，涉及住户近 516 户	2015—2016	182000	82000
33	湖南苏宁现代产业园	续建	占地近 10.67 公顷，主要建设建设企业办公大楼，研发中心，4 幢仓储中心，物流配送中心等	2014—2016	110000	50000
34	名优绿茶精深加工产业基地	续建	占地近 1.18 公顷，拟建设 12 层科研楼及生产车间，建筑面积近 2.1 万平方米	2014—2016	8200	3000
35	袁隆平农业高科总部基地	新建	占地 1.75 公顷，主要建设企业总部大楼，办公及研发中心	2015—2016	30000	10000
36	东湖 1 号总部大楼	新建	占地近 5.37 公顷，分两期建设，一期建筑面积为 2.94 万平方米，拟建 23 幢独立的总部大楼，二期建筑面积为 2.61 万平方米，拟建总部大楼配套设施	2015—2016	100000	50000
37	东业早安	续建	占地近 20 公顷，西边地块为东业上城项目，建筑面积为 31 万平方米，东边地块为汇一城项目，建筑面积为 30 万平方米	2013—2017	150000	25000
38	卓越皇后道	新建	占地近 15.93 公顷，总建筑面积近 55.8 万平方米，包含 16 幢高层住宅，8 幢洋房，2 幢高层公寓，一个商业广场和幼儿园，分四期开发	2015—2018	429000	170000
39	远通大厦	新建	占地近 0.67 公顷，总建筑面积 3.3 万平方米，为独幢商务楼	2014—2015	8000	5000
40	中房瑞致国际	续建	占地近 55.2 公顷，总建筑面积近 116 万平方米，由 7 个地块组成，分四期开发，包括高层住宅、洋房、商业配套等	2012—2016	550000	40000

续表 6

序号	项目名称	建设性质	建设规模和内容	起止年限(年)	总投资	2015 年计划
41	大同瑞致小学	新建	占地近 3.53 公顷，建筑面积 1.8 万平方米，学校规模为 48 个班	2015—2016	11000	10000
42	东屯渡街道村民安置房高层住宅	续建	占地近 0.67 公顷，建筑面积 4.82 万平方米，1 幢 31 层，2 幢 35 层，东侧单元 9 层	2013—2015	11300	3300
43	擎天广场	续建	占地近 2 公顷，建筑面积近 35 万平方米，为双子座建筑，拟建成集商务、商贸、酒店于一体的城市综合体	2014—2017	390000	100000
44	佳兆业广场	续建	占地近 1.44 公顷，规划建设一幢高层办公楼和一幢高层商务楼，总建筑面积 22.92 万平方米	2014—2020	250000	50000
45	友谊阿波罗总部大楼	新建	占地近 0.67 公顷，建筑面积近 4.3 万平方米，拟建友阿集团总部大楼，大楼由东西两侧主楼及中间裙楼组成	2015—2016	30000	24000
46	宇成朝阳广场	新建	占地近 3.12 公顷，总建筑面积为 29 万平方米，主体建筑共 4 幢，拟建集高端酒店、写字楼、酒店式公寓及大型商场于一体的城市综合体	2015—2017	220000	150000
47	长沙国金中心	续建	占地近 9.4 公顷，总建筑面积 99 万平方米，集大型高端商场、甲级写字楼、酒店式公寓及国际五星级酒店于一身的城市综合体，共两座塔楼	2012—2016	1660000	200000
48	长沙世茂广场	续建	占地近 1.4 公顷，建筑面积 23 万平方米，拟建高 347 米，共 75 层的高端商务楼宇 1 幢，包括商业裙楼、写字楼等	2014—2017	280000	100000
49	泰贞国际金融中心	续建	占地近 1.07 公顷，建筑高度 150 米，地上 36 层，地下 4 层，总建筑面积 10.3 万平方米，其中地下近 3 万平方米，地上近 7.3 万平方米	2014—2017	100000	35000
50	湘湖污水处理厂提质改造暨中水回用项目示范工程	续建	提质改造 14 万吨 / 日污水厂，并建设中水回用系统。污水处理工艺由原氧化沟工艺改为 MBR 膜处理工艺，出水水质由一级 B 提至四类标准	2013—2015	30009	29000

（区发改局）

住房保障

【概况】 2015年，芙蓉区住房保障工作贯彻落实省及市住房保障政策，围绕住房制度改革，提升住房保障服务水平，推进保障性住房建设，在项目筹建、登记审核以及保障房运营管理等方面取得进展。

保障房建设。区住房保障局下大力落实棚户区危旧房改造安置住房工作，全年为棚改对象落实保障房实物配租50户、筹集棚改安置房源200套、办理经济适用房货币补贴623户、筹集发放补贴资金4900万元。由区住房保障局派出4名干部常驻各棚改项目指挥部，开展日常协调与住房保障服务工作，促进辖区棚改工作各项任务完成。

住房登记审核。完善“一次性告知制度”、“首问责任制度”和“十个一点”（微笑多一点、嘴巴甜一点、手脚勤一点、回答快一点、抱怨少一点、脾气小一点、肚量大一点、服务精一点、办事慎一点、效率高一点）服务，为低收入住房困难家庭提供便捷、优质、高效的住房保障服务。年内，接待来访群众980人次、回复信访4件，完成年度廉租房租赁补贴保障任务810户，审核廉租房实物配租223户，公租房实物配租9户，办理经济适用房货币补贴715户（近5700万元），实现符合条件的适保群体“应保尽保、住有所居”。

保障房管理。针对辖区保障房源多在外区，“跨度远、分布散”，给保障房日常管理工作造成诸多不便。年内，区住房保障局创新举措，组建了专职的保障房管理员队伍，长期驻守在各居民小区开展管理与服务工作，与保障对象及居民群众融为一体，及时掌握小区动态、化解矛盾、调处纠纷，排除违规现象、安全隐患。为配合保障对象的业余时间，全体保障房管理员利用周末、夜晚开展租金收缴工作，方便居民群众，提高工作效率。通过保障房管理员的贴心服务，保障房居民小区的风气和环境得到改善，“违约转租、违规装修、违章经营、违法搭建”的现象较上年度降低90%，租金收缴率提高40%。

图29 区住房保障局筹集一批棚改安置房源

存在的困难和问题：区住房保障局人员编制较少，工作经费一直存在缺口；准入门槛高，一部分切实困难、迫切需要住房保障的困难家庭由于种种原因无法享受住保政策，呼吁政策放宽，拓宽保障范围；办理住房保障手续前置环节多，造成部分申请对象多次往返各部门，耗时数月才能完成前置审批手续；由于小区入住的都是低收入家庭，生活窘困，租金收缴难，给管理工作增加难度。（甘 泉）

【“合鑫苑”正式投入运营】 11月30日，位于东湖街道东岸3号安置地的芙蓉区首个保障房小区建设项目“合鑫苑”第一期工程343套（1.7万平方米）与第二期工程276套（1.52万平方米）保障房全面建成。由区住房保障局正式接管并投入运营。该小区的启用，为辖区住房保障对象提供就近分配、交通便利、基础设施完备的保障房源，实现了保障对象就近工作、生活的迫切愿望。

【整治伍家井市机关宿舍楼】 根据市纪委交办函及相关会议要求，为实现“伍家井58号机关宿舍楼”国有资产不流失，如期腾空房屋交市资产管理中心统一管理的目标，由区住房保障局牵头，开展伍家井市机关宿舍楼清查整治工作。10月底，清退该宿舍楼住宅强占户20户和门面强占户8户，解决了多年的历史遗留问题并妥善处理完毕，按时按质按量完成资产移交任务，得到市纪委和市巡视组领导的高度肯定。

（甘 泉）

棚户改造

【概况】 2015年，芙蓉区棚户改造任务2359户。截至12月底，完成棚改3759户、近80万平方米，实际投入资金近35.5亿元，完成改造户数总任务的160%。

推进黄土塘、友谊商店东边地块旧城改造项目、火炬村等棚改项目建设。黄土塘、友谊东等项目完成征收任务80%以上，火炬村项目已腾地40公顷，启动一期安置房建设工程。完成远大路、金朝阳、迪马公司、都正街等项目征拆清零。办理蔡锷中路两厢、火星镇、五里牌肉联厂及周边等新增纳入统贷平台棚改项目征收前期手续。完善黄土塘、友谊东、九如巷、都正街等项目规划设计方案。

发挥平台优势，通过开辟专项贷款、商业银行融资、争取市棚改基金和上级专项补助资金、吸引社会资本投入、搭建基金平台融资等多种渠道，全年落实65.2亿元资金（含贷款金额和预授信金额），为项目实施提供资金保障。

落实提供安置房源、提高棚改货币化安置率的深化改革任务。在黄土塘、友谊商店东边地块改造项目计划就地新建回迁回购房近1500套的基础上，筹集湘域城邦、凯通国际城、东方新城等楼盘1000套限价商品房，用于区棚户改造项目征收工作。年内，办理棚改货币补贴申请664户。举办燕山街棚改购房节，达成购房意向40户，为符合条件的住户申请保障性住房。通过提供多样化的房源套餐，让被征收对象自主购房，改善住房条件。

存在的主要问题和困难：芙蓉区棚改项目资金主要来自国家开发性金融支持（国家开发银行专项贷款）及上级专项补助资金，项目融资渠道较为单一；PPP、政府购买棚改服务等市场化程度高的棚改项目运作和融资方式尚处于探索阶段，需要攻坚克难。（柏 晓）

【领导肯定都正街棚改项目】 芙蓉区把都正街项目包装纳入市棚改统贷平台，遵循“不大拆大建、不破坏街巷体系、不破坏居民生态、不破坏建筑风貌”的原则，实施有机棚户区改造。9月1日，住房和城乡建设部副部长王宁、住房保障司副司长魏龙，湖南省委书记徐守盛，省长杜家毫等领导到项目现场视察。该项目的实施效果得到各级领导的充分肯定，并列入湖南省保障性安居工程示范性项目，下拨专项资金600万元。省、市媒体多次报道该项目改造成效。都正街项目“有机棚改”模式被市委、市政府总结为长沙棚改特色之一，得到住建部的认可，相关经验在全国推介。

（柏 晓）

【2015年芙蓉区棚改工作座谈会】 4月27日，市人大常委会党组副书记、副主任、市安居工程和棚户区改造工作领导小组常务副组长刘新程率市住保、国土、规划等相关职能部门负责人在区委领导和街道负责人陪同下调研黄土塘棚改项目，并座谈2015年芙蓉区棚改工作。该次会上，副区长彭尚松汇报了2015年芙蓉区棚改工作情况，重点介绍了黄土塘、都正街、迪马公司及周边、友谊商店东等8个改造项目的开工进度。区委办主任、黄土塘棚改项目指挥长吴敏汇报了黄土塘棚改项目情况。区委书记梁仲用看得重、抓得紧、做得实概括芙蓉区的棚改工作。刘新程肯定芙蓉区的棚改工作，希冀继续保持良好势头，按照计划推进各项工作。（董春梅）

征地拆迁

【概况】 2015年，芙蓉区以城镇住房制度改革为契机，把农村集体土地征地拆迁作为民生工程统筹推进，让农户得到实惠。全年启动并实施农村集体土地征地拆迁项目26宗，其中启动项目17宗，征地面积156.6公顷，拆迁房屋1009幢，拆迁安置人口4332人，征地补偿安置费用14.65亿元。办理团购商品房安置补贴1004户，发放补贴资金3亿元；办理转业转户纳入社会保障人员3157人；发放被征地农民社会保障待遇3.02亿元；对已拆迁待安置人员发放延期过渡费5311万元；受理申请户口迁移8批次435人。

农村集体土地征地拆迁。上半年实施火炬村、隆平园29.73公顷、2号安置点二期、3号安置点二期、5号融资用地等13宗项目征地拆迁。下半年，组织“拆迁拆违清零”拆迁活动，对区内各项目单位已办理用地手续条件成熟的用地发布征地公告，征地面积119.87公顷。截至12月底，全面实现“清零”目标，拆迁房屋695幢，拆迁安置人口2983人。全年腾地143.4公顷，为项目开工建设打下基础。

征地农民安置。推行团购商品房安置补贴政策，出台《关于鼓励被征地农民采取购买团购商品房方式安置的实施办法》。举

图 30　拆除违章建筑

办“团购商品房宣传推介会”，与区域内重点楼盘合作，提供购房优惠等途径，引导被征地农民转变安置观念，选择别处购房安置，年内办理团购商品房安置补贴1004户，发放补贴资金3亿元。开展统一购买商品房申购工作。在汇一城楼盘统一购买商品房，第一批购买房于7月交房，完成办理申购手续123套。

拆违控违攻坚战。围绕全区“拆违控违攻坚战”目标，支持配合“拆违”指挥部行动，审核拆违面积、测算拆违资金、拨付拆违补偿费用。辖区内各项目拆除违章面积136.62万平方米，占集体土地拆违总量57.88%，拨付拆违补偿费用3亿元。落实区政府“租地复绿”部署，逐村测量租地面积，与东岸片区10个村签订“承包土地租赁协议”，租地面积107.53公顷，拨付半年租金1613万元。针对群众反映拆违后生活来源困难问题，实施东湖村、杉木村提前代征和提前收土转户，签订代征协议94户，收土转户316户。（李　婷）

城市管理

【概述】 2015年，芙蓉区城市管理工作围绕市委、市政府实行最严城管工作部署，以“打造具有国际品质和湖湘文化特色精品之区”为核心，坚持以人为本原则，统筹推进“清洁城市”建设、“大拆违”行动等工作，推动建设“品质芙蓉”。年内，通过省级蚊蝇密度控制C级达标复查，创建成为市级示范街道2个，被评为市级“清洁城市”“拆违控违一类单位”。

以体制改革为核心，落实城市管理职责。区城管系统以责任落实为重点，以绩效考评为杠杆，以经费投入为保障，构建组织结构优化、职责分工明确、运转协调顺畅的大城管格局。完善管理体制，实行全区综合督察考核。区城管委成立由县级领导带队的督察组3个，推进城市管理各项工作，开展违法建设、城乡环境综合整治等专项督察20次，印发督察通报12期。增强区城管委办公室指挥协调职能，建立督办机制，向成员单位下发督办函20份，督促整改各类问题1万个。组织召开城管工作调度讲评会40次，日督察、周调度、月讲评工作机制形成。以“客观、公正、高效”为原则，依托市、区两级数字化城市管理系统，完成构筑多元化、差异化的城市管理工作考核评价体系。为适应全市数字化考核新规则，出台“长沙市芙蓉区城市管理工作考核办法”等5个考评文件，完善考评机制，优化考评方式，增强了考评力度。数字化平台接收派遣案卷10.11万件，结案率100%。坚持重心下移，突出街道综合管理职能。鼓励街道在城管绩效考核、“清洁城市”建设、拆违控违等方面先行先试。指导街道、社区开展星级门店、楼栋评选活动，提升市民参与城市管理的热情。荷花园街道“三定一平台”、定王台街道室内可视化平台、文艺路街道的睦邻公众服务平台和门店管理系统等经验被省、市各大媒体报道。火星街道、文艺路街道创建成为市级“城管示范街道”。优化行政审批流程，方便居民群众办事。建设“阳光审批”系统，推行网络化查询审批，办理行政审批事项1818件。从严奖优罚劣，调动社区工作人员积极性。根据实际工作需要，出台“长沙市芙蓉区社区（村）城管工作考核办法”。全年评选社区城管五佳五差社区（村）12次，奖励五佳社区120万元。在充分调研的基础上，出台“芙蓉区社区城管工作实施方案”，探索“社区、社团、社工”联动机制，提升社区城管工作的群众性、自治性、服务性和公益性，让群众从环境治理中看到变化、见到成效、得到实惠。投入经费400万元，在41个社区推行社区物业规范化服务工作，创建成为市级精品社区10个、样板社区16个、示范社区5个。

以整治提质为重点，推进清洁城市建设。发挥“清洁城市”立体网格功能，通过整治维护市容秩序。整治和提质改造重点场所、重点路段，防止各类城市乱象反弹。保障市容秩序，持续开展户外广告、门店招牌、渣土扬尘污染、私装地锁、餐厨垃圾等专项执法，整治各类城市管理顽疾。全年办理行政处罚案件1.21万件，较上年增长140%，处罚金额155万元。“大拆违”行动中办理违法建设拆除案件3656件，其中胜诉或维持原有处罚决定的行政诉讼案件90起，行政复议案件45起。完善立体网格、推进责任落实。以76个社区（村）为单位设置块状网格，并细分到小区和居民楼栋。探索和推行“以街为主”的门前市容环境卫生责任制，开展市民随手拍活动，完善沿街门店、单位、市民和管理部门多方参与、协同配合的参与机制。印发倡议书、宣传手册等50万份，签订门前市容环境卫生责任书2万份，沿街门店“门前三包”责任书签订率100%。组织“门前三包”全区大纠违专项行动20场次，责令整改2.3万起。利用各处电子显示屏、社区宣传橱窗，开展“爱国卫生月”主题宣传，更换爱卫月宣传板报100张，发放资料1.2万份，免费赠送灭蟑灭鼠药4000份。5月22日《湖南日报》以《满城绿意靓芙蓉——江风光映北湖》为题报道芙蓉区“清洁城市”建设。打造特色亮点、提升城市形象。推进“十大民生工程三年行动计划”，稳步推进第二批老旧、农安小区提质改造工作。年内投入2.5亿元对32个社区（村）57个小区（点）的733幢房屋提质改造。同步推进水改、气改工作，完成自来水户表改造等

图31　10月14日，省委常委、市委书记易炼红（右二）到东湖街道指导拆违控违和造绿透绿工作

“为民办实事”任务，惠及1.4万户居民。投入3000万元在五一路（火车站—黄兴路）等主要干道、省委西门沿线绿化带景观和部分楼宇实行亮化，完成省委经济工作会议“夜看长沙”任务。投入1000万元，在都正街历史街、汽车东站等城区出入口实行立面斑点整治和景观亮化。坚持亮化日常巡查，出台《芙蓉区亮化维护项目检查考核标准及评分细则》，建立亮化工作周通报机制，保障亮化设备完整。投入101.8万元完成了11个社区的病媒生物防治基础设施建设，并实施社区监督、社会公司专业化管理的运行模式。

以拆违复绿为抓手，改善全区城乡面貌。以全市大拆违行动为契机，启动并大力推进拆违复绿“三大行动”（违建“清零”、渣土“清场”、空地“复绿”），改善全区城乡面貌。推进违法建设拆除。从法治、系统、创新思维角度出发，召开全区动员大会，启动“大拆违”行动。通过“建立三个机制，坚持四个原则，实施五个同步”，推进拆违工作。通过创新党员干部带头自拆、百日竞赛、综合执法等举措推进拆违工作。年内，全区拆除290.81万平方米，完结案卷3656个。提前3个月实现全区“基本清零”目标，并通过市、区两级验收。市委、市政府充分肯定芙蓉区“大拆违”工作，并召开现场会。9月9日，《湖南日报》以《芙蓉区，铁一般的执行力》为题报道。推进拆后综合整治。区委、区政府重视环境综合整治和土地综合利用工作。市、区各级领导多次召开专题调研调度会，要求综合施策和整治。为防止乱倒、乱堆现象发生，区城管委办公室印发“关于加强全区拆违后空地管控工作的通知”，各属地街道制作了警示牌，区城管执法大队加大了对随意倾倒渣土的执法办案力度。推进清场复绿工作。抓好拆后渣土清场、清运工作，清理平整拆后地块265.9万平方米，完成总量的100%。复绿工作全面铺开，全区项目内计划复绿实际完成100公顷，项目外计划复绿完成面积86.2公顷，拆后空地实现了还绿于民，土地得到充分利用。6月25日，省委常委、市委书记易炼红率市“四大家”领导以及区县（市）

负责人到芙蓉区东湖街道现场观摩拆违控违和造绿透绿工作。

存在的困难和问题：市容环境整治任务艰巨。市容环境整治的力度有限，人员力量短缺，各种城市顽疾反复出现，人民群众的获得感不强。各类基础设施建设相对滞后。垃圾收集清运设备不足，清运能力需要加强；市政设施建设维护较难，东片地区消防栓、盲道、地下通道等市政设施建设滞后，中心城区部分市政设施，如地砖、人行道隔离桩等的维护不够及时；园林绿化快速反应机制缺乏。宣传力度不够，市民参与率低。城管系统宣传经费收紧，难以形成有影响力的正面宣传态势，市民对城市管理关注度高，但参与方式有限，没有完全建立有效多元的市民参与机制。（李焱照）

【召开拆控违“百日竞赛”活动动员会】 4月24日，芙蓉区召开2015年拆控违“百日竞赛”活动动员会。该次会上，副区长许凡宣读《芙蓉区2015年大拆违“百日竞赛”活动工作方案》，区长于新凡提出“五个不能松”原则，即思想不能松、宣传不能松、目标不能松、责任不能松、督察不能松。他要求动员一切力量，搞好拆违控违工作。要制订合理的奖惩办法，奖惩力度与压力并行，调度一切力量完成拆控违工作任务。区委书记梁仲书指出，在全区干部和群众的共同努力下，前期拆控违工作呈现出良性发展的态势，整体进展顺利，卓有成效。他要求拆控违工作是一项有利于民的重要举措，抓好拆控违工作，既有利于芙蓉区东片发展，又是加快城市化进程的良好机遇；也是西片内街小巷提质改造的良好契机。改善城市环境，提高生活品质，塑造良好的城市形象。必须把握大势，再下军令状。要形成良好的竞争效应。各区直机关部门、各街道要评优评先，奖罚分明。区人大常会主任罗树林，区政协主席刘建新出席会议，相关区直部门及各街道主要负责人参加会议。

【市领导调研芙蓉区拆控违工作】 4月28日，市委常委、常务副市长陈泽珲率领市直相关部门一行到芙蓉区调研拆控违工作。陈泽珲在区领导于新凡、刘建新、彭尚松、许凡的陪同下，分批查看了马王堆片区和东湖片区拆控违现场。该次座谈会上，区委副书记、区长于新凡汇报了全区违法建设整体情况及马王堆、东湖片区的具体情况。陈泽珲听取芙蓉区相关工作汇报后，肯定芙蓉区前段拆违工作取得的成绩。他要求，下阶段要咬定目标、坚定信心。坚持就是胜利，一鼓作气打好拆违攻坚战。要宣传引导、深入发动。党员干部带头拆，代表委员自觉拆，企业门店限期拆，居民群众自行拆，通过“四拆”减少强拆。加强拆违相关政策、法规的宣传，表达政府拆违的决心，营造强大的舆论氛围。要推进经济带动、依法依规，统筹协调、同步推进。规划启动、招商引资、项目同步。

【街道社区城管工作调度会】 5月12日，区政府召开2015年城市管理示范街道、门前责任制和社区物业服务工作调度会。区城管执法局局长陈洪林主持会议。市城管局相关处室、区城管系统相关部门负责人以及各街道城管分管领导参加会议。该次会上，区城管执法局副局长康小红部署了2015年城市管理示范街道创建、门前责任制和社区物业服务工作。并要求“社区、社团、社工”联动发展。定王台街道丰泉古井社区、湘湖管理局东湖社区分别做经验介绍，火星街道凌霄社区代表做推行物业服务表态发言。区政府副调研员李跃进指出，要推动“两创”

图32　4月28日，市委常委、常务副市长陈泽珲（前一）到东湖街道调研拆控违工作

工作纵深发展。街道社区要以创造“精品、样板、示范”社区为目标任务，建立健全街道社区管理的创新机制，在城市管理的过程中，做到“抓盲点、去斑点、攻难点、找亮点”，做到从治标到治本、从被动城管向主动管城、从粗放管城到精细管城、从政府城管向市民管城转变。市城管执法局副局长胡刚肯定了近段芙蓉区街道、社区城管工作。他要求，要高度重视街道、社区城管工作，明确、清楚、透彻的了解城市管理示范街道创建的标准和要求。要持之以恒，常抓不懈。常态、长效地全面落实城市管理示范街道创建、门前责任机制和社区物业服务工作。

【举办门店管理系统观摩会】 11月27日，区城管局在文艺路街道召开睦邻公众服务平台和门店管理系统观摩会。副区长许凡率区城管局、市政局、园林局、环卫局、城管执法大队、城管公安大队、交警大队、火车站综管办等部门负责人到文艺路街道开展考察和观摩。副调研员李跃进、何磊出席观摩会。全区各街道（局）城管副主任、城管中队中队长参加会议。许凡一行实地参观乔庄社区，详细考察了该辖区“门前三包”、公共设施管理、控违拆违、提质改造等工作情况。该次会上，文艺路街道办事处主任易德文以“推行‘四化’城管，建设精美街区”为题做专题汇报。文艺路街道以创建“长沙市城市管理示范街道”为契机，立足街域特色，围绕常态化、规范化、信息化、社会化建设，在健全机制、精细管理、创新手段、全民参与等方面，形成具有“文艺”特色的城市管理经验。

【督察“夜看长沙”景观亮化项目】 12月24日，副区长许凡召集区城管局、“夜看长沙”景观亮化项目相关街道和各标段施工单位等负责人，实地检查芙蓉区“夜看长沙”沿线亮化工程建设情况。许凡一行沿“夜看长沙”路线分批到韶山路、袁家岭、芙蓉广场、五一广场等地，巡查72处10个亮化建设标段，现场分析点评，当场交办整改。区城管执法局局长陈洪林、区城管执法局副局长施伟等陪同。该次亮化建设时间短、任务重。区级财政投入2800万元，分10个标段对韶山路、五一路、芙蓉路等重要路段节点进行了亮化，营造节日氛围。副区长许凡肯定近期全区城市亮化工作取得的阶段性成效。他要求，辖区亮化工作还需要加快进度，要保证亮化工作高效推进，提升亮化的品位和档次。要针对检查发现的问题查漏补缺，整改完善。要以新的市容面貌迎接全省经济工作会议的召开，打造“具有国际品质和湖湘文化特色”精品之区。

【召开2016年城管条线工作务虚会】 11月25日，区政府召开2016年城管条线工作务虚会议。区委副书记、区长于新凡，副区长许凡，副调研员李跃进、何磊、梁燕斌出席。该次会议，区城管局、区城管综合执法大队、环保局、市政局、园林局、环卫局、火车站综管办等部门负责人汇报了2015年特色工作情况和2016年工作目标、思路。副区长许凡简要点评了各部门工作情况。他要求，城管工作要实现“三个提高”（即体制机制、项目建设及维护标准、队伍执行力）。针对2016年工作目标，要准确把握工作形势、准确定位工作目标、科学制定工作措施，促进城管工作保障体系建设。区长于新凡肯定2015年城管工作，他要求全区在2016年城管工作中要树立“五个意识”（即精品、问题、标榜、民本、法治意识），提升城市管理水平，提升全区城市品位，“打造具有国际品质和湖湘文化特色精品之区”。

【南昌市城管工作考察团到区学习交流】 3月19日，由南昌市城管委副主任张春禄带队的城市管理工作考察团到区考察和交流。张春禄一行实地参观了长沙火车站和荷花园恒达社区教师新村老旧小区现场。并出席座谈会。副区长许凡，区城管执法局、区文明办、火车站综管办、区公安分局、区交警大队和相关街道负责人参加会议。该次会上，双方交流了城市管理体制机制、运行机制、火车站区域管理等方面经验。许凡介绍了芙蓉区基本情况，并介绍了隆平种都、马王堆汉墓、都正街历史街区等区域特色品牌。区城管执法局局长陈洪林介绍了辖区“大城管”体制机制的建立、绩效考核体系的完善、特色工作开展等方面情况。火车站综管办主任李跃红介绍了火车站综管工作基本情况、主要经验及存在的问题。与会人员还探讨了推进城市管理规范化、制度化运行、拆违增绿、政府购买服务推进市场化等问题。（李焱照）

·城管执法·

【概况】 2015年，芙蓉区城市管理综合执法大队（以下简称区城管执法大队）探索城管执法工作新模式，以大拆违、最严城管执法工作等为重点，城管执法工作从被动走向主动、从粗放走向精细，并取得成效。全年办理各类行政执法案件1.21万件，处罚金额共160.52万元，办案量同比增长47%。利用电视、报纸、广播、网络等媒体对大拆违百日竞赛、最严城市管理行动等，在各类媒体刊发新闻稿件260篇。

落实“最严城管”执法工作部署，把执法力量铺排到具体区域、路段和时段，实行全员上路，严管严控市容秩序。推行“门前三包”、管控夜宵摊担、整治渣土扬尘、提升绿化水准、打造车畅人欢的道路交通，巩固城市综合执法成效。整治机动车占道，严管重罚违章停车行为，在辖区禁停路段的人行道设置隔离设施和禁停标识标牌，按照《长沙市城市管理条例》《中华人民共和国行政强制法》的相关规定，规范锁车程序。年内，区城管执法大队抄牌3130台次，锁车2981台次，处罚到位4368台次，教育处理10万台次，警告1万台次，遏制了人行道车辆乱停乱放的违法行为。整治违章户外广告招牌，执行户外广告设置要求，控制新增各类违章户外广告，全年组织专项整治行动142次，拆除违法户外广告和门店招牌192处8726平方米。按照全市关于整治私装工锁工作的统一安排，对私装地锁情况开展排查和整治。年内，全区范围内拆除私装地锁105处878把，路障112处，保障了八一路、五一路、人民路、芙蓉路、车站路等主次干道及小区无私装地锁的情况。在东岸、马坡岭、东湖、马王堆、东屯渡、荷花园、火星、五里牌、湘湖街道开展城郊接合部环境综合整治工作，促进了大规模的市容市貌的治理工作常态化。

存在的困难和问题：对执法队员的教育管理还需要加大力度，创先争优的意识需要加强，破解难题的能力和执法效能需要提高，部分辖区群众反映的难点、重点、热点问题还没有完全解决。 （彭 漾）

图33 6月23日，区委书记梁仲、区长于新凡带领区人大、区政协等领导指导大拆违工作

【拆违控违工作】 年内，区城管执法大队围绕芙蓉区战略定位和奋斗目标，开展“大拆违”专项整治行动。与规划、国土等相关部门建立协调机制和函告制度，全年组织拆违行动400次，拆除违章建筑近300万平方米，提前完成全年“大拆违”工作任务。区城管执法大队与其他部门联合行动200起，保障了火炬拆迁、黄土塘、燕山街等区重点项目的展开。年内，以大拆违、深化最严城管执法工作等为重点，办案量比上年增长93%。

【渣土和餐厨垃圾执法】 区城管执法大队协调配合其他部门，完善联合执法、联动处罚的工作机制，开展对工地洗车设施、卫生清扫、车辆装载等的监管及渣土运输违章行为的路面巡查。严管重罚工地不按要求施工、渣土不按要求运输、沿路漏撒污染马路等违章行为，全年查扣车辆149台次，罚款30.7万元。实现餐厨垃圾整治工作常态化。每周开展整治工作，每月联合交警、运政等部门开展2次以上集中整治行动，杜绝非法收运、处置餐厨垃圾的违法行为，保证全区餐厨垃圾的规范化收运、资源化利用及无害化处理。全年，办理88件餐厨类执法案件，罚款4.7万元。

【法制建设】 区城管执法大队试运行网络办案审批系统，并开展相关操作及培训。通过建立个人办案台账制度，把办案与考核奖惩挂钩，提高了办案质量。年内，上诉至市中级人民法院的83起案件全部胜诉，复议的46起案件全部维持原处罚决定。开展与各级各部门的联络、沟通、协调，构建法制工作的纵横网络。联合街道社区、工商、派出所等部门，开展临街门店情况摸底造册工作，建立临街门店“门前三包”档案管理制度，推动门前三包责任落实。采取召开座谈会、负责人碰头会、集体讨论等形式，定期交流法制工作方面的有关情况，通报存在的问题，共同探讨解决问题的对策，形成联动机制。与区法院、区交警大队沟通与联系，推动非诉执行工作，全年行政非诉案件立案188件，结案188件，执行到位金额3.37万元。

【执法干部队伍建设】 10月，区城管执法大队全体执法人员分2批开展综合素质培训。该次培训内容涉及政治理论、法律法规、执法办案、心理健康、廉政作风建设等方面。是当，区城管执法大队交流了2名领导干部和1名中层干部到区内其他单位任职。提拔了3名中层干部和8名队员任职。从区内其他单位交流提拔了3人到执法大队任职，为年轻人提供干事创业的平台，激发了队伍的活力。 （彭 漾）

【举办中队（科室）副职竞聘会】 11月24日，区城管执法大队举行中队（科室）副职竞聘会。区委组织部副部长、绩效办主任邓春兰、区城管执法大队全体班子成员出席并担任面试评委。该次竞聘会，经过资格审核后有50人竞争39个中队（科室）副职岗位。按照《党政领导干部选拔任用工作条例》，以德才兼备、以德为先为用人标准，结合执法工作的实际需要，采取面试和综合能力考评相结合的方式竞聘，其中面试成绩占60%，综合能力考评占40%。经过综合考察和公示，杜威等39名同志走上基层中队（科室）副职岗位。 （李焱照）

·市容卫生·

【概况】 2015年，芙蓉区环卫局坚持抓精细、促长效，抓创新、提水平，抓管理、转作风，提升了城市管理工作水平和工作质效。在全市环卫业务综合评比中，芙蓉区环卫局获得业务综合月排名5个第一和渣土管理月排名4个第一。落实市、区关于临聘员工购买“五险”实施意见的精神，为新进员工及时购买社会保险金；协调补发环卫干部职工2010—2013年绩效工资差额，补缴了917名临聘员工社会保险金。

环卫设施建设。针对城市生活垃圾“量多质清”且运输容易抛洒等问题，全年改建“新型压缩式垃圾站”10座，降低了运输成本，避免二次污染，促进了生活垃圾日产日清。年内，建成高标准站厕6座，安装站厕除臭设施60套。建成环卫工作间30座，并安装指纹锁，解决一线环卫工人工作休息场所问题。

“清洁城市”行动。创新作业方式，推行“双车作业”模式。指导路面管理员和清洗作业人员，对照“五无、五净”（道路无垃圾、无杂物、无积泥、无积水、无污迹和路面干净、绿地和树圈干净、边角侧石干净、井沟井盖干净、果壳箱等环卫设施干净）的标准，督促落实定人定岗定责，把每一项工作落到实处，提高作业质量，保证路面见本色、见底色。集中力量开展“周末大清洗”活动，配合街道，动员市民群众参与，出动专业机械设备，开展清洗作业，形成“大清洗”工作的长效机制。

更新环卫设施设备。结合辖区老旧社区提质工作，开展城郊接合部环境卫生综合整治，主次干道更换翻新大小灰桶1470个、更换果皮桶内胆972个，农安小区改造安装小灰桶1578个，收集桶353个，更换垃圾站集装箱6个，路桥4对。投入资金150万元，购置6台车厢可卸式垃圾车及80个移动式垃圾箱体，通过多元化、多层次的便民服务，改变了东片地区“垃圾围村”的面貌。

渣土管理和扬尘治理。抓渣土扬尘源头管理。完善建设施工管理办法和实施细则，制订施工工地、运输车辆等管理标准，明确相关管理部门的职能职责，各司其职；建立信息沟通机制，事前明确渣土工地开工日期、运输路线、消纳场地等相关信息，及时告知途经区域的环卫所和渣土执法中队，形成监管合力。签订“建筑工地文明施工责任书”，开展“文明示范工地”评比活动，表扬和奖励先进，对严重违反规定的予以曝光和处罚。区环卫局到建设单位开展宣传教育，督促建设方抓好工地进出口地面硬化、防污措施落实等相关工作。建立跟踪管理机制，监控渣土运输车辆出场、密闭运输、行驶路线等，快速处置渣土污染，助推空气质量优良率提升。

完善环卫绩效考核。区环卫局有职工2477人。该局制订市容环境卫生管理作业规范和质量标准、监督机制等方面的规章制度，实行绩效考核，形成管理、作业、监督三位一体的长效化管理机制。建立健全绩效考核、调度讲评、督促检查、问题交办等推进机制。环卫系统全员绩效考核覆盖到各条线，细化到每个岗位、每名职工，实行“日考核、周反馈、月讲评、年总结”程序，每次检查扣分直接与责任单位考核等次、个人绩效工资和年终奖金挂钩，处罚兑现。全年绩效扣分4474分，加分2476分，涉及奖罚金额34万元，通过绩效考核结

图 34 环卫工作间安装指纹锁

果运用，增强了职工的责任感、紧迫感，形成了“比、学、赶、帮、超”的良好氛围。（廖贵连）

【车载 GPS 管理成功上线运行】 年内，推进高效低耗的“科技环卫”建设。通过 2 个多月的调试及试运行，于 11 月“车载 GPS 综合管理系统”上线运行。区环卫局还为 107 台作业车辆统一安装 GPS 油料监控设备，加装 3G 视频传输系统，建立了服务平台和监控中心。通过车载 GPS 终端设备、车辆油耗数据采集设备、通信系统、服务平台及监控中心系统的建设，实现了对作业车辆的全程实时定位与调度、燃油消耗管理、设备状态及作业质量监督。（廖贵连）

·市政管理·

【概况】 2015 年，芙蓉区市政局以以创一流业绩为核心，提升专业水平为要务，完成了农安小区改造、支路街巷提质改造、市政道路下水管网疏浚和日常性市政设施维护管理等目标任务。年内，区市政局被评为市级“市政管理工作红旗单位”，杨铁军被芙蓉区政府评为第一届“爱岗敬业道德模范”。

市政设施实现精细管理。区市政局坚持市政设施日常维护，做到维护责任网格化、维护水平精细化、维护考核常态化、维护机制长效化。截至年底，完成修补沥青路面 3.69 万平方米，修整侧平石 6663 套米，修整麻石球 U 型柱 1382 个，修复盲道、人行道 1.99 万平方米，疏通管网 30.4 万米，清掏各类窨井 7.45 万座、清掏化粪池 1.01 万座，更换、调整各类井座（井盖）646 套，清运淤泥 2464 吨。开展了湘湖路、远大路、解放路安装了“五防”（即防噪音、防沉降、防坠落、防盗窃、防碾压）井盖近 100 套，方便了市民出行。

推进农安小区改造。年内提质改造五一东村、教师村、军安小区、教师二村、振湘园小区等 25 个农安小区。自 4 月 21 日进场施工以来，4 至 12 月完成 21 个农安小区项目：摊铺沥青 7.99 万平方米，混凝土地坪恢复 3.67 万平方米；化粪池改造 128 座，化粪池清掏 257 座；新建排水管网 1.11 万米，新建、提升检查井和泄水井 2192 座；新建隔油池 102 座，明沟改暗沟 4610.38 米；人行道改造 5899.15 平方米，道路画线 1.23 万平方米，管道疏浚 1.52 万米，侧平石改造 3989.22 米，铺设锁口石 3274.4 米。

实施街巷支路项目提质改造。提质改造南元宫路、留园路、东湖城北供电所前道路等 7 条支路小巷，年内全部完工。该项目摊铺沥青 3.34 万平方米；新建排水管网 469.9 米；侧平石改造 3163.72 米；新建、提升检查井和泄水井 346 座，恢复混凝土路面 1.24 万平方米；改造人行道 7214.51 平方米；疏浚管道 1867.7 米，明沟改暗沟 130 米。

抓好城区出入口道路综合整治。实施高效综合整治远大一路等城区出入口。该项目耗时 46 天，累计完成人行道整改 46 平方米、盲道整改 17 平方米；更换防沉降井（带防坠网）46 套；沥青摊铺 1.29 万平方米、沥青灌缝 420 米；疏浚下水道 1468 米、清挖检查井 24 座、雨水井 48 座、新建泄水井 17 座；改造下水管 299.9 米、增设落水管 140 米、改造明沟 89 米。

推广安装“五防”井盖。针对井盖受损、丢失、沉踏及由此带来的安全隐患，区市政局从 4 月下旬起，在全区城区主干道包括公沟管网的主干道和易积水路段统一安装“五防”井盖，并要求厂家在井盖上标注“芙蓉花”和市政热线电话，主动接受市民的监督。年内，采购安装 1200 套。

完善防汛排渍工作。区市政局制订并完善了防汛预案和各项规章制度。定期安排巡查小组对城区排水管网开展检查，发现问题，及时疏浚。年内，对人民东路东岸建材店、韶山路唯一星城、长善路、王家湖路等城区 9 处积水点，采取人工和机械相结合方式实行清淤疏浚，为安全度汛提供保障。在遇到大、暴雨降临，区市政局在第一时间启动防汛机制，坚持24小时值班，保障人员、器材、设备准备到位。3—8月的强降雨期间，出动应急队伍22批次。人员1320人次，各类车辆330台次，及时处置、解决了京珠高速辅道、韶山路、火炬路等汛情，保证了城区未发生大规模内涝。

开展文明创建测评工作。区市政局对照文明创建检查标准，协同各街道排查主次干道及街巷支路，巡查问题757个，其中沟渠类问题24个、道路问题53个、人行道问题673个、路政问题7个。做到了排查区域全覆盖，排查问题快速解决。文明创建期间：修补沥青路面1.09万平方米，更换人行道板5436.6平方米，疏浚排水9.63万米。开展主次干道清障行动。对原安装密集的五一大道隔离铁柱及麻石球残桩1203个实行拆除，按照规定统一安装麻石柱442个，更换修复人行道板989平方米。（邓子军）

【杨铁军被芙蓉区政府评为第一届“爱岗敬业道德模范”】杨铁军，中共党员，现任芙蓉区市政工程管理局道路维护队队长。参加工作近37年来，勤勤恳恳从事道路养护，几十年如一日，未曾间断对道路的养护，未曾给自己放过一天假，将自己的全部心血献给了芙蓉区的道路养护事业。虽然他没有惊天动地的工作成果，也没有世人皆知的荣誉，但却为公益事业付出了青春与热血，在平凡中彰显出不平凡。三伏天里做沥青油砂，他汗水浸湿了衣服湿了又干，干了又湿，身上长了痱子都没有感觉，只有停下来了，才发现身上又痒又痛，但他从不畏辛苦，不曾抱怨，对待工作也从不打折扣。他还经常带病坚守在岗位上，有次手术期间他放弃了病假，全身心养护着辖区内的大街小巷。由于长期跟沥青打交道，身上的痱子医治不及时，慢慢就落下了病根，但他从无怨言。如今58岁的他，仍然奋战在市政道路维护最前线，无论是寒冷的深夜，还是滂沱大雨的黎明，亦或是烈日当空的午后，哪里道路需要维护，哪里就有他的身影。杨铁军在平凡的道路维护工作岗位上做出了不平凡的业绩，向人们诠释了爱岗敬业、无私奉献的真谛，展示了基层道路维护一线职工的风采。（邓子军）

·园林绿化·

【概况】2015年，芙蓉区园林局以“三严三实”专题教育活动为契机，推进“三年造绿大行动”。全年主抓精品绿化、特色绿化工程建设，新增绿地面积41公顷。在全市绿化维护考核中被评为综合排名第一，获长沙市城市管理“红旗单位”。

园林队伍。区园林局下辖城内一所、城内二所、城中所、城外所、直属队以及浏阳河风光带管理办公室。现有一线临聘员工263名，承担辖区辖范围内主次干道、广场、社区公园等绿地日常维护管理。该局一线维护员工按照核定编制招聘，在体检合格后试用3个月，试用期满后签订劳务合同，并办理“五险”。制订绿化维护标准，按网格化精细化管理模式分配维护人员，在维护人员的管理上制订了规章制度与奖罚制度，并且组织维护人员学习。每季度定期召开安全生产、机械使用、专业维护技术培训，做到一线维护人员在工作中有规有循，有奖有罚。坚持培养懂技术、守规矩、能吃苦耐劳和能打硬仗的一线维护专业化队伍。在工资待遇上设定了基本工资与绩效工资，每个月对人员的工作情况综合考核后，决定绩效工资的高低，杜绝吃“大锅饭”的平均主义，调动了一线维护队伍工作的积极性。

日常维护。针对辖区内绿化带人为践踏严重，数字化来单频繁，植物长势较差的路段等难题实行特色化改造。年内，在火距路两边花坛内每隔4米栽红叶石楠球，铺设草坪砖；在荷花路（万家丽至二环线）道路两边绿化带内每隔5米左右用绿色透水砖铺设通道，绿化带内沿线栽植麦冬草，避免了被行人践踏，植物成活率高。该做法被《长沙晚报》《湖南日报》等媒体报道。全年完成各项绿化维护指标：补栽乔木1150株，灌木81万株，麦冬草10.5万公斤，草皮4.6万平方米；更新、回缩修剪1.5万平方米，修剪绿篱80万平方米、草坪110万平方米，行道树修枝整形22万株，除杂116万平方米1780吨；修复园林设施9459处，修复亮化设施493次，清洗花（树）箱、花坛边5万平方米；浇水18万吨，施肥40吨，打药除虫2974吨，冬季防寒防冻刷白11万株；整改并反馈市数字化来单1482条，处理市民来电254条。提升园林绿化窗口形象质量，邀请省市园林专家教授指导浏阳河西岸绿化提质，保养维修给水、喷灌、照明等系统；供水维修552处，维修、更换各类灯具2713个（套），整理电源线路820米，维修设备1021台。开展劝阻不文明行为200起，制止私自挖土动工、损坏花草及设备、非法经营的流动摊贩事件245起，劝离流浪人员20名。提供人性化的管理服务，设置便民服务站，提供学雷锋活动对接，承办省、市、区参观接待任务，受到社会各界的好评。

工程建设。完成人民东路两厢增绿添景项目，总投资4600万元，增绿11.7公顷，南北两厢建成规划17米绿带。打造5.9千米的出入城口绿化林荫大道。实施高家坡路（营盘东路）、双杨路绿化提质改造，投资总额1715.62万元，绿化改造面积3.5万平方米。按照高家坡路两侧10米绿线规划实行增绿添景，通过加植乔木、丰富地被等方式提质原有中央分车带及道路两侧花坛绿地景观。省委大院通道围墙、湘一芙蓉中学、五一路等19处单位围墙拆除建成通透围墙，并立体绿化。全程跟进东湖、东岸、马坡岭及马王堆街道街道拆违复绿工作，负责施工技术指导，复绿面积110万平方米。投资932.26万元，建成芙蓉路解放路立交桥、芙蓉路五一路立交桥、芙蓉路跨白沙路立交桥、营盘路穿年嘉湖隧道、人民路跨白沙路立交桥、八一路车站路人行天桥6座立交桥立体绿化，悬挂花箱1.33万个，栽植藤本植物及时令花卉34.2万盆，并安装雾化喷灌、滴灌及绿化水和雨水收集系统等设施设备，便于后期维护管理。投资总额873.96万元，完成区政府宿舍、兴和B区、水云间、兴隆花园、西陇安置小区北侧沿线、朝阳等12处农安小区、老旧社区等绿化维护提质类项目，栽植香樟、桂花、银杏等乔木475株，紫薇、红叶石楠球、茶梅球等亚乔木、球灌木1617株，地被、草皮等1.3万平方米，改造树围246套，安装树箱113个、花箱8个。继续推进识字岭社区、静园办公区等17处点位绿化提质改造，打造龙马社区廉政主题公园，该园建设面积7414平方米，投资总额302.59万元。以“青”色植物和“廉政文化墙”相结合，把文化与景观有机的融合于一体，体现“清廉”的文化主题。

绿化管理。全年办结绿地占用、绿化植物行政许可事项20笔，办理绿地占用、绿化植物移栽、绿化损坏赔偿收费23.12万元，办结率达100%。及时查处红旗路智慧管网建设、窑岭社区公园等各类绿化违章事件；开辟绿色通道办理重点工程树木迁移审批，并协助绿化的移植工作，保障重点工程有序推进。处理毁绿占绿城管数字化案卷、文明创建督察问题67个，办理城管“110”，处置率、市民满意率100%。清理五一大道、解放路等行道树上挂彩灯、横幅及钉挂物30次，排查400余株隐患树，清理60余株。开展安全隐患排查和处置曙光集团公司等单位死危树问题。把分布在省委大院、省政府二院等14家单位196株名木名花实行登记造册、健全档案。进行就地保护黄土塘棚改项目、育英小学等出现问题的16株古樟树。

造绿行动。按照规划要求，完成新增绿地、新增公园绿地、立体绿化任务指标。对林荫大道2条，林荫广场1个，林荫停车场40个，城市绿道，道路提质等项目实行资料收集、统计汇总；完成“四路一环”23处统计上报工作。创建扬帆、东屯渡、跃进湖、九道湾、恒达、东广济桥等6个绿色示范社区、60家绿色庭院创建工作及市级义务植树基地的工作。全年辖区完成新增绿地面积41.01公顷，新增公园绿地面积24.15公顷，完成市级下达的目标任务。围绕“植树节”“三年造绿大行动”等重要时间节点，向市民开放义务植树基地，在滨河路东侧组织400人参加义务植树活动，栽植樟树500株。结合“城市绿化周”等重要时间节点，发放绿色城市建设倡议书3000份，在主要街道、广场、公园悬挂大幅标语150条，在各小区刊出绿化专栏；吸引东湖壹号等10家房企参与绿化公益事业建设，蓉园宾馆被评为全国绿化模范单位，百纳广场获市级园林式小区，人民东路增绿添景获优质项目。

存在的问题和困难：在“三年造绿大行动”中，芙蓉区绿化面积急剧增加，所有新增维护面积仍交由区园林局维护，市级财政未拨付任何费用，区财政根据每年财力情况酌情安排，维护经费缺口大，维护经费与绿量的增长不相符的问题凸显。（陈　慧）

【人民东路两厢增绿添景项目】 东起长椰路，西至人民路浏阳河大桥，全长5.9千米，总投资4600万元，增绿11.7公顷。人民东路两厢增绿添景项目按照人民东路规划及绿化控制线17米进行扩绿，沿线占用绿地的建筑物、构筑物等按规依法全部退让。全线通过拆违建绿、拆围复绿、边坡增绿、节点塑景等方式，打造人民东路完整的生态绿线系统，形成东西贯通、层次丰富、季相分明的街头绿地景观游园格局。该该项目2015年4月至6月底完工。总计栽植银杏、水杉、复羽叶栾树等高大乔木4000株，紫薇、花石榴、红枫等中小乔木7800株，拆除围墙2700米，拆除违建3万平方米。6月25日，该项目作为全市“三年大造绿”现场观摩点迎接检查，省委常委、市委书记易炼红带队视察，给予充分肯定。

【6条立交桥立体绿化完工】 年内，完成辖区6座道路立交桥

或人行桥的立体绿化项目，投资932.26万元。第一批立交桥立体绿化；该项目在立交桥上安装耐磨耐用的种植槽悬挂绿化植物；桥墩景观绿化方面，增加桥墩种植槽和安装喷淋给水设施，并种植常绿、攀爬能力强、生长速度快的藤本植物；桥侧及挡土墙景观绿化设置网状攀爬植物网，种植攀爬类常绿藤本植物。第二批立交桥立体绿化；该项目从设计和具体实施上，重视安全性与整体性，植物景观以保证立交桥干道快捷、安全、便捷为前提；在绿化的营造上突出整体的视觉效果，采用常绿牛马藤、观叶地瓜、石竹为绿色背景，配备花期长的四季海棠、三色堇、香彩雀等时令花卉，形成线条流畅、错落有致的立体景观。

【拆违复绿工作】 12月，完成东湖、东岸、马坡岭及马王堆街道拆违复绿工作，复绿110万平方米。该次复绿，采取以植物围合方式为主，在人流量大、临近街道的地块，用杜鹃做底层地被植物，红叶石楠球做中层灌木球，夹竹桃、木槿等亚乔做背景植物，并整体呈波浪形态；用法国冬青作绿篱，红叶李、木芙蓉等亚乔木做背景植物，整体采用直线形的形态，融入城市文化、健身器材、生态元素，打造供市民健身、休闲、娱乐的宜居环境。

【继续实施农安小区、老旧社区绿化提质】 年内，完成区政府宿舍、兴和B区、水云间、兴隆花园、西陇安置小区北侧沿线、朝阳等12处农安小区、老旧社区等绿化维护提质类项目，投资873.96万元。栽植香樟、桂花、银杏等乔木475株，紫薇、红叶石楠球、茶梅球等亚乔木、球灌木1617株，地被、草皮等1.3万平方米，改造树围246套，安装树箱113个、花箱8个。推进识字岭社区、静园办公区等17处点位绿化提质改造，打造幸福宜居芙蓉。

【首个廉政文化主题公园龙马社区公园建成】 芙蓉区廉政文化主题公园位于东湖街道龙马社区，地处湖南省农科院，建设面积7414平方米，投资302.59万元。公园包括廉路、方圆人生、清风林、倡廉广场、廉壁、廉政文化墙等景点，通过文化墙、石刻和画廊等手工艺术，把现状、生态、人文、艺术4个层面相叠加，主体建筑南侧的生态林，景观色彩及层次加以丰富，并添加植物景观季相变化，以基地生态环境和植物景观作为背景，在墙体上种植爬藤植物，“青”色的植物和路面、挡土墙上的“廉”字融合了文化与景观，体现“清廉”的文化主题，形成集文化、游憩、休闲、教育于一体的主题景观花园，成为党员干部廉政教育的基地。

【全市拆墙透绿增绿现场观摩会在芙蓉区召开】 4月30日，副市长黎春秋带队到芙蓉区观摩湘一芙蓉中学、韶山路省委通道通透式围墙立体绿化改造、长善路沿线拆墙透绿建设、人民东路两厢增绿添景项目、芙蓉区机关大院拆墙透绿增绿工作。召开2015年全市拆墙透绿增绿现场观摩会。市委副秘书长李建贵、文方，市政府副秘书长王伟胜和16个市直相关单位各区县(市)政府分管领导参加会议。会议由王伟胜主持，市园林局局长李洪波介绍全市拆墙透绿增绿工作进展情况，芙蓉区副区长许凡汇报2015年芙蓉区拆墙透绿增绿工作情况及经验做法，各区县(市)园区领导表态发言。黎春秋要求：充分认识拆墙透绿工作的重要性；突出下阶段工作重点，抓好任务落实；要完善配套措施，从严考核督察。

【举办道德讲堂】 7月24日，区园林局举办的道德讲堂在五里牌街道开讲，市总工会、市园林局领导及区直机关干部职工100人参加活动。该次道德讲堂活动以“三严三实，敬业奉献”为主题，分享长沙市道德模范刘辉、喻为民的先进事迹，并邀请园林专家讲解园林绿化维护管理知识。在“发一个善心”环节，区园林局局长朱卫东为湘湖街道西湖、湘湖社区“群众工作直通车”特困户送上慰问金。区园林局向与会人员赠送绿色盆景和铲子、肥料，号召与会人员参与到树木认养、“绿色城市”建设等活动中来。 （陈　慧）

国土管理·环境保护

国土资源管理

【概况】 2015年，芙蓉国土分局资源管理工作以“保障发展、保护资源、维护权益、服务社会”为职责，做好征地拆迁工作，执行土地用途管制，坚持保护与利用、服务与管理并举的原则，完成了各项工作任务。

用地服务与管理。执行土地利用总体规划，制订辖区内增加建设用地计划和土地供应计划。在全区13个村（场）实行村民建房用地清查，按时完成地籍变更调查和建设项目用地前期调查工作，全年开具土地权属证明4份、约定指界通知书3份、各类土地证明11份，完成用地前期调查38宗、面积120公顷，发布“预征土地公告”13份。全年上报用地计划项目21个、面积142公顷，批回用地项目7个、面积60万平方米，保障了重大基础设施、民生工程及鼓励发展的产业项目用地需求。年内，清理全区范围内“围而未建”项目5宗，其中万达项目1宗、京鹏公司1宗、芙蓉合作银行1宗，旺德府2宗。通过拆围建绿、修建停车场等方式整改到位。执行国土资源规费征管政策，全年完成收费207.58万元，其中土地收益金150.86万元，土地登记信息发证费56.72万元。配合区政府“棚户区”改造工作，组织专人深入棚改拆迁一线，宣传国土用地政策，开展实地地籍调查，组织土地测绘，收集历史权属资料，为燕山街、黄土塘“棚户区”改造项目提供30宗土地的用地资料，认定历史建筑合法性800户。配合相关部门，审核市政府60号令村民安置房产权办证近1万本，超额完成计划目标。

土地巡查与执法监察。推进土地动态巡查、信息反馈机制，巡查监管集体土地。全年开展日常动态巡查150次，清理闲置土地19宗、面积100.53公顷。经实地取证，通过督促开工、收缴土地闲置费、签订补充协议及收回等方式，辖区闲置地全部处置到位。落实地质灾害灾情速报、险情巡查、汛期值班和应急调查制度，开展地质灾害动态巡查108次，预防了地质灾害事故发生。在全市“大拆违”行动中，组织并配合区政府相关部门鉴定复核违章建筑3000处，涉及面积300万平方米。

依法维护人民群众权益。全年接待群众上访52批、106人次，收到省厅、市局和区委、区政府转办信访事项19件（其中1件为重复件），受理并回复信访事项18件，接待登记和回复率100%（其中1件为重复件）。坚持依法办事，全年完成行政应诉案件17件，无败诉。通过政府门户网站登载动态信息16条，公开征地拆迁信息46条；通过邮寄和直接领取的方式，依法办理申请公开件58件；承办“12345”市民热线工单7件(含退单2件)，及时回复率100%。依托市局政务服务窗口，接受群众咨询1034人次，办理个人土地登记发证和变更手续3236件，办结率、群众满意率100%。按时提交和办理行政复议答复意见1件，办理人大(政协)建(提)议案1件。年内，分局档案室立卷200卷，查询档案506人次，其中利用查阅档案用来购房退税的占70%，未出现违规情况。

存在的困难与问题。随着国家用地指标、年度计划回归常态，区域面积狭小的芙蓉区征供地形势越来越严峻。征地拆迁补偿安置、权属争议等历史遗留问题集中爆发，尤其是火炬村违章建筑多、村民诉求多、安全隐患多，社情复杂，工作难度越来越大。

（李靖颖）

【清理城镇低效用地】 年内，在全区14个街道(园)开展低效用地详细调查摸底，测算、整理分析和审查论证涉嫌低效地块358宗，面积131.96公顷、完成基础数据的上图建库，形成“芙蓉区城镇低效用地再开发数据的情况报告”，为全区低效用地再开发奠定基础。通过调查核实，全区批后土地32宗，其中19宗输入动态监管平台系统，13宗正在上传系统。

【征地拆迁补偿与安置】 全年组织召开征地拆迁听证会1次，发布“征地补偿安置方案征求意见公告”22份，“征地补偿安置方案实施公告”24份，申请法院强制腾地案件12宗，下达各类文书279份；实施市政府103号令拆迁项目26个；完成拆迁腾地233.33公顷，拆除房屋737栋，1200户，动迁人口4036人，拆除房屋面积158万平方米，其中违章面积58万平方米，拨付补偿款15亿元。基本完成市政府60号令遗留扫尾工作(除长白路项目外)。

【土地卫片执法检查】 根据湖南省国土资源厅下发数据，芙蓉区区域范围内有图斑(W类)31个，面积17.54公顷，耕地9.86公顷。其中合法图斑15个，面积14.7公顷，耕地8.89公顷，违法图斑16个，面积2.85公顷，耕地0.98公顷。处罚到位图斑9个，面积1.36公顷，耕地0.79公顷。违法用地占新增建设用地比例9.79%，违法用地占耕地与新增建设用地占耕地比例4.87%，实现问责比例控制在5%以内的工作目标。区国土分局通过卫片检查，发现违法用地7起，采取立案调查和处置结案，没收地面上违法建筑物9900平方米，并过市级验收。 (李靖颖)

环境保护

【概况】 2015年，区环保局围绕生态文明建设工作，改善区域环境质量，保障环境安全，推进“清霾”、“碧水”和“静音”行动，开展环境综合整治和监管执法，提升生态环境质量。

“清霾”行动。拆除李的洗涤厂和湖南和盛食品厂等单位的3座4.5吨锅炉；监管区内23家较大规模餐饮单位，定期检查油烟排放情况；督促餐饮单位安装油烟净化器20台；依法查处红馆汇茶餐厅等3家单位油烟污染案。保留区“治尘办”机构，街道路面清扫率100%，机械化清扫率64.7%(增加东岸片区)。全年淘汰黄标车2696辆，发放机动车环保标志3008张。开展建筑工地专项检查42次，发现整改施工扬尘及裸土覆盖等问题59个。截至12月20日，芙蓉区空气质量优良天数252天，优良率71.4%(含PM_{10}、$PM_{2.5}$)，PM_{10}浓度为75微克/立方米，同比下降6.25%。

“碧水”工程。完成浏阳河辖区10处排水口的截污改造项目，配合湘湖污水处理厂扩容提标及长善垸污水处理厂二期工程建设，按期完成拆迁腾地工作，并建设的滨河路和双杨路配套截污干管14千米；开展长善垸污水处理厂配套管网建设和维护工作，进水浓度符合减排标准；完善减排监测体系建设，污染源自动监控数据传输有效率、自行监测结果公布率和监督性监测结果公布率达到了国家标准。清理排口及河道水草、漂浮物60船次。全年削减化学需氧量2447.35吨，氨氮174.97吨，二氧化硫103吨，氮氧化物5.4吨，完成年度减排任务。

“静音”防治。投资1900万元建成高4.5米、长2500米的京港澳高速芙蓉城区段高标准隔声屏，组织惠通才郡、壹庭国际等工地实施建筑施工降声降噪工程，采取“以奖代拨”方式鼓励扰民小歌厅开展治理并通过验收。巩固石材加工业整治成果，淘汰退出小规模加工企业154家。德政园社区建设成为区域环境噪声治理达标示范区。

环境监管。落实计划执法，制定环境行政执法计划并报政府批准实施。全年对86家排污单位开展现场监察282次，开展监督性监测86次；处理环境信访投诉1210起，处理率和回复率100%；排查环境隐患、突出环境问题和信访积案203个并整改到位；妥善处置“5·21王家湖泵站油污事件”，清理、转移油污混合物4吨，未造成二次污染；在“6·9非法倾倒危险废物案”中，联合消防、安监部门及时转移4.7吨强腐蚀性危险废物，完成调查取证并移交公安机关；在处置“11·20马坡岭街道液氯泄漏事件”中，严密监测，科学处置，消除了污染隐患。实行垃圾禁烧联动处置，开展全天候巡查，及时发现和制止露天焚烧垃圾。

创新工作机制。以区生态环境保护委员会为依托，建立经费保障、工作例会、工作运行、责任追究和举报奖励机制。利用环境移动执法系统，实行网格化监管，建立重心下移和问题交办的工作机制；利用环委会横向调度职能，解决交通噪声扰民问题；

在全市首创环境污染有奖举报，12月19日《长沙晚报》和《潇湘晨报》报道了举报奖金发放仪式，在创优方面，落实党风廉政党委主体责任和纪检监督责任，党员干部自觉践行“三严三实”，全年没有发生违法违纪和违反作风建设行为。树立“窗口”形象，全年现场查勘100次，办理审批28项，核发排污许可证14张，所有项目在承诺期限内办结。

宣传教育。把环境保护纳入各街道和相关部门绩效考核内容，出台环境问题（事件）问责调查工作方案，全年未发生环保舆情事件。把新环保法纳入区委中心组理论学习内容，在街道、社区和驻区企业开展新法宣讲70次，参加人员1万人次。全年在市级以上主流媒体发布报道52篇次。在“6·5世界环境日”期间开展环保面对面、环保好市民评选、环保企业观摩等活动，街道、社区组织开展创意环保瓶盖墙画、环保运动会和保护母亲河等活动10次。全年开展电子屏宣传135次，展出橱窗157次，张贴海报243张，悬挂横幅284幅，在交通要道设立150平方米永久性环保公益广告牌。打造“道德讲堂”环保知识宣讲品牌，恒达社区、新安村等以践行绿色生活为切入点，开展特色环保宣传活动，利用网络、平面、电视等平台，依托社区、学校和企业，搭建环保宣教格局，为开展环保工作创造氛围。

存在的困难与问题：辖区内重点工程开工项目增多，大气污染防治任重道远。东岸片区管网建设还需要加快，雨水污染分流体系、污水处理厂建设滞后。中心城区噪声和油烟纠纷增多，群众合法环境权益受到侵害。

（张　校）

【区生态环境保护委员会成立】 按照市委、市政府“关于进一步加强生态环境保护工作的意见”文件，1月28日，芙蓉区成立以区长于新凡为主任的区生态环境保护委员会。印发“芙蓉区关于进一步加强生态环境保护工作的实施方案”，明确34个成员部门、13个街道（局）的生态环境保护职能职责。区环委会办公室设在区环保局，区环保局局长兼任办公室主任，办公室负责处理环委会日常工作，内设综合组、考核组、督察组和宣传组。

【公安部门设立驻区环保工作联络室】 根据省公安厅等单位“关于办理环境污染刑事案件的通知”精神，9月30日，区公安分局驻区环境保护局工作联络室挂牌成立。办理全市首起环境违法适用行政拘留案件。全年立案15起，其中移送公安机关环境违法案件6起，处行政拘留3人，训诫2人；实施查封案件1起；实施行政处罚11起，处罚款6.07万元，《长沙晚报》2次报道芙蓉区环境执法工作；结合“大拆违”工作，全年共下达责令改正违法行为决定书150份，取缔“五小”企业、门店60家。

【举办首届“六·五”环保文化节活动】 5月19日至6月5日，区环委会在全市举办首届“六·五”环保文化节活动。该次活动以“践行绿色生活、建设生态芙蓉”为主题，动员群众参与践行环境保护，开展宣传、实践活动，取得良好效果。开展环保面对面活动：组织辖区内市民代表和小学生参与使用新型二维码为指示的垃圾分类投放，推进废弃物的无害化处置与资源利用价值最大化；安排居民代表和学生代表分批到湖南万容科技股份有限公司和长沙市长善垸污水处理厂，现场观摩城市矿产展览馆和城市污水处理流程，直面新型科技在环境保护中的应用情况。构建立体宣传模式：协调长沙火车站、乐和城、汽车东站的户外电子屏滚动播放环保宣传片和宣传标语，获市环保局认可；安排辖区内街道、社区（村）张贴环保海报，制作环保标语，发放环保宣传册5000份；制作以“清霾、碧水、静音、造绿、降耗、净土”为内容的宣传展板，并在人流密集处展出。6月5日，在马王堆街道举办户外文艺表演和“环保好市民”推选活动。省环境保护宣传教育中心书记谭青云、市环境保护局调研员杨力、区政协副主席谢志鹏、区政府副调研员李跃进等出席活动。为树立环保标杆典型，区环境保护局会同区委宣传部、区文明办在全区范围内组织开展首届“环保好市民”推选活动，被授予符光钦等10位市民授予芙蓉区十佳“环保好市民”称号。联合区教育局开展芙蓉区首届“梦想的家园”小学生环保征文大赛。通过学校推荐，收到参赛征文近100篇，胡天逸等10名小学生被授予芙蓉区“梦想的家园”征文比赛“十佳小作家”称号。

【完成全区排口截污改造工作】 根据“湘江枢纽库区长沙城区段截污工程实施方案”精神，2015年对罗溪港排口、砂嘴子排口、杉木港排口、六厘港排口、泉水塘排口、姚托撇洪渠排口、杨家湾撇洪区等排口实施截污改造工作。年内，建设滨河路污水管网 10.4 千米，人民路污水提升泵站投入使用。12 月 20 日，长沙市湘江枢纽工程库区截污工作验收仪式在芙蓉区砂嘴子泵站举行，副市长李蔚、区长于新凡、副区长许凡出席活动。活动宣告全区排口完成截污，实现旱季无污水下河的工作目标。

（张 校）

图 35 浏阳河畔市民休闲好去处

财政·税务·金融

财 政

【概况】2015年，芙蓉区完成辖内财政总收入101.97亿元，比上年增长10.12%；完成公共财政预算收入41.26亿元，比上年增长6.47%。其中，税收收入完成23.11亿元，比上年增加4.6%；非税收入完成16.86亿元，比上年增加1.13%。全年完成公共财政预算支出59.53亿元，其中区本级支出51.10亿元，上级专项转移支付收入安排支出1.77亿元，国内债务还本支出6.56亿元，滚存结余969万元。

支持经济发展。创新融资模式，突破资金制约，保障项目建设。通过与长沙银行、建设银行、浦发银行等金融机构签订长期战略合作协议。全年筹措30亿元社会资金投入建设，支持大拆违、棚改拆迁、被征地农民拆迁安置等重点项目建设。推行公私合营（PPP）模式，引入4亿元社会资本参与全区停车场项目建设，缓解城区“停车难”问题。落实各项优惠政策，优化发展环境，助推产业发展。研究制订区级支持中小微企业创业创新的政策，助力社会创业就业，并得到中央电视台《新闻联播》节目的推介。激发经济活力，壮大后备税源，年内平安银行、渤海商品交易所签约入区，万家丽国际购物中心开业，并推进九龙仓国际金融中心、世贸广场项目建设。

收入征管。面对经济下行压力加大、政策性减收因素增加、后备税源难见成效等因素，区财政局。用好用活综合治税平台，增强部门联动，财税工作实行“日报表、周总结、月调度”，定期召开财税工作分析会议，通报完成情况，分析纳税及涉税信息，交换意见，制定措施，解决存在的问题。实行委托代征，规范零散税收管理，贯彻“抓大不放小”的征管思路，发挥街道协税护税作用，全年征缴税收近亿元。全年开展税收专项清理、“百日税源专项清理”等清查行动，推动新增商事主体、房产税、土地增值税等7项专项清理，摸底企业1.06万户、清理楼宇103幢、清理异常企业3467户，实现土地增值税1.29亿元，比上年增长32.55%。实施阳光定税，营造纳税氛围。区财政局采取“政府主导、税务主管、部门协作、商户参与”的方式，公开定税方法、定税过程、定税结果，让纳税人参与评税，形成阳光透明的纳税环境。

民生保障支出。全年区本级民生支出占公共财政预算支出比重85.24%。社会公共福利方面，扶持城乡社会保障体系、社会救助体系、公共卫生体系的建设，安排1700万元支持社区卫生服务中心建设，安排1000万元用于医疗机构改革人员补助经费和基本药物零差销售补助。社会事业发展方面，优先支持科技、教育、文体事业发展，安排1.24亿元支持大同小学、东风小学和长郡芙蓉实验中学等新校修建和新校采购，安排300万元筹建水稻博物馆，投入1.08亿元建设浏阳河文化产业带和浏阳河东岸风光带。城市管理建设方面，加大投入推动城市发展，安排5.58亿元推进农安老旧社区、道路提质改造、城市“大造绿”和“拆违透绿”行动，安排100万元用于环保综合治理。提升了辖区人居环境和市民生活质量。

基础管理。依照依法理财、精细管理、精准服务的思路，推进财政管理工作创新创优。增强预算管理，完善全口径预算编制，建立跨年度预算平衡机制，设立预算稳定调节基金，制订《预算稳定调节基金管理办法》；试编权责发生制政府综合性财务报告，盘活存量资金，收缴2013年以前年度结余资金6410万元；及时公开预决算和三公经费数据，提高预算管理透明度。开展债务风险管控，清理甄别债务，划清偿债责任，完善“芙蓉区债务管理制度”，建立健全债务风险预警机制、债务偿还机制。年内通过定向承销方式置换5.60亿元存量债务，优化债务结构，降低利息负担。推进绩效评价工作。年内，区财政局抽取2014年18个重点领域项目实施绩效评价，涉及资金9740.6万元，评价结果与2016年预算安排挂钩，根据优良评价核减预算资金510万元。从严国有资产管理。开展全区国有资产清查，要求单位资产账实相符，制定出台5个配套制度，从资产“入口”到“出口”等各环节增强制度管理，补充第三方市场评估租金及公开拍卖招租的租金确认方式，完善资产未达报废年限的处置流程，建立财政审计监察联动监督机制。开展财政专项监督，落实各项财政政策。年内，专项检查“三公经费”的管理使用、单位违规设置“小金库”情况，监督检查区教师进修学校、福彩资金、卫生专项资金、教育系统资金以及非税收入和财政票据使用等事项，严肃财经纪律，增强财务管理。会计检查芙蓉区文化体育新闻出版局及其二级机构，规范单位会计基础工作。

机关党建工作。年内，区财政局党支部从党建工作基础、业务工作特点和党员队伍实际出发，创新基层党建工作思路、内容、方法和载体，以学习型、创新型、服务型党建工作为抓手，推动党建与业务有机融合。发挥党建工作作用，提高财政工作科学管理水平。年内，芙蓉区财政局党支部被长沙市党机关工委评为“长沙市机关党建工作示范点”。

（孙金益）

【国库集中支付】 2015年，区国库集中支付局深化国库集中支付改革，抓好国库集中支付改革扩面和提质工作，开展审核监督，严把支出关，提高支付效率，提升服务水平。全区现纳入国库集中支付预算单位112家（含一级单位58家和二级机构54家）。全年通过国库集中支付5.51万笔，支付资金28.99亿元，其中直接支付4.65万笔，支付金额28.50亿元，占总支出98.33%。授权支付8615笔，支付金额4828.15万元，公务卡结算金额2873.28万元，占授权支付40.49%。增强政府性投资项目资金“双控”管理，规范审批流程，严控制建设成本，促进专款专用。加强项目资金动态监管，提高资金使用效率，全区开设“双控”账户14个，“双控”账户资金9780.74万元，支付资金637笔，全年支付金额12.45亿元，保障全区重点项目建设的推进。

【政府采购】 2015年，完成上网政府采购项目153项，其中：公开招标30次，竞争性谈判64次，竞争性磋商4次，询价采购1次，网络竞价46次，单一来源7次，PPP项目1次。实际采购金额1.38亿元，资金节约率7.9%。建立内部监督制约机制，开展阳光政府采购工作，完善内部管理制度和运行机制，优化政府采购招标信息化平台系统建设。开展专题培训，保障采购信息化平台运行。通过定期采购业务培训和不定期线上问题解答相结合的模式，保障采购信息化平台上线运行。启动代理公司的备案登记，通过审核，全年增加区级注册代理公司35家。年内不定期开展事后评价工作，对全区重点项目开展采购项目绩效评价，降低采购成本、提高财政资金使用效益，实现政府采购资源合理配置。规范管理政府采购流程，提高政府采购预算编制质量，区采购办参考市场价格审定各项目采购预算，力求贴近市场，杜绝高价采购；从严采购项目申报工作，审核申报依据、需求、标准及经费来源；采购组织程序、信息发布、专家抽取等环节依法依规开展，保障招标环节的透明与合法。增强项目合同履约及事后验收的监督工作，开展专项监督检查，参与重大项目的验收监督工作。

【财政统发工资】 2015年，全区统发工资单位111家，其中：区直单位63家、教育部门48家；统发人数6017人（在职3889人，离退休2128），其中：区直机关总人数中区直2183人（在职1521人，离退休662人），教育系统总人数3834人（在职2368人，离退休1466人），全年发放工资2.91亿元。做好在职人员住房公积金和个人所得税代扣代缴工作，保障在职人员办理公积金购建房、还贷、离退休销户等手续。财政统发工资中心通过规范工作流程，增强内部管控，制订“芙蓉区财政统发工资中心内控制度”，完善工资发放管理。以“人员编制”为源头，控制编制总量，清查空饷人员，并配合纪检监察和编制部门增强对人员编制管理工作。根据省、市文件精神，财政统发中心制订下发工资调标的相关文件和具体实施办法，按时完成全区工资调标工作。严格按照区人事、区编办的批文和相关工资政策，对各统发单位人员工资变动情况进行审核、修改，及时掌握调离等减员人员情况，及时办理工资转出、停发。完成未办待办机关单位年度晋级晋档、事业单位年度晋薪、职务变动等工资核准工作。清查核实财政统发工资范围内行政事业单位在职人员的“在岗状态”，保证全区统发工资及时足额按月发放杜绝了财政非正常支出。

【非税收入征管】 2015年，区非税收入管理局改进工作方法，提高征管水平，推进非税收入管理的制度化、规范化、科学化和效能化。全年区本级非税收入共完成16.86亿元，其中专项收入761万元，行政事业性收费收入4642万元，罚没收入3162万元，国有资源（资产）有偿使用收入11.53亿元，其他非税收入4.47亿元。

非税收入征管。清理非税专户，规范非税资金管理，清理非税专户，取消非税专户6个，并做好已取消贷款账户的利息偿还和招投标账户的续接工作。简化非税资金拨付流程和手续，建立非税资金拨付网上实时公开制度，提高资金拨付的透明度和工作效率。建立与代理银行的沟通机制，做好数据接收、比对、审核工作，促进非税收入及时缴库，往来资金及时拨付单位。清理待查收入，减少汇缴专户的沉淀资金。办理资金退付，及时办理当事人提交的退付申请，提高了服务效率。

非税票据管理。增强财政票据管理，发挥财政票据管收控收作用。与银联公司签订非税收入银行卡联网征收合作协议，在区交警大队部署非税POS刷卡缴费点，实现了全区非税电子化缴款。建立大厅窗口代开票制度和开票流程，增强对往来票据、手工票据的监督管理。做好财政票据年检工作，全区29家用票单位2014年度的财政票据年检合格率100%。专项稽查区内国有资产出租收入把国有资产处置收入开票权限全部收归政务大厅财政局非税窗口，各单位履行完资产处置程序后统一在非税窗口开票上缴资产处置收入。 （孙金益）

税 务

·国家税务·

【概况】 长沙市芙蓉区国家税务局（以下简称区国税局）下设4个税务分局，负责区内国税征管服务工作。2015年，区国税局各项税收入库30.22亿元，同比增长4.69亿元，增幅18.35%。区级税收累计入库26.06亿元，同比增长3.24亿元，增幅14.17%。区国税局先后被评为“纳税服务标杆局”“湖南省依法办税示范基地”“湖南省金三上线先进单位”等。

税收征管。区国税局以“堵漏增收培源”为重点，增强税收征管，在全市开展“民主评税、阳光征管”工作，让纳税人参与定税过程，该做法被新华社《国内动态清样》专题报道。落实“三证合一”，为纳税人节约时间和成本。升级增值税发票系统，为5227户“存量户”更换设备，纳入“新增户”1548户。接棒出口退税审批工作，外贸企业退税户数位居全市第一，满意率100%。10月，实现“金税三期”优化版的单轨运行，区局办税量占到全市一半，被评为“湖南省金三上线先进单位”，被《湖南日报》专版报道。

纳税服务。年内，区国税局新增设快捷办税窗口1个，优化窗口职能；拓展咨询功能，把咨询导税、排队取号、资料预审集中至咨询窗口，缓解排队拥挤情况；开展自助办税，分流纳税人。根据辖区内申报高峰期相对集中及纳税人的实际情况，采取分时段错峰申报措施；加大对电子办税的宣传力度，拓宽电子办税覆盖面。设置专门辅导日与咨询点，对未及时享受税收优惠的企业提供提醒、辅导服务，保障了政策享受率100%；举行“税企交流会”“创客分享会”等活动，为辖区内的“创客”送政策、送服务上门，助力双创企业成长，被央视《新闻联播》、《中国税务报》等媒体专题报道。

税收宣传。第24个税收宣传月，区国税局结合“朝晖芙蓉”理念，围绕落实税收政策，优化纳税服务，创新税收征管等主题，开展“春风芙蓉”所得税培训、小微企业加油站、“书香芙蓉”读书会等宣传活动。截至12月底，区国税局在中央级媒体发表稿件37篇，省级媒体发表稿件27篇，市级媒体发表稿件3篇。

队伍建设。根据工作实绩和人岗相适的原则，区国税局选拔2名正职、5名副职充实到中层干部队伍。结合工作实际，完善组织绩效及个人绩效考核制度，全员参与绩效考评工作，调动干部工作的积极性和主动性。开展反腐倡廉形势教育，执行领导干部述职述廉制度。组织机关内部人员座谈会，收集整理意见建议28条；面向纳税户下发征求意见表120份，收集整理意见建议15条；局党组带队下基层、下企业，收集整理意见建议18条。（区国税局）

【扶持朝阳“双创园” 助力创业创新】 区国税局响应国家大众创新创业的号召，扶持由区政府牵头打造的朝阳“双创园”。通过民主评税为园内双创企业营造公平、透明、和谐的经营环境；简化办税流程，降低创业准入门槛，为企业节约时间成本。落实小微企业税收优惠政策，为双创企业与银行牵线搭桥，利用“税融通”解决中小企业融资难题。举行“税企交流会”“创客分享会”等活动，被中央电视台《新闻联播》、《中国税务报》等媒体专题报道。

【开展“民主评税 阳光征管”工作】 区国税局选取三湘南湖大市场作为试点市场。在全市试点“民主评税、阳光征管”工作。评税、定税工作改变税务机关主导的模式，由政府牵头，成立街道、市场管理方、物业公司、行业代表、个体户代表、地税、工商等部门人员组成的评定税委员会，指导评定税工作，保障市场定税的公平、公开、公正，提高公信力。区国税局工作做法2次被新华社“国内动态清样”专题报道。

（区国税局）

·地方税务·

【概况】 芙蓉区地方税务局下设职能科室10个、税源管理科4个、税务分局7个。全局在职干部职工233人（其中，男110人、女123人），退休人员44人。2015年，区地税局面对经济增速放缓、税源下滑、税收减免加大、税制改革实施等形势，增强自身队伍建设，落实工作责任、收入纪律、征管措施，坚持应收尽收、应免尽免、应退尽退的纪律，克难攻坚，超额完成全年税收任务。全年入库各项收入36.16亿元，比上年增收4.16亿元，增幅12.99%。入库计划口径收入34.65亿元，为年计划的105%，比上年增长4.11亿元，增幅13.46%。其中，入库中央级税收8.51亿元，比上年增幅1.93亿元，增长29.41%，入库省级税收5.17亿元，为年计划的106.33%，比上年增长6615万元，增幅14.68%，入库市级税收11.23亿元，为年计划的100.79%，比上年同期增长1.06亿元，增幅10.39%，入库区级税收9.75亿元，较上年增长4596万元，增幅4.95%。入库其他各费1.51亿元，其中地方教育附加5524万元，防洪保安资金1642万元，分别为年计划的89.39%、120.82%，残疾人保障基金2055万元，为年计划的89.9%，工会经费3200万元，为年计划的93.98%，入库文化事业建设费151万元，社保基金2356万元，罚没收入79万元。

（蔡 强）

【开展税源专项清理“百日会战”行动】 9—12月，清理入库楼宇出租两税1316万元；受理举报案件30件，查补税款50万元；发票违章罚款近10万元；日常稽查12户单位，查补营业税1300万元、土地增值税360万元；不能及时入库的采取划账、冻账、停止供应发票等手段催缴。通过协同清理，补办地税税务登记证8576户，委托代征地方各类税收达2000万元。按照“向税政要税源、向征管要税收”理念，坚持依法治税。开展“房地产、建安”行业“清零”行动，清理面100%。截至6月15日，清理房地产项目82个，建安项目412个，金融保险业13户，清理查补营业税金8249.18万元，清理入库营业税金4320.95万元。

【实现“金三”成功上线】 5—10月，完成“金三”上线任务。5—7月，核实修正省局下发的异常数据5批、34类，完成数据清理、核实、修正7万条，完成率99.99%。截至10月31日，数据补录岗、综合服务岗、税管员岗采集、补录、核实、修正各类数据2万条。“金三”的成功上线，夯实了征管基础，提高了科技含量。针对市场税收、个体户税收、零散税收、私人房产税等零散税收，以委托代征为征管突破点，与区国税局、区邮政局签订委托代征协议，构建综合治税的信息共享平台、行动协同平台和绩效考核平台等，实现财政、国税、工商等部门之间信息共享。

【“两个所得税”管理取得新进展】 区地方税各局抓住“两个所得税”管理，严把宣传、考核、督查“三关”。在纳税人自行申报、汇算清缴过程中，针对纳税人提出的疑难问题，税管员主动上门辅导，提高申报、汇缴质量。开展个人所得税软件培训14场，通过地税网站、微信、纳税人学堂、办税大厅资料台、服务台电子显示屏以及日常纳税咨询等平台，向纳税人宣传代扣个税自查工作。编印3万份资料免费发放到纳税人手中，专题培训辖区内135家行政事业单位负责人及财务人员。截至年底，芙蓉区行政事业单位、社会团体清理近500户，2013年度自查应补缴个税46.96万元，2014年度自查应补缴个税1747.04万元。“两土”（即土地使用税和土地增值税）工作扎实有效。入库土地使用税5816万元，较上年同期增长2439万元，增幅72.22%。全年清算审核13户土地增值税，清算审核税额9489万元，清算应补土地增值税2404万元。

【纳税服务】 2015年，区地方税务局树立“大服务”理念，抓好服务平台建设。对内，规范整理并出台管理服务制度。安装“身份证识别系统”，实行“绿色通道”服务，推动“三证合一、一照一码”登记制度改革试点，提高办证效率。通过同城通办平台新办各类企业超过1千户。对外，开展“便民办税春风行动”，提升服务质效。开展“免填单”、上门“三问三送一听取”（即问需、问计、问廉，送政策、送服务、送权益，并听取社会各界和广大纳税人对地方税务工作的各种意见、建议）等便民措施服务，推出470项具体服务举措；与省内10家银行签订合作框架协议，“银税互动”提质扩围，助力小微企业发展。推进诚信地税建设，开展纳税信用等级评定工作。4月8日，组织开展“纳税服务日”便民服务活动。以现场咨询、电子屏宣传、悬挂张贴标语、发放宣传资料等形式向纳税人宣传讲解360办税服务模式、税收优惠政策等，发放并收集整理近百份“‘纳税服务日’问卷调查表”。截至6月底，国、地税合作完成1.96万户企业纳税信用等级评定。评出A级企业9户，B级企业9373户，C级企业3536户，D级企业6691户。同时，为A级信用纳税人制定了一系列VIP服务，享受“免取号”“零等待”“一对一”、办税“绿色通道”等服务。落实税收优惠政策，让纳税人拥有税改成果获得感。落实“营改增”、小微企业、大学生就业创业、下岗人员再就业、退伍军人自主择业、残疾人就业等优惠政策。调整定额因调整起征点须重新双定的2000多户个体工商户。2014年减免营业税2187.83万元；2015年一季度减免营业税金额564万元。2014年小型微利企业享受优惠396户，受惠面100%，减免税297.7万元；2015年一季度小型微利企业享受优惠478户，受惠面100%，减免税94.96万元。年内，审核房土两税申请困难减免金额2466万元，实际减免金额1641万元。

【队伍建设】 2015年，区地方税务局落实《全市地税系统机关作风建设推进会议》精神，出台相关文件，开展作风纪律巡查和通报处罚，按“三严三实”“四个服从”“五个必须”等内容编印《守纪律、讲规矩——芙蓉区地税局党员干部随身学》手册，发给干部学习。核实处理信访件3起。开展“涉税中介”问题审计调查工作。开展自查自纠工作，填写自查表和承诺书并签字，并集中归档保管。针对逐项检查中介机构代理地税业务情况，未发现违规牟利行为，但存在干部配偶、子女及近亲属在辖区内从事中介服务的现象。登记备案有配偶及子女经商办企业情况，公示阳光经商承诺活动。开展节日期间落实“八项规定”，纠正“四风”问题的自查和专项检查活动，通过短信提醒、案例警示和纪检日活动增强节日期间廉政教育，针对接受宴请吃喝、收送红包礼金、礼品及违反工作纪律等问题给予警示教育，并开展清理清查工作。规范内部管理，在信息调研、来信来访、公车使用、公务接待、办公用房、会风文风、厉行节约、反对浪费等方面依规执行。撰写各类材料及信息调研文章220篇，并在媒体上发布。一、二、三税务分局参加全市文明示范窗口、星级税务分局评选、优秀分局评选并获奖。区局以高分被评为专项评议合格单位。“三公经费”比上年下降9.7 %，招待费下降12.84%，交通费下降8.33 %，会议费、培训费等下降。遵照公车管理办法，统一保险，定点维修，未发生较大的交通事故。出台《芙蓉区地方税务局固定资产管理办法》，规范固定资产管理制度，促进固定资产管理的规范化和科学化。重视文化建设。打造“清水出芙蓉、幸福（阳光、责任）在地税”为核心的文化价值体系。举办以弘扬社会主义核心价值观、礼信为范和爱岗敬业、奉献为主题的道德讲堂3期。组织党员到社区扶贫帮困、慰问敬老院和福利院、义务献血干部文明道德素养。

【“三严三实”专题教育】 2015年，区地方税务局按照“领导要重视、方案要细化、查摆要深入、整改要到位、氛围要浓厚、效果要显著”的要求，开展“三严三实”专题教育。在思想发动环节，制定实施方案，并组织实施。在讲党课环节，邀请市纪委宣传部长周国庆讲课，增强干部自觉遵规守纪意识。在征求意见环节，各级领导干部深入基层和企业，收集整理意见建议46条。在剖析问题环节，对照“50种不严不实”现象查根源、找症结、看不足，查摆出5类30个问题，并撰写剖析材料。在民主生活会上，班子成员不讲套话、不绕圈子、不避矛盾，达到提升境界、改进工作的目的。在整改环节，列出整改清单，明确时间表，逐条整改。

（蔡 强）

金 融

【概述】 芙蓉区金融办公室负责全区金融服务和监管工作。截至年底，入驻区内的金融监管一级总部机构3家，农业银行湖南省分行、建设银行湖南省分行等银行省级总部机构13家；国泰君安、中信建投等证券省级分公司8家；太平洋财产、中国人寿等保险省分公司16家；德盛期货、金信期货法人机构2家；友阿融担、联保担保集团等融资性担保公司21家；友阿小贷、旺德府小贷等小额贷款公司5家；中国长城、中国信达资产管理公司2家。年内，新入驻省级金融机构2家，分别是平安银行长沙分行和中泰证券湖南省分公司。6月，省委省政府举办省级特色园区授牌仪式，芙蓉区金融产业园被评为“湖南省金融创新特色产业园”，是省内17个特色产业园区之一。

简化办事流程，提高服务效率。根据省、市文件要求，芙蓉区小额贷款公司和融资性担保公司简化关于股权和高管变更的相关手续，变更流程编制成图表形式，编制变更事项说明，企业对所需提供的材料更加清晰。按照监管办法，在规定时间内审核材料，提高了办事效率。小额贷款公司实行分类评级管理，委托专业会计事务所审查，通过评级结果区别监管，并责令小额贷款公司限期整改在检查中发现的问题，设立退出机制，严把企业风险关。对注册地与办公地不一致、高管变更不及时的小额贷款和融资性担保公司下达整改通知，要求其完善相关手续，实在无法迁址的，要求其搬迁至其他区县。在融资性担保公司年审过程中，有4家公司因办公地址不在芙蓉区已要求其搬迁至他区。到业务出现风险的融担企业，上报市金融办取消的担保牌照，优化区内融资性担保公司行业，有3家融担公司因管理不善，涉嫌民间借贷并出现风险上报市办收缴其经营许可证，取消融资性担保业务资格。

开展宣传教育，打牢打非工作群众基础。通过开展“诚实守信，远离非法集资”道德讲堂、防范和打击非法集资宣传月、“金融知识社区大讲堂”等宣传教育活动，与全区20万户居民和3万名房东签订“不参与非法集资承诺书”，开展打非工作宣传。增强风险排查，减少涉非案件增量。上门核实全区含“投资”字样的1710家企业，摸清家底，建立台账，实际摸排的企业1661家，与工商注册地址相符、正常营业的企业519家，未找到、未正常营业或已搬迁的企业1142家，增加4家；检查17家重点关注单位，规范经营行为。开展专项排查，突出打非工作导向。在全区开展打非专项整治活动，排查小额贷款公司5家、融资性担保公司25家、民办院校166家、养老机构4家、典当行22家和房地产企业142家并在全区组织开展涉嫌非法集资广告资讯信息排查清理活动，拆除涉嫌非法集资广告招牌280块。

增强对外联系，创新金融工作。11月19日，由湖南大学牵头的中国产业金融协会中心与位于芙蓉区内的省级金融创新特色产业园商谈合作事宜。12月3日，北京科技园置业有限公司、中关村互联网金融服务中心负责人到区金融产业园区的合作模式，共同推进园区建设。（徐梦妍）

【打击和处置非法集资工作调度会】 1月16日，区政府召开打击和处置非法集资工作调度会，传达全市优化金融生态环境工作会议精神，部署区内1761家投（融）资理财信息咨询中介公司的清理整治工作。副区长彭娟主持，政府办、金融办、政法委、公安分局、工商分局、经侦大队、国税局、地税局及各街道分管负责人参加会议。

4月22日，区政府召开打击和处置非法集资工作会议，研究分析全区的处非形势，部署安排下阶段全区非法集资的防范和处置工作。区长于新凡、常务副区长罗玉环、政法委书记欧干军、副区长彭娟等领导参加会议。区金融办主任汇报全区打非工作情况暨市重点案件处置情况，介绍前段工作和市重点案件的处置建议。公安分局、工商分局、维稳办、宣传部、地税分局、经侦大队、检察院、法院、工商等职能部门和朝阳街道都做出发言，并提出建设性意见。

【“诚实守信，远离非法集资”道德大讲堂主题活动】 1月29日，由区文明办和区金融办举办的“诚实守信，远离非法集资”

图 36　召开打击和处置非法集资调度工作会

主题活动在道德大讲堂总堂开讲。宣传部部长伍艳飞，副区长彭娟出席活动，区打击和处置非法集资工作领导小组成员单位负责人，各街道分管打非负责人及社区金融专干参加活动。活动以“诚实守信，远离非法集资”为主题，弘扬社会契约精神，坚持社会诚信、职业诚信、个人诚信，构建诚实守信的社会风气，号召参会人员宣传打非工作，引导和宣传家人和身边的人改善金融生态环境。遵守“契约精神”，建设信任安全的社会。

【区人大调研金融工作】　4月16日，区人大常委会主任罗树林，副主任宋晋武、陈忍冬、马京沙、罗尔曼等领导专题听取了芙蓉区金融工作情况汇报，副区长彭娟及金融办全体干部参加会议。罗树林肯定区金融办做出的工作，提出要增强金融工作紧迫感；要制定科学合理的金融产业规划，增强辖区内金融机构的凝聚力；要打造适合金融机构入驻的优质楼宇；要开展全区金融知识的培训，打击和处置非法集资犯罪行为。

【召开打击和处置非法集资业务知识培训会议】　4月29日，区政府公开打击和处置非法集资业务知识培训会议。区信访局专题介绍信访接待程序及注意事项，并说明规范办理来信工作、来访接待工作的方法和注意事项。区经侦大队通报市重点案件信息。区工商分局从工商业务方面向参训学员做了知识普及，区金融办讲授防范和打击非法集资，强化公众投资风险意识课程。市金融办副主任周练军介绍全市非法集资严峻形势和推进防范打击非法集资工作情况。

【市督察组督察芙蓉区打击和处置非法集资工作】　5月26日，市政府办公厅调研员黄永祺，市金融办信用征信管理处处长李春燕一行到芙蓉区督察打击和处置非法集资工作。督察组一行听取了督察彭娟关于芙蓉区打击和处置非法集资工作的开展和完成情况，分析存在的困难和问题，并做出工作安排。区金融办、区经侦大队、公安分局、工商分局、宣传部等部门负责人分别做了补充发言。

·小额贷款公司·

【概况】　截至12月31日，芙蓉区开业小额贷款公司5家，注册资金6.8亿元，贷款余额9.19亿元。在2015年全省小额贷款公司分类监管评级中，区内友阿小额贷款公司被评为A级，和生、崇格、山水、旺德府4家小额贷款公司被评为B级。

全年区内小额贷款公司发放贷款382笔，金额5.76亿元，同比下降41.99%，上缴税金1521万元，同比下降28.42%。从2010年芙蓉区开业第一家小额贷款公司以来，小额贷款公司发放贷款43.04亿元，上缴税金8546万元，累计实现利润2.39亿元。（详见表7）　（徐梦妍）

·融资性担保公司·

【概况】　2015年，芙蓉区形成以民营资本、集体资本与国有资本相结合、担保、联保、再担保资源共享互动的中小企业融资担保体系。全区有融资性担保公司21家，业务遍布全省，覆盖各个市（州）县。年度担保业务总收入9892.4万元，实现净利润1296.9万元。

资产情况：21家公司注册资本金21.2亿元，净资产30.6亿元。注册资本2亿元（含）以上的为友阿担保1家，注册资本1亿元（含）以上公司15家，注册资本5000万元（含）以上公司4家。

股本结构：21家公司中国有控股公司为联保、长银、华鼎万诚3家；国有参股的公司为金港、恒大、天信和谐3家。其余14家

图 37　举办"诚实守信，远离非法集资"道德讲堂主题活动

公司为民营担保公司，无国资或国资背景公司参股。

银行授信：21 家公司授信总额超过百亿元，平均放大倍数约 5 倍。授信总额过 20 亿元的公司有联保、友阿 2 家，授信总额过 1 亿元的公司超过 10 家。暂无银行授信的 7 家。

业务状况：年内，21 家公司累计担保 43872 户，担保总额 225 亿元，在保余额 21.59 亿元。在保余额过亿元的公司 5 家，在保余额过 5 亿元的有联保、天安 2 家，未开展融资性担保业务的公司 3 家，仅开展一笔融资性业务的公司 1 家。

风险代偿：21 家公司融资性担保累计代偿 1.64 亿元，代偿率 0.74%，2015 年度代偿 1.06 亿元，代偿率 4.15%。做融担业务的公司均出现代偿，代偿超过千万元的公司 8 家，湖南友阿投资担保有限公司代偿近亿元。（周德才）

·表 7·

2015 年各小额贷款公司业务表

单位：万元

公司名称	注册资本	开业	2014 年公司业务情况表						截至 12 月底贷款余额	
			累计发放贷款		上缴税金	营业收入	实现利润	月平均贷款利率（‰）		
			笔数	金额					笔数	金额
和生小额贷款公司	8000	2010.5	50	5606	34.3	308	12.3	37	8188	8985
友阿小额贷款公司	20000	2010.11	115	32077	1375.6	2613.4	14.8	125	44393	43068.84
崇格小额贷款公司	10000	2012.12	41	4216	13.4	241.7	13	79	10935	10809
旺德府小额贷款公司	20000	2013.8	57	9532	51.6	706.37	13.3	93	18733	18438
山水小额贷款公司	10000	2013.11	119	10422	46.4	772.66	7.6	111	9661	9980
合 计		382	57637	1521	4642		445	91910	542	91280.84

（徐梦妍）

商贸服务业

【概述】 2015年，芙蓉区招商引资和项目建设、商贸流通和旅游服务进入发展新阶段，扩大了总量规模、推进了项目建设、增强了发展后劲。年内，完成社会消费品零售总额712.58亿元，增速10.3%。完成了实际到位外资6.02亿美元；完成了市外境内固定资产投资234.07亿元；实际引进省外境内资金87.08亿元；外贸进出口总额14.88亿美元；加工贸易811.4万美元；境外投资中方协议投资额5.43亿美元，促进了区域经济实力的提升。 （戴 颖）

招商引资

【概况】年内，渤海商品交易所、中南集团、上海复地、中海地产等知名企业先后到区考察，其中渤海商品交易所大宗商品交易中心、平安银行、中泰证券成功落户。全区开展招商资源摸底调查，挖掘各方资源，服务招商，包装策划项目，制作2015年招商手册。拓展引资领域。平安银行签约入驻；万家丽国际购物中心于12月19日开业；推进了九龙仓国金中心、上海世茂、新楚擎天广场、湖南投资泰贞项目建设。6月，启动浏河之心·芙蓉滨水文化产业带项目。11月，完成产业规划设计方案产业设计，制作招商宣传片、宣传PPT和宣传手册，并沟通自行车和观光车租赁系统招商项目与龙骧巴士、湖南安溪投资建设有限公司等运营机构，与中南集团、三一银行投资置业、中国铁建投资置业、上海宛城设计等公司对接沿河地块招商项目。年内，完成招商项目242个，其中外资项目12个、内资项目230个。

（戴 颖）

【渤海商品交易所华中区总裁到区考察】 4月13日，渤海商品交易所华中区总裁向东一行8人到区洽谈渤海商品交易所种子交易平台总部落户芙蓉区项目。由副区长彭娟带领区财政局、区商务旅游局、区CBD办、区金融办等负责人出席洽谈会。向东有意把渤海商品交易所湖南区域性总部落户该区，并与旺德府种业交易中心地块开展合作。彭娟在洽谈后表示要与其商榷项目相关细节，希冀该项目尽快落户。

【渤商所中部交易中心高管到区考察】 7月7日，渤海商品交易所常务副总兼中南区首席执行官孙启栋一行6人到区洽谈渤商所中部大宗商品交易中心落户芙蓉区合作协议。区委书记梁仲，区委副书记、区长于新凡，区委常委、区委办主任彭娟、副区长易新宇，区商务旅游局局长戴静、区财政局局长刘孟乾出席会议。孙启栋概述了企业情况及渤商所落户芙蓉区的需求。彭娟和戴静真诚地解答渤商所提出的问题。梁仲表示希望渤商所能与芙蓉区携手合作，推进区域经济的发展。

【“浏河之心·芙蓉滨水文化产业带”规划设计成果评审会召开】 8月18日，“浏河之心·芙蓉滨水文化产业带产业规划设计竞争性磋商成果”评审会在隆平国际会展中心举办。区委书记梁仲，区委副书记、区长于新凡，区委副书记罗玉环，区委常委、常务副区长谭雄伟，区委办主任彭娟、隆平园总经济师易鹰及相关区直部门主要负责人出席会议。该次评审会有7家来自国内外知名规划设计机构递交的设计成果入选。芙蓉区诚邀中国城市规划设计研究院副院长杨保军、湖南大学建筑学院院长魏春雨等7名知名专家学者组成专业评审小组，邀请纪检监察等部门参与，评审参选的设计成果，经过规范的评审流程，上海天华建筑设计有限公司中标，中标结果于2日后由招标公司对外公布。实施该次招标的核心理念是“都市慢生活、休闲浏阳河”，要整合浏阳河沿线的汉文化、水文化、稻文化、民俗文化，实施水面、岸边、岸上立体综合开发，建设成为“名河为轴、名歌相伴、名人对望、名址留步、名景留影”的世界级文化旅游项目。

【四家省外客商到区考察项目】 8月25日，上海天华设计、天华迈卓管理咨询、香港九龙资产管理有限公司、中国交通建设集团有限公司、甘肃天源投资集团4批次客商到区考察浏阳河文化旅游产业带项目。区委书记梁仲、区委副书记罗玉环、副区长易新宇、隆平高科技园总经济师易鹰等领导，区财政局、规划分局、农林水局、商务旅游局、发改局、CBD办、城建投、浏阳河产业带办公室等相关部门负责人应邀参加接待。浏河之心·芙蓉滨水文化产业带产业设计全球招标的启动，带动了大批开发商和运营商到芙蓉区投资吸引了农产品期货交易所为代表的新金融业态，以物联网云服务为内涵的智能商务，以“文化艺术+体验”为标志的跨界型特色商业入驻，共同把浏阳河东畔近10千米水岸蝶变成生态绿廊、文化蓝带与休闲产业活力圈交织的都市新地标。

【梁仲到湖南龙骧集团考察合作项目】 11月4日，区委书记梁仲率浏阳河产业带管委会、区商务旅游局、区城建投等有关部门负责人到湖南龙骧橘子洲旅游服务开发有限责任公司考察合作项目。梁仲一行考察了橘子洲电瓶车运营系统、景区运营管理以及该集团下属子公司九洲龙骧的水上旅游船务系统，并与龙骧集团负责人交流探讨该集团进驻芙蓉浏阳河文化旅游产业带陆上、水上交通运营的计划。

【易新宇到京推介芙蓉区重点项目】 11月19日，副区长易新宇率区商务旅游局、金融办负责人到北京约见中国生命科学学会、中生金控、泛华集团、北京应用时代公司的负责人，推介浏阳河文化旅游产业带及隆平新区项目用地的优惠政策。中国生命科学学会秘书长陈群、中生金控副总裁曹振宇、泛华集团总裁杨天举、应用时代总裁王出席接见。芙蓉区与央企负责人交流打造浏阳河文旅产业带，引入核心产业进驻以及合理开发隆平新区用地。

【平安银行顺利签约芙蓉区】 12月30日，首届全国异地长沙商会联席会议暨长沙投资推介会在湖南佳兴至尊酒店举行。该次大会邀请了全国异地长沙商会及企业代表到长沙参会、考察，推介长沙投资环境和招商项目，带动湘籍企业返长投资，促成一批在谈项目签约落地。区委常委、常务副区长谭雄伟代表芙蓉区政府与平安银行有限责任公司长沙分行行长陈守中签约就平安银行长沙分行项目。平安银行全称平安银行股份有限公司，是中国平安保险(集团)股份有限公司旗下成员，为全国性股份制商业银行。2015年，平安银行向中国银监会提交申请，在长沙设立分行，落户芙蓉区内，计划于2016年初正式营业，并对长沙市城市建设基金授信300亿元。市委副书记、市长胡衡华，省政府副秘书长、市委副书记、湖南湘江新区管委会主任虢正贵，市委常委、市委统战部部长文树勋，副市长廖健等领导出席会议。（戴 颖）

商贸流通

【概述】 2015年，全区批发业完成零售额156.03亿元，增长12.9%；零售业零售额474.96亿元，增长9.4%；住宿业零售额11.65亿元，负增长5.2%，餐饮业零售额69.93亿元，增长13.3%。全区限额以上商业企业371家，限额以上企业零售额320.43亿元，同比增长2.4%。

推进区域消费。开展“芯动芙蓉·快乐Shopping”第三季系列活动，陆续推出“好享go go购”“吃货大联盟”“浏河购房季”“玩咖狂欢派”等主题促消费活动，拉升全区消费热度。做好市场提质改造工作。组织相关部门负责人到上海、杭州和苏州等城市调研农贸市场的先进经验，并摸底辖区农贸市场情况，制订“芙蓉区农贸市场提质改造方案”“芙蓉区农贸市场规划示意图”；按照区委、区政府的要求，启动天伦、燕山街和清水塘市场的提质改造及望龙村白竹坡路农贸市场的新建工作；配合市网点办提质改造火星农贸市场的工作。完成马王堆蔬菜批发市场搬迁至长沙县黄兴海吉星国际农产品物流园的前期工作。根据区委、区政府安排，区商务和旅游局负责综合协调和日常联络工作，通过多次执法行动和现场办公会议，市场及周边的治安问题和环境、市容整治和周边次干道的交通秩序问题得到改善。马王堆蔬菜批发市场旁的天伦农贸市场重新启用并提质改造，吸收因市场外迁外流的商户，解决周边居民日常买菜需求。完善商贸保障体系。按照市商务局肉菜追溯办工作要求，11月启动公开招标工作，12月底完成为民办实事目标中15个节点的建设任务。申报重点仓储建设和过渡性仓储工作。年内，特格尔医药园项目开工；建设苏宁云商主体项目完成望龙村、东岸村和荣昌鞋厂作为过渡性仓储建设用地设计方案。发展地铁经济。为2号地铁线沿线的万家丽国际商务中心、擎天广场、芙蓉广场等项目牵线搭桥，引进银行、互联网企业、特色商贸等项目；推动沿线商圈提质升级，壮大地铁经济。开展行业安全生产管理工作，制订消防安全生产方案，检查辖区内商贸和旅游业安全生产情况，防范重、特大安全生产事故发生。（戴　颖）

【商贸消费季活动】6月6日，“芯动芙蓉·快乐Shopping”第三季开幕式在阿波罗商业广场前坪举行。该次消费季再次传承政府搭台、企业唱戏、社会协同的合作模式，以“吃、住、游、购、娱”为内容，开展惠民、利民促销活动。活动囊括“好享go go购”“吃货大联盟”“浏河购房季”“玩咖狂欢派”等主题活动，带动芙蓉区传统商贸业、餐饮业、房地产业、服务业产业转型升级和创新发展，该次消费季持续至11月底结束。该次消费季活动还首次把电商融入购物嘉年华中，满足“互联网时代”新型消费者的需要，助推芙蓉区消费增长，构建销售者与消费者和谐共处及互利共赢的局面。（戴　颖）

·专业市场·

【概况】2015年，芙蓉区专业市场建设按照“转型发展、稳中求进”的目标，推进五一商圈、浏阳河以东新兴商圈、火车站商圈等商业中心的培育繁荣，建设万家丽国际MALL（购物中心）、马坡岭商业中心、东岸商贸中心等新型商贸项目，提质马王堆、三湘南湖、朝阳IT等专业市场，以阿里巴巴·长沙产业带为载体建设一批示范性电商基地。建成和改建商场、市场42万平方米，引进和打造湖南有色金属交易所、湖南银楼金属现货交易市场等电商巨头。（苏　洁）

【万家丽国际购物中心】全球最大的单体（高层）建筑——万家丽国际购物中心是由万家丽集团董事长黄志明独资修建，集观光、旅游、休闲、展览、销售于一体的巨型商业购物中心，为消费者提供超五星级的城市体验、时尚购物中心。

万家丽国际购物中心紧邻城市主干道万家丽路与荷花路的东南角。于2011年初动工建设，2012年9月主体建筑完工，2015年12月19日建成开业。万家丽国际购物中心集名车、飞机、生活、居家、奢侈品、高档商品、星级酒店、超AAAAA级写字楼等项目于一体，提供购物广场，具备休闲、娱乐、商务、酒店、旅游、购物、文化等城市功能。开创视频网络销售，其国际营销总部基地的年销售额预计200亿元，年税收额近3亿元。确定入驻的国际国内品牌超过5000个。2013年9月10日，世界贸易中心落户万家丽国际购物中心，为湖南省唯一的签约合作机构，并与纽约、东京、北京、上海等处于世界贸易中心体系的城市拥有同等地位，共享全球近400座城市、超过75万家企业所构成的全球商贸网格。万家丽国际购物中心以“世界最大的鼎”“世界最大的印章”“世界最大的聚宝盆”等文化寓意为底蕴设计与建设，成为“长沙商业地标”“文化旅游景点”，为湖湘打开通向世界的窗口。

作为长沙首个“地铁上的商场建筑”，万家丽国际购物中心享有4个地铁出入口，地铁2、5号线在该处中转，未来1、3、4、6、7、8号线可在该处连接长株潭城际轻轨、黄花机场、高铁南站、长沙西中心等交通枢纽。万家丽路和已通车的湖南首条城市BRT（快速公交系统）万家丽高架快速路在其脚下交会，带来空中、地上、地面、地下四层立体交通的发展。

万家丽国际购物中心总建筑面积62万平方米，主楼42万平方米（超过迪拜哈利法塔8万平方米），地上27层、地下3层，设有电梯162台，停车位3600个。该中心拥有目前全球建筑物顶层最大的停机坪，设有直升机降落点8个，可停靠直升机118架，室内通道长38千米。万家丽国际购物中心为自主产权，不对外销售，属于完整税源地。

万家丽国际购物中心内按物业功能划分为：国内最大的文化广场、国内最大吉尼斯餐饮广场、万家丽时代生活购物广场、万家丽国际购物广场、世贸购物广场、万人迷综合商业广场、世界贸易中心写字楼、万家丽酒店、万家丽文化酒店、万家丽公寓酒店及空中旅游企业。开业后带动3万人就业。11—12月，该中心联合

图 38　万家丽国际购物中心

5000余家商户举行数场招聘会，吸引求职者应聘。可安排就业安置各类员工1.7万人，带动和安置就业3万人，预计年销售额近50亿元，年税收额近1.5亿元。

（苏　洁）

【万家丽家居建材广场】万家丽家居建材广场成立于2002年2月28日，员工45人。位于万家丽大道与荷花路交汇处的万家丽广场，经营面积达78万平方米，形成湖南建材流通规模市场群，是中南地区专业建材装饰产品的流通聚集地。

万家丽家居建材广场为6层，一楼：室内陶瓷城；二楼：室内精品洁具城、木地板城；三楼：门业城、墙纸、五金、布艺城；四楼：橱柜城、楼梯城、厨卫电器城、灯饰城；五楼：家具城。

家丽家居建材市场分别被评为“全国标准化管理市场”“全国规范化管理市场”“全国五星级市场”“全国首批绿色建材市场”“创建湖南诚信单位先进集体”“湖南百城万店无假货示范市场”“湖南诚信之星行业最佳示范单位”“湖南十大诚信市场”及历年被省、市评为“消费者信得过单位”，“万家丽”品牌被授予“湖南省著名商标”称号。万家丽家居建材市场是国内建材市场行业首家通过国际综合体系（ISO 9001质量管理体系、ISO 14001环境管理体系、OHSAS18001职业健康安全管理体系）认证的企业，并获得认证证书。

万家丽家居建材广场打造“经营品牌的品牌市场”，带活一方经济，造福一方为己任，打造建材家居超市。以第一家向社会上公开承诺“全市最低价公约”、首批“绿色建材市场”、首创“诚信市场、先行赔付”的售后服务承诺，首创“售后服务质量跟踪管理”“商场化管理、市场化经营”“经营经营者的经营者”的模式，成为国内建材流通领域最先进业态的典型。作为中南地区的家居建材流通商务中心，万家丽家居建材市场服务于合作伙伴和消费者，在商务拓展和行业交流等方面付出努力，举办商务活动，其中每年一届的“湖南家居建材节”“橱柜博览会”“陶瓷文化艺术节”“湖南精品家具博览会”“湖南国际精品门窗展示会”等活动是国内外生产厂家和消费者面对面交流沟通的节日盛会，每次展会观摩的客商和消费者踊跃参加。2004年2月，长沙市人民政府把原火星大道更名为“万家丽大道”，原火星大道与荷花路交汇处命名为“万家丽广场”，天际岭隧道命名为“万家丽隧道”，车站命名为“万家丽车站”，使万家丽成为全国首家一路、一广场、一车站、一隧道的企业，成为地方标志。（年鉴编辑部）

【三湘南湖大市场】湘湖管理局局属企业三湘南湖大市场实业总公司（以下简称总公司）成立于2002年，是一家安置型企业，现有湘湖籍职工1565人，占地28.2公顷，总建筑面积42万平方米，含家电城、灯石城、建材城、汽配城、富丽华大酒店（俗称“四城一酒店”）。

2015年，三湘南湖大市场实业总公司战胜多重困难和挑战，推进5个方面工作进展：完成经营指标。完成家电城、灯石城、建材城、汽配城、富丽华大酒店各项指标任务，实现总收入2.47亿元，为年度总任务的111%。拆违拆迁平稳有序。针对因历史原因存在较大面积的历史违法建筑情况，各企业配合管理局机关做好企业职工和经营商户的政策法规宣讲和拆违动员工作，安置经营商户106户，拆除市场范围内经营仓库和门店120个、1.3万平方米。配合城际铁路建设项目第二批拆迁要求，妥善安置商户，完成建材城建材区8幢4431平方米的拆迁任务。提质改造成效明显。家电城结合1～4幢加固改造工程，投入资金2000万元同步改造整体消防安全系统，分批办理施工许可证6本，建成安全监控体系。9月恢复营业。投入资金近1000万元，改造李文锁城、火炬路物流区门店等市场区域。富丽华酒店投入1030万元改造和更新硬件设备。建材城和汽配城配合相关部门和社区整治建材二区、湘湖一村、东湖新寓等农安小区市场，提质改造留园路、湘湖南路。安全生产保障增强。吸取“11·29”事故教训，组织职工参加消防安全培训和演练，成立一支由25名职工组成的消防义务队，完善消防设施系统，明确消防安全检查责任制；汽配城建成网格化的消防安全管理体系，在用品区加建消防水池和专用消防用水管道；建材城明确责任到人，每月开展消防安全大检查，配合管理局开展各类消防安全宣传教育活动；灯石城组织员工参加消防演练大比武和消防演习等活动，每两周开展消防设施检查，消防整改灯饰C栋仓库；富丽华酒店建立安全生产委员会和领导小组，做到每日有消防巡查记录、每周有消防安全工作汇报、每月有消防安全大检查，培训和考核员工消防意识。推进转型升级。在经济发展新常态和互联网经济冲击的大背景下，家电城通过多元化活动、多网络传播方式加大新装开业宣传力度，为商户树立信心，打响市场知名度，提高社会影响力。汽配城打造三湘购电商平台，12月12日上线，入驻店铺100余家，品牌147个，商品超过3000种，推动了实体市场与电子商务的融合和发展。灯石城开展“民主评税、阳光征税”行动，为经营户减税减负。富丽华大酒店拓展网络等平台，在携程网、艺龙网等平台上的评价为湖南省同星级酒店第一名，增加每日对接网络客人信息工作，以便信息共享服务顾客。年内，富丽华大酒店获中国旅游饭店业协会“第三届中国饭店金星奖”；获省旅游局“2014年度旅游星级饭店优秀品牌奖”、省旅游饭店协会“第二届湖南饭店金星奖”。汽配城被评为芙蓉区“两型示范市场”“中国汽车流通业诚信示范市场”。（刘武强）

【东岸建材市场】湖南东岸装饰建材批发大市场是经湖南省人民政府批准，由湖南东岸装饰建材批发大市场有限公司独资兴建的专业化装饰建材批发大市场。该市场位于人民东路浏阳河大桥东侧，东临京珠高速，南挨隆平水稻博物馆，西依双杨路和浏阳河风光带，北接远大路。

东岸建材占地7.33公顷，总投资5亿元，筹建于2004年6月，2006年初落成，7月开张营业。市场建筑总面积5万平方米，有东、西两栋精品楼室内卖场近2万平方米，钢结构仓储门面17栋。市场最初定位为面向长沙地区的建材批发市场，由于开发商经验欠缺，导致招商工作中所招纳的经营业主有一部分不具备从事建材批发的实力和能力。自从湖南东岸装饰建材批发大市场有限公司接手后，董事长舒建湘于2009年实施改革，淘汰劣质商户，从省内外招进建材总代理和厂家，定位为面向全省的、以板材批发为主的专业大市场。

市场主营板材，兼营五金、水暖、油漆、门业、地板、窗帘、灯饰等，汇集全国80%以上的知名品牌，来自湘、鄂、冀、鲁、浙、桂、闽、粤等省的批发商230多户，安置含本地剩余劳动力在内的5000人就业，带动东岸片区的物流业，东岸村、东宜社区及周边各安置区的房屋租赁业，促进隆平新区及星沙等房地产业，活跃本地经济。

市场重视团队建设和管理，聘请技术人才实行策划、营销、推广及内部管理，公司员工50人，80%具有大专及以上学历，中层管理干部平均年龄35岁。东岸建材坚持品牌路线，重视品牌宣传，每年投入广告宣传资金600万元，在省级媒体、地州市电视台和电台投放。东岸建材的品牌、产品质量和售后服务成为湖南省最具品牌影响力和号召力的建材批发大市场。

东岸建材专注企业文化建设，秉持“守法、守约、守信”“对经营户负责、对老百姓负责、对公司投资负责”的经营理念，建立企业管理制度，形成“塑社会信用、做诚信企业（业主）”的经营服务观。市场和经营业销售业绩攀升。2015年，东岸建材以销售总额30亿的成绩居全省同类市场之首。东岸建材2008年被评为长沙市“金牌建材市场”；2012年被评为芙蓉区“红旗党组织”；2012、2013年被评为东岸街道“党员诚信经营示范企业”；2013年9月代表长沙全体企业接受国家安全生产监督管理总局检查，并得到好评，被评为“安全生产标准化三级企业”；2014年被评为东岸街道“爱心慈善企业”；2015年东岸建材党支部参加“芙蓉区非公企业党建成果集中展示活动”获一等奖，且被评为2014年度芙蓉区“服务型红旗党组织”和“基层服务型党组织”。

东岸建材以实际行动关心民生问题、投身慈善事业：市场每年给东岸乡60～80岁的老人送上100元慰问金，80岁以上的老人送上200元慰问金；为弘扬传统文化，丰富周边老百姓的精神、文化、娱乐生活，每年赞助浏阳河龙舟赛；每年捐资2万支持慈善事业、捐资3万支持环保事业；每年“六一”派青年员工看望当地小学师生；每年鼓励员工参加义务献血。

“一手好板，源自东岸”“东岸建材，湖南板材批发领跑者”作为芙蓉区本土私营企业，矢志努力为“财富芙蓉、智慧芙蓉、魅力芙蓉、幸福芙蓉”的建设添砖加瓦！ （姜　锋）

【大汉建材城】 大汉建材城是大汉控股集团有限公司于2007年投资兴建的综合性家居建材城，位于人民东路与红旗路口，占地16.67公顷，2009年9月29日开业，2010年8月板材区二期开业，2011年市场改为批发与零售并存模式，2012年被列入长沙市最大建材市场之一。大汉建材城的注册资金200万元，2015年资产总额1588万元，所有者权益499万元，净资产299万元。

大汉建材城坚守诚信经营、品质至上的经营理念，秉承“资本＝责任 业绩＝财富”的企业价值观，受到消费者的认可与信任，得到政府部门和集团公司的认可。2010年7月，被长沙市建筑装饰装修行业协会材料委员会评为副主任单位；2014年1月10日，被长沙市安全生产协会评为安全生产标准化三级企业（商贸）；2009年、2013年、2014年被大汉控股集团有限公司评为2014年度先进单位等荣誉。

大汉建材城聚集商户资源和品牌资源，有新中源、蒙娜丽莎、特地、壹加壹、天伟等陶瓷品牌，有兔宝宝、万象、福相等板材商家，有星港、梦洁、晚安等家居品牌，有飞利浦、TCL、朗能等灯饰品牌，有湖湘木业、香港福林、宏森板材等厂家直营店、旗舰店等建材品类、产品、款式齐全，顾客能享受一站式购物的便利。

大汉建材城合法经营，依法纳税，缴纳税费3000余万元。落户农科院项目部后，成为长沙城东规模最大的家居建材市场，带动周边建材市场同步发展；解决近万人就业，并提供就业平台。

（黎　宏）

·表8·

年销售亿元以上专业市场销售情况表

单位：万元

	摊位出租数	销售额（万元）	营业面积（平方米）	摊位出租率(%)
合 计	11446	4801224	933579	97.4
长沙市华海电脑数码广场有限责任公司	349	15431	20000	68.3
长沙国储电脑城	468	190674	14000	93.6
长沙鼎星投资咨询有限公司合峰电脑城	566	90072	14000	87.1
长沙金苹果大市场	2000	59114	22000	100
马王堆陶瓷建材新城新合区	496	50862	71220	100
马王堆陶瓷建材城新大宇区	205	34342	26000	100
长沙市马王堆陶瓷建材城恒广区	1017	261811	21357	100
马王堆蔬菜批发市场	1000	666010	133000	100
马王堆海鲜水产批发市场	305	484735	13340	97.4
湖南省三湘南湖大市场	4014	2385465	464062	100
长沙市宝新通信器材批发市场	71	15897	1500	100
长沙文化广场定王台书市	421	100694	13100	100
湖南黄金之城珠宝有限公司（黄金之城珠宝交易中心）	38	182520	20000	76
湖南万家丽家居建材市场	496	263597	100000	99.2

旅游服务

【概况】 2015年，区商务旅游局丰富旅游产品，完善旅游接待基础设施，指导旅游企业增强安全生产管理，提升接待服务水平。年内，全区旅游总收入302.77亿元，其中国内旅游收入290.38亿元，入境旅游收入19061万美元；接待旅游总人次2128.19万人次，其中国内旅游者2100.87万人次，入境旅游者27.32万人次。

区商务和旅游局定期指导各旅游企业改善内部环境、完善基础设施。辖区有星级饭店22家，其中五星级饭店3家、四星级饭店7家、三星级饭店11家，其他宾馆、旅社、招待所1161家，床位38187张（2012年普查数据）；旅行社109家，其中出境社15家，具有经营台湾游资质的旅行社4家，旅行社分社、网点180家；五星级餐馆4家，五星级农家乐1家（东湖金山休闲度假村），长沙市特色旅游示范点2家（颐而康、锦东红瓷），AAA级旅游景区1处（浏阳河婚庆文化园）；全年备案7家旅行社分社、28家网点，复核6家单位的年度常规性。宣传、倡导文明旅游，印制“社会主义核心价值观”“中国公民出境旅游文明行为指南”“中国公民国内旅游文明行为公约”等宣传资料发放到辖区星级饭店、旅行社、景区，提高辖区旅游行业整体服务水平。为保障辖区旅游市场平安、有序发展，增强安全生产管理。全年组织开展“安全生产打非治违集中行动”“全省旅游质监执法异地交叉检查”“五一”小长假旅游市场规范检查、“5·19旅游日宣传”主题活动、火车站及周边旅游市场联合执法检查、旅行社合同专项整治督察等活动，全年出动检查人员近100人次，发现和制止安全生产隐患和事故发生。

（戴 颖）

【旅游行业先进人物事迹报告会】 1月7日，“2014长沙市旅游行业先进人物事迹报告会”在圣爵菲斯酒店举行。在“312”旅游人才选拔培养工程（该工程计划用5年左右的时间，选拔30名旅游首席专家、100名旅游创新创业领军人才和200名旅游发展带头人，简称“312”）、“百佳导游员”和“最美旅游人”选拔活动中，区商务旅游局组织并指导辖区优秀旅游企业及个人申报相应奖项，经过评审，华天大酒店董事长陈纪明和通程大酒店总经理郭虎清被授予“长沙市旅游首席专家”称号；长沙国旅总经理黄朝晖、华天大酒店总经理吴莉萍以及富丽华大酒店总经理刘建文等5人被授予“长沙市旅游创新创业领军人才”称号；湖南中铁国际旅行社总经理熊德祥、湖南幸运旅行社总经理孙阳等4人被授予“长沙市旅游发展带头人”称号；通程大酒店陆翥恒、长沙国旅严春霞被授予“长沙市最美旅游人”称号；长沙国旅奉丽萍、湖南虹桥国际旅行社郭慧玲等人被授予“长沙市百佳导游员”称号，展示了全区旅游行业的精神风貌。

【“文明旅游·快乐出行”活动】 2月6日，全市道德讲堂“文明旅游·快乐出行”主题活动在芙蓉区举办。该次活动把“文明旅游·快乐出行”主题贯穿在“作一次自省、听唱一首歌曲、学一个模范、诵一段经典、学一些知识、发一个善心、行一个大礼、做一件善事、送一份吉祥”流程中，使与会人员明白“文明旅游”的意义，旅游工作者在“文明旅游”中发挥的作用。该活动由市文明办、市旅游局、区委宣传部主办，区文明办、区商务和旅游局承办。市文明办副主任杨立平，市旅游局副局长廖双寅，宣传部部部长伍艳飞，副区长张庆和，市旅行社协会会长黄朝晖，市旅游饭店业协会会长郭虎清出席活动。辖区各星级饭店、旅行社、旅游景区、特色旅游示范点代表和市民群众等160人参加活动。

【约谈涉诉旅游企业】 6月12—14日市民对辖区某旅行社的举报案件，区商务旅游局根据市民举报内容，开展火车站旅游市场秩序暗访工作。17日，约谈某涉诉企业，要求旅行社负责人针对举报内容做出相应情况的说明，按照约谈内容和要求开展自查，反思并存在的问题，立即改正，保证遵守《中华人民共和国旅游法》，依法治企，改进旅游服务质量。

【参加2015湖南（第六届）旅游休闲博览会】 10月16日，2015湖南旅游休闲博览会在长沙红星国际会展中心开幕。为宣传与推广芙蓉区特色旅游商品，开拓旅游市场，区商务旅游局局长戴静率辖区重点旅游企业锦东红瓷和明园蜂业等参会。该届旅博会由湖南省旅游局主办，潇湘晨报、中南国际会展有限公司承办，引入“主宾省”展区：从广东、湖北、江西、广西或港澳台地区，选择战略合作地区作为主宾省，推介主宾省的优势旅游资源及产品。主宾省组织当地旅游采购商在旅博会现场洽谈及签约合作项目。展区由主宾省旅游展区、国际及港澳台旅游展区、国内旅游展区、省内市（州）旅游展区、县域旅游展区、高铁沿线主题旅游展区、户外旅游装备展区、旅游大卖场展区、旅游交通展区、智慧旅游展区等板块构成，内容涵盖“食、住、行、游、购、娱”旅游要素以及旅游新业态、综合服务等内容。该次旅博会活动中，芙蓉区锦东红瓷推出的产品“釉中马到成功三件套”获湖南特色旅游商品评选大赛银奖。

【星级饭店复核工作会议召开】 12月8日，芙蓉区2015年度星级饭店复核工作情况通报会召开。市旅游局副局长廖双寅，副区长易新宇，市旅游局行业管理处副处长许云，中南林业科技大学副教授朱玲，区商务和旅游局相关负责人及辖区银华大酒店、新天宾馆等星级饭店总经理、内检员等出席会议。区商务和旅游局高度重视星级饭店复核工作，专门成立芙蓉区旅游饭店星级评定委员会，邀请专家组采取暗访形式，按照“全面、真实、客观、专业”的工作要求，重点对各酒店服务质量、管理制度、运营质量等方面进行全面检查，全面完成辖区星级饭店评定工作。在本次会上，有10家参与复核的酒店汇聚一堂，集中进行点评和交流，创新通报会形式，受到辖区企业的好评。（戴　颖）

交通·邮电

交通运输

【概况】2015年，芙蓉区交通运输局（以下简称区交通局）贯彻落实科学发展观和全区各项工作部署，创新工作思路，化解各类矛盾，推进依法行政规范管理，推动交通运输综合管理全面、协调、可持续发展，满足公众出行和维护道路运输正常秩序，完成各项工作任务。

规范道路运输管理。3月16日，区交通局印发“关于对芙蓉区非常住人员申请办理货运车辆《道路运输证》的相关资料进行调查核实的通知”，规范非常住人口办理“道路运输证”行为，联合公安、湘湖管理局、各街道办事处调查核实辖区内申请办理货运车辆“道路运输证”的非常住人员的《居住证》及房屋租赁合同，由13个街道（局）提供辖区内非常住人员相关居住证明，辖区公安派出所在《居住证》复印件上加盖公章并签署意见证明其真实性。全年辖区新增许可货运车辆87台，迁出转籍车辆608台，保证新增车主必须是居住在辖区内的居民。

增强运输安全监管。区交通局把握市场准入关，现场开厢查验检查年审的厢式货车，有否非法改装，并实行拍照留档备查，防范货运车辆非法改装拼装、改装上路营运行为。达不到经营资质条件和安全要求的车辆不予办证和年审。调整安全生产领导小组成员，制订“区交通运输局2015年安全生产工作要点”，建立隐患排查治理长效机制，按照“全覆盖、零容忍、严执法、重时效”的工作要求，全年开展交通运输安全生产大检查8次，检查客货车辆4000台次，查处违法行为1117起，整改隐患12起。增强安全法规常识宣传力度，在春运、清明、“五一”等重要节假日期间，在客运中心站、人员流动性大的主要场所，悬挂横幅标语20幅，制作宣传栏4块，向驾驶员、经营者发放警示教育宣传资料5000份。

打击非法营运。区交通局会同市交通行政执法局第五大队、区公安分局治安二大队、区交警大队八中队、区工商分局、区商务旅游局、火车站综管办、火车站派出所等职能部门及朝阳、五里牌、马坡岭街道、湘湖街道等，开展长沙火车站、汽车东站及其周边地区的客运市场秩序管理，重点整治八一路、人民路、车站路、友谊阿波罗广场、湘雅附二、省人民医院等路段、区域，开展打击非法营运工作延伸至辖区各个角落。全年查扣各种非法营运车辆655台，违规线路牌50块，处罚非法营运车辆414台，罚款642万元。《长沙晚报》以《持续高压黑车司机被迫“漂白”长沙火车站客运秩序取得好转》为题，报道辖区打击非法营运工作亮点。

治理超限超载。区交通局规范源头管理，摸底排查辖区企业，联合辖区内工商所、质监所、安监站清查货物运输源头单位，建立全区治超监管台账。开展专项行动打击货物超限运输和货运车辆违法违规行为，在马王堆街道汇源物流市场周边、汽车东站及其周边地区、城乡接合公路等地段设立流动检查点，全年检查车辆8500台，处罚329台，批评教育850台次。加大宣传力度，设立街道交通站，配备治超专干，聘用信息员，由街道划定区域，实行分片负责，劝阻非法超限超载行为，及时报告事故隐患和突发事件，形成群防群治社会化网络监管。

增强公交基础设施建设。区交通局配合市局做好长沙市“十三五”综合交通发展规划编制工作，提出辖区内公交站场建设意见，推进公交基础设施建设，完善城区公交首末站，全年协调建设3处公交首末站（营盘路浏阳河大道桥下、望龙路紫御江山前、红园路寒欢园前坪地段），促进辖区公交市场稳定、有序。

农村公路养护。区交通局把辖区农村公路养护工作重点放在东片区（东岸街道、马坡岭街道、东湖街道），提质改造东湖街道龙马社区红园路长1.27千米的简易公路，方便附近居民群众出行。

（陈玄灿）

【综合部署交通运输工作】 5月17日，区政府召开治理车辆超限超载、打击非法营运工作调度暨道路运输安全生产“打非治违”集中整治行动工作布置会。区长于新凡，副区长蔡冰出席会议。会议由区政府副调研员尹上敏主持。区打非领导小组成员单位、区治理车辆超限超载工作领导小组成员单位负责人、各街道（园、局）分管负责人参加。区交通局负责人宣读“2015年芙蓉区道路货物运输安全生产‘打非治违’集中整治行动工作方案”。蔡冰对治超、打击非法营运和货物运输“打非治违”工作提出要求。于新凡做出重要指示，强调各单位要时刻吸取“7·19”“11·29”等安全事故的教训，落实责任，保障人民群众生命财产的安全。

（陈玄灿）

邮 政

【概况】 中国邮政集团公司长沙市芙蓉区分公司（以下简称区分公司）下辖车站中路、朝阳路、曙光路、五一中路、蔡锷中路、定王台、八一路、南湖市场、火星大道、省委大院10个邮政营业网点，员工126人。2015年，完成业务收入4206万元，其中邮务类收入1848.6万元，增幅24.38%，代理金融业务收入2357.4万元，增幅6.14%。邮储余额稳步发展，余额规模12.4亿元。至12月31日，集邮收入704.7万元，增幅32.17%；保险收入154.3万元，增幅92.97%。所辖车站路邮政所纯邮务类收入215.6万元，列城区纯邮务类网点第二。该所下设的集邮专卖店店长谢娟被长沙市邮政公司授予“2015年度营业员岗位标兵”称号。区分公司被长沙市邮政公司评为“2015年通信服务质量管理工作先进单位”。

亮点突出，推进快递业务发展。2015年，小包收入有大幅增长，国内小包业务完成13.26万件，收入97.98万元，比上年增加4.63万件，增长53.65%；去年同期收入67.43万元，增加30.55万元，增长45.29%。2015年新增合作快递包裹单位25个。

创新理念，传统业务焕发生机。2015年是区分公司成立集邮专卖店的第二年，集邮客户基础逐步完善。区分公司通过发行生肖邮票造势，利用举办集邮鉴赏会、并尝试员工微信营销，利用集邮微信分销平台，形成全区微店的连锁效益，创收4万元。长沙集邮专卖店推出生肖首发式会员尊享服务，吸引1000人参加首发式，现场销售80万元。召开生肖首发式、拜年首发式及邮品鉴赏会3场次，实现收入122.2万元。

抓好服务质量，提升客户满意度。区分公司在抓生产经营的同时也注重对服务质量的管理。2015年，区分公司按照“6 S”管理要求，每日清洁整理，每周五大扫除，做到四净四无，生产现场干净整洁。举行服务礼仪培训，规范员工服务礼仪，言行得体。包裹收寄质量严要求，做到内件验视100%、身份证实名制100%、全名址录入100%、面单粘贴合格100%（邮件包装箱最大面）、封装合规100%。重视收寄安全。每日按规定做好进口邮件话传领取，逾期邮件及时催领、清退，日终对邮件平衡合拢，档案按规定及时上缴。无着邮件慎重对待，三级审核清退。优质的服务得到客户表扬，被长沙市邮政公司评为“2015年通信服务质量管理工作先进单位”。

排查安全隐患，保障安全生产。区分公司在办公室和网点悬挂安全生产月横幅，张贴安全生产宣传画，提高网点人员安全意识。组织全体员工学习“应急处理各类突发事件安全提示”和灭火器的使用。督促各网点每月在监控下开展防火防抢安防预演，安全履职检查3次以上。落实网点安全责任制度，强调资金风险防范制度。召开安全生产会议，在全局开展安全生产大检查，杜绝安全隐患发生。

开展学习“三严三实”活动。区分公司，组织党员和入党积极分子开展“主人杯”竞赛活动。要求党员发挥先锋模范作用，带动身边的职工群众参与。班子成员带头勤奋工作抓好学习，改进工作作风。分公司部门工会开展扶贫帮困活动，以精神慰问帮扶为主，适当给予资金和物资帮扶。帮扶率达100%。

【机构和管理职能调整】 为加快区域业务发展的步伐，整合现有各类资源，增强代理金融业务的管控和调度能力，经省公司审批同意，增设金融营业局。2015年9月15日，原区分公司10个代理金融网点的支行行长、综合柜员、大堂经理、理财经理、外拓经理、普通柜员和网点安保人员共75人成建制划入金融营业局。

（李　祥）

移动通信

【概况】 中国移动通信集团湖南有限公司长沙城北分公司（以下简称城北移动）位于芙蓉区五一大道800号。有员工284人，下设综合部、市场部、网络部和政企客户中心、宽带运营中心，共同为芙蓉区80多万移动用户提供多元化、差异化、个性化、优质高效的通信服务。

窗口服务。2015年，长沙移动城北分公司落实“客户为根、服务为本”的服务理念，为客户提供更加高效、实惠、安全、便捷的“优”服务。完善服务质量管理体系，开展服务质量对标工作，增强与客户的沟通互动，在各服务接触界面实施“客户满意行动”，促进服务形象的塑造和服务优势的传播。聚焦解决服务热点问题，建立客户投诉快速响应、完善解决，持续做好渠道网点服务监督，杜绝不知情定制投诉。增强客户服务管理，定期开展服务培训，提升一线人员客户服务能力，树立优质服务形象。推进网络建设，保障网络支撑；建立集团客户服务的分级管理体系，实现差异化服务，整合集团内部服务资源，提升服务水平。落实工信部存量非实名客户身份资料补登记工作要求，促进社会合作渠道移动电话用户实名登记率到位。全年围绕“百分努力，十分满意”开展各项服务工作，创新服务，攻坚克难，持续推进，打造优质服务体系。

网络建设。按照国务院提出的“提速降费”要求，开展芙蓉区移动通信网基础设施的建设，实现4G网络全覆盖，提升4G使用速率，支撑客户需求和市场发展全面。全年完成LTE（4G）、GSM（2G）和传输网等各项建设任务，建立基站近2000个，实现芙蓉区城区和城郊接合部以及所有写字楼、住宅小区的2/3/4G移动通信网络无缝覆盖。年内，持续开展网络质量提升活动，整体优化提升全网的信号覆盖，4G网络测试平均下载速率40兆比特每秒。

业务经营。聚焦4G业务发展，响应国家“提速降费”政策，提升客户套餐与流量的适配程度，提升客户网络及流量满意度，推出上千款高中低各档次4G终端，满足各类型客户需要，提高一线营业人员的营销水平，拉动客户流量增长，户均流量超400兆/月。扩充渠道建设。8大商圈等区域渠道建设，推进全区域的渠道覆盖。年内，建成全区各类型渠道500家以上，重点核心渠道300余家。全面提升自控渠道营销能力，落实实名制各项工作，完善社会化渠道营销服务体系。增强集客市场资源开发力度，聚焦MAS、专线、物联网等信息化业务，为家居、医疗、公安、酒店等领域提供跨区域的行业综合信息化方案，推动互联网与传统行业的融合，创造新的发展生态。

（李方方）

教育·科技

教 育

【概况】2015年，芙蓉区有区属中小学校36所（含完全中学1所，初级中学3所，小学32所），在职教师2300人，在校中小学生4.3万人。辖区内幼儿园105所，其中公办园21所（区属7所），民办园84所，在园幼儿1.86万人。民办培训学校63所。

学园建设。年内，建成大同三小、农园路幼儿园并投入使用；大同瑞致小学、东湖路幼儿园主体工程完工；二次装修白沙湾幼儿园。完成大同小学、双新小学、东风小学、黄土塘项目的征收拆迁工作；启动东风小学、大同小学新校园建设工作；完成34所学校提质改造；建成城乡学校少年宫2所。创建市、区“两型”示范学校4所，市“两型”标杆学校1所。增加公办幼儿园学位近千个，认定普惠性民办幼儿园43所，公办幼儿园和普惠性民办幼儿园数量占区域内幼儿园总数的63.3%。推行国有民办普惠园建设，改建南明苑小新星幼儿园。推进信息化建设进程，升级教育城域网内网。

队伍建设。创新师德教育，举办“做党和人民满意的好老师”为主题的第31个教师节庆祝活动和演讲比赛。启动“芙蓉教师宣言”主题师德教育活动，通过宣言征集、意见征求、专家评选、大众评审等环节，体现出“参与率高”“征求范围广”“评选把关严”“基层反响好”等特点。计划于2016年向全区教师和社会各界公布“芙蓉教师宣言”内容。年内，选派25名教师参与第二批新宁支教，开办党委中心组集中学习活动6次。组织学校（幼儿园）书记、校长（园长）、副校长分3批到浙江大学、复旦大学，芙蓉区素质教育基地学习培训，参训率100%。开办教师培训班12期，培训教师1176人次，培训覆盖率49.8%。1月19—21日，全国教师工作会议在北京召开，芙蓉区作为湖南省区县代表，以“凸显职能 创新方式 提高研训工作质效”为题在会上交流。

素质教育。组织第二批“体验式公民教育”德育项目试点校申报工作，14所学校成为第二批试点单位。推进国际交流工作，组织19所学校申报区级教育国际交流实验校。承办第四届中国小学校长大会“干部队伍建设与管理”分会场活动，育才三校“魅力园”校本体验课程及芙蓉“幸福教育”在会上推介交流。年内，全区学校参加国际及国家级科技发明比赛获得奖励20项，申报国家专利17项；“蓝丝带”公益教育活动项目、素质教育基地综合实践课程项目、青少年心理发展咨询评估与训练项目被评为全国青少年校外教育示范项目。组织全区师生参加各级各类比赛，教师获市级以上奖项2517项，其中国家级奖项164项；学生获市级以上奖项8128项，其中国家级奖项1498项，成果领先省市。

教学保障。按程序推进学校章程编制工作，编制教育局权力清单和责任清单，推进义务教育学校校长教师轮岗交流和中小学教育质量综合评价改革，依法治教工作经验在全市推介交流。出台“关于进一步规范教育系统财务管理 提高工作效率的若干规定”，理顺财务管理职能。开展各学校消防安全、校车管理、食品卫生安全等专项督察，朝阳小学通过省食品安全示范学校验收，马王堆小学接受公安部和教育部联合检查获好评。筹措资金，把湘一芙蓉第二中学建成国家高考工作标准化考点。开展规范社会办学行为专项治理工作，清理无证办学机构 14 个，连续 7 年被评为“市民办教育综合管理优秀单位”称号。

存在的主要困难和问题：区域教育体系中仍有中学、学前教育等发展短板；区域教育发展实力在内五区的领先优势逐渐缩小；学位压力仍然较大；教师工学矛盾较为突出；教育评价有待优化；教育信息化跟进不快，装备应用效益不高等。（黎银华）

图 39 校园科技节开场舞 “越飞越高”

【“传递胜利花 传承民族魂”开学第一课主题活动】 8 月 31 日，长沙市纪念抗日战争暨世界反法西斯战争胜利 70 周年暨全市中小学校“传递胜利花 传承民族魂”开学第一课主题活动在育才二小举行。活动中，少先队员为抗战老战士杨兵、东北抗日联军老战士李仁、八路军 129 师冀南军区老战士杨正明戴上胜利花。全国道德模范、全国劳动模范任菲莉，湖南省优秀共产党员张祖荣为少先队员佩戴印有“诚信”“友善”等字样的美德扣。在活动现场，播放抗战老兵电视视频，举行纪念抗日战争胜利暨反法西斯战争胜利 70 周年大型集邮展览。市关工委主任董学生，市委宣传部副部长、市文明办主任郑力虎，市教育局党委委员、机关党委书记、文明办主任胡慎信等出席活动。

【马王堆小学校园安全工作受检】 1 月 5 日，全国中小学校园安全工作驻湖南检查组，省公安厅、教育厅，甘肃省综治办等领导一行到芙蓉区马王堆小学开展冬季校园安全交叉检查。检查组一行通过实地考察、抽查保安现场演练、查阅安全制度文件、听取校方工作汇报，检查学校安保力量建设，专、兼职保安配备等情况，并给予肯定和高度评价。该校是全市唯一一所接受检查的小学。

【公开招聘教师】 4 月 18 日，芙蓉区 2015 年度公开招聘教师笔试在湘一芙蓉第二中学举行。该次笔试考生近 3000 人，安排在 41 个考场，分上午、下午进行。计划招聘中小学教师 86 名，其中小学教师 75 名，中学教师 11 名。涉及小学语文、数学、美术、信息、科学及中学数学、英语、政治共 8 门学科。该次招聘还首次按男女比例分招。年内，招聘的中小学教师 78 人全部补充到新建学校、扩班学校和缺编学校。区教育局组织近 180 人承担考务，设置医务室和饮水点，保障考生参考环境。

【学前教育学科带头人遴选工作】 4 月 9—10 日，区教育局、区学前教育协会在长沙市教育局幼儿园举行第一批学前教育学科带头人遴选活动。市罗晓红名师工作室首席名师、市人民政府督学罗晓红，市学前教育协会会长、市人民政府督学肖晓敏担任评委。遴选分为教学活动展示、现场评课、专业答辩、大众评审、综合考察等环节。市教育局幼儿园方娜、市人民政府机关第三幼儿园吴萍，区教育局德政园邹歆被授予“芙蓉区第一批学前教育学科带头人”称号。

【第二届“名教师”考评活动】 1 月 20—22 日，区教育局组织举办“名教师”考评活动。该次考核活动涉及语文、数学、英语等 7 个学科 11 堂课。采取随机抽取对应学科学段现行教材内容、随机抽取授课班级的方式现场答辩和课堂教学。每位参加考核教师提前 2 小时封闭备课，并于课后随机抽取答辩题在 5 分钟内现场解答。现场考核由学科专家组进行综合评定，邀请全体听课教师作为大众评审，现场无记名民意测评。依据考核结果研究认定 9 位教师为区级“名教师”（详见表 9）。

·表 9·

芙蓉区中小学第二届“名教师”名单

	姓名	学校	学科
小学	刘英姿	育才二小	语文
	范爱鸽	东郡小学	英语
	邓仕秀	育英小学	数学
	肖群雁	燕山二小	体育
中学	刘红星	长郡芙蓉中学	历史
	陈水章	长郡芙蓉中学	科技
	张奔胜	湘一芙蓉中学	数学
	黄晓珍	湘一芙蓉中学	物理
	刘昌荣	湘一芙蓉中学	地理

【第二届中小学名师工作室挂牌成立】 截至4月23日，全区认定的9个中小学名师工作室挂牌成立，并组织开展了首次活动。3月，区教育局根据“第二届中小学“名教师”评选办法”，经个人自愿申请，学校推荐申报，专家现场考核与群众测评，“名教师”工作领导小组考察等程序，历时1个多月，评选认定第二届区级名师9人，并以名师本人姓名命名工作室（刘英姿小学语文名师工作室、范爱鸽小学英语名师工作室、邓仕秀小学数学名师工作室、肖群雁小学体育名师工作室、刘红星中学历史名师工作室、陈水章中学科技名师工作室、张奔胜中学数学名师工作室、黄晓珍中学物理名师工作室、刘昌荣中学地理名师工作室）。

【农园路幼儿园开园】 2月27日，农园路幼儿园开园。该园是芙蓉区政府投资建设的一所公办幼儿园，位于马坡岭街道农园路，占地0.67公顷，建筑面积4000平方米，按省级示范幼儿园的标准建造和配置。该园内布局合理、环境优美、设施完善，分小班、中班、大班三个年龄段，可开设12个班级，容纳约360名幼儿园入园。

【芙蓉区学前教育经验在全省推介交流】 4月23日，湖南省第四届学前教育管理论坛在长沙举行。会上，芙蓉区作为区县代表以“走内涵发展之路 提升学前教育品质”为题做专题报告，从“强化政府统筹 夯实基础保障”“创新内部管理 增强核心竞争力”“推动自主发展 激发有效动力”方面介绍和展示芙蓉区学前教育工作的主要做法及其成效。

【幸福游戏课程展示活动】 4月24日，参加湖南省第四届学前教育管理论坛的120名代表到德政园幼儿园观摩“幸福游戏 你我同行”主题活动。该次活动分“幸福游戏我做主”“幸福课间操我做主”“混龄区域活动我做主”“6S管理我做主”项目（6S即整理SEIRI、整顿SEITON、清扫SEISO、清洁SEIKETSU、素养SHITSUKE、安全SECURITY）全面展示该园的幸福游戏课程。省教育科学学院基础教育研究所所长林宏华参与活动。

【“亲近母语”研讨活动】 6月3日，由区教育局承办的“亲近母语”国家级基地研讨活动在育才小学举行。该次活动包括主题座谈交流、讲座、儿童诵读课、文学阅读课等环节，课文载体涉及童谣、神话、文言文、主题阅读等内容。亲近母语创始人、儿童阅读推广人徐冬梅，亲近母语研究院执行院长杨爱萍，省、市教育部门领导和相关媒体负责人出席活动，全省各地市近1000名教师代表参加。

【大同三小新校揭牌】 6月12日，区教育局在大同三小新校区举行揭牌仪式。大同三小新校园由区委、区政府投资6000万元修建，学校占地2.67公顷，可以容纳36个教学班，配备塑胶跑道、篮球场、羽毛球场、室内篮球馆、多功能报告厅等功能场馆，有上百个车位的地下停车场和地埋式垃圾站等设施设备。副区长张庆和、教育局局长周见阳、大同小学终身名誉校长伍英和大同三小校长李仕艳共同为大同三小新校揭牌。

【教育信息化培训】7月9日，区教育局举办“名师大讲堂”之教师教育信息化专题培训。湖南省教育厅信息化办公室主任潘军做“实现以教育信息化带动教育现代化”主题报告；湖南师范大学教授杨平展做“新技术新教育”主题报告；教育部28位教育信息化专家组成员、北京市大兴区旧宫实验小学校长孙唯做“基于信息技术的学习变革研究与实践”主题报告。教育部门负责人及教研员、各校教研组长，市（区）名师、骨干教师及教师代表近1000人参加培训。（黎银华）

·表10·

参加竞赛活动部分获奖表

日 期	活动内容	参加单位（个人）	所获奖项
1月23日	全国乡村学校少年宫作品展暨作品评比大赛	马坡岭小学乡村学校少年宫	器乐作品“欢沁”获全国十佳作品奖
5月10日	首届湖南省青少年舞蹈大赛	育才二小向日葵舞蹈队	舞蹈“旋转的童年”获“金荷奖”
7月25—28日	第八届“小荷风采”全国少儿舞蹈展演活动	育才二小向日葵舞蹈队	舞蹈“旋转的童年”获“小荷新秀”（银奖）、“优秀编导”和“小荷园丁”称号，学校获“小荷之家”称号
5月23日	第八届湖南省“鹦鹉杯”手风琴比赛	朝阳小学手风琴乐团	优秀组织奖
8月7日	第十三届“福山杯”全国（烟台）少儿足球邀请赛	东晖小学足球队	U–9组冠军
10月22—25日	2015年“舞动中国—排舞联赛”	育才二小“快乐宝贝”舞蹈队	团体冠军
10月24—27日	第二十一届全国发明展览会	芙蓉区选送的11个创新项目	4金3银4铜 1个专项大奖
11月5—6日	首届小学生气排球比赛	育英西垅小学（甲组） 修业小学（乙组）	冠军

科 技

【概述】2015年，芙蓉区科学技术局工作实施“科技兴区”和“知识产权强区”战略，发挥科技引领作用，推进创新型城区建设和科普工作，巩固全国科技进步先进城区和全国科普示范区建设成果。区科技局（区科技协会）被评为湖南省首批全国科普示范区创建单位、长沙市全国科普日优秀组织单位、长沙市科协系统信息工作先进单位。（廖汉洲）

·科技管理·

【概况】 2015年，区科技局组织科技计划项目申报工作，引导扶持企业自主研发，支持企业成果转化，全年推荐市级以上科技计划项目89个，立项资金1206万元，通过市级计划评审55项。拓展实施创新型城区建设。

推进科技创新组织、宣传工作。落实“一把手创新工程”，各级各部门逐项分解建设创新型城区的各项目标任务，建立区委、区政府统一领导，全区共同参与的工作机制，并与“两型社会”建设工作有机结合，确保落实到位。利用“科交会”、科技活动周、知识产权宣传周、全国科普日、群众工作“直通车”等平台，营造创新氛围；依托覆盖各街道、社区的科普室、科普走廊及科普场馆，加大对全区居民群众的科普宣传力度，创新利用社区科普大学、给各个层次的居民群众灌输科普知识，提升全民科普素养。

增强“产学研”协同创新力度。区科技局组织协调区域“产学研”结合工作，支持企业组建研发平台和创新联盟。全年开展“产学研”对接活动6次。参加2015年中国（长沙）科技成果交易会，按照省、市统一部署安排，完成科交会交办的各项工作任务，征集11家企业技术需求5项，科技成果6项，签约金额超过1亿元。组织湖南茶叶集团等6家公司到武汉开展知名高校对接活动，取得显著成效。

促进高新技术产业发展。通过培育重点、加大科技投入、增强协作、精心指导等方式，推进高新技术产业发展。全年新认定高新技术企业13家，复审通过的高新技术企业13家。通过引导和服务，高新技术产业规模增大。全年完成高新技术产业总产值815.5亿元，实现高新技术产业增加值291亿元，高新技术产业增加值占GDP比重28.2%。

优化科技创新平台建设。通过完善政策、着力引导扶持、突出服务等方式，采取“政府牵头、企业为主、形成整体、有序竞争、实现多赢”的模式，增强科技促进和服务经济社会发展能力。截至年底，全区有国家级科技孵化器1个，国家级工程实验室3个，省级科技孵化器2个，国家级技术企业中心1个，省级工程技术中心和企业技术中心12个。

存在的主要困难和问题：芙蓉区作为三产立区的核心城区，工业是产业结构的短板，而高新技术产业又主要集中在第二产业，造成全区高新技术产业发展、壮大存在瓶颈；区域土地限制，大型企业发展遭遇土地困境，外迁现象比较突出，市、区对中小微企业扶持力度不够大，中小微企业壮大发展任重道远；科技创新成果转化不够，全区科技创新、专利发明成果集中在高校、科研院所，科技成果转化力度不够。

（廖汉洲）

【科技活动周】 5月18日，芙蓉区科技活动周启动式举行。该次科技活动周以“创新驱动发展 科技引领未来”为主题，按照政府策划、公众参与、彰显创意、注重实效的原则开展系列活动。活动分为芙蓉区2015年科技活动周启动式、“高新技术企业认定（复审）及相关政策业务培训”“种业硅谷 科技芙蓉——长沙市芙蓉区种业硅谷专家人才库成立暨科技创新创业宣传活动”“2015年芙蓉区科技节暨育才二小科技环保种植园开馆仪式”和“科技场馆免费开放活动”。市科技局副局长胡勇出席活动。区委、区政府主要领导出席种业硅谷专家人才库成立仪式，袁隆平、官春云等受聘成为首批全国种业知名专家教授。隆平高科技园、区直各部门、各街道、社区、学校、企业等负责人近2000人参加活动。

（廖汉洲）

·科技普及·

【概况】 2015年，芙蓉区科学技术协会（以下简称区科协）高起点谋划，主动作为，推动科协工作创新发展。全年增加科学技术普及专业场馆2家，提质改造全区街道科普活动中心。开展科普教育活动，结合开展群众“直通车”工程和建设创新型城区的战略任务，利用科技活动周、全国科普日等平台，在全区范围内开展科普宣传活动20场次，参与人数3000人。年内，区科协被评为“长沙市全国科普日活动优秀组织单位”，区科学技术局（科协）被评为全市科协系统优秀组织单位。 （廖汉洲）

【全国科普日】 9月22日，“全国科普日”启动仪式在马坡岭小学举行。市科协党组书记李范坤，纪检书记杨迪君，区委副书记罗玉环，副区长张庆和等领导参加活动。该次科普日宣传分为“科技成就梦想”“校园科普艺术节”“‘感触科技’智能家居社区大体验”“创新创业科技成果展”等7项重点活动。活动内容涉及科技创新、节能环保、食品安全、3D智能等方面，活动内容接地气、贴民生，对青少年的成长具有积极意义。各项活动参与互动的居民群众近2000人次，志愿参与节目的群众近1000人次。

【中国科协督察组到区检查工作】 9月14—17日，全国全民科学素质纲要国家督察组到区检查全民科学素质纲要实施情况。由督察组组长中国科协副主席程东红，副组长中科院科学传播局局长周德进，中国科协科普部副部长、科普活动中心主任李晓亮和成员单位一行10人，在车站北路社区实地察看科普示范社区建设、社区居民科学素质提升及科普阵地建设（科普信息化建设）等情况。程东红肯定社区利用科普、文化、体育、宣传、培训等方式提高全民科学素质的工作，他指出，要重视科普，建立长效机制，使科普活动、文化宣传融入老百姓日常生活中，提高居民科学素质。

【东湖社区科普分校成立】 8月6日，市社区科普大学东湖社区分校成立暨开学典礼在东湖社区举行，社区科普大学教师、青少年志愿者、全体学员55人参加。社区科普分校弘扬科学精神、传播科学思想、倡导科学方法、普及科学知识，立足社区、面向居民，贴近生活、贴近实际、完善社区科普教育体系，丰富社区科学文化生活，提高社区居民科学文化素质和道德情操修养，倡导科学文明的生活方式和尊重科学的社会风尚。社区科普大学东湖分校的挂牌成立，扩充了基层科普文化的宣传阵地，成为社区居民在家门口的科学文化素养“加油站”。

【车站北路社区被评为“全国科普示范社区”】 9月，车站北路社区被中国科协评为2015年“全国科普示范社区”。年内，车站北路社区完善科普宣传阵地和场馆建设，打造近200平方米“时尚健康科普馆”。展馆分为防灾减灾、健康生活、科普视听、少儿益智板块，分别有食品添加剂、平衡测定、智能多媒体科普大屏等10项互动多媒体设备，提高社区科普氛围和公众科普素质。结合社区资源，开展共驻共建活动，利用电子显示屏、微信、社区网站、升级QQ群功能等创新科普宣传手段，发布各种科普健康生活动态信息，受到居民群众的好评。

（廖汉洲）

·知识产权·

【概况】 2015年，区科技局（知识产权局）组织实施知识产权战略推进工程，创新驱动源头建设力度，增强校企合作，科研力量。区知识产权局结合科技计划项目申报，指导企业专利申请1750件，同比增长8.9%；专利授权量1180件，同比增长35.32%；企业专利产业化15项，增强企业的技术创新主体地位。加大宣传力度。开展知识产权宣传，增强知识产权保护力度。在“4·26”知识产权宣传活动期间，开展知识产权进园区、进企业、进机关、进学校、进社区等主题宣传活动。组织打击侵犯知识产权和制售假冒伪劣商品专项行动。根据市知识产权局统一安排，组织知识产权执法维权“护航”行动。年内，配合市打击侵犯知识产权和制售假冒伪劣商品领导小组办公室（市双打办）开展城郊接合部假冒伪劣工作和车用燃油专项整治行动，联合区工商分局、质监分局、食药监局等部门开展联合执法行动32次，涉及食品生产工厂、销售门店、超市、路边摊和隐形作坊168家，出动执法人员600人次，立案30起，涉案金额66万元，公开案件30起，做到及时结案、及时向社会公众公开；处理假冒伪劣产品207件，下达整改通知书83次，批捕涉案人员34人。分4批次开展专利行政执法工作，出动专利行政执法人员25人次，排查商品1025件，登记涉嫌假冒伪劣产品50件，最终立案涉嫌专利侵权产品36件，超额完成任务80%，并责令涉事单位全部整改到位、全部按时结案。年底，在全市“双打”考核中成绩优秀，被评为“双打”工作先进区（县），并代表内5城区做经验介绍。

（廖汉洲）

【知识产权维权援助芙蓉分中心成立】 4月20日，长沙市知识产权维权援助中心授牌同意成立中国（长沙）知识产权维权援助中心芙蓉分中心。年内，芙蓉分中心通过增强基础设施建设，建立健全工作制度，开展维权援助工作，受理全区知识产权侵权、维权咨询工作，受理咨询类电话51起，登记记录咨询、维权业务105条。

【专利行政执法】 6月9日，由市知识产权局专利执法处，区知识产权局、荷花园街道工商所等单位组成联合执法组，对家乐福芙蓉分店开展查处知识产权侵权联合执法行动。联合执法组检查发现商店内的小天使伞车、生肖插座、电源吸纳盒、爱仕达锅具等15类产品供给26个专利产品涉嫌假冒侵权行为，且不符合专利标识行为，当场要求经营者停止侵权行为，并责成区知识产权局和工商部门督察整改情况。经过立案、协调、督办、整改等程序，家乐福芙蓉店涉事的商品全部整改到位，形成了良好的自查机制。

【知识产权宣传周】 4月26日是第15个世界知识产权日，芙蓉区知识产权宣传周暨知识产权进学校活动在湖南劳动人事职业学院举行。长沙市知识产权局副调研员徐拥军出席活动。知识产权宣传周期间，全区各街道、区直相关部门相继开展“诚信经营 品质惠民”“护航知识产权 扬帆驶向民生”“创新无止境 实践出真知”“严打假冒歪风气 营造信用新环境”系列宣传活动和“尊重知识产权 弘扬法治精神”市民论坛。了丰富多彩的主题宣传活动，直接参与人数近5000人。活动得到《长沙晚报》、湖南教育频道等媒体报道，受到广泛的社会关注。

（廖汉洲）

·表11·

2015年新认定、复审高新技术企业名单

序号	企业名称	证书编号	所处地域
一、新认定高新技术企业（13家）			
1	湖南惠农科技有限公司	GR201543000073	定王台
2	湖南联冠电子科技有限公司	GR201543000469	定王台
3	长沙卡友信息服务有限公司	GR201543000209	文艺路
4	湖南丰惠肥业有限公司	GR201543000048	东湖
5	湖南希望种业科技股份有限公司	GR201543000059	东岸
6	长沙引擎信息科技有限公司	GR201543000096	朝阳
7	湖南中拓电子商务有限公司	GR201543000397	朝阳
8	长沙威克电力技术科技有限公司	GR201543000276	荷花园
9	长沙亚欣电器技术服务有限公司	GR201543000333	火星
10	湖南浩美安全环保科技有限公司	GR201543000145	隆平园
11	湖南斯莱克景达实验动物有限公司	GR201543000498	隆平园
12	长沙市惠瑞生物科技有限公司	GR201543000362	隆平园
二、复审通过高新技术企业（13家）			
1	湖南优蜜食品科技有限公司	GF201543000004	隆平园
2	湖南众益文化传媒股份有限公司	GF201543000048	隆平园
3	湖南省邮电规划设计院有限公司	GF201543000138	隆平园
4	湖南琴海数码股份有限公司	GF201543000062	隆平园
5	湖南康通电子科技有限公司	GF201543000081	隆平园
6	湖南科裕隆种业有限公司	GR201543000341	隆平园

续表 11

序号	企业名称	证书编号	所处地域
7	湖南青果软件有限公司	GF201543000079	荷花园
8	长沙有色冶金设计研究院有限公司	GR201543000504	文艺路
9	湖南第一工业设计研究院	GR201543000094	韭菜园
10	中国有色金属长沙勘察设计研究院有限公司	GF201543000087	朝阳
11	湖南高华环保股份有限公司	GF201543000105	文艺路
12	湖南易控自动化工程技术有限公司	GF201543000168	韭菜园
13	湖南省建筑设计院	GF201543000258	文艺路

注：GR：为通过国家科技部认定的高企；GF：为通过国家科技部复审认定的高企

表 12

2015 年科技进步奖获奖汇总（企业）

序号	项目名称	单 位	备 注
1	基于平衡理念的植物饮品系列产品制造关键技术与产业化	湖南优蜜食品科技有限公司	省二等奖
2	优良杂交稻不育系湘丰 70A 的选育及其系列组合的应用	湖南隆平种业有限公司	省二等奖
3	湘西黄牛保重选育与利用	湖南光大牧业科技有限公司	省三等奖
4	紫云英新品种“湘紫 1 号”的选育与应用	湖南兴湘科技开发有限公司	市一等奖
5	超级稻专用肥的研究和开发	湖南精耕稻都商城有限公司	市二等奖
6	基于益生菌共生平衡理念植物饮品关键技术研究及产业化	湖南优蜜食品科技有限公司	市二等奖
7	一种云广播系统及方法	湖南康通电子科技有限公司	市三等奖
8	物产中拓钢铁电子商务平台	湖南中拓电子商务有限公司	市三等奖

文化·体育

文化

【概述】2015年，芙蓉区文化体育新闻出版局（以下简称区文体新局）以全区文化事业繁荣发展为目标，从文化惠民、文化强区方面构建现代公共文化服务体系，各项工作取得明显成效。

公共文化建设有新进展。完善文化设施，坚持设施建设与运行管理并重，免费开放区文化馆、图书馆、街道综合文化站和社区文化活动中心。丰富文化活动，顺应群众期盼，利用芙蓉艺术节、芙蓉杯新节目大赛、广场月月演等平台，全年开展文化活动及演出50场次。培训文化队伍，分批举办舞蹈、摄影、陶笛等培训班4期，开展文艺交流、座谈活动20场次，有效提升全区文化工作水平。

文化市场管理有新举措。规范行政审批制度，全年验收审批出版物发行经营场所98家，印刷、复印店19家，完成网吧、出版物市场等各类案卷47宗。全年开展综合执法集中检查、专项行动近20次，确保文化市场规范有序。增强日常监管，严格文明创建工作标准，在全市组织开展的5次网吧行业测评中3次获得第一名，目标管理考核被评为市先进单位。

文物保护利用有新突破。增强本体保护，在程潜公馆旧址建成湖南和平解放史事陈列馆并免费对外开放，推进水稻博物馆主体建筑施工、文物征集和展陈布展工作。加强巡护巡查，聘请专职巡护员巡查全区文物保护单位，并督察和反馈巡查情况，确保辖区文物安全。增强宣传教育，通过举办专题讲座，报送工作动态、编纂文物图册等方式，扩大区文物工作影响力，取得良好的社会反响。 （刘 翀）

·公共文化建设·

【概况】2015年，区文体新局坚持以人为本的原则，提质文化设施，拓展文化阵地，提高服务水平，全区群众文化活动呈现出欣欣向荣的态势。文化阵地日趋完善。建成芙蓉广场站地铁自助图书馆，整体提质改造省花鼓戏剧院大舞台，全年送戏送电影240场次，新增图书5335册，文献借还册次近6万本，惠及读者3万人。原创节目精品迭出。创编节目“背背上”获第五届省艺术节“三湘群星奖”银奖。“清风礼赞”“回到你身边”获市首届廉政文艺展演二等奖。“绿鸟鸟”获市艺术节二等奖。“锦绣家园”“邻居”“湖南人”等10个节目在“欢乐潇湘 快乐长沙——精神新家园”优秀群众文艺团队展演中获奖。非遗保护形式多样。举办芙蓉区第十个文化遗产日宣传活动，开展“非物质文化遗产进校园”活动，多家省级媒体报道推介东屯小学和杉木小学推广的民族技艺——抖空竹和长沙剪纸。 （刘 翀）

【钢琴音乐培训会】 3月25日，由区文体新局主办，区文化馆承办的音乐培训活动在区会议中心举行，全区13个街道的文化站站长、文艺团队骨干，各年龄层次的音乐爱好者近400人参会。活动邀请“当代最杰出的少年钢琴演奏家之一”周末培训指导现场群众。培训过程分为讲解钢琴艺术、如何学习和培养小孩弹钢琴、现场演奏、现场教学等环节。培训中，周末解说了钢琴艺术、即兴伴奏的操作要领，讲解实例弹奏；并邀请台下观众上台演练。区文体新局局长成良访强调，群众文化建设必须提质提效，要提高群众的演出水平和欣赏水平。该次培训活动给广大群众追求艺术素养和培养人才提供平台和参照，丰富街道社区居民及机关干部的业余文化生活。

【芙蓉杯新节目大赛】 6月5日，“三湘群星奖”芙蓉区总决选暨第三届芙蓉杯新节目大赛在区政府会议中心落幕。该次比赛原创节目：知音合唱团的大合唱“绿鸟鸟”、枫叶艺术团的小组唱“花大姐”、南泥湾艺术团的弹词“说唱潇湘无限美”、省老干艺术团的器乐表演“湘音情”、西湖社区艺术团的舞蹈“苗女”等表演得到评委老师的好评。活动评选出6个优秀节目与长沙市选送的节目一起参加湖南省艺术节的比赛。

【文化馆接受市级评估】 6月15日，市文广新局副局长吴洪、文广新局公共文化处处长胡满生、市群众艺术馆副馆长赵杰等一行实地评估芙蓉区文化馆工作。评估小组现场查看文化馆评估定级的相关资料以及各场馆的布局情况，并组织座谈讨论。吴洪认为，文化馆设备、设施齐全，适宜组织开展社会宣传教育、组织辅导群众文化艺术活动。他要求把文化馆的硬件做实、软件做活、民调（民意调查）做特。区文体新局纪检组组长刘益文、区文化馆馆长王竣甲参加评估检查。

（刘　翀）

【美术、书法、摄影作品评审会】 8月6日，2015年“欢乐潇湘 品质长沙 幸福芙蓉”群众美术、书法、摄影作品评审会在芙蓉区文化馆举行。市群艺馆副馆长马芳、市美术协会主席刘昕文、市摄影协会主席龚振欧等参加评审，区文体新局局长焦英、区委宣传部副部长钟海荣、区文化馆馆长王竣甲等出席活动。该次活动由区委宣传部牵头，区文体新局、区文化馆具体承办。从4月开始，全区13个街道、区直机关单位、区老年大学、各社会民间组织分批结合自身特色举办作品展。通过海选、评审入选区级评审作品330幅。经过评委初选、复选，最终评选出美术、书法、摄影作品一等奖各9名，二等奖各15名，三等奖各36名。精选出美术作品“浏阳夕照”、书法作品“宿建德江”、摄影作品“蝶变—婚庆公园”等60幅具有艺术性、观赏性及芙蓉特色的作品参加长沙市“欢乐潇湘 品质长沙”群众美术、书法、摄影作品总决赛。（涂　瑶）

图40　芙蓉杯新节目大赛

【李晖到区考察浏阳河文化旅游产业带建设】 10月29日，省文化厅党组书记、厅长李晖一行5人到芙蓉区考察浏阳河文化旅游产业带建设。区委书记梁仲，区委副书记、区长于新凡，区委副书记罗玉环，宣传部部长伍艳飞，区委办主任彭娟，副区长张庆和，浏阳河文旅产业带项目工作领导小组副组长易鹰陪同考察。李晖一行实地察看浏阳河婚庆公园和浏阳河西岸风光带、产业带沙盘和隆平水稻博物馆建设工地。她认为，芙蓉区文化旅游产业带突出“楚文化”和“稻文化”等主题，特色鲜明、立意深远，要确保项目平稳落地，如期推进。考察组还观看了浏阳河文化旅游产业带宣传片。座谈会上，罗玉环汇报了芙蓉区文化事业发展和浏阳河文旅产业带建设情况，梁仲、于新凡分作发言。李晖认为，浏阳河文化旅游产业带定位精准、规划科学、推进有力、前景辉煌，她建议浏阳河沿岸的公共文化服务设施建设与产业带同步推进，构建公共文化服务体系，满足人民群众对精神文化生活追求的需要。她还现场答复和交办对芙蓉区委、区政府提请的建议和请求。

（刘　翀）

【首个24小时自助图书馆通过验收】 12月9日，芙蓉区首个24小时自助图书馆通过市图书馆、区文体新局和区图书馆的综合验收，正式投入运行服务。该项目由区政府投资40万元，位于芙蓉广场地铁站内，具备自助办证，借书、还书、查询、浏览、预借、预约、荐购、续借和预付款存入、滞纳金扣缴等功能，为读者提供全天候24小时自助服务，该馆深受广大读者朋友的欢迎和喜爱。

（黄支农）

·文化市场管理·

【概况】 2015年，区文体新局以“扫黄打非”、净化社会文化环境为重点，增强市场日常监管，开展专项整治，保障文化市场健康有序发展。年内，开展“清源”“净网”“秋风”“护苗”等专项行动，收缴非法光碟1033张、非法出版物7000册，营造了良好的社会文化环境。

建立书市“审读”机制。区文体新局建立和完善定王台书市“审读”机制，审读223家经营单位、596本图书、刊物，筑牢“扫黄打非”工作基础。

增强对经营场所日常监管。督促各类文化经营场所制定突发事件应急处置方案，签订规范经营安全生产责任书，开展安全生产隐患大排查，避免文化市场安全生产事故发生；开展“两节”（元旦、春节）文化市场集中检查、“三考”（高考、中考、高中学业水平考试）静音行动、“春雷”文化市场集中督查等专项行动，检查网吧4200家次、歌舞娱乐场所380家次、出版物经营商900家次，保障文化市场健康稳定发展。

加强网格管理。区内文化市场按街道划分为3个片区并实行大片区管理。通过开展巡查监管、专项整治行动，实现文明创建常态化。（刘翀）

【查处大量涉嫌非法出版物】 9月10日，区文化市场综合执法局联合市局相关部门集中行动，在荷花园街道职院街156号曙光宿舍2栋104房，捣毁涉嫌无证经营非法出版物窝点1处。该窝点设在居民区内，非常隐蔽，仅在网上售卖书籍。书店老板是台湾台中人，平时不在长沙，该房系租用存放书籍及发货，房子由其岳父管理，雇请2名员工负责接货及在网上发货。该店无《工商营业执照》《出版物经营许可证》，属于无证经营。该次行动查获各类出版物6303册，内容涉及历史、传记、社科、军事、人文、教科、艺术类等方面。抽查的出版物《休闲与人类行为》《二十五述要》《二十世纪台湾民主大事写真》等，均由台湾地区出版社出版。根据《出版管理条例》《出版物市场管理条例》相关规定，依法采取查封扣押所有出版物，销货凭证及笔记本电脑2台的措施，并抽样部分出版物送上级机关鉴定。（梁才兴）

·文物保护和利用·

【概况】 2015年，区文体新局按照《中华人民共和国文物保护法》及有关法律法规，推进辖区内文物保护和利用工作。

两馆建设高质高效。建成并开放湖南和平解放史事陈列馆，实现区级博物馆零的突破；推进隆平水稻博物馆主体建筑竣工，展览文本通过专家评审，陈列布展完成招投标进入施工阶段，文物征集工作有新进展，管理人员与专业技术人员到岗履职。

文物保护定岗定责。核对文物保护单位巡护员基本信息，落实省级以上文物保护单位的制度。

文物本体保护依法依规。完成柳子明故居建筑本体维修方案，启动马王堆汉墓保护规划编制，推动“第三次全国文物普查”不可移动文物建档工作。（魏聪）

【隆平水稻博物馆获赠水稻种子及书籍】 3月4日，隆平水稻博物馆获得中国水稻研究所捐赠的珍贵水稻种子和相关书籍。该批种子是由隆平博物馆特聘研究员汤圣祥从中国水稻研究所——国家水稻种质资源中期库调拨的，包括原丰早（编号为2200，下同）、广陆矮4号（2450）、南特号（2844）、IR26号（5005）、明恢63（18075）、空育131（33705）、老来青（44007）等品种。书籍主要有《中国水稻遗传育种与品种系谱（1986—2005）》、《中国常规稻品种图志》、《水稻新品种测试原理与方法》、《水稻知识大全》（第三版）等。获赠的珍贵水稻种子和书籍，为隆平水稻博物馆文物征集人员全面了解和掌握稻作文物征集的范围、特征，开展的实地征集、文物调拨等工作提供了相关线索。

【湖南和平解放史事陈列馆获赠文物】 3月10日，湖南和平解放史事陈列馆又获赠一批珍贵文物，是继1月12日在程潜将军生前遗物（文献、物品）举行捐赠仪式后，程潜的女儿程瑜再次无偿捐赠相关文物。该批文物包括程潜起草的湖南和平起义电文手稿、生前使用过的部分生活用具、《中国画册》（1959年）、《程潜墨迹诗文选集》以及毛泽东、周恩来、朱德的治丧委员会所发请柬等。这些获赠的程潜将军珍贵手稿及生活用具，丰富了湖南和

平解放史事陈列馆馆藏。（魏 聪）

【隆平水稻博物馆设计团队对接会召开】 6月1日，芙蓉区召开隆平水稻博物馆与设计团队对接会。会上，副区长张庆和向设计专家严建强教授团队反馈隆平水稻博物馆展陈施工图专家内审会意见。区委副书记罗玉环从隆平水稻博物馆目标定位、青少年爱国主义科普教育基地、袁隆平事迹展示平台方面进行阐述，与严建强团队磋商与探讨如何实现开馆目标。区委书记梁仲明确展陈施工图交付时间和袁隆平与杂交水稻厅开馆、水稻历史厅与科技厅简易开馆的时间节点；确定由严建强团队负责制作袁隆平幻影成像等问题。文物征集小组与严建强团队交流征集情况以及采用湖南本土文物等。（孙中华）

体 育

【概况】 2015年，芙蓉区文体新局按照以全市《建设现代体育公共服务体系三年行动计划（2015—2017年）》，提质设施建设，创新活动载体，发展。

体育竞赛活动。年内，举办芙蓉区第七届全民健身运动会和第四届老年人运动会；举办全区首届羽球节，“芙蓉杯”业余羽毛球俱乐部定级赛暨首届联赛；承办市首届“星晨杯”中老年业余羽毛球赛；举办“国球大典”乒乓球挑战赛和“快乐车手”自行车文化进社区等活动。获市“公仆杯”篮球赛第四名、市“政协杯”篮球比赛第一名、市“羽协杯”团体赛亚军、市体育系统五人制足球一等奖、市第三届广场舞大赛金奖和银奖。

全民健身活动。暑期免费向中小学生开放7个游泳场馆，接待学生3.6万人次；建成首个街道全民健身中心，更换添置室外健身路径37套、室内健身器材4套，新增篮球架2套、乒乓球桌4张、乒乓球垫288平方米，棋牌桌23张，让广大居民群众在家门口就能参加锻炼。（刘 翀）

【第七届全民健身运动会羽毛球赛】 3月28日，芙蓉区第七届全民健身运动会羽毛球项目在曙光798宇凡羽毛球馆开赛。该届羽毛球比赛设有男双、女双、混双团体赛。区直各单位、驻区垂直管理部门、街道以及辖区企事业52支代表队、近900人参加比赛。芙蓉区全民健身运动会连续举办7年，得到驻区单位、各级部门的支持和参与。（廖 攀）

【第七届全民健身运动会乒乓球赛】 4月11日，由区文体新局、区直机关工委、区总工会主办的芙蓉区第七届全民健身运动会乒乓球比赛在育才二小乒乓球馆开赛。该次比赛设有男双、女双、混双团体赛，采用循环赛制和淘汰赛制。来自区直各单位、驻区垂直管理部门、街道以及辖区企事业49支代表队、近800人参加比赛。经过3天比拼，决出一等奖4个，二等奖10个、三等奖14个。（朱剑娴）

【第七届全民健身运动会定点投篮、拔河、自行车赛】 4月23—25日，芙蓉区第七届全民健身运动会定点投篮、拔河和自行车项目开赛。定点投篮比赛设区政府篮球场和区法院篮球场2个场地。比赛为团体比赛，由每队派3男2女参赛，每名队员限时30秒在罚球线投掷5个球，分预赛和决赛2个轮次，决出机关组前12名、街道组前8名和企事业组前8名。拔河比赛设区政府东停车场，到场人数近2000人。机关组、街道组、企事业组经过激烈交锋，决出机关组前12名、街道组前8名，企事业组前8名。自行车比赛在湖南农业大学田径

图41 举办“快乐车手”自行车文化进社区活动

图 42　原创舞蹈“志愿者之光”

场举行。团体赛中，区直组前 10 支队伍、街道组前 6 支队伍、企事业组前 8 支队伍、自行车俱乐部组前 9 支队伍获得荣誉，个人赛决出一、二、三等奖 66 名。

【第四届老年人运动会】 5 月 16 日，芙蓉区第四届老年人运动会暨广场舞比赛在长沙市田家炳实验中学体育馆举行。区委书记梁仲，区长于新凡，区委副书记罗玉环，区人大常委会主任罗树林，区政协主席刘建新，市体育局、市老年体协领导应邀出席。来自各个街道的健身队同台献艺，展现芙蓉区老年人健康乐观的精神风貌和老有所为的喜悦心情。广场舞比赛在 14 支代表队中决出一等奖 6 名和二等奖 8 名。该届运动会设置广场舞、门球、太极拳（剑）、地掷球、乒乓球、钓鱼、象棋、围棋、柔力球、健身球、气排球项目，有 15 支代表队 2200 名老年人参加。　（朱剑娴）

【李平调研芙蓉区浏阳河文化旅游产业带项目】 10 月 30 日，长沙市体育局局长李平、局工会主席钟国林、副局长李德安、副局长覃事平等一行 7 人调研芙蓉区浏阳河文化旅游产业带项目。区委书记梁仲、区委副书记罗玉环、副区长张庆和、浏阳河文化旅游产业带项目工作领导小组副组长易鹰陪同调研。李平一行实地察看浏阳河龙舟码头和风光带，了解码头附近水域和风光带体育设施等情况。调研组参观了浏阳河产业带沙盘，观看浏阳河文化旅游产业带宣传视频，听取区文体新局局长焦英的工作汇报。梁仲提出文旅产业带项目定位、建设规划、建成时间、建议请求等内容。李平现场答复工作请求，她肯定了芙蓉区重视文体事业，利用区位优势、资源优势和领导优势，抓住黄金发展期，巩固了体育事业。　（刘　翀）

图 43　全市第一家社区文化馆——“湘湖里艺术空间”

·表13·

芙蓉区文体项目参加比赛获奖表

比赛/活动内容	参加单位（个人）	所获奖项
芙蓉区“青春星声音”校园歌手社区争霸赛总决赛	朝阳小学阳光BOY组合胡嘉维、耿先礼 育才小学潘韵琪 蓉园小学刘馨怡	一等奖
第五届湖南艺术节长沙市首届“群星奖”音乐类	华旭组合 知音合唱团 潇湘民乐团	“背背上”获金奖 “绿鸟鸟” “大漠之夜”获金奖 “侗乡月色”获优秀奖
第五届湖南艺术节长沙市首届“群星奖”舞蹈类	育才二小 龙点睛艺术团	“旋转的童年”获金奖 “在雨中”获银奖
第五届湖南艺术节长沙市首届“群星奖”小戏小品曲艺类	文化馆艺术团	“回到你身边”获金奖
第五届湖南艺术节长沙市首届“群星奖”项目类	文化馆艺术团	“芙蓉区艺术节”品牌活动获“群星”奖
长沙市2015年廉政文化优秀节目创作与会演活动	文化馆艺术团	“回到你身边” “清风礼赞”获二等奖
长沙市“羽协杯”区（县）市羽毛球友谊赛	芙蓉区羽毛球代表队	团体亚军
2015年长沙市“欢乐潇湘”全民广场舞大赛	育才二小“快乐宝贝”舞蹈队 芙蓉区老年体协的芙蓉中国美队	“舞王子” “尽情玩耍”获金牌 “中国美”获银奖
长沙市体育系统“五人制”足球教学赛	芙蓉区文体新局代表队	教学赛获一等奖

（刘　翀）

卫生·人口

医政管理

【概况】 芙蓉区有各类卫生医疗机构310个，其中社区卫生服务中心12个、社区卫生服务站35个，村卫生室13个。各类卫生机构拥有床位9005张，卫生技术人员1.06万人。2015年，区卫生系统围绕深化医改中心任务，突出重点，统筹兼顾，服务惠及民生。

医疗卫生改革。截至年底，全区家庭契约式服务签约5961户。家庭契约式服务为居民建立动态健康管理档案、随时预约上门看诊、每年2次免费体检和上级转诊绿色通道等便利医疗服务。在全区中小学、幼儿园配备校医45名，实行“一校一医”。落实基层医疗卫生机构医疗卫生体制改革专项补助经费，全年按进度拨付预算资金1728万元。全区按照国家基本药物目录实行网上统一采购、配送，实行零差率销售。建立健全基层用药的采购、供应、使用、监管新机制。通过芙蓉区基本药物阳光平台严格监管，建立长效补偿机制。辖区10个政府主办的社区卫生服务中心、13个村卫生室全部实施基本药物制度。支持、鼓励社区卫生服务中心与省、市医院互联互通、信息共享，实现各医疗机构间结算双向转诊、转检。向各兄弟区优秀社区卫生服务中心学习经验，增进辖区内各社区卫生服务中心之间的交流。探索建立业务开展较好的社区卫生服务中心与业务工作较落后的社区卫生服务中心结对帮扶的工作机制，增强社区卫生服务机构人才队伍建设，培训基层医卫人员383人次。

公共卫生管理。落实全区居民健康档案、健康教育、预防接种、儿童保健、孕产妇保健、老年人保健、慢性病患者、重性精神疾病患者管理、传染病和突发公共卫生事件报告和处理、结核病患者健康管理、卫生监督协管、中医药健康管理12类基本公共卫生服务项目，提高基本公共卫生服务均等化水平，全区人均基本公共卫生服务经费补助标准提高到40元。截至年底，全区规范化城市居民电子健康档案建档率93.8%，65岁以上老人管理人数4.78万人；筛查并专案管理高血压患者5.10万人，筛查并专案管理糖尿病患者1.69万人；基础疫苗接种率超过95%，适龄儿童建卡建证率100%；健康管理孕产妇3674人，0～6岁儿童2.33万人；完成重大公共卫生服务项目。全年，为辖区15岁以下儿童免费接种乙肝疫苗2.04万剂次，接种率超过95%。农村妇女及9个城区街道妇女病查治实行免费TCT检查，并与市妇幼保健院签订转诊协议。建立普查妇女信息档案，指导治疗患病妇女，转诊可疑病例，并追踪管理。增强孕产妇的产前筛查管理，开办孕妇课堂，为每位育龄女性提供妇女保健相关知识。由各社区卫生服务中心在公共区域设立叶酸发放流程图及增补叶酸预防神经管缺陷的知识宣传栏，并发放宣传册；实行妇幼保健机构和医疗机构分别发放，实行台账登记管理，并定期追访。年内，组织健康讲座320场，开展公众健康咨询服务活动366人次，社区覆盖率100%；编印、发放各类健康教育宣传资料12种20万份；为基层社区卫生服务机构提供宣传栏模板12张、健康咨询核心信息10条，健康讲座参考教案12份。

中医药综合服务区建设。为辖区中医药能力建设拨付配套资金100万元，12个社区卫生服务中心建成中医药综合服务区。在中医药临床科室集中设置中医医疗、预防、保健、健康宣传于一体的独立诊疗服务区域。年内，在社区卫生服务中心开展家庭契约式服务与中医治未病相结合工作。在35个社区卫生服务站和13个村卫生室开展针灸、火罐、艾灸、TDP（即由磁波治疗仪）和推拿等5项以上中医药适宜技术，实现了辖区中医药综合服务区全覆盖。

医政信息管理。完成社区卫生服务信息系统改造任务。完善基本药物阳关平台及数据采集系统，按照“目标设定、流程管理、质量控制、结果运用”原则，细化基层医疗卫生服务机构的公共卫生和诊疗业务考核，把各医疗机构绩效考核与个人绩效考核有机联系起来。实现基层卫生信息系统与医保信息系统的整合应用，实现辖区内跨机构、跨区域的互联互通。发动和组织区直各部门、各街道开展无偿献血工作。全年无偿献血3412人次，完成市下达的无偿献血目标任务。（王文雄）

【原芙蓉区平价医院转型为朝阳社区卫生服务中心】 为提升基层医疗机构卫生服务能力与水平，推进城市公立医院改革，区卫计局在区编办、区法制办、人社、财政等部门配合下，于2015年12月31日下发《芙蓉区区医院整体转型人员转岗实施方案》，原芙蓉区平价医院转型为朝阳社区卫生服务中心。朝阳中心是省、市城镇职工医疗保险、居民基本医疗保险及铁路医保的定点医疗机构，也是长沙市城镇居民门诊统筹定点单位。中心门诊设有全科诊室、中医诊室、妇科科室、口腔科、公卫科、中医服务馆等科室，承担社区居民基本医疗、预防、保健、康复、健康教育、计划生育技术服务等“六位一体”工作。开展以老年人慢性病为治疗特色的综合病房，开设病床50张，配备彩色B超、数字射线机DR、全自动生化检测仪、全自动血细胞分析仪、24小时动态心电仪等大型高端检查设备。（王文雄）

图44 执法人员检测游泳池水质

疾病防控

【概况】 2015年，芙蓉区疾病预防控制中心打牢基础、积聚优势、创新机制、凸现职能，推进疾控事业发展。年内先后获“城市癌症早诊早治项目一等奖”“省级检验检测能力考核7个单项指标优秀”。

传染疾病防控工作。年内，重组原有的单病防控工作领导小组，成立由59家成员单位组成的芙蓉区疾病防控工作领导小组，形成多部门联防联控的工作局面。全区有35家医疗单位实行传染病疫情网络直报工作。全年区内无暴发疫情，有效应对H7N9禽流感、埃博拉疫区来华（归国）人员监管。调查处置重点传染病个案。做好狂犬病暴露人群、禽流感外环境和霍乱外环境、手足口疫情的监测。开展传染病防治相关知识培训3次，对医疗机构、学校开展传染病工作督导2轮，开展传染病漏报率调查2次，食品安全事故应急演练1次。结核病、地方病和疟疾均通过“十二五”规划终期评估。开展职业病防治工作，建立企业职业危害因素监测健康档案57家367人。落实艾滋病、结核病等重大传染病防控措施。年内报告现住址为芙蓉区的性传播疾病6种664例，其中211例梅毒报告例数居第一位。性传播疾病患者年龄构成存在15～45岁性活跃阶段和60～75岁高龄阶段两个高峰。年内管理随访存活的艾滋病感染者和病人297例，发放各类关怀救助金42.27万元。接待595名自愿咨询检测者，开展辖区内娱乐场所暗娼、男男性行为者、外来务工人员、羁押人员、性病患者9517人次外展服务和574人HIV检测服务，发放宣传资料1.68万份，安全套1.67万只。免费接诊可疑肺结核患者834例，发现活动性肺结核患者224例，其中新发涂阳63例，复治涂阳1例。收到区内肺结核疫情382例，其中需转诊、追踪疫情292例，经核实、追踪后总体到位率91.87%。筛查登记耐多药可疑者37例，开展培养37例，培养阳性37例，培养阳性率100%。其中接受药敏试验36例，发现耐多药肺结核患者2例。全程督导管理210例患者。筛查涂阳患者密切接触者87人。上门访视管理病人394人次。

免疫规划工作。3月，举办免疫规划专干和产科两苗（乙肝和卡介苗）接种人员业务培训班，共有213人参加培训并通过考试取得预防接种资格证。12月，开展预防接种门诊资质认定，发放预防接种单位资格证27家。全年接种一类疫苗乙肝20359剂次、卡介苗7598剂次、脊灰疫苗22078剂次、百白破25302剂次、白破6025剂次、麻疹类疫苗17403剂次、流脑A群接种10508剂次、流脑A+C群接种9263剂次、乙脑17145剂次、甲肝5025剂次，基础疫苗接种率超过95%，适龄儿童建卡建证率100%，接种二类疫苗162010剂次。在春秋两季分2轮查验148家托幼机构、小学入学入托儿童预防接种证工作，查验预防接种证12228人次，补种疫苗4810剂次。全年处理AEFI（疑似预防接种异常反应）事件29例，未发生疫苗接种事故，处置疫苗针对性疾病185例，未发生暴发性疫情。开展国家乙肝监测项目，监测病例1630例，采集非慢性乙肝病人的乙肝抗-HBc IgM 1∶1000标本306份。

健康教育工作。承接国家卫计委疾控局开展的中国健康知识传播激励计划（胆固醇管理·2015）项目，为湖南省唯一的项目区。9月，在区政府礼堂开展“把胆固醇管起来”百人知识共享会，利用网络平台在全市建立“芙蓉疾控”公众微信号，开发微信游戏“血管保卫战”，参与互动群众6000人次。通过健康巡讲、重点卫生日宣传等形式，全区共组织健康讲座366场，义诊咨询活动396场，参与居民5万人，发放宣传资料15万份，社区覆盖率90%。区内现有健身场所、居民健康教育活动室272个，健康教育宣传橱窗、宣传栏180处。健康书屋15个。区健康教育所编印、发放各类健康教育宣传资料12种10万份，支持性工具5种1万份，为基层社区卫生服务中心提供36种宣传栏模板、健康咨询核心信息、健康讲座参考教案。全年创建区级健康示范学校4家，设立“健康加油站”2个。

慢性非传染性疾病防控工作。在创建国家级慢性病综合防控示范区的基础上，开展慢性病综合防控工作。以每月组织社区卫生服务中心交叉考核的方式开展质量控制，完善不合格档案，提升规范化管理率，全区慢性病规范管理率68%。建立规范化城市居民电子健康档案486751人份，建档率91.32%；65岁以上老人的体检率89.97%；筛查并专案管理高血压患者31339人，管理率39.1%；糖尿病患者10380人，管理率25.1%，管理高危人群1302人。开展全区慢性病危险因素监测，在全区13个街道抽取650人入户调查，完成监测报告。在册管理重性精神病人数2173例，在朝阳和荷花园街道开展全省重性精神疾病流行病调查工作。开展城市癌症早诊早治项目，为符合条件的筛查者提供专车接送及早餐等便利服务，及时反馈结果并督促其继续治疗。完成高危人群风险评估问卷调查10012份，临床筛查2132人次，发现疑似癌症26例。

检验检测工作。区疾控中心对照新版“检验检测机构资质认证评审准则”，完成年度内审工作。重新修订“程序文件”“质量手册”等质量管理体系文件。年内采集和检测消毒餐具380份、霍乱样66份、食品样585份、直饮水179份、游泳池水45份、其他水质29份、二次供水70份、管网末梢水42份、地下水5份。医疗单位样231家1369份、公共场所样30家212份，协助省疾控中心检测60份蔬菜1860个项目的农药残留，开展全区35所学校教学和生活环境卫生监测。12月，区疾控中心通过省级实验室资质认证、食品检验机构资质认证现场验收。取得10类151项检验项目的实验室资质。在省疾控中心组织的质控考核活动中，中心参与的7项检验检测能力盲样质控考核获得优秀成绩。（杨鹏娇）

【创建艾滋病综合防控示范区】年内开展创建艾滋病城市示范区活动，编印6种艾滋病防治知识宣传画板1800块，安装在政府机关、学校、娱乐场所中公共洗手间较为醒目的位置。通过简短的文字和图片把防艾核心知识传达给可能接触到的高危人群。与定王台戒毒社区服务站联合开展新型毒品人群调查和干预创新项目研究，完成合成毒品问卷调查预调查工作。9月，国家疾控中心性艾科考核评估芙蓉区艾滋病防治工作数据质量。

【挂牌为长沙医学院公共卫生实践教学基地】年内，芙蓉区疾病预防控制中心与长沙医学院合作开展“校企合作建设公共卫生实践教学基地”项目。4月，双方共同签约校企合作人才培养方案，确立芙蓉区疾病预防控制中心为长沙医学院公共卫生实践教学基地。11月，举行基地揭牌仪式，承接本科生毕业论文设计开题报告学术活动。“校企合作”模式初步形成学校、用人单位教学相长、互利共赢的局面，推进现代化应用型人才培养。（杨鹏娇）

图45　4月17日，副区长张庆和检查爱婴医院工作

妇幼保健

【概况】 2015年，芙蓉区妇幼卫生工作坚持以保健为中心，面向群体，面向基层和以预防为主的工作方针，按照“长沙市2015年妇幼卫生工作目标与主要考核内容”，实施妇幼基本公共卫生服务项目和重大公共卫生服务项目；保障生殖健康，提高出生人口素质；优化服务模式，拓宽服务领域，落实各项妇幼健康服务项目，突出特色亮点工作。年内，芙蓉区被评为长沙市妇幼健康优质服务示范区。

妇女保健工作。年内，全区常住孕产妇3714人，纳入孕产妇系统管理3674人，孕产妇系统管理率97.38%；孕产妇死亡1人，死亡率26.50/10万；增强孕产妇健康服务和高危妊娠管理，高危管理人数3701人，结案2840人，其中≥20分的高危1190人，结案976人。救助高危特困孕产妇1人，救助经费0.4万元。4次质控湘雅二医院危重孕产妇监测工作，该院录入孕产妇个案调查表2605例，有合并症及并发症的912例，危重孕产妇41例，孕产妇死亡5例。3月18日、9月16日分批开展危重孕产妇评审。开展产科质量建设、促进自然分娩，全年总体剖宫产率下降。完善产前筛查，筛查率97.36%，产前筛查高风险孕妇产前诊断干预率89.81%；开展地中海贫血筛查工作，全年辖区地贫初筛发现阳性病例82例，确诊26例，地贫初筛阳性干预率78.05%。开展免费婚前医学检查和孕前优生健康检查服务。全年完成婚前医学检查技术服务4490人，婚前医学检查率92.58%，检出疾病人数327人，疾病检出率7.29%。接受孕前优生健康检查员4454人，检查率120.05%。规范增补叶酸工作，免费发放叶酸3611人，服用3536人，服用率97.92%。普查全区20～64岁农村妇女7580人，应检2355人，实检3399人，普查普治率144.33%。城镇妇女病查治6179人，发现可疑病例224例，确诊38例，其中CIN Ⅰ-16例，CIN Ⅱ-3例，CIN Ⅲ-9例，宫颈癌6例，乳腺癌4例，子宫内膜癌1例，转诊上级医疗机构手术治疗确诊病例。开展预防艾滋病、梅毒、乙肝母婴传播工作。全年辖区医疗机构分娩产妇9147人，“艾梅乙”孕28周前检测率97.50%。艾滋病、梅毒补助14人，补助资金1.18万元。推进农村孕产妇住院分娩基本医疗全免费工作，农村孕产妇补助人数586人，补助率104.01%。

儿童保健工作。年内，全区0～3岁儿童1.07万人，0～3岁儿童系统管理1.04万人，管理率96.9%；0～6岁儿童2.4万人，0～6岁儿童健康档案建档2.34万人，建档率97.31%；健康管理2.33万人，管理率97.03%；常住孕产妇活产3773人，新生儿访视3748人，访视率99.34%。5岁以下儿童死亡13人，死亡率3.45‰。年内，召开新生儿死亡评审会议2次。开展新生儿窒息复苏培训，参加市级培训的县级师资认证4人。开展新生儿疾病与听力筛查，全年辖区医院活产9204人，进行疾病筛查9170人，筛查率99.63%；听力筛查9247人，筛查率100.47%，确诊患儿均接受治疗。开展儿童眼保健服务，视力测定7581人，发现视力不良1790人。开展托幼机构卫生保健管理，儿童入园体检8346人，筛查出体弱儿205人；工作人员体检2207人，离岗治疗183名患有相关疾病、不宜从事幼教的人员。

妇幼健康教育工作。年内，新印发健教折页5种2.5万份；编印“母婴健康素养55条”宣传折页1.5万份，编印《携手健康幸福读本》，免费发放给新婚夫妇。各单位孕妇学校、父母学校每月开课1次。湖南旺旺医院开办互动式孕妇学校。孕期健康教育参与率87%。儿童看护人健康教育覆盖率87.6%。母婴健康素养知识知晓率92.3%。

妇幼卫生管理工作。编印“芙蓉区妇幼健康工作制度汇编”，健全服务网络，分别配备县级妇幼保健人员13名，乡级妇幼专干51名。年内选派外出进修学习100人次，举办各类学习班10期，培训800人次。每月开展妇儿环节质控1次。2月13—16日，按照“双十条”规定，督察评估7家爱婴医院，区级评估合格率100%。开展出生医学证明管理，协助公安机关核查出生证真伪66份，发现假证6张。推进妇幼健康优质服务示范区创建，通过市级评估，创建成为“长沙市妇幼健康优质服务示范区”。开展妇幼健康信息管理，专人负责信息管理工作，提高妇幼卫生信息质量。

（黄　宇）

卫生监督

【概况】2015年，芙蓉区卫生监督工作坚持专项整治、日常监督和专项检查相结合，以“执法为民、护卫健康”为抓手，履行卫生监督工作职责，创新工作思路和工作机制，提高卫生监督服务能力和执法水平。区卫生监督所组织专项整治活动，出动监督人员9300人次，检查食品、公共场所、饮用水单位、学校、医疗机构及职业危害用人单位等6.55万户次；组织开展“两节两会”“四小”行业等食品卫生监督专项检查；开展春秋季学校及周边食品安全专项检查、公共场所无证经营专项整治、游泳场所专项检查、打击非法行医专项整治等。全年开展专项打击非法行医行动3次，发布非法行医法律告知书19份，出动监督执法人员193人次，车辆56台次，取缔非法行医诊所11家次，收缴无证行医药品12箱，器械31箱；立案1起，罚款5.2万元，没收违法所得7597元。查处食品安全、公共场所、生活饮用水、医疗执业各类违法行为53起，罚款及没收非法所得19.32万元。坚持“预防为主、依法监管”的原则，在重大活动中采取提前介入方式实施驻点保障，检查指导接待饭店、宾馆、活动场馆的食品安全、生活饮用水、传染病防治等单位305户次，覆盖率100%，做到各环节严格把关，保证公共卫生事件“零”突发的目标。通过增强实战演练等，提高应急处置能力。全年辖区未发生一起突发公共卫生事件。年末，在长沙市卫生监督所的年度督查考核中，区卫生监督所获得全市第一名，被评为2015年度卫生监督工作先进集体；在长沙市卫生监督所组织的全市卫生行政处罚案卷质量评查活动中获一等奖；在2015年长沙市卫生计生监督技能竞赛中获三等奖。（胡　艳）

图46　依法取缔无证行医“黑诊所”

【开展打击无证行医集中行动】1月22日，区卫生局开展了打击非法行医集中行动。监督员到东岸乡城中村、城郊接合部区域摸底排查“黑诊所”。在西垅村查处“黑诊所”3家，该类“诊所”不能提供有效真实的医疗机构执业许可证；相关人员不具备齐全的执业证明；现场环境脏乱差，设施设备简陋，无法提供正规的医疗收费票据；个别场所的生活垃圾与医疗废物混合存放，输液针管未毁形、消毒等。执法人员记录现场检查情况，出具“卫生行政执法文书”，责令其立即停止营业，并收缴药品1卡车、医疗器械以及药柜，病床等相关诊疗物品及设施。（胡　艳）

人口和计划生育

【概况】2015年，全区出生人口4794人，人口自然增长率5.61‰，符合政策生育率95.43%，出生婴儿男女性别比为108.54。全年人口和计划生育工作被评为“湖南省先进计生协会”“省卫生计生户外宣传示范单位”等。

计生民生改善。实施单独两孩政策。区人口和计划生育部门采用“随时申请、及时审批、实时公示、适时催告、限时办结”的办证模式，压缩办证审批时间，得到居民群众认可。全年受理单独二孩再生育申请1124本，发放再生育证1098本。开展免费孕前优生健康检查，免费检查4490人，目标人群覆盖率超过90%。健全婴幼儿早教综合服务体系，开通“芙蓉区科学育儿乐园微信平台”，建立区级婴幼儿早期发展指导中心2个，社区婴幼儿活动场所10个，为婴幼儿提供公益性早教服务。落实法定计生优待政策，情况上报及时率、准确率和资金到位率100%。提高计生特扶家庭的扶助标准，并逐步建立关怀特殊困难家庭的长效机制。确认各类奖扶对象8763人，发放奖扶资金400万元（包括国家及省、市配套资金）。落实城镇独生子女父母奖励，按省、市文件要求落实城镇独生子女父母奖励扶助政策。全区确认城镇独生子女父母奖励39708人，人力资源和社会保障部门、计划生育部门发放资金4000万元。关爱计生特困家庭，搭建爱心驿站平台，设立“扶贫助残、助困”专项基金。文艺路街道志愿者与58户计生特困家庭组成“一对一、多对一”的结对帮扶，社区党员、驻区单位和地区人大代表、政协委员等各类志愿者为辖区58户计生特困家庭募集资金3万元，受益居民群众88人次。开展以计生公共服务均等化和卫生公共服务均等化服务为主要内容的流动人口均等化工作。

实施生育新政。坚持依法行政与文明执法、阳光计生、效能监察、综合治理等统筹推进，规范执法程序和执法行为，辖区连续12年保持“零违法行政”记录。处理对违法生育事件，实行事前向区计生部门报告，事中严格法制监控的工作制度；坚持召开卫计部门与司法部门联席会议，处理需强制执行的案件，防止出现程序违法等问题。做好信访维稳，在重要时点实行24小时值班制度。全年处理“两非”（非医学需要的胎儿性别鉴定和非医学需要的人工终止妊娠行为）案件3例。文艺路街道被评为省计划生育依法行政示范单位。结合“5·29”“7·11”“10·28”等大型节点开展多形式的宣教活动。

计生协会工作。推进协会自身组织建设、计生基层群众自治和生育关怀工作。全面启动基层群众自治示范社区创建活动，全年创建省级示范社区（村）3个，市级示范社区（村）4个，打造“艾沙服务站”“彩虹桥”“王鑫磊就业联盟”等活动品牌。2015年4月，湖南农业大学计生协“青春健康 避孕与防艾教育”项目在中国计划生育协会青春健康项目中标。

计生基础管理。区委常委会和政府常务会多次专题研究计生工作，解决计生阵地建设、奖励扶助政策、计生干部政治经济待遇等问题。召开全区人口计生工作会议，举办为期4天的全区计生专干理论及实际操作集中培训。全年区财政预算安排计生经费2605万元，各街道（局）按标准配套投入，区、街道、社区（村）三级投入资金3850万元，人均投入近70元。完善考评体系，每季度考核各街道。修改完善“芙蓉区计生基层基础工作星级考核评估方案”于11月上旬星级考核评估全区街道及社区。全区街道、社区（村）及部分辖区单位全面应用人口网格化信息管理系统。辖区内人房关联、人户关联、人业关联率95%，数据准确率95%，建立人口网格化信息采集、管理服务、拓展应用、决策支持等工作机制。年内，全区12个街道分批评为“长沙市人口计生工作模范单位”“长沙市人口计生工作先进单位”。

（陶红军 王文雄）

【开展爱心助孕特别行动】8月，芙蓉区启动爱心助孕特别行动并成立专门的领导小组，由区计生局、财政局联合下发《芙蓉区计划生育爱心助孕特别行动工作方案》，在省、市规定的基础上提升服务对象和服务内容：居住在芙蓉区范围内，一方具备芙蓉区辖区户籍，且女方年龄在49周岁以下；原合法生育过子女，现无存活子女的计划生育特殊家庭；经诊断符合不孕不育症治疗条件的对象可以在湖南省计划生育研究所享受1次免费人工授精助孕或试管婴儿助孕技术服务。居住在芙蓉区，一方具备芙蓉区辖区户籍，且女方年龄在49周岁以下；合法生育，经诊断符合不孕不育症治疗条件，需要进行人工授精助孕或试管婴儿助孕手术的对象可以在长沙市妇幼保健院享受由区财政提供的价值2400元

的优惠服务。在非定点符合免费援助条件的失独和病残儿家庭在长沙市或市级以上具备助孕技术资质的非定点医疗机构进行助孕手术的对象，到社区（村）、街道的计生办、区计生局审批备案后，可凭医疗机构发票和相关病历资料到区人口计生局报销4800元。截至12月底，为1对符合计生政策不孕不育夫妇提供免费助孕技术服务，为11对符合计划生育政策不孕不育夫妇提供优惠服务，为辖区计生不孕家庭节约费用5万元。（刘 丹）

·表14·

芙蓉区卫计工作2015年度获荣誉和奖励表

获奖单位	荣誉称号	授予单位
芙蓉区	儿童保健服务合格区	省卫计委
区卫计局	全省卫生计生户外宣传示范单位	省卫计委
区卫计局	2015年度全省计生协模范单位	省计生协
区疾控中心	湖南省无偿献血先进区	省卫计委、红十字会
区疾控中心	2015年食品安全风险监测质控考核优秀奖	省疾控中心
区疾控中心	微生物检测考核优秀奖	省疾控中心
区卫生局	省级文明单位	省精神文明建设指导委员会
区疾控中心	2014年度湖南省肿瘤登记工作成绩突出奖、2014—2015年度湖南省城市癌症早诊早治项目工作实施单位一等奖	省肿瘤防治研究办公室
芙蓉区	市妇幼健康优质服务示范区	市卫计委
区卫生局	2015年度无偿献血组织工作先进单位	市献血促进委员会办公室
区卫生监督所	全市卫生监督工作督查中总分第一	市卫生监督所
区卫生监督所	长沙市卫生行政处罚案卷评查工作中获得一等奖	市卫生监督所
区计生协会	《甘当孺子牛，奉献计生协》“最美计生协会人”演讲赛中获得二等奖	市卫计委、市计生协会

（王文雄）

社会生活

民政事务

【概述】 2015年，芙蓉区民政部门围绕“兜底线、惠民生”主题，抓好民生项目建设，突出阵地建设、工作提质、队伍培养，服务群众、保障民生，让人民群众共享发展成果。6月8日，辖区被评为全国和谐社区建设先进单位的有：芙蓉区政府、火星街道、定王台街道、西湖社区、丰泉古井社区、德政园社区、芙蓉社区、人民新村社区。省民政厅领导为被评为全国和谐社区建设示范城区、示范街道、示范社区授牌。

民生保障。根据长沙市人民政府城乡最低生活保障标准，芙蓉区城市低保标准450元/月，农村低保标准340元/月。根据城乡低保动态管理数据，截至12月30日，全区有城市低保对象2162户、3628人，人均月补差359.8元；有农村低保对象95户、172人，人均月补差261元。全年发放低保金(含各项节日费、临时性补差)1753.03万元。医疗救助839人次，发放225.25万元；药物救助精神病人2011人次，救助金额18.8万元；救助重症精神病人免费住院65例，救助金额17.11万元；临时救济463人次，救助金额42.49万元；认定低收入家庭540户，保障了困难群众的基本权益。落实《长沙市芙蓉区慈善救助低保家庭实施办法》，从慈善助学、慈善助老、慈善助医、慈善助葬等方面援助低保人员，全年发放慈善助学金78.8万元，救助学生300名；发放慈善助老金124.44万元，救助低保老人2119人次；发放慈善助医金7.54万元，救助24人；发放慈善助葬援助金19.2万元；救助低保家庭48户，“医保个人缴费全额补助”项目发放救助金9.3万元,全额补助2589人。

双拥优抚安置。开展“双带双促”（带头建设家乡、促进经济发展，带头维护稳定、促进社会和谐）活动，利用街道、社区的“退役士兵之家”组织退役军人就业培训，解决优抚人员生活困难问题。慰问22支驻区部队，发放伤残抚恤、参战补助等优抚资金1489万元。接收退役士兵189人，发放家属优待金、待安置期生活费、一次性地方补偿金1109万元。举办2015年遗留转业士官考试考核工作，录用5名专业士官为全额拨款事业编制，接收年度23名无军籍退休职工。

基层社会治理。落实《长沙市社区党建和社区建设三年行动计划》任务，出台《芙蓉区落实〈长沙市社区党建和社区建设三年行动计划〉责任分解方案》，按照市级社区规范化建设要求改造辖区42个社区，规范社区标识、标牌、门牌、指引路牌、功能布局。年内，达标建设曙光、跃进湖、藩后街等11个社区办公服务用房。出台《社区惠民资金使用管理办法》，规范社区惠民资金管理使用。制订提高社区专职人员工资福利待遇文件，社区工作人员报酬待遇提标后，社区工作人员工资福利待遇不低于5.2万元/年。增强社区自治功能，出台《芙蓉区十佳社区自治服务品牌创建工作实施方案》，打造“金老师工作室”“草根讲坛”“庭院理事会”等10个社区自治服务品牌。实施社区减负增效工作，出台《芙蓉区社区减负增效工作实施方案》，清理辖区原有部门延伸到社区的工作职责，社区挂牌、社区证明性盖章情况，各部门延伸到社区工作职责由原来的156项清理为66项。

社会事务管理。年内，根据长沙市民生实事工程的要求，在火星、东屯渡、荷花园街道的街域内各打造1家老人日间照料中心。该中心由社工服务机构承办，

利用居民区的住房，改修成适合老年人生活居住的场所。以各社区老人日间照料中心为平台，服务社区内半失能及失能家庭子女无法照顾的老人，以全托或日托服务的形式，实现老人在社区环境里享受专业化服务。全年增加养老床位52张。落实民政部《关于进一步规范（无）婚姻登记记录证明相关工作的通知》，除对涉台和民政部通知中所列国家的公证事项外不再出具（无）婚姻登记记录证明。开展历史婚姻登记信息补录工作和婚姻登记服务活动，推进婚姻登记工作的信息化，全年办理结婚登记4497对，离婚登记1569对。推行居民基本殡葬服务费由政府买单，居民运输、冷藏、火化、生态葬、卫生棺、骨灰盒6项基本费用全免政策。10月1日后，城乡居民基本殡葬服务费的补贴由长沙市殡仪服务处实行直补，优化办事环节，方便人民群众，全年发放补助金12万元。整治城区殡葬秩序，全区火化率100%。

社会组织发展。年内，出台《芙蓉区民政局2015年社会组织管理工作要点》《芙蓉区关于开展社会组织2014年度年检方案》《芙蓉区民政局社会组织分类管理暂行办法》等文件，营造社会组织健康发展环境。区民政局完成区体育协会、区社会组织发展中心、怡馨家园社会组织中心登记工作；备案登记各社区的419个社会组织。取得市、区财政部门的支持，为万众和居家养老服务中心争取政府购买服务资金100万元；为长沙市芙蓉区信德康复中心、常青树老年公寓、巍巍居家养老服务中心申报市级福利扶持资金15万元。截至年底，全区有社会组织261家，其中社会团体24家，民办非企业单位237家。实行备案的基层社会组织419家。社会组织涉及全区的经济、政治、文化和社会建设等各个领域，促进经济社会发展。（区民政局）

【国际社工日活动】3月25日，由区民政局主办，湘湖街道车站北路社区承办的2015年芙蓉区“国际社工日”宣传活动在阿波罗商业广场前坪举行。来自全市各区县的社工、义工代表及全区志愿者200人参加活动。该次活动主题是“社工引领义工，创新社会治理”，旨在宣传和展示社会工作者和义工的优势与作用。活动中，通过对社工、义工机构的介绍、发放宣传手册、展板展示、现场咨询等形式向居民宣传社会工作知识，提高公众对社会工作者的知晓度、认同度、参与度，营造社会工作发展的舆论氛围和社会环境。（袁　霞）

图47　芙蓉区“红袖章”志愿服务队成立

【慈善救助活动】为贯彻落实党中央、国务院关于加大对贫困地区、贫困农户扶持力度，创新扶贫机制，实现精准扶贫、精准脱贫的要求，区政府决定设立“芙蓉助学金”，从慈善救助资金中拨付100万元，专项资助云南省迪庆州德钦县拖顶乡贫困户子女接受高等教育。在春节“慈善送温暖”活动中，发放救助金27万元；在“爱心改变命运”活动中，援助大学贫困新生18人3.6万元；援助低保尿毒症患者25人5.58万元，人数；“慈善助医”救助9人，救助资金5.3万元。

【八一走访慰问活动】7月28日，区委书记梁仲、区长于新凡率芙蓉区“四大家”领导到省军区、市警备区、市公安消防支队等22个驻区部队走访慰问部队官兵并送上节日祝福。辖区各街道也结合“八一”建军节开展拥军活动，营造了良好的拥军氛围。2015年，芙蓉区被评为湖南省爱国拥军先进单位。

【殡葬改革宣传活动】4月3日，区民政局组织各街道（局）

在辖区设置宣传点，以悬挂宣传横幅、大型宣传标语、制作宣传板报、发放宣传资料、现场接受咨询等形式向群众宣传殡葬改革的相关政策、法规，并讲解长沙市惠民殡葬政策，引导群众节俭治丧，杜绝搭棚治丧、铺张浪费的不文明行为。（区民政局）

·老龄工作·

【概况】2015年，区民政局开展区域内老年人的优抚工作。加大老年人福利优待力度，推进高龄津贴发放工作。根据《长沙市高龄津贴制度实施方案》要求，80～90岁低保老人每人每月50元，90～99岁老龄老人每月100元，100岁以上老人每月300元，全年下发老龄津贴136.5万元，有8059名老人享受到补贴。做好老年优待证的办证工作，截至年底，为适龄老人办证8618本。区民政部门联合中国人寿长沙市分公司为辖区农村“五保”老人、重点优抚对象、城乡低保老人、城乡残疾老人等1929名困难老人购买老年人意外伤害保险。组织各街道宣传老年人意外保险政策，推广老年人意外险，全区为4000余名老人购买保险，解除老年人的后顾之忧，维护老年人的合法权益。

启动芙蓉区社会福利中心，拆迁工作完成规划设计，筹集建设资金。该中心涵盖基本养老、社会养老、医疗康复、社会救助4个功能区，满足低保、五保老人基本养老保障需求，面向社会提供硬件一流、服务优质、医养结合的养老服务。

年内，提质改造五里牌社区、燕山街社区、跃进湖社区、荷花园社区、荷晏社区、韶光社区居家养老服务中心6家单位，创建为省级居家养老示范点。推荐区常青树叶小兰和化龙池社区段如意参加第五届“全国道德模范”评选，并获得荣誉。通过典型引路，模范带头带动全区养老事业的进步，增强了爱老敬老的氛围。

（范雅茹）

图48 第五届全国助人为乐道德模范提名奖获得者孟繁英与中国好人彭水林

·附·

2015年城镇居民生活状况调查分析

一、居民收入持续增长

2015年，芙蓉区城镇居民人均可支配收入42697元，比上年增长9.0%。从构成收入的四大板块看:

工资性收入成为城镇居民收入的主要支撑。全年芙蓉区城镇居民人均工资性收入20495元，占居民收入比重48%，同比增长35%。工资性收入比重同比上升明显，说明芙蓉区在按照中央关于收入分配制度改革的具体落实上初显成效。

经济环境的逐渐好转促进经营性收入相对稳定。全年芙蓉区人均经营性收入5573元，占人均可支配收入比重13%，是拉动居民家庭收入增长的有利因素。随着中共十八大精神的深入贯彻，十八届四中全会推出的一系列依法治国的方针措施和政府的简政放权的落实，给经营户提供良好的经营环境，促进了经营性收入成为居民增收的重要部分。

财产性收入为居民收入注入活力。全年芙蓉区城镇居民人均财产性收入11095元，占居民人均可支配收入比重26%。随着城镇居民财产增多和投资理财意识增强，政府积极创造条件让更多群众拥有财产性收入，从制度和体制上为维护和增加芙蓉区居民的财产性收入提供保障，在收入来源多样化的背景下，财产性收入成为居民收入不可或缺的组成部分。

转移性收入保持平稳态势。全年芙蓉区城镇居民人均转移性收入5535元，占居民人均可支配收入的比重13%。随着居民家庭收入的增长，以及芙蓉区群众工作直通车的深入推进和过年过节各部门、社区慰问贫困户及子女

赡养长辈和捐赠收入的提高，居民家庭间的亲情更加浓厚，使得转移性收入增加。

二、居民消费活跃，消费结构趋向合理

2015年芙蓉区城镇居民消费人均支出31978元，同比增长6%，消费结构趋向合理。八大类消费支出呈现“六升两降”的格局，其中人均生活用品及服务和人均其他用品及服务支出的增长势头尤为明显。

食品类支出增幅稳定，恩格尔系数同比下降。随着居民收入的增加，消费结构的优化，芙蓉区食品市场供应丰富，品种繁多，居民更加注重质量的提高，追求食品的营养性、均衡性和多样性，保健环保的绿色食品备受青睐。全年芙蓉区居民人均食品类支出9638元，占消费支出比重（即恩格尔系数）30.1%，同比下降0.3%，所占比例相对合理，反映芙蓉区居民的生活水平达到富裕程度。

衣着消费水平稳步上升。随着收入水平的提高，市民消费理念的提升，消费空间的拓展，居民衣着消费更加注重款式、档次和品牌，衣着消费支出增长明显。调查显示：全年芙蓉区居民衣着人均支出2543元，同比增长18.5%。

居住消费有所增长。随着城乡住房保障体系不断完善，助力居住消费稳步增长，全年芙蓉区居民人均居住支出7336元，同比增长15%。

人均生活用品及服务支出增幅明显。全年芙蓉区居民人均家庭设备用品及服务消费支出2231元，同比增长43%。居住条件的改善，促进居民购买家具及室内装饰品、家用器具等方面的支出快速增长。

交通和通信类支出明显下降。交通支出下降得益于汽油价格的大幅下调和公共交通的不断发展；通信支出下降主要是由于手机价格越来越低，加上通信运营商采取优惠措施，使通信价格下降。全年芙蓉区居民交通和通信人均支出3142元，同比下降29%。

教育文化娱乐服务支出稳步增长。随着科学技术的进步和社会生产力的发展，知识更新的速度越来越快，经济的发展要求人们提高自身的文化素质，人们对知识需求日益增强，教育支出成为人们经常性的消费支出，芙蓉区的居民对子女教育更加重视，对子女教育投资是全方位的考虑。另外随着城市劳动就业竞争的加剧，居民对自身再教育的认识也有所提高。随着人们生活水平的提高和文化体育设施的完善，居民在满足物质生活的同时，更加注重精神文化的生活，旅游、健身和假日消费成为文教娱乐消费中新的消费热点。全年芙蓉区居民的教育文化娱乐服务支出5715元，同比增长22%。

居民医疗支出明显下降。随着医疗制度改革的深化和社会医疗保障体系的完善，居民基本医疗费用报销范围和幅度扩大，人均医疗支出下降明显。随着科普知识的推广，市民购买各类滋补保健品也更加理性。全年芙蓉区居民人均医疗费用支出741元，占居民人均总支出2%。

其他商品和服务支出大幅增长。随着经济的发展和社会的进步，越来越多的人更加注重个人外在形象和生活品质，购买饰品、化妆品及美容服务支出增幅明显，全年居民家庭在其他商品和服务支出633元，同比上升30%。

（明静然）

民族宗教外事侨务

【概况】 2015年，区民宗外侨局以“六个走在前列”为引领，增强对少数民族流动人员的服务管理，开展民族宗教和外事侨务政策法规的宣传教育工作，维护民族宗教领域和谐稳定，增强外事侨务工作服务内涵，开创芙蓉区民宗外侨工作新局面。

民族工作。2015年，芙蓉区户籍总人口数40.31万人，其中常住少数民族户籍人口数1.31万人，占全区总人口数3.24%。按照党和国家民族政策法规，审核全区73名参加高考的少数民族考生的民族成分，办理15名少数民族同胞子女民族成分变更初审手续。推进民族工作“六进”活动，通过LED显示屏、宣传展板、宣传海报、宣传折页等载体，在区机关大厅、街道、社区、浏阳河婚庆园等场所组织开展以“加强民族团结，共筑和谐芙蓉”为主题的少数民族常识、政策法规宣传教育实践活动。召开长沙市民族联谊会芙蓉分会第三次会员大会，开展“民族情深与梦同行”爱心帮扶活动，区民宗外侨局从专项经费中拨出2万元，为辖区内贫困少数民族群众提供经济帮扶；发动民族企业家捐资助学贫困学生；民族联谊会成员为湘西泸溪县一中、五中和八什坪乡顺风小学的贫困少数民族学生捐赠近2万元，为泸溪县社会福利院和八什坪乡敬老院捐赠助听器80台。春节前夕，区民宗外侨局走访慰问17户少数民族困难家庭，送去近万元的慰问金和慰问品；在火车站广场发放宣传材料300份，在各街道、社区张贴“民族情深，与梦同行”宣传画，解答群众的疑难问题。增强与少数民族群众的联系，建立街道少数民族基本情况基础台账，健全工作网络，与市民宗局民族处、市伊斯兰教协会、新疆墨玉县维吾尔族及宁夏、青海回族建立友好关系，与区统战部、公安、城管、所辖街道等部门联动，采取疏导为主、治理为辅、疏治结合的管理，就近引导零散、无序的少数民族流动商贩进店经营，解决了新疆墨玉县维吾尔族经商人士在东岸、马坡岭街道活羊仓库拆迁问题和五里牌兰州拉面馆违章建筑拆除问题。打造韭菜园街道少数民族服务站、马坡岭街道少数民族流动人口服务站，设立“一站式”服务平台，为300名少数民族群众提供金融咨询、党务指导、教育入学、健康义诊、法律服务、计生咨询、文化活动组织等10项服务。

宗教工作。通过走访、座谈、发放相关政策文件，向辖区宗教人士、民间信仰活动场所管理人员和信教群众宣传宗教政策及法律法规，增强宗教人士和信众的法制教育。上半年走访调查辖区宗教、庙宇活动场所，掌握场所的历史沿革、改（扩）建时间、建设规模、教职人员简历等基本情况，建立电子档案。截至年底，全区有较大的（面积50平方米以上）民间宗教信仰场所10处，信教群众约5.3万人，分布于东岸、东湖、马坡岭、东屯渡、马王堆、五里牌、荷花园、文艺路8个街道。配合市民宗局、市国保支队，取缔文艺路城市花园、火星街道新湘国际大酒店基督教私设聚会点及非法宗教活动，并对五里牌街道晓园大厦基督教私设聚会点进行批评教育整治。根据《国家宗教事务局关于进一步推动文明敬香、建设生态寺观工作的通知》，印发《芙蓉区民族宗教各团体和活动场所安全生产告知书》《2015年度民族宗教和外事侨务安全工作实施方案》《关于切实做好当前安全管理工作的紧急通知》等文件，组织人员在重大节日和活动期间检查宗教场所安全。

外事侨务工作。开展外事侨务宣传教育活动，发挥社区宣传栏、西湖之家报纸、社区网站等宣传作用，及时发布侨务工作动态。摸底调研社区侨务工作情况，指导社区侨务工作，组织外事侨务干部队伍培训，全区157名涉外工作人员参加涉外职能部门英语培训班。在社区搭建网格化管理平台，形成“社区党总支—小区网格—楼栋”三级侨务工作管理网络，动态实现侨务信息管理、统计和分析。增强归侨侨眷的帮扶力度，春节前夕，走访慰问15户困难归侨侨眷（港澳回归同胞及眷属）家庭，送去价值1万元的慰问金和慰问品。根据国家安全部门要求，调查摸底近年来芙蓉区领导干部因公出国境，规范全区党政干部因公出国（境）管理，减少出访随意性，做到各项材料要素真实有效。发挥外事职能，邀请英中贸易协会和芙蓉区内涉外企业参加新闻发布会暨说明会，与大韩贸易、英中贸易协会联系，引进优质外商、外企到区发展；接待南苏丹人民解放运动干部考察团和埃塞俄比亚人民革命民主阵线干部代表团到区交流考察，服务区外向型经济。

（吴　玥）

【区民族联谊会第三次会员大会召开】 1月23日，长沙市民族联谊会芙蓉分会召开第三次会员大会。区委统战部常务副部长罗月，区民族宗教和外事侨务局书记彭海燕、局长张璎出席会议。全区20名少数民族会员参加会议。湖南银华集团总经济师、第三届分会会长黄德君报告2014年联谊会工作报告。该民族联谊会以开展民族特色公益慈善活动为载体，为慈善事业发展和民族团结和顺奉献爱心，贡献力量。

【省、市领导到韭菜园少数民族服务站调研与观摩】 6月4日，省民宗委党组副书记、副主任赵仁秀在市民宗局局长刘佳勇的陪同下到芙蓉区韭菜园少数民族服务站调研指导民族工作。韭菜园服务站会长黄德君汇报服务站的工作特点、工作经验。赵仁秀、刘佳勇分别发表意见和看法。10月19日，市民宗局副局长彭晓军、民族处处长赵萍调研韭菜园街道少数民族事务服务站，了解工作站工作流程、工作制度、工作效果，查看工作站相关活动台账、记录，听取关于民族工作的汇报，肯定街道在探索少数民族事务服务站方面作出的努力，提出整合资源、提质提标、打造特色方面的建议。12月24日，市民宗局副局长彭晓军带领全市首批少数民族事务服务站点负责人，到韭菜园街道少数民族事务服务站参观桐荫里少数民族知识宣传长廊，听取站负责人汇报工作，并肯定了该站运转模式、服务制度和工作成效。

【“民族情深与梦同行”浏溪爱心公益活动】 11月17日，区民宗外侨局联合区民族联谊会到湘西自治州泸溪县开展“民族情深，与梦同行”爱心公益活动。芙蓉区民族联谊会会长黄德君、爱心企业家朱元光等一行消防安全工作分批走访泸溪县八什坪乡顺兴中学、八什坪乡敬老院、泸溪县一中、县五中和县社会福利中心。在八什坪乡顺兴中学与20名困难学生交流互动，并赠送慰问金；到敬老院和社会福利中心看望老人，送去助听器80台；由民族联谊会的爱心企业家捐资助学，在泸溪县一中和五中，挑选5名学习成绩优异、家庭困难、表现优秀的高三学生，每年资助5000元，帮助家庭困难的学生完成学业。泸溪县政府组织部、政府办、民委、教育局等相关领导全程陪同，活动收到良好的社会反响。

【开展民族宗教政策法规专题培训】 11月26日，区民宗外侨局在长沙县松柏寺举办民族宗教政策法规专题培训，全区14个街道（局、园）分管领导、专干以及辖区存在民间信仰场所的社区（村）工作人员参加培训。省民宗局处长田野讲授把握宗教工作的“长期性、群众性、特殊性”、民族宗教工作的根本政策以及基层宗教工作等方面的知识，市民宗局处长赵萍传达中央民族工作会议精神，讲授当地少数民族服务管理工作的特点、热点、难点和矛盾纠纷产生的原因及表现形式和处理经验做法。各街道工作人员，与授课老师自身工作中遇到的问题交流。

【督促辖区内宗教信仰场所安全工作】 6月16—17日，区民宗外侨局进行督察辖区内宗教信仰场所消防安全工作。考察组实地检查东岸、东湖、马坡岭、马王堆、东屯渡街道的宗教信仰场所管理、消防隐患等内容，根据现场情况做出指导，为街道及宗教信仰场所印发“国家宗教事务局关于进一步推动文明敬香、建设生态寺观工作的通知”，督促街道社区增强宗教信仰场所的日常监管，做好防火防电等安全工作。

【东郡小学成为首批市级优秀涉外参观点】 1月9日，市外侨办印发《关于公布首批长沙市优秀涉外参观点的通知》，芙蓉区东郡小学成为首批长沙市优秀涉外参观点。东郡小学自2009年开始，参与了中英校际交流项目，与英国牛津郡的学校建成中英校际联盟。2011年，引进实施DI创新活动，受广州英国大使馆教育处邀请，参加华南地区中英校际交流“艺术点亮生活”学生艺术展。学校足球课堂教学在芙蓉区体育课堂教学竞赛中获一等奖，成为国家体委认定的湖南省“青少年校园足球布点学校”。

【市外侨办领导到区调研侨务工作】 4月16日，市外侨办主任胡石明一行到长沙国际金融中心、西湖社区调研外事侨务工作。调研组分别走访西湖社区的侨法宣传角、归侨侨眷活动室、金老师工作室等场地，了解长沙国际金融中心项目、社区侨务工作的开展情况，听取项目负责人、西湖社区负责人对社区侨务工作的汇报。胡石明指出，芙蓉区侨务工作要利用侨务资源，结合一带一路，共享资源，在侨务工作上创新篇、上台阶。区委书记梁仲、区长于新凡、副区长彭娟的陪同下10月29日，市外侨办党组书记、主任汪娟，党组成员、纪检组组长孔亦平到火星街道陶家山社区调研社区侨务工作。调研组走访慰问结对帮扶的服务对象，并到农安小区提质改造施工现场考察民生工程建设情况。汪娟与区、街道、社区的部分干部群众交流，结合群众开展侨务工作，提出要凝民心解难事、聚民意知民意、发挥部门职能优势区委书记梁仲、组织部部长周虔、副区长易新宇陪同调研。

【社区侨务工作专题培训】 7月9日，区民宗外侨局在湘湖街道西湖社区举办“芙蓉区社区侨务工作专题培训会”，全区13个街道（园、局）侨务工作分管领导、专干及社区（村）工作人员等50人参加。该次培训由区民宗外侨局书记彭海燕主持，邀请省外侨办侨务处处长周怀国、市外侨办副主任缪画授课，培训人员分批参观西湖社区的侨法宣传角、归侨侨眷活动室、金老师工作室等场地，实地考察社区侨务工作开展的情况，互相交流侨务工作的经验。省、市领导肯定芙蓉区外事侨务工作，并根据社区侨务工作对象的特点提出建议，指出要从湖南实际出发，用情用心用力工作，以点带面，树立典范。

【南苏丹、埃塞俄比亚代表团到区考察】 7月13日，以党的财政与经济事务副书记阿格斯·基约克·阿古恩为团长的南苏丹苏丹人民解放运动干部考察团一行28人，考察西湖社区外事侨务工作。中联部副局长巢卫东、省人民政府外事侨务办公室副处长周永强等领导陪同参加。参访团逐个参观社区活动室，听取负责人

图 49　社区生活

汇报西湖社区各个活动室的运作情况，参访团也介绍了南苏丹的情况，提出社区建设的问题与看法，起到了交流促进效果。12 月 1 日，埃塞俄比亚人民革命民主阵线干部代表团一行在中联部及省、市、区外侨办领导的陪同下到芙蓉区陶家山社区考察社区侨务工作，交流社区侨务工作开展的活动和取得的成绩，得到外国友人的一致肯定，推动中国与埃塞俄比亚的合作交流。

【滨湖社区被评为省级社区侨务工作示范单位】 2015 年，东湖街道滨湖社区与辖区单位分批打造侨之家活动室、QQ 思亲室、“直通车”工作室、电子阅览室、图书室、健身室、居家养老室，定期组织归侨侨胞开展读书、写字、健身等文体活动。在服务中心设立侨民服务岗，开通“84635108”服务热线，为归侨、侨眷提供便捷、周到的服务。与湖南生物机电学校和湖南农业大学侨务部门，建立服务合作机制，与高校合作分批举办心理健康咨询讲座、组织农大归侨、侨眷和留学归国人员开展联谊活动、组织学院专家教授到郴州市永兴县和湘西自治州泸溪县等地开展科技服务；发挥侨力，组织动员侨眷侨属参与“民族一家亲”、慈善募捐、爱心助学等活动。12 月，滨湖社区被评为省级社区侨务工作示范单位。

【隆平园试点设立园区“侨务工作站”】 10 月 15 日，长沙市外事侨务办副主任张青松、侨务工作处郑友华一行到隆平高科技园调研“侨务进园区”工作。调研组了解湖南新春农业生物高科技有限公司、华智水稻生物技术有限公司运行发展情况和归国留学人员情况，张青松肯定隆平高科技园在吸引海归人才方面做出的工作，试点设立园区“侨务工作站”，抓好“侨务进园区”工作为海归高端人才创造工作和生活环境。园区党工委副书记、管委会主任黄滔，区民宗外侨局局长张璎等陪同参加。　（吴　玥）

湘湖街道

①10月10日，市领导张迎春（左二）带队视察家电城消防安全设施建设

②4月1日，召开党建工作大会

③3月，芙蓉区承办“国际社工日”宣传活动

④开展诚信市场建设活动

⑤12月12日“三湘购”电子商务平台正式上线

⑥5月13日，举行“寻找最美家庭 共建家庭文明”活动

定王台街道

① ② ③ ④ ⑤

①1月14日，省委书记徐守盛、省长杜家毫（左二、三）带领省委常委视察都正街历史文化街区

②9月1日，住房和城乡建设部副部长王宁（左二）一行到都正街历史文化街区视察棚改工作

③6月3日，副省长蔡振红（左二）调研社区戒毒（康复）工作

④10月19日，市委常委、宣传部部长张湘涛（右二）到街道指导第十届邻里节主题活动

⑤3月26日，召开湖南和平解放史事陈列馆建设工作调度会

韭菜园街道

①
② ③
④ ⑤ ⑥

①7月29日，承办暑期少年军校开营活动
②韭菜园文化站小百花排练演出后合影
③9月30日，省老干部艺术团创建30周年活动在蓉园社区举行
④4月27日，市人大常委会副主任刘新程（左一）调研黄土塘棚改工作
⑤5月29日，汤家岭社区举办“法制少年”知识竞赛
⑥8月18日，军区社区开展“品国学经典，做美德少年”活动

文艺路街道

① ② ③ ④ ⑤ ⑥

①位于街域内的开慧广场景
②“七色花”小志愿者开展“感恩的心感谢有你行”活动
③5月28日，“折翼天使怡馨家园”启动仪式上残疾人书法家现场创作的书法作品
④5月6日，开展“乔乔”志愿行活动
⑤12月25日，举行“十岁成长礼 感恩一路行”活动
⑥10月21日，开展“敬老爱老好家风 文艺共颂孝文化”系列活动

朝阳街道

①4月17日，市委组织部副部长陈昌佳（右一）到街道调研党建工作
②3月31日，区委书记梁仲（左前二）观摩大洋软件
③9月18日，区长于新凡（左前二）参加科佳创客揭牌仪式
④书法名家进社区合影
⑤8月19日，启动朝阳街道平安创建暨社会治理创新工作仪式
⑥4月27日，协办知识产权诚信示范点授牌活动

五里牌街道

①2月12日，市委常委、统战部部长文树勋（右二）视察春节期间安全生产工作
②10月16日，街道召开党支部规范化建设推进会
③7月10日，举行庆祝建党94周年广场文化月月演活动
④在阿波罗商业广场组织消防演练
⑤开展社区义务会诊
⑥5月20日，全区第四届老年运动会太极拳开赛

马王堆街道

①2月6日，党组书记履行党建工作责任制述职会召开
②3月3日，召开火炬村拆迁安置工作会
③开展禁毒宣传日活动
④11月16日，马王堆街道党建工作推进会召开
⑤12月1日，马王堆街道携手省残疾人康复中心开展长沙市精品课程进社区活动
⑥11月27日，明德华兴中学学生看望辖区道德模范彭水林
⑦组织辖区退伍老兵参观市博物馆

荷花园街道

①12月2日，省人大常委会副主任李友志（右三）到“向志愿者致敬”系列活动现场指导工作
②6月12日，省人大、省民政厅相关领导到街道调研村居同步换届选举工作
③全市“城市管理示范街道”创建现场观摩推进会在荷花园街道召开
④9月15日，北京市西长安街街道负责人到荷花园街道考察交流
⑤6月28日，恒达社区举办第十届文化艺术节
⑥4月24日，荷晏社区“同心邻里大讲堂”开讲

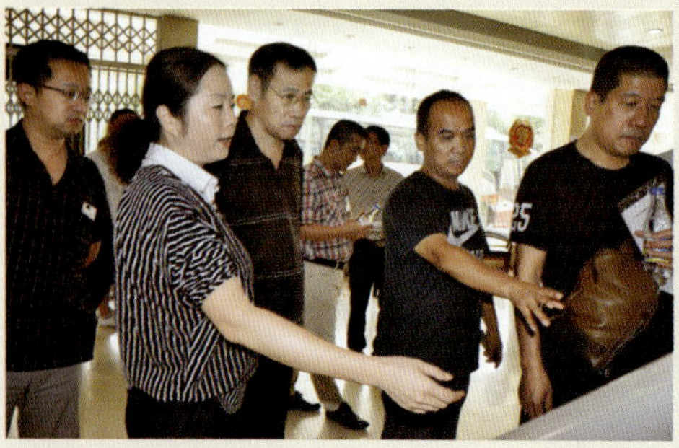

东屯渡街道

①8月31日，举办纪念抗战胜利70周年活动
②12月19日，万家丽国际购物中心正式开业
③11月28日，开展“防艾公益活动”
④12月25日，地铁文化行进社区活动
⑤12月2日，举办向志愿者致敬活动
⑥举办广场文化月月演活动

火星街道

①5月12日，街道党代表工作室首次迎来省党代表视察

②区委书记梁仲（中）到兴和社区农安小区改造现场进行考察

③3月5日，开展雷锋家乡学雷锋活动

④9月25日，吉首市领导考察马王堆陶瓷市场

⑤9月22日，举行道德模范在身边主题活动

⑥11月13日，副市长李蔚（左四）到火星街道调研城管工作

东岸街道

①3月，区领导梁仲、于新凡在浏阳河风光带植树

②“唱长沙童谣 做美德少年”主题活动

③东岸街道“夜课堂”培训

④5月9日，芙蓉生态新城5号保障住房用地项目拆迁动员大会

⑤4月22日，举行失地农民大型专场招聘会

⑥7月2日，召开打击与预防多发性侵财犯罪工作汇报大会

马坡岭街道

①7月15日，省委常委、市委书记易炼红（右二）到街道看望慰问拆违一线工作人员
②街道组织新党员宣誓活动
③“七一”党建活动
④9月28日，街道开展“牵手芙蓉”广场文化月月演活动
⑤街道主办“春风送暖惠民心”招聘会
⑥2月4日，街道组织“爱心守望助力春运”志愿服务活动

东湖街道

①10月14日，省委常委、市委书记易炼红（左三）调研东湖街道拆违复绿建设工作
②8月底，建成“拆违复绿”样板工程
③9月26日，芙蓉区九道湾自行车越野训练基地正式启用
④举办敬老主题学雷锋志愿服务活动
⑤重阳节期间举办孝亲敬老活动现场
⑥“东湖夜话”环卫工人专题活动现场

社区建设

社区服务

【概况】2015年，芙蓉区探索“三社联动”的社区治理和服务新机制，出台《芙蓉区关于政府购买社会组织服务的实施意见》，培育、发展社区社会组织参与社区管理。减轻社区负担、提高社区服务效能，出台《芙蓉区社区减负增效工作实施方案》，编制区直部门延伸到社区工作职责目录、社区挂牌目录、社区需要出具的证明性盖章目录，为社区减轻行政化事务，增强社区工作自主性。启动芙蓉区社会组织发展指导中心建设工作。各街道纷纷引进专业社工机构承接社区的社会化服务，如培源社工、共享家、关爱之家等，打造出“社区公益书屋”“折翼天使怡馨家园”“邻有爱”等专业社工服务品牌。开展“社区十佳自治服务品牌”创建活动。从2015年开始每年在全区评选出10个品牌，每个品牌给予10万元的品牌扶植资金，要求社区从居民自治服务、互助志愿服务、公益组织服务等方面，打造居民需求的社区服务品牌，提升社区服务效能。

（袁　霞）

【滩头坪社区被评为市级“十佳扶残助残爱心社区”】马王堆街道滩头坪社区积极维护辖区内残疾人合法权益，想方设法满足残疾人在康复治疗、生活保障等方面的需求，尽可能为社区有工作能力的残疾人创造就业便利。彭水林系古汉城社区外来务工人员，他是1位特殊的世界罕见高截位存活者。社区工作人员了解他的情况后隔三差五登门探望，联系相关部门给予他多方面帮助，为他们租房办起了“半截人便利店”，并呼吁号召社区居民及社会爱心人士多到便利店来购物，缓解了彭水林家人生活困窘的局面。2007-2015年，彭水林成为自力更生，诚信经营的励志大师，被评为芙蓉区首届道德模范，并上榜中国文明网“好人365”第148期封面人物。

（曾　中）

【五里牌社区“学雷锋·社区送温暖”活动】3月4日，五里牌街道联合中建五局地铁三号城建施工单位在辖区开展“学雷锋·社区送温暖”活动。该次活动由五里牌社区志愿者和联合中建五局地铁三号城建施工单位志愿者组成的爱心小分队深入到五里牌社区的空巢老人、困难居民家中，把物资、慰问金和印有社区工作人员电话号码的爱心卡送到他们手中，为他们提供打扫卫生，收拾桌椅、叠衣服等服务，来到居民住宅区为居民群众维修水管、线路、家电，排除安全隐患。多样化的志愿服务活动营造学雷锋的社会氛围，受到辖区居民群众一致好评。

（文　阳）

【燕山街社区开展“365”管家好女儿志愿服务】10月19日，五里牌街道燕山街社区与常青树老年公寓在老年公寓活动中心联合开展“关爱老人，情系百家”志愿服务活动暨燕山街社区党委“365”管家好女儿志愿服务站启动仪式。该次活动由燕山街社区主任杨斌和老年公寓院长叶小兰现场签署爱心服务卡，当众许下承诺，发动公寓工作人员和社会爱心人士用实际行动为街道空巢、失独、特困居家养老老人提供物质、生活及精神上的关爱、帮扶和救助，让更多老人得到党和政府以及爱心单位的帮助和关爱，安享快乐、幸福的晚年生活。区民政局副局长蔡日直、街道党工委委员唐学勤等参加活动。

（文　阳）

【"圆梦快递"创新社区管理和服务】 "圆梦快递"是韭菜园街道推出的创新社区管理，打造服务升级的特色品牌，内容涵盖党建、城管、均等化服务等多个方面。党建工作通过在职党员到社区报到，亮特长、领岗位，推出治安巡逻、设施维修、扶贫济困等25个服务项目；城市管理充分利用手机、微信、QQ等搭建群众参与的互动平台；均等化服务通过"八个一"（一队伍、一活动、一报、一卡、一本、一单、一箱、一令）工作机制，全面接单群众"微心愿"，准确、高效地提供服务。圣诞节前夕，化身圣诞老人的军区机关医院、南粤银行和社区志愿者接单群众"微心愿"，为家住长城公寓的留守儿童乐乐和童童送去了溜冰鞋和巴比娃娃；12月26日，为家住桐荫里长期瘫痪的曾师傅送去了预防肌肉萎缩的免费理疗按摩，并陪其患有侏儒症的孙子下围棋娱乐。"圆梦快递"创新社区管理，引领街域发展，"八个一"工作机制为群众工作提供了长效和务实的保证。（董春梅）

【温暖回家路】 为认真做好2015年春运工作，荷花园街道以农民工为服务主体，与龙骧巴士长途客运站合作，组织了以"你回家我买单"为形式的主题活动。该次活动为家住醴陵的返乡农民工开通绿色通道，统一购买回家的车票，送他们回到自己的家乡，确保春运期间农民工安全合理的有序流动。工作人员在客运站对前往醴陵的返乡农民工现场登记造册，当场为他们购买返乡车票，发放春风卡、就业扶持政策、职业指导服务手册等宣传资料，让就业服务、就业指导、权益保护等方面的法律法规政策，促进农民工就近就地就业创业。（曾　中）

【荷晏社区开启"同心课堂"】 4月24日，同心邻里大讲堂启动式暨名家讲师团助力高考服务活动在荷花园街道荷晏社区开启。市教科院纪委书记胡志华，区委统战部常务副部长罗月，区工商联副会长廖英明，街道工委副书记张军等领导及名家讲师团成员、辖区党外代表人士等50人参加活动。同心邻里大讲堂，是荷花园街道联合社会各界爱心人士打造的公益讲堂，分为身边讲堂、爱心讲堂、家庭讲堂3个部分，涵盖国际形势、时事热点、教育教学、医疗保健、消防安全等方面内容，每月27日或28日邀请名家授课。启动仪式上，荷花园街道工委副书记张军致辞，区工商联廖英明副会长为荷晏社区"同心工作站"授牌。该次活动由湖南人民广播电台公益讲师团、市教育科学院、长海医院等爱心团队与社区友好签约。区、街道领导为名家讲师团10名成员颁发聘书。首站"同心课堂"由长沙市教科院梁珊老师开讲"高考服务 邻里支招"，为参加高考的孩子减压，为陪考的父母支招。"智慧妈妈"以过来人的身份向大家传授经验，分享"我家高考的小故事"。家长们边听边记边提问，老师均一一解答。荷花园街道"同心课堂"首课以高考服务为主题，时间及时、内容充实、方法实用，得到家长们的一致好评。（周思冰）

【德政园社区增设爱心屋和心愿树】 荷花园街道德政园社区以雷锋超市为基础，增设爱心屋和心愿树2个服务项目，让更多需要帮助的居民有较多选择机会，也让社区党员有更多为居民提供帮助的渠道。爱心屋分为自选区、置换区和自购区。自选区陈列物品全部为上级慈善机构、爱心人士、驻社区单位捐赠的物品，低保特困家庭，每月可免费领取1次，每次不超过50元；置换区陈列物品全部为家庭闲置生活物品，居民可以将这些家庭闲置的但使用功能完好的生活物品拿到超市填卡陈列提供置换。自购区陈列物品全部为新物品，来源于爱心人士直接捐赠或社区依据群众需要启动党员扶贫基金专项经费添置的物品，居民可用志愿服务积分卡的积分数登记换购，也可现金购买后。售得资金放入善行箱用于困难居民帮扶。年内，爱心屋置换区接收捐赠物品120份，自购物品180份，其中1至3月份发放25名志愿者积分兑换物资70份。心愿树则是为社区困难户、低保户、残疾人等准备的，他们可以将自己的心愿写在心愿树上。社区党员志愿者、在职党员自行到爱心屋开展1对1心愿认领并帮助其实现愿望，实现爱心资源的集约高效利用。（周思冰）

社区治安

【概况】2015年，全区社区（村）基层单位统一签订"社会治安综合治理目标管理责任书"，综治工作整体纳入年度绩效考核范畴。严格执行分级责任制，认真抓好平安建设工作责任落实，定期召开政法综治工作会议，及时研究工作部署开展中出现的新情况、新问题。继续推行红袖章治安巡逻，推进居民自治管理创新。不断扩大红袖章群防群治生力军，囊括机关干部、社区工作人员、社区居民志愿者（党员代表、楼栋长、学生家长等）、门店信息员、小区物业公司保安以及内保人员，统一佩戴“红袖章”标识，开展邻里守望、看门守栋义务巡逻防控，形成了“大街有巡逻，小巷有协防、小区有保安、楼群有守望”的群防群治网络。按照“分级负责、分片包干，条块结合”原则，集中街道、社区综治工作人员对辖区家庭、门店、单位进行了全面细致的综治“大走访”活动。通过走访居民群众、门店业主、单位职工，访民情，听民意，解民忧，收集整理了一批关于加强社会治安防控、治安问题整治、消防安全工作、民生工程以及提升政法综治队伍形象的意见建议，通过交流互动，进一步提高了人民群众平安建设的知晓率、参与率和满意率。（黄　珣）

【定王台街道构筑立体安全防线】　年内，定王台街道通过构建点线面结合的立体式责任体系，打通安全生产措施落实的“最后一公里”成为推动街域发展的动力。定王台云网指挥中心不断滚动刷新的小屏幕窗口，与密布于定王台的385个电子摄像头对接，企情街况随时传递、一目了然。9个社区更设立9支巡逻行动小分队，手持智能移动设备的他们每天访企业走工地行街巷，隐患第一时间发现、问题第一时间上报。定王台街道率先出台“街道安全生产责任评分细则”，设立30万元“安全基金”，年终得分最高的企业可获得奖励，得分差者则将接受严管重罚。同时区、街投入近500万元完成定王台书市安全设施改造，年内通过市级消防部门验收。街道成立安全“小喇叭”队伍，组织热心市民、党员志愿者每日手持小喇叭穿行街巷、楼栋与市场，安全提醒时刻不懈怠。（范　波）

【东湖社区整治老市场容貌】三湘水暖市场和三湘金地市场是以经营水暖、五金器材为主的老市场。长期以来，经营户文明经营意识淡薄，物品随意摆放、店外经营等现象非常普遍，严重影响市容市貌、阻塞交通，群众反应强烈。为推进城市管理，东湖社区开放式大物业自5月份开始，先后6次组织对三湘水暖市场和三湘金地市场168家门店进行集中整治行动。经过多次集中整治，市容市貌大有改观。12月14日，湘湖管理局东湖社区联合城管对三湘水暖市场的市容进行整治，城管湘湖执法中队、湘湖管理局城管办、东湖社区大物业、三湘水暖市场和三湘金地市场管理方共150人参加集中整治行动，工作人员对门店进行政策宣讲，下发倡议书、整改通知书，挨个门店进行劝导，努力引导经营户文明营业。（刘武强）

【实战演练社区消防安全】　为全面推进冬季火灾防控工作、普及应急逃生知识，提高辖区单位防控火灾能力，11月27日，组织韭菜园街道联合各社区工作人员、芙蓉区消防大队、韭菜园派出所、壹号座品广州和融物业管理有限公司员工、社区居民200人开展安全生产应急预案综合演练活动。该次演练活动在一阵急促的消防警报声中开始，物业负责人在发现“火情”后立即启动报警系统，演练人员被分为灭火、疏散、抢救、医疗救护、后勤保障和警介6个组。在浓烟中，他们组织员工和群众紧急撤离。活动现场消防官兵指导参演人员与辖区居民实地体验灭火器的使用方法。实战演练旨在普及火灾预防、应急疏散和逃生自救知识，为从容应对各类突发事件提供安全保证。（董春梅）

【火车站社区开展社会治安专项整治行动】　8月21日，五里牌街道综治办联合城管办、城管执法中队、安监站、五里牌派出所、火车站社区等部门80名工作人员对火车站社区内的家庭小旅馆、按摩场所聚集区域开展治安大清查集中整治行动。晚上8时，所有人员分成3个清查组，重点对火车站社区范围内的家庭小旅馆、按摩场所等进行认真细致的清查检查和消防安全隐患排查。该次整治行动检查小旅馆10家、发现不按规定登记住宿案件1起、发现安全隐患2处、下达整改通知书2份，排查流动人口97人。此举有力震慑了各类违法犯罪活动，进一步促进街道辖区内的社会治安稳定。（文　阳）

【东郡社区新建监控系统保安全】　10月10日，联点荷花园街道东郡社区的“一推行四公开”群众工作组、区总工会、区机关工委及街道经济办联点干部一行人到社区，查看社区新建监控投入使用情况及监控效果。此前，社区、小区业委会及物业公司的共同努力，自筹资金9万元购置并安排监控设备，于9月底正式投入使用。全方位的监控、高清晰的画面、不间断的视频，在监控室里，显示屏把小区内每个楼栋的外围情况清晰地展现在大家的眼前，一旦小区有什么可疑人员进入，或者有什么突发事情发生，监控室内都能第一时间发现，调度保安人员第一时间到达现场，大大地提高小区居民的安全系数。（周思冰）

社区就业

【概况】 2015 年，区人力资源和社会保障局不断完善区、街道、社区创业与就业指导服务中心服务体系建设，拓展服务项目、丰富服务内容，为劳动者提供政策咨询、信息发布、职业指导、职业介绍、就业援助等公共就业服务。健全城乡困难群体就业动态管理和援助制度，做好做实就业工作台账。各街道、社区开展就业援助的措施，援助对象表册、花名册等，城镇失业人员和城镇新增就业、就业培训、享受就业扶持政策人员实名制管理 100%。按照市、区政府要求，积极开展充分就业社区创建工作。创建成为国家级就业示范社区和省级充分就业星级社区 9 个，市级充分就业社区 52 个，创建率 83.8%，巩固率 100%。（曾 中）

【曾家坪社区成立就业爱心基金会】 1 月，火星街道曾家坪社区成立就业爱心基金会。凡该社区居民在辖区范围内就业 1 年以上，或自主创业成功，持续经营 1 年以上，并安置 2 名以上辖区居民就业的，每年可获得 600~1000 元的奖励。该基金会以奖励创业和就业为目标，鼓励本社区居民在本社区合法依规的企业单位、个体经营企业就业。此项举措旨在激发群众就业创业热情，解决用人单位招工难问题，提高社区就业率，提升“充分就业”社区服务质量，以达到促进地区经济繁荣发展。（曾 中）

【车站北路社区成立“草根创业帮帮社”】 年内，湘湖街道车站北路社区成立“草根创业帮帮社”。该社区针对创业者起步阶段困难，年轻人面临尤其缺启动资金、缺创业指导、缺社会经验等难处，将创业帮帮社开在居民身边，为有创业想法的居民搭建桥梁。聘请专业导师传授开店经营技巧、开店流程，宣传政策法规。帮帮社导师由社区商会的创业成功者组成，举办“项目视频会”，利用远程视频让创业者和项目“面对面”，足不出户就能选中最心仪的创业项目。（曾 中）

【韭菜园街道举办平江招聘会】 3 月 4 日，芙蓉区人社局、韭菜园街道办事处联合岳阳市平江县福寿山镇人民政府共同举办以“感恩革命老区，春风促进就业”为主题的专项公共就业服务活动。经过前期的调研和精心准备，该次活动甄选了长沙比亚迪汽车有限公司、远大集团、红星实业集团、小天鹅戴斯酒店等知名企业提供 6000 个岗位，让平江县的求职者在家门口就能获得就业信息，让本地企业和外来求职者零距离交流，推动区域间公共就业服务合作，搭建企业和外来务工人员的对接平台，进一步推动就业工作更快更好落实。（曾 中）

【“春风心动”——就业就在家门口】 3 月 16 日，由区人力资源和社会保障局组织、火星街道人力资源和社会保障服务站主办，街道残联、工会、凌霄社区联合协办的 2015 年“春风行动”之企业用工现场招聘会，在凌霄社区文化广场正式启动。以“创新创业促就业、企业帮扶在芙蓉”为活动主题，以“街企共促，街社联办、就近就业、帮扶协作”为活动形式，让更多的社区下岗失业人员和大中专毕业生就业在家门口。参加此次活动超过 100 家企业，提供超过 2000 个就业岗位，为求职者提供适合和满意的就业机会。招聘会上，求职者和居民群众超过上万人，收到良好的效果。该次招聘活动将政策宣传与招聘活动有机结合，在开展企业用工招聘活动的同时，设置创业、就业、社会保障、企业劳动维权、医疗救助等方面的宣传服务平台，让求职者用工时学会用政策维护好自己的合法权益。还组织开展社会劳动保障政策、法律方面的知识问答有奖活动，建立和完善用工质量跟踪服务体系。（刘夏娃）

【东湖社区“就业长廊”为农民工提供岗位】 3 月 10 日，由区人力资源和社会保障局和湘湖街道联合举办的“扬就业之帆，启创业之旅”大型招聘会在东湖社区上东印象广场“就业长廊”拉开序幕，市、领导出席活动仪式。该次活动组织超过百家招聘单位，专为农村劳动力提供 3000 个就业岗位。启动仪式上，湘湖街道党委书记李明权发表了致辞，东湖社区精彩的文艺表演为活动增添了喜庆的气氛，自主创业典型代表林英现场讲述创业历程。在活动另一角，“自主创业，用理想撬动现实”，一系列自主创业的典型事例在现场展示。湖南精彩生活超市、富丽华大酒店与现场达成用工意向的人员当场签订了用工协议。对于无法到达现场的求职者，还通过微信、微博不停滚动播放求职信息与招聘单位的岗位信息及联系方式，为用工企业与求职者搭建起网络桥梁。

（刘武强）

【杨家山社区组织招聘活动】为有效解决辖区居民就业问题，9月8日，杨家山社区联合金剑保安有限公司在杨家山社区锦泰广场举办地铁安检员招聘会，该次长沙地铁2号线专场招聘会提供500个地铁安检员等就业岗位。社区组织志愿者前往现场协助招聘单位工作人员进行登记，并为前来咨询的求职者进行引导、解答问题。通过前期的宣传发动，社区居民对此次大型招聘会知晓率较高，参加此次招聘会的下岗失业人员和辖区内有求职意愿的居民数共有200人，有50位求职者与用人单位初步达成就业意向。前来应聘的居民们认为，招聘会上所提供的工作岗位，比较契合实际，不仅为高学历的大学毕业生提供了就业岗位，还为就业困难的群体提供了岗位工种。社区相关负责人也表示，要不断地探索和创新，总结成功经验，将此类招聘会在社区陆续开展，为辖区居民做好服务。（周思冰）

【芙蓉区民营企业招聘周活动启动】4月22日，芙蓉区民营企业招聘周在东岸街道东岸建材市场前坪举行。该次活动现场搭起了技能展示台，递完简历的求职者可登台展示才艺，用人单位则在台下打分挑选。24岁的肖箐用餐厅提供的一块方型小桌布，就折出精美小花。5分钟后，一只昂首翘尾的“扇尾鸟”亮相手中。看完肖箐的拿手绝活，用人单位当场拍板，“明天就来公司试用。”此次招聘会共有60家企业带来上千个岗位，根据失地农民实际，超市服务员、保安、保洁等年龄学历门槛低的岗位占了绝大多数。

（姜　锋）

社区生活

【概况】2015年，芙蓉区紧扣“城区品质提升年”主题，强化大局意识，创新工作思路，注重社区环境管理自治，纵深开展环境综合整治，保障环境安全，推进宜居城市建设，不断提高生态文明建设水平。对环境污染问题，从基础设施配置和提高管理水平方面加以解决。各街道、社区制定了各种防治污染的制度，在社区内有效控制了噪声、大气、水、垃圾、油烟等环境污染，保证了社区环境质量优良。在街道、社区、学校和驻区企业开展节约用水、保护水资源等宣传活动，动员居民群众参与到社会公益活动中，建立完善的环保宣传渠道，采取多种形式普及环保知识，区内各社区参与节能环保创建热情高涨，在改善居住环境、完善监督管理体系、推动节能降耗等方面，有效提高了全民环保意识，进一步培养和提高居民群众“自我管理、自我教育、自我服务”的能力。在54个社区完成建立居家养老服务站点工作，通过政府扶持、社会参与、市场运作，逐步建立社会养老特色服务品牌，为全区政府购买服务的老人提供白托服务、文体娱乐、医疗保健、日常生活照料、精神慰藉、代购物、带就医、上门护理等项目服务，进一步拓展居家养老综合服务功能，全面提升居家养老服务水平，多渠道满足老年人养老服务需求，实现老有所养、病有所医、学有所教，取得了老人满意、子女减负、促进就业、社会和谐等多赢的效果。同时，各街道、社区先后成立社区老年人健身活动中心、图书阅览室等利民便民服务网点，为居民提供读书看报、健身休闲、培训学习、文化娱乐等便民服务项目，极大地方便了居民生活需要。

（苏　洁）

【滩头坪社区知识产权大课堂开讲】4月24日，芙蓉区科技局联合马王堆街道滩头坪社区在社区举办“知识产权进社区——尊重知识产权、弘扬法治精神”大讲堂活动。该次活动“室内大讲坛”由省高级人民法院民三庭（知识产权主讲涉外商事审判庭）庭长曾得志以及湖南金州律师事务所的律师就知识产权基本知识、知识产权对社会经济发展及居民生活的影响等专题，辖区各企业及门店经营户、居民群众代表60人参加活动。“室外课堂”是由燕山第二小学的学生们带来的关于产权知识法律法规等为主要内容的手抄报，张贴在墙上组成一道近4米的法治知识长廊，吸引居民群众驻足仔细阅读。社区工作人员还手把手向居民群众传授如何辨别日常生活用品真假，讲解知识产权基础知识。通过“室内大讲坛”及“室外课堂”让更多的居民群众了解知识产权知识，唤起全民的知识产权保护意识，营造全社会尊重知识产权、弘扬

法治精神的良好氛围。（杨 静）

【都正街“羊”年元宵节回到老长沙】 3月4日，在定王台街道都正街内举行的元宵庙会：品小吃、踩高跷、夹汤圆，游走在历史与现代中的市民们连呼“过瘾”。作为长沙历史文化街区之一，都正街不但古韵悠长，更是年味十足。该次庙会活动分为文艺表演、传统特色小吃、民俗游艺节目3大主题活动。赏灯会猜灯谜、羊羊寻宝记、夹汤圆比赛、踩高跷、穿越民国等老长沙民俗一一呈现，仿佛时光倒流，回到了几十年前的老长沙。慕名而来的市民群众品尝着各种传统特色小吃，兴致勃勃地参与各种的小游戏，大合唱“学习雷锋好榜样”等经典老歌更是引发现场观众共鸣。

（范 波）

【83岁老人照顾智障残疾女儿60年】 月桂社区83岁的居民张爱莲，悉心照顾智障残疾女儿60年的事迹感人至深。张爱莲退休以前是长沙火车站的职工，女儿素君4岁时因小儿麻痹症发高烧，留下了严重的后遗症，成了智力一级残疾。从那时起，张爱莲就辞去工作，专门照顾女儿的起居饮食。60年来，几乎没睡过一个安心觉，也很少出门，她全部的生活内容就是照顾女儿。为了帮助这对母女，区民政局、街道办事处为她和女儿申请了低保和各项津贴，党员志愿者、社区工作人员每逢节日都前去探望老人和女儿，并送上慰问金。对年岁已高的张爱莲老人来说，女儿将来的生活，仍是她最大的牵挂。“只要我在一天，我就要照顾她一天，我将她生下来，就要对她负责到底！”张爱莲老人说。

（刘夏娃）

【有效处理污水 工厂变花园】 马坡岭街道西龙村长善垸污水处理厂，全厂占地面积13.56万平方米。1期生产规模为16万吨/日，出水水质达到“城镇污水处理厂污染物排放标准”1级B类标准。在生产经营活动中为了减少污水处理给居民生活环境造成影响，采取2项措施：一是加强对臭气的高效控制与处理，流经这里的污水首先过滤掉大颗粒悬浮物及漂浮物后，分别进出2组相同的生物处理单元。生物处理单元主要包括厌氧池、缺氧池、好氧池，水通过这3个池子之后，就会去除污水中的异味和有机物、总氮、总磷等污染物质，减少污水处理生产过程中散发出的臭气。二是在厂区内种植大量的绿色植被，让人觉得走进污水处理厂像是进入到花园一般，闻不到难闻的气味。长善垸污水处理厂提质改造完成后，出厂水将达到1级A类标准。（孟建中）

【锦林社区开展“举手有爱·微心愿”活动】 4月25日，马坡岭街道锦林社区在职党员、志愿者走进社区健峰残疾人托管中心开展“举手有爱·微心愿”活动。活动中，许愿树上贴满了托管中心残疾人的微心愿：刘正桃长这么大还没去过动物园，很想去趟动物园；胡媛因无法正常走路，想要一部口袋蓝牙，让音乐陪伴自己参加活动的在职党员、志愿者认领了他们的微心愿，并给残疾人赠送了生活物品。现场还开展了义卖、义诊、捐赠等活动。社区党员易白云和同事们捐赠爱心款1500元；锦林社区卫生服务站捐赠爱心款1000元及1200元的常用药物；东岸锦城幼儿园大班通过义卖报纸捐赠962.3元。超过百份爱心物品现场被义卖，募得爱心基金2800元，图书300册，用来援助健峰图书室。（孟建中）

【军民欢聚迎端午节】 6月17日（农历五月初四），在传统节日端午节前夕，韭菜园街道军区社区工作人员提前购买好糯米、红豆、蜜枣、肉、竹叶等原料，组织辖区居民、社区工作人员和省军区战士们欢聚一堂，开展“浓情端午粽飘香，幸福和谐一家亲”的活动。该次活动中，阿姨们技艺娴熟，粽叶、红豆、糯米在一双双巧手中上下舞动中粽子瞬间成型；年轻的官兵则手忙脚乱，卷不紧粽叶、扎不出棱角，急得纷纷向阿姨们请教。在热心阿姨的帮助下，小战士的粽子也终于成型，样子虽不好看，但却很有成就感。端午节包粽子传承的是中国民俗文化，凝结的是军民鱼水深情。（董春梅）

【汤家岭社区举行创意换花打造最美阳台活动】 12月27日，“创意换鲜花 打造最美阳台”活动在韭菜园街道汤家岭社区举行。竹园公寓小区位于车站北路，建于20世纪90年代，小区内公共设施不全、绿化缺失，老旧的下水管网逢雨就溢，给居民带来诸多不便。在“芙蓉区的老旧小区提质改造”行动中，置换下水管网、平整路面，设置停车位，增加绿化面积、新增近1倍安全摄像头，使老旧小区蝶变为宜居家园。小区提质改造后，区妇联和汤家岭社区送来千盆鲜花举行创意换花，为居民点缀阳台。该次活动，孩子们用黑豆、绿豆、燕麦等五谷粘贴成的一幅幅反映小区新变的创意图画换走鲜花，装点家居，打造小区最美阳台。“创意换鲜花”为小区阳台送上新绿，提供了展示民间草根智慧的交流平台。

（董春梅）

【荷晏社区投放“旧衣服回收箱”】 7月，一批“旧衣服回收箱”投放到荷花园街道荷晏社区电信小区自从在部分小区投放“旧衣回收箱”后，每天都有居民把闲置衣物投入旧衣回收箱中。“旧衣回收箱”的工作人员只要从下方打开门锁，就可以把里面的衣物取出来，由相关人员整理后，交给专业机构进行统一分类，通过正规渠道捐赠给贫困地区或环保处理。这种旧衣回收方式，为公益、为环保奉献了社区居民的爱心和力量。（周思冰）

社区卫生

【概况】 2015年，通过出台“长沙市芙蓉区社区（村）城管工作考核办法”，探索“社区、社团、社工”联动机制，提升社区城管工作的群众性、自治性、服务性和公益性，让群众从环境治理中看到变化、见到成效、得到实惠。加大投入，实现社区提质改造的大扩面。投入2.5亿元对32个社区（村）57个小区（点）的733幢房屋进行提质改造。同步推进水改、气改工作，全面完成自来水户表改造等“为民办实事”任务，惠及1.4万居民。投入101.8万元，完成了锦林社区等11个社区的病媒生物防治基础设施建设。服务先行，实现社区物业服务的全覆盖。投入经费400万元，在41个社区积极推行社区物业规范化服务工作，创建成为市级精品社区10个、样板社区16个、示范社区5个。通过创建市级精品、样板社区，实现“小社区，有物管，全覆盖”。奖优罚劣，实现社区居民参与的大提升。以76个社区（村）为单位设置块状网格，并细分到小区和居民楼栋。街道、社区开展星级门店、楼栋、阳台等评选活动，激发网格内居民参与城市管理的热情。通过五佳五差社区等评选活动充分调动社区积极性，全年评选社区城管五佳五差社区（村）12期，共计奖励五佳社区120万元。探索医养结合，深入开展社区卫生服务中心“家庭契约式服务”，继续完善“芙蓉338模式”，为社区居民建立健康管理档案，开展随时预约上门看诊、每年两次免费体检、上级转诊绿色通道的便利医疗服务，不断扩大全区签约数量，实现居民从健康管理、预防、基本医疗、大病转诊、康复回社区的全过程管理，努力营造“家庭契约式服务”的品牌影响力。开展多种形式的健康教育与健康促进活动，普及健康知识，增强社区居民的健康意识和自我保健能力，针对社区孕产妇、儿童、老年人等开展义诊、咨询、讲座等多种形式的宣传教育活动，让社区居民获取医疗保健健康知识，惠民效果不断显现，居民对基本公共卫生服务的知晓率和满意率不断提升。社区卫生服务中心加强基本医疗和公共卫生的协同服务，以家庭契约服务等形式，突出中医药在防病治病中的作用。全区所有的社区卫生服务站、村卫生室均开展中药、针灸、推拿、火罐、敷贴、刮痧、熏蒸等4项以上的中医药适宜技术，实现中医药综合服务区全覆盖。

（李焱照 苏 洁）

【“四小”整规行动查处违规小作坊】 4月23日，市食品药品监督管理局、食安办召开食品药品“四小”（四小即食品生产小作坊、小食品经营店、小诊所和小药店）整规动员大会。该次“四小”整规专项行动，执法人员突击检查了马王堆街道火炬村1处作坊。作坊内有3袋名为“硫酸钙”的食品添加剂，外包装上写有详细的添加比例规定，但作坊主却没有任何用于称重的秤具，只有1个勺，添加时就按照经验估算放1勺。执法人员依法依规查处该作坊，并对作坊老板进行了严肃教育。东岸街道开展辖区食品药品摸牌清查工作。执法队在检查东岸街道杉木村时发现1处作坊充斥着一股馊味，豆渣分离装置上方结满蜘蛛网，到处是灰尘和锈渣，生产场地十分脏乱，也无证照，执法人员对该作坊封停，责令其办好各项证照，在确保安全卫生情况达标后才能正常营业。

（杨 静 姜 锋）

【锦林社区开展健康公益活动】 5月20日，马坡岭街道锦林社区举办“提高科学素养，享受健康生活”的知识讲座及科学知识宣传活动。该次活动，广泛传播健康卫生知识，引导居民群众树立健康生活观念，主动养成健康行为，提高健康素养。并采取健康讲座和现场义诊相结合的形式进行。由区红十字会工作人员讲解“科学就医 合理用药”的方法和原则，“用药要遵循“能不

用就不用、能少用不多用，能口服不肌注、能肌注不输液”的原则。社区居民积极参与，踊跃讨论与答题，气氛颇为活跃。（孟建中）

【废旧物品兑换出环保低碳】4月28日，省委办公厅行管办工会和蓉园社区联合开展的“积极参与两型社区建设，推行绿色低碳环保生活”活动在蓉园社区举行。该次活动，划分废旧物资兑换、二手物品回收、政策咨询3个区域。废旧物资兑换区负责居民用废电池、旧书报兑换小植物、节能灯泡、环保袋等；二手物品回收区负责收集居民家中的旧衣物、鞋帽和闲置物品；政策咨询区负责向居民发放节能灯使用、垃圾分类等知识宣传手册和解答居民提出的低碳环保、绿色消费咨询。废旧物品兑换活动以供需双方互动形式，提高广大居民的环境保护意识，号召居民低碳生活，自觉从身边小事做起。（董春梅）

【东方新城社区开展“爱心义诊”】9月15日，荷花园街道东方新城社区联合湖南省中医附一医院开展“服务百姓健康行动”该次大型义诊服务周活动。该次组织小儿科、骨科、皮肤科、心血管内科、糖尿病专科和神经内科等专家、教授一行12人开展“义诊”活动，分内科义诊区、外科义诊区、测量血压区、血糖化验区、健康咨询区等区域。现场有医学专家对居民进行精心诊疗，还针对居民在中医养生、保健治疗等方面问题进行答疑解惑。截至活动结束，有80名居民接受现场诊疗，分批为100人次进行中医养生健康教育。社区志愿者和医疗工作者，还向部分患病居民开展医疗上门服务。（周思冰）

【东宜社区举办全国科普日主题活动】9月21日，由区科技局、区科协主办，东岸街道东宜社区承办的“万众创新，共建智慧东宜”主题全国科普日活动在东岸梅园小区举行。市政协常委蒋言斌、市科协第一副主席易方，副区长张庆和，区科技局局长吴立平、区科协主席李莉霞、区发改局两型办主任季超、东岸街道办事处副主任赵惠敏出席活动。区科技局局长吴立平致辞。该次活动中，东宜社区开展了科普知识集中宣传，设置“食品安全科普知识”展览区，发放科普知识宣传册和宣传单页，设置试听体验区域，共展出科普展板20张，发放各种科普知识册、宣传资料1000份。东宜社区在梅园小区采用先试先行的做法推广垃圾分类，推进垃圾的减量化、无害化和资源化处理。社区引入乐享乐投环保科技有限公司，采用智能垃圾回收系统，鼓励居民参与垃圾分类，对参与垃圾分类的居民实行会员制投放，并实行积分奖励。还投放可回收垃圾获取日常生活用品，话费充值等服务。（姜 锋）

社区教育

【概况】2015年，芙蓉区积极开展社区教育培训活动，全区13所街道76个学习中心全年开展各类教育活动837场次，培训46736人次。组织市民积极参加长沙市终身教育学习网网上注册学习，年内新增注册人数1977人，新增学分7841.5分，报送新闻信息23篇。社区学院编撰的“家庭教育中的若干问题”“芙蓉区未成年人素质教育综合实践活动”等课程申报湖南省社区教育优质课程资源建设项目，“合格化社区学习中心建设的实践与研究”申报长沙市2015—2016社区教育实验项目。

注重社区教育资源开拓，依托老干部大学、市民学校、家长学校、道德讲堂、国家职业技能鉴定所、湖南省SIYB定点培训机构、长沙市再就业定点培训机构和芙蓉区创业人才培训中心等教育培训机构，对各类人员进行生活常识、职业技能等多方位教育培训。区少年宫、城市（乡村）学校少年宫、青少年素质教育实践基地等场所均开设了书画、球类、国学、手工、棋类、实践体验等多种课程和活动，为未成年人提供了免费的课余素质提升平台。辖区内各类民办学校和民办教育机构、“早教”服务中心等场所通过错时开放服务的形式无偿向辖区居民提供学习场地和活动设施，并为他们提供教育咨询、活动指导等服务。打造数字化、信息化学习平台，开设社区微信公众号便民服务等。芙蓉手机报，及时向辖区居民传递时政要闻、公民素养、人文艺术、科学技术、体育保健、生活休闲、职业技能等知识。《芙蓉月刊》每月1期，已成为芙蓉大家庭的公共读本。

按照“丰富节庆文化、传承楚汉文化、唱响白领文化、活跃基层文化、建设楼宇文化、打造品牌文化”的指导思想，区直机关单位组织并引导街道（局）、社区从居民群众的实际需求出发，开辟针对性较强的活动形式和活动内容，积极创建活动品牌。如湘湖街道的“候鸟俱乐部”、马坡岭街道的“爱心驿站”、文艺路街道的“七色花俱乐部”、朝阳街道的“帮扶工程”关注外来务工人员和弱势群体，体现了社会温暖；马坡岭街道“爱心驿站”、东屯渡街道“16:00驿站”、定王台街道“小小鸟巢”、韭菜园街道“娃娃学国学”、荷花园街道的幼儿早教活动等为青少年课余培训提供有效平台；定王台街道“孝文化”、火星街道“妈妈学堂”，湘湖管理局“校园文化进社区”构筑了文化为媒、读书为本的社区文化氛围，提高了居民文化素养和生活质量；荷花园街道的“全民健身示范街”、文艺路街道的“巧娘”工作室、马王堆街道的合唱团、东屯渡街道的健身队、马坡岭街道的电影进社区等各类教育活动丰富了居民群众的业余文化生活，融入了百姓生活，凝聚了社会正能量，全区“一街一品、一街多品”的培训模式已日具雏形。（熊兆鹏）

【启动合格社区学习中心和社区教育特色项目建设评估】 年内，在各街道（局）、社区（村）自主申报并历时1年建设的基础上，区教育局启动辖区合格社区学习中心和社区教育特色项目建设评估。该次评估并认定东湖街道韶光社区学习中心、湘湖街道西湖社区学习中心为全区首轮合格化社区学习中心，评估并认定东湖街道“东湖夜话”、湘湖街道“寸草心老年人教育服务活动”为全区首批社区教育特色培训项目。“寸草心老年人教育服务活动”项目被评为长沙市终身教育活动单位。（熊兆鹏）

【社区教育工作获奖】 芙蓉区社区学院分别在“长沙终身教育学习网”网上学习、“光影与梦想——全市摄影大赛”中获优秀组织奖。东屯渡街道陈永珍获评“长沙终身教育学习网”优秀个人，在“光影与梦想——全市摄影大赛”中，“城市的清洁卫士”获一等奖、“梦中荷”获二等奖、“坚守”获三等奖，“大围杜鹃别样红”“喜悦”“团湖春晓”“和谐自然的松雅湖”“晒秋”“居民‘巧厨娘’”获优秀奖。在第二届长沙社区教育优秀微课程评比中，“牙膏的妙用”获二等奖、“用画笔触摸细节”获三等奖。马王堆街道马瑛“读《让我们一起读懂孩子》有感”文章获长沙市首届市民网上阅读交流活动二等奖，刘晓梅、邹阳、周爽的作品获三等奖。区老干部大学丁孟霞、张月如，湘湖街道向春雨被评为“长沙市第二批百姓学习之星”。朝阳街道社区学校创建成为市级示范性社区学校，全区市级示范性社区学校创建率近70%。湘湖街道、东湖街道被评为全国社区教育示范街道。芙蓉区申报全国社区教育示范区已被教育部职业教育与成人教育司列入第六批全国社区教育实验区、第四批全国社区教育示范区名单并挂网公示。（熊兆鹏）

【2015年全民终身学习活动周】 芙蓉区社区学院组织辖区内高校、中小学校、企事业单位、社团等，开展了一系列形式多样、风格各异、内容丰富的主题教育活动。辖区内图书馆、博物馆、美术馆、影剧院、体育场馆等各类公益设施向市民开放。该活动周期间，开展活动项目87个，发放学习宣传资料近9000份，开办各类讲座、报告会56场次，宣传、展示活动阵地21处，参与活动市民4.3万人次，产生了良好社会效益。芙蓉区连续3年获全国全民终身学习活动周优秀组织奖。（熊兆鹏）

【举办母亲节主题活动】 5月7日，由市委宣传部、市文明办、芙蓉区文明委等举办的母亲节主题活动在都正街历史文化街区。在活动现场启动：20名身着传统服装的小朋友鞠躬，并各自用1句话表达对妈妈的爱；6位母亲为孩子扣上人生第一扣，并亲手写下“勤俭”“正直”等家训，并别在孩子的衣服上。随着空白对联展开；6对母子以最快速度挑出方块字，粘贴出1副家训对联。定王台街道成立的“母子帮”微信群，由母亲带领孩子加入其中，志愿者们将收集而来的市民心愿发布群中，吸引大伙争先认领，孩子们也从中感悟到友爱互助的可贵。（范 波）

【“爱心书吧”送给农村娃】 2015年上半年，作为全国和谐示范社区的湘湖街道西湖社区与宁乡县汤泉社区结对在党建资源、社区管理、志愿服务等方面开展系列共建活动，并建立远程联网，将先进的社区管理经验送到乡村，实现资源共享。西湖社区负责人了解到汤泉的孩子们缺少图书阅览室，立即在辖内发出爱心招募令，不仅得到省少儿出版社赠书2000册，社区孩子更是争相捐出自己的爱书和文具。6月13日，由西湖社区爱心人士和同龄小伙伴一起捐助的“爱心书吧”在宁乡县灰汤镇汤泉社区建成开张，琳琅满目的书籍让农村娃爱不释手。（刘武强）

【汤家岭社区举行“法样少年”知识竞赛】 5月29日，韭菜园街道汤家岭社区举行“法样少年”知识竞赛，该次活动请来了专业律师负责答案讲解，有5个家庭组队参赛角逐。竞赛分法律知识必答、抢答、游戏竞答3个环节进行。当主持人念出题目，选手们都不示弱，争先恐后抢答。比赛结束后，社区书记王艳辉与社区志愿者张俊初律师一起为获得名次的家庭颁奖。“法样少年”宣传教育活动以学法、守法、用法、护法为主题，形式生动活泼、寓教于乐，深受家长和小朋友们的欢迎。（董春梅）

【模拟法庭让娃娃们实景学法】 为加强未成年人思想道德建设，推进逆境教育、体验教育，8月21日，由省文明办、市文明委指导，市文明办、区文明委主办，韭菜园街道承办的“爱的力量·伴我成长”——长沙市“珍爱生命·快乐成长”关爱未成年人主题教育活动在汤家岭社区举行，省公安厅和司法厅干部职工、辖区未成年人及家长代表、社区未成年人心理健康辅导站工作人员等200人参加活动。活动分为关注打拐——珍爱生命，心理健康——快乐成长和志愿联盟——爱的力量3个环节。其中第2个环节展示出一个新颖的少年模拟法庭——“娃娃法庭”。法官、书记员、律师、原告、被告、证人等角色由孩子们扮演，在专职律师的全程指导下开庭审理1桩因父母沉溺赌博造成的未成年人伤害案。少年模拟法庭以亲身体验的方式激发孩子们学法积极性，寓教于乐，增强未成年人思想教育工作的实效性。（董春梅）

【“重温历史，爱我中华”宣讲活动】 7月16日，为纪念中国人民抗日战争和世界反法西斯战争胜利70周年，长沙市文联、荷花园街道及东郡社区联合开展“重温历史 爱我中华”听老校长杨兴国讲那过去的故事主题宣讲活动，超过100名中小学生参加。主题宣讲活动“一位抗战老兵讲述抗战故事”中拉开序幕。杨兴国，72岁，是邵阳县三中老校长，现居住在东郡社区。杨兴国以他亲身经历，向孩子们详细讲述当年那段难忘的历史：从1945年到新中国成立，一幕幕抗战画面、一桩桩惨绝人寰的侵略事件呈现在孩子们面前，孩子们聚精会神、围着校长爷爷不时发问，对老一辈的敬佩之情油然而生。该次活动还举办了以“纪念抗战胜利70周年——孩子眼中的抗战”为主题的现场征文、绘画活动，孩子们用手中的笔抒发着对祖国的无限热爱。“落后就要挨打”“少年强则国强”，小朋友们纷纷表示，一定要认真学习，争做一个有理想、有抱负的有用之人。

（周思冰）

社区文体

【概况】 2015年，各街道、社区（村）以街道综合文化站和社区文化活动中心为依托，全力丰富居民群众文化生活，提高全民健康素质。文体设施进一步健全。全年更换添置健身路径、健身器材100套；完成1个示范性街道综合文化站、12个示范性社区文化活动中心的提质建设；建成东湖街道全民健身中心，街道文体设施布局更为合理。文体活动进一步丰富。各街道、社区认真组队参加市“欢乐潇湘、快乐长沙——精神新家园”优秀群众文艺团队展演，选送的“锦绣家园”“邻居”“湖南人”等10个节目获一、二、三等奖；参加第三届芙蓉杯新节目大赛，13个街道派出50个群文团队和组合登台，选送200个节目参与音乐、舞蹈、综合三个专场的角逐，评选出区级一、二、三等奖共58个节目。文体队伍充实。全年开展文艺交流、座谈活动20场次，指导培训街道、社区基层业务文艺团队157支、文艺骨干近千人次，培训二级社会体育指导员180人次，文体队伍的专业素养和综合能力得到提高。（刘 翀）

【湖南省老干部艺术团30周年团庆在蓉园社区举行】 9月30日，由省文明办、省老年活动中心主办，省老年活动艺术团承办，韭菜园街道协办的“回顾过去，展望未来”庆祝省老干部艺术团建团30周年专题文艺会演活动在蓉园社区举行。省政协原主席刘夫生、省军区原副政委、将军黄祖示、省军区将军马才镇、省文明办副主任熊科文参加活动。该场演出活动在配乐诗朗诵“追梦30年”中拉开序幕，节目有老年时装秀、藏族舞蹈“心声”、歌曲“挑担山歌上北京”、诗歌朗诵等，演员均来自艺术团。整场演出唱响民族团结、爱党感恩的主旋律，让观众在领略艺术团光辉历程的同时感受到老同志积极向上、老有所为、老有所乐的精神风貌。（董春梅）

【古汉城社区举办儿童艺术节活动】 7月10日，马王堆街道古汉城社区联合辖区内的“小金星”艺术培训中心在社区多功能厅举行“儿童艺术节”活动。来自辖区的20名“小天使”，轮番上台展现才艺，演奏钢琴、弹奏古筝、唱歌、跳舞，赢得现场观众掌声不断。为丰富辖区内孩子们的暑期生活，古汉城社区联合小金星艺术培训中心将孩子们的艺术表演送进社区，通过不同形式的艺术表演为社区增添一份童真的艺术文化。（杨　静）

【马王堆社区“西汉漆器”手工绘】 7月6日，马王堆街道马王堆社区“汉道大讲堂”上，孩子们利用气球和报纸制作成的“模仿版”西汉漆器，志愿者传授古乐器“埙”的陶笛演奏技巧，吸引居民群众连呼大开眼界。社区通过“汉道大讲堂”上的手工制作“西汉漆器”展及陶笛演奏让社区居民更多地感受中国传统经典文化。马王堆社区还充分挖掘马王堆汉墓文化资源，提炼“汉孝”文化精髓，在辖区内打造“汉道社工”志愿服务品牌，开展了“汉文化讲坛”、青少年“汉孝故事吧”、“汉服DIY”设计大赛等活动，让社区居民切身体验中国传统文化的魅力，使古今文化交相融汇、熠熠生辉。（杨　静）

【第六届长沙社区文化节在跃进湖社区闭幕】 12月18日，由湖南日报报业集团主办，三湘都市报、华声在线承办的第六届（2015）长沙社区文化节最后一场活动在湘湖街道跃进湖社区结束。该次活动中，在游戏区域，有真人飞行棋、挑战世界杯、有奖套圈游戏等节目。作为文化节的重头戏“社区厨神争霸赛”各位“大厨”各显神通，现场烹任黄瓜炒火腿肠，评委们也是严标准、高要求，对于忘记洗手就做菜的选手，直接给予“差评”。长沙社区文化节自2009年开办第一届范围涵盖长沙6区2县1市。精彩的活动、丰厚的礼品已经让社区文化节活动成为长沙社区居民家门口的嘉年华狂欢节。社区文化节主办方还联合湖南盐业股份有限公司长沙分公司打造了盐业专场，向居民倡导科学用盐、健康生活。（刘武强）

【军区社区举行“品国学经典 做美德少年”活动】 8月16日，韭菜园街道“品国学经典 做美德少年”活动在军区社区举行。长沙警备司令部110指挥中心主任杨芳，芙蓉区委宣传部副部长、文明办主任易利平，街道工委书记徐青春、主任王庄及社区工作人员及省军区官兵、学生、家长、企业代表等200人参加活动。该次活动节目有儿童“礼仪古装秀”“孔子像”亲子现场绘画、独舞“三德歌 感恩父母”、古筝“荷塘月色”、国学知识抢答赛、武术操“正气拳”、经典“弟子规”等。军区社区立足国学经典，意在弘扬民族传统文化，寓教于乐，丰富了未成年人的课余生活。（董春梅）

【恒达社区举办第十届文化艺术节】 6月28日，区政府会议中心600名观众参加荷花园街道恒达社区举办的庆“七一”暨以“弘扬家文化 实现中国梦”为主题的第十届群众文化艺术节，共同庆祝中国共产党成立94周年。市文明办副主任胡述斌，区委副书记罗玉环，区委组织部、区委宣传部等相关部门负责人，荷花园街道主要负责人等出席。该次文化艺术节在百人大合唱“没有共产党就没有新中国”“常回家看看”等经典名曲中拉开序幕，诗朗诵“怀念母亲”，舞蹈“一个党员一面旗”“和谐中国”、独唱“美丽的草原我的家”“节日欢歌”、男女声二重唱“沂蒙小调”、家风家训教育短剧“巧媳妇学婆记”、芙蓉交警“就是那么帅”、少儿架子鼓表演等节目形式多样。国家一级演员、表演艺术家李小嘉、王永光、刘赵黔、任寿云等带来戏剧表演。活动现场还对评选出的“优秀党员志愿者”“孝敬父母”“夫妻恩爱”“优秀学生”等奖项，通过表彰先进，引导社区居民建设幸福和谐家园。（周思冰）

街　道

湘湖街道（湘湖管理局）

【概况】 湘湖街道办事处与湘湖管理局、三湘南湖大市场实业总公司合署办公，既具备一般街道的全部属性，又兼有企业管理的基本职能。下辖东湖、南湖、西湖、湘湖、跃进湖、车站北路6个社区和家电城、建材城、灯石城、汽配城四大专业市场以及富丽华大酒店。街道辖区东临二环线，西至车站北路，南至远大路，北靠浏阳河，面积2.32平方千米，家庭户1.43万户，户籍人口1.86万人，常住人口4.28万人，人口自然增长率4‰。2015年，湘湖街道围绕基层抓党建，创新党建服务品牌；围绕发展抓经济，街域经济稳中有进；围绕品质抓管理，街区品质稳步提升；围绕安全抓整治，辖区安全巩固升级；围绕转型抓企业，局属企业渡过了难关；围绕稳定抓治理，街区环境和谐稳定；围绕民生抓服务，惠民措施深入人心。年内，湘湖街道获评全省城市街道区域化团建工作示范点、省标准化财政所创建工作先进单位、市人口和计划生育工作优秀单位、市街道政务中心标准化建设工作优秀单位等称号。

经济指标。2015年，实现税收4.4亿元，完成任务的100.45%；全社会固定资产投资19.35亿元，完成年计划107.5%；社会消费品零售总额104.46亿元，完成任务的111.95%；限额以上社会消费品零售总额实40.47亿元，完成年任务的103.56%；招商引资市外境内固定资产投资7.6亿元，完成年任务的111.76%、省外境内资金2.62亿元，完成年任务的104.8%，实际到位外资2465万美元，完成年任务的117.2%；引导申报高新技术企业2家，实现高新技术产值202亿元，工业总产值1.32亿元、规模工业总产值5100万元。“四城一酒店”累计实现总收入2.47亿元，为年度总任务的111%。

项目建设。完成货物搬迁、排危拆除、临时防水工程、权威检测、方案论证、报批报建等工作，推进加固改造工程，完成家电城灾后重建并于9月恢复营业。配合城际铁路建设项目要求，完成建材城建材区8栋共4431平方米的拆迁任务。完成远大路棚改项目征拆，对奥兴实业公司1栋单位房屋的36户私宅实施征收。全力推进污水处理厂提质改造项目和大汉国际项目建设。及时协调解决污水处理厂提质改造建设过程中出现的突发情况，完成项目总工程量的75%；帮助解决大汉国际项目建设中遇到的困难，协助项目规划通过专家评审，完成项目基坑抢险工程；做好项目服务，城际铁路和地铁3号线湘湖段施工进展顺利。筹备局属企业建材城Z07-C05地块项目、灯石城Z07-E30地块项目、金利路提质改造项目、大昌项目、辰坤三玖项目。完成对Z07-C05地块的土地摘牌，金利路提质改造项目完成前期准备。

产业结构。招商引资积极作为，湖南省湖湘天下国际旅行社有限公司总部、长沙市新麦克娱乐管理有限公司总部等进驻辖区；年度“四上”企业新增完成率在全区排名前列，全年完成招商引资10家总部企业。电商建设取得突破，重点打造三湘购电商平台，于12月12日实现正式上线，入围店铺102家，品牌176个，商品超过3600种。营造创新创业氛围，通过加大创业资金扶持力度、探索推进民主阳光评税、成立社区商会、设立创业孵化基地、组织创业沙龙、发挥民间创客团体作用等多种方式，在辖区内营造出“大众创业，万众创新”的浓厚氛围，引起中央、省、市媒体重视，《长沙晚报》对此做了专题报道。

城市管理。文明创建收效明显，巩固提升西湖社区老品牌，重点打造车站北路社区新典型，得到市委书记易炼红的充分肯定，省文明委几次调研后向全省推广经验，文明创建考评季度、月度成绩一直处在全区前列。日常管理主动作为，全年共有效处理市级数字平台案卷6300件，区级数字平台案卷480件，全年城管月度考评成绩处于全区前列。拆违控违强力推进，在“大拆违”行动中共拆除辖区内21处违法建筑面积21289.8平方米，完成年度目标任务。

街区环境和谐稳定。主动抓好安全工作，纠正安全工作靠运气的错误观念，坚定决心和信心。举办各类安全生产、消防演练活动23场，参与人数2000人次；投入2000万元进行家电城整体消防安全系统工程改造升级，建成全市大型市场中最先进的安全监控体系；督促局属企业投入资金近1000万元，对李文锁城、火炬路物流区门店等市场区域进行全面消防安全整改。稳定工作方面，及时处置了三湘家电城11·29火灾赔偿纠纷、家电城加固改造建设施工纠纷、建材城宠物市场纠纷、向阳湖地下车库建设纠纷等群体性事件和突发事件；调处各类矛盾175件，调处率和成功率达100%，协议履行金额达420万元；东湖社区荣获全国无邪创建示范社区、车北社区获市平安社区、西湖社区作为全市普法示范基地多次接受上级检查和展示；全年全街刑事发案率同比下降19%；在全市综治工作民意测评中群众满意率达88%。

惠民措施。推进民生工程。落实开展“直通车”工程和“四联三为”工作；完成对建材二区、东湖新寓、湘湖一村等6个农安小区的改造；完成留园路、湘湖南路的提质改造。打造服务平台。局机关政务中心获市级优秀政务中心；投入170万元用于车站北路社区和西湖社区的内部提质改造，车站北路社区文化馆和科技馆成为社区服务的明星阵地，获评全国科普示范社区；西湖社区获全国和谐社区建设示范社区、获市级同心社区；加大对居家养老中心建设的投入，跃进湖被评定为省居家养老示范点；6个社区均被评定为市级充分就业社区，西湖社区、东湖社区创建省级充分就业社区，跃进湖社区评估为市级优秀人社基层服务平台。解决民生问题。全年发放临时生活救助、医疗救助金、慰问金等14.18万元，救济物资720套；失业人员再就业、就业困难人员再就业超额完成任务；房产办证处遗工作方面，完成向阳湖房屋产权的办理，湘联福利厂项目目前正在办理房产证，长卫商厦项目已办理房产证栋证。计生服务方面，承办2015年全市大型商贸市场流动人口重点协同治理座谈研讨会，东湖社区计生协会获评2015年度省级居民自治示范社区，在市计生委考评中，湘湖街道排名芙蓉区第一名。

基层党建有效提升。基层党建组织活力日益彰显。通过加大基层党建投入，强化基层组织考核，重视基层队伍建设，加强非公党组织建设等等确保了基层党建组织活力。党建服务品牌突显特色，“街道、社区、小区”三级服务阵地联网。首推街道社区“两馆一墙一长廊”“志愿服务、结对共建、智慧社区”三种服务方式联动。重点推出了“智慧西湖APP”综合信息互动平台；“诚信联盟、一社一品、定项考评”3大服务载体联建。挖掘了西湖社区“一体四维”，塑造车北社区“三化四联五促进”，发展东湖社区“共享工程”、南湖社区“帮帮快递先锋队”、湘湖社区“彩虹桥”、跃进湖社区“红色家园”等党建特色服务新模式。开展“做诚信企业、塑社会信用、筑品质湘湖”系列主题实践活动，被中国文明网进行推介。

存在问题和困难：历史遗留问题比较多，牵涉面较广，难以彻底解决；区域经济缺乏大项目支撑，财税指标压力大；局属企业管理体制僵化，市场竞争能力不强。（刘武强）

湘湖街道（湘湖管理局）

书　记　李明权
副书记　唐益人（2015.09免）
　　　　胡　锋（2015.09任）
　　　　陈　新
　　　　毛远强（2015.07免）
　　　　彭　鹏（2015.07任）
局　长　唐益人（2015.09免）
　　　　胡　锋（2015.09任）
副局长　熊小明
　　　　李雄文（2015.07免）
　　　　赵　慧（女）
　　　　张　斌
　　　　吴旦伟
政协联络处主任
　　　　蔡　琼（女）

【程东红视察车站北路社区科普工作】 9月15日，由国家科协副主席程东红带队的“科学素质纲要”实施工作国家督察组到车站北路社区视察，实地检查了解社区科普示范社区建设、社区居民科学素质提升及科普阵地建设情况，省、市、区有关领导陪同检查。程东红一行先后查看社区科普公园、多功能服务大厅、社区科普馆、社区文化艺术馆、创业孵化基地、裴翠英工作室等服务阵地，听取社区负责人有关科普示范社区建设情况介绍，询问了解社区科普服务阵地的日常运作情况。她对车站北路社区建设给予高度评价，认为社区服务阵地建设水平很高，特别是在科普阵地建设上很有成效，贴近群众需要，发挥了提升社区居民科学素质的作用。程东红勉励社区再接再厉，为科普工作贡献更大力量。

【易炼红调研车站北路社区建设】 8月31日，省委常委、市委书记易炼红调研视察车站北路社区，市领导张湘涛、夏建平，区领导梁仲、罗玉环、周虔、谭雄伟、彭娟、黄健元陪同调研。易炼红一行认真察看社区服务中心服务大厅、裴翠英工作室、志愿服务工作站、社区科普馆、社区文化馆等颇具特色的基层党建和便民服务阵地，现场感受芙蓉区农安小区改造给社区环境带来的可喜变化。易炼红对车站北路社区以党建为引领，以“五彩车北、和乐家园”为主题，创新服务平台，打造便民服务品牌，构建环境优美、和谐共处的社区环境给予充分肯定。他要求，芙蓉区“三年之内把全区农安小区、老旧小区改造完毕”的计划很好，要兑现承诺，把背街小巷、社区环境整治提到更加重要的位置，让老百姓生活在一个更加整洁、舒适、靓丽的环境中。

【张迎春带队视察三湘南湖大市场家电城消防安全工作】 10月10日，市委常委、副市长张迎春带领全市各区（市）县政府和高新区管委会分管负责人及安委办主任、市安委会成员单位和相关部门分管负责人共70余人到湘湖街道企业三湘南湖大市场家电城视察安全工作。张迎春对家电城在推进市场提质改造过程中将安全改造作为1号工程进行全盘布局、全面落实的做法给予充分肯定，她要求全市各个老旧市场的提质改造都应该学习借鉴三湘南湖大市场家电城的先进经验，有效提升市场区域的安全工作水平。她强调，市场管理方要在现有基础上，继续加强后续的日常管理和维护，确保安全防范设施设备发挥应有作用，各项安全制度得到长期有效落实。

【车站北路社区艺术馆开馆】 3月28日，长沙市首家设在社区的艺术馆——“湖湘里艺术空间”在车站北路社区服务中心正式开馆。市委副秘书长何季麟，区委常委、宣传部部长伍艳飞，文体新局局长成良访，湘湖街道党委书记李明权等参加仪式。开馆当天举办了一场以“丹青逸人”为主题的展览，展览汇集陈白一、莫立唐、张锡良、刘云、旷小津等湖南书画名家的精品力作约40幅。“湖湘里艺术空间”致力于“文化艺术特色社区”建设，提倡“艺术即生活，生活即艺术”理念，是以艺术品展示、茶道花艺演示、优秀民俗挖掘与护存、口述历史存录等途径，传播、推广健康高尚、轻松快乐、真实而具品味的百姓文化生活方式的服务机构。

【承办湖南省第五届全民广场舞大赛长沙赛区争霸赛】 9月12日，“欢乐潇湘”湖南省第五届全民广场舞大赛“湖南三湘大市场”长沙赛区争霸赛在三湘南湖大市场家电城举行。该次大赛由省委宣传部、省文明办联合主办，三湘南湖大市场家电城承办。来自全市各大社区选拔的14支广场舞队伍依次上台表演，展现各自不同的风采。大赛评委对每支队伍进行现场点评，比赛中穿插安排有奖问答环节，增强舞台与观众互动，现场气氛活跃。经过3个小时的紧张比赛，大赛评选出一二三等奖和优胜奖，来自天心区的状元红艺术团队获得一等奖。

【承办市级会议】 11月26日，长沙市大型商贸市场流动人口重点协同治理座谈研讨会在湘湖街道召开，市卫生计生委副主任彭骅、市卫生计生委流管处处长黄伟德、区卫生计生副局长王冰、湘湖街道党委书记李明权及街道主任胡锋出席会议。来自全市9个区县的卫生计生部门工作分管领导、流管科科长及17个街道（乡镇）的分管领导共计60多人参会。该次会议重点分析了大型商贸市场流动人口流动人口的现状、特点和需求，旨在攻克薄弱环节，破解工作难题。17个街道（乡镇）分管领导紧扣“流动人口信息采集”和“创新流动人口服务管理”主题，结合本地实际，有情况、有数据、有分析、有措施地交流了流动人口计划生育服务管理工作的好做法、好经验，为推进全市流动人口社会融合示范工程，开展项目活动提供支持，通过引导人口有序流动迁移，更好地融入社会，促进和谐社会建设，推动社会经济发展。会上，9个区、县（市）卫生计生局流动人口计生工作分管领导对街道（乡镇）前期的协同治理工作现场打分，黄伟德也对各个街道（乡镇）逐一点评。（刘武强）

定王台街道

【概况】 定王台街道下辖丰泉古井、金沙里、黄泥街、宝南街、藩后街、走马楼、马王街、化龙池、浏正街9个社区，辖区面积1.48平方千米。常住人口5.93万人，户籍人口6.58万人，家庭户1.86万户，人口自然增长率9.14‰。2015年，定王台街道顺应经济社会发展新常态，全面加强从严治党，统筹经济社会发展，顶住经济下行压力，大力改进干部作风，加强部门社区协作，密切党群干群关系，奏响了品质强街的新强音，书写了和谐定王的新篇章。年内，获市全国社区戒毒社区康复工作示范点、湖南省模范司法所、长沙市经济社会发展综合实力十强街道、长沙关爱未成年人健康成长基层示范点”等。

经济数据继续向好，项目建设稳步推进。2015年，街道克服经济下行压力，实现工业总产值7.93亿元，按照可比价计算比上年同期（下同）增长5.6%；其中规模以上工业总产值4.15亿元，增长5.9%。完成社会消费品零售总额140.29亿元，增长12.24%；限额以上商贸业社会消费品零售总额70.5亿元；限额以上批发企业商品销售额225亿元。完成税收23.5亿元。完成全社会固定资产投资82.29亿元，增长9%。实际到位外资1.3亿美元，市外境内资金形成固定资产投资31.2亿元。连续3年领跑“长沙市经济社会发展综合实力十强乡街”。都正街历史文化街区改造完成并顺利招商，被评为全省棚户区改造示范单位。湖南第一高楼长沙国金中心建设已突破400米，湖南投资大厦顺利封顶，丰盛时代大厦已竣工开售，落星田地段的长沙世贸A座正在加紧施工。

落实安全生产“一岗双责”责任制，各社区、办公室签订”2015年度安全管理目标责任书“，各社区与辖区单位签订”安全管理目标责任书“。充分利用街道“GIS”云网系统监控安全生产，配备长沙市首台“小巷消防车”破解窄街狭巷安全难题，全年未发生一起安全事故，无一人伤亡，安监站获评市级标准化安监站。

城市管理提质升级，宣传文体重点突出。城市管理品质提升。按照市、区两级要求，全面开展史上最大规模拆违控违行动，积极推进拆违还路、拆违治脏、拆违增绿、拆违添景，共计拆除违章建筑900平方米。打通东茅街、宝南街、马王街、文运街、浏正街、东庆街、苏家巷7条支巷的“生命通道”，加快交通微循环，全力推进宝南街等老旧社区提质改造工作，市区领导多次来现场办公督促。街道城管工作2次排名全市“十佳”，年度排名全区领先。大力培育和弘扬社会主义核心价值观，马王街社区被授予“长沙关爱未成年人健康成长基层示范点”，全年承办3次市级大型主题活动，全国道德模范、救人小英雄周美玲参加街道第十届邻里节主题活动，推选的志愿服务者赵继云入选12月份“中国好人榜”。街道工作年内被中央媒体报道20次，在省市区媒体发表新闻报道200篇，其中《湖南日报》《长沙晚报》专版报道8篇，通过市级刊物《长沙通讯》发表调研文章3篇。全年共举办“请来都正街，欢乐闹元宵”等10场大型广场文化活动，都正街群众大舞台建成并投入使用。

计生服务贴心周到，民生状况不断改善。切实做好计生服务，全年共办理准生证745本，其中二孩证120本，组织已婚育龄妇女查环孕检4287人，免费优生检测792对，发放“食品安全倡议书”“‘五病’调离制度”等宣传资料1889份，开展各类健康知识讲座19次，宝南街社区被评为计划生育基层群众自治省级示范社区。大力提高就业水平，化龙池社区被评为省级充分就业明星社区，街道九个社区都被评定为市级充分就业社区，全年共推荐下岗失业人员再就业872人。圆满完成2015年全国从业人员抽样调查工作，录入各类信息1.68万条。不断加强社会救助，对601户总计1009人进行了低保救助，发放最低生活保障费30万元，大病救助136次，救助金额34万余元。信访维稳大局稳定，成功化解丁文茵等人历史遗留问题。2015年成功签约东牌楼5户、肇家坪1户，连续三年在长沙市综治公众测评街道评分中排名全区第一。社区戒毒成绩斐然，定王台社区戒毒（康复）工作指导站多次迎接中央、省、市领导调研，主办了全省社区戒毒（康复）工作经验交流会，年底街道被国家禁毒委员会办公室授予全国社区戒毒社区康复工作示范点荣誉，定王台司法所被授予“湖南省模范司法所”称号。

从严治党力度加大，作风建设警钟长鸣。细化党员积分制管理，抓好党员教育管理工作，组织发展对象进行《中国共产党章程》知识考试，抓实党课宣讲，6月，开展“书记讲党课”评比活动。强化党务工作者的业务培训，全年开展4次业务培训，丰泉古井社区被评为长沙市“党员干部示范培训实践基地”。创新党建工作思路，通过“金色纽带”基层党建新模式实现楼宇、楼组联动，以项目比拼实现党建服务品牌升值，丰泉古井社区“我是党员我带头”和走马楼社区“CBD先锋港”。切实加强党建工作基础保障，丰泉古井、金沙里社区服务阵地实现达标，另行单列10万元党建工作经费，通过“以奖代拨”的方式支持非公支部建设。种好“责任田”，长鸣“警戒钟”，切实履行党工委主体责任和纪工委监督责任，班子成员及党组织书记实行“一岗双责”，突出抓好“四风”检查和机关作风建设，强化问责力度，年内，街道工委给予留党察看处分1人，党内警告处分2人，行政警告1人，通报批评27人。

存在的问题与不足：楼宇经济发展质量不高，整合力度不够；宣传报道亮点不足，理论调研深度不够；老旧社区改造问题突出，停车难、店外经营顽疾难以根治；机关干部作风与人民群众期待还有较大差距，有待提高；经济发展转型效果不明显，发展后劲有待加强。　　（范　波）

定王台街道

书　记　练大智

副书记　孔　干　杨　兵　黎国辉

工委委员　徐一斌　袁曦（女）　李　睿（2015.10任）

主　任　孔　干

副主任　吴齐成　王桂红（女）（2015.07免）　胡　超（2015.11免）　陈　璞　李　睿

【省、市统计局领导观摩定王台街道统计工作】 6月12日，省统计局党组成员戴乐平，总统计师、设计管理处处长陈智勇一行到定王台街道调研统计工作。市统计局党组书记、局长刘金文陪同参加。会上，定王台街道负责人详细汇报了街道的经济运行和统计工作开展情况，提出工作中遇到的困难和问题。戴乐平实地察看了街道统计站规范化建设情况。他充分肯定定王台街道的统计工作，并要求街道统计工作任务日益繁重，要努力构建保障有力、运转有序、协调有方的统计管理体系，实现为企业“零距离”“零差错”服务。

【长沙社区戒毒康复工作推进仪式在化龙池启动】 6月24日，由省戒毒管理局、市禁毒委、市司法局主办，区政府承办的“千家万户共拒毒品——社区戒毒社区康复工作推进仪式”在定王台街道化龙池社区举行。省戒毒管理局党委书记、局长曾启尚讲话并宣布活动开始。该次活动，湖南省白泥湖戒毒康复所与定王台街道办事处签订了戒毒工作合作协议。定王台街道辖区12家特种行业代表向定王台街道办事处、定王台派出所递交了禁毒戒毒工作责任书，“水木年华”酒吧老板作为代表上台发出倡议“众志成城，向毒品宣战”，30名社区戒毒人员集体宣誓“脱胎换骨做新人，齐心协力戒毒品”。

【“乘爱出发·2015雷锋金曲MTV推广活动”启动】 8月14日，“乘爱出发·2015雷锋金曲MTV推广活动”在五一广场地铁站举行。近300名市民参加活动。2013年—2015年，全市组织开展“情系雷锋 大爱长沙”——全国原创新歌征集活动。收到来自全国的原创歌曲近1500首，经过初选、复选、总决选，评选出金曲12首、优秀奖18首和提名奖20首。该次活动歌手们现场献唱歌曲“永远的雷锋”“我是雷锋故乡一个兵”“我爱你长沙”，市委宣传部有关负责人郑力虎、胡述斌、吴洪共同按下水晶球，宣布“乘爱出发·2015雷锋金曲MTV推广活动”正式启动。市委宣传部副部长、市文明办主任郑力虎，市文明办副主任胡述斌，市文广新局副局长吴洪，副区长张庆和出席启动活动。

【徐宏源视察定王台街道重点项目】 9月24日，市委副书记徐宏源到定王台街道视察在建项目长沙国际金融中心和都正街历史文化街区改造项目。区委书记梁仲，区委副书记罗玉环，区委常委、区委办主任彭娟等陪同视察。在长沙国金中心项目工地，徐宏源认真听取企业负责人汇报，详细询问工程进展情况，了解该项目建设情况等，实地查看和了解施工进度，要求施工单位在加快施工进度的同时，一定要加强

图 50　古城长沙保存下来的历史街巷之一——都正街

施工质量监管，注意施工安全，确保工程质量。他要求芙蓉区相关部门和项目业主进一步加强配合，全力做好协调服务工作，加快项目建设进度，围绕重大项目，认真规划和推进水电路气以及金融、餐饮、停车等配套设施建设，发挥重点项目综合效益。

【举办芙蓉区第十届邻里节文艺活动】10 月 19 日，长沙市“和谐邻里零距离 爱心守望心连心”暨芙蓉区第十届邻里节活动在定王台街道中天广场举行。定王台街道干部职工、辖区企事业单位、居民群众 500 人参加活动。该次活动围绕“和谐邻里零距离 爱心守望心连心”的主题，把培育和践行社会主义核心价值观融入活动全过程，分为“十年邻里不寻常”与“未来邻里一家亲”篇章。邀请到舍身救邻居小孩小英雄、全国道德模范周美玲与修业小学小朋友带来互动表演。通过榜样的力量，学习雷锋弘扬正气，引导未成年人从小培养乐于助人、勇于奉献的良好品质。市委常委、宣传部部长张湘涛，区委书记梁仲，区委常委、宣传部部长伍艳飞等出席活动。

【程水泉调研丰泉古井社区党建工作】11 月 9 日，市委常委、组织部部长程水泉率队调研定王台街道丰泉古井社区党建及社会治理工作，市委组织部副部长陈昌佳，市民政局党委书记、局长曹再兴等参加调研。程水泉一行在丰泉古井社区实地参观湖南和平解放史事陈列馆（程潜公馆）、社区办公服务场所及数字化党建建设情况，听取丰泉古井社区书记龙欣关于“一核三融、四化联动、我是党员五带头”党建工作介绍，查看和询问“三年行动计划”的社区建设情况。他肯定了社区工作基础扎实、重点突出、有亮点、有成效，希冀社区进一步整合社会资源，推进基层党建及社会治理工作，确保党建引领社区治理取得长效。

【定王台街道被评为“全国戒毒社区康复工作示范点”】12 月 23 日，定王台街道被国家禁毒委员会办公室被评为全国社区戒毒社区康复工作示范点。定王台街道地处市中心核心商圈，交通便利、娱乐业发达，流动人员多，吸毒人员比较集中，在省戒毒管理局，区委、区政府、区禁毒委的指导下，联合区司法局、市长桥强制隔离戒毒所整合各方资源成立“定王台街道社区戒毒（康复）工作指导站”，搭建集管控、服务、引导、治疗、心理辅导、宣传教育为一体的综合管理平台。对该辖区内社区戒毒及社区康复人员进行监督管控，指导戒毒人员开展戒毒康复治疗，并向辖区内自愿参与社区戒毒的吸毒人员及其家属提供免费服务，建立多种特色工作机制，司法部、省司法厅领导先后来站视察指导工作，并给予高度肯定。

【定王台街道量身打造"小巷消防车"】12 月 28 日，长沙首辆“小巷消防车”亮相定王台街道。该街道为窄巷量身打造的消防车长 5.8 米，高 1.9 米，能喷水抢险，喷射高度 65 米。该车由专门生产特种车辆的厂家量身打造。

（范　波）

韭菜园街道

【概况】韭菜园街道下辖蓉园、军区、汤家岭、桐荫里、八一桥 5 个社区。区域面积 1.98 平方千米。辖区常住人口 3.1 万人，户籍人口 4.04 万人，家庭户 1.57 万元，人口自然增长率 2‰。2015 年，街道进一步夯实党建基础，创新党建品牌，稳步推进黄土塘棚户改造工程和老旧小区提质改造工作；加大信访和矛盾调处力度，强化街道的民生服务功能；多重举措排查问题，“疏、防、改”相结合改善辖区环境。年内，街道被评为湖南省2015年度标准化财政所、湖南省2015年度安全生产示范乡镇（街道），长沙市城乡居民基本养老保险经办服务示范点、长沙市先进市民学校荣誉，桐荫里社区获中央电视台全国社区网络春晚“优秀组织奖”。

经济指标完成情况。街道全年实现工业总产值3.46亿元，比上年同期增长–35.5%；其中规模以上工业总产值1.87亿元，比上年同期增长–51.6%。社会固定资产投资完成23.57亿元，比上年同期增长22.8%。限额以上批发企业销售额全年完成44.89亿元，比上年同期增长–33.4%。社会消费品零售总额完成29.1亿元，比上年同期增长–6.4%。限额以上商贸业社会消费品零售总额完成12.9亿元，比上年同期增长–33.5%。实际到位外资完成3058万美元，比上年同期增长15.4%；市外境内固投完成12.5亿元，比上年同期增长–0.3%。税收完成3.43亿元，比上年同期增长–0.43%。高新技术产业产值完成54.16亿元，比上年同期增长647%。

注重安全生产。全年组织开展安全生产培训31次，开展应急演练10次，将“平安红袖章”覆盖到物业、内保、巡防等各个方面；开展检查1204次，检查企业967家，排查整治隐患14处，下达责令限期整改书10份，下达行政处罚书3份，移送报告4份，完成瑞源大厦、锦华时代大厦、清水塘农贸市场等较大安全隐患的整改工作。9月，街道通过“湖南省安全生产示范街道”创建验收。

危房和小区提质改造。在辖区危房和小区提质改造工作中，街道排查八一路591号和623号、黄土塘26号、桐荫里42号、桐荫里90号等危房10693平方米，居住户320人，解除安全隐患；将多次加固仍隐患重重的黄土塘34号、45号和26号裴家大屋等危房上纳入棚改征收范围；对华联花园、竹园公寓小区从水电、道路、监控、下水及化粪池、园林绿化、景观照明、车位增配、围墙改造、管线整理、环卫配套、楼道靓化、弱电下地等12个方面提质改造。

信访和综治工作。针对征地拆迁工作中可能诱发信访事件的潜在因素，街道全年共接群众来信来访52起，其中46起与黄土塘征收拆迁相关，均按时回复，确保无进京非法上访和赴省市集访事件，使项目整体顺利推进。人民调解工作全年受理纠纷38件，其中家庭类8件、邻里类20件，征地拆迁类10件，成功调解100%，无一起“民转刑”或因调解不及时到位引发的群体性械斗、上访、自杀案件；联合职能部门成功化解竹园公寓、京电花园小区物业纠纷等积案；街道会同区劳动监察大队通过与辖区在建工程壹庭项目开发方协商发放民工工资1000万元，在解决民工工资拖欠问题的同时确保了项目推进。深化“法律六进”活动，发放普法宣传资料5000份，制作板报专刊24张、悬挂横幅标语200条，完成“六五”普法验收工作。全年，街道接收社区矫正对象61名，到期依法解除38人，在册23人，坚持人性化帮教理念，着力解决当事人的实际困难，无1例脱管、漏管和重新犯罪现象。

城市管理。街道通过微信平台、有奖举报等方式发动群众参与拆控违工作，对违章建筑实行零容忍制度。全年拆除新建违章建筑4处，及时制止违章搭建行为10次；确定拆控违49处，面积5747.92平方米，完成并通过市级验收；完成竹园公寓提质改造工程；拆除华联花园农安小区的违法建筑；为缓解迎宾路停车难问题，在五一路与迎宾路交汇处西北角空地增设免费停车场；取缔南海宾馆旁黑车营运点；在推进辖区餐饮门店清洁能源改造中将天然气接入营盘东路90号天天家菜馆；关停纯居民楼下餐饮单位20家；每月定期开展大纠违行动，劝阻店外经营行为，全年处罚违规经营人员100人次。杀虫灭蚊药物覆盖率100%。

民政优抚。街道政务服务中心实行“一站式”办公和“一条龙”服务的审批模式，辖区低保户110户、174人，街道全年发放低保金74.8万元；大病救助65户，共计19.6万元；办理廉租房补贴369户7.18万元；实物配租15户；为367名无军籍退休职工发放工资和各类优抚费超过1000万元；为90名90岁以上和910名80~89岁老人申报发放高龄补贴；帮助400名白内障患者实施眼疾筛查，并为30名低视力残疾人配备助视器；帮助4名脑瘫儿童和16名肢体残疾人进行康复治疗，申配轮椅、盲杖、拐杖等；为辖区20名低保和特困家庭学生向市、区两级申报临时救助金额5万元。全年受理市民12345求助热线36件，回访32件，满意25件。

就业和法律援助。街道全年失业人员再就业354人，完成120%；就业困难对象再就业151人，完成130%；职业培训301人，完成120%；其中：失业人员培训

36人，完成120%；创业培训30人，完成100%。企业职工培训235人，完成124%；农民工岗位技能提升95人，完成238%；零就业家庭动态就业援助100%；完成小额担保贷款30万元；审核申报灵活就业社会保险补贴73人，金额32.09万元；发放灵活就业社会保险补贴48人，金额23万元；组织居民参加市、区和街道各类招聘会12次。3月，街道在岳阳市平江县福寿山镇组织承办“感恩革命老区，春风促进就业”大型现场招聘会，达成意向200多人。为失业人员办理《就业失业登记证》129本；采集录入人力资源信息11986人。开展辖区单位合同签订和企业工资支付情况专项检查，处理劳动争议10起；完成辖区218家单位“两网化”（劳动保障监察网格化、网络化）系统录入。

社会保障。辖区参加城乡居民基本养老保险有335人，其中已享受保险待遇的有121人，年认证率100%；正常缴费214人（含政府代缴16人），参保率达100%；基金征缴28900元，完成141%；稽核返还2人，追回多发放的城乡基本养老金1865元。城乡居民医疗救助7人，累计救助51339元；一卡通信息确认3719人，上交长沙市社保局正常表格2373份，完成64%，回收3628份，回收率97.55%；发放失业金领取存折63本，为4名失业金领取人员申报其他待遇7850元；企业退休人员养老金认证1526名，其中上门认证行动不便者32名；组织辖区企业退休人员到开福区捞刀河镇和道源生态园开展“红霞晚照重阳好，乐享幸福韭菜园”文化体育娱乐活动。

计生服务。办理一孩生育证90本，流动人口婚育证明4本，再生育证72本，有效延期《再生育》3本；政策内生育率97%，违反生育立案8例；为辖区和区域协作单位湖北监利棋盘乡育龄群众免费生殖健康检查分别为598名和44名。为辖区流动人口建册7464名，建册率100%，其中新增2371名，迁出1110名；与派出所进行数据比对477条，进一步完善计生系统。新增城镇独生子女父母奖励490人，发放独生子女费343人3888元；奖励城市低保户计生家庭9户1040元。计生特扶家庭61人29.28万元，无1例错发漏发现象，群众满意度100%。“3·8妇女节”“5·29计生协会日”“7·11世界人口日”等节日期间为育龄妇女开展系列计生知识讲座和免费普查；利用每月1次的教育和“终身学习活动周”开展一系列教育活动；完成年度献血任务；1月和6月分别开展食品安全宣传周活动；9月，举办“全国安全用药月”宣传活动；先后4次集中办理健康证700本。

党建工作。截至年末，街道共有基层党组织63个，党员1081名，其中新党员12名，培训入党积极分子30名。街道出台“韭菜园街道落实从严治党要求全面加强党的建设实施方案”，明确社区书记职责，与基层书记签订党风廉政建设责任书，落实“一岗双责”“三重一大”议事规则和个人重大事项报告制度，针对存在的问题及时在“双述双评”中点评并逐步归零。指导汤家岭社区支部和千惠支部开展红旗党支部创建工作；按“六有”模式建立先锋工作室和党员服务站，在蓉园社区打造党代表工作室示范点，邀请党代表参与“对话E民情”和走访活动。在落实大工委制和社区兼职委员制工作中，实现“一网四图”全覆盖，结合在职党员进社区和机关党组织结对共建活动，开展组团式服务和网格化管理，如联合省委组织部开展“雷锋家乡学雷锋·2015新锋尚”志愿服务，联合芙蓉公安分局党委开展“支部联建暖心行动”“情系社区 共享书香”公益捐书会，“七一”前后开展老党员、困难党员的慰问帮扶活动。严格执行党员“一卡四制”管理和“三会一课”教育制度，督促基层党组织成立评议小组，建立公示平台，促进党员分类管理和积分制落实，依程序处置不合格党员。强化基层管理创新，成立汤家岭社区“退休党员接待站”，设立试点离退休党员理事会和部分单位在职党员“先锋小信箱”，搭建在职党员签约全流程服务到位、全天候服务到位、全方位服务到位的“三全”领岗服务，实现群众“微心愿”的平台。基本形成“一社一品”格局，创新少数民族事务服务站品牌，受到省、市、区民宗部门好评。

文明创建和新闻宣传。街道制定文明创建考核办法，强化网格管理和日常考核，形成创建常态化机制。投入10万元，制作张贴“中国梦”“讲文明树新风”“学雷锋”系列宣传标语和画板，营造文明创建宣传氛围。整合社区资源，开启薪火公益计划，结合重大节假日和纪念日开展“崇德尚过大年”“薪火公益学雷锋”“纪念抗日战争胜利70周年文艺汇演”等具有重大影响力的广场活动。挖掘谭里和等道德模范的榜样力量，丰富街道道德讲堂和未成年人活动内涵。发表各类信息和文章100篇，其中中国文明网首页报道2次、人民网3次、《长沙晚报》专题报道1次。街道微信平台紧跟街政中心工作，《我的社区报》及时向居民群众传递街道新政，基层组织开展的“微理论、微宣讲”等活动取得良好效应。

社区建设。在社区标准化建设工作中，2015年街道投入专项资金完成蓉园和军区社区的达标建设；汤家岭社区租用浏阳河酒业一、二楼500平方米场地作办公用房。桐荫里社区获长沙市开放社区物业管理样板社区、市文体示范社区、市城乡居民基本养老保险经办服务示范点；蓉园社区被评为湖南充分就业社区、长沙市基层人社平台标准化建设优秀社区人力资源和社会保障服务中心、完成节能环保社区创任务；军区社区被评为长沙市发挥五老作用示范阵地、市十佳社区、市平安社区（村）、长沙市青少年活动示范基地、市充分就业社区、市示范“妇女儿童之家”；汤家岭社区被评为长沙市发挥五老作用示范阵地。

存在的困难和问题：街道地处长沙市老城区中心地段，占地面积小，人口密集，流动人口多，交通压力大，商务楼宇建设年代较早、专业化程度较低，行业跨度较大，楼宇经济规模不一、经济发展受诸多因素制约，潜力不足。在建工程和规划项目短期不能产生效益，税源不足，税收压力重。黄土塘棚户区改造项目工作得到上级各部门充分肯定和大力支持，但个别征收对象存在抵触情绪。（董春梅）

韭菜园街道

书　　记　徐青春
副 书 记　王　庄（女）
　　　　　张　亮（女）
　　　　　张文彪
　　　　　刘　彦（女）
工委委员　宋闵（女）（2015.10免）
　　　　　陈　彪
主　　任　王　庄（女）
副 主 任　易忠兰（女）
　　　　　汪利忠
　　　　　诸怡君（女）（2015.11免）
　　　　　杨友林

【黄土塘棚户区改造项目】 黄土塘棚户区东至迎宾路，西至韭菜园路，南至五一路，北至八一路，涉及住宅房屋91幢，建筑面积6.56万平方米，住户1212户（私房1004户、5.82万平方米），单位20家，房屋大部分年限久、质量差、人均面积小，线路老化，绿化率小，消防通道不畅，违章搭建约9300平方米。项目原立项范围约8万平方米（不含周边道路约为6.06万平方米），3月，调整范围时剔除省军区医院和军区医院宿舍后近6.8万平方米，住户1299户。5月18日，市委副书记、市长胡衡华一行在区委书记梁仲、区长于新凡陪同下深入黄土塘巷部分严重破损的危房进行现场勘察、并慰问社区困难户。5月21日，由区政府发布征收公告，该项目正式启动。6月17日，住房城乡建设部稽查办公室稽查二处处长姚志成到区督察黄土塘棚户区改造项目，并与该项目指挥长谭雄伟和街道工委书记徐青春调研黄土塘棚户区情况并拍照留存。他认为该项目符合政策、手续合法、规划惠民。截至11月28日，私房签约910户，约占私房总数的91%；单位签约12家。

【程水泉调研蓉园社区党建工作】 3月4日，市委常委、组织部部长程水泉调研蓉园社区基层

·表15·

黄土塘棚改项目现状用地、规划用地对比表

土地类别	改造前土地面积（公顷）	规划土地面积（公顷）
住宅用地	2.53	1.48
办公、工业用地	2.03	1.32
教育用地	0.67	1.41
道路用地	1.47	1.84
绿化用地	0.1	0.75
合 计	6.8	6.8

党建工作，听取社区党委书记关于基层服务型党组织建设情况及下一步工作计划，重点询问社区工作经费来源、保障、基层主职及工作人员待遇、帮扶困难党员群众、在职党员进社区开展服务等情况。他对社区“红袖章”志愿服务队伍——“平安小喇叭”、邻里守望服务队等工作表示肯定，他要求社区对基层工作人员及困难群体给予高度重视和关爱。程水泉当场捐出2000元慰问困难群众，并表示作为到社区报到的在职党员之一，只要社区的服务活动或遇到问题，自己都会积极参与和帮助。

【区领导调研汤家岭社区提质改造工程】 11月5日，区领导梁仲、于新凡、许凡一行到汤家岭社区调研考察华联花园、竹园公寓小区提质改造工程，他们现场察看华联花园和竹园公寓小区的道路整修、围墙改造、楼道靓化等情况。社区书记展示了小区改造前后的对比图，就项目的水电改造、道路整修、监控安装、下水及化粪池改造、园林绿化、景观照明、车位增配、围墙改造、管线整理、环卫配套、楼道靓化、弱电下地等“十二大”子项目进行了汇报。梁书记在充分肯定小区提质改造工作取得成效的同时要求改造工程在收尾阶段要注重细节，小区提质改造项目在遵循以人为本，突出经济性、生态化等原则，要不断优化人性化设计，彰显民心工程的深刻内涵。

【举办纪念抗战胜利70周年系列活动】 在中国人民抗日战争暨世界反法西斯战争胜利70周年来临之际，韭菜园街道以“勿忘国耻 圆梦中华”为主题在辖区开展形式多样的纪念活动。8月18日，桐荫里社区组织辖区未成年人看望94岁的抗日老兵李修克爷爷。8月20日以前，街道、社区和辖区非公企业完成了省委院路口等主次干道和背街小巷的宣传标语、横幅、KT板等公益广告的更新工作。8月24—28日，街道分别在通程万惠广场、天佑大厦前坪等五处人流较为集中地开展图片巡回展览；蓉园社区组织青少年和居民参入“红色电影展播周”。8月28日，军区社区组织孩子们在省军区莲池放河灯，寄托对先烈的追思。8月31日，汤家岭社区举办“纪念抗战胜利70周年百米书画长卷”活动。在湘一芙蓉中学的开学典礼上，2000名师生佩戴胜利花纪念抗战胜利，表达了社区人民铭记历史、缅怀先烈、珍爱和平、开创未来的心声。

【集中为104名环卫工续签合同】 11月1日，街道城管办、环卫所在街道会议室联合为104名清扫保洁人员、临聘管理人员签订劳动合同。该次续签劳动合同工作，为给员工们提供了方便，只要本人签到后，依次复印身份证及相关证件，专人负责逐个办理签约工作。劳动合同的签订在规范街道的用工制度，保障职工合法权益的同时为更好地推进街道日常工作提供了强有力的保证。

【“薪火公益”援助白血病大学生】 4月10日，由长沙市文明委、芙蓉区文明办主办，韭菜园街道承办的“‘薪火相续’长沙市2015年学雷锋志愿活动”在韭菜园街道举行，省文明办志愿服务处处长李仕铭、市文明办主任丁德喜、市文明办志愿服务处处长袁军、区委宣传部部长伍艳飞出席活动。该次活动为身患“急性淋巴白血病”的湖南师范大学在校学生龙政驰募集爱心捐款1.1万元。3月，龙政驰查出此病，巨额费用难以承担，街道获悉后伸出援助之手，联系人民网湖南分部、《湖南日报》等媒体先后对其进行报道，累计募得善款50万元。“薪火相续”活动是街道整合辖区公益资源，通过社区联动，集聚企业、医院、物业公司和辖区有影响力人士等各界爱心力量，“同关注、共参与”，为困难群众量身定制帮扶档案、开展志愿者上门服务，做强街道公益品牌的创举。

【区域协作助留守儿童圆梦】 8月3日，由湖北省监利县棋盘乡的百余名育龄妇女及其子女在乡党委书记杨书辉、乡长李春发的带领下到韭菜园街道，与街道干部职工和辖区居民共同见证了“棋盘乡驻韭菜园街道育龄群众服务点”揭牌仪式，区卫生和计划生育局副局长王冰出席仪式并致辞。该次活动，街道为育龄妇女及子女免费体检，开办亲子游戏活动和健康知识讲座，亲子游戏帮助留守儿童们圆了和家人的团聚梦。湖北省监利县棋盘乡总人口4.6万人，居住在长沙的流动人口6000人，其中育龄妇女1500人，且在韭菜园街道最集中。自开展协作以来，街道每年定期2次为棋盘乡育龄妇女开展免费体检服务。该次挂牌活动是两地区域人口统筹协作、提高流动人口管理服务水平的新举措。

【承办“暑期少年军校”活动】 7月29日，由湖南省军区政治部、省文明办和长沙市文明委指导，市文明办和芙蓉区文明委主办，区教育局、韭菜园街道和军区社区承办的“中国梦·强国梦——长沙市未成年人爱国主义教育活动之‘把强国梦种进未成年人心中’暑期少年军校”在湘一芙蓉中学开营。全国道德模范、全国劳动模范任菲莉，第五届全国道德模范候选人、最美画家段江华，省文明办副主任熊科文、未成年人工作处处长史锋，省军区宣传处处长罗春亮、直工处副处长杨东波，市委宣传部副部长、市文明办主任郑力虎，市文明办副主任梁飞彩，区委副书记罗玉环，副区长张庆和，省军区官兵、学生及其家长、在职党员、辖区企业等代表约200人参加活动。活动有“升国旗、唱国歌，向国旗致敬”“开营宣誓、立‘军令状’”“‘中国梦·强国梦’十米长卷展示”“为抗日老英雄的献胜利花”等环节。在社区少年军校，学员们参加站军姿和军事基础训练，学叠“豆腐块”（军被），开展国防知识竞赛、观看爱国主义教育电影和学唱军歌等活动。（董春梅）

文艺路街道

【概况】 文艺路街道下辖识字里、文艺新村、韭菜园、乔庄、东广济桥、湘府、南元宫7个社区，总面积约1.08平方千米，总人口数4.48万人，其中常住人口3.96万人，户籍人口3.92万人，家庭户1.33万户，人口自然增长率6.09‰。2015年，街道深入实施“产业兴街、特色亮街、管理强街、和谐立街”的发展战略，实现了经济建设和社会事业全面进步，被评为“全国城市街道区域化团建示范创建单位”、湖南省“六好”街道工会、湖南省计划生育依法行政示范单位，市级标准化安监站、市和谐社区建设示范街道、省、市标准化财政所等。财税贡献率为全区第二。

重点突破，街域经济稳中求进。全年街道完成财税总收入12.56亿元，比上年同比增长11.84%；完成工业总产值5734万元；完成全社会固定资产投资9.25亿元，比上年同比增长13.38%；完成限额以上商贸业社会消费品零售总额17.04亿元，为年计划的105.77%；完成限额以上批发企业销售额10.12亿元，为年计划的100.18%，完成高新科技产值50.93亿元，比上年同比增长110.8%。全年新增服务业6家，商贸业6家、高新3家，引进市外境内固定资产投资9.5亿元，比上年同比增长3.1%；实际到位外资3050万美元，比上年同比增长15.09%。各项经济指标均圆满完成区内目标任务。

高效创新，城市管理趋于精细。注重社区提质改造，投入资金超过1000万元，对老旧社区、商业街巷、下水管网和市政设施进行提质改造；开展执法专项整治，按照拆违控违清零、门店招牌一店一牌、店外经营严格杜绝、早餐夜市定时定点的标准，街道累计组织执法行动130次，收缴摊贩430个，办理案卷861宗，处罚金额达8万元，收缴、销毁占道式户外广告灯箱200个，拆除新老违章20处，做到了执法严谨、整治到位；规范综合管理标准，统一停车秩序、城管设施、宣传标识；健全数字化管理，建立门店管理系统、开设睦邻公众服务平台，建设城管“智慧平台”，创建成为城管示范街道。

治防结合，社会大局平安稳定。全面落实安全生产责任制，集中开展了劳动密集型企业和居民小区等场所的安全大检查行动。承办全区“安康杯”安全生产知识竞赛，开展消防安全培训32场、消防应急救援演练35次，确保了辖区安全，被市评为标准化安监站。开展严打整治斗争，共立案247起，接待群访群众25批次400人次，处理信访问题6起，解决具体信访问题3个。调处各类矛盾纠纷103起，涉及金额425万元；加大反邪教和禁毒工作力度，做好帮教和转化工作。妥善处理工商银行韶山路支行理财产品无法兑现、华腾资产管理公司房屋托管等群体性聚众事件，消除各类不稳定因素。

服务有为，民生事业提质提效。切实加大民生保障力度，全年累计发放低保金183万元，医疗救助84名特困群众，慈善助老、助学、助幼共218人，慰问1726户困难群众，帮助588人实现再就业，核对社保卡发放3005人，办理11户居民廉租房补贴，8户经济适用房货币补贴，33户廉租实物配租，4户公租房。深入开展计生优质服务，举办各类计生主题活动20次，帮扶计划生育家庭88人，为12户特扶家庭提供“家庭契约式服务”，慰问特扶家庭费用达6.5万元，开展“微心愿、微服务、微行动”的“三微”活动，继续保持长沙市优质服务模范街道。加大食品安全宣传巡查力度、文化市场协管力度，积极落实文体教育为民办实事工作，强化党管武装，圆满完成民兵整组和征兵工作。

从严从实，组织建设扎实推进。全面落实从严治党和党风廉政建设“两个责任”要求，加强监督审核；抓严干部队伍建设，强化班子素养，创新干部机制，实行全员考核，传递选人用人正能量；开展“百姓监督团”暗访和片区交叉检查，开通“文艺正风速递”短信平台，营造清正廉洁的工作环境。加强党建考核力度，全面推行党员积分制，实行党员分类管理；实行“党建项目认领计划”，开展结对共建“六个一”活动，成功推出“睦邻”、“折翼天使怡馨家园”等全新服务品牌；重点培育发展韭菜园、乔庄等社区党组织及湘贵实业、湘军学校等非公党支部，激发基层服务型党组织建设的活力。

存在的不足和困难：总体经济形势不稳定，项目建设、固定资产投资、税收工作面临较大压力，商贸社销与限上批发销售额增长缓慢；城管执法保障有待加强，执法对抗性矛盾增加；大量工作、人员和责任向基层下移，社会综合管理难度加大，街道事务管理和干部队伍建设面临新的难题。（黄　雪）

文艺路街道

书　　记　梁汝岚（女）
副 书 记　易德文
　　　　　杨幸子（女）
　　　　　李应龙（2015.10 免）
　　　　　汤道建（2015.10 任）
工委委员　李应龙（2015.10 任）
　　　　　王　敏（2015.10 免）
　　　　　王庆能（2015.10 免）
　　　　　陈超然（女）
主　　任　易德文
副 主 任　王庆能（2015.11 免）
　　　　　陈莉群（女）
　　　　　张　萍（女）（2015.11 免）
　　　　　汤道建（2015.11 免）
　　　　　王竣甲（2015.11 任）
　　　　　邱　礼（2015.11 任）

【成立首家社区专业助残社工机构】 5 月 28 日，芙蓉区首家社区专业助残社工机构成立暨文艺路街道“折翼天使怡馨家园”活动在文艺新村社区举行。“折翼天使怡馨家园”活动旨在为社区引进专业助残机构，打造助残服务平台，通过“三个结对共建”活动实现残疾人士微心愿。长沙市残联成功与文艺新村社区结对共建 20 户残疾人家庭，进行“畅行工程”无障碍设施改造。社区引进长沙市培源社会工作服务中心，成立芙蓉区首家社区专业助残社工机构，联合打造“折翼天使怡馨家园”助残特色服务项目，使社区专业助残平台成为残障人士创业、锻炼、生活工作的载体，促进残障人员“微就业”“微生活”。社区与辖区企业结对帮扶，共驻共建，启动“福寿堂扶残助困微基金”，发展残疾人事业；与人大代表结对帮扶，成立“助残微基金”，帮扶辖区困难的残疾人缓解生活困境；与辖区党员结对共建，发动直管党员、在职党员等党员志愿者积极参与残疾人关怀和社区建设，鼓励残障人士自强自立，实现残疾人士自我价值。市残联党组书记、理事长熊慈明与区委常委、副区长蔡冰共同为“折翼天使怡馨家园”助残服务机构揭牌，街道工委书记梁汝岚、办事处主任易德文、计划生育协会会长杨幸子为 6 位特扶家庭代表发放微心愿爱心卡。

【乔庄社区打造“邻里互助圈”】 5 月 6 日，文艺路街道乔庄社区发布社区卡通代言人“乔乔”和“乔乔帮帮地图”，公布党员志愿者服务点 10 处，让居民按图索骥享服务。地图上清晰显示巧算盘、乔管家、天使小屋等 10 处党员志愿者服务点的位置，张榜公示联系电话，服务内容涵盖鉴宝、义诊、义务理财、心理咨询、法律援助、义务家政帮扶、水电维修等项目。每一个党员志愿者服务点就是某个机关单位、非公企业的党支部所在地。该次活动以“乔乔”为载体，汇集街巷中的小善大爱，通过招募行动不断丰富志愿服务内容，打造社区“10 分钟邻里互助圈”。

【韭菜园社区创立“爱梯基金”】 年内，文艺路街道通过成立长沙首个由业主出资、社区监管、物业配合服务的“爱梯基金”，解决老旧高楼没有公共维修资金的问题。由韭菜园社区组织业主召开“电梯安全诸葛会”。经过反复讨论达成共识：居民根据所住的楼栋、房屋面积、电梯使用频率等，要按比例缴纳费用用以设立“爱梯基金”。该基全由社区监管，电梯需维修或更换时，需业委会、社区与物业公司 3 方同意，才能从基金中支取费用。“爱梯基金”设立后初见成效：新富城小区内已有 9 部电梯换新，其余电梯进行了维修。文艺路街道有 50 处无公共维修基金的电梯。在新富城小区、鸿富大厦进行“爱梯基金”试点后，其他小区的电梯也将采用该模式，以破解维修和更换电梯难题。

【文艺路街道首创门店管理信息系统】　文艺路街道门店管理系统经过试运行，于11月23日正式启用。该系统可通过手机查询1100余家门店信息。管理人员登录后即可查询到街道所有门店点名、地址、负责人、联系电话、身份证、经营范围、工商营业执照、招牌设置情况等10项内容。同时，城管执法人员也可以随时通过智能手机访问这份门店电子档案，查看“三联单”下发信息、往日执法记录等。这套门店管理系统与街道“睦邻”微信公众平台进行了对接。只要扫描门店“门前三包”责任书上的二维码，就能通过微信对店外经营、乱牵乱挂等违规行为进行投诉。平台受理投诉后，执法和管理人员会在10分钟内前往现场处置。违规行为处置完成后，平台工作人员还将向投诉人反馈处理结果。门店管理系统不只是监督违规行为，同样也帮门店业主办事提供了一条“绿色通道”。门店管理系统启用后，门店如需更换招牌可直接通过“睦邻”微信平台进行咨询，工作人员就会告知申请人办理流程和相关部门联系方式。11月26日，芙蓉区门店系统观摩会暨城管工作讲评会在文艺路街道召开，区政府、区直机关、公安、交警及各街道有关人员参会。副区长许凡带队观摩现场后，听取文艺路街道城管中队长对街道睦邻公众服务平台和门店管理系统的建立及功能的介绍。街道办事处主任易德文从4个方面就街道城管工作经验进行介绍：健全常态化机制，构建联动城管格局；实施规范化管理，提升精细城管水平；丰富信息化手段，创新高效城管模式；坚持社会化参与，浓厚全民城管氛围。

【召开辖区企业安全生产约谈会】　9月24日，文艺路街道组织召开辖区企业安全生产约谈会。该次约谈通过街道安委会对辖区企业重点单位安全工作进行详细的情况分析，确定中南大学湘雅二医院施工单位和五官科施工单位、省政府二院施工单位、湘贵实业有限公司、新富城物业公司、权兴大厦物业管理有限公司、鸿富大厦物业管理有限公司、乔庄液化气便民服务点、芙蓉王子彩印有限公司、高波不干胶印刷有限公司、慧丰楼施工单位、文华农贸市场、长久家超市负责人为约谈对象。会上详细地说明了各单位在安全生产过程中存在的不足之处，主要体现在安全自查不详细，监管缺位；安全员检查记录不全；电梯设备使用年限较长；人员密集场所，消防设施配备需要进一步完善；部分安全生产制度更新缺乏及时性；安全生产组织机构不够完善6个方面，各企业需要认真检查分析自身在安全生产过程中存在不足，有针对性地确定解决措施，全方位地提升自身企业的安全生产水平，让隐患“零容忍”成为严格安全监管的新常态。随后，各约谈企业负责人纷纷表示将对本企业进行认真自查，寻找安全生产隐患源头，并商谈确定下阶段对存在的安全隐患整改措施及如何做好安全生产“五落实五到位”工作，将存在的安全生产隐患从源头治理。会上，街道办事处主任易德文根据区安委会关于建立健全“五落实五到位”安全生产责任制，要求辖区各企业进一步提升安全生产系数，完善安全生产责任体系，必须从加强组织领导、加快推进落实、强化监督考核等方面做好工作。

【文艺新村社区残疾人家庭无障碍改造项目验收】　11月25日，市残疾人联合会办公室主任李宁，市归国华侨联合会副主任科员陈边城到文艺路街道文艺新村社区进行残疾人家庭无障碍改造验收，社区主任王丽慧陪同。该项目改造内容涉及墙面粉刷、铺设防滑地面、配备家用电器和坐便器及其他特殊需求设备，按照残疾人家庭需求进行无障碍改造，共用2个月时间为20户残疾人家庭完成改造。市残联此次验收采取全面调查法对社区20户无障碍改造家庭进行逐一走访，严格按照验收标准对照检查，全部达标合格，顺利验收。李宁表示在该次残疾人家庭无障碍改造过程中文艺新村社区针对残疾人家庭的不同需求而分门别类进行无障碍改造构成此次改造的亮点，更是社区情系“折翼天使”，力造“温馨家园”的意志体现。

【“十岁成长礼 感恩一路行”主题活动】　12月25日，文艺路街道举办的“十岁成长礼 感恩一路行’——‘八礼三仪’”主题教育活动在文艺新村社区育华小学举行，省文明办未成年人工作指导处主任王歆，市教育局副调研员、市文明办常务副主任何文娟，市文明办未成处处长陈星卫，区委常委、宣传部部长伍艳飞，副区长张庆和，区宣传部副部长、文明办主任易利平，区教育局局长谢小红等参加活动。该次活动分为“祝福”“成长”“感恩”“未来”4个篇章。开场祝福篇，师生录制的视频“十岁生日快乐”为4年级孩子送上了生日祝福。在成长篇中，四二中队带来了诗歌朗诵“我们十岁了”；礼仪情景剧“我们要做好孩子”倡导同学们改掉不良的习惯，争当文明有礼的小公民。在感恩篇中，大家回顾前段时间“保护蛋宝宝”教育体验活动的感受。在未来篇中，文艺新村社区主任王丽慧认领了孩子们的微心愿，为孩子们赠送了1套图书，引领孩子热爱阅读，呵护小小心愿，让大家有梦想、有目标、实现少年梦，为中国梦贡献自己的力量。最后，育华小学校长周皓给孩子们送来了温馨的生日祝福，希望孩子们能够学会思考、学会自控、学会感恩。此次成长仪式的举行，在同学们的心中种下了‘感恩、成长、梦想’的种子，让他们在10岁这个关键期，学会感恩，健康成长。

【敬老颂孝文艺活动】 10月21日，文艺路街道“敬老爱老好家风，文艺共颂孝文化”系列活动在文艺路街道华美欧前坪举行。省文明网负责人刘忠宏，市文明办副主任杨立平，市文明办志愿服务处处长袁军，区委常委、宣传部部长伍艳飞，区老体协主席张新亮，区委宣传部副部长、文明办主任易利平，区文体新局局长焦英，区委宣传部副部长钟海荣，全国道德模范杨怀保，街道党工委书记梁汝岚，街道办事处主任易德文观看了演出。辖区百余老人、社区志愿者团体、社区居民到现场共贺重阳节。该次活动由“尊老”“爱老”“敬老”“老有所乐”“老有所学”“老有所为”“传承好家风”7个章节12个节目组成。各社区艺术团及育华小学参加出演，节目内容蕴含健身球、太极剑、太极拳、“家风颂”“孝亲敬老歌”具有民族传统的特色节目及体现“长沙记忆”节目。在每个节目的章节配备一盏孝心彩虹灯，预演之前首先由老年人代表点亮，表达孝心高照，孝爱永传。街道邀请全国道德模范、全国十大孝子、团中央委员、全国青联常委、中国孝基金理事长兼创始人杨怀保同志，解读他对孝文化的理解和弘扬孝文化的重要性。街道还为中国孝基金捐赠5000元，为辖区老年人代表送上重阳大礼包，表达对老人的关爱和对孝心的褒奖。

【省、市文明办负责人调研文艺新村社区志愿服务工作】 11月18日，省文明办副主任李力明，省志愿服务工作处处长李仕铭，市文明办副主任丁德喜，市志愿服务处处长袁军到文艺新村社区调研志愿服务工作，区委常委、宣传部部长伍艳飞，区文明办主任易利平，区文明办副主任欧阳波，街道党工委书记梁汝岚，办事处易德文，副主任陈超然陪同调研。文艺新村社区主任王丽慧详细介绍了社区志愿服务品牌——“折翼天使怡馨家园”和“五彩课堂”的运作情况，以及社区党员志愿服务、关爱残疾孤寡老人等活动开展情况。经过不断的探索和完善，文艺新村社区的志愿服务项目不断延伸，服务面不断扩大，逐步实现了社区志愿管理网格化、志愿内容主题化、服务方式项目化、志愿发展社会化。李力明充分肯定了文艺新村社区志愿者服务工作，并希冀社区进一步完善志愿服务建设，把各种社会公共服务资源结合起来，动员广大志愿者从身边做起，让志愿服务扎根基层、服务百姓，在全社会广泛开展志愿服务活动。 （黄　雪）

朝阳街道

【概况】 朝阳街道下辖朝阳、五一东村、人民新村、向韶、曙光、二里牌6个社区，总面积2.2平方千米。辖区有法人单位487个，有规模单位105个，个体工商户2989户，常住人口40538人。在辖区工作、生活人员达10万人，人口自然增长率0.4‰。2015年，朝阳街道克服经济下行的压力，以经济建设为中心，努力建设“科技朝阳、文化朝阳、和谐朝阳、幸福朝阳”，各项事业成效显著。朝阳创新创业基地建设得到市区领导高度重视，科佳影像创客空间获评市示范并被中央电视台、《长沙晚报》重点报道；安全生产工作经验被《长沙晚报》、政法频道等媒体重点关注；党建“手拉手”工作模式被《湖南日报》《长沙晚报》专题报道，城管工作2次被评全市十佳街道，人民新村社区荣获被评为全国和谐示范社区。

经济运行稳中提质。2015年，实现工业总产值9661万元；其中规模以上工业总产值4060万元。完成社会消费品零售总额132.17亿元，增长11%，限额以上商贸业社会消费品零售总额58.99亿元，限额以上批发企业商品销售额31.46亿元。完成税收11.5亿元，其中房产税4551万元，委托代征1237万元。完成全社会固定资产投资26.8亿元，增长39.45%。实际到位外资3000万美元，市外境内资金形成固定资产投资18亿元。完成高新技术产业产值122亿元，助推物产中拓成功申报国家高新技术企业。推动老朝阳电器城提质升级为银瑞朝阳市场，友阿总部项目开工建设，宇成朝阳广场所涉拆迁难题全面破解。税源清理百日竞赛活动中清理核实1107家企业，留住50家企业，增税近500万元。

文明城市精细管理。全年拆除违建3655平方米，提前完成区政府下达的拆除和清场任务。采取“政府主导、企业参与”的模式实施老旧小区提质改造，完成朝派路、38号大院、华海3C、科佳前坪改造项目。大力开展“斑点”整治行动，修复公共绿地22处、修饰清洗建筑外墙8000平方米、修整临空线网18处。受理数字化平台案卷7880件，案卷办结率100%。注重街区文化品质提升，设立善行义举榜6块，发放宣传手册1000份，公益广告2500份，宣传展板120张。开展大型广场活动3次，道德讲堂活动70场次，培养30名各类先进典型。积极探索志愿服务工作，街道拍摄的微视频“邻里守望”工作纪实获评全国优秀作品，并在2015年中国志愿服务论坛上做主题发言。

社会治理不断夯实。开展“平安创建”试点，活动开展以来街内发案率下降18个百分点，进京非访量下降56%，矛盾纠纷调解成功率达98%以上。开展安全生产标准化建设，督促53家规模以上企业执行“五落实五到位”，年内没有发生安全生产事故。朝阳二村遗留问题基本得到解决，及早发现并完成了曙光路红旗渠抢险。大力整治全街安全隐患，累计排查生产经营单位超过700家次。组织安全应急演练30场次。开展千人送训进万企安全知识教育讲座46场次，发放安全知识手册、宣传彩页3万多份。组织安全生产领域“打非治违”春雷行动、飓风行动、霹雳行动、清剿行动，共出动560人次，检查企业、门店500家次。

民生事业取得进步。开好开实群众工作直通车，全年共走访社区群众2256人次，收集意见建议372条。为全街533户低保户、440户残疾人、506户特困家庭发放节日慰问资金18万元，米、油1440套。全年扶持大学生创业44人，小额担保贷款发放88万元。全年开展各类食品安全检查21次，出动督查人员1780人次，出动车辆近20台次，检查经营户1320户次，下达整改通知25份。广泛宣传“单独二孩”政策，扎实推进城镇独生子女父母奖励扶助申报工作，为8604人独生子女父母奖励金审核录入，任务完成量居全区第一，重新审核符合领取独生子女保健费765户，发放独生子女保健费6.77万元；城市低保部分计划生育家庭25户，发放奖励金2.94万元；计划生育特别扶助家庭71户，发放奖扶金34.08万元。计生流动人口特色工作模式被“人口和计划生育”专题报道。以“朝阳之晖”慈善分会为平台走访慰问弱势群体1138人次。

党建工作彰显特色。打造13个各具特色的党员活动基地，承办区第1季度党建工作例会。举行“青春在党旗下飞扬”表彰暨芙蓉区红色服务月启动仪式，用微电影讲述党员身边先进事迹的方式让700余名党员深受鼓舞，被《长沙晚报》等媒体报道。党建“手拉手”系列活动、党员教育活动基地、“橙马甲”党员志愿者队伍的工作经验在市“组工通讯”推介。通过拍摄党建工作创新纪实专题纪录片、打造五一东村党建文化墙，增强全街的党建氛围。认真开展“三会一课”，大力推进党员积分制管理，探索网格化从严管理党员队伍的新方法。认真开展党员民主评议，落实不合格党员处置。

其他工作齐头并进。街道“‘双联’听民声、‘五助’解民忧”的工作经验被省人大《人民之友》杂志刊登，并收入2015年《中国人大年鉴》。深入开展协商议政和民主监督，全年完成提案13份。政务中心共受理“12345”市民热线各类工单110件，按时办结率100%，回访市民满意率70%。街道离退休支部获长沙市离退休老干部先进集体。街道财政所获市级标准化财政所的称号。承办区“6·9”档案日活动，档案征文获市二等奖。

存在的问题：毗邻火车站，老旧小区较多，“城市病”比较突出，主次干道拥堵，环境承载能力已近饱和。加之外来流动人口多，乱丢乱扔现象普遍，城市管理压力十分大。朝阳二村拆迁扫尾、企业改制、危房改造以及投融资公司非法集资带来的历史遗留问题较多，影响街道和谐。街道社情民意复杂，所辖范围内两劳帮教、涉毒、残疾及低保人员较多，居民生活水平和整体素质偏低，给街道和社区治理工作带来许多难题和挑战。　（王　惠）

朝阳街道

书　　记　李学军
副 书 记　罗希奠（2015.07任）
　　　　　甘丽丹（女）
　　　　　肖可为
工委委员　郑德新
　　　　　刘正军
　　　　　周旻（女）（2015.10免）

张萍（女）（2015.10 任）
主　　任　赵小午（2015.07 免）
　　　　　罗希蓂（2015.07 任）
副 主 任　刘正军
　　　　　宋　曦（2015.11 免）
　　　　　纪岳亮　　肖　科

【市领导检查安全生产并进行春节慰问】 2月13日，市委常委、常务副市长陈泽珲，长沙警备区司令员王忠斌，市政协副主席钟新莲，市政府副秘书长黄雄姿等一行到朝阳街道检查安全生产工作，并对困难群众进行慰问。区领导于新凡、蔡冰，街道书记李学军等全程陪同。陈泽珲一行首先走进曙光集团，在车间查看生产设备运行状况，并听取集团总经理黄界沙安全生产工作汇报。他要求，企业要建立健全工作制度，进一步规范日常检查，落实在岗人员管理责任，确保安全生产万无一失。还要做好春节期间困难职工的生活安排。陈泽珲一行到曙光社区走访慰问困难群众曹时秀1家。曹时秀有3个儿子，均无业，都是低保户，特别是由她亲自照顾的大儿子汤建华因患小儿麻痹症53年来一直瘫痪在床。陈泽珲为汤建华送去慰问金和春节物资，嘱咐她安心料理好生活。对于即将到来的春节，民政部门和社区要帮助解决困难群众的生活难题。

【走访慰问人大代表】 3月9日，市人大常委会联工委主任盛国政一行，在芙蓉区政协主席罗树林、政协副主席宋晋武等领导及朝阳街道工委书记李学军的陪同下，走访并慰问朝阳街道人大代表。盛国政一行人走访并慰问湖南科佳投资管理有限公司总裁周璟，了解科佳集团企业经营情况，存在的困难能及周璟参政议政情况。他肯定了科佳集团对社会所做的贡献，并希冀周璟作为女性人大代表发挥妇女半边天的作用。盛国政一行人参观朝阳街道向韶社区人大代表民情接待站，实地察看社区人大代表活动室建设情况，人大各项制度及活动计划他详细了解工作站的基本工作和工作开展情况，并仔细查看社区人大相关工作台账后，对社区人大代表工作站的工作表示满意。他要求社区要进一步建立健全及各项制度，使人大代表联络工作站职能更好地发挥出来，不断提高人大代表的履职水平，积极组织人大代表走近居民，把群众的声音传达上去，落实群众合理的诉求，解决实际困难，发挥代表作用，努力使人大的各项工作更好地体现党的主张，更好地符合人民的意愿，让人民满意。盛国政还参观了朝阳街道办事处人大代表活动室，并在街道会议室听取了芙蓉区人大联工委工作情况汇报，朝阳街道人大工作汇报。他肯定了芙蓉区及朝阳街道的人大工作，希冀芙蓉区及朝阳街道人大要继续发挥代表主体作用，以阵地建设为抓手，在基础设施建设、活动氛围营造、代表履职服务等方面想办法、做工作，不断提升芙蓉区人大的“双联”工作水平和工作特色。

【区领导调研指导街道工作】 11月5日，区委书记梁仲、区长于新凡、副区长许凡等领导率政府办、发改局等相关部门负责人到朝阳街道，调研解放东路38号大院老旧小区提质改造工作。。调研组一行沿着科佳创客空间—38号大院国储后街—天心路的路线，查看老旧、农安小区提质改造情况。调研过程中，梁仲、于新凡听取街道负责人的汇报。于新凡对朝阳街道老旧、农安小区提质改造工作表示肯定，他要求朝阳街道要继续扎实推进周边地区老旧、农安小区提质改造工作，回馈百姓期待。改造后的小区，要干净整洁，焕然一新。在天心路视察，看到道路两旁的党建文化墙，梁仲连声称“好”。他要求在提质改造的基础上，以党建文化墙建设为载体，要加强宣传力度，彰显街道特色，夯实党建基础，以凝聚党群力量，构建和谐街区。

【开展学雷锋志愿服务活动】 6月29日，由长沙市文明办、芙蓉区委主办，朝阳街道承办，湖南省花鼓戏剧院协办的“美丽长沙 美德先行”长沙市“青春在党旗下飞扬”学雷锋志愿服务暨“2015·建党节”芙蓉区主题日活动在湖南省花鼓戏院举行。市委宣传部副部长、市文明办主任郑力虎、丁德喜及处长袁军，区领导廖铁成、谭雄伟等出席。该次活动，朝阳街道“党代表工作室”通过播放录像资料展现党代表工作中的点滴善举，以图片形式展示朝阳街道20个优秀基层党组织和100名优秀基层党员的先进事迹。党员代表演出了配乐朗诵红色诗篇“沁园春·长沙”，以4名党员志愿先锋模范代表为主角，书写红色情怀。党员志愿服务先锋代表则身穿橙色马甲集体朗诵由街朝阳社区老党员周海云创作的“橙马甲”之歌。市委组织部、市委宣传部领导向10名优秀青年共产党员代表赠送习近平关于治国理政以及党性修养方面的经典书籍。由辖区居民担任的廉政监督员展示出以党风廉政建设为主题的书画作品。市民还把“微心愿”挂满“心愿树”，党员现场认领“微心愿”。

【区第一季度基层党建工作例会在街道召开】 4月8日，芙蓉区第一季度基层党建工作例会在朝阳街道召开。区委常委、组织部部长、统战部部长周虔、区委组织部常务副部长许琼山，区组织部副部长、非公党工委书记周云丽，区委组织部副部长、区绩效考核办主任文升云，区委组织部副部长、基层办主任田松柏出席会议并讲话。会议由区委组织部常务副部长许琼山主持。各街道组宣委员参加会议。会议把听、看、说相结合，采取参观党员活动基地、观看录像资料、听取汇报、交流座谈等方式进行。与会人员实地观摩了朝阳街道人民新村社区和朝阳社区党员教育活动基地工作开展情况，观看朝阳街道“党建手拉手 推进大融合”基层党组织建设创新工作展示纪录片，听取了朝阳街道党工委书记李学军开展基层党建工作的经验介绍。该次交流座谈会上，各街道组宣委员就2015年基层党建工作设想和工作重点进行交流发言。在听取各街道汇报和阐述后，区委组织部各分管副部长就2015年的工作开展进行全面安排和部署。下发《芙蓉区党员积分制管理暂行办法》《芙蓉区2015年度街道（局）党（工）委基层党建工作考核体系》等文件和通知。周虔指出，朝阳街道在基层党建工作、区域化大党建方面做得实，街道“党建手拉手活动”为解决基层党建工作中存在的阵地建设难、党员管理难、活动开展难等问题做了有益探索。周虔要求，在开展基层党建工作的过程中，各基层党组织要加强思想政治教育，提升干事干业热情，解决“不想抓”的问题；突出能力建设，加强带头人业务培训，解决“不会抓”的问题；要结合集中抓与长期抓，重点抓与全面抓4个维度的工作面，理出一套全面规范、精炼管用的制度，深入挖掘鲜活有代表性的党员模范，解决基层党建工作中“无力抓”的问题。坚持以党建工作为统领，整合各项资源，抓好抓实基层党建工作。

【启动平安创建暨社会治理创新试点工作】 8月19日，由朝阳派出所启动平安创建暨社会治理创新试点系列活动。芙蓉区委常委、政法委书记欧干军，区公安分局政工室主任周斌胜，综治办副主任李孝清，朝阳街道工委书记李学军，朝阳街道办事处主任罗希奠，朝阳派出所所长邹金胜等出席。该次活动分为启动仪式和办公会2个阶段。平安创建暨社会治理创新试点工作启动仪式，由李学军做动员讲话，他指出，平安创建是全社会的共同责任，离不开每位市民的积极参与，大家要以主人翁的姿态加入到创建平安朝阳的行动中来，街道将努力做好各项创建服务工作。派出所民警和志愿者代表分别表态发言。在授旗环节，“平安创建”5支队伍的队长依次从欧干军手中接过象征着“信任”和“责任”的旗帜。欧干军一行视察了街道平安创建暨社会治理创新试点工作领导小组办公室，对配置齐全的巡防电动车和巡防装备、完善的规章制度和平安网格图等表示肯定。在办公会上罗希奠作试点工作汇报，介绍街道依托“融合工作法”，推进网格化、多元化、高效化、信息化、人本化的社会治理模式。会上，各参会部门和单位均提出中肯意见。欧干军在肯定街道前期试点工作后要求，要深刻认识平安工作的重要性和必要性，自上而下全面推进“平安创建”，朝阳街道、派出所勇谋事、擅想事，“五化模式”抓到实处、抓出亮点，希冀街道探索可供借鉴的工作模式，建立长效机制。

【红旗渠排危抢险告捷】 7月23日中午，街道安监站接到向韶社区安全巡防员的报告，曙光北路与五一大道交汇处东南角出现一个碗口大的“黑洞”，街道、社区当即安排专人至现场值守并报区应急办。下午3时，塌陷范围不断扩大，“黑洞”增至0.5米，成下沉迹象，波及周围门店。区政府启动紧急处理机制，区领导蔡冰、许凡以及区相关部门负责人赶赴现场，查看事故情况，摸清险情，采取应急处理。据潜水探查和查阅资料，确定该垮塌系深埋地下的老红旗渠沟涵损毁引起。该渠建于20世纪70年代，由南向东流，在该处有个60度左右的拐角。多年流水冲刷，导致红旗渠主墙体出现长约17米、高为1.5米的垮塌，且垮塌部位上有1家餐馆、1家茶楼，情况十分紧急。市、区、街3级成立了应急抢险指挥部，由市住建委牵头，市政、电力、燃气、安监、通信、交警、环保、消防等部门参与，对应急抢险工作所涉及的检测、设计、建设等事项进行处置，确保应急抢险各项工作有条不紊的进行。区建设局、市政局、交警大队以及朝阳街道等相关部门，针对险情采取防护加固、围挡警示、排查探测、燃气管线改道等应急处理。险情得到控制后，由中建五局三公司着手开展应急抢险、修复破损工作。自曙光北路沟涵垮塌险情发生后，朝阳街道及时协调拆除一幢住房，安抚受损商户，并每天安排6名工作人员24小时值岗巡防。经过紧张抢修，红旗渠塌陷险情基本得到排除，10月13日，曙光北路实现双向通车。

（王　惠）

五里牌街道

【概况】　五里牌街道街下辖五里牌、火车站、燕山街3个社区，辖区面积1.26平方千米，常住人口1.63万人，户籍总人口1.85万人，家庭户6256户，人口自然增长率3.10‰。2015年，街道以“一梁四柱”为纲，以项目征收为要，在攻坚克难中主动作为，在破除瓶颈中创新发展，年度各项目标任务全面完成。所辖3个社区相继被评为市级文明社区、长沙市“雷锋号志愿者服务站”示范社区、市级“五老四教”（五老：老干部、老模范、老老师、老战士、老专家；四教：开展形势政策、党的历史、思想道德、公民意识等四项教育）示范阵地、长沙市居家养老服务中心示范点、长沙市节能环保社区，顺利通过长沙市充分就业社区、残疾人服务四星级明星社区、基层老龄协会的验收，并连续保持了省级安全示范街道、平安街道等称号。

经济平稳较快发展。街道牢牢把握发展第一要务，着眼稳固基础、聚集后劲，促推街域经济稳定快速健康发展。全年实现工业总产值8300万元，完成年计划的100%；实现全社会固定资产投资34.5亿元，完成年计划的105%；实现省外境内到位资金4.3亿元，与上年同比增长4%、市外境内固定资产投资17.88亿元，与上年同比增长12.4%、实际到位外资1.98亿元，与上年同比增长15.1%；实现税收总额5.2亿元，委托代征税收3600万元，处于全区领先行列；成功引进湖南格薪源生物质燃料有限公司、湖南凯联置业有限公司、长沙旗展汽车销售有限公司等国内外知名企业入驻辖区商务楼宇；及时跟进在建楼宇项目，及时与市、区招商局推介擎天广场、佳兆业广场等优质引商资源，并组织企业参加市区招商推介会。

项目建设全面铺开。辖区佳兆业广场项目年中复工，西区地下室结构主体施工正在进行；擎天广场项目完成西塔至18层，东塔至负4层，建设顺利；潇湘国际二期项目土地出让金全部付清，正加紧办理报建、调规手续；大同项目提前两个月完成征地任务并开工建设；友谊东项目私房累计签约421户，签约率突破80%、已签约户腾房率突破90%、已腾房户拆除率保持100%。《湖南日报》以《项目领跑经济强街》为题进行专版报道。

城市管理提标提档。街道把握重点部位、重点人群，立足常态长效，整合资源，协调联动。完善网格化管理，围绕主次干道、建筑工地、大型商场、窗口单位等开展综合治理，对店外经营、流动摊档、夜宵早市等严格执法，集中整治街区“脏乱差”等现象。配合公安、交通、环卫等部门，推进火车站及其周边的综合整治，改善居民停车和出行问题，提升街区文明形象。集中拆除违法违章建筑3300余平方米。

社会大局和谐安定。全力推进社会治理群防群治，设立宣传点，利用电子屏滚动播出治安、禁毒标语，利用宣传栏、标语、会议、资料等形式开展综治宣传教育活动。加强对涉毒人员的监控管理，建立完善激励和救助机制。组织辖区内保单位和3个社区成立多种治安队伍，加大自防自治，投入16万元与五里牌派出所联合建立一支处突应急分队24小时巡逻，全年共处置突发事件45起，全部上报及时、处置得当，无后遗问题，辖区治安明显好转，全年没有发生一起恶性案件，发案率、火警率保持连年下降。年内，街道成功调解社会群体性纠纷80起，涉及纠纷金额1000万元，其中包括4起非正常死亡纠纷。强化辖区安全生产监察，消除金苹果市场冷库液氨重大安全隐患，坚决取缔不符合规定的小门店，对卫生不达标的食品店限期整改，全年重大食品安全事故“零发生”。加强辖区单位消防安全管理，与辖区单位签订了消防安全目标责任书5000份，制作安装180块消防安全宣传牌，新添楼栋及门店灭火器380个，居民安全感显著增强。

居民幸福指数提升。街道坚持经济发展与改善民生两手抓，突出做好“基本民生”，改善“热点民生”，保障“底线民生”，切实增强辖区居民获得感。规范惠民资金使用，实施老旧小区提质改造工程。对火车站西通道内

32 处 470 平方米门店招牌进行提质改造，粉刷楼道内墙 1.8 万平方米，对周边老旧小区道路实施“微循环”改造工程，对五里牌社区背街小巷进行沥青路面铺设，有效改善居民停车和出行等民生问题。常态开展“三关爱”活动，统筹人大代表、政协委员等社会力量，对辖区孤寡残弱、留守儿童、失独家庭等开展帮扶救助。对可能失足和失足的 21 名青少年进行帮教。指导安置就业 248 人，组织劳务输出 219 人次。足额保障社区党建经费，拨付社区惠民资金 42 万元、党建工作经费 30 万元，及时调整社区干部待遇。开展“一进二访”活动，结合群众工作直通车开展服务型党组织创建，走访企业 106 家，征收项目结对联系 135 户，走访帮扶弱势群体 300 余人次，救助金额 40 万元。

精神文明亮点纷呈。街道努力搭建校园文化与社区文化交流平台，全力打造“校园文化进社区”活动品牌。建立银发爱心队、五老志愿队，常态化开展学雷锋和邻里守望志愿服务活动。积极开展“喜迎新春送吉祥 红红火火过大年”“我的中国梦 欢乐过元宵”“粽情端午 电影进社区”“纪念抗战 70 周年纪念日”等节日节点活动，进一步丰富居民群众的业余文化生活。“我们的中国梦”牵手芙蓉广场文化月月演、全民终身学习活动周、电影进社区等主题文化活动，吸引辖区居民积极参与，受到居民群众的一致好评。全年组织开展群众文化活动 23 场次。

党建基础不断夯实。结合全面从严治党要求，街道狠抓班子和干部队伍作风转变、观念更新、信心提振，深入推进党风廉政建设责任制落实。制定“街道从严治党实施方案”“支部规范化建设活动实施方案”，对火车站和五里牌社区进行组织升格，组织 3 个社区和部分非公党组织书记进行党建述职，检验党建基础和创新工作。增设“流动党员服务驿站”“益起来吧”党员微公益、“365 管家 · 好女儿志愿服务站”等党建服务品牌，发动居民、党员、辖区单位共同参与社会治理，全年共开展志愿服务活动136次。结合两个项目征收，实行街道干部与征收户结对，推动了重点项目的签约进程。立足实际破除社区阵地瓶颈，协调常青树老年公寓为燕山街社区提供 150 平方米延伸阵地，金苹果市场为火车站社区提供支部活动室，支持打造三个先锋议事点。与友谊东项目业主单位协调解决燕山街社区 800 平方米配套办公用房规划建设。

不足与困难：城市管理和配套与经济发展不同步，市民群众在城市管理方面的满意度有待提升；创新能力和服务意识还有待加强；党员骨干队伍培养力度有待加大。（文　阳）

五里牌街道

书　　记　范伟民
副 书 记　石　峰
　　　　　王宏武　　张　谊
工委委员　唐学勤（2015.10 免）
　　　　　王　敏（2015.10 任）
　　　　　陈思兰（女）（2015.10 免）
　　　　　诸怡君（2015.10 任）
　　　　　胡　稳（2015.04 免）
主　　任　石　峰
副 主 任　陈思兰（女）（2015.11 免）
　　　　　杨寿军
　　　　　谭仕武
　　　　　曾德志（2015.11 任）

【文树勋视察五里牌街道安全生产工作】 2 月 12 日，市委常委、市委统战部部长文树勋带队市委市政府督察组一行到五里牌街道视察春节期间安全生产工作情况。在辖区单位阿波罗商业广场，听取负责人欧阳艳辉关于春节期间企业安全生产部署和开展情况的汇报，深入到广场商户柜台，详细询问柜台工作人员应对突发事件的防范措施。文树勋肯定商户柜台工作人员的回答，他要求政府职能部门监督督促，企业依法履行主体责任，重视安全管理，员工要懂安全，参与安全维护，最大程度上保障安全。

【实施友谊商店东边旧城改造项目】 友谊商店东边地块旧城改造项目东起中国电信湖南分公司红线，西至友谊商店，南临五一大道，北达燕山街，总占地面积约 2.13 万平方米，项目内现有私房 479 户，涉及长沙旭华仪表厂，友缘服装市场等 18 家自管产单位。4 月 9 日发布征收第 4 号公告，4 月 18 日发布第 5 号公告并启动项目签约。截至年底，签约私房 421 户，签约率 80%，已签约户腾房率 90%，已腾房户拆除率 100%。

【完成大同小学改扩建项目征拆工作】 4 月，大同小学项目改扩建项目启动征收工作。8 月 10 日，市政府副市长黎春秋、市政府副秘书长王伟胜以及省直部门相关负责人一行实地查勘了项目周边环境，就未签约私房征收、部分市属企业征收等问题提出具体意见。区领导罗玉环、谭雄伟、严国益、潘宏、黄金国等参加调研会议。10 月 31 日，全面完成 36 户教师宿舍住户、

15户燕山街独栋私房、3处公房的签约，保证了大同小学改扩建项目工作顺利进行。

【区领导调研、指导街道党建工作】 3月25日，区委常委、组织部部长、统战部部长周虔到五里牌街道调研指导党建工作，听取3个社区党支部书记在党建工作上的举措、特色品牌的建立情况以及党建工作思路的汇报，她就街道、社区抓党建工作提出建议。10月16日，街道召开支部规范化建设推进会，重点解读《五里牌街道支部规范化建设活动方案》及党支部相关制度，规范党建工作流程，提高工作效率，促使全体党员增强服务意识，自觉服从管理，服务群众。

【妇女维权活动】 3月9日，五里牌街道企业工会以“三个一”为主要内容，开展女职工维权行动月活动。在辖区组建工会企业华润湖南瑞格医药公司和长青树老年公寓开展以一线女职工、女农民工为重点对象的庆“三八”妇女维权活动。该次活动环节有“呵护自我，放飞心灵”的职业女性健康讲座、“三八”游生态园活动、趣味游戏活动和“爱岗敬业·爱心奉献”的“三八红旗手”表彰活动。开展妇女维权活动，旨在落实习近平总书记系列重要讲话精神特别是家庭建设的重要论述，宣传依法治国理念和《中华人民共和国妇女权益保障法》《中华人民共和国劳动法》《中华人民共和国劳动合同法》《中华人民共和国女职工劳动保护特别规定》等法律法规。

【举行第四届老年运动会太极拳比赛】 5月20日，芙蓉区第四届老年运动会太极拳（剑）比赛在五里牌街道晓园公园亲子广场举行。来自各街道老体协的13支太极拳和6支太极剑队伍400人参加比赛。比赛项目为42式集体太极拳和42式集体太极剑，吸引近300名围观群众。马坡岭等6个街道代表队获得太极拳比赛一等奖，五里牌等3个街道代表队获得太极剑比赛一等奖。

【“粽”情端午节 党群合家欢】 6月19日，五里牌街道辖区党员、居民群众在东晖小学开展以“‘粽’情端午节·党群合家欢”为主题的活动。长沙市“五老”金牌讲师团讲师张祖荣讲述爱党、爱国故事；“社会主义核心价值观”知识抢答赛，增进党员和群众更深刻地理解和记忆社会主义核心价值观。参加活动的娭毑们则摆弄着桌上的粽子原材料，动作娴熟地包粽子，展现了辖区老年人良好的健康状态和精神面貌。区老干局局长谭永华、街道党工委书记范伟民、办事处主任石峰等参加活动。

【老旧社区提质改造】 年内，街道实施老旧小区提质改造工程，改造火车站西通道内门店招牌，粉刷楼道内墙面积近1.8万平方米。在五里牌社区实施“微循环”改造工程，为背街小巷铺设沥青路面，协助开放式物业设置规范停车场、规范停车位，改善居民停车和出行等民生问题。11月19日，副区长许凡检查街道老旧社区提质改造工作，他实地察看了五里牌社区的工商银行通道项目，询问了晓园大厦周边的停车位项目，并查看周边的背街小巷。他肯定了社区周边的线路改造以及环境整治工作。

【耿良安督察街道电梯安全生产工作】 7月17日，长沙市质量技术监督管理局副局长耿良安、特设处副处长胡湘林和区质监分局负责人督察五里牌街道电梯安全监管大会战工作。耿良安现场查看了驻街单位华天大酒店的电梯使用注册登记信息、电梯安全管理制度和电梯安全管理人员持证及履职等相关情况，并在电梯操作间，他细致讲解电梯重要部件和系统的日常检查、维护、保养，为街道、社区工作人员及维护保养单位工作人员讲授专业知识。

（文　阳）

马王堆街道

【概况】 马王堆街道下辖滩头坪、古汉城、马王堆3个社区，九道湾社区正在筹备，新桥、火炬2个村。街域总面积3.9平方千米，总户数1.1万户，户籍总人口2.68万人，常住人口2.8万人，人口自然增长率4.39‰。2015年街道坚持项目建设、加快拆迁安置、创新社会管理、提升城市品位，各项工作均有新的进步，街道被评为“长沙市无偿献血先进单位”“长沙计生协会模范单位”等。马王堆社区被评为市级“社会工作服务示范社区”，滩头坪社区被评为市级“雷锋号志愿者工作站”“善行四十佳社区”“平安社区”等。

经济发展取得新突破。全年，完成财税任务2.6亿元，同比增长20%，其中完成房产税821万元，超额完成150万元；工业总产值4.25亿元，同比增长11.94%。规模工业总产值1.28亿元，同比增长29.12%。固定资产投资完成额21.05亿元，同比增长14.61%。限上批发企业销售额3.1亿元，同比增长20.94%。社会消费品零售总额25.94亿元，同比增长35.4%。限额以上商贸企业社会消费品零售总额7.05亿元，同比增长16.97%。市外境内固投14.2亿元，同比增长15%。省外境内到位6.4亿元，同比增长25%。完成到位外资3500万美元，同比增长40%。高新企业产值13.5亿元，同比增长800%。街道楼宇经济逐步壮大，华泰尚都致力打造“律政专业楼宇”，红橡广场引进芙蓉区城建投、中泰证券湖南分公司、湖南尔康制药等29家企业，佳兆业时代广场招商来势看好，楼宇经济日益成为马王堆街道财税增长的主要来源。

基层党建工作迈上新台阶。坚持“抓发展必须抓党建”的理念，明确“服务基层、服务社区、服务企业、服务群众”的党建工作目标。完成新桥村、火炬村、滩头坪、古汉城社区等基层组织阵地建设。公开招聘3名具有本科学历以上的党建指导员充实到“三个一”（每个社区村联点一名“第一书记”，明确一名社区主职负责党建工作，配备一名专职党建指导员）队伍中。组织党员开展“中纪委五次全会精神”“学习乐东经验”等主题学习8次，提升党员干部软实力。优化服务企业管理机制，通过“单独建、联合建、区域建、党群建”等方式，引导和推动非公党组织规范化建设，持续开展基层党建和非公企业“一对一”结对帮扶活动，推动非公企业组织建设制度化、规范化达到100%，培育擎天建设、餐谋天下等优秀非公经济党组织。提升惠民服务力度，依托24个网格党支部的“党建E平台”主动问政于民、问计于民，问需于民，推出“520（我爱邻）心愿节”“微服务+”“同心工作站”等“民心党建”特色服务品牌，为居民群众提供各类志愿服务376次，帮扶资金20万元。

项目建设取呈现新进展。持续推进火炬村拆迁安置工作，按照“以拆违促进拆迁，以建设促进拆迁”的工作思路，取得突破性的进展，截至12月31日，签订拆迁安置协议211栋、358户，完成总任务量的71%和66%，拆除正屋158幢，完成总任务量的53%。完成新桥村剩余6户的拆迁安置工作，完成新桥村高层安置房——同鑫家园的裙楼招商引资工作，实现新桥村整村上岸。九道湾安置房已全面竣工交房验收。启动“南三片”村民生产安置用地招商引资工作。启动中欣公司3.2公顷保障性住房建设用地施工建设，启动万科金域蓝湾2期工程建设。

城市管理提升新形象。按照市、区“大拆违”行动要求，全街共拆除违章建筑1073处，总面积40.2万平方米，6月实现违章“基本清零”。拆建后立即启动围墙建设及复绿工程，浏阳河沿线基本实现全路段拆违复绿，建成生态停车场一个，全年累计复绿8公顷，砌筑围墙2000米。市容环境综合整治形成常态，开展环境综合整治行动152次，整治主次干道、市场早夜市123处、整治店外经营140次、门前三包教育劝导3万次，教育劝导流动摊担1.91万次、收缴摊担652个，整治乱停乱放车辆1600台，送达限期整改通知700份。清理卫生死角3091次，清运裸露垃圾及堆物3546吨，拆除辖区私设地锁800把，清除“牛皮癣”16337处，整治招牌2804处，出动人数2.5万人次。完成9个老旧、农安小区提质改造，涉及5个社区（村），惠及农安房287幢，老旧小区房屋22幢，计309幢9080户，投入资金8742.87万元。爱卫工作扎实有效，出爱卫墙报30期，挂爱卫、禁烟等横幅200条，发放“春季灭鼠知识”“完善除四害设施通知”“改善市场环境的倡议书”“全省卫生大检查”“灭蚊灭蝇倡议书”“控烟倡议书”“美洁家园同享文明”等宣传资料1万份，新增垃圾桶400个，投放鼠药2吨，灭蟑药箱30箱，灭蚊药15箱。全年处理市、区城管案件6600件，结案率达到100%，向区城管执法中队反映违反门前市容环境卫生责任制案件55起，累计抄牌锁车302台。

民生事业取得新进步。强化惠民安民举措，积极开展“全民健身活动日”“礼敬抗战老兵”“全区终身学习活动周”“校园文化进社区”“全国道德模范宣讲”“我爱邻心愿节”“欢乐社区行”“联手省残疾人康复中心精品课堂进社区”“牵手芙蓉月月演广场活动”，丰富居民群众业余文化生活，马王堆社区、古汉城社区组织开展的社区网络春晚获国家优秀组织奖。大力开展“单独二孩”和城镇独生子女父母奖励政策宣传，办理一孩证286本、二孩证111本、独生子女证226本、流动人口婚育证16本，发放独生子女保健费843户9.82万元。大力开展弱势群体帮扶活动，全年救助重大疾病特困家庭16户金额6.83万元，救助精神病人93人次9900元，发放低保金34.15万元，保障673户次1081人。

社会治理呈现新局面。全面落实安全生产责任制，集中开展安全生产隐患排查整治及“节假日”安全生产大检查，排查货运市场及“三合一”仓库26家，现场整改排除隐患10起，全年未发生任何重大安全事故。开展“平安街道”创建工作，成立青年巡逻队应急突击队，持续开展红袖章治安巡逻，开展“2·22国家安全法”宣传日、“综治宣传月”、“农村法制宣传月”、“安全生产月”、“国际禁毒日”、“红袖章治安巡逻”活动6场，宣传社会治安综合治理、平安建设、文明城市创建、打击防范邪教组织、禁毒禁赌、铁路护路等知识，发放宣传资料8200份。深入开展各项专项整治，抓获“黄赌毒”违法犯罪人员30余人，其中吸毒人员13人，破获贩卖毒品案件2起，卖淫嫖娼案件6人，整治赌博场所涉赌人员18人，捣毁涉黄窝点34家，当场销毁各类赌博机62台，电路板51块，登记疑似传销人员信息10条。大力化解矛盾纠纷，处置火炬村、新桥村历史遗留问题12件，全年接待信访案件60起，其中交民政办1件、安监办1件、城管办3件、城建办6件，各村、社区49件都在限期内处理答复，有效维护社会大局和谐稳定。

存在的问题和不足：社会建设创新不够，服务水平有待提升；历史遗留问题解决及拆迁安置推进有待加速，城市建设相对滞后，城乡环境亟待改善，农村基层组织阵地相对滞后。（杨　静）

马王堆街道

书　　记　佘国宏
副 书 记　曾志伟　朱向东
　　　　　周宏彬（2015.06免）
　　　　　朱勇智（2015.06任）
　　　　　高　佳（女）
工委委员　徐军杰
　　　　　刘满青（女）（2015.10免）
　　　　　曹　磊
主　　任　曾志伟
副 主 任　曹　磊
　　　　　鲁海洋
　　　　　廖　勇

【张剑飞一行到火炬村观摩考察拆控违工作】 9月10日，由副省长张剑飞率领由省直相关部门，14个市州，区、县拆违工作负责人组成的省观摩团到火炬村观摩考察拆控违工作。区委领导梁仲、刘建新、欧干军、彭娟、许凡及马王堆街道相关负责人陪同。在火炬村汇源物流拆控违现场，梁仲、刘建新分别向省观摩团成员介绍芙蓉区拆控违基本情况和火炬村拆迁安置项目进展情况。省观摩团领导现场“点赞”该区在大拆违行动中取得的瞩目成绩。张剑飞肯定芙蓉区的拆控违工作，并要求开展“清零”“清场”“复绿”行动，改善城市环境，提升城市形象和品质。

【市领导调研督察火炬村拆迁拆违工作】 5月21日，市委副书记、市长胡衡华，副市长黎石秋到马王堆街道火炬村项目拆迁安置指挥部调研棚户区改造工作。区领导梁仲、于新凡等陪同调研。胡衡华一行察看了火炬村项目拆违现场，详细了解芙蓉区的棚户区改造工作情况尤其是改造进展情况。胡衡华肯定了火炬村项目所取得的成绩，他明确提出，棚户区改造是市政府的一项重点工作，也是政府为百姓办的一件实事，加快棚户区改造，时间紧，任务重，要求芙蓉区切实增强做好棚户区改造工作的紧迫感和责任感，要在加快推进拆迁的同时周全地考虑安置工作，处理好棚改工作中遇到的困难，改善群众居住环境，提升城市品质。

【常德市政府领导考察火炬村拆控违现场】 9月24日，常德市委常委、副市长卢武福率常德市政府观摩团到火炬村观摩考察拆控违工作，芙蓉区领导刘建新、许凡、何磊及马王堆街道相关负责人陪同。在汇源物流拆控违现场，副区长许凡向观摩团介绍了该区拆控违工作的基本情况和经验：以依法依规为基、以高速品质为要、以保障民生为本推进拆控违工作，取得了工作成果：拆除违章建筑面积超出预期，维稳控局成果超出预期，群众参与支持超出预期。拆除违章建筑后，加强了环境整治、复绿增景工作，为居民群众创造高品质的生活环境。观摩团的领导听取情况介绍、观摩拆违现场后表示，芙蓉区拆违面积之广、拆违速度之快、群众参与支持力度之大，彰显了芙蓉区拆违工作模式的可行性，工作经验值得借鉴推广。

【天心区领导到火炬村考察拆控违工作】 8月11日，天心区委书记曾超群，区委副书记、区长朱东铁一行到马王堆街道火炬村项目考察拆违控违工作，芙蓉区领导梁仲、于新凡、谭雄伟、彭娟、许凡陪同考察，火炬村项目拆迁安置指挥部指挥长刘建详细介绍火炬村的拆违控违工作进展及经验做法。曾超群表示，芙蓉区在拆控违工作中开展百日大竞赛、引入大数据平台，采取拆管并重的经验做法，值得学习借鉴。天心区要结合实际情况，调整工作思路，学习芙蓉区的做法，并运用到实际工作中，要探索新的工作模式，推动天心区拆违、控违工作稳步开展。

【组织老兵参观抗战主题展】8月28日，由马王堆街道党工委组织马王堆社区星火军队离退休干部休养所55名老兵到长沙市博物馆，参观“纪念中国人民抗日战争暨世界反法西斯战争胜利70周年主题展览”。在街道党员志愿者的陪同下，老兵们来到抗战主题展馆，仔细观摩100余件抗战文物和400余位抗战亲历者的陈列肖像、口述史料。一件件抗战时期的行政公文、荣誉证明、武器等实物，重现了抗战烽火岁月。该次活动期间，马王堆街道党工委通过街道“党建e平台”搜集抗战老兵干部们的“微心愿”，并在街道机关发起“圆老兵‘重温抗战梦’爱心捐款”活动，全体机关党员为老兵捐赠4000元爱心活动基金，用于为老兵提供参展往返巴士、爱心早餐和活动集体纪念合照等服务，重温老兵抗战梦。

【举办首届“我爱邻”心愿节活动】5月20日，马王堆街道在滩头坪社区举办了第一届“我爱邻”心愿节，搭建一个志愿帮扶一对一，爱心圆梦一对一的人际互助平台，以实现“微心愿”为核心，利用“微服务+”等新媒体特色平台，收集社区孤寡老人、残疾人等特殊困难人群的“微心愿”，在辖区范围内开展以“在职党员‘微服务’，爱心圆梦‘1+1’”为主题的志愿服务活动，营造出人人都是志愿者，人人争当圆梦人的社会氛围。省人民检察院机关党委副书记、工会主席陈大朴，长沙晚报报业集团领导李英、长沙住房公积金管理中心机关党委书记王建红，区委宣传部常务副部长彭良厚、区人防办主任孙立荣及街道党政负责人出席活动，辖区机关事业单位和非公企业在职党员、直管党员、居民群众300余人参加。该次活动为滩头坪社区“党群e家亲”揭牌，来自辖区不同单位的四支在职党员代表队现场与社区签订“共驻共建”志愿服务协议书，承诺按照8小时以内履职尽责在单位、8小时以外服务奉献在社区的要求，做到带头服从管理、建言献策、志愿服务和帮难解困。志愿者们现场“1+1”圆梦认领事先收集的“微心愿”，非公企业的党员们现场开展理发、笑脸即拍、政策宣传等志愿服务活动。“我爱邻”心愿节是马王堆街道围绕“邻里守望”志愿服务活动，打造的志愿者服务品牌，“我爱邻”谐音“520”，以“把你的心愿告诉我，把我的爱心献给你”为口号，每年依据工作重点，确定不同的活动主题，以志愿者服务为手段，把每月20日设为“爱邻日”，开展各种志愿者服务，组成“我爱邻”心愿节系列活动。

【市领导考察九道湾社区全民健身工作】9月25日，市政府副秘书长厉江华，市体育局党委书记江哲民，党委委员、工会主席钟国林，市直机关相关部门负责人及内五区分管体育工作副区长到马王堆街道九道湾社区体育公园考察全民健身工作，副区长张庆和陪同。在全民健身示范点——九道湾社区体育公园，街道文化站负责人向考察组领导介绍了街道全民健身场地、健身器材投放使用和全民健身工作管理模式等情况，并引领考察组领导体验公园测重罗盘等文体设施、实地察看居民开展健身运动场地。考察组领导肯定了街道全民健身工作取得的成果，认为街道居民群众健身意识提高、全民健身运动氛围浓厚、活动开展丰富多彩、健身场地建设稳步推进，作为一项为民办实事和全民健身工程提高了居民群众身体素质，丰富精神文化生活，为全市经济和社会发展发挥了积极作用。

【市委统战部领导调研马王堆街道“同心社区”建设工作】10月13日，市委统战部副部长饶福明、政策研究室主任鲁海文、知工处处长陶冶一行由区委统战部副部长毛远强陪同到马王堆街道古汉城社区调研统一战线“同心社区”建设工作，街道工委书记余国宏、副主任刘满青等陪同。饶福明一行参观该社区办证大厅、同心宣传走廊、同心健康驿站、同心超市、同心书屋、同心文化活动中心等活动阵地。古汉城社区书记解世明、社区同心协会会长王秀贵分别汇报“同心社区”建设工作。调研组领导充分肯定古汉城社区“同心社区”示范点工作。饶福明要求，同心社区建设无固定标准，每个社区要善于按照自身的特点整合资源，动员党外人士、海外侨胞、非公组织、民主党派人士等统战人士参与社区建设，组织形式多样、内容丰富的相关志愿服务活动。要加强同心协会工作的系统性，当遇到困难时社区要第一时间伸出援手提供帮助。

【唐樱到马王堆街道开展文学创作采风活动】 11月23日，长沙市作家协会主席唐樱一行到马王堆街道开展“醉美浏阳河，神奇九道湾”文学创作采风。区委宣传部部长伍艳飞、副部长钟海荣陪同采风团一行先后到马王堆汉墓遗址、解放广场“迎解古樟”进行参观。唐樱表示，“千年富贵地，盛世马王堆”，该次活动让采风成员遍览马王堆历史、文化、风土人情，激发了灵感，为日后的文学创作积累丰富的素材。要根据史实，挖掘新意，创作出彰显浏阳河风采和历史印记的文学作品，展示“山水洲城，品质长沙”的新形象。

【共青团市委负责人调研马王堆街道“雷锋号”志愿者工作站】 12月14日，共青团市委权益部部长余晓玲一行到马王堆街道滩头坪社区调研“雷锋号”志愿者工作站创建工作。共青团区委书记金甜、街道及社区相关负责人陪同。余晓玲察看了滩头坪社区办证大厅、“雷锋号”活动展示栏、“雷锋号”志愿者活动室、雷锋超市等活动阵地。她与志愿者亲切交流了解志愿活动开展情况，并听取社区书记邹海滨关于“雷锋号”志愿者工作站创建工作汇报。在社区共驻共建智能居家养老服务中心，该中心负责人杨龙简要汇报智能监测系统、理疗项目、微创体检等服务项目。余晓玲在实地察看、听取汇报后对滩头坪社区“雷锋号”志愿者工作成效表示了肯定，并要求打造“专业人士+志愿者”服务模式，要实现志愿服务线上线下互动，推动志愿服务向信息化、智能化、项目化发展，充分利用现代高科技服务手段，让志愿服务变得方便快捷。 （杨 静）

荷花园街道

【概况】 荷花园街道辖德政园、荷花园、东方新城、东郡、杨家山、恒达、荷晏7个社区。面积2.36平方千米，常住人口5.67万人，户籍人口41150人，家庭户数15405户，人口自然增长率为5.6‰。2015年，街道紧扣基层治理能力和治理水平提升，以“大党建”为统领，加强“大工委”“大城管委”“双联双执”等机制建设，经济平稳健康发展、社会大局和谐稳定、全街上下政通人和。街道先后被授予省级“和谐社区建设示范街道”“乡镇（街道）统计工作规范化建设先进单位”“铁路护路先进单位”，市“平安红旗街道”“城市管理示范街道”“创新型单位”称号。

经济指标稳中有进。全年完成税收5.6亿元，同比增长86.66%。固定资产投资20.6亿元，同比增长24.3%。规模以上工业0.7亿元，同比增长-46%。限额以上批发商贸业销售额53.8亿元，同比增长14.2%。限额以上商贸业社会消费品零售总额17.44亿元，同比增长0.8%。招商引资引进内资27亿元，同比增长35%。到位资金4亿元，同比增长33.33%。外资3850万美元，同比增长75%。高新技术产值56亿元，同比增长1425.9%。

抓总量提质量，加大协税护税力度。通过摸底登记、清理、核算等方式厘清税源，财税工作成效明显。开展楼宇二次招商，湖南国际商务中心、东方之珠、东方银座等商务楼宇现入驻率100%。对全街109家重点单位进行地毯式清查摸底，对工商反馈的1010家新增企业进行上门核实录表，积极申报新增单位，召开企业业务培训会，为企业提供保姆式服务等举措，促进区域经济协调发展。

项目建设全力推进。以“领导联点、一对一帮扶”推动项目建设。百纳广场二期商务楼已建26层，万家丽路快速化改造工程10月1日通车，汇通财郡大厦竣工，锦泰广场地下空间开发项目被纳入全区、全市重点项目。强力推动项目拆迁，东郡西路已通车，紫薇南路、支五路完成拆迁并开工建设。

加强全面长效城市管理。落实“门前三包”责任制“三定一平台”管理机制，按月评选“十佳”“十差”门店。推进主次干道和背街小巷分类分时分段保洁制。联合执法和严管重罚并举，全年开展集中整治130次，处理店外经营300例，收缴流动摊担400个。数字化平台案件处置结案率100%。提质改造市直教师二村、荷晏小区、荷花园安置小区、渔塘村等十个小区及周边环境。年内，已完工7个，已启动未完工2个，前期准备完毕待施工1个。综合整治安泰片区，取缔紫薇南路“废品一条街”。全面落实拆违控违透绿。全年累计拆除违建19处，共计2662.25平方米。拆违清场均完成100%。将怡荷苑、市直教师二村、德政园等原封闭式小区实体围墙改为通透式铁制围墙，实现透绿1000米。

创新基层治理路径，推进平安建设。狠抓制度化、信息化和规范化。制定《关于全面加强党的基层组织建设 深入推进基层治理》等系列文件。建设标准化警务室，试点建设全区物业矛盾纠纷调处中心，成为全市基层工作平台建设试点单位。全年共接待信访群众150人次，调处矛盾纠纷159起，调处成功率100%。开展"平安进基层，综治大走访""平安家庭"创建等主题活动。深化和做实"千人红袖章"义务巡防等特色工作，强化社会联动和居民参与。切实推进信访积案和历史遗留问题的化解，积极有效稳控各类上访群体，实现进京非访零目标。优化提升"双联双执"基层执法模式，全年班子成员累计936人次共执勤84个工作日，联合执法125起，"双联双执"基层执法工作治理模式入选湖南省全面深化改革工作改革案例。

加强安全监管。实行大安监体制，全年开展检查500次，签订安全生产责任书510份，排查安全隐患40处。全面开展"打非治违""九打九治""五级五覆盖""五落实五到位"等专项行动，实现全年"零事故"。

抓保障惠民生。失业人员再就业412人，就业困难对象再就业166人。失业人员培训54人，企业职工培训325人。创业培训30人。失业认证接待月均150名，为12名失业人员发放培训补贴和生育补贴2.16万元。社会保障方面，居民养老保险认证124人，申报政府代缴20人，居民养老基金征缴5.35万元。居民医疗保险累计参保人数15418人，缴费金额为463.2万元。企业薪酬调查共采集样本企业15户、信息近千份。全民社会保险参保登记信息采集3435人。社会救助方面。有低保户80户。134人，发放救助金39895元/月。城乡医疗救助向27人发放71719元。21名精神病患者纳入药物救助，1人次重症精神病人住院救助。住房保障方面：住房收入认定12户，申报审核13户。

落实民政优抚。现有参战涉核人员29人，每人每月发放生活补贴375。抚恤对象2人，每人每月发放生活费1601元。精简下放人员6人，每人每月发放生活费50元。无军籍职工4人，每月发放退休金15661元。临时救助低保户和困难家庭15人8000元。殡改宣传到位，火化率100%。全街317名80～89岁的老龄人发放月补贴50元/人；35名90～99岁的老龄老人发放月补贴100元/人。办理老人意外伤害保险43人。慈善慰问低保、特困户、残疾人、军属10.6万元；慰问米、油1140套。为贫困残疾人免费发放轮椅12台、残杖8付，组织慰问3万元。

基层文化建设精彩纷呈。全年共举办"红红火火过大年 崇德向善迎新春""大手拉小手，点亮微心愿""圆梦六一，成长快乐""社会主义核心价值观进我家"和首届"双联杯"篮球赛等大型主题活动60多场。推进流动人口计生卫生基本公共服务、子女教育、就业均等化，推进免费孕前优生检查、妇科体检等，全年发放计生奖扶资金约32万元。

抓作风严纪律，加强基层党建。全街有52个党组织，其中1个机关党支部，1个社区党委，6个社区党支部（总支），36个非公党建支部，党员1001人。按照从严治党要求，全面落实党风廉政建设"两个主体责任"，制订出台《荷花园街道党工委领导班子及成员党风廉政建设责任制分工及职责》等文件，签订"党风廉政"建设责任书，积极开展"三严三实"主题教育活动，组织观看"信仰""责任的呼唤"等警示教育片8部，推进"忠诚度教育常态化"，增强全体干部"守纪律、讲规矩"意识。狠抓"三会一课"制度，实施党员积分制管理，严格把好新党员"入口关"，加大不合格党员处置力度。全年共开展入党积极分子培训23人次，发展新党员13名。制订年度党员干部培训计划，共组织社区主职外出学习交流5次，选送社区干部到浙江大学、中山大学、复旦大学、市区党校等参加培训31人次。创新社区服务品牌。"荷花月谈""同心邻里大讲堂""慈娭驰乘务岗""580代办服务中心""德政e家服务平台"等针对不同的群体，开展特色服务，党建引领及示范作用增强。

存在的主要困难和问题：个别大楼历史遗留问题虽得到一定程度的解决但未彻底；长房、东开在原东屯渡农场的拆迁安置遗留问题难以解决，时有居民上访。

（周思冰）

荷花园街道

书　记　喻霞元（女）（2015.09免）
　　　　唐益人（2015.09任）

副书记　丁迎秋
　　　　张　军（2015.06免）
　　　　刘光耀
　　　　黄继文（女）（2015.10任）

工委委员
　　　　刘朝辉（女）（2015.10任）
　　　　邓文斌（2015.10免）

罗明立
吴艳君（女）（2015.10免）
刘紫陌（女）（2015.10任）
主　任　丁迎秋
副主任　罗明立
黄继文（女）（2015.11免）
刘朝辉（女）（2015.11免）
刘紫陌（女）（2015.11免）
宋　曦（2015.11任）
莫志坚

【加大协税护税力度见成效】街道加大力度开展协税护税工作，出台考核办法，进行任务分解。每周召开班子扩大会听取协税护税工作汇报；每月进行协税工作分析研究；每季度邀请国、地两税和区财政负责人进行调研，对每季度的协税护税工作会诊把脉，找出问题，对症下药。配合国、地两税和工商部门共同抓。年内，摸底登记旺德府、东方芙蓉、湘域湘遇等重点楼宇内的316家企业及万家丽市场内的89家个体户，清理在外区登记的企业39家，未注册办理工商、税务登记的2家。清理出在本街经营，在区外纳税或街外纳税的11处房产，新增房产税约1900万元。实行“阳光定税”，走访街内重点地税、国税企业25家，新增税收2200万元。协调落户1家重点税源新增单位，新增税收2100万元，正常缴纳国地两税的企业3396户，重点楼宇7个，纯商务楼宇3个。

【钟钢督察交通治理和优化工作】11月5日，市委常委、政法委书记钟钢带队督察全区交通治理和优化工作。钟钢一行实地走访荷花园街道辖区东郡西路拆迁改造工作，听取区直相关部门和街道、社区负责人关于东郡西路建设改造工作汇报。区领导梁仲，于新凡、欧干军、黄健元陪同参加。年内，荷花园街道实施以“打通次干道，盘活微循环”为目标的“区域交通优质化”改造项目。新修了东郡西路、紫薇南路、支五路3条次干道，德政街、恒达路实施道路拓宽、路基提质工程。探索“荷花模式”，为广大居民提供安全、优质、顺畅的居住和出行环境。钟钢肯定了该区推进路网改造、优化道路微循环、为居民群众出行提供便利所取得的成绩，在全市范围“走在前列”、成为示范。他要求，东郡西路的拉通，为全面改善杨家山地区交通现状提供有利条件。芙蓉区应及时总结提升荷花园街道东郡西路改造提质经验，加快推进紫薇南路、支五路建设，为百姓群众提供更为干净、便利的出行条件。

【张迎春走访慰问困难群众】10月9日，市委常委、副市长张迎春一行到荷花园街道荷花园社区慰问困难群众，区委常委、副区长蔡冰，街道工委书记唐益人，街道工委副书记、办事处主任丁迎秋及社区负责人陪同参加。张迎春一行先后走访慰问周荣华、周冬红、吴旦人3户群众，详细询问了他们的身体情况、家庭境况及当前工作生活中存在的困难。当了解到周荣华爱人被车撞伤，对方还未赔付时，当即指示工作人员去核实情况并协调依法处理；当了解到周冬红家仅靠其微薄的退休金及低保金维持生计时，她鼓励周大姐要保持心态乐观，建议区政府、街道及社区帮助对接各职能部门，充分利用各项惠民政策帮助其克服困难；当了解到老党员吴旦人已退休还帮助回乡农民创业，并指导他们改进生产，改进技术，帮助他们寻找销售渠道时，她评价了吴老退休后继续发挥余热的精神，并叮嘱他要保重身体。受慰问的群众纷纷表示感谢，在以后的生活中都将乐观生活，不辜负党和政府的期望。

【荷花园街道被评为市级“十快乡镇街道”】4月14日，在全市农村工作会议上，荷花园街道荣获被评为“长沙市经济社会发展十快街道”。2014年以来，荷花园街道以党的群众路线教育实践活动为统领，以打造“兴盛荷花、和谐荷花、先锋荷花、活力荷花”为目标，以“着力推进基层治理能力提升”为重点，团结奋斗、勇争一流，各项工作实现“干在实处、走在前列”，尤其是在基层治理能力和水平提升方面的系列探索实践，得到市委市政府、区委政府的肯定。省委常委、市委书记易炼红专题批示，要求各区（县）市和街道（乡镇）“组织、研讨、学习、借鉴”荷花园做法。召开了全市基层治理能力提升现场会，“荷花园模式”得到各界认同和推介。全街呈现出经济持续健康发展、社会大局和谐稳定、全街上下政通人和的良好局面。

【秦国文调研“双联双执”工作】4月2日，省委改革办专职副主任秦国文一行到荷花园街道调研“双联双执”工作。秦国文一行现场观看荷花园街道应急处突分队及后备联动小组第3次集训，听取街道“双联双执”工作汇报。自街道启动执法工作“双联双执”联动机制以来，实现了“三全三降三升”：全覆盖、全参与、全方位；可防性刑事发案率切实下降、信访案件和人数切实下降、重大安全和不稳定事件切实下降；群防群治意识大幅提升、日常安全感大幅提升、群众满意度大幅提升的工作目标，形成资源整合、多警联动、立体防控的群防群治群护的工作格局。2014 年刑事发案率与 2013 年同比下降 25.72%，综合治理工作位列全区第一，被评为市红旗街道。秦国文对街道在“双联双执”执法机制方面所进行的积极探索及取得的显著成效表示肯定，认为应急处突分队及后备联动小组精神饱满、士气高昂、战斗力强，“双联双执”真正做到了有效整合辖区警力及执法资源，实现“联心联动”，成效显著。希望街道能继续充分发挥“双联双执”执法机制的作用，强化属地服务与管理，积极创新创造一流业绩，造福居民群众。

【纪念抗战胜利 70 周年文艺志愿者进社区活动】5 月 23 日，由市文联、市社科联、市委讲师团主办，市作家协会、荷花园街道、荷花园街道东郡社区承办的以“铭记历史 感恩和平”为主题的纪念抗战胜利 70 周年文艺志愿者进社区活动在东郡社区前坪举行。市文联党组书记、副主席王俏，市委讲师团主任刘莉霞，市社科联党组副书记、主席吴安定，市文联党组成员、副主席李小军，唐樱，街道工委书记喻霞元参加活动。市文联领导赠送东郡社区图书 2000 册。著名作家何顿带着新作“来生再见”为大家开讲，他介绍了这部反映湖南地方抗日战争历史的作品和写作感想。现场的 200 名听众中有来自社区的居民，也有东郡小学的 50 多名学生。该次活动旨在，让广大市民，体会到幸福生活的来之不易，督促人民铭记历史，感恩和平。

【市级“管理示范街道”创建现场观摩推进会召开】 6 月 2 日，全市“城市管理示范街道”创建推进会在荷花园街道召开。市政府副市长黎春秋、市政府副秘书长潘胜强，市城管执法局全体班子成员，高新区管委会、各区（县、市）政府分管领导约 150 人参加。该次会议代表参观了荷花园街道恒达路，恒达社区支控中心、恒达花园小区、教师村等创建示范现场，听取了街道及社区创建试点工作汇报并推进了经验交流。荷花园街道作为全市 2 个城市管理示范街创建试点街之一。街道紧贴实际，以创新带创建，突出城管三进，共建优美环境。突出市民参与，共保优良秩序。突出机制建设，共推优化管理。突出资源整合，共享优质服务。经验交流会上，黎春秋肯定了街道在城市管理示范街创建试点工作中采取的“三定一平台”“5+1+N”“千人红袖章”等务实举措和取得的成效。他要求，实施“城市管理示范街道”创建工作是全面提升全市城市管理水平的重要举措，城市管理关键在于加大投入、关键在于群众参与、关键在于依法整治，各区、街道及相关单位务必把创建工作摆上重要位置，纳入重要议事日程，进一步秉承“实用、为民”的理念，不断总结和推广城市管理示范街道创建经验，切实提升全市示范街道创建工作，着力推动品质长沙建设。

【省人大、省民政厅领导调研街道换届选举工作】 6 月 12 日，省人大常委会委员、内务司法委员会主任李平，省内务司法委员夏虹，省民政厅基层政权和社区建设处副处长谷满园一行到荷花园街道恒达社区调研村居同步换届选举工作。区领导蔡冰，区民政局、街道和区内 8 个社区的负责人参加了座谈会。会上，各社区负责人分别介绍本社区的人员及工作情况。街道工委书记喻霞元在汇报中提出，荷花园街道一直注重创新松绑、资源整合已取得实效。社区当以居民需求、自治组织的法定职能、工作规律等来定位。从立法的角度来看，需进一步促进社区职能边界清晰、促观念转变、促社区减负增效。村居同步换届，有利于提高效率、工作衔接，也有利于居民自治。蔡冰提出，要实现社区的减负增效，必须做到：切实做好顶层设计，夯实基础；实施政府购买服务，引入专业化的购买渠道，加大政策支持和帮扶力度，实现资源充分整合和社区建设提质提标；完善有利于良性发展的系列机制。李平要求，在为社区减负增效的立法中，吸取基层的意见和建议，慎重立法，确保社区基层治理有法可依，确保村居换届选举工作顺利进行，助推和谐社区建设发展。

【省总工会领导到街道调研指导工作】 10 月 13 日，省总工会副主席钟小泪、经济技术部部长王湘静一行 7 人到荷花园街道恒达社区调研并指导朝辉劳模工作室创建和发展。市总工会副主席朱余华、经济技术部部长张孟、区总工会主席李凤英、副主席黄家旺、荷花园街道及恒达社区主要负责人参加调研。调研组一行现场查看工作室环境和台账，听取街道及社区相关情况汇报。朝辉劳模创新工作室成立于2012年，以创新社会管理与服务为追求，在各小区下设劳模工作站，又下设楼栋工作站、家庭工作站，对小区分片进行网格化管理。该工作室坚持以党建为核心，突出四个服务标准模式（突出服务制度化、服务多元化、服务扁平化、服务便民化），助推和谐社区建设走在全市前列。朝辉劳模创新工作室为增加社区服务功能、提高为民服务水平提供载体，为社区党员、志愿者、驻区单位建设和谐社区搭建平台，激发党员干部群众干事创业的热情，相继涌现出罗维周、魏成粮、宋菲菲等先进典型代表和“罗维周欣馨互助会”等知名品牌。5月，恒达社区被评为“长沙市最美社区”。王湘静要求，朝辉劳模工作室要不断完善制度，在新的起点上要常创常新，不断拓展新的内涵和外延，增强服务功能，满足居民服务需求，创造特色品牌，为弘扬劳模精神，树立劳模标杆再立新功。钟小汨要求，朝辉劳模工作室要弘扬劳模精神，在爱岗敬业、争创一流、淡泊名利、敢于奉献上作出表率，希冀恒达社区再创特色经验，填补省、市、区在社会管理创新上存在的空白之处。（周思冰）

东屯渡街道

【概况】 东屯渡街道东临浏阳河、南接雨花区高桥街道、西靠万家丽路，北抵远大一路，下辖5个社区（东屯渡社区、芙蓉社区、扬帆社区、嘉雨社区、白沙湾社区）、1个村（农科村）和1个直属企业（建筑公司）。区域面积2.66平方千米，总户数18953户，户籍户14083户，常住人口4.7万人，人口自然增长率6.5‰。2015年，街道围绕年初既定的各项工作目标，加压奋进，狠抓落实，确保辖区经济的平稳发展，推进遗留问题的妥善解决，提升民生服务的整体水平，加强了基层党组织工作和党风廉政建设力度。街道被评为市级“年度建设领域统计工作优秀单位”，全年两次入围市城市管理十佳街道，白沙湾社区获评省级“健康社区”。

经济指标运行平稳。年内，街道全面推动街域产业转型升级，确保各项经济指标运行在合理区间：限上批发企业销售额完成2.23亿元，完成全年计划的101%；固定资产投资完成21.94亿元，完成年计划的104.5%;社会消费品零售总额完成17.06亿元，完成年计划的102.4%。招商引资：省外境内资金到位完成6.6亿元，完成年计划的102.2%，市外境内固定投资18.1亿元，完成年计划101.9%；实际到位外资完成2400万美元，完成年计划的100.3%。高新技术产业值完成4.05亿元，完成年计划的101.4%；完成全年税收任务3.24亿元，其中房产税超额完成107万元。

重点项目高效推进。迪马公司及周边棚户区改造项目完成企业改制、租赁户清退、清产核资、补偿安置等工作，10月底实现全面倒地、腾地交付，并兼顾维护辖区稳定，确保万家丽国际购物中心12月19日开业运营。通过处置伟辉、三良酒店两处房产和农科村1宗近675.6平方米的集体土地，筹得资金1.5亿元；完成东屯渡农场2幢高层安置房和农科村10幢多层安置房的建设。中惠锦堂项目主体已竣工，于9月正式开盘，截至年底已销售四分之一。加快推进万家丽高架桥外围拆迁配套设施建设、支五中路的建设施工。浏阳河文旅产业带成为东片城区消费新热点，辐射带动周边商贸产业、服务行业快速发展，小天鹅国际公馆、乐天影城、大驾光临、红馆汇、玖润台等知名企业相继入驻。

信访积案妥善处置。东屯渡街道的信访积案由来已久，拆迁对象特殊、涉及原因复杂、利益诉求五花八门，街道顶住压力，依法依规，在促进信访积案化解方面取得突破性进展。上年，区国土局对街道14.31万平方米生产安置用地进行了清理清算，为解决60号令“两安”用地遗留问题，继2014年选出45名场民代表后，街道于2015年9月10日正式挂牌成立了东屯渡农场统拆统安场民代表委员会，设立资产管理会和监管会，将生产用地收益的管理和监督制度化、规范化。10月，集体资产受益对象全部明确，发放办法和发放标准全面落实。11月开始，积极推进安置房产权证办理，截至年底共办理60号令安置房屋栋证234本、分户产权证709本，长期困扰东屯渡街道的“两安”用地遗留问题得到解决。为有效解决两个金苹果市场矛盾纠纷，街道按照“政府引导、村民做主”原则，遵循市场规律，经多方沟通协调，已依法依规彻底解决农科金苹果市场租金问题，确保了市场稳定和辖区平安。扬帆金苹果市场后续问题正在依法推进，绝大多数经营户正在通过诉讼途径维护自己的合法权益。

社会治理提质增效。城市管理提质增效：街道联合区城管执法中队、派出所、安监、工商等部门开展“史上最严城管执法”行动，强力推进环卫治理、拆违控违、广告整治、百姓城管等工作，年内共计拆除违建179处1.08万平方米，实现辖内违建“基本清零”；清理裸露垃圾3700处5750立方米、清理堆物2700处751吨，确保辖区干净整洁；拆除街区里巷违规店招店牌300处、清退店外经营或店面延伸2500处、画线经营1.5万米，主次干道各门店三包责任书签订率100%；并完成富家湾小区、高岭小区等第二批试点小区90%的提质改造建设，涉及住房177幢，投入资金7000万元。安全生产强力推进：开展“春雷行动”“打非治违”等专项检查行动27次，全覆盖检查生产经营单位746家次，发现整改重大安全隐患16处；及时介入、化解新世纪家园物业公司、威威婴儿用品实业公司、长沙华志汽车用品有限公司、富家湾海鲜市场商户的矛盾纠纷4起，调处成功率100%，全年辖区未发生一起安全生产责任事故。社会大局和谐稳定：全年发案630起，同比下降17.4%。疏堵结合，从源头上控制并打击富家湾黑车市场销售行为，共收缴赃车247辆，刑事拘留12人，打击团伙4个，得到公安部嘉奖。对958家单位进行消防排查，下达整改通知书958份，罚款1.2万元，治安拘留3人，消防事故同比下降12%。街道“创建平安和谐小区”的工作经验得到《长沙晚报》的报道推介。

民生民需切实解决。落实开展“四联三为”“群众直通车”等工作，转变部分居民群众“有诉求即上访”的观念，年内走访群众2260人次，结对帮扶困难群众286户，实现送物资到户、送资金到人，投入帮扶资金达20.72万元。着力解决群众生产生活中的实际困难和难题，如期推进安置小区内燃气入户、水电路网的改造，清理、疏通下水道、化粪池110次。全年开展城乡低保救助338户次、发放救助金178634元，医疗救助20人次、发放救助金95348元，精神病救助129人次、免费发药1.29万元，慈善救助共计3.5万元，另申报公租房3户、廉租房2户、经济适用房1户，发放住房补贴48户次，做到社会保障全面覆盖、应保尽保、动态管理。

社会事业稳健发展。11月，协助万家丽国际购物中心举办大型招聘会2次，组织30位辖区居民参加为期10天的白沙湾创业中心培训，提供创业资金55万元，实现350名下岗失业人员的再就业，为110家企业和600位求职者成功“牵线搭桥”。深化计卫合作，开展“阳光计生”试点，创新社区卫生服务中心“家庭契约式服务”模式，得到湖南新闻联播专题报道。利用学雷锋志愿服务站等平台，开展邻里守望、保护母亲河、党员红袖章等志愿服务活动50次。6月24日承办长沙市“筑梦星城 诚信有我”暨食品安全主题宣传实践活动。8月31日承办长沙市纪念抗日战争暨世界反法西斯战争胜利70周年“开学第一课”主题活动。12月2日承办省文明办纪念30周年国际志愿者日主题活动。组织118人参加区老体协第四届老年人运动会，乒乓球、钓鱼、围棋、柔力球、气排球5个赛项获一等奖；参加芙蓉区第七届全民健身运动会，乒乓球、定点投篮2个赛项获一等奖；参加“欢乐潇湘 品质长沙”群众作品比赛，美术获二等奖1个，书法获二等奖2个，摄影获二等奖1个、三等奖3个。

基层党建不断加强。认真落实开展“三严三实”专题教育活动，组织入党积极分子参加培训25人，各社区（村）党组织开展微讲堂60次，免费送书1500本。践行党员积分制管理，在全体直管党员中推行“党员组织生活手册”，通过积分的方式评定星级党员。街道6个社区（村）5700平方米的办公服务用房面积达标，开展“一网四图”党建网络，于6月在芙蓉社区“三网一阵地”试点，探索组建功能型党小组。辖内“帮帮系列”特色服务品牌知晓率达96%，持续为老旧农安小区提质改造、治安维稳、便民服务等贡献力量，助力基层服务型党组织建设。

存在的困难和问题：街道开发建设较早，税收来源主要依赖房地产，而当前辖内所有房地产项目已基本进入清算、扫尾阶段，万家丽国际购物中心等新增商务楼宇存在至少2～3年的培育期，税源项目逐渐枯竭，街道的财税工作将在短期内面临失去经济支撑点和增长点的现实困境；街道80%的面积被老旧农安小区覆盖，占地规模大、人员结构复杂、人口流动频繁，多数面临无物业管理、基础设施薄弱等困难，给社会管理、综治维稳带来较大压力。

（杨　铭）

东屯渡街道

书　记　聂海宗

副书记　罗加祥　　周　炫

贾茜（女）　虞　正

工委委员

彭伊娜（女）　刘化祥

主　任　罗加祥

副主任　龚　班

杨　鲲（2015.04免）

余世文

曾德志（2015.11免）

舒志刚（2015.11免）

【万家丽国际购物中心开业】12月19日上午8时30分，东屯渡街道辖内的万家丽国际购物中心举办了开业盛典。省领导陈叔红、何报翔、蔡力峰、肖雅瑜，市领导胡衡华、袁观清、范小新、钟钢、廖健、彭继球，市政府秘书长谭勇参加典礼。万家丽国际购物中心总建筑面积65万平方米，主楼42万平方米，拥有20万平方米的购物面积、20万平方米的酒店、写字楼，室内通道长有38千米，顶层为国内最大空中停机坪，设有8个直升机起降点，可停118架直升机，并以全球最大单体建筑刷新了城市新高度，成为湖南新地标。商场具备休闲、娱乐、商务、酒店、旅游、购物、文化等城市功能，可容纳国内、国际品牌企业4000～5000家，并带动和安置就业超过3万人。

【市委组织部派员检查指导东屯渡街道党建工作】12月8日，长沙市委组织部组织指导处处长杨志强、党员管理处处长何晓芳一行8人到东屯渡街道检查指导基层党建工作，区委组织部副部长田松柏陪同。检查组在东屯渡街道机关党支部查阅新发展党员档案、党费收缴和远程教育等情况，交流并讨论了党员管理、阵地建设、活动开展及惠民资金落实等情况。在东屯渡和白沙湾社区分别听取社区党建工作汇报。检查组对街道能紧扣实际、因地制宜，利用现有资源打造出特色党建品牌给予肯定，同时对今后党建工作提出要求：要进一步强化责任意识，准确把握从严治党新常态，自觉履行党建工作“一岗双责”，充分发挥基层党组织的战斗堡垒作用和党员的先锋模范作用；要进一步落实惠民资金，投入要加大、用途要细化、程序要明晰，确保各惠民项目的顺利铺排；要进一步加强阵地建设，落实开展好“三网一阵地”试点工作，有序推进基层党组织标准化站室建设。

【湘潭县妇联领导考察芙蓉社区儿童早教项目】1月9日，湘潭县妇联主席胡理芬带领考察团到东屯渡街道考察芙蓉社区儿童早期教育项目，区妇联主席易淑珍陪同。胡理芬一行在社区妇女儿童活动中心陪小朋友们唱歌、做游戏，向早教中心负责人询问早教项目开展情况并交流工作经验。该社区通过托管服务、志愿者活动和父母参与育儿指导等方式，使家长对婴幼儿身心特点有较全面的认知和把握，并联合社会单位、志愿者等多方力量，将曾经条件简陋、服务单一的社区妇女儿童活动室建成设施齐备完善、服务丰富规范的专业儿童早教基地。考察团领导一致认为，芙蓉社区能充分利用社会公益资源来开展儿童早期教育项目，能依据宝宝的早期生理特点和需求，充分开发适龄儿童的动手、动脑能力，内容设置合理、现实意义重大。胡理芬表示，到芙蓉社区考察学习的机会难得，令她获益匪浅，要在以后的工作实践中科学移植，力争湘潭县的儿童早教事业更上台阶。

【“红丝带”防艾活动】11月28日，九三学社长沙市委员会与东屯渡街道计生协会联合举办“行动起来，向零艾滋迈进”——让红丝带在社区飘起来公益活动。市政协副主席、九三学社长沙市委主委王力力，市委统战部副部长罗伟参加活动。该次活动专门设立咨询台，为大家发放各类防艾宣传资料，邀请市疾病预防控制中心的专家和护士到现场，为大家解难释疑。倡议大家提高防艾、抗艾意识，让越来越多的人对艾滋病了解和关注起来，消除对艾滋病不必要的恐惧和误会，向着“零”艾滋稳步迈进。

【承办“牵手芙蓉”系列演出活动】6月23日，由区委宣传部、区文明办、区文体新局主办，东屯渡街道承办的“欢乐潇湘 品质长沙 幸福芙蓉”群众美术、书法、摄影暨“牵手芙蓉”“我们的节日·端午”系列活动在浏阳河婚庆文化园举办，区委宣传部副部长钟海荣，文体新局局长成良访，文体新局纪检组长刘益文，区文化馆馆长王峻甲参加活动。活动中，社区老年艺术团的演奏“威风锣鼓”、社区健身队的戏曲选段“夫妻双双把家还”、育才三小的群舞“俏奶奶的幸福生活”、南泥湾艺术团的小品“求婚记”等节目轮番登场，博得在场观众阵阵掌声，老人小孩同台竞技其乐融融。该次活动以“欢乐潇湘”大型群众文艺会演为载体，突出丰富人民精神文化生活主题，充分发挥文化引领风尚、进一步提高人民群众的科学文化水平和思想道德素养，为加快实现文化惠民、文化强区战略注入正能量、提振精气神。

【“地铁文化行”进社区】12月25日，东屯渡街道联合长沙市轨道交通集团有限公司、《潇湘晨报》等媒体在世嘉·国际华城前坪举办“地铁文化行”系列公益宣传活动。该次活动以“乐享星城·畅享地铁”为主题，将长沙地铁2号线及西沿线概况、票务资讯、乘车安全防范、轨道交通运营管理常识等内容融入节目之中。该活动还派发《长沙市轨道交通条例》等宣传册，并通过有奖问答的形式加强与大家的互动交流，奖品有电饭煲、豆浆机、食用油等，吸引了市民朋友的广泛参与，收集了市民对轨道交通运营的意见和建议。该活动充分发挥了社区的宣传引导作用，使市民加深了对地铁轨道系统和安全知识的全面了解，还以文艺节目为载体宣扬了“文明乘车，绿色出行”的理念。

【世嘉综合楼2～5层招标】10月13日，东屯渡街道集体资产管理办公室（以下简称资管办）暨东屯渡农场60号令统拆统安场民代表委员会对位于扬帆社区的世嘉综合楼2～5层进行招标，这是继9月7日资管办正式挂牌运作之后的首次公开招投标工作。该次招标采取现场标价、价高者得的方式进行，由东屯渡农场60号令统拆统安全体场民代表进行监督，确保全程公开透明。历经3轮紧张的竞标环节，最终由延年世嘉酒店以每平方米35.6元/年的价格竞得标的——世嘉综合楼2～5层共4862.01平方米的开发使用权。东屯渡街道结合辖区实际情况，创新群众工作思维，试水市场化运营，让场民代表委员会与资管办共同承担对集体资产的管理与经营，实现集体资产的“自我造血”功能，从而使经历60号令统拆统安的场民们享受到集体资产顺利增值所带来的“红利”。

【整治违规私挖地下水井现象】5月5日，东屯渡街道联合区安监局、区建设局执法大队开展执法行动，对位于富家湾小区A5幢、A14幢的8个私挖地下水池、地下井的海鲜经营门店进行执法，控制挖掘现场，暂扣挖掘设备，并对涉事经营业主进行教育和劝诫。通过教育，经营户认识到私挖地下水池、地下井所带来的地基下沉、抗震力减弱等安全隐患，表示会立即停止挖掘行为，于3天内将私挖的地下水池、水井进行回填加固、恢复原貌，并愿意接受街道及相关部门的教育和监管。

【打造安全生产“细胞工程”】年内，街道以楼栋和村组为骨架设定安全网格，辖内6个社区（村）设为6个片区，每个片区又划分若干网格，楼栋长、志愿者、安全生产信息员及热心居民在全街35个网格内各司其职，排查隐患、涤荡脏乱。在街域内超过30人以上的重点企业、建筑工地要求成立安委会，居民共建共享平安家园。街道通过系列体制机制创新，构建起点线面结合的立体式责任体系，成为推动区域发展的坚实保障。11月26日，《长沙晚报》以“打造安全‘细胞工程’，促安全生产工作提档升级”为题专版推介东屯渡街道安全生产经验做法。（杨 铭）

火星街道

【概况】火星街道下辖凌霄、月桂、紫薇、曾家坪、陶家山、兴和共6个社区，辖区总面积2.76平方千米，常住人口2.82万人，户籍人口2.82万人，家庭户1.03万户，人口自然增长率11.8‰。2015年，街道坚持把稳增长、促发展、惠民生放在突出位置，围绕“一梁四柱”中心工作，将党的建设与“推进项目建设、城市管理、信访维护、安全生产”紧密结合，较好地完成了各项工作目标任务，确保辖区经济社会有序、良好发展，被评为“长沙市文明单位”“长沙市城市管理示范街道”“长沙市综治工作先进街道”“长沙市安全生产示范街道”“长沙市人口和计划生育工作优秀街道”等。街道“大党建促大发展”“党代表工作室”“长沙市道德模范进学校巡演巡讲”特色工作事项和活动先后被《湖南日报》、湖南卫视、《长沙晚报》媒体报道。

经济指标全面完成。2015年，实现工业总产值1.1亿元，按照可比价计算比上年同期（下同）增长6%。完成社会消费品零售总额57.2亿元，增长111.08%，限额以上商贸业社会消费品零售总额58.8亿元，限额以上批发企业商品销售额4.2亿元。完成税收3.0亿元，增长35%，其中房产税4551万元，委托代征1237万元。完成全社会固定资产投资29.5亿元，增长45.83%。实际到位外资2700万美元，市外境内资金形成固定资产投资14.8亿元。完成高新技术产业产值22亿元。

项目建设进展良好。社会投

资项目方面，古汉国际广场项目主体竣工，投入营运，产生税收1000万元。温州大厦项目正在办理房屋产权证，并启动装修及招商。政府投资项目方面，双新小学改造项目按进度完成拆迁，万家丽路快速带改造完成。

城管改善人居环境。主次干道清扫保洁率100%、背街小巷清扫保洁率98%。城市管理注重网格化、智能化、市场化，在兴和、紫薇、凌霄、月桂社区深化开展开放式物业管理工作。陶瓷城实行改扩建并加强市场管理。以“大拆违行动百日竞赛”为契机，依法拆除违章建筑近3万平方米，100%完成任务。兴和社区农安小区提质改造工程全面完成。

综合治理建设和谐社会。全年无一起非正常进京上访行为，无一起到省市上访事件。发案率较去年下降26.8%，压控发案1—10月排名全区第一，紫薇社区年内4个月为零发案社区。马王堆市场实施专项整治，发案率持续下降。开展火灾隐患重点地区、粉尘爆竹企业等消防重点防范单位检查20次，对隐患点要求限期整改。全年开展食安行动40次、检查461家单位，无一食安事故和重大安全生产事故发生。

发展社会事业保障民生。全年发放低保金245人次、106.8万元，发放社保补贴204人次、52.8万元，完成城乡养老保险缴费4.8万元，社会保障卡信息采集登记3001人。全年失业人员就业人数588人次，零就业家庭动态就业援助率达100%，企业职工培训540人次。在“就业援助月”活动中，组织百余家单位及失业人员近千人参加招聘会，举行相关政策宣传活动4次，提供岗位超千个。曾家坪社区被评为“省充分就业明星社区”。全年办理“一孩证”158本、再生育证54本，共制作和更换宣传板或条幅20块，发放关爱卡3000份、制作孕前优生健康检查告知书万份，群众对计生新政策知晓率100%。处理计生信访事项80次，违法生育案件立案27例，处理率100%。

工作惠民增强社会活力。3月初开展“雷锋家乡学雷锋、锋尚达人在行动”志愿服务系列活动。9月22日主办“长沙市道德模范在身边中秋诗会暨道德模范进学校巡演巡讲”活动。通过“民情舒心吧”“楼栋直通车”“便民意见箱”开展群众工作，全年接待接访群众325人次，收集意见132条，解决群众实际问题127起，群众工作受理率、办结率、满意率100%。全街设立49个党建网格，开展特色党建活动为民服务，形成“一社区一品牌”。

加强党建、作风自身建设。全街有基层党组织46个，党员815名。年内，选送35名入党积极分子到区党校学习，发展新党员10名。全面建立党员信息库。加强阵地建设，全街有各级党代表15名，党代表工作室面积超过100平方米。全面落实“两个责任”，形成层层抓落实的党风廉政建设机制。切实落实中央“八项规定”，严肃上班纪律，全年开展15次作风检查，及时查纠慵懒散拖、敷衍应付等问题。推进作风建设，加强“廉政课堂”和“党纪党规微考堂”宣传教育，全年无一例违规违纪问题发生。全街上下风清气正，营造出廉洁从政的良好氛围。实行作风建设常态化管理，并纳入全员绩效考核计分。街道纪工委积极推进党风廉政建设和反腐败工作，落实监督责任，落实“三转”工作要求，全年共办理信访件5件，其中本级受理1件、上级交办3件、上级转办1件，立案查处3件。严格执行用水用电、公务用车、办公用品等管理制度，降低行政成本，定期开展“四费”公开，全年各项费用和开支实现负增长。

存在的困难和问题：缺乏地理位置优势，街道外部环境薄弱、商务资源匮乏，辖区范围内没有一家规模工业企业，且辖区的格局直接制约工业经济的发展，对于提高工业总产值有较大困难。辖区流动人口较多，而派出所警力严重不足，导致治安管理和社会管理难度较大。（刘夏娃）

火星街道

书　记	刘长学
副书记	刘　宪（2015.07 免）
	文升云（2015.07 任）
	易　鑫（女）
	李泰辉
工委委员	唐利民（2015.09 死亡）
	邓文斌（2015.10 任）
	彭江（2015.10 免）
	宋　闵（2015.10 任）
	黎念光
主　任	刘　宪（2015.07 免）
	文升云（2015.07 任）
副主任	彭　江（2015.11 免）
	黎念光（2015.11 任）
	卜玉龙　　谢　意

【开展学雷锋志愿服务活动】 3月5日，由长沙市文明办、长沙晚报报业集团、芙蓉区文明委主办，火星街道、湘一芙蓉第二中学协办的长沙市2015“雷锋家乡学雷锋、锋尚达人在行动”学雷锋志愿服务系列活动的启动仪式

在湘一芙蓉第二中学体育馆举行。省文明办处长李仕铭，市文明办副主任胡述斌、处长袁军，区领导夏钟剑、伍艳飞、张庆和参加活动。该次活动以微视频展示“传承雷锋精神，建设和谐芙蓉”。育英西垅小学的同学们表演了少儿快板“核心价值观记心上”，马王堆小学的孩子们表演了合唱“长沙市民文明公约歌”以及歌曲“永远的雷锋”。表彰了芙蓉区优秀志愿者及其团队，张祖荣、赵继云、彭水林等5人被聘为芙蓉区首批锋尚宣讲团讲师，长沙市出租汽车公司蓝灯雷锋车队、湖南颐而康保健连锁股份有限公司等被评为优秀志愿者团队，曾广度、胡慧芝等6人被评为芙蓉区优秀志愿者。该次活动还开展百名小学生绘制“我心中的雷锋叔叔”图画作品，以低碳环保和爱心救助置换小物品的“锋尚跳蚤会”。湖南颐而康保健连锁股份有限公司的专家们开展为居民提供心理咨询、血压测量等义诊服务系列活动。

【省党代表张勤伟到街道调研】 5月12日，省直工委机关副书记、省直工委机关组织部部长张勤伟到街道调研党代表工作室建设情况。街道党代表工作室成立于2013年，还设有社区、两新组织10个党代表工作室。工作室从成立之初的接待群众、倾听民声、了解民情，到后来的反映民意，协调解决群众反映强烈和普遍关注的热点、难点问题，逐步建立起党代表与党员群众之间沟通和联系的新通道，有效服务辖区经济、维护社会稳定。张勤伟对街道党代表工作室工作成效给予肯定，他认为党代表工作室基础工作扎实，管理规范、制度健全、网络完善、富有特色，运行和管理经验值得各基层党组织学习和推广。他在街道党代表工作室参加了接待群众活动。省直工委机关组织部副部长肖长征，芙蓉区委组织部副部长田松相陪同调研。

【潍坊市奎文区考察组到街道考察】 8月11日，山东潍坊市奎文区委常委、常务副区长李伟率考察组，到街道考察政务服务、社区提质改造等工作。街道政务中心办公面积300平方米，窗口服务人员8人、全街各级窗口服务人员60人。街道政务中心全面推行多功能服务机制，实行“三站一办一中心”优化管理体制（人力资源和社会保障服务站、社会救助管理服务站、住房保障管理服务站、经济环境优化办、政务服务中心），着重从人本管理、制度建设、网络完善推进标准化建设，取得良好成效，且历年来作为主管部门窗口服务规范管理示范单位，多次接受省内外同行及各级领导专项。考察组一行参观农安小区提质改造项目。农安小区提质改造项目为路面沥青铺设，下水管道改建，新建泄水井，路灯设施完善，清掏化粪池，新砌台阶，破除原有混凝土路面，绿化补栽补种，修建社区公园，增设垃圾桶等。经综合整治，居民生活条件得到改善，考察组表示要认真学习借鉴火星街道的经验，因领导谭雄伟陪同考察。

【道德模范宣传活动】 9月22日，长沙市“道德模范在身边”中秋诗会暨道德模范进学校巡演巡讲主题宣传实践活动在马王堆小学举行。市文明办副主任丁德喜、处长鲁旸，市教育局何文娟，区领导伍艳飞、张庆和及马王堆小学全体师生、街道工作人员、辖区在职党员代表、企业代表、居民群众代表等千余人参加活动。该活动现场，主办方组织播放长沙市入围第五届全国道德模范评选表彰活动候选人（孟繁英、谢子龙、段江华、何平、阿迪力·买买提）先进事迹视频，“道德模范在身边”文艺会演，有快板舞“德耀中华爱满星城”“雷锋家乡小雷锋”周美玲先进事迹演讲、“小英雄·活雷锋”（花鼓戏）、领导为学生系“美德扣”、音舞诗画：“袁隆平之歌”、配乐诗朗诵“美丽的一跳”、全国道德模范候选人段江华先进事迹演讲、中秋月圆·诗篇传情—学生代表爱国诗歌朗诵、我画我心中的道德模范、“好人就在身边”等。该次活动彰显“美丽长沙，美德先行”的风采，体现长沙打造道德高地的实效，是雷锋家乡学雷锋活动的生动体现。

【吉首市领导考察马王堆陶瓷市场】 9月25日，吉首市委副书记、市长李诗清，吉首市副市长石阳清等一行，到街道考察马王堆陶瓷市场。该次吉首市代表团考察的主要内容是城市临街面广告规划设计、商贸市场建设和管理等工作。马王堆陶瓷建材城总建筑面积超过400万平方米，经营户近1200户，分设陶瓷洁具、灯饰、布艺、石材、五金水暖等10个经营区，品种繁多，兼有高、中、低档等各类国内外品牌。自2003年全面营业以来，经营环境良好有序，是居民采购建材的首选市场之一。李诗清表示，陶瓷城的创新理念对吉首市各类市场的建设提供有益借鉴，要把陶瓷城市场建设和运作管理的成功经验带回去落实，加快向当地各类商贸城推广。副区长许凡、街道党工委书记刘长学陪同考察，

【开展文化墙志愿讲解活动】 11月4日，凌霄社区和火星小学联合举办“锋尚联盟——小手牵大手”文化墙志愿讲解活动，来自火星小学的15名“文明代言人”为路过行人解说社区文化墙上的文明手绘。该文化墙位于凌霄路，全长1500米，是凌霄社区重点打造的手工绘制品宣传阵地，集聚社区工作人员和居民的众多创意，手工绘制历时3个月。28幅关于文明交通、文明经营、文明执法等内容的手绘铺展在文化墙上，图文并茂。讲解活动结束后，火星小学的“文明小天使”们以清扫文化墙沿线垃圾的实际行动为文明代言。用纸片写下他们的文明小心愿，并在中国地图上拼成“文明”二字，许下为文明中国争当文明代言人的郑重承诺。

【开设“党纪党规微考堂”】 “党纪党规微考堂”是街道重点打造的学习平台，旨在以寓教于乐的方式动员党员干部自觉学习《准则》《条例》，切实增强党的意识、纪律意识和规矩意识。微考堂自11月9日开始开考，街道全体工作人员、党员干部、居民群众以实名加入“党群一家亲”微平台参与答题，题目内容主要来自新版《准则》《条例》，答题时间为11:00—11:30，每天1题，活动持续3周，以抢答积分的方式进行考评，积分榜靠前的“学习达人”将获得表彰奖励。该次答题活动形式新颖，活动题型丰富，参与方式简便，干部群众参与热情高。微考堂不仅让党员们明白纪律就在身边，更清楚地知道纪律的底线与界限。为强化学习效果，每天答题后，微平台还会放送“党纪党规微解读”，以图文并茂、案例分析、动漫视频形式帮助大家进一步熟悉党纪党规。街道还组织开展还“五个一”立体宣传教育活动，即发放《党章》《准则》《条例》红皮书，举办“廉政大讲堂”讲座活动，打造“党纪党规微考堂”学习平台，创建廉政教育文化墙，编制“廉政课堂”学习刊物。通过立体化宣传教育，以学风强作风，以作风正党风，力争打造一支忠诚、干净、担当的干部队伍。

【李蔚到街道调研城管工作】 11月13日，副市长李蔚率市城管执法局局长邓鹏宇等一行到街道调研兴和社区提质改造和城管示范街道创建工作，区领导于新凡、许凡陪同调研。兴和社区农安小区始建于2000年，多年以来，按原规划建设的各类市政设施、园林绿化、区间道路、化粪池、沟井（盖）、下水管道等都老化破损严重，居民期待提质改造的愿望强烈。该次提质改造工程改造房屋76幢，改造总面积5.7万平方米，总投资金2800万元，全面实现任务目标。李蔚对街道提质改造和城管示范街道创建工作给予肯定，认为农安小区改头换面、成效显著。对下阶段工作提出要求，要加大农安小区的管理力度，把小区综合整治工程建设成为实实在在的“精品工程”“示范工程”“民心工程”；要以环境综合治理为手段，提升居民幸福感；要完善街道城市管理长效机制，做好城管工作的常态化管理，推动街道城市综合管理水平的不断提升。

【社区卫生服务中心与省级医院联盟】 12月21日，湖南中医药大学第二附属医院首家社区联盟指导单位授牌仪式在街道社区卫生服务中心举行。湖南中医药大学第二附属医院院长熊辉，副区长张庆和，街道党工委书记刘长学，办事处主任文升云，社区卫生服务中心主任盛小芳等参加仪式。该次结盟后，由湖南中医药大学给予社区卫生服务中心临床技术指导，并有老中医和知名专家坐诊查房、优先优惠进行专业技师培训等多种业务指导与支持，有利于把医疗资源下沉到基层，切实为居民百姓提供医疗方便。通过结盟，辖区老百姓在社区卫生服务中心就诊时可以享受到更多、更优的医疗服务，有力地推动分级诊疗、双向转诊举措的实施与普及。 （刘夏娃）

东岸街道

【概况】 2015年，东岸街道下辖东屯、东岸、杉木、望龙4个村和东宜社区，辖区面积4.45平方千米。街道总户数3625户，常住人口9280人，户籍总人口1.03万人，流动人口约2万人，人口自然增长率为6.4‰。年内，街道党工委抓好城郊环境综合整治和安全维稳工作，探索解决拆迁安置遗留问题的方法，尽力完善基础设施配套解决群众实际困难；千方百计增加群众收入，进一步加大帮扶救助力度，全力以赴抓落实，保持街道各项工作平稳、健康发展的良好态势。全年街道被评为“市优秀学习集体”、“市综治工作先进街道”“市文明卫生单位”“市两型创建单位等。

顶住经济下行压力，实现经济新突破。街道年初对辖区各大楼盘、市场、安置点进行全面的清理，促成长房东云台、中房瑞致、隆平博物馆项目开工建设。以企业“直通车”为抓手，重点做好中房瑞致、华驰置业、旺德府项目、振升铝材、潇湘玻璃、鼎昌鞋厂企业的协调服务工作，帮扶企业发展。全年街道完成工业总产值28亿元，社会消费品零售额14.3亿元，完成社会固定资产投资48亿元，招商引资实际引进市外境内固投资金13亿元，完成国地两税1.85亿元，辖区经济稳步发展，完成各项指标任务。

完成项目征拆腾地，开启城市建设新局面。“大拆违”工作是全年一项突出的中心工作。芙蓉生态新城5号保障住房用地项目、3号安置点扩增项目和杉木、望龙保障住房项目，按预期全面完成拆迁，腾地超过600亩，拆迁房屋215幢，动迁1000人。完成滨河路东扩、A2和A3项目、白竹坡路项目、东岸公园等项目的扫尾工作。完成人民东路全线添景增绿工作，解决中房瑞致、瑞致小学、滨河路、杉木南路项目建设过程中的矛盾问题。

实现违建清零，提升城市品质。街道成立大拆违指挥部，及早动员部署、宣传推介。5—7月，全员参与、集中攻坚，于9月30日完成清场。计拆除历史存量违建72万平方米。覆土约74万平方米，复绿约54万平方米，并建设健身坪、小游园、停车坪便民、利民设施。增强城市管理常规工作力度和数字化平台的效率，年内被评为市级“十佳街道”。

筑牢稳定防线，构建社会局面新气象。年内，解决甘某、解某一批老上访户的遗留问题。化解东岸建材、望龙安置房分配以及街道大拆违工作引发的群体矛盾。全年调处大型矛盾纠纷78起，涉及金额150万元；发案率下降2%，“零发案”单位达到6个；安全生产管理落实一岗双责，全面梳理排查隐患，并定期督察、通报结果。全年立案查处6起非法违法经营行为，查扣车辆2台，关停各类危化仓库7处，燃气门店7家。拆除石材加工企业12处，清退杉木7队豆制品加工作坊。按照“一企一档”初步建立危化、烟花、工贸、商贸以及劳动密集型企业重点企业基本台账100家。组织“安全生活月”活动，设立咨询台10个，出动宣传车1台次，悬挂宣传标语40幅，展示宣传展板7张；并组织抢答赛，发放宣传资料8000份。组织消防生产各类安全培训教育10期2000人次。全年辖区未发生重大安全生产事故。

提升城市序化美化水平，优化人居环境。在东岸村启动试点，将村民安置小区改造纳入城乡结合环境综合整治范畴，修缮和改造基础设施。完成门店招牌提质提档90块，清洗楼栋立面1.4万平方米；统一门店卷闸门油漆颜色，面积1400平方米；粉刷居民楼栋内墙面1.3万平方米；规范捆扎小区架空弱电线，清掏及改造小区下水道、化粪池20处，修复花坛70个；维修改造路面1000平方米。全面清理陈年、成堆裸露垃圾堆物150处，翻新、维修垃圾池18处，修砌、美化围墙10处。网格化管理责任到人。全年纠违2000人次，乱停乱放抄牌380起，收缴摊担20起，处罚占道经营、店外作业60起；门前三包全覆盖。开展道路货物运输、安全生产打非治违集中整治，落实道路货运车辆非法超限超载百日专项行动，全年无重大交通事故；清退、责令关停存在环境隐患的五小企业32家，处理市民投诉50起，全年无重大环境污染事故。

加大民生投入，保障居民安居乐业。直通车工程融入各项民生工作，全年慰问特困户235户，发放慰问金10.98万元，发放米、油物资450套；慈善助学共救助困难家庭大学生6人、发放助学金2.4万元；全面落实优抚政策，发放优抚金共计30.8万元；对11名申请临时救助的对象发放救助金2.5万元；对辖区80～89岁高龄老人申请补贴132人，对15位领取高龄补贴的老人进行半年度审核。完善各项社保基础台账，居民医疗保险征缴额296万元；城乡居民养老保险参保人数1823人，征缴基金19.75万元；开展退休人员领取养老金资格认证，为422位失地农民申报社会保险还返137万元；办理《就业失业登记证》576本，办理社保补贴111人次，补贴22.34万元；区级养老社保补贴35人共12.33万元；市级医疗社保补贴76人10万元。多措促进失地农民就业增收，街道组织创业培训37人，失业人员培训50人、劳动力转移就业培训88人、企业培训100人、失业人员再就业培训360人、困难人员再就业培训180人、农村劳动力转移就业培训330人。新增创业主体448个，带动城乡就业人数675人。全年为群众办理“一孩生育证”152本，《独生子女光荣证》200本，办理《再生育证》51本。五项奖扶工作中，落实农村奖扶15人，特扶4人，独生子女保健费642人，放弃再生育对象9户，发放奖励扶助资金12万元。全年落实城镇奖扶178人，发放资金17万元。对违法生育行为进行立案处理23例；反馈各类信息2000条；配合纪检部门处理2起党员违法生育行为。

夯实党建基础，提升队伍素质。街道对党建工作每周调度，全程督办；开设“书记信箱”、书记讲党课，约谈班子成员、党员干部，把“书记抓，抓书记”的责任压力层层传导到位。落实直管党员积分制管理、不合格党员处置制度，严把党员入口关；明确各村(社区)10万元党建经费的投入；统一订制“三会一课”（定期召开支部党员大会、支部委员会、党小组会、按时上好党课)记录本、“党员口袋书”，按照“六有”模式规范6个党代表工作室建设。强化纪检监督职能，实现纪委正副书记专职专责，“三转”要求落实到位；结合新《中国共产党纪律处罚条例》《中国共产党廉洁自律准则》实施，进一步规范公务行为；处置惩治顶风违纪的单位和人员，全年内部通报5次10人，立案查办案件9起，全部办结。开展“党员先锋”评选，征文、演讲比赛、组织全体党员赴芷江进行爱国主义教育，党建氛围不断浓厚，队伍素质有效提升。

存在的问题和不足：城市化进程开发任务繁重，问题矛盾突出，建设资金不足；产业转型升级慢，经济增长动力不足，产业结构较单一，新型文化参与发展缓慢；基础设施建设相对滞后，城郊环境综合治理有待加强，人口综合素质有待提高。（姜　锋）

东岸街道

书　记　廖　斌（2015.06免
　　　　韦进文（2015.06任）
副书记　韦进文（2015.06免）
　　　　邓勇（2015.06任）
　　　　卜小平
　　　　谭千华（2015.10免）
　　　　郭　浩（2015.10任）
　　　　罗拾平
主　任　韦进文（2015.07免）
　　　　邓　勇（2015.07任）
工委委员　张曙蛟（2015.10免）
　　　　谭千华（2015.10任）
　　　　李　敏（女）
副主任　李　敏（女）
　　　　陈　栋　　赵惠敏

【衡阳市蒸湘区到东岸街道学习交流财税工作】　1月13日，衡阳市蒸湘区主要负责人林喜洋一行在芙蓉区副区长罗玉环等陪同下到东岸街道学习、交流财政税收及委托代征工作。交流团一行参观街道代征点，详细询问代征点的主要职责、街道税收任务及完成情况、街道代征的主要税源与单位构成事宜。街道主任韦进文介绍区税务部门与街道协作在综合治税及委托代征工作方面的一些主要做法与成功经验。东岸街道通过强化宣传、细化流程、提升服务，规范委托代征行为，推动治税工作向多税种、多行业及征管盲区的延伸，形成涉税信息和税收征缴的控管岗位前移，有效杜绝零散税收“跑、冒、滴、漏”现象，把税源流失降到最低限度，促进区财税收入平稳增长。

【开展烟花爆竹领域打非清剿专项行动】　2月3日，东岸街道安全生产委员会对烟花爆竹领域深入开展清剿行动。该次清剿行动由安监站牵头，联合派出所、工商所、城管办等部门共同执法，主要针对烟花爆竹在生产、经营、储存、运输、燃放等环节的各种非法违法行为进行清理整治。行动中，检查组执法人员对东岸街道辖区内所有烟花爆竹生产、经营户开展拉网式检查，对检查中发现的各类隐患和问题，建立台账，明确整改时限，并与被检查经营单位负责人签订责任状。此次行动共检查经营单位9家，发现非法经营烟花爆竹的单位2家，消除安全隐患6处，查处整治非法经营烟花鞭炮的店面2家，收缴非法经营的烟花爆竹百余件。

【“大拆违”首日行动】　3月27日，东岸街道会同城管、公安、综治、安全生产等相关部门，组织东岸公园隆平水稻博物馆项目内违法建设强制拆除行动。参加该次行动的执法工作人员超过100人。通过前期的摸底调查，已确定街道辖区成片违章和主次干道两厢历史违章建筑总数787处，总面积52.5万平方米。该次拆除行动，拆除东岸公园隆平水稻博物馆项目内2万平方米的违法建筑，是东岸街道“大拆违”行动的良好开端。

【杨秋文到东岸街道检查安全生产工作】　4月20日，湖南省安全技术中心主任杨秋文到东岸街道新振升集团有限公司检查安全生产工作。杨秋文一行先后检查新振升挤压车间生产作业现场、氧化车间生产作业现场、成品仓库、电泳生产线。他肯定了新振升铝材集团有限公司重视安全生产，营造浓厚的安全生产氛围，并对检查中发现的未将事故隐患排查治理情况如实记录，该公司各级、各部门、各岗位安全生产责任制不完善、不健全等情况下发“责令限期整改指令书”，要求企业立即整改。区安监局副局长周伟陪同检查。

【失地农民招聘会】4月22日，由总工会、区人社局主办，东岸街道工会联合会承办“‘情系民生促失地农民就业、扬帆起航助民营企业腾飞’失地农民专场招聘会”在东岸建材市场举行。市总工会副主席鲁承钢，区总工会主席李凤英，区人力资源和社会保障局局长唐宇平，书记卢滔，副局长李小平，区职介中心主任邓捷，以及东岸街道相关负责人一同参加。该次招聘会共有60家企业带来上千个岗位，根据失地农民实际，超市服务员、保安、保洁等学历门槛低的岗位占了绝大多数，现场达成就业意向的有120人。

【芙蓉生态新城5号保障住房用地项目启动】5月9日，芙蓉生态新城5号保障住房用地项目启动会许在东岸街道办事处大礼堂举行。区政法委书记欧干军，区征地办副主任彭水泉，区国土局副局长罗教论出席会议。区征地办、区国土局负责人对该项目的补偿、安置政策等相关问题进行动员宣讲并向与会群众分发相关政策汇编资料。欧干军要求，在项目征拆过程中要牢牢把握“公开、公正、透明”的原则，特别是在入户丈量、评估、补偿标准、签订协议、安置房分配这些关键步骤都要细之又细，慎之又慎。严格按照政策法规和法定程序规范操作，切实维护好人民群众切身利益。芙蓉生态新城5号保障住房用地项目位于东岸街道的东屯村和东岸村，该项目拆迁房屋111幢，拆迁人口超过600人，用地面积17.32公顷，是芙蓉区重点民生实事工程项目。

【召开退赃大会】7月2日，东岸街道联合东岸派出所在东宜社区前坪召开打击与预防多发性侵财犯罪工作退赃大会。区政法委常务副书记饶诚出席活动。在活动现场，民警将追缴的摩托车、电脑、现金等被诈骗、被盗窃财物集中发还给失主，并借此机会向该小区居民群众宣传安全防盗抢、防诈骗知识。年内，东岸街道发挥群防群治、警民联动的优势，在辖区深入开展“多发性侵财犯罪专项行动”，打盗抢、抓现行、挖团伙、追逃犯，向抢劫、抢夺、盗窃等多发性侵财犯罪发起凌厉攻势，破获系列侵财性案件22起，挽回人民群众经济损失20万元。

【承办校园文艺活动】11月26日，东岸街道承办的“唱长沙童谣，做美德少年——长沙市中小学生倡议争做繁荣发展社会主义文艺接班人暨深入开展文明校园创建”活动在辖区马坡岭小学举行。该次活动，小演员们穿上汉服，摊开竹简，表演“东岸古韵”情景剧展现了国学之美和礼仪之美；歌舞剧“快乐马小”的表演中，孩子们将旱冰鞋滑上舞台，捉迷藏、跳长绳，展现了校园生活的点点滴滴。通过唱童谣、编童谣等活动形式，让中华传统文化浸润未成年人心灵，让核心价值观的种子在少年儿童心中生根发芽，入脑入心。省文明办副主任熊科文，市文明办副主任梁飞彩，市教育局机关党委书记胡慎信，市文联副主席、作协主席唐樱，区委常委、宣传部部长伍艳飞、副区长张庆和出席参加活动。

【启动2015年度水利冬修工作】12月18日，东岸街道召开2015年水利冬修工作会议。该次会议商讨解决东岸街道辖区3.73万米渠道进行全面的清淤扫障，新建水渠2500米；辖区内3个坝站蓄水池进行彻底的清淤除锈，确保所有渠道达到“三面光”、清淤见硬底、水流通畅、坝站机器运转正常等问题。街道办事处副主任李敏主持会议，辖区各村主任、农业专干参加会议。（姜　锋）

马坡岭街道

【概况】马坡岭街道下辖西龙、张公岭、新安3个村和锦林社区。区域总面积8.45平方千米，常住人口3.37万人，户籍人口1.49万人，家庭户数5718户，人口自然增长率14.4‰。2015年，街道牢牢把握稳增长、促改革、调结构、惠民生的总体要求，抢抓机遇、务实重干，从东片地区宏观发展定位出发，结合自身区位优势，着力加快城市化进程，深耕产业项目经济，推动城市管理转型，维护社会稳定大局，推进街域平安建设，实现街道经济社会健康平稳较快发展。被评为长沙市“拆违控违工作优秀街道”“计划生育模范单位”“优秀街道（乡镇）人力资源和社会保障服务站”等。

经济实力不断增强。年内，街道实现工业总产值32.6亿元，按照可比价计算比上年同期（下同）增长0.4%；其中规模以上工业总产值21.08亿元，下降2.4%。完成社会消费品零售总额8.34亿元；限额以上商贸业社会消费品零售总额4.53亿元；限额以上批发企业商品销售额10.73亿元，增长15.38%。完成全社会固定资产投资48.32亿元，增长14.99%。市外境内资金形成固定资产投资14.45亿元。全年完成税收2.01亿元。

项目建设稳步推进。全年完成污水处理厂2期、京珠高速、西辅道、2号安置点等5个项目的扫尾；启动2号安置点2期、龟山路、东风小学、203电台、5-1地片、3号、7号、20号地铁等8个新项目，“百日竞赛”在拆项目全部清零，实现拆迁腾地29.2公顷，全街土地储备量。在“大拆违”工作中，拆除违法建筑87.61万平方米，利用拆迁控违契机对3号地块、5-1项目地片、桐西片区堆放石材进行清理，先后组织搬拆行动70次，清理堆放石材超过100万平方米。妥善推进60号令安置房权证办理工作，共完成101幢845户幢证办理。

城市管理持续强化。大力开展城乡整治行动，完善基础设施建设。明确街道、社区、执法干部、协管员“四位一体”的执法体系，投入资金1000万元改善城市乱象；出动干部群众2000人次，清运垃圾542台次；受理区数字化指挥中心交办的民生重点、难点、热点问题案卷3526件；启动了油塘农安小区改造，解决油塘小区长达17年基础设施破旧，水、气不通的状况。依托拆违复绿，全力打造了营盘路、双杨路两条绿化景观大道。

民生福祉持续改善。全面贯彻落实各项社会救助政策，全年累计发放低保金49.38万元，其中城市低保43.67万元，农村五保3.41万元，临时性生活困难救助金2.3万元。实现失业人员再就业326人，就业困难对象再就业117人，失业人员培训40人。企业职工培训50人，农村劳动力转移就业培训180人。完成小额担保贷款50万元；完成居民医保基金增缴金额476.3万元；完成居民养老增缴金额8.28万元。全年为180人次优抚对象发放各类生活补助金22.3万元。

社会大局平安稳定。全年组织开展安全生产宣传培训活动7次，培训安监行政执法人员4人，安监监管人员4人，安全生产信息员25人，企业主要负责人和安全员40人。组织“千人送训进万企业”宣传培训活动18场次，培训了46家企业257人。组织指导辖区内有关企事业单位开展安全生产应急演练12次，计600人参加。深化安全监管，扎实开展安全生产隐患大排查大整治大督查行动，全年派出280人次，检查625家企业，下达执法文书1021份。强化职业病防治，组织2次共350人次职业病防治培训，组织40家企业118名企业员工职业卫生体检。全年组织“春雷行动”“飓风行动”“霹雳行动”“清剿行动”4次专项“打非治违”行动。组织开展以“九打九治”为主要内容的“打非治违”工作28次，投入人力1447人次，查处存在非法违法生产经营企业818家次，拘留2人，发现安全隐患299处，整改299处，投入安全隐患整改资金11万元。加大社会治安管理，开展街村联动，警民联手，多重联动，极大减少“两抢两盗”案件的发生。接待来访群众600人次，化解信访历史积案5人，受理群众各类诉求90起，信访件回复率100%。及时处置双杨石材城堵门事件，化解西龙村60号令“发放留地收益股民证”群众诉求。

社会事业蓬勃发展。加强志愿服务，以汽车东站为载体，在春运期间开展“爱心守望 助力春运”志愿活动，为旅客提供贴心服务；在锦林社区打造十分钟阅读圈，社区志愿者免费为居民群众送书上门，引领居民读书尚学。整合邻里资源，大力倡导邻里精神，在锦林社区开展以“校园文化进社区、邻里和谐汇锦林”的第五届邻里节，通过与驻区单位树达学院合作，开展草根文艺大汇演，通过“自己办、自己演、自己乐”的方式，倡导文明生活风尚寓教于乐。深化主题教育，与育英西垅小学共同开展纪念抗战胜利70周年小学生“快闪”“感恩的心、感谢有你”等主题教育实践活动，进一步深化未成年人思想道德建设。

深化计生优质服务。开展妇科普查服务，发放宣传资料6000份，计生药具1.5万份，接待咨询1700人次，育龄妇女孕检率、妇科普查率达98%。举办“出生缺陷筛查、怀孕必知”等知识讲座4场，有500对夫妇参加孕前优生免费检查及咨询。建立流动人口服务基地、社区人口学校、宣传服务一条街、计生文化长廊等宣传基地。发放各类宣传资料1万份，发放挂图、音像制品80套，举办文艺会演、免费义诊等活动，孕前优生服务检查98人次。对827户独生子女发放保健费、农村奖扶（农村户口、一个或两个子女都是女孩、年龄满60周岁、有土地承包合同）47人、放弃再生育奖扶1户，全年发放金额25.23万元，慰问金2万元。

党建工作创新开展。有党支

部17个（其中非公党支部11个），党员687人，全年发展新党员10名。街道继续树立“学识动车组，才智加油站”学习型党组织品牌，全年组织12次集中教育，构造“六民”先锋模式，打造锦林社区幸福家园工作室，西龙村52工作室，张公岭村七彩先锋工作室，新安村向群工作室。开展以微教育、微心愿、微就业为主题的手机“微党建”工作，为服务型党组织建设注入新活力。制订“加强农村党小组建设试点工作方案”，在26个群众家庭中设立党小组“党员之家”，开辟党员日常学习、活动、议事平台。策划开展建党94周年“七一”表彰总结会，“党建先锋·邻里浓情”趣味运动会等系列活动，升华党员精神境界。

存在的问题和不足：经济总量还不够大，环境吸引力还不够强，综治维稳任务大，拆迁安置步伐有待加快。（孟建中）

马坡岭街道

书　记	周旭东（2015.06免）
	刘　宪（2015.06任）
副书记	陈高峰
	邓　勇（2015.06免）
	何益波（2015.06任）
	管奕锋（2015.10免）
	胡超（2015.10任）
工委委员	岳安龙　欧阳静（女）
主　任	陈高峰
副主任	杨秋发
	罗芝蓉（女）（2015.11免）
	张友如　　徐　铁

【易炼红调研街道拆违控违工作】 7月15日，省委常委、市委书记易炼红等一行到马坡岭街道调研督查拆违控违工作，看望慰问拆违一线工作人员。区领导于新凡、彭娟、许凡等和街道负责人陪同。易炼红到马坡岭街道西龙村拆违现场，详细了解街道拆违工作的推进情况。马坡岭街道作为全区河东拆违的“主战场”，核定的违建面积80.8万平方米，截至7月14日，全街共拆违51.15万平方米，完成全年总任务量的68%。易炼红对街道拆违工作取得的成绩给予了肯定。他表示，该次依法依规拆违展示了芙蓉区干部讲政治、顾大局的操守，理解力、执行力、战斗力加强的特质，严格依法依规办事的觉悟，善于与群众打交道的水平，攻坚克难敢打硬仗、能打胜仗的作风。他要求，拆违控违是一件啃“硬骨头”的事，要心中有底气，严格依法依规推进，做到微笑执法、和谐执法、文明执法。

【举办“爱心守望 助力春运”志愿服务活动】 2月4日，由长沙市委宣传部、市文明办主办，芙蓉区宣传部、区文明办、马坡岭街道承办的“平平安安回家，红红火火过年”——长沙市2015“爱心守望 助力春运”志愿服务活动在汽车东站举行。市文明办副主任丁德喜、区领导夏钟剑、伍艳飞出席活动。该次活动，主办方制作了微视频：“一封‘微’家书”，5个进城务工人员亲人的视频片段，用家人的关爱叮嘱回乡过年的进城务工人员勿忘家人嘱托，注意交通安全。来自辖区的少年儿童带来了原创快板节目“核心价值观记心上”，配合书法和编织爱好者的现场展示，传递社会主义核心价值观。来自芙蓉区的交警中队、街道志愿者、汽车东站管理办公室人员、消防支队队员、运输行业从业人员组成的平安志愿服务联合队在现场进行了服务宣誓。该活动组织了对贫困少数民族进城务工人员捐赠活动。马坡岭街道工委、汽车东站10名勤劳朴实、爱岗敬业的贫困进城务工人员、经营户代表赠送乘车券，每人还可以获得1副核心价值观春联和1套“飞鸽传书”爱心图书。汽车东站是芙蓉区2个少数民族流动人口服务站中的一个，来自区委统战部和民宗局的干部为浏阳河东片地区8名少数民族代表赠送了慰问金。现场领导为春运大巴系上红绸带，寓意一帆风顺，一路平安。街道还组织文明交通服务队、乘车引导服务队、卫生清洁服务队、医疗应急服务队、爱心用餐服务队、少数民族服务队5支志愿服务队，开展站外交通、站内秩序、卫生清洁、志愿应急、爱心送暖志愿服务行动，该行动一直持续到春运结束。

【开展安全生产检查】 11月25日，马坡岭街道组织开展对辖区13个在建建筑工地安全生产检查，由街道联点领导带队，村（社区）负责人牵头组织工作人员、户籍民警110人参加检查。该次开展检查行动，1查在建工地民工工棚是否使用大功率电器；2查施工是否有方案，是否按施工方案进行施工；3查施工现场的设施设备安全情况，设备设施是否完好。4查施工现场消防设施配备是否到位，临边洞口的防护封闭情况，安全围网的阻燃性能等。并要求填写检查表，收缴违章用电工具，整改安全隐患问题。

【承办芙蓉广场文化月月演活动】 9月28日，“牵手芙蓉广场文化月月演暨"党建先锋·邻里浓情"趣味运动会在新安村村委会前坪举行。该活动由区委宣传部、区文明办、区文体新局主办，马坡岭街道办事处承办。该活动由街道机关及村、社区组成的运动队进行独轮车运大米、插秧苗、滴水传情、扁担箩筐运瓜果等项目的比赛，各类农产品既是比赛中使用的道具，也是获胜队伍可以拿走的战利品，现场"农味"足，"趣味"多。此次运动会采取选手们搬运大米、挑着瓜果，让大家体验农耕劳作的甘苦，也感受到浓浓的乡里情谊。

【开展赌博机清理整治行动】马坡岭街道地处城郊接合部，流动人口多，情况复杂，一些不法分子见赌博机有利可图，便在超市等地方放置赌博机，影响周围居民群众的生活。12月23日，马坡岭街道综治办、马坡岭派出所组织街道综治专干、巡防队员、派出所民警近80名人员组成联合突击检查组，对辖区内赌博机开展专项清理整治行动。该次整治行动重点对辖区内的超市、茶楼、民房等场所进行突击排查，查获各类赌博机16台，现场抓获3名涉赌人员，治安拘留1人。

【取缔非法提炼潲水油窝点】7月3日，马坡岭街道安监站联合城管、公安、食安、环保等部门40名执法人员对张公岭村辖区内非法提练潲水油个体作坊开展执法行动。共查获大油罐10个，成品油200桶。经查证，该潲水油提炼点未办理工商营业执照和相关许可证件，存在重大食品安全隐患。执法人员依法取缔该提炼潲水油窝点，捣毁潲水油加工设施，对非法作坊实行断电、现场收缴成品油，并对潲水废油成品进行暂扣。（孟建中）

东湖街道

【概况】东湖街道下辖东湖、合平、东湖渔场3个村，滨湖、龙马、韶光3个社区。区域面积9.91平方千米。总人口约5.45万人（其中常住人口约3.6万人），家庭户13820户，人口自然增长率1.43‰。2015年，东湖街道以"种业总部基地、休闲文化乐土、宜居生态家园"为定位，依托"隆平稻圣之家、种业硅谷之核、九曲浏河之心"区域品牌，整合资源禀赋，力促区域腾飞，各项工作取得较为显著的成绩。"东湖夜话"活动被中组部、中宣部联合推介，并在中央电视台《新闻联播》中播出。拆违、复绿工作成为全市亮点。6月、9月两次获评"长沙市城市管理十佳街道"。

经济指标全线迈进，全年任务超前完成。规模工业总产值5.55亿元，完成年计划104.7%；限额以上商贸业社会消费品零售总额3.09亿元，完成年计划的110 %；限上批发企业销售额6.3亿元，完成年计划的104.1 %；固定投资年1.67亿元，完成年计划104.3 %。高新技术产值26.7亿元，完成年计划106.8%。招商引资市外境内固定资产投资9.67亿元，完成年度任务138%；实际到位省外境内资金2.84亿元，完成年度任务142%。计划生育教育工作继续走在前列，被评为"市计生协会模范街道"、"市红十字模范街道"。教育工作被评为"2015年全国社区教育示范街道"。综治维稳连续18个月零发案，跻身平安街道行列。

项目引领，街域经济转型升级。全年完成隆平高科技园29.73万平方米、4号安置点9.2万平方米和城投19.87万平方米3个项目的拆迁工作，人民路两厢扩宽17米、浏阳河光风带扩宽20米、区交巡警业务用房建设项目腾地任务并启动隆平高科技园42公顷拆迁。招商引资借势用力。以市、区两级党委政府重点打造"浏阳河九道湾文化旅游产业带"为契机筑巢引凤。通过召开产业研讨会、发展问计会，邀请专家学者，并以全国及市、区人大代表建议和政协委员提案方式为"浏阳河九道湾文化旅游产业带"扩大影响力，全年被中央及省、市媒体报道百余次，吸引了鑫达贵都大酒店、湖南大汉汽车贸易有限公司等知名企业入驻。

积极作为，城市管理精美有序。在全市率先实现"违建清零"，拆除违建违建329处，计82.12万平方米，完成计划拆除量100%。有序推进清渣覆绿工作，创新方法建设自行车越野训练基地、足球场、篮球场和油菜观赏，并多次代表芙蓉区接受各级领导的观摩检查。落实"最严城管"态势，聘请千人"红袖章"民情信息员队伍，参与城市管理和宣传。街道先后投入50万元，重点对科教路、渔场路、湘研路进行全面包装整治，修缮道面1000平方米、补栽补种树苗1000株。对合平安置小区进行农安小区改造。开展校园周边环境综合整治，先后对农园路、科教路口、红旗路等进行清理整治。

创新平台，服务提质，民生事业不断推进。全年发放各项民政资金203.22万元，发放米油等物资1070套（其中低保金138.53万元；医疗救助金15万元；民政抚恤金及民政生活补助21.83万元；春节慰问金25.57万元；"八一"慰问金1.16万元；街道配套慈善救助金4900元；殡改金6400元）。全面加强社区品牌建设，滨湖、龙马社区分别以创建"夕阳幸福之家""稻菽科普志愿者服务社"为契机，延伸服务触角、精准服务居民；韶光社区的"艾莎社区服务站"创建成为市级"十佳社区自治品牌"。按照"服务居民、依靠居民、贴近需求、一室多用、整合改进"的要求，社区瘦身办公用房，所有工作人员、办事项目统一下放便民服务大厅，腾出空间让位社会组织，实现社区和社会组织共同参与社会治理。坚持依法办事、优质服务，韶光社区被评为省级"计划生育居民自治示范社区，"高校青春期健康教育成为全区卫生和计划生育工作的名片。进行市级标准化文化站提质改造，东湖街道全民健身活动中心等场馆建设；承办各类文体艺术活动20次，东湖村舞龙队参加了首届贵州思南全国舞龙大赛，丰富了居民群众业余生活。"东湖夜话——把话筒交给群众"系列活动紧密围绕中心工作，有效化解各类矛盾。全年开展"夜话"活动52期，吸纳民意400条，解决民生问题200件，并被中央宣传部重点推介。

安全护航，社会大局和谐稳定。积极构建群防群治网络，发动"红袖章"群防群治巡逻，与派出所加强联动，有效打击违法犯罪。全街居民楼栋开设"一栋一册，分色管理"，做好重点人员的管理。加强法律知识宣传，有效压控了盗窃、抢劫案件。全面排查258家生产经营单位、4所学校、217处仓库、29个网吧、4家烟花爆竹店、2处油库、47家小旅馆、4个废机油收购站安全隐患。逐一建立台账，制作检查记录文书461份，现场整改安全隐患20处，全年无重大火灾事故发生。调处及参与处理各类矛盾纠纷65起，调处率、成功率100%。结合"信访听证芙蓉行"活动，举行易美灿信访事项公开听证会，化解多年信访积案。下大力气解决湖南农业大学上访问题，上访率比上年下降80%。

强基固本，党建品牌示范引领。针对基层党组织开展党建工作和活动存在的一些不规范现象，"对症下药"印发了"关于规范东湖街道党费收缴工作的通知"等文件，对党建基础性工作全面梳理，严格规范。积分制管理凝聚队伍合力。抓实党员积分制管理工作，对党员实施分类管理，以支部（总支）为单位对党员积分进行公示，对于在全街中心工作、重点工作中有突出表现的党员，按照规定予以加分，并纳入全员绩效考核。充分挖掘党建、文化、阵地、人力等资源，开展"浏阳河九道弯"区域化党建联席会，"民情信息员"广场问政等党建主题活动，探索出"蜂巢义工""艾沙先锋工作室""美丽长沙公益联盟"等服务品牌。

存在的问题和困难：由于地处城郊接合部，辖区企业少、经济总量小；道路、水、电、气等基础设施建设相对滞后；部分村、居民的思维观念和生活习惯有待转型；城乡居民社会保障、拆迁工作带来的各种矛盾、历史遗留问题和工作难点不少。（周　韬）

东湖街道

书　记	尹卫东
副书记	李　清（2015.10免）
	张　敏
	石　磊
	刘胜（2015.10任）
工委委员	张　鹏
	陈云蓉（女）
	林　灿（2015.10任）
	徐　文（2015.03任）
主　任	李　清（2015.10免）
	张　敏（2015.10任）
副主任	林　灿
	刘光明
	肖泽圣

【浏阳河发展问计研讨会】　1月5日，东湖街道联合《长沙晚报》"你说话吧"栏目组举办浏阳河发展问计研讨会，邀请来自社会各界的29名《长沙晚报》热心读者参加活动。该次活动组织与会者乘船探访浏阳河九道湾芙蓉区河段，由长沙市知名文史学家陈先枢为大家现场讲解。乘船游览结束后，全体人员在东湖街道会议室参加浏阳河发展问计研讨会。会上，话友们围绕浏阳河保护与开发进行讨论，并形成了新的思路：认为浏阳河是长沙的母亲河，目前生态环境堪忧，应该以保护为主，尤其是沿岸的自然生态和人文景观；认为浏阳河是一条名河，应该大力开发，让人们通过品味浏阳河来认识长沙、感悟长沙；开发与保护并重，但前提是有一个统一规划和平台。

（李易阳）

【袁隆平入选"2014中国科学年度新闻人物"】　由中国科学院、中国工程院主办，两院院士评选的2014年中国十大科技新闻，1月31日在京揭晓。“超级稻亩产首破千公斤”，入围第五项。同时，由《中国科学报》、科学网、《医学科学报》和《科学新闻》杂志共同主办的“2014中国科学年度新闻人物”评选活动也正式公布结果，10人当选。其中，湖南杂交水稻研究中心院士袁隆平作为“技术创新和科技成果转化杰出者”入选。由袁隆平团队牵头的国家“863”计划课题“超高产水稻分子育种与品种创制”取得重大突破。2014年9月24日和10月10日，分别由中国科学院院士谢华安任组长的专家组和农业部测产专家组组长、中国水稻研究所所长程式华等专家，在牛形村和红星村现场测产，平均亩产分别达到1006.1公斤和1026.70公斤，首次实现超级稻百亩片过千公斤的目标，创造了世界纪录。该项目是农业部首次针对超级稻千公斤攻关品种组织的国家级测产验收。2014年，“Y两优900”在全国13个省市自治区的30个示范片开展高产示范攻关，在较为不利的气候下仍获得丰收。（李易阳）

【“我的家乡我的河”迎春祈福会】 2月4日是立春之日。由市文明办、区文明委主办，区委宣传部、文明办、东湖街道承办的“我的家乡我的河”浏阳河九道湾2015年迎春祈福会在东湖街道举行。该次迎春祈福会以“民俗韵、家乡味、文明风、东湖情”为主题，有舞龙狮、猜灯谜、剪窗花、吃春卷、送水饺等民俗文化盛宴，有爱心关怀、“微心愿”墙、文艺表演等活动，吸引了上万名群众参与。活动中10名书法家挥毫泼墨书写迎春对联；主办单位为居民群众免费派送现炸春卷和现煮饺子；有太极拳、柔力球表演和歌舞“东湖是个好地方”、长沙文明公约歌等系列“东湖情”文艺演出。该次活动表达出了居民群众追求平安祥和、东湖美丽繁荣的良好祈愿。（刘晓凤）

【锻造“拆违复绿”样板】 2月25日、全区拆违工作动员会召开，街道迅速组织工作力量，层层动员部署，充分立足实际，探索出“一个机构、二线摸排、三种节奏、四项引导、五条途径”的工作方法，有效推进了拆违工作的开展。截至8月底，共拆除违建329处，82.12万平方米，完成任务拆除量100%。其中，合平村拆除违法建设114处，拆除面积32.43万平方米；东湖村拆除违法建设150处，拆除面积38.67万平方米；东湖渔场村违法建设65处，拆除面积11.02万平方米。拆违后，东湖街道创新复绿方式，在拆后空地撒上油菜花种，利用原有的水泥坪改建篮球场，借复绿良机修建足球场，同时“变闲为宝”在空地上打造了一个总长约2600米的越野自行车赛道，成为广大市民朋友休闲、度假、赏玩的好去处。（周韬）

【“种业硅谷”人才库成立】 5月21日，湖南农业大学学海厅各方创新创业人才汇聚一堂。300余名大学生聆听着专家教授讲解传授行业尖端“机密”，倾听着“创客达人”成功的“秘诀”，享受了一次产学研相结合的思维盛宴。该次活动，芙蓉区组建了“种业硅谷”科技专家人才库，智库涵盖水稻、油菜、玉米、蔬菜、茶叶等领域人才。第一批聘请40位全国种业知名专家教授（其中1名全国人大代表、3名中科院院士，还有刘仲华等3名教授在这次的院士初评中通过），作为“种业硅谷”创新发展、转型提升的“智囊团”。活动现场还向官春云院士等10名专家教授代表颁发了聘书。东湖街道辖区内有湖南农业大学、湖南农业科学院、湖南生物机电职业技术等农业科研院校，具有强劲的科技研究实力和雄厚的人力资本。成立了以中国工程院院士官春云为代表的科研领袖、芙蓉区和东湖街道机关工作人员、“创客”等人群为主体的东湖街道“创客”志愿者联盟，为东湖街道“创客”们保驾护航。该次扩充“种业硅谷”科技人才库为浏阳河文化旅游产业带建设搭建平台，储备智力、储备人才，吸引更多总部基地、大型企业、创业型企业来芙蓉区投资创业。（周韬）

【九道湾自行车越野训练基地正式启用】 9月26日，长沙九道湾自行车越野训练基地启用仪式暨自行车嘉年华活动在东湖村举行，长沙首家自行车户外越野训练基地正式投入使用。市内多家知名“自行车俱乐部”以及百余名自行车户外越野骑行爱好者参加骑行体验活动。活动现场有骑行特技表演、自行车模特秀、骑车投篮、绕桩比赛等活动。“九道湾自行车越野训练基地”由东湖街道承建，占地面积百余亩，总长2600米，场地极具挑战性、趣味性，基地旁另设有两个标准篮球场，足球场，成为芙蓉区在浏阳河风光带建设全长21千米的自行车道后为市民提供的又一个自行车训练基地。（周韬）

【“庆重阳、传仁孝”系列活动】 10月18日，韶光社区“庆重阳、传仁孝”系列活动举行。韶光社区百余名老人，湖南农业大学、湖南生物机电职业技术学院上百名志愿者及社区居民到现场共贺重阳。该次活动安排了20个节目。有以“温馨 祝福 幸福 喜悦”为主题，为现场的观众和老年朋友们献上了孝亲敬老、传承仁孝的文明大餐。社区精心为老人们准备的“百寿宴”，席间，近50位耄耋老人端坐在20米长的“长寿桌”两旁，手拿竹筷，享受着热心居民亲做的美味菜肴。志愿者们服侍在旁，为老人们夹菜、扇风，不时还穿插着小朋友们献上寿面、寿桃及志愿者们送上的生日蛋糕。幸福老年代表钟爷爷展示了书画作品“百寿图”节目。（周　韬）

【“微孝聚大爱 共护母亲河”环保公益活动】 11月14日，由东湖街道举办的“微孝聚大爱，共护母亲河”环保公益活动启动仪式在浏阳河畔举行。该仪式上，社区“五老”代表讲述浏阳河的故事，唤起大家对浏阳河的记忆；湖南农业大学资环学院志愿者代表演出朗诵诗“青春中国，浏阳河”，激发在场观众爱护、守护浏阳河的热情；志愿者代表们发起保护浏阳河的倡议，在场的志愿者、学生、老师，社区居民们一同在代表着“保护浏阳河”的横幅上郑重地写下了自己的名字。小学生、志愿者们还把从家里带来的用废瓶和废电池和拾到的垃圾，在举办方处兑换一条具有净化水质功能的鱼苗，并把鱼苗向浏阳河放生。志愿者们还在现场发放环保宣传资料、在树上悬挂环保标语，在浏阳河畔捡拾垃圾，活动为共护母亲河的行动拉开了新序幕。（张　漪）

【重修东沙古井】 东沙古井位于东湖街道浏阳河北岸湖南农业大学内的萧家岭。该处是五代时常丰仓、北宋初常丰县县城故地。东沙井的历史或可追溯到五代至北宋时期，距今已有千余年历史。该井为浅水泉井，方形，井台约5～6平方米，井深约1.5米，两侧以砖墙围挡，上方用木板遮盖，井水清澈见底。水质甘甜堪比白沙古井，每天历经数百人取水却从不干涸，随舀随满。自2014年东湖街道斥资11万元初步修缮东沙古井后，经多番调研考证，并充分了解居民群众意见后，再次完善古井配套设施，修建“便民取水亭”，重修了取水小道，借用“为政当思水无沙”寓意，塑造了“水无沙” 廉政文化墙，方便服务取水居民同时，也让廉政与“沙水”文化巧妙融合，推动廉政教育入脑入心。（周　韬）

图51　东湖街道修建“水无沙”廉政文化墙

人　物

刘建新

刘建新，男，1957年4月生，中共党员，长沙市芙蓉区政协党组书记、主席。历任街道办事处主任，芙蓉区城管局局长，区委常委、副区长，区纪委书记，区政协主席。刘建新始终怀着一颗对党忠诚、对人民负责的心，坚定理想信念，把自己置身在一线和群众当中，坚持以“三严三实”的标准严格要求自己，在辖区急难险重任务面前勇挑重担，成为颇有名气的“疑难杂症”专家，被区委推荐为全市践行“三严三实”的优秀领导干部。

刘建新担任区政协主席以来，探索出“区委谋什么政协议什么，政府做什么政协帮什么，群众盼什么政协呼什么”的工作思路。他牵头围绕芙蓉区东片地区教育医疗设施建设、原市政府60号令拆迁安置遗留问题及禁毒工作等民生问题开展了专题调研，为科学决策提供了有效的参考意见。在2015年四届四次全会期间，他组织开展了“发挥政协职能作用，增强政协履职实效”和“关注民生民利，构建幸福芙蓉”2个专题协商会，协商活动取得成功。他指挥实施全区多个重大项目的拆迁任务，有70%以上的项目都留下了刘建新的身影：先后拿下了蔡锷南路、人民西路、五一广场、朝阳二村整体改造、东牌楼棚户区改造等市、区拆迁任务。其中，朝阳二村改造项目的拆迁超过3000户，创造了“朝阳二村拆迁超市”现象。在长沙最核心的东牌楼棚户区改造项目中，刘建新即使春节放假都没有回家休息，坚守岗位、连续作战，仅用16个月时间完成了1300户的拆迁任务，创造了棚户区改造拆迁“东牌楼模式”。马王堆火炬村拆迁安置工作启动后，年届58岁的他担任项目指挥长。虽然面临拆迁工作的难度大、问题杂，但他总是二话不说、一干干好，即使在住院做手术期间，依然召集项目相关人员，在病床上和同志们研究拆迁安置问题。他走村入户，耐心细致地做村民思想工作，即使个别村民恶言相向、恶意刁难，甚至有的村民对他粗鲁，但刘建新动之以情，晓之以理。有一次村民群起围堵他长达6个多小时，他依然不厌其烦地和村民沟通、交流。东牌楼项目拆迁期间，困扰袁冬梅娭毑几十年的“私改遗”问题得到了妥善解决，袁娭毑来指挥部送锦旗、放鞭炮，逢人就夸“刘书记好”！他先后成功处置了三角花园项目拆迁的遗留问题、金龙湾酒店的合同纠纷、区城建开发公司拆迁安置遗留问题、大成酒店和亚大时代阳光产权纠纷、晓园大楼火灾事故善后问题等一批区内的重大遗留问题，成功地化解各类矛盾纠纷，维护了社会稳定。刘建新经常强调，理想信念是共产党人精神上的“钙”，没有理想信念，精神上就会“缺钙”。他还说“一个鸡蛋吃不饱，一个名声背到老”。他把政协主席兼党组书记领导岗位看作是党和人民对他的信任，切实做到了为民用权、依法用权，从不为他们谋取私人利益，不搞特权。他从不收受礼品礼金和利用职务之便插手项目建设的招投标事项。他对党、对组织、对同志、对人民一片赤诚，公道正派，成为人民公仆的好榜样。

刘朝辉

刘朝辉，女，汉族，1968年生，中共党员，湖南省委党校在职研究生学历，现任荷花园街道政协联络处主任。她在基层岗位工作24年，先后被授予“长

沙市优秀共产党员”“长沙市十佳青年”“湖南省劳动模范”等称号。2013年1月被推选为湖南省第十二届人大代表，2015年4月被评为“全国先进工作者”。

1993年，刘朝辉在芙蓉区朝阳街道向韶社区从事综治、计生等工作。1997年5月，组织上安排她筹建人民东路居委会。她先垫资2000元作开办经费，在辖区单位申请了一间20平方米的房子当办公室。在走访居民中，她看到了外来务工人员的小孩无处入托，困难家庭的小孩入不起托，上班族的小孩找不到合适的地方托。她从其他单位借来120平方米的房子，又从家里拿出6000元垫上，把家里的被子、孩子的玩具搬来，为68名孩子找到了欢乐的场所。2012年3月，在刘朝辉的倡导下，社区以退休老党员、先进模范人物罗维周的名字命名，成立了“罗维周欣馨互助会”，与社区的弱势群体进行结对帮扶。共募集爱心捐款15万余元，帮扶困难群众300人次，支出爱心款13万元。2014年4月，保利苑小区老党员罗运林的老伴汤毛珍患重病后瘫在床上变成了“植物人”，刘朝辉一有空，就往罗运林老人家里跑，帮助料理家务，她护理“植物人”是那样的自然和专注。罗运林老人曾对湖南经济台的记者说，刘朝辉就像他的亲女儿一样对待他和他的家人。2014年，恒达花园畅春园5栋一外来户刘可找到社区，请求社区将自己儿子从外地乡下转到现居住地就近上学、便于照顾其生活。刘朝辉多方联系，最终将刘可这位农民工的儿子转到最近的育英二小上学。正是她这股韧劲，多年来，恒达社区的青少年实现了“零辍学”“零犯罪”，社区也因此被评为“长沙市红领巾文明社区”。2014年，按照“打通主干道，盘活微循环”的思路，恒达社区引入交通“微循环”项目，对7个老旧小区进行全面提质改造。“微循环”畅通工程历时6个多月完成后，社区环境面貌焕然一新，路面绿化整洁靓丽，消防通道畅通等。通过改造，各小区新增停车位30%以上，有效解决居民群众停车难、出行难等问题。2015年，恒达社区被评为“长沙市最美社区”“长沙市绿色示范社区”等称号。刘朝辉不仅关注着社区这个小社会的事，作为省人大代表，自2013年以来，她先后向有关部门提交了24条建议，涉及老人、残疾人、城镇独生子女、老旧小区物业、食品安全、基层文化建设等社会的多个层面，相关建议得到了省老干部局、省文化厅、省食品药品监督管理局等多个部门的认可和答复，95%以上建议得到了实体办结。

段军如

段军如，1969年1月生，清华大学高级管理人员工商管理硕士，中共党员，现任长沙新振升集团有限公司党委书记、董事长、总裁、法人，获评“2015年度湖南省优秀企业家”称号。

段军如是新振升的创始人之一。在其领导下，历经22年的创新与发展，成为拥有长沙、岳阳、汨罗、上海四大生产基地，年设计产能超15万吨，年生产加工门窗18万平方米，年销售收入达52亿元，年利税近7亿元的重点企业，湖南新型工业化的领军企业。公司产品畅销全国各地，是中国铝材行业的知名品牌和用户首选产品、中国政府援建非洲项目的指定铝材。公司先后获评“中国驰名商标”“省级企业技术中心”，通过ISO 9001、ISO 14001、OHSAS 18000质量/环境/安全管理体系认证，国家知识产权局授予的外观设计/实用新型/发明专利证书。段军如先后荣获长沙市首届“转型升级十佳突出贡献企业家”“第二届优秀中国特色社会主义事业建设者”“建国60周年——中国和谐社会杰出企业家”“优秀政协委员”等荣誉。2015年，他参加清华大学EMBA在职学习，将先进的管理理念有效运用于企业管理，全面推行“阿米巴”经营管理模式，将企业内部划分成多层级合伙人，推行“利润中心”责任制，极大调动各级各部门的工作积极性和创造性。在营销网络布局方面，启动打造“双品牌”（“振升”“金刚”）、“双模式”（工程市场、渠道市场）销售渠道。通过细分市场，由原“经销+直销”模式，叠加为线上线下整合的直复营销方式。公司在中南地区共设立6个销售大区，面向省内外广阔的农村市场设立1600个县、乡镇分销点和1万个加工点，构建起完整的“市—县—乡镇”三级经分销网络体系。在工程市场开发方面，通过与省内外大型房地产商建立战略合作关系，打造B2B的工程直销模式，不断拓展市场、拓宽销售渠道。同时，利用新农村与城镇化建设、政府棚户区改造及廉租房建设契机，助推市场刚性需求。他依托省级企业技术中心的科技推动力，坚持自主创新与节能减排，并将研发成果推广应用到循环经济更广泛的领域，将产品拓展至新能源、轨道交通等新型工业化领域。与中南大学进行技术合作，建立产学研合作平台，不断提高自主创新能力，开发绿色、环保、节能的新产品共计4大类、48个系列，引导消费潮流，引领行业发展。近三年，公司累计完成科技成果12项，获国家发明专利、实用新型专利、外观设计专利近百项，成为铝型材行业高新技术企业。长沙地铁1、2号线所有地铁站用到的高性能屏蔽门、铝踏板全部采用新振升产品。段军如领导其管理团队，大力推行清洁生产，实施节能环保设备设施升级，安装废水处理在线监测系统，进行实时远程监控；改进生产工艺，对主要原辅材料进行循环利用，减少废水处理量；采取逐步淘汰高能耗设备的办法，使水、电、气等能源消耗指标逐年降低，确保“三废”处理全部达标排放，初步实现水、电、气、油节约20%以上的目标，基本实现市、区两级能源部门下达的节能目标，公司被评为“两型示范企业”。

唐　红

唐红，女，1970年生，中共党员，本科学历，会计师。2004—2014年，她连续2次获评城市建设工作先进个人称号，获评全省及全市内部审计先进工作者及优秀党员称号，获评长沙市先进会计工作者称号。2015年被授予2015年度长沙市雷锋式人民公仆称号。

参加工作23年，唐红一直坚守岗位，“舍小家，为大家”，在平凡的岗位上默默奉献，毫无怨言。2013年，女儿高考、丈夫在北京动手术、自己突发严重腰椎病，她始终把工作摆在第一位，依然绑着绑带坚持上班，完成了2014年度的部门预算编制和2013年财政决算工作，2015年4月被诊断患上乳腺癌，需立即动手术，在手术之前她仍然坚持在工作岗位，以超人的毅力和责任感，审核完十几个单位申报的资金后，才去住院进行手术治疗。化疗期间，她躺在病床上充当行政事业单位财务辅导员，帮助全区教育、卫生部门顺利通过省市检查，教育系统的同事都亲切地称呼她为编外“老师”。

熊　玲

熊玲，女，1969年生，中共党员，现任长沙市芙蓉区国家税务局党组书记、局长。熊玲调任长沙市芙蓉区国家税务局局长以来，积极推行税户“三级管理”模式；全面推进“政府主导、税务执法、街道协管、社会参与”的个体税收社会化管理改革——“家门口的税务局”；提出并倡导“朝晖芙蓉、服务为您”的理念；实行“双人导税”，实现“四简”（简捷办税、简化资料、简政放权、简化流程），根据实际对29项办税流程进行整合，多个事项办理时限平均缩短30%。强化个体阳光定税，率先在全市开展专业市场个体税户“民主评税、阳光征管”工作，其做法2次被新华社《国内动态清样》专题报道。支持“双创”企业发展，举行“税企交流会”“创客分享会”等活动，为辖区内的“创客”主动送政策、送服务上门，助力“双创”企业成长，央视《新闻联播》《中国税务报》等媒体进行专题报道。区局被国家税务总局确定为湖南省唯一的“纳税服务标杆局”，纳税服务工作经验全省推广。她用推己及人、立己立人的方式，深入开展“心力建设”，积极打造“三味区局”，关爱“7·30”人员，热心公益，履行社会责任。组织扶贫、助学、困难救助各类募捐5次，募得善款近8万元，均已捐赠到位。熊玲本人也捐助了两位壶瓶山的困难优等生，承担她们自初中到高中的学杂费用。2001年荣获“五四奖章”“湖南省优秀团干部”；2011年长沙市优秀党务工作者；2012年荣获“湖南省妇女创先争优先进个人”“湖南省优秀国税工作者”；2013年荣获“长沙市直机关‘雷锋式’人民公仆”；2014年荣获“全国巾帼建功标兵”等称号。2015年荣获“全国巾帼建功标兵”和湖南省国税系统“优秀基层局长”荣誉。

刘 辉

刘辉，汉族，1976 年生，本科文化，中共党员，长沙市公安局交警支队芙蓉大队十中队中队长。先后多次荣获长沙市“优秀人民警察”“长沙市交通秩序整治先进个人”，市局“优秀共产党员”“优秀公务员”“省抗冰救灾先进个人”，荣立三等功 2 次。2015 年，被评为湖南省劳动模范。

1996 年，刘辉进入公安交警队伍，他扎根基层克己奉公，恪尽职守。作为共产党员和交通警察，他对自己高标准、严要求，处处以身作则，率先垂范，坚持文明、规范执法。“遇事先微笑，执法先敬礼，用真情化解问题”，2010 年 8 月，工作中刘辉拦了一位骑电动车在机动车道载人逆行的女同志。当时，这位女士情绪很激动，刘辉始终耐着性子，面带笑容向她解释逆行的危害，向她一连敬了七次礼，最终让她主动承认了错误。刘辉坚持做到换位思考，把群众当作自己的亲人，把当事人的事当作自己的事，用自己的真情和忠诚打动群众。2011 年冬天，1 名男子骑着一辆满载泡沫的三轮车，在杨家山立交桥附近被刘辉拦下来，刘辉得知他家十分困难，进城打工讨生活实在不容易，未对他进行处罚，而是找了一辆拖车，分多次免费帮他把泡沫运到目的地。《南方日报》为此专门发表评论文章《长沙泡沫哥的故事温暖着整个冬天》。刘辉在执勤工作中 19 年，纠正交通违法行为上万次，没有与违章者发生过纠纷和矛盾。杨家山立交桥沿线原来设计车流量每小时仅 3000 辆左右，实际最大流量达到 1.6 万辆，月平均发生事故多达 150 起，被称为“长沙首堵”。2010 年，交警大队在此路段专门设立了十中队，由刘辉担任中队长。为此，刘辉连续 2 个月蹲守在桥上观察，每天一守就是几个小时，下班后同事探讨交流。经过不懈的努力，终于找到了缓解交通拥堵的办法，在立交桥中层转盘安装遥控信号灯，执勤交警根据车流量的变化适时遥控调节红绿灯的时间。随后又积极提出杨家山立交桥底层改造建议并得到采纳实施。在改造过程中，带领中队民警加班加点进行分流疏导，在沿线重要地段的门店发放警民联系卡，公布 24 小时防堵电话，在团结路立交桥、杨家山立交桥安装摄像头 24 小时监控路口流量，同时安排警力高密度巡逻，及时查纠违法车辆，处理突发事故，使交通秩序大为好转，路面拥堵有效缓解。

龙继红

龙继红，1962 年生，中共党员，大学本科学历，中学特级教师，湖南大学硕士生导师，现任育才学校校长，兼任育才三校（育才学校、育才二小、育才三小）总校长。长沙市第十四届人大代表，芙蓉区第三届、第四届政协委员。她从事教育工作 34 年，担任小学校长 21 年，有 50 篇论文获省级以上奖励并发表，主编了“聚焦新课程”系列丛书出版发行，合编 3 本论著，多次参加省级教材的审定工作，2015 年撰写 32 万字的专著“让每一个生命绽放独特魅力”正式出版发行。她还担任教育部督学、中国应急管理学会校园安全专业委员会委员、湖南省特级教师专业委员会常务副理事长、湖南省幼小衔接工作专业委员会副理事长、长沙市第六届教育学会常务理事、长沙市小学校长工作委员会副理事长、长沙市特级教师农村工作站站长等职务。荣获全国名优校长、湖南省优秀教师、长沙市优秀共产党员等称号。并兼任湖南省小学骨干校长高研班研修导师，国培班研修导师，长沙市第一届、第二届语文名师工作室顾问。

担任校长期间，龙继红使薄弱学校南阳街小学、老校浏正街小学焕发活力。她在育英学校任校长 10 年、在育才学校任校长 5 年间，办学成绩卓著，影响力遍及省市乃至全国、港澳台、英国、加拿大，接待国际国内教育代表参观团逾百次。在育才、育英学校工作期间，与英国、香港手拉手交流互访，为传播中国教育文化做出了较大贡献。15 年中，她带领育英、育才两所名校先后承办全国儿童阅读论坛、全国校长论坛、全国综合实践研讨现场会、全国英语教学研讨会、全国小学语文、数学等多次现场会。承接了湖南省首届特级教师论坛大型活动和全国第四届小学校长论坛大会。湖南省两届小学校长年会，全方位展示校园文化、课程文化、办学理念。育英、育才学校获评“全国亲近母语课题实验基地学校”“国家外语实验学校”“全国现代教育技术实验学校”及湖南省“语言文字规范化示范校”“湖南省首批教育科研示范校基地”“湖南省五星级红领巾示范校”“湖南省生态示范学校”“湖南省羽毛球后备人才培训基地”等称号。她负责主持了4个国家级课题，6个省级课题的实验工作，8个市级课题。其中，在育英学校主持的“交流式习作研究”课题，已推广辐射到香港、广州、全省地州市；主持的省级课题“健康小厨房”顺利结题；为育才学校精心打造的魅力园体验课程于2015年在育才三校全面铺开，共计49门课程构成一座可以让孩子们尽情释放梦想的“魅力之城”。魅力园体验课程获评2015年长沙市基础教育成果一等奖，推荐上报湖南省教育成果评优，还被湖南省教育厅推荐参评教育部课程改革经典案例评优。

周方苗

周方苗，男，42岁，本科学历，小学高级职称，现任育英小学校长。历任大同小学教导主任、副校长，芙蓉区教育局党政办主任。2011年，任新建学校——大同古汉城小学校长。他在大同古汉城小学治学期间，学校以优美的校园、富有特色的办学文化以及卓越的办学业绩受到社会各界的广泛好评。

他带领学校以幸福教育为背景，以科学的管理方略治校，以尚美的校园文化建校，营造了学风浓郁、特色鲜明、富有生机的教育氛围，把学校办成师生共同成长的乐园、学园和家园。学校围绕尚美文化，以优化管理为抓手，以“一网两校”为建设主题，创造性地开展活动，促进特色校园、和谐校园建设。德育方面，以常规教育为重点，依托芙蓉区教育局德育项目示范校及省级课题“在公共生活中培养学生公民责任意识的研究”为切入口，以“三精教育”为主题培育学生的公民意识，突出德育常规管理。同时，利用网球宝贝“诚诚”和“彤彤”的卡通形象，参与大队部管理，促进德育教育的亲近感和现实感。学校将德育的触角延伸至广阔的社会生活，在各种各样的活动中不仅培养学生的公民责任意识，更体会爱国、爱家、服务他人的大精神。队伍建设方面，突出师德建设，抓实教师形象工程，打造学习团队，促进教师专业成长。课程开发方面，学校将“为孩子尚美人生奠基”的办学理念融入到学校课程开发实践中，使课程成为丰富学生成长经历的“源头活水”。家校共建方面，“与共”家长学校是学校一直以来培训家长的载体，加强了家校教育的融合，实现教育效果的最大化。

2014年7月，《湖南教育》以“探究课堂教学变革新途径”为题专访周方苗。2015年5月，《光明日报》主办的期刊《考试》以“转变思想成就教育腾飞 改革创新引领教学潮流”为题专题采访了周方苗。11月，《中国教育报》在“湖南：将教育信息化‘高速’修进各级各类学校”一文中报道大同古汉城小学教育信息化所取得突出成绩。古汉城小学先后被评为湖南省信息化试点学校、湖南省语言文字规范化示范学校、长沙市网球后备人才培养基地、长沙市绿色示范学校、长沙市两型创建学校、长沙市小学校本管理先进单位、长沙市常规管理先进单位、长沙市经典诵读特色学校、长沙市规范汉字书写示范学校、长沙市心理健康教育示范学校、国家级红领巾数字图书馆、长沙市合格化学校等称号，省市多家媒体对学校的各项工作进行了相关报道。

肖光兰

肖光兰，男，1946年2月生，大专文化，1963年12月参加中国人民解放军，1966年7月入党，2006年3月退休，退休前是芙蓉区政协主席，现为芙蓉区老科协会会长。湖南省老科协先后两次在芙蓉区召开现场经验交流会，长沙市老科协先后4次在芙蓉区召开现场会，推介芙蓉区老科协组织建设、建言献策、科普活动等项经验。肖光兰先后3次代表湖南省老科协出席全国在武汉，福州等经验交流会，并在会上发言或书面发言。中国老科协会长程连昌说：“长沙市芙蓉区把基层社区老科协工作做得有声有色，很不简单。”

肖光兰十分重视老科协组织建设，区老科协从当初成立时的 3 个分会，36 名会员，发展到现在的 63 个分会，1680 名会员。2008 年率先成为全省基层社区，村 100% 成立了老科协分会的区县，受到省老科协熊清泉书记、汪浩、朱东阳等领导的高度赞扬。全区 63 个基层老科协分会，95% 是社区书记主任担任老科协分会会长，从而保证了老科协活动人员、时间、经费的落实，这一做法，受到了全国各地来交流、参观的同行们的好评。老科协会员素质不断提高，都具有中级以上技术职称，如龙马社区老科协分会 14 名会员中，13 名是研究员，副研究员职称。芙蓉区老科协涌现了如罗维周、张祖荣、张定浙等一批在市、区内有影响的优秀会员，被区委、政府领导称赞为“高素质的编外科技大军”。他十分重视将老专家，老教授及会员中的知识智力优势转化为促进本地区社会经济发展的现实优势。近 5 年来，全区会员先后撰写了 400 篇有较高质量的调查报告和建言献策文章，大部分建议被各级领导采纳。有的建议还得到了省委、省政府在职主要领导的批示，区城管分会的多项建议意见避免了城市建设中的浪费现象，产生了数百万元的经济效益。肖光兰会长不仅认真组织这一活动，还先后亲自撰写了 30 篇高质量的建言献策文章，26 篇被省、市刊用，14 篇被评为长沙市老科协一、二等奖。他深入全区机关、学校、街道授课 27 场次，听课党员干部 6500 人次。不断创新“科普”活动形式。他组织抓好每年 5 月的全国科普活动周，9 月的全国科普活动日两个时间环节，科普活动形式采取集中大型活动与科普进社区，进家庭，进学校相结合。每年都要组织全区各类科技人员广泛开展科技咨询，科技服务上千场次，充分调动了会员们的积极性。工作务实，责任心强。他对老科协工作每年初有规划，年中有督察，年底有检查总结。坚持每周一的学习、研究工作例会，每月 1 次工作分析会议；每季 1 次事事会；每半年向分管区领导汇报 1 次老科协工作；每年都召开总结会、年会，已经形成了制度。他身体患有糖尿病，经常带病坚持工作，亲力亲为，处处模范带头，非常敬业，并善于不断总结提高，点子多，使芙蓉区老科协工作内容不断创新，内涵不断丰富。工作有魄力，敢抓敢管。区老科协成立以来，先后 5 次获得省老科协先进集体，其本人也 5 次获省先进个人称号。在他的协调下，区委常委会先后 4 次听取老科协工作汇报，区政府常务区长会议 5 次研究老科协工作。区老科协工作进入了领导工作议程，经费得到了保彰并逐年提高，办公条件优越，并在全省率先建立了有 200 平方米的“芙蓉区老科技工作者活动中心”。全区上下形成了重视老科协工作的良好氛围。先后有 13 个省、市自治区 36 批 700 名同行领导来芙蓉区参观、交流。

赵继云

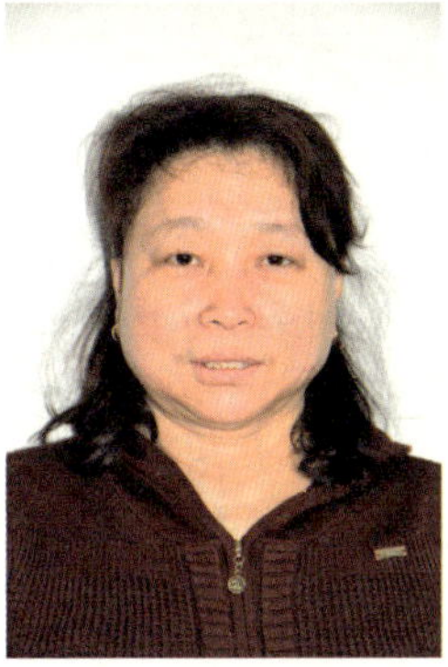

赵继云，女，1958 年 8 月生，现为湖南省红十字会义工。十余年来，她放下手中生意，发起成立“善行者爱心联盟”和“中国妈妈”志愿服务队，固定会员达 200 名，募集了上百万元善款，组织了上千次志愿服务，帮助边远山区儿童和问题青少年，是孩子们信任的“爱心妈妈”。她被评为湖南省首届金牌义工，荣获 2012 年度全国优秀志愿者称号，并入选 2015 年 12 月份助人为乐类“中国好人”榜。

2001 年底，与赵继云相依为命的儿子被检查出尿毒症晚期。她顶着巨大的压力拿出全部积蓄，能卖的卖，能借的借，东拼西凑 20 万元给儿子做了换肾手术，然而，儿子由于严重的“排异”反应需要再次做手术。在她彻底绝望的时候，定王台书市个体协会以及辖区内的浏正街工商所，先后两次为她儿子募捐 15000 元。另外，好心人捐助 6 万元，终于将儿子从死亡线上拉了回来，渡过了难关。她从此开始帮助那些和儿子有同样遭遇的人。2005 年，赵继云自发组织的“善行者爱心联盟”，汇聚了一群热心助人的义工。她和队员们关注湖南边远地区的辍学儿童，经常对孤残儿童心理进行疏导，通过寻找捐助人等方法解决失学儿童的学费问题，定期开展以儿童福利院为主的公益活动，通过看望和陪护居住在那里的残障儿童以及组织针对儿童的活动帮助孩子们成长。邵阳籍肝癌晚期的农民患者，赵继云亲切地称，那个孩子没有父母，为了给两个弟弟筹集学费很小就出来打工了，后来被检查出了肝癌，当时他特别绝望。她当即在王府井百货商店发起现场募捐活动，通过湖南卫视的“送农民工回家过年”活动让他回家过了个年，虽然现在那个孩子已经离开人世，但赵继云给了他临终的关怀和关爱。湖南红十字会志愿者队伍里“中国妈妈”义工团队，也是由赵继云发起组织。团队成员先后到工读学校，给“特殊”孩子以妈妈般的关怀，每个月分批到福利院看望老人、小孩和残障者及自闭儿童。她还联合民政部门设立了一个专门的公益办公室，许多自闭儿童在她的帮助下敞开心扉，找到自信，回归社会。多年的志愿服务经历，赵继云始终相信“施比受更为有福”，这是她做志愿服务始终秉持的信念。

黎树祥

黎树祥，1931年8月生，现为东屯渡街道嘉雨社区西街花园小区居民。1949年5月参加革命工作，1949年11月参加中国人民解放军，1953年11月加入中国共产党，曾任中国人民解放军空军高射炮兵第十师作战科科长，长沙自行车总厂党委副书记、副厂长。他从小坚持写日记，75年笔耕不辍，书柜上整齐排列的85本厚厚日记共计1400万字。他的日记除了记录个人生活、心路历程，也重现了抗战时期的真实场景，以及新中国成立至今经济的发展和时代的变迁、社会的进步，多次受到省市报刊、广播电视等新闻媒体的宣传报道。

1939年9月14日，日军进犯，长沙第一次会战。当时，正在读初小的黎树祥每天都会听到老师分析战况。1941年9月上旬，第二次长沙会战。日军首次进入长沙县境内，进入高小的黎树祥第一次感觉到“战争”。9月26日，他刚到学校，就碰上日军飞机轰炸。“有人大喊，同学们赶快躲起来，不要有响声。”这天，他写下了第1篇“战争日记”。新中国成立前，黎树祥在湖南平大中学读书，成绩优异，曾担任该校学生自治会理事长。在中共地下党影响下，积极投身学生运动，任长沙市学生联合会平大分会负责人、护校会负责人。1949年5月，经中共地下党员周德武介绍，参加新民主主义研究会（党的秘密外围组织）为正式会员，并任小组长。在白色恐怖环境中，严格遵守工作纪律，坚决执行党组织交给的各项任务，如组织学生参加“反独裁、要民主、反内战、要和平”的示威游行，宣传群众、团结青年、保护学校、迎接解放等。暑假期间，为使学校免遭反动势力破坏，发动组织学生开办民众识字班，招收附近贫苦孩子数百人，免费入学。采用募捐、电影包场等办法筹集经费，克服许多困难，直到1949年8月5日长沙解放时，学校财产完好无损。在庆祝新中国成立55周年时，《长沙晚报》专题选登他的日记，以《与共和国同行——黎树祥日记》为题，连载2个多月。对于生活了一辈子的长沙，他更是满腔热爱，笔墨没少涉及城市新变、街头新景。五一大道通车、一条条跨湘江大桥和过江隧道建成、梅溪湖亮相、地铁运营开通，黎老都饱含深情地写进日记。省委宣传部文艺阅评员撰文评介，认为“这样的日记文本已超越了日常的家庭档案，已经具有了社会学的雏型”。70岁时，他开始学习，天天上网，关心时事，发表评论，查阅资料，通信聊天，编辑文字等，如今过着充实丰富的离休生活。

（年鉴编辑部根据相关单位报送资料或其他资料编撰）

统计资料

·表 16·

国民经济及社会发展主要指标表

指标名称	单位	2015 年	2014 年	2015 年比 2014 年增长 ±%
一、地区生产总值	万元	10332511	9402003	10.0
其中：第一产业	万元	2247	4086	–46.6
第二产业	万元	1594664	1532169	6.6
第三产业	万元	8735601	7865748	10.8
二、年末常住人口数	万人	54.28	53.92	—
三、人均 G D P	万元	19.04	17.53	—
四、农业总产值	万元	4467	7930	–44.3
五、工业总产值	万元	4780120	4527876	5.6
其中：规模以上工业总产值	万元	4275916	4037454	5.9
六、社会消费品零售总额	万元	7125798	6460378	10.3
七、全社会固定资产投资	万元	4361193	3522773	23.8
八、城镇居民人均可支配收入	元	42697	39171	9.0
九、财政总收入	万元	1019652	925958	10.1
十、实际到位省外境内资金	亿元	87.08	76.61	13.7
十一、实际利用外资	万美元	6.02	5.49	9.6
十二、人口自然增长率（‰）	—	4.61	4.84	—
十三、辖区内城镇登记失业率（%）	—	2.55	2.78	—
十四、小学生入学率（%）	—	100	100	—

注：本提要中部分 2015 年的统计数据已根据相应统计制度变化后的要求相衔接。

·表 17·

工业经济主要指标表

指标名称	单位	现价工业总产值		2015 年比 2014 年增长 ±%
		2015 年	2014 年	
一、工业总产值	万元	4780120	4527876	5.6
#规模以上工业总产值	万元	4275916	4037454	5.9
二、工业增加值	万元	1066787	1043983	6.1
#规模以上工业增加值	万元	989800	928518	6.6
三、高新技术产品总产值	万元	8157807	7022579	16.2
四、高新技术产品增加值	万元	2913370	2536505	14.9

·表 18·

规模工业产值表（按经济类型分类）

指标名称	单位	2015 年	2014 年	2015 年比 2014 年增长 ±%
合计：	万元	4275916	4037454	5.9
一、按经济类型分				
1. 国有及国有控股企业	万元	5028	16412	–69.4
2. 集体企业	万元	68772	55550	23.8
3. 股份制企业	万元	4069516	3770563	7.9
4. 外商及港澳台投资企业	万元	132600	194930	–32.0
二、按轻重工业分				
1. 轻工业	万元	1871769	1763178	6.2
2. 重工业	万元	2404147	2274276	5.7

·表 19·

全社会固定资产投资表

指标名称	计算单位	2015 年	2014 年	2015 年比 2014 年增长 ±%
一、固定资产投资	万 元	4361193	3521572	23.84
其中：公有制经济类型	万 元	783433	595146	31.64
其中：固定资产投资（不含房地产）	万 元	3645943	2433579	49.82
房地产投资	万 元	715250	1087993	–34.26
二、工业技术改造	万 元	424743	337335	25.91
三、工业和生产性服务业投资	亿元	2498970	1611102	55.11
四、商品房销售面积	万平方米	58.58	54.25	7.99
五、全区重点项目个数	个	61	48	27.08
六、重点项目投资总额	万 元	1316241	1212755	8.53

·表20·

固定资产投资基本情况表

指标名称	计算单位	2015年
一、施工项目个数	个	891
其中：基本建设	个	104
改建和技术改造	个	752
房地产开发	个	35
二、竣工项目个数	个	715
其中：基本建设	个	81
改建和技术改造	个	623
房地产开发	个	11
三、全部房屋施工面积	万平方米	623.78
四、全部房屋竣工面积	万平方米	141.10
五、新增固定资产	万元	3591500

·表21·

建筑业基本情况表

指标名称	计算单位	2015年
一、资质建筑企业个数	个	98
二、资质建筑企业计算劳动生产率平均人数	人	91285
三、资质建筑业总产值	万元	2371591
四、全部建筑企业增加值	万元	527877
五、资质建筑企业利润	万元	80899
六、资质建筑企业全员劳动生产率	元/人	259801
七、资质建筑企业本年施工面积	万平方米	1064.00
八、资质建筑企业本年竣工面积	万平方米	422.95

注：该表数据为总承包和专业承包企业数据，不包括劳务分包企业数据。

·表22·

社会消费品零售总额表

指标名称	单位	2015年	2014年	2015年比2014年增长±%
总　计	万元	7125797.8	6463250.8	10.3
一、按销售单位所在地分	万元			
城镇	万元	7125797.8	6463250.8	10.3
其中：城区	万元	7125797.8	6463250.8	10.3

续表 22

指标名称	单位	2015 年	2014 年	2015 年比 2014 年增长 ±%
二、按行业分组	万元			
1. 批发业	万元	1560344.6	1382358.4	12.9
限额以上	万元	787707.1	725217.4	8.6
限额以下	万元	772637.5	657141.0	17.6
2. 零售业	万元	4749643.6	4340812.8	9.4
限额以上	万元	2235218.2	2202289.7	1.5
限额以下	万元	2514425.4	2138523.1	17.6
3. 住宿业	万元	116483.4	122930.3	-5.2
限额以上	万元	51465.9	67599.0	-23.9
限额以下	万元	65017.5	55331.3	17.5
4. 餐饮业	万元	699326.2	617149.3	13.3
限额以上	万元	129992.0	132823.9	-2.1
限额以下	万元	569334.2	484325.4	17.6

·表 23·

全年物价指数表

指标名称	同比（上年为 100）
1. 商品零售价格总指数	99.6
2. 居民消费价格总指数	101.1
3. 通信服务价格指数	98.1
4. 城市间交通费价格指数	97.5
5. 服务项目价格指数	100.5
6. 工业生产者出厂价格指数	97.0
7. 新建住宅销售价格指数	91.6

·表 24·

城市居民生活状况表

指标名称	单位	2015 年	2014 年	2015 年比 2014 年增长 ±%
一、城镇居民人均可支配收入	元	42697	38817	10.0
二、城镇居民消费性支出	元	31978	30183	5.9
1. 人均食品类消费支出	元	9638	9187	4.9
2. 人均衣着类支出	元	2543	2145	18.6

续表 24

指标名称	单位	2015年	2014年	2015年比2014年增长±%
3. 人均生活用品及服务支出	元	2231	1554	43.6
4. 人均医疗保健支出	元	741	1347	–45.0
5. 人均交通和通信支出	元	3142	4416	–28.8
6. 人均教育文化娱乐服务支出	元	5715	4681	22.1
7. 人均居住支出	元	7736	6367	21.5
8. 人均杂项商品和服务支出	元	633	484	30.8
三、城镇居民家庭恩格尔系数	%	30.0%	30.4%	–1.3
四、城镇居民人均使用面积	平方米	33.8	33.8	0

注：部分数据采用2014年统计口径。

·表25·

地方财政收入和支出情况表

指标名称	单位	2015年	2014年	2015年比2014年增长±%
一、财政总收入	万元	1019652	925958	10.12
其中：公共财政收入	万元	399608	387562	3.11
税收上划	万元	574724	517460	11.07
二、公共财政支出	万元	511028	505534	1.09
其中：一般公共服务	万元	37229	89340	–58.33
教育	万元	74778	60972	22.64
科学技术	万元	9116	10801	–15.6
文化体育与传媒	万元	1869	1225	52.57
社会保障和就业	万元	26216	18930	38.49
医疗卫生和计划生育	万元	14130	14733	–4.09
城乡社区事务	万元	298106	259252	14.99

·表26·

招商引资情况表

指标名称	单位	2015年	2014年	2015年比2014年增长±%
一、招商项目个数	个	242	209	15.79
其中：外资项目	个	12	8	50

续表 26

指标名称	单 位	2015 年	2014 年	2015 年比 2014 年增长 ±%
内资项目	个	230	201	14.43
二、招商引资完成情况				
1. 直接利用外资	万美元	60180	54915	9.59
2. 实际引进省外境内资金	万元	870763	766121	13.66
3. 市外境内资金形成固定资产	万元	2340716	1978269	18.32

·表 27·

环境保护基本情况表

指标名称	单位	2015 年
一、城市污水集中处理率（%）	—	96.9
二、城市生活垃圾无害化处理率（%）	—	100
三、重点工业企业污染治理情况		
1. 工业废水排放达标率（%）	—	99
2. 工业二氧化硫排放达标率（%）	—	100
3. 工业烟尘排放达标率（%）	—	100
4. 工业粉尘排放达标率（%）	—	100
5. 工业固废综合利用率（%）	—	90
四、建成烟尘控制区个数	个	4
五、建成烟尘控制区面积	平方公里	20.8
六、建成环境噪声达标区个数	个	2
七、建成环境噪声达标区面积	平方公里	20.8

·表 28·

教育事业基本情况表

指标名称	单位	2015 年
一、学校数	个	35
其中：小学	个	32
中学	个	3
二、在校学生人数	人	44003
其中：小学	人	36644
中学	人	7359
三、小学生入学率	%	100
四、小学生普及率	%	100
五、小学生巩固率	%	100

续表 28

指标名称	单位	2015 年
六、普通初中入学率（%）	—	100
七、教职工数	人	2368
八、适龄人口入学率（%）	—	100
九、在校学生辍学率（%）	—	0
十、小学毕业生升学率（%）	—	100
十一、初中毕业生升学率（%）	—	98.57

·表 29·

社会保障基本情况表

指标名称	单 位	2015 年
一、城镇新增就业人员	人	16599
二、失业人员再就业	人	5726
三、年末城镇登记失业率（%）	—	2.55
四、新增失业保险职工人数	人	13975
五、领取失业保险金人数	人	1359
六、新增养老保险人数	人	14547
七、新增基本医疗保险人数	人	8400
八、基本养老保险发放率（%）	—	100

·表 30·

社区服务及社会福利事业基本情况表

项　　目	单位	2015 年
一、城市社区服务设施	处	67
二、基层社区服务中心	个	67
三、敬老院床位数	床	128
四、敬老院供养人数	人	68
五、接受社会捐赠	万元	68.2
六、全年共发放低保金	万元	1752.6
七、全年领取最低生活保障救济人次	人次	49338
八、城镇居民得到政府最低生活保障	人	3628
九、城镇各种社区服务设施	个	67
其中：综合性社区服务中心	个	67

·表31·

城市环境卫生基本情况表

项　目	单 位	2015年
一、完成工作量		
1. 收运垃圾	吨	294931
2. 清扫面积	万平方米	789.57
二、环卫专用设备		
1. 垃圾运输车	台	60
2. 真空吸粪车	台	1
3. 洒水车	台	73
4. 机扫车	台	40
5. 融雪车	台	1
三、环卫设备		
1. 公共厕所	座	97
2. 垃圾站	个	93

·表32·

文化事业发展情况表

指标名称	单　位	2015年
一、艺术表演团体	个	162
二、文化馆	个	1
三、公共图书馆	个	1
四、博物馆	个	0
五、纪念馆	个	1
六、广播电台	座	0
七、体育场	个	494
1. 体育馆	座	192
2. 运动场	个	280
3. 游泳池	个	22

·表 33·

医疗卫生基本情况表

指标名称	计算单位	2015 年
一、医疗卫生机构数	个	294
其中：社区卫生服务中心	个	12
社区卫生服务站	个	35
二、医疗卫生人员数	人	11299
三、年末医疗卫生机构床位数	张	7851
四、五岁以下儿童死亡率（‰）	—	3.45
五岁以下儿童死亡数	人	13
五岁以下儿童活产数	人	3773

图 52　五一路全景图

文献选编

中共长沙市芙蓉区委员会
长沙市芙蓉区人民政府
关于率先建成全面小康加快实现基本现代化的意见

芙蓉发〔2015〕15号

（2015年11月6日）

为贯彻落实党的十八大、十八届三中、四中和五中全会精神、习近平总书记系列重要讲话精神、省委全面建成小康社会推进工作会议以及市委十二届十次全体（扩大）会议精神，动员和引领全区上下抢抓重大战略机遇、推进转型创新发展，在率先建成全面小康基础上加快实现基本现代化，特制订本意见。

一、重大意义

近年来，全区紧紧围绕“湖湘之心、中部标杆、全国一流”总体定位，“财富中心、魅力之都、幸福芙蓉”建设步伐不断加快，全面小康建设取得新的阶段性成果。根据2014年《湖南省县（市、区）全面建成小康社会考评体系（一类）》监测情况，全区经济发展、人民生活、社会发展、民主法制和生态文明五大指标总体进展顺利，35项考评指标有23项已圆满达标。在当前条件下，努力率先建成全面小康加快实现基本现代化具有重要的历史意义：

（一）是落实“四个全面”的生动实践。党的十八大提出“确保到2020年实现全面建成小康社会”宏伟目标。省委十届七次全体（扩大）会议作出分类指导、加快推进全面建成小康社会的重大部署。市委十二届十次全体（扩大）会议作出了“长沙有条件在率先建成全面小康基础上加快实现基本现代化”的战略判断。芙蓉区作为省会中心城区，经济社会各项事业具备良好的发展基础，有必要、有条件、有能力在率先建成全面小康加快实现基本现代化的历史进程中担当先锋、打造样板。全区上下要把各方面智慧和力量凝聚到率先建成全面小康加快实现基本现代化的探索实践上来，努力为贯彻落实“四个全面”多作贡献。

（二）是推进改革转型的现实需要。当前以及未来一段时期，深化改革和转型升级是全区工作的重大主题。各领域的改革正在步入深水区，必须始终以率先建成全面小康加快实现基本现代化为基本出发点，破除发展中的瓶颈和障碍，推进治理体系和治理能力现代化。新一轮转型升级的深度、广度和难度都将史无前例，其中既蕴含着重大发展机遇，也存在诸多不确定因素，要深刻认识新常态下转型发展的新特点、新规律，以在率先建成全面小康基础上加快实现基本现代化的探索实践，引领全区实现更高水平的全面、协调、可持续发展。

（三）是建设幸福芙蓉的必然选择。党的根本宗旨是为人民服务，一切工作的出发点和落脚点都是为了人民。近年来，全区经济社会发展取得了令人瞩目的成就，人民生活质量明显改善。但与此同时，人们的思想观念和利益诉求发生深刻变化，对公共服务的需求越来越多，对改善城市功能和生态环境的呼声越来越强，对安全、公平、正义的要求越来越高。民之所盼就是施政所向。要顺应全区人民过上更好生活的新期待，以率先建成全面小康加快实现基本现代化的更大发展成果惠及全区人民。

二、总体要求

（一）指导思想

高举中国特色社会主义伟大旗帜，以邓小平理论、“三个代表”重要思想、科学发展观为指导，深入贯彻落实党的十八大与十八届三中、四中、五中全会精神和习近平总书记系列重要讲话精神，协调推进“四个全面”战略布局，促进“三量齐升”，践行“六个走在前列”，以经济繁荣、城市精美、人民幸福、社会和谐为目标，强化创新发展、开放发展、绿色发展、协调发展、包容发展理念，重点推进经济现代化、城市现代化、社会治理现代化和人的现代化，努力把芙蓉区建设成为具有国际品质和湖湘文化特色的精品之区。

（二）基本原则

1. 坚持以人为本。把最大限度地使人民群众生活更美好、更幸福作为率先建成全面小康加快实现基本现代化的出发点和落脚点，追求人与自然、人与社会、人与人的和谐共融，实现社会公平正义，培育共同精神家园，在加快经济发展的同时促进人的全面发展。

2. 坚持改革创新。以全面深化改革不断增创发展新优势、开放新活力、治理新经验，突出开放创新、全面创新和原始创新，强化创新、创业、创投、创客“四创联动”，提升经济社会发展的动力支撑。

3. 坚持品质至上。以“宜居宜业、精致精美、人见人爱”为目标，以国际视野深度推进城市建设，建立与基本现代化相匹配的城市规划建设管理标准体系，提升宜居宜业宜游指数，更加充分地展现具有湖湘特色的文化元素、文化标识、文化品格，打造代表湖南最高水准的现代文明城区。

4. 坚持统筹推进。正确把握发展中的各种关系，统筹推进东西片区融合发展，妥善处置传统产业与新兴业态、经济发展与环境保护、利益重组与社会稳定等方面的矛盾，大力促进社会治理创新，基本建成资源节约型和环境友好型社会，增强发展的全面性、协调性和可持续性。

5. 坚持依法治理。落实全面依法治区各项举措，坚持依法决策、依法行政，提升依法治理的能力和水平，率先建成法治政府、法治社会、法治城区，使法治成为全区人民的共同信仰和经济社会发展的重要保障。

（三）主要目标

1. 到 2017 年，率先建成全面小康社会。进一步提升全面小康建设总体水平，努力实现经济更加繁荣、社会更加和谐、公共服务更加优质、民主法治更加健全、生态环境更加良好、人民生活更有品质、区域发展更为均衡，人民群众对全面小康建设的获得感、认同感更为直观。《湖南省县（市、区）全面建成小康社会考评体系(一类)》中明确的各项考核指标全面达标，在省、市排名进一步靠前。

2. 到 2022 年，实现基本现代化。一是经济综合实力持续提升。经济保持平稳较快增长，产业结构进一步优化，战略性新兴产业和现代服务业比重进一步提高，“一带两区”三大产业板块支撑能力进一步增强，经济综合实力处于中部省会城区前列，作为全省金融中心、商务中心、消费中心的地位进一步巩固。到 2022 年，人均 GDP 达 25 万元以上，人均财政总收入 2.7 万元以上，第三产业占 GDP 比重达 88% 左右，研发经费支出占 GDP 比重达 3% 以上，高新技术产业增加值占 GDP 比重达 35% 以上，每万人有效发明专利拥有量达 20 件以上。二是城市发展水平持续提升。城市功能更加完备，基础设施更加完善，市容环境更加精美，道路交通更加畅通，居住环境更加优美，营商环境更加优化，人文环境更具品位，城市规划、建设、管理各环节的治理体系更加科学。到 2022 年，全面完成集体土地征收和农业人口安置，基本完成中心城区集中连片棚户区改造和城中村改造，城镇化率达 100%。三是社会文明程度持续提升。各项社会事业综合发展水平保持全国前列，居民文明素质全面提升。重要领域和关键环节改革取得决定性成果，治理体系和治理能力现代化迈出重大步伐，民主法制更加健全，社会关系更加和谐，社会公平正义得到有效维护。到 2022 年，群众对政府法治建设满意度达 85% 以上，社会安全指数显著提高。四是生态环境质量持续提升。循环经济加快发展，单位生产总值能源消耗不断下降，主要污染物排放总量进一步减少，资源节约集约利用水平大幅提高。环境保护和污染治理持续加强，生态环境质量明显改善。到 2022 年，单位 GDP 能耗控制在 0.5 吨标准煤 / 万元以下，空气质量达标率大于 95%，地表水质达标率 100%，城镇污水达标处理率达 96% 以上。五是人民生活品质持续提升。社会就业更加充分，就业质量不断提高，创业环境更加完善。社会保障全民覆盖，教育现代化基本实现，人人享有基本医疗卫生服务，现代公共文化服务体系建成，住房保障体系进一步健全，精神文化生活更加丰富。到 2022 年，人均住房使用面积达到 50

平方米，居民人均可支配收入达到8万元，人均储蓄存款10万元以上，居民文教娱乐服务消费占消费总支出比重达19%以上，人均预期寿命达到78岁以上。

三、重点任务

（一）率先建成全面小康社会

1. 加强社会保障。深入推进“十大民生工程”，妥善解决低收入群体的生活困难。综合运用低保、慈善、救助、保险等手段，进一步提升面向老弱病残等困难群众的社会保障水平，补齐全面小康建设的短板。将公共服务资源重点向老旧社区、农安小区、破产改制企业等重点区域和领域倾斜，全力突破全面小康建设“最后一公里”。

2. 主攻薄弱环节。按照“四个全面”战略布局和“五位一体”的发展布局，在科技创新、民主法治、公共服务、生态治理等领域集中发力，探索新常态条件下的新机制、新模式、新思路，破除制约全面小康进程的瓶颈制约，确保各区域、各领域发展均衡推进，提升全面小康整体水平。

3. 扩大共享成果。把改善民生作为小康建设的重点，促进居民收入增长，提高群众生活质量，让人民群众共享发展成果。进一步改善就业，鼓励扶持全社会创业，以创业带动就业。重点解决好教育、医疗、养老、住房保障等公共资源供应不足问题，统筹推进食品安全、公共安全等工作，不断扩大民生普惠范围。

（二）加快实现基本现代化

1. 推进经济格局现代化。一是提升自主创新能力。实施创新驱动战略，激发全社会创新活力和创造潜能。依托丰富的科研院所资源和生产要素，强化产、学、研、金对接，增强科技进步对经济发展的贡献度。鼓励扶持创业基地、孵化基地、创客中心等发展，营造大众创业、万众创新的良好环境。以隆平高科技园为主阵地，大力发展高新技术产业，建设现代精品都市工业园区。更加注重人才对科技创新的决定性作用，坚持培养、引进、激励并举，实施国家“千人计划”、省“百人计划”和市“3635计划”，全面吸收和培育创新型人才。二是加快产业转型升级。深入实施腾笼换鸟、电商换市、空间换地战略，以转型创新驱动产业升级，加快构建以现代服务业为主体、战略性新兴产业为支撑的现代产业体系。引导传统优势产业实施“互联网+”战略，大力发展互联网金融、电子商务，抢占互联网经济高地。加快浏阳河文化旅游产业带建设，打造集旅游、商务、消费等业态于一体的新兴产业纵轴。引导园区有序实施“退二进三”，促进东西片区产业互补对接。三是提高对外开放水平。实施更加积极主动和精准的招商引资战略，坚持“走出去”与“请进来”，吸引更多战略投资者、城市运营商落地，增强招商引资对经济增长的支撑力。实施品牌带动战略，充分发挥CBD、浏阳河、马王堆、隆平高科技园等品牌资源优势，增强招商引资项目的附加值和吸引力。大力发展对外贸易，优化出口产品结构和层级，建设更高水准的外贸示范区。

2. 推进城市品质现代化。一是提升城市承载功能。推进东片征地拆迁，率先全面完成高水准的城市化。推进中心城区棚户区改造、城中村改造和历史街区改造，全面提升城市品质。进一步完善基础设施体系，完成隆平新区骨干路网、浏阳河过河通道建设，推进中心城区堵点整治和微循环改造，全面提升道路通行能力。均衡配置学校、幼儿园、社区卫生服务中心等公共服务机构和污水处理厂、垃圾站、地下管网等配套设施，构建与现代化国际大都市相适应的城市功能体系。二是加强城市精细管理。建立常态化、标准化的城市管理机制，担当长沙建设更高水准文明城市的中坚力量。进一步提升市政维护专业化水平，市政设施保持高效稳定运行。清扫保洁作业机械化水平提升至80%，市容市貌更加整洁、有序。优化交通组织，打通断头路，疏导微循环，妥善处理动态和静态交通矛盾，构建车畅人欢的交通体系。加强对各类城市乱象的常态化监管，城市管理水平跻身全国先进城区行列。三是加强生态文明建设。深入实施生态文明建设工程，建立经济发达、人口稠密地区生态建设与环境保护新模式，形成绿色、低碳、循环的生产生活方式，加快构建两型社会建设示范区。大力推广节地、节水、节能、节材模式，构建绿色产业、绿色建筑、绿色交通。扎实推进史上最严环保行动，着力打好“清霾”“碧水”“静音”“净土”等重点污染防治的攻坚战。多渠道扩大园林绿化资源，完成浏阳河东岸风光带、隆平公园、东湖湿地公园等重大生态项目建设，绿化覆盖率达到50%以上。

3. 推进社会治理现代化。一是强化安全防控。健全社会治安形势分析研判机制、实战指挥机制、部门联动机制，建立人口基础信息库、相关实名登记等基础性制度。推进“红袖章”工程建设，动员人民群众参与社会治安群防群治。完善“天网工程”等平台，深入实施社会治安网格化管理，构建立体化现代化社会治安防控体系。加强和保障社会公共安全，健全社会公共安全管理机制，推进安全生产标准化建设，建立食品药品质量可追溯制度，加强交通安全监督管理，切实保障人民群众的生命财产安全。坚持预防与应急处置并重，有效处置各类突发公共事件。二是推进依法治区。始终将法律规章作为工作的基准和底线，严格按照法定程序、法定权限、法定职责行使权力。加强干部法制教育，提升依法行政的意识和能力。严格执行“权力清单”和“责任清单”，加快编制权力“负面清单”。加强执法队伍建设，提高执法人员素质，规范行政处罚自由裁量权，注重人性化与规范化执法相结合。加强执法监督，深入开展行政执法案卷评查。坚持从严治政，实施事前、事中、事后全过程监管，严防行政不作为和乱作为，严肃查处乱摊派、乱检查、乱罚款等行为。对行政审批行为实行全过程电子监察，消除权力设租寻租空间，提高工作规范化、制度化、法治化水平。三是创新社会治理。顺应社会结构新变化，坚持系统治理、依法治理、综合治理和源头治理，实现政府治理和社会自我调节、居民自治良性互动。激发社会组织活力，重点培育行业协会商会、科技服务、公益慈善、城乡社区服务类社会组织，把适合由社会组织提供的公共服务和解决的事项交由社会组织承担。加强重大事项社会稳定风险评估，推进信访工作法治化，及时化解基层矛盾。四是夯实基层基础。加强社区民主管理、决策和监督，大力培育公益性、互助性社区服务组织，拓宽居民参与社区治理渠道，积极发挥社会志愿组织作用。全面落实《芙蓉区社区党建和社区建设三年行动计划(2015–2017年)》，大力推进品质社区、智慧社区、人才社区、服务社区、活力社区建设。进一步提升社区综合服务能力，整合建立以劳动就业、社会保障、社会救助、医疗卫生、养老服务等为重点的基层公共服务网络，实现社区办公条件全面达标。

4. 推进市民素质现代化。一是推动创业就业。把稳定和扩大就业作为宏观调控的重要目标，实施就业优先战略，多渠道开发就业岗位，努力促进充分就业，使劳动者有稳定的收入来源。以全面创业拓宽就业空间，健全政策扶持、创业服务、创业培训“三位一体”的创业机制，鼓励更多劳动者通过创业增加经营性收入。积极拓展居民投资渠道，增加居民财产性收入。二是发展素质教育。推进学前教育普惠化，公办幼儿园和普惠性幼儿园占比达80%以上。促进义务教育高位均衡发展，推进中小学校建设和扩容改造，学位供求实现总体平衡并逐步缩小班额。着力提高教育教学质量和学生综合文化素养，构建和完善立德树人、全面发展的现代人才培养质量体系。优化校园数字环境，建设智慧校园，构建和完善服务教育、全面覆盖的现代信息技术支撑体系。到2022年，学前三年教育毛入园率达100%，义务教育普及率保持100%。三是提升健康水平。大力发展健康服务业，全面实施市民健身服务工程和健康教育工程。进一步整合优化配置资源，突出社区卫生服务机构建设，进一步巩固15分钟医疗服务圈。加强卫生监督、妇幼保健、疾病防控和食品安全监管等公共卫生体系建设，提升公共卫生现代化水平。建设“智慧医疗”，实现卫计管理数字化、医疗服务智能化、人口健康信息网络化。统筹推进医药卫生体制改革、公立医院改革、基本药物制度改革等。积极应对人口老龄化，加快社会养老服务体系建设。推进体育公共服务体系建设，全面建成社区体育健身网络和15分钟全民健身圈。四是弘扬核心价值。弘扬和践行社会主义核心价值体系，深入开展多种形式的文明创建和市民教育活动，大力倡导诚信守法、谦和礼让、文明出行，全面提升市民文明素质。开展丰富多彩的文化活动，弘扬湖湘文化特质和现代文明风尚，更加注重对文化遗存、历史街巷、非物质文化遗产、民俗文化的发掘和保护，充实文化内涵。到2022年，率先建成现代公共文化服务体系，人均拥有公共文化体育设施面积达3.5平方米以上。

四、保障措施

（一）加强组织领导。将加快推进全面建成小康社会领导小组（芙办发〔2013〕37号）调整为率先建成全面小康加快实现基本现代化领导小组，统筹、协调、指导各项工作的推进。梁仲同志任组长，于新凡同志任第一副组长，罗玉环、谭雄伟、欧干军、蔡冰、彭娟、张庆和、彭尚松、许凡、黄健元、易新宇任副组长，区委办、政府办、综治办、金融办、发改局、教育局、科技局、建设局、民政局、财政局、人社局、环保局、文体新局、卫生局、农林水局、经信局、交通局、统计局、园林局为成员单位。领导小组下设办公室，彭娟同志兼任办公室主任，张亚同志任副主任。

（二）细化工作方案。全区各级各部门要根据本意见制定更加具体的工作方案，并与“十三五”规划、年度国民经济与社会发展计划等深度对接，明确责任分工、目标任务、时序进度，确保本意见得到贯彻落实。各相关单位要成立相应的工作机构，具体组织建成全面小康加快实现基本现代化相关工作。

（三）形成工作合力。建立政府引导、社会参与、市民支持的推进机制，完善各级各部门各司其职、密切合作的推进工作机制。研究制订评价指标体系，定期开展目标进度监测评估，根据新情况新问题及时提出有针对性的政策举措。将率先建成全面小康加快实现基本现代化列入年度绩效考核，作为年度工作评估的重要参考依据。

（四）营造良好氛围。创新和丰富宣传方式，借助各大主流新闻媒体，有效宣传率先建成全面小康加快实现基本现代化的重要意义、目标任务、政策措施、工作进展和建设成效。通过基层宣传工具，争取广大市民对建成全面小康加快实现基本现代化的支持和参与。及时总结和宣传重点工作、成功经验和示范样板，为率先建成全面小康加快实现基本现代化营造良好舆论氛围。

中共长沙市芙蓉区委员会 长沙市芙蓉区人民政府 长沙市芙蓉区人民政府职能转变和机构改革方案的实施意见

芙蓉发〔2015〕11号

（2015年6月29日）

根据“中共中央国务院关于地方政府职能转变和机构改革的意见”（中发〔2013〕9号）“中共湖南省委湖南省人民政府关于市县政府职能转变和机构改革的意见”（湘发〔2014〕14号）和“中共长沙市委办公厅长沙市人民政府办公厅关于印发〈长沙市芙蓉区人民政府职能转变和机构改革方案〉的通知”（长办〔2015〕13号）精神，结合芙蓉区实际，制定本实施意见。

一、指导思想和基本原则

（一）指导思想

高举中国特色社会主义伟大旗帜，以邓小平理论、“三个代表”重要思想、科学发展观为指导，适应社会主义市场经济发展需要，围绕全面深化改革和建立中国特色社会主义行政体制目标，与国务院、省政府、市政府职能转变和机构改革相衔接，从全区实际出发，以职能转变为核心，大力简政放权，优化机构设置，理顺职责关系，切实加强监管，严控人员编制，提高行政效能，努力建设人民满意的法治政府和服务型政府。

（二）基本原则

1. 切实转变政府职能。按照全面深化改革的要求和精简、统一、效能的原则，积极推进政府转变职能，深化行政审批制度改革，减少行政审批事项，理顺职责关系，突出政府履职重点，更加注重公共服务。

2. 因地制宜推进改革。在搞好上下衔接对应的同时，积极探索符合本地特点的改革路子，紧密结合全面深化改革和事业单位分类改革，探索创新，加大机构和职责整合力度，因地制宜、统筹协调推进政府机构改革。

3. 依法依规加强管理。按照行政体制改革的总体要求，依法依规解决机构设置不规范、行政职能体外循环、权责不一致和政企、政事、政资不分等现实问题和历史遗留问题，实现机构编制管理科学化、规范化、法制化。

4. 积极稳妥有序实施。正确处理改革、发展、稳定的关系，客观分析和把握改革力度与各方面可承受程度，寻求改革的最大公约数，坚持统筹规划与分步推进相结合，着重解决当前突出问题，条件成熟的事项积极推进，尚未具备条件的逐步研究解决。

5. 严格控制机构编制。坚持机构限额和编制总额不突破。建立健全机构编制管理与财政预算管理、组织人事管理的协调配合机制。通过创新管理，严控总量，盘活存量，优化结构，实现机构编制增减平衡，提高机构编制资源效用。

二、加快政府职能转变

把政府职能转变放在更加突出的位置，处理好政府与市场、政府与社会、政府层级间的关系，把该放的权力放开放到位，把该管的事情管住管好，强化对行政权力的制约监督，推动政府职能向创造良好发展环境、提供优质公共服务、维护社会公平正义转变，进一步激发市场和社会的创造活力，切实提高政府管理科学化水平。

（一）推进简政放权，激发市场、社会和基层活力

1. 最大限度精简行政审批事项。把深化行政审批制度改革作为职能转变的重要抓手和突破口，最大限度精简行政审批事项。做好上级政府下放行政审批事项的承接工作，转给市场和社会的，任何部门不得截留或变相审批。明确由区一级审批的事项要接好管好，有必要由上级政府进一步取消和下放的，由区政府汇总报上级政府提出调整建议。进一步清理现有投资审批、生产经营活动审批、资质资格许可和认定、评比达标表彰、考核评估、年检年审等事项。

2. 加强对行政审批事项的管理。结合全区实际，对已公布的行政审批事项目录实行动态管理，没有纳入目录的一律不得实施，每年根据调整变动情况予以更新。推进行政审批标准化，推行重大项目审批代理制和并联审批制，对保留的行政审批事项，要优化审批流程，推行“阳光”审批。最大限度减少预审和前置审批环节，创新审批方式，明确办理时限，公开办理流程，接受社会监督。今后，一般不再新设行政审批事项，确需设立的，必须严格遵守行政许可法的规定，加强论证和审查，严格审批程序，切实防止行政审批事项边减边增、明减暗增。

3. 进一步加强和规范财税管理。建立透明预算制度，进一步推进预算信息公开工作。完善政府预算体系，将政府收支全部纳入预算管理。完善财政预算和国库管理等相关支出管理，强化预算约束，严格预算执行，预算一经审定，原则上不得调整和追加；健全预算管理、绩效管理及绩效评价结果应用机制。严格执行“收支两条线”，对非税收入项目尤其是涉企收费事项进行清理、规范、公示，实行目录管理。

4. 加快培育发展社会组织。重点培育、优先发展行业协会商会类、科技类、公益慈善类、城乡社区服务类社会组织，民政部门依法加强登记审查和监督管理。指导社会组织完善治理结构，强化行业自律，规范行业管理，充分发挥其提供服务、反映诉求、规范行为的作用。2017 年基本形成布局合理、结构优化、功能完善、运行有序的社会组织体系。

（二）改革政府管理，强化事中事后监管

1. 改善和加强宏观管理以及市场监管。区政府各部门要转变管理理念，改进工作方式，加强事中事后监管，有效履行职责，避免管理缺位，防止“一放就乱”。区政府要着重加强公共服务、社会管理、市场监管、环境保护等方面的职责。加大对市场主体和市场行为的监管力度，着力规范市场秩序。市场监管原则上实行属地管理，执法重心逐步下移，建立权责统一、权威高效的行政执法体制。

2. 改善和加强基本公共服务保障。加强政务服务体系建设，打造更为综合、更为完善、更加高效的政务服务平台，方便公民和企业办事。强化基本公共服务保障工作，改进和创新公共服务提供方式，鼓励和公平对待社会力量提供医疗卫生、教育、文化、群众健身、社区服务等公共服务。积极稳妥地推进政府向社会购买服务工作，凡属事务性管理服务，原则上都要引入竞争机制，通过合同、委托等方式向社会购买。建立健全政府购买服务的标准、招投标和监督评估等制度，在与民生密切相关的领域先行试点并稳步推进，加快形成提供公共服务的新机制。

（三）加强依法行政，规范行政权力运行

1. 加快法治政府建设。全面实施《法治湖南建设纲要》，加快推进依法治区建设。完善依法行政各项制度，推进政府事权规范化、法律化，坚持用制度管权管事管人，提高政府公信力和执行力。推行政府权力清单、责任清单制度，梳理行政职权，明确政府责任，及时公布政府权力清单和责任清单。严格依照法定权限和程序履行职责，规范行政权力运行，坚决消除权力设租寻租空间。

2. 加大政务公开力度。严格执行政府信息公开条例，推进决策公开、执行公开、管理公开、服务公开、结果公开，主动接受群众监督，逐步实现政务公开规范化、标准化、法制化。区政府及其工作部门依据权力清单和责任清单，向社会全面公开政府职责权限、法律依据、实施主体、管理流程、监督方式等事项。除涉及国家秘密和依法受到保护的商业秘密、个人隐私外，行政机关要及时公开行使行政职权的依据、过程和结果，切实抓好重大突发事件和群众关注热点问题的公开。

3. 完善决策监督制度。认真落实《湖南省行政程序规定》，完善科学民主依法决策机制，建立行政机关内部重大决策合法性审查机制，对涉及经济社会发展全局的重大决策和涉及公众切身利益的重大事项，将公众参与、专家论证、风险评估、合法性审查和集体讨论确立为法定程序，并建立决策评估和纠错

制度。建立健全各项监督制度，拓宽群众监督渠道，将权力置于人民群众的监督之下。强化督导督察，完善行政问责制度，改进和规范绩效管理，建立重大决策终身责任追究制度和责任倒查机制，严格责任追究，突出责任落实，做到有令必行、有禁必止。

三、深化政府机构改革

按照精简统一效能的原则和稳步推进大部门制改革的要求，结合全区实际，规范机构设置，加大机构和职责整合力度，理顺职责关系，加快形成精干高效的区政府组织体系。

（一）优化组织结构，合理设置政府工作部门

1. 组建区卫生和计划生育局。将区卫生局除餐饮服务许可和餐饮业、食堂等消费环节食品安全监管以外的职责、区人口和计划生育局计划生育管理和服务的职责整合，组建区卫生和计划生育局，为区政府工作部门。将区人口和计划生育局研究拟订人口发展战略、规划及人口政策的职责划入区发展和改革局。不再保留区卫生局、区人口和计划生育局。

2. 重新组建区食品药品监督管理局。将区食品安全管理办公室（区食品药品监督管理局）的职能，区卫生局餐饮服务许可和餐饮业、食堂等消费环节食品安全监管的职责，区商务和旅游局酒类流通食品安全监管及肉类、蔬菜追溯体系建设的职责，市工商行政管理局芙蓉分局流通环节食品安全监管的职责，市质量技术监督局芙蓉分局生产环节食品安全监管的职责整合，重新组建区食品药品监督管理局，为区政府工作部门，挂区食品安全委员会办公室牌子。不再保留区食品安全管理办公室（区食品药品监督管理局）。

3. 将区农村工作领导小组办公室的职能、区商务和旅游局牲畜屠宰监管职责划入区农业林业水利局。区委办不再挂区农村工作领导小组办公室牌子。

4. 区安全生产监督管理局由区政府直属事业单位调整为区政府工作部门。

5. 区人民防空办公室由区政府直属事业单位调整为区政府工作部门。区人民防空办公室既是区国防动员委员会的常设办事机构，也是区政府人民防空工作主管部门，列入区政府工作部门序列，不计入区政府机构个数。

区政府机构改革后，设置工作部门 18 个（详见附件）。

（二）加强协调配套，统筹推进相关改革

1. 推进事业单位分类改革

政府机构改革要与事业单位分类改革相协调，对承担行政职能事业单位，逐步将其行政职能划归相关行政机构或转为行政机构，涉及机构编制调整的，不得突破政府机构限额和行政编制总额。具体做法是：按照“分门别类、区别对待，先进笼子、下步明确，成熟一个、处理一个，平稳过渡、逐步规范”的思路，适时进行调整规范。除部分纳入行政机构序列以外，有的机构和职责整合归并，调整原有建制；有的整合进入所属行政部门的内设机构；有的将所承担的行政职能剥离划入相关行政机构，保留事业单位，仍承担相关事务工作，重新明确职责划定类别，相应核减事业编制。

（1）将区文物管理所的行政职能划入区文化体育新闻出版局，保留区文物管理所。

（2）将区动物卫生监督所的行政职能划入区农业林业水利局，保留区动物卫生监督所。

2. 理顺公共资源交易管理体制

整合各类交易平台，建立健全统一规范、上下衔接的公共资源交易系统。进一步改革完善公共资源管理体制和运行机制，将分散的各类公共资源交易逐步纳入公共资源交易平台。

3. 推进行政执法体制改革

有机整合同一部门、同一领域内的执法机构和队伍，减少执法队伍种类，积极推进综合执法，有条件的领域可以推进跨部门综合执法。加强文化市场监管和综合执法，理顺体制机制，建立高效统一的文化市场监管体系。

（三）规范机构设置，理顺职责关系

1. 规范机构设置。区政府不再设置部门管理机构，政府工作部门内设机构要综合设置，区政府工作部门的机构规格为正科级。全面清理规范限额外自定行政机构，从严规范和管理合署办公机构、政府派出机构、开发区（含各类经济功能园区）管理机构、挂牌机构、议事协调机构和临时机构。不得超限额自定行政机构，挂牌机构不得设为实体机构，具体工作由相关职能部门承担。不得新设立承担行政职能的事业单位，也不得将行政机构改为事业单位。部门所属事业单位机构规格一般应低于主管部门的机构规格。

（1）区政府法制办公室在区政府办公室挂牌。

（2）区工业和信息化局更名为区经济和信息化局。

（3）区机关后勤服务中心由区政府办公室所属事业单位调整为区政府直属事业单位，保留正科级。

2. 清理解决部门间职责交叉和分散事项。按照同一件事情由一个部门负责的原则，最大限度解决部

门职责交叉和分散问题，建立健全部门间的协调配合磋商机制。理顺城市市政、环卫、园林管理体制，规范市、区两级动物卫生监督职责，进一步明晰部门之间和市、区两级职责分工。

四、严格控制机构编制

按照财政供养人员只减不增的要求，严格控制机构编制，创新机构编制管理，严肃机构编制纪律，切实解决机构庞杂、人员臃肿、人浮于事等现象，确保机构编制得到有效控制。

（一）严控机构编制总量

涉及改革的部门和单位人员编制调整，必须在编制总量内进行，确保改革后不突破省核定的各级行政编制总额和各类专项编制员额。事业编制总额以 2012 年底统计数为基数，由区政府负责总量控制，制定并落实控编减编工作方案。严禁新设承担行政职能的事业单位和从事生产经营活动的事业单位，严禁将行政职能转由事业单位承担，做到参照公务员管理事业单位、经费自理事业单位、职能萎缩事业单位的机构编制和机关后勤服务事业编制只减不增。严格控制经费自理事业编制转为财政补助事业编制。严格落实人员编制与经费预算联合管控办法，在 2012 年底全区财政供养人员总量内，以编制数为依据核定经费，原则上不再考虑增人因素。严格按中央有关规定和《中共湖南省委办公厅湖南省人民政府办公厅关于 < 湖南省党政群机关领导职数设置管理规定 > 的通知》（湘办发〔2012〕23 号）核定领导职数，严格按规定职数配备领导干部，不再实行“低职高配”。必须采取有效措施清理编外人员，妥善处理编外用人问题。

（二）创新机构编制管理

加大机构编制管理创新力度，向深化改革要编制，向加强管理要编制，向运用信息技术要编制，不断提高机构编制资源效用。按照严控总量、盘活存量、优化结构、增减平衡的要求，坚持“要增编、必清理、先减法、后加法”的原则，对职能未作大的调整、工作任务没有大幅度增加、内部还有空编、没有提出编制使用情况评估意见和内部挖潜具体措施的部门，机构编制部门不受理和研究其增编事项；对职责相近、设置重复分散、规模过小的事业单位，予以撤并整合；对职能减少、工作任务不饱和的单位，相应划转、核减、收回人员编制。加强事关中心工作、全局工作和重大民生保障方面的人员力量。进一步完善机构编制和组织、财政、人力资源和社会保障等部门协调配合机制，全面推行和不断完善机构编制实名制。加大政府购买服务力度，对可由市场提供、社会承担的公共服务，逐步通过政府购买服务或由政府设立公益岗位的方式完成。

（三）严肃机构编制纪律

任何组织、单位和个人都必须严格遵守机构编制各项法律法规和政策。继续深入开展干部人事和机构编制领域突出问题专项治理工作。上级部门不得以会议、文件、领导讲话、项目经费和评比达标等形式，干预下级的机构编制事项。要将机构编制政策规定执行情况纳入党委和政府督察工作范围，纳入审计、绩效评估和领导班子及成员考核内容，健全机构编制监督检查协调机制，加大对机构编制违纪违法行为的查处力度，对相关责任人员，按照有关党纪政纪规定严肃处理，维护机构编制管理的严肃性和权威性。

五、认真抓好组织实施

区政府职能转变和机构改革在区委、区政府的统一领导下，由区机构编制委员会负责组织实施，区机构编制委员会办公室具体负责职能转变和机构改革的日常工作。

（一）加强组织领导

涉及政府职能转变和机构改革部门的“一把手”要负总责，成立精干高效的工作班子，负责本部门职能转变和机构改革的具体工作。调整设立的单位，在新机构正式组建之前，原有机构及其工作人员要继续履行职责，积极做好衔接工作，防止工作出现脱钩断档的现象。涉及职能、机构、人员编制和财产等划转的单位，要做好交接工作，处理好遗留问题。要加强思想政治工作，正确处理改革发展稳定的关系，确保思想不散、工作不断、秩序不乱。

（二）抓好方案实施

制订区政府职能转变具体实施方案，明确职能转变的目标要求、主要任务和工作重点，研究制定 3—5 年内职能转变总体安排和工作步骤，确保职能转变工作规范有序、及时到位。对体制调整及职能整合等，要有细化方案和严密程序，明确任务分工和时间节点。根据职能转变要求，按程序抓紧清理和修订政府规章。要做好调整变动部门的“三定”工作，进一步理顺职责关系，明确和强化责任，完善内部机构设置，规范领导职数配备。

（三）严肃改革纪律

区政府各部门要严格执行改革纪律和机构编制管理有关规定，严禁突击进人，严防国有资产流失，对违纪违法的，一经发现，坚决查处。机构编制部门要积极履行职责，纪检监察机关和组织、人力资源和社会保障、财政、审计等部门要密切配合，确保顺利完成改革任务。区政府职能转变和机构改革任务完成情况列入绩效考核和领导班子及成员考核内容，区委、区政府适时派出督查组，对各部门转变职能、简政放权情况进行督促检查，对各部门"三定"规定实施情况进行检查和评估，确保各项改革措施落到实处、取得实效。

附件：

长沙市芙蓉区人民政府机构设置表

工作部门

1	2	3	4	5		6	7	8	9	10	11	12	13	14	15	16	17	18	
政府办公室	发展和改革局	教育局	科学技术局	城乡建设局	监察局	民政局	司法局	财政局	人力资源和社会保障局	农业林业水利局	商务和旅游局	文化体育新闻出版局	卫生和计划生育局	审计局	城市管理和行政执法局	环境保护局	安全生产监督管理局	食品药品监督管理局	人民防空办公室

直属事业单位

1	2	3	4	5	6	7	8
经济和信息化局	交通运输局	统计局	民族宗教和外事侨务	住房保障局	政务服务中心	工务局	后勤服务中心

说明：长沙市芙蓉区人民政府设置工作部门18个。区监察局与区纪律检查委员会机关合署办公，列入区政府工作部门序列，不计入区政府机构个数；区政府办公室挂区政府法制办公室牌子；区发展和改革局挂区物价局牌子；区科学技术局挂区知识产权局牌子；区食品药品监督管理局挂区食品安全委员会办公室牌子。区人民防空办公室既是区国防动员委员会的常设办事机构，也是区政府人民防空工作主管部门，列入区政府工作部门序列，不计入区政府机构个数。

长沙市芙蓉区人民政府办公室
芙蓉区承接25项市级经济社会管理权限工作方案

芙政办发〔2015〕56号

（2015年12月15日）

依据《长沙市人民政府办公厅关于向区县（市）下放39项市级经济管理权限的通知》（长政办函〔2015〕158号）精神，为确保市政府向全区下放的25项市级经济社会管理权限及时、全面承接落实到位，让广大企业和人民群众真正受益，推动经济社会更好更快发展，按照"平稳承接、高效运行、权责一致、公开透明"的工作原则，特制订本方案。

一、工作步骤

（一）对口衔接（2015年12月11日前）。有承接任务的区直部门要主动与市级对口部门沟通衔接，加强业务学习，了解下放权限的管理范围、工作要求和办理流程等，切实做好承接落实的各项基础性工作。

（二）建立机制（2015年12月18日前）。区直相关部门要对照《芙蓉区承接25项市级经济社会管理权限目录》进行分类梳理，明确承接权限的设定依据、办理时限、文本资料等，参照《长沙市芙蓉区人民政府部门权力清单》和《长沙市芙蓉区行政审批项目流程清单》的模式，逐项制订权力清单和审批流程，并于12月18日前将纸质材料及电子资料报区审改办（联系电话：84683372，邮箱：759081326@qq.com）

（三）正式实施（2015年12月25日起）。区直相关部门要及时与区审改办、政务中心等部门单位衔接，及时将承接权限纳入权力清单对外公布实施，属于行政许可、行政确认、行政备案类的权限要实行进窗上线办理。

二、工作要求

（一）迅速承接落实。市政府向全区下放25项市级经济管理权限，是市委、市政府的重大决策部署，各部门要高度统一思想，明确专人负责，加强业务培训，迅速承接落实，确保下放的权限不出现管理上的脱节和空档。

（二）优化办事流程。对下放的管理权限要制定权责清晰、程序合理、运转灵活的办事服务流程，进一步缩减审批时限，提高办事效率，真正管住用好市级下放的经济社会管理权限。

（三）严肃工作纪律。本次下放的管理权限，符合条件的都要纳入网上政务服务和电子监察系统，实行网上办理，各部门不得敷衍应付。区审改办要会同区委督查室、区政府督查室进行跟踪督察。

·表34·

芙蓉区承接25项市级经济社会管理权限目录

序号	项目名称	放权单位	事项类型	放权形式		实施单位	备 注
				直接	委托		
1	区县（市）除楼堂馆所项目外政府出资的投资项目立项、可行性研究报告（或项目建议书、资金申请报告）、概算（除市政、交通、水利项目以外的其他政府投资项目）审批[01.政府出资的投资项目立项审批；02.政府出资的投资项目可行性研究报告的审批；03.政府出资的楼堂馆所项目和其他公益性项目设计概算的审查（市政、交通、水利项目由行业主管部门审查）]	市发改委	其他职权	√		区发改局	

续表 34

序号	项目名称	放权单位	事项类型	放权形式		实施单位	备 注
				直接	委托		
2	其他社会事业项目备案	市发改委	行政备案	√		区发改局	属“权限内重大和限制类企业投资项目核准”的子项
3	区投区建项目的建设工程初步设计审批	市住房城乡建设委	行政许可	√		区建设局	重要节点及跨区市政工程除外
4	区投区建项目的建设工程施工图审查备案	市住房城乡建设委	行政备案	√		区建设局	重要节点及跨区市政工程除外
5	区投区建项目的建筑节能施工现场巡查	市住房城乡建设委	行政检查	√		区建设局	
6	区投区建项目的建筑工程施工许可	市住房城乡建设委	行政许可	√		区建设局	
7	区投区建项目的建筑工程施工合同（含劳务合同）备案	市住房城乡建设委	行政备案	√		区建设局	
8	区投区建项目的工程质量以及施工现场检查	市住房城乡建设委	行政检查	√		区建设局	
9	区投区建项目的建设工程开工安全生产条件检查	市住房城乡建设委	行政检查	√		区建设局	
10	区投区建项目的建筑执法	市住房城乡建设委	行政处罚	√		区建设局	
11	区属范围内燃气设施站点（除市政燃气管网外）的行政处罚	市住房城乡建设委	行政处罚	√		区建设局	
12	物业服务企业资质认定（三级）	市住房城乡建设委	行政许可		√	区建设局	须报市住房城乡建设委备案
13	教师招聘方案核准	市人力资源社会保障局	其他职权	√		区人社局	长人社发〔2014〕36 号文已下放至各区县（市），现统一以市政府名义发文明确
14	互联网上网服务营业场所设立许可	市文广新局	行政许可		√	区文体新局	须报市文广新局备案
15	包装装潢印刷企业和其他印刷品印刷企业的设立、变更、兼营、兼并或者合并、分立审批 [01. 已批准设立的包装装潢印刷企业和其他印刷品印刷企业主要登记事项变更备案；02. 年度核验]	市文广新局	行政许可		√	区文体新局	须报市文广新局备案

续表 34

序号	项目名称	放权单位	事项类型	放权形式		实施单位	备 注
				直接	委托		
16	一级医院、民营专科医院的建设项目环评审批（医院核技术利用项目除外）	市环保局	行政许可		√	区环保局	属“建设项目环境影响报告书（表）审批（含建设项目发生重大变化和超5年期开工建设的重新审批）”子项，须报市环保局备案
17	小型连锁餐饮的建设项目环评审批（外资除外）	市环保局	行政许可		√	区环保局	属“建设项目环境影响报告书（表）审批（含建设项目发生重大变化和超5年期开工建设的重新审批）”子项，须报市环保局备案
18	小型连锁超市的建设项目环评审批	市环保局	行政许可		√	区环保局	属“建设项目环境影响报告书（表）审批（含建设项目发生重大变化和超5年期开工建设的重新审批）”子项，须报市环保局备案
19	中小微企业认定	市经信委	行政确认	√		区经信局	
20	零售商促销活动备案	市商务局	行政备案	√		区商务旅游局	
21	拖拉机注册、变更、转移、抵押、注销以及需要停驶或停驶后恢复行驶的登记	市农业委	行政确认		√	区农林水局	须报市农业委备案
22	一级综合医院的设置审批、执业登记及校验	市卫生计生委	行政许可		√	区卫计局	属“医疗机构的设置审批、执业登记及校验许可”的子项，须报市卫生计生委备案
23	集中式餐饮具服务机构卫生初审	市卫生计生委	其他职权	√		区卫计局	属“集中式餐饮具消毒审查”的子项
24	药品经营（零售）许可	市食品药品监管局	行政许可		√	区食药监局	仅限单体零售药店，须报市食品药品监管局备案
25	旅行社分社设立备案	市旅游局	行政备案	√		区商务旅游局	

长沙市芙蓉区人民政府办公室
长沙市芙蓉区困难居民医疗救助办法实施细则

芙政办发〔2015〕27号

（2015年6月18日）

第一条　为进一步完善城乡社会救助体系，保障困难居民获得基本医疗卫生服务，根据《长沙市困难居民医疗救助办法》（长政发〔2015〕11号）的精神，结合全区实际，特制定本细则。

第二条　本细则所称医疗救助是指通过各级财政安排资金，对困难对象医疗费用给予适当补助，以保障救助对象基本医疗需求的一种政府救助制度。

第三条　医疗救助遵循下列基本原则：

（一）与经济社会发展水平相适应；

（二）与基本医疗保险、大病保险和其他补充医疗保险相衔接；

（三）自救互助为主、政府救助为辅；

（四）属地管理，应救尽救。

第四条　凡具有本区常住户籍，已参加职工基本医疗保险或城乡居民基本医疗保险的下列对象，其医疗费用在基本医疗保险、大病保险和其他补充医疗保险支付后仍有困难的，可以按照本细则的规定申请医疗救助：

1. 特困供养人员（指无生活来源，无劳动能力，无法定赡养、扶养、抚养人或赡养、扶养、抚养人无赡养、扶养、抚养能力的城乡居民）；

2. 最低生活保障家庭成员（以下简称低保对象）；

3. 县级以上人民政府规定的其他特殊困难人员（以下简称其他特殊困难人员）。

第五条 本细则所指的基本医疗费用是指符合“三个目录”范围的医疗费用，即《基本医疗保险和工伤保险药品目录》《基本医疗保险诊疗目录》《基本医疗保险医疗服务设施范围》。

个人自负基本医疗费用是指在医保定点医疗机构住院发生的基本医疗费用在基本医疗保险、大病保险和其他补充医疗保险（包括企业补充医疗保险、商业医疗保险、社会互助和社区医疗保险等多种形式）支付后的医疗费用（含起付线）。

第六条　医疗救助实行各级政府负责制。

区人民政府负责对本行政区的其他特殊困难人员的认定。

区民政局负责拟定医疗救助规划、政策和标准，负责医疗救助制度的实施和管理。

区财政局负责安排医疗救助资金和必要的工作经费，及时足额拨付到位，并加强监督管理。

区卫生、计生局负责对提供医疗救助服务的定点医疗机构进行监督管理，规范医疗服务行为，提高服务质量和效率。

区人社局负责协助做好医疗救助信息管理系统与医保信息管理系统的对接工作；协助做好医疗救助“一站式”即时结算服务的有关工作；做好对特困供养人员和低保对象参加城乡居民基本医疗保险的个人缴费部分实行全额补助的相关工作。

区审计、监察局负责对医疗救助资金的管理、使用情况进行审计和监督。

其他有关部门在各自职责范围内做好医疗救助的相关工作。

第七条　特困供养人员医疗救助

（一）资助参保：特困供养人员参加城乡居民基本医疗保险由财政全额资助。

（二）门诊救助：敬老院集中供养的特困供养人员，按每人每年1200元的标准拨付到敬老院，由敬老院统筹使用，用于集中供养的特困供养人员医疗费用支出；分散供养特困供养人员患第十条规定17类大病的，按门诊实际发生额进行救助，年度累计救助限额为1200元。

（三）住院救助：特困供养人员在户口所在地区（县）医疗救助定点医疗机构住院的，其个人自负基本医疗费用，予以全额救助。未在上述规定医疗机构住院治疗的，按低保对象救助比例和救助限额进行救助。

第八条 低保对象医疗救助

（一）资助参保：低保对象参加城乡居民基本医疗保险由财政全额资助。

（二）门诊救助：低保对象患第十条规定 17 类大病的，按门诊实际发生额进行救助，年度累计救助限额为 1000 元。

（三）普通疾病住院救助：低保对象在医保定点医疗机构住院的，其住院个人自负基本医疗费用，按 70%的比例予以救助，年度累计救助限额为 1 万元。

（四）重特大疾病住院救助：低保对象在医保定点医疗机构住院的，其住院个人自负基本医疗费用，按 70%的比例予以救助，年度累计救助限额为 5 万元。

第九条 其他特殊困难人员医疗救助

（一）普通疾病住院救助：其他特殊困难人员在医保定点医疗机构住院的，其个人自负基本医疗费用 3000 元以外的部分，按 50%的比例予以救助，年度累计救助限额为 1 万元。

（二）重特大疾病住院救助：其他特殊困难人员在医保定点医疗机构住院的，其个人自负基本医疗费用 3000 元以外的部分，按 50%的比例予以救助，年度累计救助限额为 2 万元。

第十条 本细则规定的重特大疾病病种包括：血友病（门诊统筹费用视同住院费用）、肾功能衰竭（尿毒症）、先天性心脏病、耐药性结核、地中海贫血、再生障碍性贫血、白血病、急性心肌梗死、脑梗死、I 型糖尿病、恶性肿瘤、肝硬化、系统性红斑狼疮、甲亢、唇腭裂、儿童人工耳蜗植入性抢救治疗、小儿脑瘫等 17 类大病。

第十一条 重特大疾病医疗救助是指对患第十条规定 17 类大病的对象，以及符合本细则规定、年度内住院累计个人自负基本医疗费用在 3 万元以上（含 3 万元）的对象给予的救助。

普通疾病医疗救助是指对患有第十条规定 17 类大病之外的疾病且个人年度内住院累计自负基本医疗费用在 3 万元以下的对象给予的救助。

第十二条 下列情形不予救助：

（一）因违法犯罪、自杀、自残、打架斗殴、酗酒、吸毒等原因发生的医疗费用；

（二）因整形、整容、保健等非基本医疗发生的费用；

（三）因交通事故、医疗事故以及其他应由他方承担赔偿责任的医疗费用；

（四）超越医保规定的基本药品目录、诊疗项目范围、服务设施标准实施诊治的费用；

（五）拒绝民政部门依法依规调查的、隐瞒或不提供家庭真实收入、出具虚假证明的。

第十三条 门诊救助程序

（一）重特大疾病门诊救助：对象向户口所在地街道办事处提交医疗救助的书面申请（也可委托社区居民委员会、村民委员会代为申请），同时提交救助对象户口簿、居民身份证、《低保证》（《特困供养证》）复印件并出示原件，县级以上医院开具的疾病诊断证明书、医保定点医院门诊发票原件等。街道对申请人提交的材料进行审验，符合救助条件的，填写“长沙市困难居民医疗救助申请审批表”，街道签署意见报区民政局审批；不符合救助条件的，下发不予救助的书面通知书。区民政局对街道送报的“长沙市困难居民医疗救助申请审批表”和相关材料进行复查审核，符合救助条件的，在“长沙市困难居民医疗救助申请审批表”中签署审批意见；不符合救助条件的，下发不予救助的书面通知书。

（二）门诊救助公示：医疗救助对象和救助金额于审批当月在对象所在社区（村）张榜公示。敬老院集中供养对象门诊医疗救助资金使用情况按月在敬老院公示。

第十四条 住院救助程序

（一）“一站式”结算：住院救助原则上实行“一站式”即时结算服务。对象凭书面申请、疾病诊断证明书、定点医院入院通知书向街道申请办理“准予救助通知单”，并将“准予救助通知单”交所住医院。出院结算时，医疗救助系统直接生成“长沙市困难居民医疗救助结算单”，救助对象签字确认救助金额后即可办理出院。

（二）住院医后救助：未办理“一站式”即时结算服务的对象，住院医疗救助按照重特大疾病门诊救助的程序进行。但救助对象在申请救助时还需提供住院通知书、住院医疗费用结算凭证、必要的病历资料和医保结算支付凭证，其他特殊困难人员还需提供家庭共同生活成员签名的“诚信承诺及授权声明”及所有成员的身份证复印件并出示原件。街道审核时还需组织对其他特殊困难人员进行居民家庭经济状况核对和入户调查。

（三）住院救助公示：实行“一站式”即时结算的医疗救助对象名单和救助金额于民政部门与定点医院结算的当月在对象所在社区（村）或敬老院张榜公示。医后救助对象名单和救助金额于审批当月在对象所在社区（村）或敬老院张榜公示。

第十五条 医疗救助资金由区民政局在审批当月或下月通过银行发放。实行“一站式”结算的，由区民政局与定点医院定期结算，敬老院门诊医疗救助资金由区民政局定期拨付给敬老院。

第十六条 救助对象年内申请普通疾病和重特大疾病住院救助，救助金额累加，累计救助金额不超过重特大疾病住院救助限额。

第十七条 民政部门根据需要，可以采取入户调查、邻里访问、信函取证以及居民家庭经济状况核对等方式，对申请人的医疗支出情况和家庭经济状况等进行调查核实。有关单位、组织和个人应当如实提供相关情况，配合民政部门的调查。

第十八条 民政部门应当在对象提交的医疗救助申请材料真实有效和完备的前提下及时受理，并在30个工作日内办结审批手续。

第十九条 医疗救助资金由市（含中央、省级财政资金）、区财政承担，并列入财政预算。市级财政对芙蓉区给予30%的补助。

第二十条 医疗救助资金纳入社会保障基金财政专户，实行专户储存，专账管理，专款专用。区财政部门在财政社保基金专户中建立医疗救助资金专账，用于办理资金的筹集、核拨等业务。区民政局设立医疗救助资金发放专户，用于办理医疗救助资金的汇集、核拨和支付等业务。敬老院医疗救助资金设立专账，反映医疗救助资金收入、支出、结余情况。

第二十一条 民政、人社、卫生、财政、审计、监察等部门应依法依职责对医疗救助资金使用情况和定点医疗机构医疗服务情况定期进行检查，发现违纪违法行为应及时依法处理。

第二十二条 民政部门应将医疗救助政策、办事程序、保障对象和资金发放等情况向社会公示，并设立投诉举报电话，接受社会监督。

第二十三条 违反本细则规定，有下列情形之一的，由上级行政机关或者监察机关责令改正；对直接负责的主管人员和其他直接责任人员依法给予处分。

（一）对不按规定程序和条件办理医疗救助申请的；

（二）泄露在工作中知悉的公民个人信息，造成后果的；

（三）不按照规定发放医疗救助资金的；

（四）在履行医疗救助职责过程中有其他滥用职权、玩忽职守、徇私舞弊行为的。

第二十四条 采取虚报、隐瞒、伪造等手段，骗取医疗救助资金的，由有关部门决定停止医疗救助，责令退回非法获取的医疗救助资金，可以处非法获取的医疗救助款额1倍以上3倍以下的罚款；构成违反治安管理行为的，依法给予治安管理处罚；构成犯罪的，依法追究刑事责任。

第二十五条 已按“长沙市人力资源社会保障局长沙市卫生局长沙市民政局长沙市财政局关于进一步提高全市城乡居民医疗保险对象重大疾病医疗救治保障水平的通知”（长人社发〔2011〕101号）有关规定享受了医疗救助待遇的，不再重复享受本救助。精神病人医疗救助按“长沙市精神病人医疗救助办法”（长政办发〔2011〕101号）予以救助。

第二十六条 本实施细则由区民政局负责解释。

第二十七条 本细则从2015年7月1日起施行。

附 录

芙蓉专稿

梦系浏阳河

湖南省政协副主席 谭仲池

弯弯曲曲，清清亮亮，细语轻歌，从雾的峡谷、绿的深涧、花的山崖，静静地流了出来。我摇动这支褐黄色的小桨，把自己和船一齐晃进了这缕美丽的梦。这是一缕何等美丽的梦啊！

梦的绿，流淌在浏阳河。这绿是从山上流下来的，也是从岩石缝里挤出来的。因此，河水才绿得这般清亮，这般翠蓝。轻风掠过水面，扇动的是绿的波浪；船桨搅动浪花，腾起的是绿的歌唱。就这样，朝朝暮暮，你编织着绿色的岁月，用自己绿色生命的乳汁，去滋润绿色的河滩、田野、山峦。用绿色的相思，去浇灌绿色的理想、绿色的爱情。当机帆船拖着汽笛的长鸣弯过九道弯时，你展开绿色的航道上，跳跃着欢快的、激奋的绿色节奏。于是，你流过的这个世界，便充满着绿色的生机和希望。这些，浏阳河你并不满足，在湘江绿色的大唱里，你又要高唱一支清亮的绿之歌。

梦的美，荡漾在浏阳河。这美清雅绮丽，这美险峻奇崛，这美飘逸俊秀，这美灿烂多姿。人说自然的美，才美得自然。浏阳河是真正的大自然美的宫殿。它两岸的森林美，森林用绿雕琢出层层叠叠的屏障，雕琢出绿的云岛、绿的风帆、绿的山峦。两岸那盛开的鲜艳的花，白的如银、黄的似金、红的胜火、紫的若霞，把山川装点得妩媚、俏丽、楚楚动人。河底的那卵石洁白透亮，像繁星、似碧玉、若珍珠，色泽晶莹，玲珑小巧，在水下构筑着一个纯净的世界。更为震撼人们心灵的是那菊花石的美。这美至奇至丽，至高至洁。深绿的波浪覆盖着淡灰色的菊花石岩层，待石雕艺人从水底开掘出来，将菊花石捧在手中．就可看到那晶莹雪亮的石菊花影。那石菊花或含苞，或半吐，或盛开，真是撩人心弦，美不胜收。难怪当年谭嗣同惊叹菊花石“温而雅，野而文”。经石雕艺人巧夺天工的雕琢，菊花石雕竟以“全球第一”的美名驰誉中外。世界上的河流不知有多少，今日，令我倾倒的竟是这条奉献着自然美的涓涓细流。

梦的光，闪耀在浏阳河。这光是从浏阳河诞生的；这光是太阳、月亮落到浏阳河迸发出来的。浏阳河从云笼雾绕的大围山奔突出来，穿峡撞谷，不畏悬崖峭壁，不怕窄道险滩，日日夜夜，任劳任怨地推动那一台台发电机旋转，将那绿色的情丝化作千万颗明珠，撒向城乡，照亮了万家窗口，催动机器轰鸣。那从工厂拉出的产品，是绿的向往，也是光的结晶。今日在你的上游正在动工兴建一座装机容量达 2.4 万千瓦的水电站，那落在你绿色怀抱里的太阳、月亮又将打捞上来，永恒地挂在这充满绿色希望的上空。我真幸福，在你光的世界里，我终于找到了当年放射着照人光芒的红军将领的磨刀石，喷射着光和火的秋收起义的松树炮。啊！浏阳河，光明的故乡。

梦的春，孕育在浏阳河。这春是从浏阳河走出来的。这春是浏阳河儿女绣出来的。多少年来，你托起竹的潮、木的浪、白的帆，你的儿女开渠引水，筑坝引灌，都是在用你的绿去编织春的希望、秋的成熟。在明丽的阳光里，温暖的和风里，浏阳河儿女用你给的绿色丝线在绣山绣水，绣那山边绿荫下的楼房，绣那河畔工厂烟囱上的白云，绣那山城的浮雕，绣那花村、水榭、书楼、舞厅，绣那电子琴、迪斯科……绣出那文明和富裕，绣出了名扬世界的花炮之乡。你看那争奇斗艳、千姿万态、火树银花、龙飞凤舞的烟花，无比神奇地构筑了浏阳河春的天地。那盛开在摩纳哥上空的中国花，以它“世界第一”的呼唤，把浏阳河春的消息传遍五洲。

我生活的小桨，我理想的小船，我愿终身在浏阳河这条绿色的走廊上奔波，去追那永远吸引我的梦。

那梦，真美！

为激活百年名河画龙点睛

——关于在浏阳河岸建设湖湘文化走廊的建议

省社科院国家治理与公共政策研究中心副主任　周湘智

流域开放开发是当代世界经济发展的重要趋势与科学方法。密西西比河流域的发展推动了美国崛起，莱茵河流域的发展则促进了法国、德国和荷兰的繁荣。十八大以来，我国区域发展战略出现重大调整：四个发展带均与中国主要流域高度重合，如最北面的京津冀——环渤海——东北一线，主要涵盖梅河流域、辽河流域和黑龙江流域，“一带一路”主要沿“黄河流域”以及西部内陆深入，长江经济带、珠江经济带则分别沿长江、珠江展开。

浏阳河自浏阳大围山起源，经长沙县、雨花区、芙蓉区和开福区注入湘江。五十年前，一曲《浏阳河》让其迅速成为一条具有全国乃至世界级声望的河流，早几年的《再唱浏阳河》又再次强化了全国人民的美好向往，浏阳河已成为世界认识湖南的一张不可多得的名片。但长期以来，这条世界名河在人们印象里却似乎只是一支歌，并没有带来相对应的红利，也没有相匹配的实物映衬，打造一条实至名归的长沙塞纳河成为许多人的热望。

近年来，省委、省政府和长沙市委、市政府充分认识到浏阳河的独特价值与巨大潜力，已将其纳入省会建设的重要内容，目前长沙各区正在探索开发路径，积极着手建设浏阳河风光带，谋划发展浏阳河产业带。鉴于文化遗产和重大文化设施对滨河带开发的巨大激发推动作用，我们建议，在浏阳河的开发建设中，要充分重视文化的开发建设，重点在浏阳河岸建设湖湘文化走廊，形成以文化建设引领滨河产业带的繁荣，以滨河产业带的繁荣支撑文化建设的双核驱动格局。

一、建设浏阳河湖湘文化走廊是开发世界名河的智慧思路

文化的开发建设处于经济开发棋盘上的“天元”之位，具有画龙点睛的激活作用。在浏阳河的开发建设过程中，一方面，不能盲目贪大求洋，动辄大拆大建，大兴土木，但对于这条具有深厚历史文化底蕴的河流来说，一些代表湖湘文化精髓的标志性建筑、历史文化街区、非物质文化展示体验区和文化综合体则必不可少，建设浏阳河湖湘文化走廊，能以文化的巨大能量带动要素的潜在存量，有效形成经济社会发展的实物增量，以文化向往的营造做热经济、旅游开发的环境氛围，产生“一棋走活，满盘皆亮”的效果。

二、建设浏阳河湖湘文化走廊是打造品质长沙的智慧道路

河流是自然写在大地上的诗歌，一条优雅的河流能够倍增城市的品质。2013 年 6 月，省委书记徐守盛对长沙发展提出了“六个走在前列”的总要求，随后，长沙市委确定了“率先建成三市 强力实施三倍”的战略目标举措。城市品质的倍升已成为山水洲城必须直面的一道考题，而一个城市文化含量的提高是城市品质提升的最终决定因素。浏阳河是长沙的一张烫金名片，通过点面结合、精妙呈现浏阳河的湖湘文化面貌，能够为品质长沙建设提供一条宝贵的快速通道，开发

出一宗巨大的城市品牌。

三、建设浏阳河湖湘文化走廊是释放文化红利的智慧近路

浏阳河拥有不可复制的资源禀赋和人文积淀，两岸涌现出了大量杰出的政治家、军事家、革命家、科学家、文学家等，55年的楚汉名城——马楚国是历史上唯一将长沙作为一个独立国家存在的王朝，还有定王台、马王堆汉墓等著名史迹都生发在浏阳河边。建设浏阳河湖湘文化走廊，完全可以成为展示和弘扬长沙城市精神、培育和践行社会主义核心价值观、增强和升华长沙文化内核的提神之笔。

鉴于文化开发建设的高端性、长远性与严肃性，浏阳河湖湘文化走廊的建设必须倍守精心谋划、精细设计、精益求精的原则，以战略眼光来规划、以精品意识来建设、以现代理念来管理、以市场手段来繁荣，特别要注重引人市场的机制，用好民间的资本，发挥社会的力量。为此建议：

1. 实施高位统筹，做到全市“一盘棋”。目前沿岸各区县开发浏阳河的热情高涨，但浏阳河湖湘文化走廊建设是一个系统工程，必须分区域、分步骤、分层次进行。建议要在把浏阳河打造成为‘生态河、产业河、文化河”的总定位下，按照省市共建、以市为主、区县包段的总框架下，由长沙市发改局牵头统筹协调，科学编制浏阳河文化开发、浏阳河湖湘文化走廊建设的总体规划，并纳入长沙市十三五规划。要根据相关区县的特色资源，科学确定属地沿岸文化走廊建设的项目、内容、标准与时序，确保规范有序、协调统一。

2. 建设标志建筑，打造沿岸“一眼亮”。标志性文化建筑和文化设施是文化开发最有区别力的物件、最有影响力的品牌、最有竞争力的资源。在浏阳河湖湘文化走廊建设中，要高度重视将最具湖湘文化特色、与浏阳河有渊源的标志建筑进行修复重建。对于一些深具湘楚文化风貌，且在原址上已无法恢复的建筑如龙王庙、定王台、马楚城墙等，可考虑采取异地复原的方式布局在浏阳河风光带，形成强有力的珠链式文化吸引物，以此点亮整条浏阳河系，深度传承好湖湘文脉。

3. 做活文化载体，实现发展“一路火”。要注重以市场的手段吸引文化团队、文化综合体、湘剧院、花鼓戏、小吃等有湖湘特色的载体有序融入浏阳河沿岸开发建设。鼓励引进民间资本合作建设好高品质湘军文化园、湘茶文化园、水稻博物馆、汉文化古街、龙王庙民俗小吃街、柳子明故居等，将湖湘文化变成可消费、可休闲、可体验的现代城市资源，使其与浏阳河沿岸的古城镇、古民居、考古遗迹、名胜古迹、名人故居、工业遗产一道形成一条精致的湖湘文化长轴，构筑起浏阳河沿岸的新繁华，为长沙再造一条黄金发展带，再添一项现象级文旅产品。

浏阳河文化旅游产业带建设规划

中共长沙市芙蓉区委书记　梁仲

浏阳河是长沙的母亲河，发源于浏阳大围山，途经长沙县、雨花区、芙蓉区、开福区，蜿蜒230公里，弯过九道湾，最终汇入湘江。一首《浏阳河》传唱大江南北，成为世人耳熟能详的文化名片。2011年以来，芙蓉区加快东片城市化进程，以滨河路和浏阳河风光带建设为切人，致力构建“一带两区、比翼齐飞”的发展格局，走出了谋划区内10公里长浏阳河两岸文旅产业发展的第一步。

一、建设缘由

1. 基于一个目的促进发展。即发挥名河的产业聚集效应，做好文化景观与经济发展结合文章，打造湖湘文化展示新窗口、长沙娱乐之都承载地、芙蓉产业转型引领带。

2. 源于两个背景借势突破。一是文旅产业是两型产业、朝阳产业，中央省市对此高度重视，去年8月，国务院出台了《关于促进旅游业改革发展的若干意见》，长沙市也启动了历史文化名城保护规划。二是芙蓉区作为面积狭小、土地资源稀缺的中心城区，要实现市委提出的建设具有国际品质、湖湘文化特色的精品之区目标，必须抓好浏阳河这个重要平台，用好文旅产业这个重要载体，广泛聚集资源、人气，推动城市永续发展和产业转型升级，形成区域独特的竞争

力。

3. 拥有三大优势聚合资源。一是有响亮的文化符号。两岸有袁隆平、马王堆汉墓、柳子明故居等国际名片，有马楚国、东沙古井、龙王庙、神道古碑等遗址，更有汉文化、水文化、稻文化、民俗文化等待发掘。二是有绝佳的交通区位。离黄花国际机场、高铁站、长沙火车站均只有10分钟车程，是外地游客进入长沙的门户，品读湖湘文化、品味大美长沙的首站。三是有良好的基础条件。9.47公里长滨河路全线拉通，污水处理厂二期启动建设，沿线五纵三横路网逐步完善，开发建设恰逢其时。

二、规划设想

继2011年王志纲工作室进行片区概念性规划设计、2013年隆平新区控制性详规确定后．今年将进一步对产业带规划进行顶层设计，拟定于6月面向全球招标。

1. 科学规划布局，明晰功能分区。根据两岸及周边地块的用地性质，以“都市慢生活、休闲浏阳河”为理念，将其分为“一河两岸五板块”，即以浏阳河为轴心，完善提质东西两岸风光带和功能房，并向两厢延伸建设“时尚商业、主题公园、生态湿地、娱乐休闲、健康地产”五个产业版块。

2. 凸显湖湘特色，彰显国际品质。致力“经济搭台、文化唱戏”，使产业带体现出“四个一”的特质，让市民在此坐观历史风情、体验人文休憩、感受商业跨界。一是构建一段聚胜览景、风光旖旎的生态绿廊。将92.6万平方米浏阳河东岸风光带建设为生态亲水乐园，沿河布局“舟桥载月、浏河叙事、跃丘晨韵、稻香芙蓉、林花秀色、风鸣柳径、百鸟环河、疏林水影”八个景观区，让浏水之畔满目皆绿、风光旖旎。同时发挥浏阳河蓄水后恒定30米水位和千亩东湖湿地的生态优势，通过建设绿化生态网络、实施立面改造、进行夜景亮化等，使东岸隆平新区成为自然风光与都市景观浑然天成的生态家园。二是建设一批代表长沙精神、展现长沙风范的标志性建筑。立足世界一流、全国唯一标准建设隆平水稻博物馆、浏阳河跨河人行天桥等，代表长沙特色、芙蓉特质，凸显时尚风韵、都市风范。三是串联一条传递楚风汉魂、激荡湖湘精神的文化蓝带。将散落在两岸的文化遗产串珠成链，在浏阳河以东打造马楚文化旅游商务区，重建马楚城墙、修复龙王庙、建设湘军文化园，在浏阳河以西则重筑定王台、马王堆古汉墓，以婚庆园等时尚主题公园穿插其间，全力打造富有历史文化内涵的自然和人文景观。恢复古城记忆，传承文化精粹，留住“乡愁”。四是打造一处融旅游、商务、餐饮为一体的休闲产业活力圈。以东西两岸风光带为主轴，辐射出一个让长沙人获得浪漫、快乐体验的城市休闲消费圈。重点培育和引进酒吧娱乐、时尚餐饮、文化创意、民俗体验等领域的旗舰品牌，开发水上商务休闲、水上运动游乐园等一系列水域娱乐项目，并在两厢建设地标商务楼宇、特色酒店，引进种业总部经济、互联网新兴企业等，实现高效益经济综合体滨水汇聚。

3. 突出项目支撑，推动产业集聚。运用市场机制，通过PPP等模式引进商业性合作伙伴，推进重大基础设施建设，重点实施20个产业类项目，即以滨水酒店群、水岸商业步行街项目为支点打造现代商务综合体；以特色酒吧街、湘茶文化园、民俗小吃街项目为支点打造时尚消费风向标；以隆平公园、水稻博物馆、湖湘文化雕塑群项目为支点打造湖湘文化传承区；以文广传媒基地、游艇俱乐部、东湖湿地公园、龙舟码头等项目为支点打造水陆一体的游乐园；以东湖高端养老、韶光工业遗址、农科生态城项目为支点打造生态宜居示范区。

三、推进步骤

计划用五年时间，全面完善基础设施配套，合理布局产业，建设媲美“塞纳河”“秦淮河”的集娱乐、商业、景观于一体的世界级文化旅游项目，打造中国中部地区旅游休闲的最好去处。

1. 全面铺开基础布局。一是加快片区路网完善，推动红旗路跨浏阳河桥、合平路等建设，抓好沿河泵站及污水管网体系建设，高标准完成市政配套，全面提升沿线承载能力。二是通过动迁拆违整合岸线资源，将西岸沿线违建全面清除，将东岸靠滨河路的产业带拆迁纵深推进100米，所有成片违建清零，为后续产业布局留余空间。三是年内完成东岸风光带绿化和4万平方米功能房建设，在西岸新建7万平方米商业带，有机连接成为整体。

2. 加快推进重点项目。一是区级投资项目方面，投资3.8亿元建设国内唯一的水稻博物馆，目前已经挂网并征集文物，力争年底主体竣工，明年7月份正式开馆。投资1亿元建设南北两座跨河人行天桥，目前正在进行项目审批，预计明年底建成。沿风光带建设30公里长电瓶车道和自行车道，年内可以完成。投资5000万元在隆平公园建设隆平院士大型塑像和实验田景观、在几个节点建设湖湘名人雕塑群，正在进行规划评审。二是市场投资项目方面，拟由郡原公司实施婚庆园二期七彩小镇项目，明年上半年可对外营业。引进战略投资者参与东湖高端养老地产，年内启动东湖敬老院改扩建。引进民间资本改造搬迁龙王庙、提质保护东沙井等已有古迹，策划恢复重筑定王台、马楚城墙等景点。三是基础建设项目方面，与中建五局洽谈片区基础设施包干建设，与南京大平洋集团合作开发水岸商业步行街。

3. 精心培育产业经济。水面和两岸最适合发展休闲产业。目前浏阳河西岸已成为市民休闲的最佳去处，每晚有上万人在此散步观光。特别是 2013 年婚庆园开园以来，吸引了法堤婚纱、小天鹅等一批知名企业以及大量时尚餐饮机构进驻。下一步，我们将重点引进主题文化乐园，做好水上娱乐项目，将浏阳河段申报禁航区域，建设游船码头，向省和国家申请举办重大的皮划艇和龙舟比赛，待 30 公里自行车道建成后，申请承办国内的自行车赛事。利用已有的魅力四射酒吧、弗洛 KTV 等承办国际酒吧文化节，成为外地人来长沙观光休闲的首选地，长沙人周末度假娱乐的最爱地；继续在隆平国际会展中心举办隆平论坛，培育集种业交易、科研、会展、培训于一体的产业链，扩大种业影响力、提高经济外向度。

4. 着力改善两厢品质。按照截污、绿化、保护、造景、管理的要求，实施水体治理、绿化亮化、景观恢复、民居改造“四大工程”，将村民的生活安置用地建设为历史民居街区，营建江南特色的传统住宅。避免过度商业开发，控制两厢的建筑层高和商业面积，力求建筑与景观和谐相融。推出水陆互动游、特色包船游等旅游精品线，进行夜景灯光的提质改造，打造流光溢彩“不夜河”。

关于发展浏阳河经济带的战略思考

市政府研究室　芙蓉区东湖街道

纵观世界众多发达国家的经济发展进程，一个带规律性的普遍现象是．大都把沿江沿河流域的经济开发作为经济发展战略重点，通过充分挖掘沿江沿河流域巨大的能源蕴藏量，依托水源、土地以及其他自然资源在沿河沿江两岸发展农业及基础产业，并以两岸产业基地为轴，借水路与陆路等交通之便向腹地进行辐射，进而形成具有一定规模、分工合理、互补互给的产业密集带，带动整个流域两岸经济发展。经过多年积累和努力，长沙的经济总量由“位居中游”跨入“全国十强”，城市建设由“沿五一路时代”迈入了“沿湘江时代”，浏阳河沿线的建设发展理应成为转型创新发展新的战略支点。

一、浏阳河经济带：长沙转型创新发展的重要支点

转型创新既是国际国内新一轮发展的鲜明特点，也是长沙发展所处阶段的必然要求。以先进省会城市为参照系来审视，长沙还存在产业层次偏低、财税质量偏低、开放程度偏低等明显短板，成为提升综合竞争力和对外辐射力的瓶颈制约。率先奏响长沙转型创新发展的强劲乐章，必须找到时代命题、发展难题、现实课题的破解之道，寻找到新的发展支点。

（一）浏阳河经济带是实现城市东部提质的关键环节。市委十二届六次全会部署了“一江两岸、东提西拓”的城市发展战略，提出由“单核圈层蔓延式”向“多中心轴向组团式”发展，实现城市规模和品质的倍升。明确提出东部以改造提质为主，加快棚户区改造和城郊接合部开发建设，拓展文化空间、绿色空间、创新空间和枢纽空间。浏阳河属湘江的一级支流，流域面积 3211 平方千米，主要是城郊接合部。与老城区改造相比，城郊接合部对城市品质提升需求更为迫切，其基础设施、生活配套、教育资源等都比较匮乏，产业结构老化，区域开发建设落后，经济发展滞后，严重制约着河东地区的整体提质。而浏阳河沿线的文化、绿色、枢纽等要素优势非常明显，拥有巨大的创新发展空间。因此，发展浏阳河经济带，破解城乡接合部发展难题，促进产业结构合理布局，催发沿线区域经济发展和城市品质提升，是实现“东部提质”、推动东部整体提升的关键节点。

（二）浏阳河经济带是展示城市文化底蕴的有效载体。城市文化是城市发展的内在驱动，更是城市形象的核心灵魂。这也是维也纳称之为音乐之都，威尼斯称之为水上之都，纽约称之为世界之都的重要原因。

作为“湖湘之河、红色之河”，浏阳河本身承载着厚重的历史文化，如楚风汉魂、湖湘文化、红色历史等，其核心就是湖湘文化所蕴含的上下求索的哲理思维、忧国忧民的爱国情怀、经世致用的朴实学风、勇挑重担的湖湘性格。因此，复兴浏阳河历史文化资源，发展浏阳河经济带，既是展示长沙城市精神、重现长沙文化内核的点睛之笔，又是熔铸长沙城市名片、打造长沙城市品牌的重要举措。

（三）浏阳河经济带是形成全域联动发展的重要契机。形成全域联动、实现无缝对接是统筹城市均衡发展的重要举措。长沙市目前共9个区县（市），其中浏阳河就流经了浏阳市、长沙县、雨花区、芙蓉区、开福区等5个区县（市），流域面积广，影响力大。当前，浏阳河沿线地区均以浏阳河为品牌推动经济发展。如浏阳市成立了以柏加、镇头为核心的浏阳河生态经济示范区；长沙县主推河流文化，修缮榔梨古镇，保护名人故居，再现历史民俗，发展文化旅游产业；雨花区主打生态经济，修建污水处理厂，规划圭塘河风光带，打造“长沙的秦淮河”；开福区主攻休闲，利用浏阳河、捞刀河双江并流优势，开发洪山旅游休闲区、月湖公园及苏托垸湿地公园；芙蓉区以产业嵌入为眼，在西岸串联浏阳河文化印记，建成“婚庆”“时尚”“餐饮文化”“儿童创意体验”等为主题的休闲综合体，在东岸则启动风光带建设及隆平文化创意园项目。流经区域都有着挖掘和发展浏阳河资源的预期和规划，但目前仅局限于区域内部，因此，整体发展浏阳河经济带可以完善区域协同合作、实现区域连通发展。

二、加强科学谋划：浏阳河经济带顶层设计的战略思考

发展浏阳河经济带是一个跨区县的经济合作，这就需要在顶层设计和制度安排上做政策考虑，找准各自优势和产业特点，解决不同区域城市功能、产业、物流等定位，用顶层设计来助推经济带的有效协调发展，实现合作共赢、整体提升。

（一）战略定位。河流是一个城市稀缺的经济和生态资源，也是一个城市活的灵魂，但凡流经主要城市的河流都成为城市一道必不可少的靓丽风景。浏阳河对于长沙市而言，就如同塞纳河之于巴黎、泰晤士河之于伦敦、黄浦江之于上海、秦淮河之于南京。从文化上来看，它汇聚了湖湘历史上的名人名士，流经了现代湖湘精神领军人物袁隆平工作、生活所在，是湖湘文化传承之河；从生态上来看，它的生态亲民性可以发展成为长沙的休闲文化平台和旅游观光平台，是人们认识城市、体验城市、品味城市、感悟城市的窗口；从经济上来看，它独特的文化注解、天然的生态吸引．兼之以长沙作为省会城市的辐射力，为沿线现代产业的发展提供了巨大的潜在客户群体，是经济发展储备力量。因此，发展浏阳河经济带，应立足于浏阳河特色风情，以“湖湘文化创意经济带、品质城市宜居宜游带、现代产业重点聚集带”作为三大战略目标和定位，构建一条历史与现代交相辉映，经济与社会相得益彰，生态与发展比肩而行的湖湘之河。

（二）基本原则。一是坚持以文化为魂，突出湖湘文化特色引领。充分挖掘浏阳河的文化底蕴，在经济化开发和现代化建设中，弘扬湖湘文化性格，突出湖湘文化的引领作用，实现湖湘文化与城市建设现代化的完美融合，塑造浏阳河“湖湘文化”代言形象，打造浏阳河文化品牌。二是坚持以生态为先，突出区域环境品质提升。树立尊重自然、顺应自然、保护自然的生态文明理念，以水源保护为眼，从生态建设入手，以市场思维运作，优化区域环境品质，规划建设一系列高品质的城市公园和生态绿带，实现人地协调可持续发展。三是坚持以产业为基，突出现代产业催化支撑。尊重经济、社会、生态发展规律，以发展现代产业作为产业支撑，形成以现代服务业为龙头、以新型工业为支点、以现代农业为保障的现代产业体系，实现农业基础巩固、工业转型升级、第三产业迅速发展，保障经济带的长远发展，实现社会经济发展和浏阳河综合治理的并轨运行。

（三）重点工作。一是及早整体谋划。加强浏阳河经济带发展战略和规划评估工作研究，按照“布局一盘棋、发展一体化”的思路和“以文化为魂、以生态为先、以产业为基”的基本原则，科学编制浏阳河发展规划，突出核心竞争要素，注重项目设计，实现规划项目大绿化、大配套、大通透，提升浏阳河经济带品位，预留浏阳河经济未来开发的土地资源，将附近土地纳入浏阳河经济带辐射范围．为构建以浏阳河发展为驱动的城市经济体留足发展空间。二是实行规划控制。坚持规划统领，充分发挥控制性详细规划的指导作用，确保城市规划管理操作有规章、执行有标准。通过控制性详细规划向上衔接总体规划和分区规划，向下衔接修建性详细规划、具体设计与开发建设行为，以量化指标和控制要求将城市总体规划的宏观控制转化为对城市建设的微观控制，确保实现浏阳河经济带规划意图、保证公共利益、保护个体权利。三

是加强生态保护。制定环境控制导则，对水体环境、滨水环境、城镇环境等进行控制。加大环保监督，对水环境、土壤环境、植被环境等进行实时监控与反馈。转变经济发展方式，逐步淘汰和改造高能耗、高污染的传统产业和生产方式，引进和发展壮大一批低能耗、低污染、绿色环保和高附加值的产业。深入宣传环境保护法律法规，加强生态环境保护治理，坚决杜绝破坏生态行为。

三、开发路径选择：以中心带动模式实现重要节点率先突破

中心带动是整合发展优势、发挥支撑作用、实现区域经济发展的有效模式。浏阳河流经区域辐射面积较大，区域发展水平不平衡，整体开发难度大，必须按照突出重点的方针，围绕特色资源和传统优势，分区域、分步骤、分层次实施开发，以中心带动模式实现重要节点的率先突破。芙蓉区东湖地区是省会长沙对外辐射和沟通的“东大门”，集历史文化、生态品质、科技人文于一体，具有不可替代的发展优势，其得天独厚的区位优势和独特资源，适合作为浏阳河经济带的中心带动区域实现整体发展。

——东湖潜藏千亿隆平品牌，是长沙科技人文的标杆。东湖地区拥有湖南农业科学院、湖南农业大学、湖南蚕桑科学研究所、中科院亚热带研究所等八家单位，是名副其实的“农学科研区域”，尤其是杂交水稻之父袁隆平院士工作、生活地方，是其第一块杂交水稻试验田所在。杂交水稻的研究和种植在全国乃至世界范围内都有着划时代的重要意义。袁隆平院士在全国、全世界的科研号召力，对农业研究人才、农业科技企业、农业科普旅游的品牌吸引力，是潜藏于东湖、尚待开发的品牌资源，只要进行产业化经营、商业化整合、市场化营销，就可以成为全市乃至全省科技人文发展新的经济增长点和新的经济支撑点。这种独特的品牌资源，构筑了东湖在浏阳河经济带中率先突破的比较优势。

——东湖尽享九曲浏河美景，是长沙河流文明的源泉。东湖位于浏阳河畔，是浏阳河九道弯的第六道湾，是一个梨状的大弧度的半岛，古名“潭阳洲”。环绕潭阳洲的这道梨形弯道为第六道湾，故称“梨江”，曾经是长沙市区和浏阳市往来交通的重要渡口，著名的梨江八景之一“梨江双渡”就在这里。“梨江”不宽不窄，迂回环绕，非常适合发展河流旅游，如龙舟比赛、水陆亲水平台、河流观光等。东湖从古至今人丁繁盛、六畜兴旺，河流文明得到传承，传统民俗、民间文化保留完整，居民还有沿河浣洗的习惯。堤岸、码头、灯光、亲水平台，呈现了河流区域的自然风光；民俗、民居、民谣、水上人家，展现了河流区域的宜居宜人。这种独特的沿河美景，构筑了东湖在浏阳河经济带中率先突破的良好平台。

——东湖坐拥千亩湿地公园，是长沙精美生态的追求。东湖拥有千亩东湖湖面，未经开发，自然天成，绿荫环抱，不曾污染，保留了生态的原汁原味。与其他城市区域相比，东湖的生态宜居性更强，周围的湖南农业大学、湖南省农业科学院、湖南省蚕桑科学研究所、东湖干休所等绿化单位内古树众多，居民区树木丛生，空气质量好，“东沙井”水质优良。与“梅溪湖”“洋湖”等湿地公园相比，东湖的生活宜居性更好，人群往来，生活气息浓厚，生产、生活设施便利，民居、商旅、生态休闲夹杂，用适当的“人气”滋养着湿地公园，而非居城郊之远，是长沙城区内极为罕见的生态与生活浑然一体、合而为一的样板区域，也是长沙未来生态城市化发展的方向。这种独特的精美生态，构筑了东湖在浏阳河经济带中率先突破的坚实基础。

——东湖聚集马楚文化长廊，是长沙厚重历史的展现。东湖古称“姚托”，人文历史厚重，是宋初由五代马楚政权所遗留的常丰县县城所在地，位于今东湖街道东湖村内。目前，古城遗迹还依稀可辨，土城墙尚存约40米，是长沙目前极少有的城市户外历史遗迹，驻足在原地、原封不动地记录着城市的发展历史，与东湖陆续发现的马楚驿道、清朝神道碑等文化遗迹一道，逐步完整着长沙厚重的历史文化，是长沙历史文化遗产实地保护和城内历史文化遗产外移建设的优先选择之地。这种独特的历史文化传承，成为东湖在浏阳河经济带中率先突破的有力支撑。

四、发展对策建议：强化优势地区率先突破的保障措施

沿河开发的国际经验告诉我们，沿河开发不仅是对水资源的开发与管理，更重要的是通过水资源、岸线资源及其他自然资源促进沿河流域产业带的形成，进而推动周边城市区域的整体兴起。为此，我们必须对浏阳河经济带的发展现状和趋势进行深度把握，构建自上而下的规划体系，抓住关键环节，强化保障措施，实现东湖等浏阳河经济带中具有比较优势的地区的率先发展。

（一）依托独特资源，在积聚发展优势中率先突破。充分整合东湖品牌、自然、区位、文化等特色资

源，率先实现浏阳河经济带在这一区域的复合式立体化开发和精致建设。一是依托院士资源，打造稻圣之家、种业硅谷。合理运用袁隆平品牌资源，建设国际一流的国家级农耕文明展示与现代农业科技交流合作平台，将国际种业交易中心打造成具有世界领先水平的种业、农业高科技及其他涉农产业的研发、检验、认证、展示、交易、交流平台，让水稻分子育种技术中心为全国种业企业提供技术支撑和服务，隆平国际会展中心为杂交水稻国际学术研究和培训提供高端学术交流平台，通过引人高端农业科技公司、建立农产品交易所、发展农学文化体验基地等，发展农业相关产业，形成产业规模效应，引领农业产业。二是依托河流资源，打造九曲浏河之心。借助十里浏阳河风光带，挖掘浏阳河主题元素．从长沙历史文化复兴入手，为九曲浏河之心注入文化灵魂，原地保存文化遗迹，承接市区文化遗迹转移，建设长沙历史文化实地展示园。三是依托区位资源，打造休闲旅游乐土。发挥东湖“黄金十字架”的区位优势，以浏阳河为品牌，精心整合旅游资源，设计旅游精品路线，建构主题购物、特色餐饮、文化休闲、历史观光、休闲度假等功能于一体“最长沙”的休闲体验地标区，打造流光溢彩“不夜河”，广聚资源、广纳人气。四是依托文化资源，打造文化创意中心。以浏阳河为主线，注重文化主体塑造、文化环境营造、文化活动打造，发展文化创意产业和文化体验产业，建设高端农业展示基地、中小学科普体验基地、创意产业孵化基地、院士工作室聚集基地，形成汇聚街面民俗生活体验、公益博览、特色手工艺品等业态的游憩中心，时尚演绎湖湘文化。

（二）架构生态网络，在品质城市建设中塑造形象。进一步发挥东湖地区天然的生态优势，形成“网、带、区、片”的绿地新格局，提升宜居宜业宜游品质。一是建设绿化生态网络。通过建设沿河绿化景观带、浏阳河生态廊道与绿化隔离带、保护风景名胜区与近郊公园、建设沿河沿路带形绿地，架构以沿河沿路绿廊为绿化网络基底，风景名胜区、近郊公园、山林、洲地绿色空间为绿色斑块，形成浏阳河两岸一体化的绿化生态网络．将沿河密集的城市带、产业带有机镶嵌在绿色浏阳河的绿化生态网络中，提供美观宜人的亲水空间。二是丰富城市景观特色。根据浏阳河两岸独特的地形、地貌特征，规划不同的景观段落，赋予不同的景观主题，强化地区景观特征。依托东湖地区的资源优势和浏阳河两岸介体特征，创造、塑造具有地域特色的标志性景点和便捷宜人的生态环境，丰富生态城市内涵，优化生态要素布局，合理化布局多种生态要素，打造多层次、多元化的生态东湖。三是塑造东湖整体形象。根据东湖的自然资源、景观资源特征，设计区域空间形象，塑造城市空间特色，将东湖打造为长沙城市圈东翼带的中央游憩区，融居住、游憩、研发、商业及生态产业为一体的生态新城，构建人文生态与两型产业交相辉映、自然风光与都市景观浑然天成的城市客厅。

（三）抓住关键环节，在发展综合经济中凸显特色。东湖尚处于待开发阶段，需要突畔关键环节掣肘，率先启动，集中开发，形成聚集效应，带动区域整体发展。一是高起点进行规划。高品位、高标准搞好沿河开发规划，真正把浏阳河地区打造成为具有强竞争力的产业聚集带、富有活力的滨河城市带、风景秀丽的大河风光带。通盘考虑城镇发展、人口分布、环境保护、土地利用等因素，充分体现沿河开发与城市建设的衔接配套，充分体现东湖自身的产业定位和功能特色，合理选择产业发展方向，最大限度地整合各种资源要素，实现整体开发、集约开发、联动开发、可持续开发。二是加速基础设施建设。按照适度超前、优化结构、突出重点、配套完善的原则，加大基础设施投入力度，路网系统和基础设施与中心城区全面对接并有机融合，尽快建成与浏阳河经济带开发相适应的区域一体化基础设施体系。根据全市城市规划和浏阳河经济带整体规划，完善东湖内外交通接驳，对外，接轨临近商圈，吸纳商业资源；对内，盘活片区资源，构建功能齐全的各种硬件设施，激活沿河筋络。三是发展特色产业。在分区规划的基础上，对部分产业业态发展进行规划，整体引导产业发展。依托东湖农业优势，有效整合沿河农业资源，发展高效农业、旅游农业、特色农业和品牌农业，建立集农业科研、农业交易、农业科普、农业展示等为一体的多层次农业产业体系，形成拳头产业。立足浏阳河经济带规划，广泛招商引资，引入社会资本进入开发运营，培育优势产业，提升现代服务行业在三大产业中所占比例。四是科学功能分区。制定生态岸线景观规划，对沿河岸线进行现代都市功能区、物流功能区、文化旅游功能区等功能分区，合理利用岸线资源。彰显东湖区域特色，依据“人、河、湖、园”四大品牌，从东沙古井、马楚遗风、沿河风光、人文底蕴、高等院校、科研院所、稻香田园等要素中提炼主题，根据要素聚集的板块不同，差异化提炼分主题，阐述东湖功能映象，串联人文生态与两型产业、自然风光与都市景观。

（四）加快资源开发，在创新运行模式中整体发力。充分发挥发展战略的宏观导向作用，坚持全面规划、突出特色综合开发、分步实施的开发原则，形成有效的运行机制，深入推进整体开发。一是统一领导、市区联动。建立浏阳河经济带综合开发领导小组，有效整合市区力量，形成市区联动，统一规划实施开发战略、开发重点、产业布局、环境治理与生态建设事宜，实地、及时、有效地解决浏阳河经济带开发中的重大问题，避免区域内的重复建设和地区摩擦。二是政府主导、市场运作。明确政府在浏阳河综合治理和经济带开发中的主导地位，在防止社会资本滥用、损耗公共资源的基础上，鼓励商业资本进入公共资源运营，通过市场运作机制对浏阳河商业性开发项目、重大基司设施项目实行统一包装和宣传，广泛招商引资，充实浏阳河经济带开发资本，加快开发建设步伐。三是科学规划、分步实施。邀请城市规划专家、各行各业优秀人才和市居民参与浏阳河经济带开发方案座谈，制定浏阳河开发总体规划和分步规划，发挥规划的“龙头”引领作用，实现浏阳河分阶段、分区域、分步骤开发的有序推进。四是综合整治、保护开发。坚持“保护性开发”基调，把握好“保护、治理、开发”三者之间的关系，处理好“历史、现在、未来”的实现，进一步推进浏阳河流域的综合治理，保护浏阳河周围历史文化遗产，保持浏阳河独特性能，为浏阳河经济带注入新生的力量，使浏阳河真正成为绵延长沙昨天、今天和明天的文化长廊，成为蜚声国内外的标杆河流之一。

建言献策

·建议及答复·

关于加快发展隆平高科技园现代服务业的建议（摘要）

建议人：区人大代表　尹国杰　孙秀文　何志强

现代服务业是指伴随着信息技术和知识经济的发展产生，用现代化的新技术、新业态和新服务方式改造传统服务业，创造需求，引导消费，向社会提供高附加值、高层次、知识型的服务业。现代服务业主要包括科研及科技服务、现代物流服务、金融服务、通讯及信息服务、咨询中介服务等行业及其衍生的相关服务。隆平高科技园已具备发展现代服务业的良好基础：隆平高科技园已经被省商务厅认定为现代服务业产业园区；该园区地理位置优越、交通方式多样，对集聚长沙现代服务业资源形成强大的引力，并可通过良好的交通对长株潭地区及全省形成良好的辐射；该园区内已经集聚有一批现代服务业资源，如以湖南农大、农科院等院校提供的农业科研科技服务，以顺风、申通等为主的现代物流服务，以国家级广发隆平孵化器为首的六大创业平台，孵化、培育了一大批科技创新、创业企业。为此，特提出以下建议：进一步完善区域交通网络。建议加快营盘路、红旗路等城市主干道路建设，打通“盲肠”，优化支路，形成区域良好的交通环境。改造区域基础设施。隆平高科技园要按照中心城区的要求，提质改造园区道路、完善环卫设施、改进管理机制，形成“产城融合、宜业宜居”的区域环境。加大对现代服务业的扶持。区委、区政府及隆平管委会可在现有基础上，按照国家相关要求，比照先进地区做法，加大对现代服务业的扶持，优先服务、优先供地、优先资金扶持。（2015 年 2 月 5 日）

关于区人大四届四次会议第 5 号建议的答复（摘要）

隆办复函〔2015〕1 号

尹国杰、孙秀文、何志强代表：

你们在区人大四届四次会议上提出的“关于加快发展隆平高科技园现代服务业的建议”已收悉。区人民政府高度重视，责成隆平高科技园认真办理。现将综合办理情况答复如下：

一、园区发展现代服务业的思路。

隆平高科技园作为城区园区，在发展思路上，一直立足自身土地资源紧缺的实际，坚持走先进制造业与现代服务业融合发展的道路，坚持“向改革要活力、向空中要土地、向科技要效益、向社会要服务”的发展方针，积极探索都市工业园区转型创新发展新路，致力打造宜业宜居、产城融合的现代城市经济综合体。

二、发展现代服务的相关情况和举措。

1. 着力培育现代服务业。园区实施先进制造业和现代服务业“双轮驱动”战略，着力培育和大力发展现代快递物流、电子商务、移动互联网及连锁经营总部等现代服务业，调优产业结构，积极创建国家电子商务产业集聚区。瞄准连锁经营产业广阔市场，积极发展连锁经营服务业总部经济。依托中国铁塔集团湖南公司和长沙公司、邮电规划设计院、中国通信服务湖南公司等龙头企业，积极培育通信服务产业。

2. 推动产业服务升级。积极引进长沙市中小企业服务中心河东分中心，为中小微企业提供上市对标、管理创新等服务。同时拟整合驻园科研院所（校）的科研、检测资源，打造一批公共服务、研发、检测、实验平台。响应市委工业园区转型创新发展“三年行动计划”要求，拟设立2000万元的园区产业发展资金；全年与建设银行合作开展了中小企业“助保贷”业务，助力解决中小微企业融资难、融资贵的问题。完善企业联点帮促责任制、首问负责制、服务承诺制，以服务的提质升级引领产业的转型升级。

3. 着力提升园区品质。积极对接隆平新区整体规划，加强融资和资金调度，启动实施了“园区品质提升三年（2015—2017）计划”，加速推进道路全面提质改造，增强要素吸纳能力。在张公岭建成区启动4项工程：年内新建并完成纬一路工程，同时解决亚大路堵水的问题。争取上级支持，年内完成京珠西辅道扫尾和京珠东辅道拓宽改造，实现营盘东路与园区对接通车。响应园区企业呼吁，已委托省建筑设计院对园区整体提质改造工程进行全面设计，拟分期实施，完成长星路（隆园一路至盼盼路）提质改造工程，包括路面硬化、人行道改造、绿化、亮化等，并用2~3年完成其余道路的改造，畅通内部交通循环。配合芙蓉区东片雨污分流体系建设，年内完成雨污分流二期管网改造与建设工程，并逐步实现各企业与一、二期并网。另外，响应市、区“清洁城市”号召，大幅增加环卫投入；不断完善教育、医疗、环保、交通等配套设施。

（2015年7月7日）

关于将浏阳河打造成长沙“不夜河”的建议（摘要）

建议人：区人大代表　尹卫东　石磊

城市夜景灯光建设是城市繁荣的标志，体现了城市现代化程度与文化水准，折射出城市的经济实力。据统计，北京、上海、成都城市的夜间消费占游客旅游支出比例超过50%；在广州，服务业产值有55%来源于夜间经济；重庆2/3以上的餐饮营业额是在夜间实现的；成都的餐饮、购物和娱乐市场已经成为晚间消费的重要支点。营造城市夜景，促进城市消费已成为城市发展新的经济增长点。浏阳河是一条蜚声海内外的红色之河，具有不可复制的资源禀赋和文化底蕴。浏阳河是长沙的骄傲，是长沙的象征，浏阳河本身就是长沙城市特色的一部分，是城市发展中可利用的一宗巨大品牌资源。因此，建设浏阳河风光带就完全有可能打响长沙的“九道湾牌”，形成“因河生景”“以河生辉”“借河生财”的良性发展格局，使浏阳河成为长沙的“塞纳河”，打造成与西湖、西溪齐名的“世界级旅游产品”，使长沙这座历史文化名城和国际旅游城市更加名副其实。其具体建议如下：

1. 统一认识，整体规划。引进实力雄厚、社会责任感强的一流企业进行夜景规划、建设整体布局，总体以亲水平台为近景，以防洪堤岸为过渡，以沿岸建筑灯光为轮廓，以远景建筑灯光为背景，以桥梁灯光和码头灯光为点睛，放眼望去，处处是景。要把夜间经济与特色商业街区建设相结合，寻找解决融资的出路，将夜景灯光的艺术性与商业性相结合，将夜景灯光与户外广告有机结合，既有益于提高夜景灯光的整体效果，又有利于解决夜景灯光建设资金不足的问题。要加强管理，把城市夜景灯光纳入规范化、科学化和依法管理的轨道上。

2. 重点规划包装跨河大桥夜景亮化工程。浏阳河跨河大桥有5座，这些大桥经过亮化包装，夜晚在灯光照耀下，再加上两岸华灯、闪烁的游船，必然光芒夺目。每年举办夜景节，全面展示浏阳河的夜景。让外地游客看到美丽的长沙，让夜景这一长沙名片更加美丽。

3. 夜景打造应景应情，融为一体。浏阳河湾多、景多、故事多，夜景灯光的载体、形式、颜色等设计和打造上，充分立足特色和资源，要与每一个情景相融为一体，相互辉映衬托，各个主题景观之间又串联成整个耀眼的浏阳河夜景游。同时，要配合着开发如水上移动舞台、坐彩船、赏花灯、逛庙会等文化活动。

（2015年2月5日）

关于区四届人大四次会议第9号建议的答复（摘要）

芙城管复函〔2015〕2号

尹卫东、石磊代表：

你们在区四届人大四次会议提出“关于将浏阳河打造成长沙‘不夜河’的建议”已收悉。区人民政府高度重视，交由芙蓉区城市管理和行政执法局认真办理，现综合办理情况答复如下：

一、浏阳河两岸风光带夜景灯的建设情况

浏阳河西岸风光带已于 2013 年完成全部建设任务。在浏阳河西岸风光带的建设中，着重对风光带夜景进行了设计，打造了“浏水星河”，通过迎水面、树顶闪烁的灯光和满地的星光灯让人感觉置身于星河之中。目前正在进行浏阳河东岸风光带建设，在整个东岸风光带的夜景灯光设计上，以稻米文化为景观设计主题。借用长沙“星城”的理念，提出了“星辰·稻影”这一整体夜景设计理念。星与稻，正是天与地的象征，设计立意创造天与地共融景象的隆平新区浏阳河风光带夜景。尤其是在路灯设计上，采用“星辰·稻影”路灯设计，将星轨的形态抽象变形为灯头造型，立面形态为不规则的曲线，而平面上看则呈现规则的星轨图像；灯杆模拟禾苗生长的自然形态，整体造型寓意天与地的融合，整体形态完全超越了传统景观灯的造型意向。同时针对二级游览道护、浏河叙事红歌台、跃秋晨韵亲子园、疏林水影童趣园、凌空道白鸟环河白鹭桥等不同景观点的特点，进行了不同的灯光设计，形成震撼的视觉感受。

二、跨浏阳河大桥的夜景亮化工程情况

区辖范围内的跨浏阳河桥分别为万家丽路浏阳河桥、营盘路浏阳河桥、远大路浏阳河桥、人民路浏阳河桥、红旗路浏阳河桥。现各桥梁的夜景亮化工程正处于设计阶段。目前设计拟通过合理布置光源、调整光照的角度，使照明要素的主照面、副照面和投影面的照度合理分配，以获得合适的立体感，同时通过点、线、面的表现方式，以展现桥梁主缆、桥塔、斜拉索、护栏、纵梁、桥拱、桥墩等不同的结构特征，适当运用彩色光增加其夜间色彩层次，还原其建筑艺术美，使夜景中的大桥融入宁静的周边环境，主次分明，相映成趣，体现桥塔的形结构美结合桥梁美学。

三、两岸风光带夜景的维护情况

区园林局自 2010 年年底接管浏阳河风光带（西岸）后，对其绿化维护、设施维修、日常保洁以及日常安全保卫及摊贩摊位进行综合管理，下一步将加大维护管理力度对浏阳风带光现有亮化设施、基础设施进行检修及更换，确保现有亮化设施完好无破损、整洁亮丽。

（2015 年 7 月 2 日 ）

关于建设火车站广场地下停车场的建议（摘要）

建议人：区人大代表彭雄杰　郦宏远　范伟民

火车站是既长沙的门户、窗口、交通枢纽中心，也是长沙的重要商圈。车站周边除有南北两大公交车停车坪和长株潭长途汽车站，也有友谊阿波罗商业广场、国储电脑城、金苹果服饰市场、华天大酒店、华天紫东阁大酒店、三九大厦、凯通国际大厦等，商业酒店、写字楼林立。火车站广场附近交通拥堵、停车困难已经困扰芙蓉区多年，人民群众出行、周边商业经济利益、长沙窗口形象都受到影响，解决火车站广场及其附近的交通拥堵、停车难已迫在眉睫。

火车站广场已是寸土寸金之地，地面解决停车问题已是难上加难，但长沙地铁 3 号线经过火车站广场附近与地铁 2 号线交汇换乘站建设，为解决停车难问题带来了契机。为此，建议在地铁换乘站场建设解决地下交通工程的同时，将地下停车场配套考虑进去，借鉴一些国家和地区的先进经验（巴黎），同步规划、同步建设，建议建设两层地下停车场及一层地下商场，将地铁站、轻轨、城际公交、出租车站并入规划建设，既方便商业中心的购物停车，也保证大量人员的及时分流，方便驾乘人员在地下交通节点换乘。火车站广场如能科学合理规划考虑地下空间利用，在地铁建设的同时建设地下停车场一定会得益匪浅，方便市民的出行、停车、购物，促进芙蓉区的商业繁荣和税收的增长。停车场地的建设资金可引入社会资本以及收费经营权或者以地下商业空间开发换取停车场建设的资金。

（2015 年 2 月 5 日）

关于芙蓉区四届人大四次会议第 13 号建议的答复（摘要）

长站区管复函〔2015〕2 号

彭雄杰代表、郦宏远代表、范伟民代表：

你们在芙蓉区四届人大四次会议上提出的“关于建设火车站广场地下停车场的建议”已收悉。区人民政府高度重视，责成长沙火车站地区综合管理办公室认真办理。现综合办理情况答复如下：

一、市规划局已进行了专题研究规划。根据《长沙市城市整体规划(2003—2020)》(以下简称总体规划)，长沙火车站的定位为区域级综合交通枢纽。为了更好地落实总体规划， 2012 年市规划局组织开展了长沙火车站及周边地区城市概念设计，目前该设计已通过审核。该次概念设计中，火车站的定位为城市形象的展示窗口，是现代交通枢纽及服务业综合发展区。依托轨道交通的发展，未来长沙火车站的发展注重于综合空间开发，充分挖掘土地资源，将火车站东、西广场之间地下城市交通空间、轨道交通空间、联系空间及公共半开敞空间与地面的步行空间、公共空间、换乘枢纽等有效连接，形成一个自上而下的有效并富有活力的三维空间系统。长沙火车站的改造提质，立足于将长途汽车站、公交车站、出租车停靠点及地铁、城际站等有效整合，方便旅客换乘，更好地提高交通运输效率。因其改造提质涉及国铁及城际的建设，需加强与相关业主单位及管理职能部门的衔接。

二、地下停车场规划建设已获批准。火车站历来都是人流、车流量集中地区，火车站停车场经常出现供不应求、车位饱和现象。随着地铁2号线开通、3号线已进入施工阶段，停车高负荷问题将日益严重，针对此问题芙蓉区已向市规划局申请建设地下停车场，且已在去年将地下停车场项目纳入规划，现地铁三号线已经进入初期阶段的施工当中，根据规划，地下停车场将会与地铁三号线同时开工建设。长沙火车站地区的发展是一项重大的系统工程，相信在未来几年后，长沙火车站地区将会是一个现代化的地铁与地下停车场无缝对接的立体交通枢纽中心。

（2015年6月17日）

关于加强学校周边食品安全监管的建议（摘要）

建议人：区人大代表　卜小平

小食品多为三无产品，路边摊卫生更难保障。每到放学时分，由电动三轮车改装的小吃车载着“奥尔良烤翅”“冰糖葫芦”“臭豆腐”等各种小吃，在学生放学前半个小时熙熙攘攘地学校门前，让原本就不宽敞的路面更加拥挤。卖小吃的大多数摊位都是临近放学时间才移到学校门口的。同时在学校附近的商店内，一些如“鱿鱼丝”“辣骨头”“小香肠”“香菇牛肉”“香辣薯片”的小食品颇受学生们喜欢。而这些食品的包装袋却非常简易，有的包装密封不严，有的没有厂家名称，生产日期模糊不清，并且包装袋上布满油渍。很多家长表示，他们有时候会给孩子一些零花钱，希望孩子买一些卫生的零食，但因为这些零食便宜，小孩子又有跟风的习惯，往往会背着家长偷偷买着吃。

学生的食品安全，是一个老生常谈的问题。屡次发生屡次解决，不知是监管不到位还是执行中出了差错，这样的致命漏洞却依然存在。孩子们是祖国的花朵，希望相关部门加强监管，还孩子们一个安全健康的学习生长环境，共同保护祖国的下一代健康成长！

（2015年2月5日）

关于区人大四届三次会议代表第16号建议办理情况的答复（摘要）

芙蓉工商复函〔2015〕28号

卜小平代表：

您在芙蓉区人大四届三次会议上提出的“关于加强学校周边食品安全监管的建议”已由区政府交由工商行政管理局芙蓉分局办理，现将办理情况答复如下：

为了进一步加强校园食品安全工作，确保广大师生饮食安全，芙蓉分开展对辖区内各类学校及校园周边、托幼机构、中小学、驻长大中专院校及周边地区食品安全专项整治行动。

一、领导重视，责任明确

芙蓉分局制订了“2015年芙蓉工商分局开展春季学校（幼儿园）及校园周边食品安全专项整治工作方案”，成立了整治工作领导小组，分局党委书记、局长任组长，分局党委委员任副组长，各工商所、食安科、市场科、监管科负责人为成员。全局召开动员大会，会上进行责任分工，明确各自工作职责，并要求各工商所、机关相关科室各司其职、各负其责，充分发挥职能，扎实开展整顿工作，确保整顿工作落实到位。

二、调查摸底，广泛宣传

各工商所组织人员对辖区中小学、幼儿园和驻长大中专院校进行了认真的调查摸底，做到全部纳入这次整治范围，不留死角。在这次整顿过程中，芙蓉分局对全区45所学校（34所区属小学、3所市直中学、2所行业子弟中学、6所高等院校）校园及周边的食品生产经营单位进行了登记，并分类建档、登记造册，一并纳入了专项整顿和日常监管。同时，深入开展了宣传发动工作，共发放食品安全知识宣传资料1000份，进一步提高了广大师生的食品安全意识。

三、上下联动，网格监管

由各工商所牵头负责各自辖区内校园及周边食品安全的整治工作，实行责任到人，采取分片、定点、定人、定责的网格监管方式。年内，已对全区32所中小学校及周边进行了专项整治，共检查门店经营户212户，其中一般项目无照经营31户，经督促后办理了20户，查处取缔11户，罚款3000元。涉及到需办理许可证的无照书店、小吃店等16家，已向相关部门进行了抄告。整治中查处销售劣质食品、玩具案件4起，扣押销毁过期食品、劣质玩具6箱（件）。

校园周边的食安整治是一项长期的工作，将通过"食品安全知识进校园"等宣传活动，加大食品安全知识的宣传力度，进一步提高学生、老师、家长的食品安全意识和对假冒伪劣产品的辨别能力。严厉打击无证无照经营。继续对校园及周边超市、商店开展日常巡查，严查食品进货渠道和索证索票，对风险较大的熟食和面筋类的"一元食品""五毛食品"进行下架、退市。对未经许可擅自从事食品经营活动的行为进行严厉打击，对无证无照的食品经营门店、摊贩一律关停、取缔，绝不姑息。建立长效监管机制。将校园及周边监管工作纳入绩效考核，努力探索建立长效监管机制，进一步完善网格监管机制，充分整合执法力量，加强日常巡查力度，对制假售假、损害师生身体健康的违法行为，严厉打击，一查到底，绝不姑息。

（2015年7月13日）

·提案及答复·

关于加快浏阳河水上体育及旅游产业发展的建议（摘要）

提案人：区政协东湖组全体委员

浏阳河是湘江长沙段最大的一级支流。浏阳河的功能一直以生产生活的取水航运、排污消纳为主，而体育、休闲和文化功能比较薄弱，需要得到重视和加强。为促进浏阳河的长期可持续发展，特提出如下建议：

打造浏阳河水上体育基地。在浏阳河风光带规划中加入划艇、龙舟基地，建设专门的斜坡码头、存放仓库、训练场地，吸引各大龙舟队、划艇队入驻。浏阳河东湖街道段水流缓慢、河道宽直，非常适合划艇和赛龙舟，且辖区内有湖南农业大学、湖南生物机电学院等高校，划艇爱好者众多，技术力量雄厚，还可以吸引全市的爱好者和群众前来划艇，形成长沙市的龙舟和划艇大本营，带动当地经济和体育产业的发展。

举办有影响力的浏阳河水上体育赛事。浏阳河是沿岸乡镇举行龙舟比赛的传统地点，东屯渡、东山桥等地每年端午节都举行划龙舟活动，可以此为基础举办高规格的全国龙舟邀请赛，将赛事定期化，体育搭台、经济唱戏，吸引全国游客和客商来浏阳河，形成龙舟文化产业。还可举行现代的高校划艇竞赛，如湖南农业大学——国防科技大学划艇赛等，类似于英国的牛津——剑桥大学划艇赛，形成新兴的划艇赛事文化，推动长沙市划艇产业发展。

启动浏阳河水上旅游项目。一曲《浏阳河》让浏阳河蜚声海内外，但是浏阳河之美却在人们脑海中是个模糊的印象。多年来，浏阳河的水上旅游发展几乎为零，九曲十八弯美景养在深闺人未识。因此，在确保安全和环保的前提条件下，发展漂流、竹筏游等旅游项目，完全可以将浏阳河打造成湖南的"漓江"、长沙的"秦淮河"，给沿岸政府和居民带来丰厚的旅游收入。

建设浏阳河湿地保护区。在浏阳河的九道湾地区建立湿地保护区，治理环境污染、开展生态修复，吸引鹭鸟前来栖息，促进生物多样性恢复，以此为基础开展湿地旅游、亲子教育旅游，将浏阳河九道湾文化发扬光大，促进沿岸地区旅游文化产业的发展。

加强治理浏阳河水质。浏阳河流域内经济总量大、发展迅速，而环保相对滞后，特别是长沙城区段城郊接合部的沿岸厂棚区，排放大量污染物入河，致使浏阳河的生态环境不容乐观，亟待加强治理。浏阳河是长沙市重要的城市饮用水水源地，水质好坏事关几百万人的生命健康，也是水上体育旅游产业发展的基础，河流污染治理必须常抓不懈。

(2015年2月2日)

关于区政协四届四次会议第32号提案的答复（摘要）

芙文体新复函〔2015〕4号

张玉烛委员：

您提出的"关于加快浏阳河水上体育及旅游产业发展的建议"已收悉。区人民政府高度重视，责成区问题新局牵头主办，发改局、商务旅游局、环保局会办，现综合办理情况答复如下：

浏阳河文化旅游产业带的产业布局划分为"一河两岸五板块"，即以浏阳河为轴心，完善提质东西两岸风光带和功能房，并向两厢延伸建设"时尚商业、主题公园、生态湿地、娱乐休闲、健康地产”五个产业板块。规划中，将突出“四个一”的着力方向：即建设一条聚胜览景、风光旖旎的生态绿廊，将92.6万平方米浏阳河东岸风光带建设为生态亲水乐园，沿河布局舟桥载月、浏河叙事八个景观区；建设一批代表长沙精神、展现长沙风范的标志性建筑，立足世界一流、全国唯一标准建设隆平水稻博物馆、跨河人行天桥等；打造一条传递楚风汉魂、激荡湖湘精神的文化廊带，将散落在两岸的马王堆古汉墓、马楚城墙、柳子明故居、龙王庙、东沙井等文化遗产串珠成链，新建一批湘湖文化景观，恢复古城记忆，传承文化精粹，留住“乡愁”；打造一处融旅游、商务、餐饮为一体的休闲产业活力圈，在两厢建设地标商务楼宇、特色酒店，引进种业总部经济、互联网新兴企业等，实现高效益经济综合体滨水汇聚。下阶段，将全面完善浏阳河两厢基础设施配套，抓好产业培育，创新与挖掘水上娱乐项目与水上商业有机结合，向省和国家申请举办重大的皮划艇和龙舟比赛，以活动会展、酒吧街，滨水民俗社区为主打造水上娱乐集市，希望可以让游客身临水上商务休闲、水上运动游乐园等水域娱乐平台，感受水上旅游项目带来的畅快淋漓。

针对您提出的建设浏阳河湿地保护区、加强治理浏阳河水质等问题，区委政府着重做了以下几件实事：加快东岸地区污水收集管网建设。区政府于2013年3月份全面启动了滨河路建设，资金总投入达17亿元，项目涉及截污改造排污口5个，全长约9.4千米，需动迁房屋约405栋，仅用半年基本完成了拆迁任务，2013年11月份开始进行雨污管网建设及沿线排污口截污改造，2014年12月前完成了全部污水管网建设和沿线杉木港、六厘港、罗溪港、泉水塘、姚托撇洪渠等5个排口的截污改造；区城建投对杨家湾撇洪渠进行多次实地勘察，组织长沙市规划设计研究院拿出了截污方案，于2013年11月份进场施工，2014年3月完成全部管网建设，已通水运行，沿线各排污口污水将送至长善垸污水处理厂处理，滨河路管网和沿线排污口截污改造建设完成。推动污水处理厂提标扩容。在长善垸污水处理厂进厂通道及二期厂区拆迁用地手续不全的情况下，马坡岭街道和征地办提前启动了拆迁工作，该项目用地面积约30.67万平方米，拆迁正屋约296幢，违章24万平方米，通过近4个月的努力，已经圆满完成拆迁任务并向水业集团移交了用地；积极配合国祯污水处理厂完成提标工程的立项、环评、可研等前期工作，并多次询问国祯公司掌握项目进展情况，召开了周边居民会议，做好解释沟通工作，国祯公司于2014年11月动工进行提标工程。加强污水管网维护管理。针对水云间小区污水直排的问题，区工务局制订了水云间小区截污方案，2013年9月启动了建设，2014年1月已完工；区市政局在2014年5月前已经完成对红旗渠、团结渠等主要雨污渠道的实地勘察，撰写了调查报告，确定辖区内主要渠道通水情况良好，可暂不实施清淤；车站北路国祯污水处理厂下游截污工程已完成了前期设计和手续工作，待国祯完成尾水管改造后可进场施工，目前暂未施工建设；市政、环保、农水、工务等部门联合对浏阳河沿线排口截污情况进行了检查、疏浚、维护，东屯渡泵站和砂嘴子临时泵站运行正常，污水提升系统通畅；联合市水务局、排水运营中心等多部门，实地查勘超过5次，掌握了王家湖排口污水下河的原因，并向市政府专题报告，该排口问题在姚英杰副市长调研时明确由市水业集团制订改造方案并实施，解决污水下河问题。

(2015年7月20日)

关于加快全区公共就业信息服务平台建设的建议

提案人：区政协委员 潘向阳

一、现状及影响

全区13个街道、63个社区、13个行政村，尚未建立政府主导，企业和求职者直接互动的就业网络平台。网络平台不完善影响求职效率。就业信息传递还停留在早期的企业将招聘信息反馈给区人社局，再由区人社局通过基层站点发布给辖区群众，这种方式中间环节过多，效率低下，不能满足当前招聘、求职时效的需要。社会化就业平台不完善影响就业服务。辖区已有的几家就业服务中介规模过小，难以承担大规模招聘活动，实现企业—政府—群众的信息共享，满足就业社会化运作的需要和满足群众求职。

二、相关政策要求

为进一步落实《国务院关于促进信息消费扩大内需的若干意见》提出的“建立公共就业信息服务平台，加快就业信息全国联网”要求，人力资源和社会保障部下发了《关于加快就业信息全国联网，推动公共就业信息服务平台建设工作的通知》，对公共就业信息服务平台建设提出了具体要求。

三、对策及建议

建立涵盖区、街道、社区（村）网站，完善信息网络平台，实现网络系统化，实现全区所有社区人力资源信息系统全覆盖，及时向求职者发布新政策，解答求职者的各类择业问题。打破常规的招聘会活动，在网上直接与求职者对接，减少中间环节，求职者不出家门便可寻找到合适的岗位。同时对接市、省和全国公共就业信息服务平台。

由区人社局提出建立公共就业信息服务平台建设的具体要求，联系软件开发公司，编制公共就业信息服务平台建设的资金预算及运行、维护费用预算。

由区财政局安排公共就业信息服务平台建设资金并将运行、维护费用纳入年度财政预算。

（2015 年 2 月 3 日）

关于区政协四届四次会议第 75 号提案的答复（摘要）

芙人社新复函〔2015〕5 号

潘向阳委员：

您在区政协四届四次会议上提出“加快全区公共就业信息服务平台的建议”已收悉。区人民政府高度重视，交由区人力资源和社会保障局认真办理。现综合办理情况答复如下：

2014 年底，区人才交流服务处与区劳动力市场进行了机构整合，成立了区人力资源公共服务中心。2015 年 4 月中旬经过局务会研究，决定将公共服务信息平台建设交由新成立的区人力资源公共服务中心负责管理。4 月下旬，马坡岭街道公共服务中心即开通“职来职往，前途宽广”微信公众号，为公共就业提供便利快捷服务。5 月 13 日，正式成立了人力资源公共服务中心网站建设工作领导小组，由局长唐宇平任组长，卢滔、周邦运、李小平三位局班子成员担任副组长；局办公室、就业服务中心、人力资源公共服务中心、人事劳动仲裁等相关业务科室共同参与网络平台建设，由人力资源公共服务中心具体落实该项工作。区人社局公共服务网站和微信公众号建设正在按部就班的稳步推进，届时关于人力资源的公共服务信息（包括就业公共服务）的政策通知、各企业和机关事业单位公开招聘信息、区属各街道社区居民就业需求等均可在网络平台发布，以此努力减少中间环节，提升信息传播接收的效率和广度，切实为居民群众和企事业单位做好人力资源方面的公共服务。

（2015 年 7 月 9 日）

关于加强全区城市管理工作的几点建议（摘要）

提案人：区政协委员 赵小午

结合当前全区城管工作存在的困难和问题，为贯彻落实“六个走在前列”和建设更高层次文明城市的目标要求，进一步提升城市品质和居民幸福感，确保城市管理工作再上台阶，建议从以下几个方面予以改进：

优化城管工作资源配置。面对城管工作配套设施短缺的现状，建议由区委区政府统一规划，将城管执勤车辆和环卫休息室等工作设施配齐到位。同时，对于辖区站、厕的改造和维修也建议由区里统筹负责。

统筹成立专门执法机构。针对城市管理执法权“政出多门”且纵横有限的格局，建议由区委区政府统筹成立专门的“综合执法局”，通过整合城管、卫生、文体、环保、交管、安监等多个部门的执法权或接纳授权，由综合执法局专门负责行使城市管理的执法事宜。破解街道基层城管“难执法、执法难”的问题，提高街道城管工作效率。

创新城管工作模式。在社区提质改造方面，发挥“共驻共建”优势，探索运用“政府主导 + 企业参与”的模式，采取动员社会力量出资与政府补贴奖励相结合的方式，推进企事业单位的提质改造。在环卫工作方面，探索采用“服务外包”形式，将辖区环卫清扫服务承包给专业的公立或私有服务公司，并通过签订合同对相关细则予以明确，环卫部门采取考核的方式对服务绩效进行监督。

推进城管手段现代化。在城管工作重心下移的背景下，建议在全区各街道全面推广定王台 GIS 云网系统，建立街道层级的全覆盖数字处理平台，搭建起由区数字化指挥中心和各街GIS云网系统构成的立体式、网络化数字城管系统，从而开创城市管理工作“主动出击、快速反应、有效处置、即时反馈”的新局面。

（2015 年 2 月 4 日）

关于区政协四届四次会议第 90 号提案的答复（摘要）

芙城管复函〔2015〕13 号

赵小午委员：

您在区政协四届四次会议提出“关于加强全区城市管理工作的几点建议”已收悉。区人民政府高度重视，交由区城市管理和行政执法局认真办理。现综合办理情况答复如下：

关于优化城管工作资源配置问题。2014年，按照区委、区政府的统一部署，以“统一领导、分级管理、条块结合、以块为主”为原则，构建“区委、区政府统一领导，部门联动，区街分级负责，以街为主，街道和社区为基础”的城市管理体制，成立以区委书记梁仲为顾问、区长于新凡为主任的区城市管理委员会，全面指挥、调度、协调全区城市管理工作。进一步明确43个成员部门、13个街道（局）、76个社区（村）的职责职能，优化了城管工作的资源配置。2015年，将努力构建环境卫生长效机制。不再走“突击一阵子、过后老样子”的老路，集中精力和力量开展市容环境整治工作，从薄弱环节入手，找准着力点，确保整治工作取得实实在在的实效。将统筹73台城管执法车辆的管理维护使用，适当购进一批电瓶车，按规定报废一批皮卡车，充分保障城管督查、巡查工作用车。同时按照市、区两级的安排，完成环卫工人休息室，公共站厕、过街天桥等建设任务。

关于统筹成立专门执法机构的问题。根据区委、区政府机构改革的精神，暂未成立“综合执法局”，但我们仍在积极探索加强城管综合执法工作的路径、方法。我们着力加强综合执法建设，提升城市管理能力水平。2014年完成城管综合执法大队成建制下放到区管理，并根据实际工作需要，优化执法力量配置体系，形成以13个街道、1个重要区域、2个专业执法为序列的执法力量配置体系。完善综合执法制度，出台“芙蓉区城市管理综合执法行动工作实施方案”，增强执法的综合性，提高城管执法的效率。2015年将通过下放执法队员管理权限、促进执法队员交流等方式保障街道城管执法的力度，并在区城管委的框架下，充分发挥综合执法领导小组的作用，按照最严城市管理执法的要求和实际执法工作需要，完善“芙蓉区城市管理综合执法行动工作实施方案”。

关于创新城管工作模式问题。进一步加大提质改造力度，提升人居环境。投资2.5亿元启动第二批老旧、农安小区提质改造工作，对56个老旧、农安小区（点）的733幢房屋进行提质改造，将惠及2.06万户居民。目前有40个小区（点）已全面进场施工，其中已有10个小区（点）完成改造任务。推进老旧、开放式社区物业服务工作。全区共有45个社区开展社区物业服务，并成立社区物业服务中心，创建了23个实际样板社区，逐步解决老旧、农安小区提质改造后的管理难题，确保提质改造的效果不打折。完善市场化运作的机制，推动管理创新。制订“市场化作业公司考核办法”，加强对市场化作业公司的管理。建立健全市容环境卫生整治的长效机制，推动清洁城市行动常态化，实现城市管理转型升级。完善环卫所管理机制，加大对环卫所下移到街道后的督查考核力度。逐步扩大清扫保洁、牛皮廨治理、亮化维护等“服务外包”的范围。

关于推进城管手段现代化的问题。2014年建立区级城管工作微信调度群和QQ工作群，完善城管督查考核办法，规范数字化平台操作流程，建立固定值班机制，整体推进城管工作数字化进程。以数字化平台为依托，开通短信和“城管110”电话举报系统，拓宽群众举报的渠道。对数字化城管无线手持终端进行升级改造，采用最新的信息技术手段，大大提升数字化平台处置能力和群众满意度。2015年以全市城市管理示范街道创建为契机，逐步推广荷花园街道“三定一平台”工作模式，应用定王台街道GIs云网系统，探索室内监控指挥、室外快速处置的可视化管理平台建设，开创城市管理工作“主动出击、快速反应、有效处置、即时反馈”的新局面。根据行政审批改革的要求，进一步简化审批流程，同时加强审批后监管，着手建设“阳关审批”系统，推行网络化查询审批，实现行政审批、数字化平台和综合执法联动。

(2015年10月2日)

关于清理整治辖区违建仓库的建议（摘要）

提案人：区政协委员 黄艳

全区私自建、违法占地建筑屡禁不止。它不仅影响市容市貌，更侵犯了公众利益、干扰了社会秩序。因此，从清理违建仓库入手，整治违法建筑，盘活社会存量资产，净化投资环境，不单是政府智慧有勇气的抉择，也是“依法治区”从口号到“伤筋动骨”的落实。

1. 拆违与拆迁并重。在重大项目的拆迁建设大行动前，应先清理整顿违章秩序，尤其是违章仓库的治理，为火炬拆迁、燕山街棚改等重点项目打好“当头炮”，实现拆迁工作“釜底抽薪”之效。成立区拆违控违集中行动领导小组，由县级领导联点相应社区（村）的拆违控违工作。明确新建违章建筑、违章仓库问责制，明确违法建筑拆除的损失，由违法者自己承担，绝不姑息养奸。

2. 拆违与建设并举。着力城中村改造、重大项目建设等民生工程，创建“腾笼换鸟”经济社会良性发展环境，达到拆一片、清一片、绿一片，做到拆建并举，防止习惯性“反弹”。加强各类安全监管和疏导，杜绝因拆违施工、暴力抗法引发的安全事故。

3. 责任与权利并轨。各街道作为拆违控违工作的第一责任主体，负责本辖区内拆违控违工作，纳入绩效考核；相关部门制订可操作性的细则、办法、激励机制，协同作战。统一目标，尤其是三类违法建设必须先拆：顶风抢搭抢建的违章建设必先拆。经有关部门制止或查处后再次搭建的违法建设先拆；行政事业单位、国有集体（控股）企业、各级领导、干部、党员以及人大代表、政协委员擅自搭建的依法应当拆除的违法建设先拆；存在重大安全隐患的违建必先拆。电线电路严重老化、占用消防通道或其他公共安全的违法建设以及规模大、群众反映强烈的违法建设先拆。

(2015 年 2 月 3 日)

关于区政协四届四次会议第 106 号提案的答复

芙城管复函〔2015〕14 号

黄艳委员：

您在区政协四届四次会议提出“关于清理整治辖区违建仓库的建议”已收悉。区人民政府高度重视，交由区城市管理和行政执法局认真办理。现综合办理情况答复如下：

根据市委、市政府的统一部署安排，全区力争实现违法建设“清零”的目标，已向市政府申报 300 万的违法建设摸底量，年内计划拆除 240 万。2 月下旬，在召开全区动员大会后，区政府组织成立芙蓉区大拆违指挥部，围绕辖区的违法建设，主要是违建仓库，展开一场攻坚战，明确“4+X”的工作模式，4 为四个重点街道：东岸、东湖、马坡岭、马王堆，X 为综合片区即为其他 9 个内街。截至目前，已拆除 145.64 万平方米违法建设，主要拆除项目内违法建设，同时，启动党员干部带头自拆工作，据统计，全区党员干部共有 32 处违建，按要求，在规定的期限内全部自拆完毕；同步开展联合执法行动，形成执法合力，与市法制办、中院对接后，破除部分法律障碍，力争 8 月 1 日能启动强拆程序。下阶段加大力度开展宣传工作，加大催搬催拆强度，达到大部分村民自拆的目的。

(2015 年 7 月 2 日)

媒体关注芙蓉

岁末年初探作风：走进“无围墙”机关——长沙市芙蓉区党政大院变身社区公园

《人民日报》　1 月 26 日

侯琳良

“原来没有地方走走逛逛，很犯愁，现在可好了！”1 月 21 日下午 4 时，见到刘婆婆时，她正带着孙子在长沙市芙蓉区党委政府大院闲逛。拆除 1.8 米高的铁护栏，对外免费开放停车场、篮球场等，修建绿地游道……近日来，芙蓉区党政机关大院，已变身为市民休闲的社区公园。记者实地探访发现，变身的背后，是区委区政府对民生优先的考量。

4 万多平方米对社会开放，市民自由出入机关大院

芙蓉区委区政府机关大院，位于长沙市万家丽路与人民路交界处，总占地 7 万多平方米。在院子大门口，记者看到人们自由出入，门口的保安也没有阻拦。保安告诉记者：“原来市民进入需要询问登记，现在都不用了！”

用芙蓉区干部的话来说，这个大院慢慢地不能再称为大院了：除了北面的一面墙暂时保留之外，其余三面的铁护栏全部拆除，同时修建人行道入口。“原来这里都是禁止停车。”然而走到大楼前坪，只见一排排新刷的停车位上满当当地停着车辆。院子的绿地上，园林工人正在忙碌地铺砖，修建游道。

据介绍，除去办公大楼所占面积之外，大院对外开放区域达 4 万多平方米，其中绿地占了 40%。芙蓉区机关后勤服务中心主任聂帮府告诉记者，大院正在进行“增景添绿”的改造，包括园林景观改造、林荫道、人行道开口、停车场改建等工程。

“改造目标就是建成一个社区公园，机关大院的说法即将成为历史。”聂帮府说，院里的篮球场、羽毛球场、停车场均 24 小时对社会免费开放。

办事环节都可在政务中心完成，全部限时办结

区政务中心位于大院东南角，原来百姓和企业前来办事，必须绕到南门或北门进出，有时还要遭遇门口保安的阻拦。一位前来办证的企业主说，拆掉围墙之后，下了车可以直接走进中心，不需要来回折腾走“冤枉路”了。

芙蓉区委常委、宣传部长伍艳飞回忆说，虽然考

虑到开放后面临管理等诸多问题，但是常委会表决时一致通过这个决策。正如全区干部的手机号码公开之后，经常有人接到各种骚扰电话和短信，但群众办事都能找到人了。伍艳飞说："让绿于民、让路于民理所应当，其他问题可以解决。"

据介绍，今年以来区政务中心26个办事窗口认真落实首问负责制，全面实行限时办结制。目前，办事环节都可在政务中心完成，即办件比例由原来的7.9%提高到29%，承诺时限一般控制在7个工作日之内，去年1到8月份，办结率达99.9%。

"我们不仅要拆围墙，更要拆掉干群之间的'心墙'。"芙蓉区去年组织明察暗访4次，发现上班玩游戏、迟到、不在岗等现象68起，处分23名当事责任人，对其所在单位负责人实行诫勉谈话。

浏阳河拟建湖湘经济文化带
打造长沙"塞纳河"

新华网　3月24日

李　慧

近日，全国人大代表、中科院亚热带研究所所长吴金水给长沙芙蓉区东湖街道传达"两会"精神，也讲述着他在两会上提出的"浏阳河之梦"。吴金水代表所辖东湖街道建议将浏阳河两岸建成独具特色、国际一流的服务型经济带、文化带和景观带，使浏阳河建设成长沙的"塞纳河"，建议打造浏阳河九道湾文化旅游商务区，使长沙这座历史文化名城和国际旅游城市更加名副其实。

水域名士：一曲民歌《浏阳河》蜚声中外

"浏阳河弯过了九道湾，五十里水路到湘江……"这是著名民歌《浏阳河》的一句唱词，《浏阳河》唱响大江南北，蜚声中外，它刻画了浏阳河迂回曲折的地理特征和浏阳河人百折不回的个性。浏阳河发源于浏阳市最东端大围山，全长234.8公里，流域总面积4665平方千米。广义"九道湾"即很多道湾，狭义"九道湾"指浏阳河从浏阳市进入长沙县，从东至西弯过了九道湾，经长沙县、雨花区、芙蓉区和开福区而注入湘江。

"上善若水"，水孕育了城市的生命。纵观世界文化名城的发展史，很多都得益于水域的富集，城市文明的发展也与水有着诸多的不解之缘。江河湖的取水之便，通航之利，滨水地带往往成为人类最初的栖息地和现代城市的密集区域。"浏阳河本身就是长沙特色发展的一部分，我们完全可以借助这一品牌为长沙再添一项世界级旅游产品，使浏阳河于长沙，就如塞纳河于巴黎、泰晤士河于伦敦、黄浦江于上海、秦淮河于南京一样，能让人们品味浏阳河来认识长沙。"东湖街道党工委书记尹卫东给我们谈到了浏阳河欲打造成长沙的"塞纳河"。

"我们家世世代代住浏阳河边，这条河政府什么时候加大力度来建设下？"在场的居民围着吴金水代表问起来。"这次在全国'两会'上提出的就是关于浏阳河的发展问题，是我们浏阳河两岸的居民密切关注的问题，也是我们浏阳河两岸各地政府关心的发展问题。"吴金水一直在为他的"浏阳河之梦"的实现而奔走。浏阳河有50里是在长沙城区内，基本上还处于一个待开发的阶段，浏阳河流域物产丰富，名人荟萃，一条黄金旅游线路呼之欲出。

种业热土："水稻之父"下的种业硅谷

九曲浏阳，在浏阳河的第六道湾里，中国工程院院士、世界"杂交水稻之父"袁隆平居住和工作处在东湖的湖南农业科学院杂交水稻研究所内，这里有袁隆平院士的水稻实验田，333.34万平方米杂交水稻试验田里，一项项震撼世界的科研成果就此诞生。关注中国粮食问题，关心世界粮食安全，袁隆平院士领衔的第四期超级稻大面积亩产超过1000公斤，平均亩产达1026.7公斤，入围2014年长沙十大科技事件，创造世界水稻大面积产量新纪录。

"种业硅谷"的代表隆平高科技园，据园区提供统计数据称园区2014年实现工业总产值365亿元，增长15.3%；其中，完成规上工业总产值345亿元，增长16%；完成高新技术总产值255亿元。园区现有企业555家，其中规模以上工业企业74家，高新技术企业42家。初步形成了新材料产业、现代农业、现代服务业、健康产业、电子信息产业五大优势产业，长沙市民熟悉的顺丰速运、爱尔眼科、鸿春制药等囊括园中。

"一粒种子改变世界"，袁隆平院士作为具有世界影响力的科学家，其超级杂交水稻攻关成果，一直引起世界关注。浏阳河风光带建设，重视粮食安全，将隆平新区种业硅谷建设成国际平台，打造机场高铁快速通道的辐射机遇，创造滨河路及浏阳河东岸风光带的产业机遇。拟建的风光带中将计划建设隆平文化创意园、水稻博物馆，建设展示农耕文明的平台和现代农业科技交流的平台。

据了解，拟建的浏阳河经济风光带上未来谋划中，位于红旗路两厢的200公顷—20万平方米土地，欲吸引高端酒店、总部企业、商贸集群入驻，不仅借力省农科院、湖南农大等资源与袁隆平品牌，打造高端农业展示基地，更将建设综合性商务商贸消费载体，让特色消费、品牌消费和大众消费在这里各得其所。

价值沃土：交通圈辐射中的马楚遗风

长沙作为武广、沪昆、长渝三高铁超级枢纽，拥有一个辐射全国影响世界的“小时经济圈”，四通八达的网络，将成就浏阳河两岸强大的商业辐射力。随着京广高铁和沪昆高铁在长沙市雨花区交会，以长沙南站为圆心的“12345”快速交通网正在形成，1小时到武汉，2小时到广州，3小时到杭州、深圳，4小时到上海，5小时到北京，而高桥大市场距离长沙南站仅有10分钟车程。

“开发浏阳河风光带上的东湖，由于地处红旗路和人民路的交叉汇聚地，距离黄花机场、长沙火车站、高铁站（武广、沪昆、长渝三大高铁交汇）均在10分钟路程。游客到这里可以欣赏53万平方米狭长水面风光、10公里长的浏阳河风光带、千亩农田、百亩樱花林、草莓地等风光。”东湖街道党工委书记尹卫东谈及浏阳河风光带的建设时，道出东湖可挖掘的湖南元素较多。

吴金水在这次全国“两会”上的另一个提议便是在浏阳河风光带重筑定王台、龙王庙、马楚城墙等湖湘文化标志建筑，让浏阳河九道湾比肩法国巴黎的“塞纳河”。在东湖这片价值沃土，是宋初由五代时马楚政权所遗留的常丰县县城所在地，历史上曾经涌现了一个只存在55年的神秘王朝“马楚”，拟建马楚文化旅游商务区，将成为长沙文化旅游的新名片。据规划，此商务区全长3.2千米，连通浏阳河和东湖，边临湖南农业大学，上接隆平水稻博物馆，商业规划面积达15万平方米，将建五个文化广场（湘军文化园、湘茶文化园、马楚文化街、柳子明故居、龙王庙民俗小吃街）、东湖养老养生度假村和东湖青少年夏令营基地，涵盖临街门面5万家。

尹卫东介绍浏阳河风光带建设的独特优势：“长沙在发展的过程中发现东片发展弱了，而东片发展真正的兴奋点在浏阳河，随着高铁、空乘的发展，目前长沙要打造湖湘文化，我们觉得浏阳河很符合湖湘文化发展的要求；湘君中的毛泽东、胡耀邦等国家领导人带来的红色文化可做挖掘；55年的楚汉名城马楚国是历史上将长沙唯一作为一个独立国家存在的，还有定王台、贾谊故居这些都在浏阳河边；空港和高铁等多种交通带来的便利都将助推浏阳河风光带的建设。”

休闲乐土：让长沙生活在此“慢”下来

高铁时代，三大高铁交汇，长沙变身区域性消费中心。据统计数据，2014年长沙人均GDP达17447美元，进入了“休闲时代”，市场需求激增，而长沙及周边地区缺乏较为高端的文化休闲区，长沙市民期望带有人文体验的服务型经济带、景观带呼声强烈。

既要金山银山，也要绿水青山。浏阳市委副书记、市长余勋伟表示，近年来，浏阳一直将生态保护作为可持续发展的动力，全域治理浏阳河，打造生态河。经过几年的努力，一条以浏阳河为依托的生态发展轴已形成——以浏阳河为纽带，东接大围山，西连长株潭，构建起“一带四区”的空间结构。

据《长沙晚报》2015年3月23日报道的“东岸风光带年内建成”一文，报道今年年底，芙蓉区浏阳河东岸将再添一条秀美怡人的滨河风光带，与西岸风光带交相辉映，为市民提供休闲好去处。从芙蓉区政府了解到，今年全区共铺排重大建设项目105个，包括续建项目60个和新建项目45个。其中，浏阳河文化经济产业带的东岸风光带正在抓紧进行涉水工程和景观建设，计划年内建成。

从吴金水代表的建议中获知，届时，拟建的浏阳河风光带将旅游业作为拉动现代服务业的发展，将统一规划早日将浏阳河两岸建设成独具特色、国际一流的服务型经济带、文化带和景观带。打造昼看风景、夜游风情的旅游开发，推出观光游、休闲游、夜景游、水陆互动游、特色豪华包船游等旅游精品线，通过水体治理、路网建设、景观整治、文化旅游、居民建设“五大工程”，全面提升浏阳河的生态河旅游功能。

养老连锁，利润虽低市场大

《人民日报》 5月4日

李丽辉

走进湖南省长沙市德政园社区的长者康护服务中心，90岁高龄的张东平老人正坐在按摩椅上，一边按摩腿部，一边听收音机里的广播节目。旁边，他的88岁老伴正跟几位老伙计打麻将。老人们怡然自得的神情，为这间不大的活动室平添了几分温馨。

“我和老伴住在楼上一个单间，每天都要下楼来到这里，大家热闹一下。天气好的时候，服务员会把我们带到外面遛遛弯、晒太阳。”张东平说，他的家离这儿不远，坐公交也就两站地。老两口年纪大了，如单独住在家里，孩子们不放心。几经选择，去年 10 月份他和老伴住进了这家养老机构。

“最让我们满意的一点，是康护中心就在家门口。在附近住了几十年，对周边环境都熟悉；而且，孩子们下班顺路就可以来探望，非常方便。”张东平说，他们老两口住在这里，每个月的费用是 4000 多元，经济上还能承受。

康护中心的服务员詹楠亚介绍，康护中心有 30 个床位，7 名服务员要照看 20 多名老人，对于生活自理有困难的老人，要帮他们起床、洗漱，戴上假牙，然后打饭、喂饭，再整理打扫房间，洗澡、洗衣服，一天到晚工作排得满满的，根本停不下来。

“为老人服务不能怕麻烦，爱心和耐心是最重要的。”詹楠亚在这里已经工作了一年多，每个月工资是 3000 多元。她说，工资不高、工作辛苦，很多人都坚持不了。她留下来就是觉得谁都有老的时候，总得有人来照顾他们。

德政园的这家康护中心，创办者是湖南万众和社区养老服务公司。这家在养老服务领域打拼了 15 年的企业，目前已经在湖南、河北两地开设了 43 家连锁社区养老服务机构。仅在长沙市，像德政园这样的社区康护中心就有 31 家。

“养老服务行业一直是微利甚至不赚钱的，我们能够坚持下来并发展壮大，一个关键因素是不断求新求变，寻找最佳运营模式。”万众和公司董事长黄跃佳说，15 年来，企业一直致力于建一个老人们心中的“窝”，但这个“窝”到底是什么样的，一开始他们心里也没底。通过不断摸索，详细了解老人的生活和心理需要，这个“窝”的模样才渐渐清晰：

——老人们最看重的是亲情，养老机构可以代子女照看老人，却不能替代那份血浓于水的亲情。因此，养老机构的场所最好靠近市区，方便老人的子女前来探视。

——老人们最怕的是生病，希望养老的地方离医院近一些，以便得到及时救治。显然，市区的医疗设施条件比远郊区要好得多。

——老人们最期盼的，是在熟悉的生活环境中养老，最好不离开老街坊邻居。这样，他们与外界的交流互动将会增多，有助于排解孤寂心情。要兼顾这一点，养老机构不但要办在市区，而且要办在社区。

于是，建立“家门口的康护养老之家”，成了万众和的明确目标。“养老服务不但要让老人吃好住好，还要尽可能满足老人的感情需求，他们的晚年生活才更健康快乐、更有尊严。”黄跃佳认为。

在社区办养老服务，让万众和尝到经营上的甜头。如果是办一家大型养老院，买地、建房加上配套设施，需要几千万元的投资，一旦选址不当或者定价不合适，老人住不满就可能亏损，经营风险比较大。而社区养老机构规模小、成本低，一般也就是二三十张床，10 来个员工。房租加上其他运营开销，一年的费用大约在 60 万元左右。“我们船小好调头，就算有一家经营不好关掉了，企业也不至于伤筋动骨。布点多、规模小的连锁养老服务模式，等于分散了经营风险。”黄跃佳说。

社区养老服务不仅仅是照顾老人的起居，它更像一个“杂货铺”，只要是与老人有关的需求，就可以提供相应服务。比如，除了对老人提供长期居住服务外，还可以提供“日间照料”服务，老人们可以白天来活动就餐，晚上回自己家去住。子女临时出差或者外出旅游，老人单独在家不放心，康护中心可以提供“短期照料”服务，负责安排老人的饮食起居。此外，中心还为老人们开设了上网、收邮包、老年用品配送等服务。

15 年来，万众和累计服务的老人已超过 5 万人，社区居家养老模式也得到社会认可，获得长沙市创新奖。企业名气越来越响，很多投资方找上门来寻求合作。

长沙芙蓉区把社区打造成居民第二个“家”
大小事与大伙商量办

人民网　8 月 5 日

张马良　杨　娟

考核一个社区的工作是否称职？关键看这个社区来往的是些什么人？如果整天来的是闹矛盾吵架的人不行，整天是社区的公职人员更不行，而应该是社区里的老老少少们，不论是来开会商量社区的大小事也好，还是来参与娱乐活动也罢，他们才是社区的主人，社区就是他们割不断、舍不去的第二个“家”。日前，芙蓉区马坡岭街道锦林社区党支部书记刘露在接受人民网采访时坦然说，多年来她一直都在思考这一问题。

社区作为自治组织，提供的是公共服务产品，但公共服务不是笼统的概念，一定程度上，居民的需求影响甚至决定社区公共服务的立项设计、实施方式。准确把握需求，就不会将居民的需求“简单化”“概念化”，分析需求，细化需求，以需求为导向，做到公共服务的“精准化”“个性化”。对社区的工作职能和服务定位，刘露开门见山地说道。

据悉，今年年初，锦林社区通过座谈、电话、微信、随访等形式发放调查表，就社区开办的公共服务项目做居民意见调查，通过数据分析，依据年龄、需求的不同，重点推广少儿“雏鹰”展翅、“细毛陀”早教、“夕阳红”健康、“图书快递”等公共服务项目。一项项公共服务的提出，直接与居民需求对接起来，是非常重要的一个环节，能保证项目效能的前提。

据了解，“雏鹰”成长项目在每年的寒暑假举行，是一项以亲子关系为主线，与快乐为伴，提升孩子素质的社区活动。在这个项目中，孩子们可以扮演“神笔马良”“小巷总理”“洁净天使”“小小图书管理员”“手工达人”；孩子们可以不出社区，与家人、同伴一起享受动手的快乐，拥有快乐的童年回忆；孩子们可以在社区图书馆借到最新的少儿图书，使阅读成为孩子们的生活中的一部分，而不是电视、电脑；孩子们在活动中也会遇到一些小小的考验与挫折，可以体会到更多的社会体验，增强直面困难的勇气。

而另一个成长项目——“细毛陀”早教项目，则是针对0～3岁儿童及其看护人提供的早教服务。非活动时间，社区为家长们开放活动场地，搭建“妈妈们”互助式交流会，包括如何兼顾工作与育儿、科学喂养等方面，甚至还会涉及如何处理婆媳关系等话题。每周五上午，经过专业培训志愿者会带领家长们开展亲子活动、亲子阅读，书来自社区图书馆可以自借回家，教具来自生活回家可以重复练习，使得“高端大气上档次”的早教课程变得很“接地气”。孩子是中心，家庭是单位，社区是平台是整个“细毛陀”早教计划的理念。

“夕阳红”健康是针对老年人开展的义诊、宣教项目。社区积极联系辖区医院，动员多方力量关注身边老人身体健康，让老年人在社区安度晚年。每个月，为老年人开展量血压、测血糖、查视力等常规义诊，并针对性举行预防“三高”、预防“失智”讲座，课后就讲座内容进行知识问题（增强趣味性），发放食盐定量勺、信息登记牌（预防走失，登记家庭信息的登记牌）等物品（实用性），项目受到老年人热烈欢迎。在介绍完“失智”项目后，刘露还讲一个发生在近期的真实事件，今年的5月份，一位“失智”奶奶一大早出门买菜，后来找不着回家的路，被社区民警及时发现后带回派出所，派出所得知老人是位失智患者后，只好给社区负责人刘露打电话，刘露急忙赶到社区后通过社区的微信群将老人的信息发出去后，老人的儿子立即赶到社区才知道自己的母亲突患此病。

“图书快递”项目为方便年轻的上班族和上下楼不方便老年人，搭建网络平台（参照淘宝网购物模式），利用在职党员充当“快递员”，开设图书送上门的优质服务。从过去居民走进来到社区图书馆主动走出去，建设书香社区，打通全民阅读最后一公里，让居民“悦”读人生。

刘露说，所有的社区公共服务项目，都是从居民的需求出发，而持之以恒、提升效能则是谋划项目发展的必由之路，这关系到公共服务项目的在社区的成长，关系到社区居民对社区的归属感、认同感。

长沙成立“创客”志愿者联盟 打造“种业硅谷”

人民网　5月23日

张马良　郭　佳

5月21日，由中国工程院院士官春云领衔的长沙市“创客”志愿者联盟在芙蓉区正式成立。同时，芙蓉区“种业硅谷，创新芙蓉”种业硅谷专家人才库也正式启动，据悉，该专家人才库主要为广大的有创意想创业的人群提供政策咨询、创业扶持、技术支持、项目跟进等服务。

芙蓉区东湖街道辖湖南农业大学、湖南农业科学院、湖南生物机电职业技术等农业科技院校，具有强劲的科技研究实力和雄厚的人力资本。东湖街道同步成立的长沙“创客”志愿者联盟，是以中国工程院院士官春云为代表的科技领袖、芙蓉区和东湖街道机关工作人员、“创客”三类人群为主体。

“创客”志愿者联盟科研领袖、院士官春云表示，“创客”的出现，不仅搅活了目前中国的经济转型，还对科技创新、科研成果运用起到了催化剂的作用。“创客”志愿者联盟的成立，这对我们青年创业者提供了一个很好的交流平台。我是研究油菜遗传育种和栽培的专家，我愿意为青年“创客”提供科学技术方面的支持和帮助。

“在我生病和创业期间，很多爱心人士尤其是不相识的热心人，帮助了我，鼓励我活下去走下去。现在，我身体好了，公司运转也步入正轨，我深深地明白，学会感恩、知恩图报，是我最大的精神追求，也是联盟成立的宗旨之一。我承诺：感恩社会，做一名充满正能量的‘创客’”。曾身患尿毒症的黄石溪深情地说道。

芙蓉区东湖街道经济办主任、“创客”志愿者联盟的组织者刘晓艳表示：“创客”志愿者联盟作为一个为创客们做好技术支撑、社会引导和创业服务的团体，我们将从提供相应的资金支持、浓厚创业创新氛围、建立健全创客权益保护制度等方面着手，为“创客”们做好服务，促进辖区经济社会发展。

另据悉，“种业硅谷”科技专家人才库涵盖水稻、油菜、玉米、蔬菜、茶叶等多个领域。首批聘请了40多位全国种业知名专家教授，作为“种业硅谷”创新发展、转型提升的“智囊团”。专家包括1名全国人大代表、3名中科院院士。活动现场还向官春云院士等10名专家教授代表颁发了聘书。

长沙国金中心混凝土结构高度冲破300米成为湖南第一高楼

人民网　10月15日

林洛頫　李　炎　穆龙飞

记者从中国建筑第二工程局有限公司获悉，由其承建的湖南第一高楼九龙仓长沙国金中心核心筒混凝土结构于10月14日突破300米，成为湖南省建筑的第一高楼，正以一天一米的速度向上建设。

“王经理，我们站里开盘的6车混凝土各项性能检测正常，准备发车了！”“好，我们马上组织现场开盘鉴定！”……10月12日，长沙国金中心项目质量部的微信群里活跃起来，在即将浇筑64层混凝土时，质量部经理王文渊再次检查现场准备工作，确认无误后开始等待混凝土罐车到达。

据王文渊表示：“为确保浇筑工作顺利完成，我们在原有配合比基础上，对外加剂参量进行多次试配调整，确保混凝土泵送性能满足要求！”最终整个浇筑过程井然有序，于10月14日顺利完成浇筑，标志着长沙国金中心T1塔楼正式突破300米。

随着高度的不断攀升，项目部适时安装5部高速施工电梯，运行速度96米/分钟，以供施工人员及相应物资材料运输，并通过合理规划电梯停靠区间协调超高层垂直运输。此外，项目部还升级混凝土泵送方案，优化混凝土配合比，以确保超250米高度的混凝土浇筑质量。

长沙国金中心地处长沙市商业中心区黄兴路与解放路交汇处，占地面积7.44万㎡，总建筑面积共101万平方米，建成后将成为一座集大型购物娱乐中心、高端写字楼及白金五星级酒店于一体的大型城市综合体。长沙国金中心T1塔楼设计层数为95层，高度达452米。项目地下设有7层地下层（局部两层夹层），其中负一、负二层为地下商业街，与地铁一号、二号线五一广场站直接连通，负三至负五层为地下车库，将为市民提供近3000个停车位。

万丈高楼平地起，长沙国金中心自冲出地面以来，历经100米、巨型“伸臂桁架+环带桁架”层安装、200米等重大节点后，于10月13日正式施工至地上64层，混凝土结构高度突破300米；塔楼平稳升高的过程无不凝聚着项目管理人员及各参建单位工人的心血。

为保证超高层塔楼的施工质量安全，项目共采用了“液压爬模体系”“WISA木模+铝合金模板体系”“无螺杆桁架式背楞大截面铝合金模板体系”“集成式智能爬架防护体系”“高分子保湿保温养护薄膜技术”和“超高压混凝土泵送系统”等新技术，不仅做到了节能减排、避免资源浪费，而且保证了超高塔楼工期进度的要求。

自T1塔楼慢慢爬升成为目前长沙第一高以后，长沙国金中心的建设进度便开始成为大家街谈巷议的热门话题。“现在玻璃幕墙已经装了好几层了，长沙国金中心越来越有摩天大楼的范儿了！”在附近写字楼工作的小李每次上班路过，都会抬起头观望一眼，心中充满了更多期待。

为确保超高层结构稳定性，T1塔楼共设计有5道加强层，由伸臂桁架和环带桁架作为支撑，其中伸臂桁架高达13.5米，位于塔楼28–30、56–58层；环带桁架位于塔楼28–30、43–44、56–58、70–71、83–85层，桁架层最大构件重达38吨。为确保安全项目部还在靠近解放西路一侧适时安装了一道安全走廊，为过路行人保驾护航。

湖南茶文化众创空间“觅茶会”上线为创业企业提供融资服务

人民网　10月21日

林洛頫

10月20日，“湖南省茶文化众创空间揭牌暨古丈县电商扶贫试点启动仪式”在湘茶高科技产业园举行，该空间以资本为核心和纽带，聚集国内外知名风险投资、天使投资等机构，依托其平台吸引汇集优质的创业项目，为创业企业提供融资服务。

湖南省茶文化众创空间是在“互联网＋茶业”的大背景下应运而生结合湖南省茶业集团的全面优势，依托传统茶企转型升级领导平台“觅茶会”，创新人才、创新产品、传承茶文化，为茶叶品牌、茶叶集散市场和茶叶企业提供全方位的转型服务。

该空间目前已搭建茶文化创意产业创新平台、茶叶云大数据交易平台、金融服务平台、茶学研究院、茶叶种子资源库等专业平台。同时建设有茶叶博物馆、创客茶吧、科研实验室、天然迷你茶园、创意产品展示区等十个空间板块，总建筑面积达 3000 平方米。

“在这个创客空间当中，针对初创企业最急需解决的资金问题，为创业企业提供融资服务；同时为企业、创客提供线上线下相结合，包括宣传、信息、投资等各种资源在内的综合性创业服务。”湖南省茶业集团股份有限公司董事长周重旺说道。

本次活动，除了是湖南省茶文化众创空间的揭牌仪式，也是古丈县电商扶贫试点启动仪式。对于在扶贫方式上，湖南省茶业集团电子商务有限公司依托湘茶集团全面优势，以电商扶贫带动“精准扶贫”。

通过打造古丈电商示范一条街、推广古丈县域茶叶公共品牌、电商与古丈旅游相结合、古丈县电商培训工程等模式全面推进古丈县电商扶贫工作。以“抢抓机遇、借力平台、产业整合、集中突破、金融支撑、品牌推广”的电子商务发展设计框架，作用于帮扶对象，创新扶贫开发方式，将古丈县电商扶贫打造成全国电商扶贫的典型模式。

据悉，湖南省茶文化众创空间揭牌暨古丈县电商扶贫试点启动之后，湖南省茶业集团、湖南省茶业集团股份电子商务有限公司还将于 11 月举办“2015 中国湖南首届网上茶业博览会暨觅茶会网联天下垂苴茶叶电商平台上线”，本活动将创新“互联网＋茶业”新模式，助力“千亿湘茶”的战略实施。

抗战记忆

【长沙城东的抗战记忆】 翻开历史画卷，1945 年 9 月 3 日，呈现在人们面前的是举国欢庆抗战胜利的盛况。这胜利来之不易，是中国人民在中国共产党领导下，经过八年艰苦奋斗，用 3500 万生命伤亡为代价换来的。让我们抹去尘埃，铭记历史。下面仅是长沙城东的抗战记忆。

环城晨呼队 “中华民族危急！”“工人起来，走向抗日前线！”“农民起来，奔向抗战前线！”“商人起来，有力出力，有钱出钱！”1937 年 7 月 7 日，日军挑起全面侵华战争，全国各地掀起了抗日高潮。长沙也不例外，这是当时由学生组成的环城晨呼队，每天清晨，沿着东长街（今蔡锷路）、南正街（今黄兴南路）、车站路（今建湘路）、中山路等城东主要街道奔跑高呼的口号，以唤起人民的民族觉悟，激励人民的抗日斗争。

这些晨呼队是在什么背景下成立的呢？1931 年“九一八”事变后，东北沦陷，华北危急，中国告险，中共中央和毛泽东确立了建立抗日民族统一战线的策略。1936 年 12 月 12 日，张学良、杨虎城将军在西安发动兵谏，逼迫蒋介石抗日，在亲日派图谋发动内战时，中共中央派出周恩来去西安，与张、杨商谈和平解决西安事变。经过与蒋介石代表宋子文、宋美龄的谈判，最终实现国共合作，一致抗日，红军改编为八路军。1937 年 12 月 9 日，中共中央派出徐特立、王凌波组建八路军驻湘通讯处。八路军驻湘通讯处在城东徐祠巷成立后，立即开展了三项工作：一是宣传抗日；二是做上层统战工作；三是筹集和转运军需物质。徐特立在驻地和建筑工人俱乐部等处接待来访群众，或公开演讲宣传抗日。他说：“现在对日抗战，是一场关系到国家民族生死存亡的斗争，只要举国上下紧密团结，组成坚强的抗日民族统一战线，将抗战进行到底，胜利是完全有把握的。”他还风趣地说：“各位兄弟，我是共产党，过去国民党和共产党不和，我就跑了；现在又和好了，我就回来了。”“这些年来，国民党与共产党打大仗，国民党杀了好多共产党人，共产党也杀了一些国民党人。现在是日本侵略军杀我们了……我们两党决定联合起来，共同杀日本侵略军。”徐特立的宣传，使广大民众懂得了许多抗日救国的道理，受到很大鼓舞。尤其是青年学生，更是热情澎湃，纷纷参加抗日救亡运动。1937 年 12 月 20 日，包括城东衡湘（今湘一芙蓉中学）、文艺等中学在内，全市有 3358 名学生和 400 多教师接受短期培训，结业后于 1938 年 1 月底分赴全省 75 个县开展民训工作，训练和动员民众抗日。10 月，又有 2000 名学生参训，延续上期使命，扩大了影响。同时又有 50 所中小学校组织了 295 个环城晨呼队，在长沙中心城区（城东）主要马路上每天环城奔跑，高呼抗战口号，并高唱“打鬼子去”、“大刀向鬼子的头上砍去”、“卖报歌”等抗日歌曲。很多小学生则高唱童子军军歌：“中国童子军，童子军，童子军。我们，我们，我们是三民主义的少年兵。年纪虽小志气真，献此身，献此心，献出力，为人群。忠孝、仁爱、信义、和平，同是我们的精神，大家团结向前进！前进！前进！青天高，白日明！”他们还提炼刀枪，进行队列训练，并开展“抗战献金”活动，一双双伸出的小手，捧出了心爱的储钱罐，为抗战献出一分力量。表达了包括城东（为主）在内的全市中小学生的抗战决心和爱国情怀。抗日宣传活动的开展，极大地鼓舞了城东人民抗战士气。

临大落城东 抗日战争爆发后，北平、天津相继面临沦陷危机，平津等地的高校无法在原址教学。北大、清华和南开大学决定南迁。北大校长蒋梦麟、清华大学校长梅贻琦、南开大学校长张伯岑根据爱国师生和教育部的意见，决定三校南迁湖南长沙并合并，组建“国立长沙临时大学”。1937 年 8 月底，梅贻琦来长沙，着手筹备工作，得到教育部和湖南省政府的帮助，选址长沙城东韭菜园的圣经学院旧址。经过 2 个月的筹备，于 10 月 28 日开学，11 月 1 日上课。

北大、清华、南开是中国三大名校，是民主与科学在中国树立和发扬的根据地。从三所大学中，走出了许多豪杰精英，成为后来中国社会的栋梁之材，源于这里的反帝、爱国、民主、科学的精神代代传承。在筹备过程中，他们把五四运动倡导的反帝、爱国、民主、科学大旗高高挂到临大校园的教学楼上，以激励学生、宣传爱国抗日。当时有学生 1482 人，设有文、理、工、法商 4 个学院 17 个系，拥有朱自清、闻一多、陈寅恪、冯友兰、金岳霖、叶公超、吴俊升、潘光旦、曾昭抡、吴有训、周培原、顾毓琇等数十位全国顶尖教授、学界泰斗，他们云集长沙，相聚城东，成为在国运维艰困境中传播文化，充当抗日烽火的文化传人，不仅给城东教育带来了很多新思想，更为长沙的抗日救亡运动增添了新活力。长沙临大学生成立了“长沙临大剧团”，上街演出“疯了的母亲”“暴风雨的前夜”“三江好”“放下你的鞭子”等剧目，高唱“义勇军进行曲”“黄河大合唱”等歌曲，宣传抗日，宣传“国难当头，匹夫有责”，极大地调动广大民众的抗日决心，拯救母亲——中国。参军参战，有力出力，有钱出钱，成为当时民众的共同心声和一致行动。

在战火中组建的长沙临时大学，在城东韭菜园上课仅 3 个月，由于武汉失陷，长沙屡遭日军轰炸，危急异常，迫于形势，师生又面临更为艰苦的大搬迁。1938 年 2 月，全校师生分三路向昆明搬迁，一路沿粤汉铁路经广州、香港、安南（越南）往昆明。一路由湘桂公路经桂林、柳州、镇南关至安南换滇越铁路到昆明。第三路步行走陆路，从长沙出发，经益阳、沅陵进贵州，翻越胜境关，入云南，全程 1750 公里，历时 69 天，4 月 28 日到达昆明，超过 300 人，闻一多教授等随队步行。三路搬迁大军汇合昆明后，“长沙临大”更名为“国立西南联合大学”。国立长沙临时大学，在城东地区办学，虽只有短短的 3 个月，但留给城东抗战史上却是浓墨重彩的一页，那些教育精英，通过讲演、撰文或其他方式，传播文化，宣传抗日，一时长沙成为战时文化教育之都，城东则是这个都市的核心。长沙临时大学对城东乃至长沙和整个湖南的抗日救亡运动和战时文化教育，起到了积极的促进作用。

三只替罪羊 1938 年，文夕大火后，在长沙城东的何键公馆（今省委蓉园宾馆），组建了一个临时军事法庭，审判大火责任人，蒋介石坐镇指挥，以误信流言，事前准备不周，临时复慌张，辱职殃民为由，判处长沙警备司令酆悌，长沙警备司令部第二团团长徐昆死刑，以未获命令，放弃职守为由，判处长沙市公安局长文重孚死刑，并于 11 月 20 日上午执行枪决。为长沙文夕大火找到了三只替罪羊。

其实，长沙文夕大火的真正罪魁祸首是蒋介石本人。1938 年 10 月 29 日和 11 月 2 日，蒋介石两次在长沙召集何应钦、冯玉祥、白崇禧、陈诚、张治中、张群等军政要员讨论战局，并就武汉会战进行总结。蒋介石除了严厉指责武汉撤退未能根据“焦土抗战”精神，事先做好坚壁清野，致使交通、水电和大量器材物质未被破坏，反被敌所用外，又追问张治中：“敌人来了，你们长沙怎么办？”不等张治中回答，即说：“还有什么可思索的，用火烧掉”、“不论粮食、器材、凡不能带走的东西，都用火烧掉，这是大家不可忘记的事。”11 月上旬，日机轰炸长沙，长沙形势十分紧张。12 日上午 9 时，张治中接到蒋介石待从室“限 1 小时到”的紧急电报，指示“长沙如失陷，务将全城烧毁，望 事前妥密准备”，同时接到待从室副主任林蔚的长途电话：“对长沙要用焦土政策”。张治中接到蒋介石的电报、电话后，即召集省保安处长徐权、长沙警备司令酆悌研究部署放火事项，决定由长沙警备司令部第二团团长徐昆任放火总指挥，并组织了放火队伍，放火工具，放火信号，公安局长文重孚负责治安和人员疏散。历史往往会产生某些误会，12 日深夜，担任放火任务的警备二团某部误听电话，将远在 100 千米外岳阳新墙河的日军说成已到长沙北郊新河，首先举火，紧接着历史又开了一个玩笑：南门外妙高峰上的伤兵医院（今一师书院坪校区）不慎失火，预先守候在各处的放火员一见火起，有如惊弓之鸟，争相响应，刹那间，火光冲天，热浪灼人，全城一片火海，史称文夕大火。

这场大火持续了3天，直接死于火灾者达3000多人，全城房屋80%被烧毁，超过56000幢，尤其处在中心城区的城东地区，像清代的布政使署、赵恒惕主湘时的省政府、北伐军司令部驻地藩旧址，警备司令部、省银行、美国遵道会及楚怡等机关、学校均化为灰烬，黄兴南路、浏正街、八角亭、织机街、府后街、南阳街、藩后街、落星田、中正路（今解放路）基本被毁，全市200万担谷米，95%被烧毁，绸布业损失在300万元以上，约占行业资产的80%，百货业损失到50%……

大火之后，中国共产党对国民党当局不顾人民死活，实行"焦土抗战"而造成的重大火灾进行了严肃谴责，周恩来、叶剑英正好在长沙驻湘八路军通讯处，迅速研究善后工作，并迫使蒋介石接受三条办法：一是拨款50万元；二是调集5000民工；三是严惩纵火者。并成立"长沙临时救济委员会"，下设总务、救济、工程、市场、交通、治安、宣传、经济8个小组，组建"长沙善后建设委员会"，下设"善后突击队"，由八路军驻湘通讯处组织领导。从各地调来1000袋大米，500袋食物和100吨煤炭等物质赈灾，还在小吴门、韭菜园、浏阳门、八角亭等处设置供饭点，每日供饭以便缓解灾民饥饿。发放救济款、清理街道、掩埋尸体、搭建临时棚户、安置灾民。中国共产党人应对突发事变的能力和高度关心人民群众疾苦的亲民精神，对稳定大火后长沙军民的抗战情绪起了积极作用。

农民自卫队 1939年9月，1941年9、10月，1941年12月–1942年初，日寇先后发动了三次攻打长沙的战争。中日长沙三次会战，长沙城东首当其冲，在中国军队顽强的抵抗下，在广大群众的支持下，都获得了胜利，这里面就包括了一支由李绍皇组织的农民自卫队的支援。

李绍皇是城东马王堆地区鸭婆段人（今芙蓉区马王堆街道），1920年出生，1938年5月参加了湖南军管区兵役干部训练班学习。开学典礼上，爱国将领张治中作了动员报告，八路军驻湘通讯处的代表进行了抗日救亡宣传。李绍皇受到教育，深感国家兴亡，匹夫有责，十分珍惜这次学习，经过半年的培训，以优秀成绩结业，并被授予上尉军衔。回到城东后组建了一支有20余位农民参加的战地服务队，积极配合中国军队与日军作战，他们挖战壕、筑工事、运送粮食弹药、救护伤员，为中国军队赢得中日三次长沙会战胜利，作出了积极贡献。

1944年6月，日军发动长衡战役（又称第四次中日长沙会战），由于力量悬殊，日军从城东攻入，长沙沦陷。日军无恶不作，到处杀人抢劫。浏阳河上不时飘来几具尸首，河水被染红了。死者大多是被日寇屠杀的中国老百姓和中国士兵，也有少量日本鬼子。面对日军的屠杀，李绍皇与共产党员朱德生、周玉章、梅大块等人商量，决心向日军讨还血债，想办法搞枪，将战地服务队武装起来，与日军真刀实枪地干。他们首先想到了浏阳河上那些军人尸体上的武器，便从东屯渡出发，沿河而下，将漂浮尸体身上的武器卸下，然后再掩埋好，一个通宵竟搞到了13支步枪，2把捷克式机枪和一批子弹，随即将战地服务队更名为农民自卫军，大家选李绍皇为队长，朱德生为副队长。并进行快速军事训练，10天以后，人人都基本掌握了射击要领。一天，得知有一个中队的日军从城东出发到东山镇去打闹（即奸淫掳掠），便决定伏击这支日军。他们埋伏在日军返城的必经之路上，等到太阳偏西，日军牵牛赶猪，枪尖上挑着鸡鸭，趾高气扬地走来，等日军进入有效射程之内，李绍皇一声喊"打"，两挺机枪和13支步枪同时开火，把日军打得措手不及，以为遇上了大部队，丢下几具尸体后落荒而逃，自卫队首战告捷，东山镇农民领回了日军抢走的部分牲畜和家禽，自卫队名声大振，附近农民纷纷要求加入。15岁的戴明初看到李绍皇不肯收他，硬是独闯日军营房，盗回9支长枪，"逼"李队长收他为队员。自卫队一下扩展到70多人，后又被国民党"忠义救国军"收编为内应队，并掺入20多名配卡宾枪的士兵，李绍皇任队长，他带领内应队着老百姓服装，晚上去摸日军的岗哨，先后活捉31个日本兵，获得许多重要情况。1944年9月，忠义救国军收编了一些散兵游勇，成立"湘东人民自卫军"，李绍皇任侦察大队长兼教导团第二营营长，下辖9个中队，每个中队100多人，在侦察大队里有朱德生、邱家春、孔振玉、谢华等一批共产党员，这支队伍不仅活跃在城东地区对日斗争，还配合友军先后在长沙周围地区开展抗日斗争，如1944年11月，日军出动数百人到白田铺（今洞井镇）打闹，李绍皇带队伏击，日军死伤20余人。1945年5月，李绍皇选择城北偏僻的母山渡口，把上万名战士偷渡湘江，配合驻守在益阳、宁乡的军队攻打益阳新河口的日军总部。为确保这次战斗胜利，李绍皇带领侦察大队1000多人，拔掉了宁乡枫木冲一个有四五百人的日军驻点。日军受到李绍皇的沉重打击，因此对李绍皇恨之入骨，扬言要“活捉李绍皇”，李绍皇听到后，嗤之以鼻，越战越勇，表达了城东人民抗击侵略者的英雄气概。（张定浙）

【“鬼子在哪里，我们就打到哪里”——记第三次长沙会战老兵何汉忠】走进芙蓉区惠泽园小区，来到抗战老兵何汉忠的家，98岁的他虽然耳背，但思维清晰，军人的气质依然不减当年。他是长沙人的女婿，原籍广东，满口粤语，好在小他14岁的老伴江洁纯是地地道道的长沙人，为我们当起了翻译。

提起第三次长沙会战，何老断断续续又回忆起那难忘的岁月。何老说：“70多年了，很多细节记不清楚了，但那场战争是永远不会忘记的。”

1917年4月，何老出生于广东中山县小榄镇一个大户人家。1937年抗日战争爆发后，为了保家卫国，他在父母不知情的情况下，与7名同乡前往广州，报考了黄埔军校四分校第14期，因为身材不高，怕军校不要，就报大了两岁，至今的户籍年龄是1915年4月出生，军校录取后被分配在炮兵科。1938年毕业后，分派到中央战车防御炮教导总队。后又调去炮兵51团1营17连，充任准尉，半年后任少尉弹药队长。1939年调20军134师，先后在湖南、湖北、广西、江西一带作战。1941年调入第4军防御炮营任连副，并随军从广西步行进入湖南，参加第三次长沙会战。

长沙第三次会战，发生在1941年年末到1942年初。1941年12月，太平洋战争爆发，日军为牵制盟军在广州、香港方面的作战，并打通粤汉铁路，解除太平洋西岸陆地和空中的威胁，遂由11军10万人发动了第三次长沙会战。24日，驻岳阳新墙河的日军司令阿南惟几，下达进攻长沙的命令。中方则采取“逐次抵抗、诱敌深入决战”的方针，调集了73军、74军、79军到长沙周边县市，沿道设障抵抗，给日军以沉重打击。另一方面，第九战区避其锋芒，将主力转移外线，进入预定的反攻地带。31日，日军第3师团一路急进到长沙城下。一时间，日军分别在南门外、东屯渡、北郊等处炮击冬瓜山，扫把塘、五里牌、杨家山、阿弥岭、开福寺、伍家岭等地。当年，这些地方都远离长沙主城区。

此日，日军攻占了长沙东郊、北郊和南郊的全部前沿阵地。1月2日，天刚亮，厮杀继续。城北与城东，日军步步逼近城区，东边的袁家岭、窑岭、长岭等地，自凌晨开始，均遭炮击，双方死伤甚众，光“修械所仅200米的阵地，双方的尸体就达四五百之多”。北边也告急，驻守城区第10军的3个师师长都到第一线督战。何汉忠记得，他们首先在妙高峰上设炮兵阵地，配合步兵积极开战，随着战事的变化，他们的炮兵阵地也跟着转移。我们问他，后来设在哪些地方呢？他说：“地方不定，鬼子在哪里，我们就打到哪里！”何老告诉笔者，当时我军的火炮还是不错的，均从苏联、美国引进的，苏联的叫38式平射炮，车轮是铁质的不比美国的胶轮，需要4个人才能抬一门炮，射程可达1500米，精确度高。转移阵地时炮身和炮弹都需要分解运输，靠的是他和战友们的肩扛手提，辛苦得很，每次攻击，由于目标较远，具体究竟打死了多少日军，当时是不知道的，只有炮轰时泛起的滚滚浓烟，让他难以忘却。4日，日军发动了全线攻击，还出动了6架飞机疯狂轰炸，步兵乘势冲锋。至下午，仅修械所阵地5次失而复得，守军28军一营的营长以下全部战死，第34团亦伤亡殆尽，仅剩下50余人。混战至9日，日军无计逃脱，将部分兵员改着便衣，从东屯渡、湖绩渡寻小路北窜，残余日军最后靠施放毒气和空军掩护才得以逃脱。16日，日军司令部从岳阳撤至武汉，第三次长沙会战以中国军队胜利而结束。何老说，日后休整时，我们才知道，这次共歼灭日军5.6万余人，而中方付出代价是8万余人的伤亡。说到死去的战友和中国军人，何老流出了无限思念的两行热泪……（张定浙）

【“我们的炮弹炸得日军有来无回”——访96岁抗日老兵康焕湘】“看到日军进入我连防守的山谷前沿阵地，我大声命令开炮，一发发迫击炮弹准确射入敌群，炸得日寇人仰马翻，鬼哭狼嚎，有来无回！”8月20日上午，我们一行慕名来到芙蓉区敬老院，在二楼一间宽敞明亮的单人宿舍采访了原国军74军57师171团迫击炮连上尉连长康焕湘老人。现年96岁的康老愉快地接受了我们的采访，并精神抖擞、慷慨激昂地给我们讲述了他参加雪峰山战役的战斗往事。

1919年出生在长沙的康老讲起自己的经历和抗日故事来顿显精神抖擞，双眼发亮，他动情地说：1937年“七·七”事变后，他抱着国家兴亡，匹夫有责之志，赶赴广西桂林考入军训部入伍生团。1942年转入武冈黄埔第二分校18期7中队，1943年底毕业分配到湖北恩施六战区长官部，1944 年 3 月派回湖南补充到常德参战后的国军 74 军 57 师，驻扎桃源整训。同年 8 月，他随部由桃源出发前往邵阳参加阻击日军进犯芷江的衡阳会战。在这次急行军中，他们第一天急行军 50 里、第二天急行军 60 里，经过新化后，最后一天急行军 120 里抵达目的地邵阳。随即投入邵阳阻击战，康老率部英勇战斗，给日军以重创。由于他在此役表现出色，不久被提升为中尉，调任师部参谋。

1945 年，日军为了挽救败局，垂死挣扎，筹谋发动了争夺芷江机场等战略要地的湘西会战，湘西会战因此也称芷江会战或雪峰山战役，是中国人民抗日战争中的最后一次会战。中国军队在中美空军的有力配合下，给进犯的日寇以最有力的迎头痛击。在此次会战中，康老被奉命调到 57 师 171 团迫击炮连任连长。该连的任务是坚守雪峰山的一个要塞山口，防止日军突破，阻击来犯之敌。从 4 月至 6 月初，康老率全连抱着“人在阵地在”的死守决心，枕戈待旦，白天黑夜吃住全在阵地，只要发现敌人出现在前沿，进入迫击炮的最有效射程范围内，康老就大声命令：“开炮！开炮！”在他的指挥下，一发发炮弹如长了眼睛，准确落入敌群，炸得敌人血肉横飞，东躲西藏，抱头鼠窜。就这样，他们打退了敌人的一次次猖狂进攻，坚守住了阵地，取得了阻击战的胜利。在打扫战场时，只见日军尸横遍野，人血马血将山下的一条小溪都染成了血红色，还追得三个日本兵引爆手榴弹自杀。康老自己还缴获了一把日本军刀，一支手枪，一个望远镜。

1945 年 8 月 15 日，是中国人民大喜的日子，日本战败，宣布无条件投降。这一天，康老随所在部队乘飞机由芷江经洞庭湖空运南京，接收日军投降签字，亲自见证了中国人民抗战胜利的历史时刻。

1946 年 6 月，康老因劳累过度，旧病肺气肿严重复发，转入后方医院长期医治有所好转后，于 1947 年 7 月退役回乡。解放后，康老听从党和国家号召，积极参加土改和师资培训，当上了一名光荣的小学教师。2008 年因儿子在外地工作，自己年迈体弱，生活不能自理，康老住进了芙蓉区敬老院，在这里，他生活得安稳惬意，感到很满足。

采访结束与康老告别时，他执意站起来握着我们的手反复告诉我们：战争是残酷的，和平是美好的！同时，他从内心非常感谢党和国家给他落实政策，让他过上了幸福的晚年生活！ （谭永华）

【壮志从军抗日寇——记抗战老兵杨长林】 杨长林，原名杨成业，住芙蓉区文艺新村新，一位壮志可贵的抗战老兵。

88 岁的杨长林前些天因脑溢血住院，刚出院回家休养，神智半清醒半糊涂，语言还有点不太清晰，人也只能躺在床上。听儿子说，我们是来采访他抗战经历的，一下子触动了他的神经，马上来了精神，又把他带到了 70 多年前的往事。

他说他是地地道道的城东人，就住复兴街，父亲开了一家“杨乾记米号”，如今这栋老屋还在。当时虽算不上大户人家，但除了吃饭，家中还是有几个剩钱，父亲也希望他多读点书，将来有出息。1937 年 7 月 7 日，日本发动了全面侵华战争，战争打破了杨家的宁静，从 1938 年到 1944 年，长沙先后发生了四次会战，虽然前三次取得了胜利，但付出的代价也是极其惨重。1944 年 6 月，长沙第 4 次会战（又称长衡会战）失利，长沙沦陷，杨长林说：“我们恨死了日本鬼子！”当时很多学校外迁，杨成业随就读的丽文中学迁到了溆浦，一家人过着各散四方的逃难生活。这时战争还要持续多久，谁也不知道。8 月，衡阳失守，日军先后占领桂林、柳州。10 月，日军攻占独山，直逼重庆。国家危在旦夕，举国惊惶。11 月，时任国家军事委员会委员长的蒋介石决定组建一支青年学生为主的青年远征军，号召全国知识青年从军抗日，全国知识青年纷纷响应，不到两个月，报名的知识青年就逾 10 万。杨成业，当时不满 17 岁，又是家中独子，但“国家兴亡，匹夫有责”，他决定投笔从戎。招兵的连长见他个子矮小，拿支枪往他身旁比“你还没有枪高，参什么军，回去！”杨成业说：“我不回去，我是打日本鬼子的！”在杨成业的再三要求下，终于参军了，成为青年远征军 205 师 613 团 3 营 8 连一位士兵。“一寸山河一寸血，10 万知青 10 万军”，10 万兵共编为 9 个师（201–209 师）。1945 年 2 月，组建完毕，转入了紧张的备战，积极训练。

青年军的组建，引起了盟军高度关注，当时美军驻华战区副司令史迪威将军，要求蒋介石将青年军接受美国装备和训练，蒋怕将来指挥权落入美国人手中，仅只同意将驻守在昆明的 207 师接受美国装备，其余 8 个师都是只用国产装备，每个连 3 个排，每排 4 个班，其中 3 个步兵班，每人一支中正式步枪，每班一挺捷克式机枪，1 个炮班，配 2 门 60 炮，班长配加拿大手提冲锋枪。营辖 3 个步兵连、1 个重机枪连、1 个 82 炮连、1 个战车炮排。除加拿大手提冲锋枪外，其余装备全为辰溪、重庆两家兵工厂生产。为了把青年军培养成一支精锐部队，选派了一批黄埔军校毕业的将官到青年军任职。205 师师长就是黄埔一期毕业的刘安琪中将，613 团团长孟广珍原为陆军少将，黄埔六期毕业，营、连、排长大部分也是黄埔 16–18 期毕业的军官。训练期间，要求严格，走进营房大门，“想升官的请出去，想发财的莫进来”的巨幅标语映入眼帘，操场上步伐声、口令声、军号声此起彼伏，士兵高唱救国军歌，把汗水流在训练场上，练就一支铁军。青年军官兵 10% 是黄埔生，80% 是大、中学生，文化程度高，纪律严明，官兵关系融洽，不扰民，因而受到老百姓的赞赏，杨成业说：“我们师驻守贵阳市，走上街头，市民们见到我们戎装威武，精神抖擞时，都情不自禁的夹道欢呼！”“打回老家去！”“打倒日本强盗！”“中华民族万岁！”惊天动地的口号声，震动了山城，也鼓舞了我们的抗日决心！

经过半年的训练，至 8 月，正待毕业准备开赴抗日前线时，15 日，日军宣布投降了，杨成业告诉我们：当时军营里沸腾了，唱啊！跳啊！整整狂欢了一天，欢庆抗战的伟大胜利。“不过也有遗憾！”杨成业说：“虎已添翅，大志未酬，日本投降，我们从军杀敌已无业绩记入史册了！”我们安慰杨老，您当时参军抗日的行动，就是可贵的爱国精神！听到我们的赞扬，老人战战兢兢的唱起当时的军歌：“向前走，别退后，生死已到最后关头，同胞被屠杀，土地被强占，我们再也不能忍受，我们再也不忍受亡国的条件，我们决不能接受，中国的领土一寸也不能失守，同胞们向前走，别退后，拿我们的血和肉去拼掉敌人的头，牺牲已到最后关头，牺牲已到最后关头……”

（张定浙　温小慧）

【地下战线的斗士】 纪筱风，1923 年 3 月出生，江苏省沭阳县人，1940 年 7 月入伍，1942 年 3 月加入党组织。解放前先后在一一五师教导一旅、新四军三师七旅十九团、苏北滨海县税务局、苏北宝应县财经局、苏北淮安县织布厂、苏北华东县货营局八滩分局、苏北东坎市德兴贸易公司、中原办事处南下干部队、中原供应总社第四分社、中原贸易总公司徐州办事处、华中贸易总公司郑州办事处等单位工作。解放后先后在华中矿砂公司长沙办事处、中国矿产公司湖南分公司、湖南省化工公司等单位工作。历任所长、指导员、主任、经理、副科长、主任、处长等职务，1982 年 8 月离休。

2015 年 5 月，采访组一行到达长沙市仁和医院，在那里我们见到了纪老。已 92 岁高龄的他，满头白发，精神矍铄，但头脑清晰，记忆力惊人。在我们采访期间，纪老跟我们讲述了他那充满了传奇色彩的革命斗争经历，高兴之余还跟我们唱起了当年八路军所学唱的军歌——“第八路军在前线，坚持抗战，坚持游击战，坚持持久战……”伴随着老人的歌声，采访人员的思绪被拉到了那段特殊的历史年代中。纪筱风回忆说：

1923 年，我出生在一个富农家庭。那时候，我家中有旱田超过 5.33 万平方米，一家人的生活来源就靠种田等。每年的收入除可供全家丰衣足食，还略有结余。结余部分多半用于我们兄弟几个读书或者购买土地。至 1934 年家中旱田超过 6.67 公顷，并长期雇有长工一人。1935 年，家庭因人口增加，兄弟姐妹达到 7 人，加上祖父祖母因病相继去世，生活日益困难，我们兄弟几个只好停学。1939 年，家乡沦陷，我家被日军焚烧一空，虽然每年仍然靠种田维持生计，但已经是入不敷出了，年年欠债。

当时，在我的家乡有一支受共产党领导的抗日武装（番号为八路军一一五师南进支队第三团），由于这支队伍抗日爱民，深受老百姓的拥护和支持，队伍日益发展壮大，此时正处在国共合作高潮时期，这支队伍的宣传队经常到我们庄子上来宣传共产党的抗日救国政策，在他们的感召下，我热爱上了这支部队，并经常跟着他们一起东奔西跑作宣传工作，我还组织了一支儿童救国团，并担任团长。抗日武装力量的发展壮大和在人民群众中的威信日益提高，成了地方顽固军队的眼中钉、肉中刺，遭到他们的阴谋迫害，团长被刺杀身亡。由于这支抗日武装力量刚组建不久，大部分都是农民，打了几次败仗后就解散了。大部分农民士兵都回家了，只有少部分撤退到了山东抗日根据地。我因年纪小，没有跟随部队撤退，回到家中继续种田。

公开的武装斗争虽然暂时结束，但是地下的合法的政治斗争展开了。队伍撤走后，留下了一批地下工作人员继续坚持斗争。当时的任务是发动农民抗丁抗税，反对和推翻地方顽固政权。斗争形势发展很快，我所在的乡很快就达到了高潮，旧乡政权在人民反抗与压力之下倒台了，新的乡政权诞生了。当时，为了巩固新政权，我参加了乡政权的自卫队，直到 1940 年秋，八路军东进抗日到了我们乡。经地下党员介绍，我参加了八路军，并被安排到一一五师教导第一旅教导大队学习。

四个月的军事政治训练后，我被分配到了新四军第三师七旅十九团特务连，担任文化教员。这支部队在1941年被改编成了盐城新兵独立团，我被调到该团连队担任政治教员。同年秋，独立团改编，我分配到了二十一团团部民运队搞民运工作。因当时处于敌人扫荡时期，根据地暂时缩小部队，精减人员和装备，我又被调到地方盐阜行署学习财经工作。经过一个多月的财经训练，我被分配到了滨海县税务局工作，担任老社、月港等镇的税务所所长一职。1942年3月，在担任老社税务所所长期间，经组织考察、批准，我光荣地加入了中国共产党。

当时抗日形势十分严峻，前方军需物资很紧缺。为了完成组织交代的任务，我利用税务所所长的身份作掩护，带领身边的同志和地方乡绅做生意，换取八路军急需的药品、粮食、枪弹等军需物资。在日占区，日伪军的眼线遍布苏北各个乡镇，为了躲避并保证物资及时送达到前方，我们和日伪军开展了斗智斗勇的地下斗争，为此很多同志牺牲了自己的生命。有一次正逢赶集，我带领所里的一名同志去集市上收税。正赶到一位大娘的摊位前，就听到大娘说一声“不好”，我回过头一看，后面来了四五个日伪军，拿着枪，气势汹汹地朝摊位前跑过来。我见势不妙，立刻带着那名同志躲藏起来。像这样惊险的场面，在日占区我是经常遇到。后来，因我在日占区工作时间久，敌人都已经掌握了我的情况。组织上考虑到我的安危，就把我调离了苏北，安排我到了苏皖边区政府行政干校学习，并随部队北上、南下，继续从事抗日斗争。在多年以后与其他同志的一次交谈中，得知我离开税务所后接替我的那位同志，就是因为收税的时候被日伪军发现中弹牺牲了。像我们这种在敌占区从事地下斗争的同志，生与死早已抛之脑后，但是每每听到有同志牺牲，心里总会很悲痛，对敌人的恨也就愈加强烈了。

（刘建武）

荣誉栏

·表35·

先进集体（单位）一览表

单　位	荣誉称号	授予单位
丰泉古井社区、德政园社区、人民新村社区	全国和谐社区建设示范社区	民政部
朝阳街道二里牌社区	2015年全国社区网络春晚优秀组织奖	中央文明办
湘湖街道西湖社区	全国社区侨务工作明星社区	国侨办
马坡岭街道张公岭村	全国第三届美好中国国画大赛组织奖	教育部
芙蓉区教育局	全国“全民终身学习活动周优秀组织奖”	全民终身学习活动周领导小组
芙蓉区检察院	2015年度全国检察宣传先进单位	检察日报社
芙蓉区非公工委	2014年度非公有制经济组织党建优秀调研成果三等奖	全国党建研究会非公有制经济组织党建研究专业委员会
长沙绿叶生物科技有限公司	博士后科研工作站	人社部全国博士后管理委员会
芙蓉区史志档案局	《芙蓉年鉴》（2014年卷）荣获中国年鉴编撰出版质量评比综合三等奖、框架设计二等奖，条目编写三等奖，装帧设计三等奖	中国出版协会年鉴工作委员会
芙蓉区史志档案局	《芙蓉年鉴》（2015年卷）荣获第五届年鉴编纂出版质量评比综合三等奖	中国出版协会

续表 35

单　位	荣誉称号	授予单位
荷花园街道德政园社区	全国文明单位及保留全国文明单位	中央文明办
芙蓉区	湖南省金融创新特色产业园	省发改委、科技厅、经信委、财政厅
湘湖街道西湖社区	湖南省 2015 年度最美志愿服务社区	省文明委、省志工委
芙蓉区教师进修学校	2015 年度湖南省中小学教师远程培训工作先进单位	湖南省教师发展中心
芙蓉区教育局	2015 年度湖南省教育科学研究工作者协会先进会员单位	湖南省教育科学研究工作协会
芙蓉区教育局	湖南省第五届中小学艺术展演活动优秀组织奖	省教育厅
芙蓉区科普艺体中心	DI 创新思维湖南省“天心教育杯”比赛优秀组织奖	湖南省创造协会
荷花园街道	湖南省乡镇（街道）统计工作规范化建设先进单位	省统计局
湘湖街道东湖社区、文艺路街道韭菜园社区、定王台街道化龙池社区、东湖街道滨湖社区、韭菜园街道蓉园社区、东岸街道东宜社区、火星街道曾家坪社区	2015 年省级充分就业星级社区	省人社厅
文艺路街道	2015 年度湖南省计划生育依法行政示范单位	省卫计委
文艺路街道、湘湖管理局	湖南省 2015 年度标准化财政所创建工作先进单位	省财政厅
芙蓉区“七色花”志愿服务俱乐部	湖南省 2015 年度最佳志愿服务项目	省文明委
芙蓉区国税局	五星级办税服务厅	省国税局
芙蓉区史志档案局	2015 年度全省档案宣传工作先进集体	省档案局
芙蓉区史志档案局	2015 年度《长沙档案》投稿先进单位	省档案局
芙蓉区	2015·长沙市“欢乐潇湘”全民健身广场舞大赛 银奖	全民健身广场舞大赛组委会
马王堆街道马王堆社区	湖南省首批社会工作示范创建项目	省民政厅
芙蓉区老干大学艺术团	湖南省第六届全民健身节广场健身舞表演赛金奖	湖南省第六届“智美杯”全民健身节广场健身舞表演赛组委会
马王堆街道马王堆社区	湖南省全民健康社区	湖南省全民健康生活方式行动领导小组
芙蓉区	湖南省平安校园建设先进区	省教育厅

续表 35

单　位	荣誉称号	授予单位
火车站综管办、荷花园街道	湖南省铁护联防工作先进集体	省铁护办
芙蓉区	2016—2020 年度湖南省全国科普示范区	省科技厅
芙蓉区肿瘤登记处	2014 年度湖南省肿瘤登记工作成绩突出奖	省肿瘤防治研究办公室
芙蓉区疾控中心	2014—2015 年度湖南省城市癌症早诊早治项目工作一等奖	省肿瘤防治研究办公室
芙蓉区	省级儿童保健服务合格区、全省卫生计生户外宣传示范单位	省卫计委
荷花园街道德政园社区	长沙市节能环保示范社区	市环保局、能源局、文明办、财政局
荷花园街道恒达社区	长沙市文明社区	市文明委
荷花园街道	长沙市 2014 年度经济社会发展十快乡镇街道	市委、市政府
荷花园街道德政园社区	2015 长沙市最美社区	市委宣传部
荷花园街道	长沙市创新型单位	市科技领导小组
荷花园街道	长沙市 2015 年度建设领域统计工作优秀单位	市统计局
荷花园街道荷晏社区	市级“同心社区”	市委统战部
荷花园街道	长沙市 2014 年度消防安全工作先进街道（乡镇）	市消安委
朝阳街道	2015 年度市级建设领域统计工作优秀单位	市统计局
朝阳街道	长沙市示范性社区学校	市社区教育工作领导小组
韭菜园街道	长沙市城乡居民基本养老保险经办服务示范点	市委、市政府
马王堆街道滩头坪社区	长沙市雷锋号志愿者工作站	市文明办等
跃进湖社区、古汉城社区、湘府社区、五一东村社区、白沙湾社区、黄泥街社区、龙马社区、蓉园社区	2015 年基层人社平台标准化建设优秀社区人力资源和社会保障服务中心	市政府
火星街道月桂社区、朝阳街道曙光社区、东屯渡街道芙蓉社区、荷花园街道恒达社区、韭菜园街道军区社区、马坡岭街道锦林社区、马王堆街道马王堆社区、文艺路街道韭菜园社区、五里牌街道火车站社区、湘湖街道东湖社区	首批市级平安社区（村）	市政法委
马坡岭街道锦林社区、韭菜园街道军区社区、湘湖街道南湖社区	2015 年长沙市示范妇女儿童之家	市妇联

续表 35

单　位	荣誉称号	授予单位
东岸街道东屯村	市级文明村镇	市委、市政府
芙蓉区教育局	长沙市“少年传承中华美德”之“墨香书法展示”活动优秀组织奖	市教育局
芙蓉区教育局	2015 年长沙市小学生运动会田径竞赛优秀组织奖	市教育局
芙蓉区教育局	长沙市中小学首届漫画大赛最佳组织奖	市教育局
芙蓉区教育局	第十届长沙市“奇思妙想”纸质桥梁模型承重设计竞赛优秀组织单位	市教育局
芙蓉区教育局	2014 年长沙市教育装备管理应用先进单位	市教育局
芙蓉区教育局	长沙市帮扶工作先进单位	市教育局
芙蓉区教育局	第 32 届长沙市青少年科技创新大赛优秀组织奖	市教育局
芙蓉区	2015 年长沙市小学信息技术课堂教学竞赛暨教师技能比武优秀组织奖	长沙市教育科学研究院
芙蓉区小学信息技术教师代表队	2015 年长沙市小学信息技术比武团体一等奖	长沙市教育科学研究院
芙蓉区城乡建设局	2014 年度长沙市物业维修资金使用管理先进单位	市物业维修资金管理中心
火车站综治办	市级文明窗口示范单位	市文明委
湘湖街道湘湖社区、东屯渡街道白沙湾社区、五里牌街道火车站社区、荷花园街道荷花园社区、马坡岭街道新安村、文艺路街道南元宫社区、定王台街道藩后街社区、火星街道曾家坪社区、朝阳街道曙光社区、东湖街道东湖村、马王堆街道古汉城社区、韭菜园街道桐荫里社区综合文化服务中心	长沙市综合文化服务中心建设示范性社区	市文广新局、市财政局
文艺路街道东广济桥社区、荷花园街道恒达社区、东屯渡街道东屯渡社区、东屯渡街道扬帆社区、湘湖街道跃进湖社区、马王堆街道九道湾社区	2015 年度全市绿色示范社区	市绿委会
马王堆街道、火星街道、荷花园街道、定王台街道、文艺路街道、湘湖管理局、东屯渡街道、马坡岭街道、隆平高科技园安监站	长沙市首批标准化安监站	市安监局

有关单位地址、电话

·表 36·

芙蓉区党政机关

名 称	地 址	联系电话（区号 0731）
政府办公室	人民东路 189 号	84683088
发展和改革局	人民东路 189 号	84683210
教育局	人民东路 189 号	84683248
科学技术局	人民东路 189 号	84683296
城乡建设局	人民东路 189 号	84683430
民政局	人民东路 189 号	84683235
司法局	人民东路 189 号	84683239
财政局	人民东路 189 号	84683226
人力资源和社会保障局	人民东路 189 号	84683306
农业林业水利局	火炬村北三片浏阳河大道北段	84681537
商务和旅游局（招商合作局）	人民东路 189 号	84683363
文化体育新闻出版局	人民东路 189 号	84683273
卫生和计划生育局	火炬中路 8 号	84885772
审计局	人民东路 189 号	84683272
城市管理和行政执法局	人民东路 189 号	84683351
环境保护局	人民东路 189 号	84683341
安全生产监督管理局	人民东路 189 号	84683317
长沙市芙蓉区食品药品监督管理局（食品安全委员会办公室）	人民东路 189 号	84683490
人民防空办公室	人民东路 189 号	84683323
城管执法大队	王家湖路 79 号	84715642

·表 37·

芙蓉区直属事业单位和其他单位

名 称	地 址	联系电话（区号 0731）
经济和信息化局	人民东路 189 号	84683313
交通运输局	人民东路 189 号	84683366
统计局	人民东路 189 号	84683212
民族宗教和外事侨务局	人民东路 189 号	84683035
住房保障局	人民东路 189 号	89965883
政务服务中心	人民东路 189 号	84683380
工务局	人民东路 189 号	84683403

续表 37

名 称	地 址	联系电话（区号 0731）
机关后勤服务中心	人民东路 189 号	84683468
中央商务区管理办公室（楼宇办）	人民东路 189 号	84683870
金融工作办公室	人民东路 189 号	84683570
市政工程管理局	晚报大道 416 号	84668219
园林管理局	恒达路 148 号三楼	84745252
市容环境卫生管理局	文艺路 8 号	85198588
芙蓉基建投资中心	车站北路 236 号芙蓉国土大楼	82193180
征地办公室	车站北路 236 号	85153952
棚户区改造办公室	荷花路惠通大厦八楼	84728628
长沙火车站地区综合管理办公室	五一东村一号	82299128
城市房屋征收和补偿管理办公室	荷花路 168 号惠通大厦 8 楼	84683920

·表 38·

芙蓉区群团组织

名 称	地 址	联系电话（区号 0731）
总工会	人民东路 189 号	84683392
中国共产主义青年团长沙市芙蓉区委员会	人民东路 189 号	84683559
妇女联合会	人民东路 189 号	84683476
工商业联合会	人民东路 189 号	84683402
残疾人联合会	人民东路 189 号	84683400
归侨侨眷联合会	人民东路 189 号	84683166
科学技术协会	人民东路 189 号	84683300

·表 39·

芙蓉区园区、街道

名 称	地 址	联系电话（区号 0731）
隆平高科技园管理委员会	张公岭雄天路 2 号	84638601
湘湖街道（湘湖管理局）	湘湖路 198 号	82283060
定王台街道办事处	堂皇里 6 号	85171080
文艺路街道办事处	水絮塘 45 号	84446668
韭菜园街道办事处	桐荫里 122 号	84432766
朝阳街街道办事处	车站中路 171 号	85064320
五里牌街道办事处	车站中路 289 号	82283382
荷花园街道办事处	东二环路一段 920 号	89968953

续表 39

名 称	地 址	联系电话（区号 0731）
火星街道办事处	龙柏路 58 号	82884462
马王堆街道办事处	古曲路 28 号	84715133
东屯渡街道办事处	荷花路 568 号	84770222
东岸街道办事处	双杨路 1118 号	84612775
马坡岭街道办事处	远大一路 1259 号	86451495
东湖街道办事处	农大路 1 号	86451447

·表 40·

芙蓉区区属学校、幼儿园

单 位	地 址	联系电话（区号 0731）
湘一芙蓉中学	五一大道 502 号	89717168
湘一芙蓉第二中学	马王堆北路 39 号	84729033
长郡芙蓉中学	马王堆中路 238 号	84158800
浏正街小学	浏正街芋香巷 7 号	84446606
东茅街小学	东茅街 66 号	84285192
修业小学	马王街 32 号	82224579
楚怡小学	文运街 104 号	82562508
八一路小学	韭菜园 256 号	82223913
大同小学	八一路 296 号	82216142
燕山小学	长岛路 1 号	84462439
东晖小学	车站东路 62 号	84155422
朝阳小学	人民路中路 358 号	89781848
育英小学	解放东路 398 号	84111315
曙光路小学	曙光北路 130 号	84125370
育才小学	南元宫 8 号	84432364
育华小学	复兴街 58 号	84455967
五一中路小学	五一中路乔庄 13 号	82224184
马王堆小学	古汉路 88 号	84824980
火星小学	火星凌霄路 1 号	82245838
双新小学	马王堆街道新合村四组	84711985
蓉园小学	湘湖和光街 105 号	82296367
火星二小	龙柏路朝霞巷 46 号	84475582
大同二小	晚报北街 10 号	82199206
燕山二小	芙蓉苑小区内	88687373

续表 40

单 位	地 址	联系电话（区号 0731）
大同古汉城小学	古汉城社区	89900666
东郡小学	马王堆路 201 号	84893008
育英二小	东屯渡街道东玺门小区内	82284352
育才二小	东屯渡街道古曲路	84432364
育才三小	古曲路、朝晖路交界处	89718897
马坡岭小学	远大二路 342 号	84625116
杉木小学	东岸街道杉木村	84693567
东屯小学	东岸街道东屯村	84613566
东风小学	马坡岭街道东风村	84610215
育英西垅小学	马坡岭街道西龙村	84680855
大同三小	东湖街道合平村	84692816
德政园幼儿园	德政园小区德政街 46 号	84768561
朝阳幼儿园	朝阳 78 号凯通国际城小区	89801191
星城世家幼儿园	古曲路星城世家小区南侧	89901248
东岸锦城幼儿园	长星路 165 号东方人家小区内	88817299
农园路幼儿园	农园路 7 号	84423217
东湖路幼儿园	（筹建）	—
白沙湾幼儿园	（筹建）	—

·表 41·

芙蓉区医疗机构

单位名称		地 址	电 话	诊疗科目
区卫生监督所		火炬中路 8 号	84885789	
区疾病预防控制中心		火炬中路 8 号	84885707	
区妇幼保健所		火炬中路 8 号	84885760	预防保健科、妇产科、妇科专业儿童保健科、口腔科、预防口腔
区红十字医院（东岸街道社区卫生服务中心）		东岸街道远大二路与望龙路交汇处（远大二路 369 号）	84515729	全科医疗科、内、外、儿、妇产、口、中、检、五、急
湘湖街道	湘湖街道社区卫生服务中心	晚报大道 99 号	85581777	预防保健、全科医疗、口腔、医学检验、医学影像、中医、妇科
	东湖社区卫生服务站	晚报大道 147 号	82181552	预防保健、全科医疗、口腔、医学检验、医学影像

续表 41

	单位名称	地 址	电 话	诊疗科目
	跃进湖社区卫生服务站	东站北路 248 号	82691516	预防保健、全科医疗、医学检验、医学影像、中医
定王台街道	定王台街道社区卫生服务中心	浏正街 57 号	82256476	预防保健、全科医疗、妇科专业、妇女保健、儿童保健、口腔预防保健、康复医学、医学检验、超声诊断、中医
	金沙里社区卫生服务站	建湘南路 162 号凤凰大厦	13055176687	预防保健、全科医疗科、口腔科
	走马楼社区卫生服务站	走马楼五一华府 12 号	82248749	全科医疗、口腔、医学检验、医学影像、中医
	宝南街社区卫生服务站	中山路 67 号	82220181	预防保健、全科医疗
	定王台街道社区卫生服务中心（分部）	马王街 45 号、吉庆巷 25 号	84126966	预防保健、全科医疗、妇科专业、口腔预防保健、康复医学、医学检验、超声诊断、中医
	南阳街社区卫生服务站	南阳街 76 号	89722120	预防保健、全科医疗、中医科
韭菜园街道	韭菜园街道社区卫生服务中心	燕山街 83 号	84422803	预防保健、全科医疗、口腔康复医学、医学检查、医学影像、中医
	八一桥社区卫生服务站	韭菜园路 219 号	82251704	预防保健科、全科医疗科
文艺路街道	文艺路街道社区卫生服务中心	解放中路 200 号	82254901	预防保健、全科医疗、妇科专业、计划生育专业、妇女保健、儿童保健、口腔预防保健专业、康复医学、医学检验、超声诊断专业、中医
	识字里社区卫生服务站	人民中路 35 号	84110120	全科医疗、预防保健、中医、口腔
	南元宫社区卫生服务站	人民中路 209 号	85715038	全科医疗、中医、口腔
朝阳街道	朝阳街道社区卫生服务中心	曙光北路 109 号	84155082	全科医疗、内科、妇产、儿科、耳鼻咽喉、口腔、皮肤、医学检验、医学影像、中医
	人民新村社区卫生服务站	人民中路 267 号	84161109	预防保健科、全科医疗科
	向韶社区卫生服务站	向韶村 74 号	82479185	全科
	朝阳社区卫生服务站	朝阳二村 33 栋	84128946	预防保健、全科医疗、中医、口腔科

续表 41

单位名称		地 址	电 话	诊疗科目
	二里牌社区卫生服务站	曙光北路 56 号	83886663	全科医疗、口腔科
五里牌街道	五里牌街道社区卫生服务中心	车站北路 127 号	82282788	预防保健、全科医疗、内、外科、骨科专业、妇科专业、口腔、皮肤、急诊医学、麻醉、康复医学、医学检验、中医、医学影像
	五里牌社区卫生服务站	远大一路 20 号	85143118	预防保健、全科医疗
	车站路社区卫生服务站	车站中路 152 号	84138120	全科医疗、口腔、医学检验、医学影像、中医
	晓园社区卫生服务站	五一东路 98 号	82281462	预防保健科、全科医疗科
	燕山街社区卫生服务站	燕山街 185 号	84462271	全科医疗、妇女保健、口腔、中医
马王堆街道	马王堆街道社区卫生服务中心	纬二路 183 号	84699249	预防保健、全科医疗、内科、外科、妇科专业、中医、医学影像
	芙蓉苑社区卫生服务站	火炬路芙蓉苑小区	82202496	预防保健、全科医疗、口腔、中医
	古汉城社区卫生服务站	新桥村沁园 A 区 8 栋	82926056	全科医疗、口腔
	新桥村卫生室	马王堆新桥家园 16 栋	84723909	预防保健、全科医疗
	火炬村卫生室	火炬村二片 23 栋	84699755	中西医结合
	九道湾社区卫生服务站	九道湾社区 C-15 栋	18008455485	中西医结合
	马王堆社区卫生服务站	龙柏路 91-93 号	82697953	内、外科、中医
荷花园街道	荷花园街道社区卫生服务中心	东二环一段 938 号	82236347	预防保健、全科医疗、中医科、妇产科
	东方新城社区卫生服务站	马王堆中路 131 号	84663870	全科、预防保健
	荷花园社区卫生服务站	荷花园 2-16 栋 102 房	84789131	中西医、全科、口腔
	惠泽园社区卫生服务站	万家丽中路百纳公寓 04-05 号	85665229	全科医疗、口腔
	德政园社区卫生服务站	马王堆中路 232 号	84742120	全科医疗、内科、外科、口腔、预防保健
	杨家山社区卫生服务站	职院街 199 号	85118120	预防保健、全科医疗、中医科
	恒达荷晏社区卫生服务站	恒达路 30 号	84717109	全科医疗科、口腔科
东屯渡街道	东屯渡街道社区卫生服务中心	人民东路 299 号	84116232	预防保健、全科医疗、口腔、医学检验、医学影像、中医
	东屯渡社区卫生服务站	高岭小区 40 栋	13607495873	全科、预防保健

续表 41

	单位名称	地 址	电 话	诊疗科目
	嘉雨社区卫生服务站	人民路 10 号	82181220	预防保健科、全科、医疗科、口腔科、内科
	农科村卫生室	农科村 B 区 4 栋	85568286	预防保健、全科
	白沙湾社区卫生服务站	荷花路芙蓉公寓	85987075	预防保健、全科医疗、口腔、中医
火星街道	火星街道社区卫生服务中心	火星紫薇路 5 片 21 幢	84427678	预防保健、全科医疗、妇科专业、口腔、康复医学、医学检验、医学影像、中医
	紫薇社区卫生服务站	紫薇路 112 号	84725143	内科、中医、口腔科
	曾家坪社区卫生服务站	鑫湘家园门面 3 栋	85714120	全科、口腔、预防保健
	陶家山社区卫生服务站	银港社区北门	13974866367	预防保健、全科医疗、口腔、中医
东岸街道	东岸（马坡岭）社区卫生服务中心	远大路马坡岭	13187006260	预防保健科、全科医疗
	杉木村卫生室	东岸街道杉木村四组	88571848	预防保健、全科医疗
	望龙村卫生室	望龙村 188 号		预防保健、全科医疗
	东屯村卫生室	东岸街道东岸梅园小区	84610605	预防保健、全科医疗
	东岸村卫生室	东岸小区 A30 栋	13974828595	预防保健、全科医疗
马坡岭街道	新安村卫生室	新安村安置小区	84612616	预防保健、全科医疗
	张公岭村卫生室	张公岭村 11 组安置房	82536766	预防保健、全科医疗
	西龙村卫生室	西龙苑安置小区 B–21 栋		预防保健、全科医疗
	锦林社区卫生服务站	远大路东岸锦城 B 区 17 栋	82296186	预防保健、全科医疗科、妇产科、妇科专业、口腔科、中医科
东湖街道	东湖街道社区卫生服务中心	省农科院内	84690682	预防保健、内、外、妇、口腔
	滨湖社区卫生服务站	东湖街道滨湖社区	84613598	预防保健、全科医疗、口腔
	合平村卫生室	合平村	84613045	预防保健、全科医疗
	东湖村卫生室	东湖村 5 组	84614087	预防保健、全科医疗
	东湖渔场卫生室	东湖街道东湖渔场	84613598	预防保健科、全科医疗科
	解强旺中医诊所	合平安置小区 A3 栋	84614289	内科、中医科

索　引

说明：

一．本索引把年鉴的条目（大事记除外）用主题分析方法，按汉语拼音字母顺序排列。

二．类目标题用黑体字表明。

三．索引名称后的阿拉伯数字表示的内容所在的页码，拉丁字母（a、b、c）表示栏别（从左至右分1、2、3栏）。

F

K

L

Z